봉주방장의 실무

한국요리해법

봉 하 원 저

도서출판 효일

격려의 말

본인이 봉하원 주방장을 처음 만난 것은 롯데그룹 중앙연수원장 직을 맡고 있던 1993년의 일입니다. 그는 입지전적인 인물로, 이 땅의 근로자들에게 표상이 되는 사람이라고 감히 소개합니다.

중학교를 졸업한 후 상급학교에 진학하지 못했지만, 주방일을 하면서도 그는 면학의 꿈을 접지 않았습니다. 단 한시도 쉬지 않는 꾸준한 공부와 연구의 결과 그는 석사학위를 취득하였고, 조리계의 실무박사라 비유할 수 있는 조리기능장 자격도 획득할 수 있었습니다.

연수원에는 몇 가지 특성이 있습니다. 하루에 2,000~3,000인분의 식사를 조리해야 하는 것과 연수원생들이 수준높은 음식을 요구하는 까다로운 손님이라는 점, 그리고 짧은 시간에 많은 인원을 소화해야 한다는 점이 바로 그것입니다. 봉하원 군은 이 모든 요구사항을 무난하게 처리해 낼 이론과 실무를 겸비한 성실한 재원이기에 롯데그룹 연수원에 근무했을 때의 모습을 그려보면, 그는 항상 공부하고 연구했습니다. 다른 사람과 술자리에 어울리는 모습조차 찾아보기 어려웠고, 연수원에 있던 그의 숙소는 언제나 밤늦도록 불이 켜져 있었습니다. 그리고 새벽에는 누구보다도 먼저 주방에 나와 있었습니다. 이처럼 건강하고 부지런하며 생각이 진실한 청년이 바로 봉하원 군이었던 것입니다. 이토록 많은 장점을 지녔기에 돈버는 데 눈돌리지 않고 오랜 세월 실무를 통해 터득한 조리비법을 고려시대에 청자비법을 숨기듯 감추지 않고 모두 공개할 수 있었다고 생각합니다. 3년 동안 밤잠 안 자고, 휴일에도 한 시를 쉬지 못하고 정리 · 연구하여, 500여 페이지에 달하는 방대한 양의「한국요리해법」을 출간한다는 것은 오직 우직한 봉하원 군만이 해낼 수 있는 일이기 때문입니다.

이 비법을 공개하는 책이 세상에 나옴으로써 한국음식문화의 새로운 장(場)이 펼쳐지리라 생각하며, 요리분야에 문외한인 나의 가슴마저도 희열에 벅차 오릅니다. 이 책이 한국음식을 전문으로 하는 업주, 조리를 공부하는 학생이나 조리를 즐기는 모든 사람들에게 큰 도움이 되리라 확신합니다.

축하의 글을 쓰면서 저 또한 크나큰 기쁨을 누리고 있습니다. 봉하원 군의 사람됨과 그릇의 크기로 보아 더 큰 일을 해낼 것이라고 늘 격려하였던 것이 대학원 석사학위 영득, 기능장 취득, 본서 출판 등 큰일을 하나하나 성취하는데 동기부여가 되었다고 생각하니, 나의 일보다 더 큰 감격을 느끼지 않을 수 없습니다. 여기서 만족하지 말고 더더욱 연구에 매진하여 한국음식문화에 기록될 권위자가 될 것을 기대하는 바입니다.

2000년 3월

성균관대학교 겸임교수

경영학 박사 민 승 기

격려의 말

많은 사람을 대해 봤지만, 봉하원씨는 보통분과는 좀 다른 분이십니다.

꾸준하고 차분한 성격에다 항상 연구하고, 개발하며, 열심히 자기자신을 개발하는데 노력하고, 공부하는 분입니다.

인정이 넘쳐 흐르고 사랑을 베푸는 분이시고, 선경지명이 있고, 후배양성에 주력하고 있습니다.

그동안 실습하고 먹어보고 복잡한 과정을 겪어보고, 이 책을 저술한 것에 대해서 칭찬하고 싶습니다.

한국음식 문화를 많은 사람에게 전수하고 있으며, 특히 고려때 개성음식을 전수받으려 노력하고 있다. 용수산의 한 가족으로 지내오면서 봉하원씨를 인정하며 칭찬합니다.

용수산 회 장

머리말

왜!

그래서!

이렇게 썼는가!

한 나라의 식문화는 살고있는 지역의 풍토와 기후, 그에 따라 생산되는 식재료가 해당 민족의 생존에 근거하여 발달되어져 오는 것이기 때문에 어떠한 물리적 환경으로 영향을 받는 것이 아니다. 따라서 각 나라의 식문화는 우열로 평가되어질 수도 없을뿐더러 일방적 세계화를 추구할 수는 없다. 단지 외식시장 경제에 식문화의 자긍심을 가질 수 있다.

이는 우리 식문화가 중국, 일본과의 근접한 지리적 조건으로 인해 오랜 세월동안 정치적 이해관계로 원하든 원하지 않든 밀접한 관계로 지속되어져 왔지만 서로 다른 독특한 식문화의 고유성이 유지되고 있는 데에서 입증된다.

외세의 침탈을 많이 받아온 우리는, 변화를 준다는 것을 우리의 마음 한 구석에 무엇인가를 잃는 것이라는 피해의식을 가지고 있다. 식문화도 그러한 면에서 예외가 아니다.

전통음식에 근거하여 현재의 실정에 맞게 외식문화로 변하여 정착되어지는 외식문화에 대한 긍정적인 시각이 필요한 때이다. 그러나 이만큼 우리음식이 체계적으로 정리된 것은 여러 선생님들의 각고의 노력에 힘입었음을 부인할 수는 없다. 그러나 전통음식의 폭은 넓게 연구되어져 오고 있지만 한계성을 벗어나지 못하는 것은 조선왕조 음식에 절대적 영향을 끼쳤을 고려왕조 음식(개성음식)과 북한음식에 대한 연구가 부족하다는 것이며, 또한 우리 전통음식의 큰 부분을 차지하고 있는 궁중음식과 양반(반가)음식의 상충되는 부분에 대하여 서로 다른 해석과 특히, 한문 등에 근거한 억지스러운 조리명 등은 재정비되고 표준화되어야 할 것이다.

식문화는 경쟁력있는 시장성을 가지고 있다. 반도국가인 우리나라가 우수하고도 독특한 식문화를 가지고 있는 것은 큰 자랑이며, 우리의 식문화가 정체성으로 머물지 않고 역동적이고 경쟁력있게 세계 속으로 발전시켜 나가야 하는 이유가 여기에 있는 것이다. 그렇다고 해서 우리의 전통음식에 동·서양의 음식을 함부로 희석시켜 요즘 유행하는 퓨전 음식(fusion food)을 추구하라는 것은 아니다. 우리 음식의 단점을 보완하고 전통음식에 뿌리를 두고 개발된 음식을 포용력있게 받아들이고 연구·개발해야 한다는 것이다.

오늘날 우리의 식문화 보급은 전통음식이 강조되어 가르치는 강단의 구조와 현실적으로 외식산업으로 자리하고 있는 현장구조로서 나누어져 있다. 두 구조는 우리 식문화의 발전을 위해서라도 연결되어야 하는데, 그렇지 못한 것이 현실이다.

저자는 빈농과 정신지체장애를 앓고 있는 어머니를 둔 가정에서 태어났으며, 중학교를 다닐 형편도 안되어 중학교 2년 초에 무작정 상경하였다. 당시의 시대상황으로는 먹고 자는 것이 가장 큰 문제였고, 이 문제를 해결하기 위해서 식당에 취업하였다. 이렇게 하여 맺어진 인연이 20여년 간 이어져 오늘날에 이르렀다. 흔히들 맛솜씨 자랑을 할 때 자신들의 어머니로부터 배웠다고 말을 한다. 본인도 어머니의 덕택으로 어릴 때부터 부엌에 드나들었는데, 그것은 어머니로부터 배우려는 것이 아니라 최소한의 입맛을 장애인이신 어머니로부터 기대한다는 것이 어려웠으므로 자연적으로 부엌을 드나들었던 것이 천직으로 이어진 것을 볼 때에 어머니 은혜임에는 틀림이 없다. 그래도 그 어머니가 거의 매일 똑같은 도시락 반찬으로 싸주셨던 고추장 장아찌, 그 맛이 그리워지는 것을 볼 때에는 '고향을 찾아 회기본능으로 되돌아오는 연어의 삶처럼 사람의 입맛도 그러한 것인가?'라는 생각을 하게 된다.

직업인으로서 요리사의 길을 걷게 된 지난 20여 년 동안 약 10곳의 직장을 옮겼는데, 적응을 못해서도 아니요, 더욱이 좀 더 나은 보수·복지·직위를 얻기 위함이 아니라 단지 한국요리를 전문적이고 폭넓게 배우려는 욕심 한 가지였다. 한 곳에 오래 근무하면서도 그곳에서 경험치 못한 부분을 배울 수 있는 실무적 한식 교육을 받을 기회를 가질 수 있다면 좋겠지만, 많은 교육기관이 전통요리와 자격증을 취득하기 위한 한계성을 벗어나지 못하기 때문이라고 이유를 말하고 싶다.

10여 군데의 직장을 옮기면서도 한국음식 부분이 점점 어렵게 느껴지는 것은 한국음식의 넓이보다는 깊이를 알기 때문이다. 아마도 세월이 지날수록 깊은 맛이 베어나는 곰삭는 젓갈냄새와 같다라고 표현함이 비슷할까?

경험치 못한 보신탕 양념을 배우기 위하여 경험많은 아주머니를 고액의 일당을 자비로 들여서 초빙하여 옆에서 지켜보며 배운 보신탕 양념, 유명 갈비집 양념, 냉면 육수 비법을 배우기 위하여 담당 주방장과 날이 새도록 술마시며 질문하여 겨우 알아낸 비법, 재료가 부족한 외국에서의 한국음식 맛내기 경험 등…, 오랜 세월동안 새로운 맛, 깊은 맛을 찾고 연구한 것들을 제시하였다.

처음에는 '이것이구나!'하는 의욕에 집필을 시작하여 3년 6개월동안 단 하루도 편한 날이 없이 혼신을 다하여 최선을 다했다고 하면서도 현장의 근무자로서 시간제약 등의 한계점이 있어 내용의 체계가 자연스럽지 못한 부분이 있음에 아쉬움이 남는다.

이 책은 기존의 소인분 기준으로 발간된 한국요리책의 단점을 현장에서 실무적으로 적용되는 백분률 기준으로 표시하였다. 그러나 백분율 표시도 부피적·중량적 중 어느 한 쪽으로 명확히 하기가 어려운 부분이 있어 혼합형으로 표시할 수 밖에 없는 부분이 있어 실무경험이 적은 이들에겐 혼란을 줄 염려가 있다. 이러한 점을 해소하기 위하여 가끔은 실제적인 재료량을 기술하였으므로 한식요리사로서 현장경험이 있는 분들은 오히려 이해되리라 믿는다.

이 책이 나오기까지 너무 많은 분들의 도움이 컸다.

먼저 이 책의 출판을 맡아주신 도서출판 효일의 김홍용 사장님과 직원 여러분에게 감사를 드린다.

요리에 관한 스승이신 용수산의 최상옥 회장님, 항상 격려해 주신데에 감사드리고, 조리부 직원 여러분께도 감사를 드린다.

힘이 들 때 격려해 주시고 지켜보아 주신 민승기 박사님, 중학교를 중퇴한 후 서울에 상경하여 식당에서 일하는 소년에게 정성으로 돌보아주신 이원림 선생님께 항상 숙연한 감사함이 있음을 전해드립니다.

가장 많은 날을 일과 후의 지친 몸에도 불구하고 이 책의 전반내용을 검토하고 꼼꼼하게 수정해 준 제자 김택원에게 큰 감사를 간직하고, 이대희군, 강계희, 신은주에게도 감사를 드린다.

그리고 어려운 시절에 야간대학을 다닐 수 있도록 배려해 주신 캐피탈 호텔의 이기원 선배님께도 감사를 올린다.

그리고 한국요리해법의 두번째 수정본을 헌신적이고 열정적으로 검토하고 한국 식문화 발전에 비젼을 가진 제자 김해진 양에게도 앞날을 축복하며 감사를 보낸다. 끝으로 이 책에 매어 있느라 가장으로서 남편으로서 함께 여유로움의 시간을 가져보지 못하였지만, 한결같은 격려와 희망을 보내 준 아내 하은미에게 미안함과 고마움을 전하며, 세상의 진(眞)을 위하여 기도한다.

2000. 5.

저자 씀

차례

제1부 현대 한국요리의 개요

제 3 부 실무요리

제 1 부

현대 한국요리의 개요

1. 한국요리 발전사

제1절 한국요리 발전사

한 나라를 이해하려면 먼저 그들의 역사를 알아야 한다고 이야기한다. 하지만 먼저 그들의 역사를 알기 전에 그들의 음식문화를 살펴보면 더 빨리 그 나라를 이해할 수 있으리라 본다. 그만큼 음식 안에는 한 나라의 여러 가지 습관, 문화, 풍토 등이 스며 있으며, 음식은 하루, 이틀만에 전해 오는 것이 아니기 때문에 역사성을 지니고 있는 것이다.

따라서 우리가 한식을 만들기 전에 우리의 음식역사를 되짚어 보지 않는다면 그것은 과거없는 현재와 마찬가지일 것이다. 그래서 한식요리를 이해하기 위해서는 우선 우리음식의 역사를 알아야 한다고 생각된다.

우리는 사계절이 뚜렷하고, 대륙과 해양으로 문화를 접하며 대륙성 기후와 해양성 기후의 양면성이 공존되어 식생활 문화가 전반적으로 다중구조를 이루고 있다. 또한 농업의 발달로 쌀과 잡곡의 생산이 다양하게 어우러져 이들을 이용한 조리법이 개발되었고, 연근해 어업의 발달과 더불어 수산물의 증가와 조육류와 채소류를 이용한 조리법이 함께 발달하게 되었다.

1. 삼국시대(고구려, 백제, 신라)

고구려, 백제, 신라 모두 토지를 국가소유 원칙으로 정비하고, 벼농사에 필요한 관개공사를 적극 추진하여 쌀의 생산량이 매년 늘어났으며 그외 조, 기장, 보리, 콩, 수수, 피, 팥 등의 여러 가지 곡물들도 생산하였다.

이 땅에 농경이 정착하고 불교가 들어옴에 따라 우리네 식생활은 육식 음식문화가 발달되지 않았다. 그리고 주방기구의 발전과 조리방법의 발달로 인하여 발효식품도 발전할 수 있었고, 특히 무쇠솥의 보급과 함께 밥짓기가 보편화되어 상차림이 밥과 반찬으로 나누어지는, 즉 주식과 부식의 개념이 일상식의 기본양식으로 발달하게 되었다.

1) 신 라

초기에는 보리 농사를 일반적으로 경작하였지만, 한강 상 · 하류 지역과 가야(낙동강 하류, 김해지역)의 벼농사 지역을 차지한 후 삼국 중 벼농사를 가장 많이 하는 나라가 되었다.

당시의 신라시대에는 지금의 경상도 지역인데 식문화로서 경상도 음식은 투박하고 단조롭다. 그 이유는 무엇일까? 아마도 삼국통일을 하기 위한 응집력을 전쟁에 집중하느라고 발달되지 못했는가?

2) 백 제

벼농사의 적지인 마한(대전 · 익산지역 중심, 경기 · 충청 · 전라도 지방)을 배경으로 성립이 되어 초기에는 벼농사를 많이 짓기도 하였다. 4세기 백제가 중앙집권적인 국가로 체제를 완성하게 되었을 때에는 경기, 충청, 전라 등 쌀 재배 적합지를 많이 점유하여 쌀의 주식화가 이루어졌다.

3) 고구려

한반도 가장 북쪽에 위치하여 기후가 한랭한 탓에 벼농사는 대동강 유역에서만 재배되었던 것 같다. 또한 중국과 가까이 위치한 지리적인 요인으로 철기문화의 수용 등 대륙의 선진문화를 일찍 받아들여 삼국 중 제일 먼저 철제의 쟁기를 소나 말에게 끌게 하는 농업을 실시하기도 했다.

2. 고려시대

고려는 불교를 숭상하고 농업을 장려하여 먹이감의 생산에 온 힘을 기울였다. 송나라와의 교류가 활발해짐에 따라 문화 및 물자 교류가 많아서 국력이 커지고 불교의 융성으로 평화를 누리게 되었다.

고려시대에 와서 우리나라의 민족음식은 새로운 종류가 첨부되고, 조리기법의 발전과 더불어 식생활문화의 전반적인 체계와 구조가 확립된 시기이기도 하다. 이 시기에는 두부와 무로 만든 김장김치가 나타나게 되었으며, 한과인 유밀과 양념의 후추 등도 널리 이용되었다.

고려초기에는 숭불사상으로 인하여 식생활이 전반적으로 소박하고 채식위주였으나, 고려후기 몽고의 지배를 받게 되면서 육식의 풍습이 다시 살아나 소고기, 돼지고기, 양고기, 개고기 등을 먹게 되었다.

한편 차마시는 문화가 크게 성행하여 고유의 차마시는 예절이 정해졌으며 그에 따라 차마시는 그릇 및 도자기의 발달로 고려청자가 탄생되는 배경이 되기도 하였다. 또한 차와 함께 다식도 개발되었다.

안타까운 것은 고려왕조시대의 음식문화는 조선왕조시대에 상당한 영향을 주었음에도 불구하고 음식이 체계적으로 정리되지 못하였다는 것이다. 개성약과, 개성주악 등의 분명한 지명, 즉 고려왕조의 궁의 소재였던 지명이 언급되는 것을 볼 때에 이를 뒷받침하며, 이렇듯 전통음식의 미완성을 남·북한의 문화적 교류가 왕성해져 완성되어야 할 것이다.

3. 조선시대

조선왕조는 정권의 강화와 재정의 확보를 위해 곡물생산의 증가를 국시의 하나로 삼았다. 조선시대에 와서는 유교를 숭상하여 식생활도 숭유주의의 영향을 크게 받게 되었으며 차문화가 점차 쇠퇴하게 되었다.

이 시기에는 곡물의 경작기술이 더욱 발달하여 채소류의 품질이 개선되면서 생산량도 크게 증가하기 시작하였고, 임진왜란을 전후한 시기에 도입된 고추, 호박, 고구마, 토마토, 감자와 같은 남방식품을 수용하여 재배에 성공함으로써 우리의 음식문화 발전에 큰 계기를 이루게 되었다.

또한 인쇄술의 발달로 농업기술을 서술한 농서를 간행하여 농업기술을 적극적으로 계몽할 수 있었고, 가부장적 대가족 생활이 공공연해지고, 각종 예법이 강조되는 환경에서 의례음식의 조리기술과 상차림의 기술이 고도로 발달하게 되었다.

조선 왕조 궁중음식은 고려 왕조의 영향을 많이 받아 궁중음식을 조명할 때는 개성음식이 같이 연구되어야 완성될 수 있다.

4. 개화기(1910~1950년대)

왕조시대의 종식으로 전통적 보수성의 문화가 새로운 문화에 접하게 되는 개화기에 유럽 및 각국과의 수호조약 등으로 외국인과의 잦은 만찬연회 모임때문에 서양요리를 접하게 되었다. 일제 식민지하에 있으면서 일본음식이 상층지배층의 식문화로 서서히 보급되었으며 일본을 거쳐 서양요리가 소개되기도 하였다. 이로써 조선왕조궁의 음식은 일제 치하의 30여년간 거의 재현되지 못하고 있는 실정이었다.

5. 과도기(1960년대)

6·25 전쟁 이후 식문화는 국내쌀생산이 소비량에 못미치고 미국의 밀가루와 옥수수분의 원조로 혼

분식을 장려해 왔으며 학교 선생님들은 학생들의 도시락 검열을 실시하여 일정 분량의 보리와 잡곡이 섞인 것을 강요했고, 정부는 쌀소비억제정책으로 쌀을 사용하는 막걸리제조를 금했으며, 한시적으로는 떡국용 흰떡의 생산은 방앗간에서조차도 제재하였다. 이로 인한 밀가루소비 식문화(면류·빵류)가 발달되었으며 오늘날까지 인기있는 라면이 선을 보였다.

6. 근대화기

1) 1970년대

근대화 초기시대로 민족음식과 궁중음식에 대한 재현연구가 활발했으나, 일제 치하 30여년의 공백은 문헌에 의하여 이어지는 한계성을 극복하기는 어려운 것으로 보인다. 한편으로는 서양음식과 중국음식의 보급이 크게 부각되고 일본음식이 일부를 차지했다.

새마을운동으로 인해 서민적 문화가 발달되는데 빠르게 먹을 수 있는 탕문화와 양념하지 않은 구이류(삽겹살)와 서로 같이 먹을 수 있는 전골류가 외식산업의 주종을 이루었다.

2) 1980년대

1988년 올림픽을 계기로 대학 주변의 식당가는 돈가스·오므라이스·햄버거·스테이크 등의 서양음식이 최고조에 이르렀으며, 서민들이 평소 자주 접해볼 수 없는 서양식을 양껏 먹을 수 있는 뷔페가 유행하였다.

3) 1990년대(현대화기)

1990년 초반 이후에는 국민소득 1만불의 호경기에 의한 자긍심이 극대화되어 서양식을 추구하던 먹거리 문화가 한식으로 전환되었다. 예로 대학가 주변과 주종의 식단은 막걸리, 족발, 순대, 낙지볶음, 떡볶이 등으로 바뀌었다.

1990년대 중반에는 정통양식이 아닌 가족단위인 패밀리 레스토랑이 유행하였고, 1990년대 후반에는 이태리 음식의 보급과 서양요리사들의 한국요리로 회귀하려는 현상으로 인해 동·서양요리를 혼합한 퓨전요리가 유행한다.

7. 새 천년 시대에는

외식산업도 유행처럼 변화하여 양념이 혼합된 퓨전(fusion)요리는 유행처럼 일부 신세대의 외식산업으로 남게 되고 앞으로도 양념이 혼합된 것이 아닌 전통한식 코스요리에 일부의 차림으로 각 나라의 특색있는 음식이 선을 보일 것이다. 오늘날 퓨전 요리는 새로운 전통요리로 자리하기 위한 과도기적 요리로도 볼 수 있다.

발효음식, 즉 3차원적 요리가 주도적인 맛으로 외식산업에 지배적인 중심이 될 것이다. 한국요리가 전세계요리의 외식인기도에서 현재는 10위 이내에서 5위 이내로 급성장할 것이다.

시대가 변화를 요구할 지라도 음식의 맛(미각)은 가장 변화가 없는 또는 변화가 늦는 보수성을 지닐 것이며 한국음식의 위상도 그만큼 높아질 것이라고 전망해 본다. 그러기 위해서는 한국음식의 원천적 뿌리를 조선왕조 궁중음식에서 찾으려 했던 부분에 북한음식의 연구가 병행되어 전통적 식문화가 제대로 발굴되고 계승돼야 할 것이다.

제 2 절 한국음식의 나아가야 할 방향

1. 한국 음식문화의 우수성에도 불구하고 발전하지 못한 이유

1) 전문직으로서의 인식부족과 교육기회의 부족

과거 유교사상이 지배적이고 남존여비의 가부장적 시대분위기에서 남자조리사의 직업은 스스로 선택하여 가는 길이 아닌 선택할 수밖에 없는 직업이었기 때문이며, 여자로서는 극소수의 최소한의 전문인을 제외하고는 궁여지책의 길이었다. 따라서 이들의 자긍심없는 직업관으로서는 한식요리에 대한 실제적 발전을 도모하지 못했으며, 나름대로의 개발된 요리법도 객관적이고도 공개적인 접근으로는 알 수 없는 경험적 접근으로 배울 수밖에 없는 것이 현실이었다.

한국요리의 한 부분인 전통요리는 우리사회의 뿌리로서 깊고 넓게 자리매김해야 하지만, 교육상으로만 존재하고 실제 외식업으로는 다른 나라 식문화에 뒤지고 있는 실정이다.

한국전통요리는 외식산업에 성공한 한식요리, 즉 실무적 한식요리와 많은 거리를 두고 각자의 길로 오늘날에 이르렀다. 그 결과로 우리는 식문화의 독특함과 우수성이 있음에도 불구하고 세계의 식문화에 알려지지 못했다. 이제는 한국의 식문화도 국내외적 외식산업에 크게 이바지하는 유형의 가치와 맛과 멋의 무형의 가치로 볼 때에 현실에 맞는 체계적인 한식요리 교육이 요구된다.

2) 우리 먹거리 문화에 대한 자긍심 부족

아직도 우리는 외국인이 많이 머무는 고급호텔에는 한국요리보다는 이웃의 동양요리가, 동양요리보다는 서양요리가 크게 비중을 차지하고 있으며 그 이유로는 한국요리에 대한 지원이 잘 안되는 형편에 있기 때문에 — 사실 이들 고급호텔의 한국식당은 우리음식에 대한 맛과 멋이 기대치에 못 미치는 것이 사실이다 — 외국인이 많이 머무는 고급호텔일수록 우리 음식문화의 맛과 멋이 소개될 수 있는 장소가 되어야 함에도 그렇지 않은 것은 한식 전문인을 적재적소에 등용 하지 못하고 지원이 미흡한 가운데 영업이 부진한 이유도 있겠으나, 호텔경영인이나 총주방장의 우리 식문화에 대한 자긍심 부족과 사대주의적 의식이 잔재함도 이유가 될 것이다.

3) 한국음식차림의 단점과 요리법의 단점

① 한국음식은 정확한 양목표(recipy)로 표준화되어 있지 않아 한식요리를 배우기가 어렵다.
② 음식의 결합력이 나쁘다 : 양념방법의 개성이 강하여 조합하기가 어렵고 결과로 반찬기가 많다.
③ 첩 반상에 의한 격식을 기준으로 차림한다. 음식을 먹기 위한 동작이 제한적이며 교자상일 경우에는 실질적이지 못하고 형식적일 수가 있다.
④ 국물음식이 많고 국물음식에 대한 저장방법이 개발되지 않았다.
⑤ 대부분의 한국음식에는 고명이 복잡하다.
⑥ 야채사용이 많아 오랜 보관이 어려워 사전작업을 하기가 어렵다.
⑦ 짠 발효음식이 많아 자극이 강하여 외국인 또는 어린이들에게는 기피될 수 있다.

2. 한국음식이 나아가야 할 방향

온고지신(溫故知新)이라는 말이 있다. 옛것을 익히고 새로운 것을 배운다는 말로 이해할 수 있다. 다시 말하여 아무리 새로운 것이라 해도 근본과 뿌리에는 전통적인 문화가 함께 어우러져 있어야 한다는 말이다. 이것은 폐쇄성도 아니고 정체성도 아닌 더 나은 진보적 의미에서 앞으로 나아가라는 말로 풀이될 수 있다. 그렇다고 요즘 한참 유행하는 어느 나라 음식인지 구분이 안되는 퓨전음식(fusion food)

을 지향하라는 의미가 아니다. 한국의 전통요리 또한 전통성에 근거한 시대적 흐름에 변화를 가져야 하며 또한 변화된(개발된) 요리에 대하여는 포용력을 가져야 한다. 한국음식이 변화되어야 할 부분에 대하여 몇 가지 기술하면 다음과 같다.

① **한국음식명 · 요리법 · 차림법의 체계적인 정리와 개량법이 제시되어야 한다.** 이를 위해서는 한국음식을 지도해오신 선생님들이 원활한 교류를 통하여 각각의 다르게 표현되는 한국요리의 전반적인 부분에 대해 정비할 필요가 있으며, 지금까지 주장해왔던 전통음식의 한계를 인정하고 북한에 맥을 이어가고 있는 잃어버린 반쪽의 전통음식을 찾아야 한다.

② **응용된 한국요리에 대하여 긍정적인 시각을 가져야 한다.** 오늘날의 외식산업에 성공적으로 자리매김할 수 있도록 개발된 우리음식에 대하여 긍정적인 시각을 보여야 하며, 진보된 한국음식으로 체계적인 정리가 되어야 한다.

③ **실무경험이 많은 한식요리사들이 자신들의 경험과 소장하고 있는 자료를 적극적으로 표현하고 공개해야 한다.**

④ 식품위생법의 기준 및 규격이 한국음식의 특징인 생양념과 발효음식에 근거한 기준 및 규격으로 바뀌어야 한다. 즉, **우리 음식문화에 맞는 현실성있는 기준 및 규격이어야 한다.**

⑤ 반상(밥을 주식의 개념으로 한 상차림)과 그에 따른 첩(반찬)수에 **의한 상차림의 원칙에서 단점을 보완한 또 다른 변화를 병행해야 한다.** 변화되어야 할 부분은, 먼저 드려야 하는 음식과 나중에 드리는 음식이 구분되어 있어야 한다. 즉, 전채요리(물김치류)와 부드러운 죽류, 찬 음식, 뜨거운 음식, 후식 등의 순으로 상차림의 단점을 실질적인 음식을 즐길 수 있도록 시차를 두고 음식을 드리는(코스별) 방법도 병행하여 수용되어야 한다.

⑥ **조리의 간편화, 보관법, 저장방법에 대한 연구가 있어야 한다.**

⑦ **조리방법과 주방의 설비가 과학화되어야 한다.** 한국음식은 손끝의 맛이라는 것이 강조되어 모든 조리동작을 손으로 하라는 뜻은 아닐 것이다. 좀더 과학화된 조리법이 연구되어야 하고 음식별 냉장고 구분, 단순작업 및 대량작업에 대한 기계화, 짧은 동선, 위생, 환경 등의 부분에 합리적 투자가 있어야 한다.

⑧ **한국요리에 비전을 가진 인재를 양성해야 한다.** 외식을 하는 인구분포를 조사한 전문요리지의 자료에 의하면 외식시 한식 선호도가 43.5%나 된다. 또한 조리사로서의 해외취업은 단연 외국음식 요리사로서가 아니라 우리가 그동안 보고 먹어 왔던 한국음식전문 요리사로서의 취업의 문이 넓으며, 외식업체로의 진출 또한 한식당 운영이 전망이 좋다. 50여개 대학의 조리학과에서는 교과내용이 현실적이고도 현대적인 한식조리를 비중있게 다루어 우리 음식문화의 세계화에 비전을 가진 인재를 양성해야 하고, 서양요리가 국내 외식산업의 입지가 점차 좁아지고 해외로 진출하기도 어려운 서양요리의 교육비중을 줄여야 한다.

오색(五色)과 오미(五味)의 우주론

음식의 조리방법은 민족마다 달라도 달걀의 모양과 맛은 세계 공통이다.

그 맛은 불에 얼마나 오래 익혔는가에 따라 결정된다. 날것, 반숙, 완숙으로 한국의 달걀요리는 보다 고유한 체계를 가졌다.

익힌 달걀을 그냥 먹지 않고 그곳에다 시각적 효과를 돋우기 위해 달걀의 기본색인 흰색과 노란색에 검은 빛깔의 김, 석이버섯 불의 빛깔의 고추를 넣고, 푸른 빛깔의 야채를 첨가했다.

그래서 청(靑), 적(赤), 황(黃), 흑(黑), 백(白)의 다섯가지 빛깔이다. 한국인들은 우주공간을 상징할 때 오방색을 나타낸다.

푸른색은 동(東), 붉은색은 남(南), 흰색은 서(西), 검은색은 북(北), 노란색은 중앙(中央)을 가르킨다.

다섯가지 색채들은 공간방향을 가리킬 뿐 아니라 춘하추동(春夏秋冬)과 그 계절의 변화를 일으키는 중심. 즉 우주의 시간을 상징하기도 했다.

오방색은 자연과 인간의 현상을 목(木), 화(火), 토(土), 금(金), 수(水) 다섯가지 요소를 구조화한 동북아시아의 음양 오행설에 뿌리하고 있다.

미각에서도 맵고(辛), 달고(甘), 시고(酸)짜고(鹽), 쓴 오미(五味)로 가려나누었다.

요리의 시각기호와 미각기호의 코드를 창출해낸 것은 한국만의 독창적인 식문화라 할 수 있다. '고명'과 '양념'이 바로 그것이다. 고명과 양념은 한국맛의 언술과 텍스트를 생성하는 요리 코드로서 음과 양의 관계처럼 상보적인 것이다. 또한 그들이 자아내는 기호작용은 조화의 융합이다.

오향배치	양		음		중앙
물질/형	목(木)	화(火)	금(金)	수(水)	토(土)
공간/오방	동(東)	남(南)	서(西)	북(北)	중앙(中央)
시간/오절	춘(春)	하(夏)	추(秋)	동(冬)	절기교체
색체/오색	청(靑)	적(赤)	백(白)	흑(黑)	황(黃)
윤리/오륜	인(仁)	예(禮)	의(意)	지(志)	신(信)
신체/오장	비장	폐	간	신장	심장
맛/오미	신맛(酸)	쓴맛(苦)	단맛(甘)	매운맛(辛)	짠맛(鹽)

음양 오행의 전통문화를 공유하고 있는 중국과 일본의 음식이라 해도 한국의 경우처럼 오색 오미를 하나로 섞는 융합형은 아니다.

한국의 음식은 결합형의 쌈문화이다.

포크와 나이크로 음식을 썰어먹는 식사법이 '배재적(exclusive)'인 것이라고 한다면 모든 음식을 한데 싸서 통째로 입안에 넣는 것은 '포함적(inclusive)'인 식사법이라 할 수 있다.

그러므로 한국요리의 텍스트는 단일기호가 아니라 다중기호 체계로 구성돼 있고, 그 맛은 따로따로 독립해 있는 실체론적인 기호가 아니라 서로 유기적으로 얽혀있는 관계론적인 의미를 띠고 있는 것이라 정의할 수 있다.

한국의 음식 맛은 '존재하는 것(being)'이 아니라 '생성하는 것(becoming)'이다.

이어령 선생님과 그 외 분들이 쓰신 "천년의 맛 김치"에 있는 글입니다.

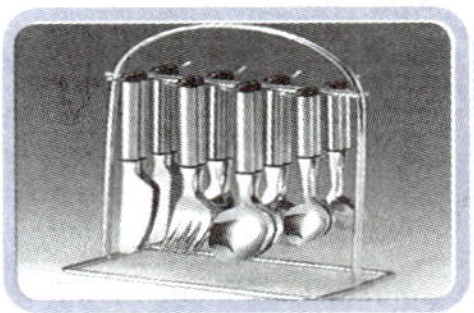

2. 주 방 관 리

제 1 절 한식조리사의 기본자세

(1) 심신을 건강하게 한다.

건강한 신체에 바른 정신이 깃들고, 바른 정신은 정갈한 음식을 만드는 데 중요하다. 건강은 적극적이고 긍정적인 사고를 갖고, 생활을 균형있게 관리함으로써 가능하다.

(2) 자신의 역할과 요리에 정성을 다한다.

조리법을 아는 것도 중요하지만, 자신의 역할에 최선을 다하고 정성스럽게 조리한다면 최상의 맛을 고객에게 제공할 수 있을 것이다.

(3) 조리사는 윤리관과 직업관리가 투철해야 한다.

조리사는 음식을 즐기는 사람의 보이지 않는 곳에서 조리하고 맛을 내므로 조리과정과 사용되는 재료 등의 전과정이 윤리적이어야 한다.

과거의 남존여비라는 가부장적 의식이 잔재해 있어, 앞치마를 두르고 그릇을 닦거나 나물을 다듬는 일은 여자가 해야하는 것으로 인식되어 있는데, 이런 의식은 과감히 버리고 모든 조리과정에 적극적으로 참여하고 배우는 직업관을 가져야 한다.

(4) 근검절약해야 한다.

일상생활에 있어서 시간절약을 통해 자기관리뿐 아니라 조리업무에 있어서 신속정확해야 하고 자신이 다루는 식자재원가에 대해 신경써야 한다.

(5) 개인보다는 조직을 생각하고 선배를 공경해야 한다.

자신이 하기 싫은 일은 다른 사람도 하기 싫으므로 동료간에 솔선하고 협동하는 자세가 필요하다. 지금의 선배들도 이론적 배경은 부족하지만 실무경험은 많다. 그래서 후배들은 이러한 선배들의 단점을 보완하면서 선배들의 실무적 경험도 겸손하게 배워야 하며, 선배 또는 상사에게 예의를 다해야 한다.

(6) 꾸준히 연구하고 자신을 개발하는 자세를 갖는다.

전통과 전통의 만남은 제3의 전통을 낳는다. 요리를 하는 데 있어서 전통을 기초로 하되 고정관념에서 탈피하자는 것이다. 또한 서예, 음악, 수예, 조각, 사진 등 취미를 가지고 자신을 개발해야 한다.

(7) 한국음식의 맛과 멋을 세계로

한국음식은 독창적인 식문화를 가진 훌륭한 음식이다. 과학적이고 합리적인 면에서는 세계 어느 음식에 뒤지지 않기 때문이며, 한국음식의 전통성을 지키며 세계인의 입맛에 접근할 수 있도록 노력해야 한다.

조리인의 행동방침

- 만약 당신이 열었으면 닫아라.
- 만약 당신이 켰으면 꺼라.
- 만약 당신이 열었으면 다시 잠궈라.
- 만약 당신이 고장냈으면 주위 사람들에게 알려라.
- 만약 당신이 빌렸으면 되돌려 주라.
- 만약 당신이 어지렵혔으면 개끗히 채워라.
- 만약 당신이 옮겼으면 제자리에 갖다 놓아라.
- 만약 당신이 다른 사람의 것을 사용하려면 먼저 그 주인에게 꼭 허락을 받아라.
- 만약 당신이 사용할 줄 모르거든 그대로 두어라
- 만약 당신이 상관없다면 간섭하지 마라.
- feed back(자신이 감지한 예측상황 등을 관련된 상대방에게 알려주는 것)을 잘하라.
- 섬기는 마음을 가져라.
- 내가 하기 싫은 일은 남도 하기 싫다. 비교하지 말고 먼저하라.

"지극히 작은 일에 신뢰 받을 수 없고 작은 것에 정직하지 못한 사람은 큰 것에도 정직하지 못하다.(눅16:10~12)"

조리인의 위생수칙

- 손 소독을 한시간에 한번씩
- 익힐 것은 반드시 익혀서
- 비 위생적 식자재 사용 절대금지
- 도마, 행주, 칼 소득철저

- 장기보존재료 진공팩 처리보관

  ※ 진공팩은 호기성세균(공기를 필요로 하는 균)만 억제한다.
  혐기성 세균인 유산균의 발효음식은 진공을 해도 의미가 없다.

조리인의 사명

- 음식을 안전하게
- 음식을 간이맞게
- 음식을 뜨거운 것은 뜨겁게
- 음식을 차가운 것은 차갑게
- 음식은 양념의 조화

  ※ 정성과 섬김의 마음이 최고의 양념

봉주방장의 조언

요리사의 직업을 선택하여 음식을 맛이 있다 없다는 거듭된 노력과 배움이 중요하며 경륜이 필요하다. 그러나 최소한 짜고 싱겁고는 구별되어야 하며 익었는지 안익었는지 상했는지 신선한지는 구별되어야 하지 않을까? 그 다음에 중요한 것은 음식의 온도이다.

제 2 절 한식주방조직의 발달과정

1. 주방조직의 발전사와 직무분석

1) 하층계급 여자와 상층계급 여자의 직무분석

(1) 하층계급

상민이나 하층계급의 여자들은 육아, 가사, 생업 등의 일로 손이 마를 일이 없었고, 허리 펴 볼 시간이 없을 만큼 그들의 가사노동은 상당히 힘든 일이었다.

(2) 상층계급

흔히 양반계급을 이야기하는데 이들 계급의 경우는 직접 주방일을 하지는 않았고 밑에 여러 명의 사람을 두어 주방을 관리하였다.

대방마님(안주인)	안주인으로서 곡물창고(뒤주나 곳간의 쌀)를 관리하고 열쇠를 관리하며 부엌에서 만드는 음식일체에 대한 관리와 책임을 가진다. 또한 밥푸는 것을 감독한다.
↓ 찬 모	부엌에 붙여서 지은 마룻방에 올라 앉아서 도마에 칼질을 하고 화로나 풍로를 곁에 놓고 지지고 볶는 일을 주로 한다. 안주인을 받들어 반모나 하녀의 작업을 감독한다.
↓ 반 모	부엌에서 밥을 짓고, 탕을 끓이는 일을 주로 한다. 찬모를 받들고 하녀와 함께 허드렛일을 많이 한다.
↓ 하 녀	찬모와 반모를 도와 허드렛일을 주로 한다.

※찬모와 반모의 서열상의 우열은 위의 직무내용으로 보아 찬모가 상위였음을 짐작할 수 있다.

2. 조선시대 궁중의 주방과 직책

1) 평상시 궁중식일 경우

수라간(水喇間)	임금이 업무를 보는 대조전과 매우 떨어진 곳에 음식을 만드는 곳이다. 휘하에 안소주방, 밖소주방, 생과방 등이 있다.
↓ 안소주방(內燒廚房)	평소의 조석 수라상을 차리는 곳이므로 다른 소주방보다 상위에 있을 수도 있다는 생각이 든다. 진연(잔치)때는 밖소주방과 협조를 하여 음식을 만드는 곳으로 사려된다.
↓ 밖소주방(外燒廚房)	크고 작은 궁중의 진연(잔치)때 음식을 장만하고 고사, 백일 음식을 만드는 곳이다.

↓ 퇴선간(退膳間)

더운 음식 등을 따뜻하게 해 두었다가 들여가기도 하고, 식사가 끝난 기물을 되물리는 곳으로서, 주방기물 등을 관리하기도 한다.

↓ 생과방(生果房)

수라 외의 후식을 만드는 곳으로 밖소주방과는 옆에 위치하고 죽, 생과, 숙과, 조과, 차, 화채를 만드는 곳이다.

2) 연회가 있을 경우

진연도감(進宴都監)

↓

내숙설소 또는 주원숙설소

↓

190간의 가건물을 지음
일백명의 숙수들이 며칠이고 음식을 만듦

진연도감 임명 : 일종의 연회 부서
계획을 짜고 모든 의식절차습의(習儀豫行演習) : 음식의 찬품을 짠다.
기명과 조리기구를 점검하고 만든다.
음식재료를 예상하고, 식자재를 구입한다.
주방의 대령숙수, 주방상궁, 생과방상궁을 지휘한다.

※가자(架子) : 음식을 운반하는 기구로서 가마처럼 교군이 앞뒤에서 메고 각 궁들과 왕족들에게 음식을 운반하는 기구. 현대적으로는 캐터링 카(catering car)로 표현되며, 연회용 차이다.

3. 조선왕조 궁중주방의 조직

궁중주방의 조직은 크게 3가지 부분으로 나눌 수 있다.

시중드는 부서와 주방 부서, 그리고 두 부서를 연락하는 역할을 하는 중간부서로 나눌 수 있다.

※ 이 분석표는 저자가 황혜성 선생님의 궁중음식에 관한 저서에서 서술적 표현을 도표로 분석하였기에 착오가 있을 수 있다.

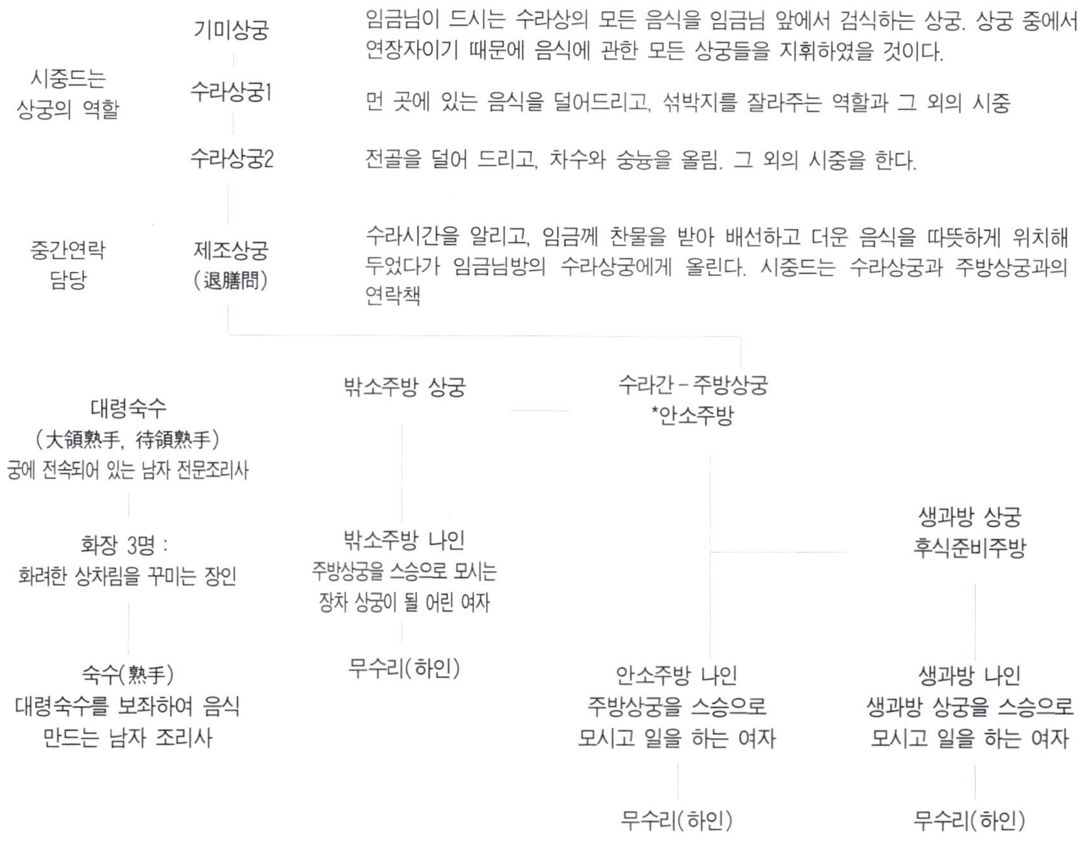

궁중의 살림은 중전의 총괄하에 각 궁에 상궁을 배치하고 각 처소에 분담하여 거행한다. 13세에 입궁한 아기나인을 항아님이라 하고 10년이 지난 23세가 되면 쪽을 찌고 비녀를 꽂아 관례를 올려 어른 대접을 받는 내명부(內命婦)로 품계를 가지게 된다. 다시 10년이 지나면 상궁(尙宮) 봉첩을 받아 벼슬을 하게 된다. 직책에 따라 품위가 주어진다. 나인(나인)은 지밀(至密) 나인과 도청(都廳) 나인으로 나누는데 도청나인 중 소주방(燒廚房) 나인, 생과방(生果房) 나인이 음식을 담당한다. 안소주방(內燒廚房)

에서는 조석 수라를 장만하고 외소주방(外燒廚房) 에서는 고사(告祀), 왕자 아기씨의 백일, 탄일음식 등 왕가 안에서의 소규모 잔치 음식을 마련한다. 생과방(生果房) 에서는 소주방과 나란히 위치하면서 조석 수라 외의 다과(茶菓)와 전더(煎茶)을 올리며 갖가지 떡도 만든다. 주방상궁이 되려면 13살에 입궁하여 스승을 정하고 20년 간 전수를 받아 33세가 되면 주방 상궁 첩지를 받아 평생 소주방에서 음식 만드는 일을 한다. 수라상(水喇床)을 올릴 때는 수라 상궁 세 명이 수라 젓수시는 일을 거행 한다. 그 중 나이가 많은 상궁은 기미(氣味)상궁이라 하고 검식(檢食)을 하며, 또 헌 명의 상궁은 그릇의 뚜껑을 여닫는 시중을 들며, 나머지 한 명의 상궁은 전골을 만드는 일을 담당한다. 궁중에는 주방 상궁 외에 음식을 담당하는 남자 전문 요리사가 있어 궁중의 진연. 음식을 맡아서 하게 된다. 이들을 대령숙수(待令熟手)라 하고 세습에 의해 그 기술을 전수한다.

왕께 시중들기

① 상이 차려진 후 왕이 납시게 된다
② 왕이나 왕비가 대원반 앞에 정좌를 하면 수라상궁은 쟁첩의 뚜껑을 두손으로 차례로 벗겨서 겹쳐서 소원반에 내려 놓는다.
③ 기미 상궁은 빈 그릇의 음식을 덜어 기미한 후에 '젓수십시오'라는 말을 드린다.
④ 수라를 드릴 때는 휘건(고운 무명수건)을 두르시도록 하고 협자로 잘 끼운다.
⑤ 수라를 젓수시는 동안 전골을 뜨겁게 마련하여 공기에 덜어서 드린다.
⑥ 국을 다 드시고 나면 탕기를 내리고 차수(숭늉)을 올린다
⑦ 수라상이 퇴선간으로 나가면 남은 음식은 상궁들이 다음 끼니에 두레반에 차려 밥을 새로 지어서 먹는다.

봉주방장의 궁중음식에 대한 의견 : 궁중음식하면 조선왕조시대를 대표적으로 논하나 조선왕조이전의 고려왕조 즉 개성음식이 연구되어야 하며 나아가 백제 문화의 전주 음식이 조명되어야 궁중음식이라고 총괄적으로 표현할 수 있겠다.

봉주방장 해법

옛날 우리나라에서는 요리사를 숙수(熟手)라 했고, 주방장격인 사람을 대령숙수(待領熟手)라 했으며, 과거 30~40년 전에는 주방책임자격인 사람을 '앞도마', 부책임자격인 사람을 '뒷도마'라 했다. 찌개, 전골 등의 불 앞에서 일하는 사람을 '화덕부', 또는 '화덕책임자'라 표현했으며, 지금도 그렇게 습관되어 부르는 선배들이 종종있다.

황혜성 선생님께서는

- 나인 : 13세에 입궁한 아기 나인을 항아님이라 한다. 10년이 지나 23세가 되면 쪽을 찌고 뼈를 꽂아 관례를 올려 어른 대접을 받는 내명부로 품계를 가지게 된다.
  다시 10년이 지나면 상궁으로 봉첩을 받아 벼슬하게 되고 직책에 따라 품위가 주어진다.
- 12첩 반상 차림
  ① 더운구이 ② 찬구이 ③ 전유회 ④ 숙육 ⑤ 숙채 ⑥ 생채 ⑦ 조림 ⑧ 장과(장아찌 등)
  ⑨ 젓갈 ⑩ 마른찬 ⑪ 회 ⑫ 별찬(수란 등 별미식)

4. 옛 부엌(과거주방)과 현대주방의 비교

1) 과거주방

주방구조특징의 한 가지는 집 구조의 높이보다는 부엌의 위치가 낮게 자리하고 있고, 작업하는 모든 과정이, 즉 불 때는 일, 조리과정, 설거지하는 과정 등이 허리를 굽히고 하는 작업이라서 주부의 고생을 가히 짐작할 만하다.

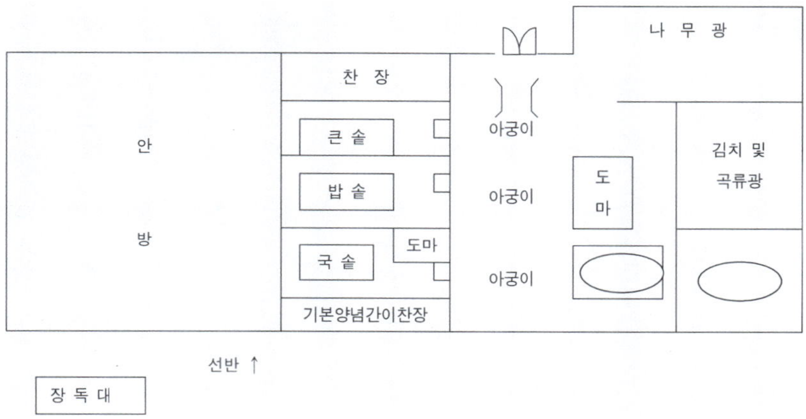

2) 규모가 큰 현대화된 한식주방

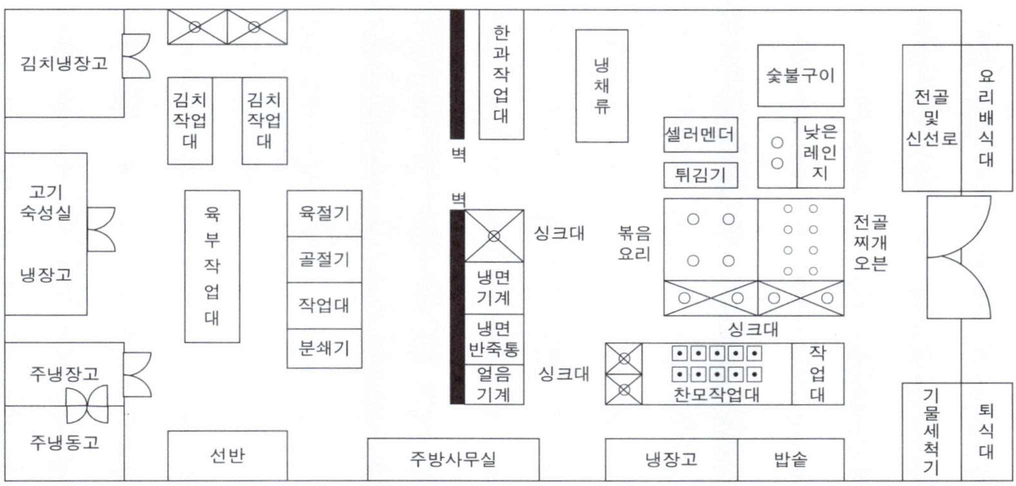

5. 한식주방조리조직

1) 규모가 큰 한식주방의 경우

2) 냉면전문점의 경우

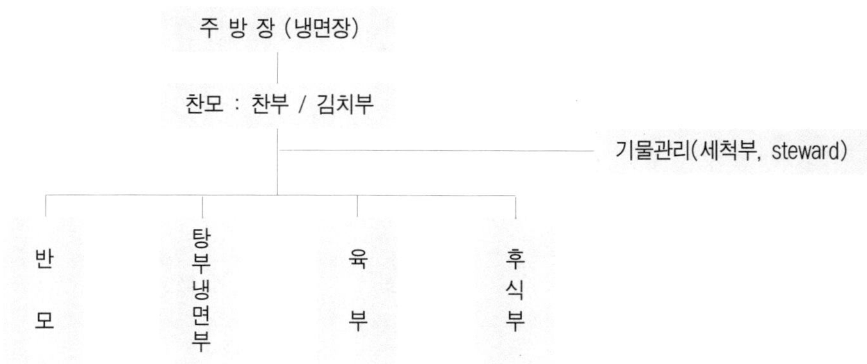

3) 고기(갈비)전문점의 경우

제 3 절 직무와 역할

1. 주방장

회사가 정한 기준과 방침에 따라 직원을 교육하고, 영업 지배인과 전날의 고객불만사항을 점검하며, 영업부 의견을 청취하여 반영한다. 특별음식을 손님께 직접 드리기도 하며 고객의 의견을 청취한다. 원가관리를 위해 구매관리자와 원활히 의견을 제시하여 철마다 싼 가격의 저장식품을 결정하고 구매하며, 식자재를 주문하고 검수한다. 냉장고, 냉동의 저장상태와 위생 및 환경에 관여하며, 계절별 메뉴를 개발을 하여 각 부서 책임자들을 교육하고, 각 음식에 대한 원가분석을 관장한다.

부주방장의 월간계획, 근무계획서, 인사고가 등을 점검하며 중요내용은 회사의 결정권자에게 보고한다. 중간관리자의 회의를 주관하고 각각의 업무내용에 주관한다.

2. 부주방장

직책상으로 큰 조직에서는 관리자로서 감독하지만 중간 조직일 때에는 고기를 관리하는 육부장도 겸한다. 주방장을 보좌하고 주방장의 지시내용을 각 부서 책임자들에게 재교육하고 점검하며, 직원들의 근태관리를 점검하고 직원들의 애로를 청취하여 주방장에게 보고한다. 냉장고, 냉동고, 조리사의 위생상태를 검사하고 각 업장의 근무계획서를 종합하여 주방장에게 보고하며, 오전에는 손님에게 제공되는 각종 양념류와 소스, 육수를 점검하고, 오후에는 시장 구매내용을 작성한다. 철마다 마련해야 하는 각종 장류(된장, 고추장, 간장 등) 및 저장식품(장아찌, 절임 등)을 계획하여 주방장에게 보고하고 해당 책임자인 찬모와 함께 업무를 진행한다.

주방장의 부재시 그 대행을 한다.

3. 조리장(한정식 부분의 경우 : 업장장)

한정식 차림의 모든 부분의 흐름을 관여하며, 식자재의 재고파악을 담당 요리사들에게 보고 받고 확인하여 구매서를 작성하고 큰 조직일 때는 부주방장에게 보고한다. 한정식 단일 업장일 때는 구매 관계자에게 앞에 언급한 주방장 업무내용을 반영한다. 조리사들의 조리과정을 점검하고 특히 비번, 휴가 등으로 조리원의 결원이 생겼을 때는 조리원들 간의 협조체계를 점검하고, 특히 한정식은 사전 조리된 식재료가 많기 때문에 신선도와 재고상황을 잘 파악해야 한다.

4. 찬모장

찬모장은 경력이 많으면서도 맛에 대한 음미가 정확해야 하고, 선별하여 찬을 만들며, 계절별로 조리장과 상의하여 변화를 주어야 한다. 저장식품을 철마다 준비해야 하며, 가끔은 시장조사를 하여 시장의 식자재흐름을 정확히 알아 업무에 반영한다.

김치를 담고 관리해야 하며, 반모와 협조하여 장을 담고 관리해야 한다. 또한 찬모장의 경우 자주 쓰는 양념을 항상 곁에 정갈히 배열해 놓고 필요할 때 사용할 수 있어야 한다. 규모가 큰 업장에서는 찬류뿐만 아니라 주방장을 보좌하여 냉채류 및 후식류도 관리한다.

여자 요리사의 팀 리더로서 주방장이 미처 파악하지 못하는 개별 신상파악과 밝은 근무분위기 조성을 위하여 노력해야 한다.

5. 육부장

육류 고기와 관련된 모든 식자재를 관리해야 하고, 원가의 비중이 높기 때문에 유통과정의 흐름과 끊임 없는 육질의 평가를 할 수 있어야 한다. 수입육을 사용할 때는 규격에 맞고 생산지가 분명한 수입육을 사용한다. 육부장의 구체적인 업무내용을 살펴보면,

① 숙성과정을 잘 알아야 한다.
② 영업판매를 예상하여 육류가 모자라거나 남지 않게 유지해야 한다.
③ 너무 오랫동안 양념에 숙성시켜 고기질의 저하를 가져오지 않게 하고, 소스는 항상 일정하게 맛을 유지해야 한다.
④ 작업일지를 작성하여 일일작업내용과 고기저장정도, 생산된 고기(갈비 등)와 판매된 고기양의 비교 등을 관리한다.
⑤ 고기와 함께 제공되는 양념류, 야채류, 찬류 등에 관여한다.
⑥ 모든 작업계획과 작업일지는 주방장에게 보고하고 결재를 받는다.

6. 냉면장(면류 및 겨자채 담당, 찬음식 부문)

① 항상 냉면육수의 맛을 직접 관여하여 맛을 유지시켜야 하고, 면가루 배합을 정확히 한다. 특히 메밀가루는 순도가 높은 것을 사용한다.
② 냉면 고명에 들어가는 여러 가지 재료를 점검하고 준비한다.
③ 동치미 및 냉면김치는 항상 너무 익지도, 덜 익지도 않게 유지한다.
④ 배, 오이, 편육류 등의 고명은 미리 만들어 놓지 말고 매일 준비한다.
⑤ 비빔냉면 양념을 잘 보존하고, 육수통에 새로운 육수를 부을 때는 위생적으로 유지하여 완전히 건조한 다음 부어준다.
⑥ 육수는 일일 사용하는 것을 원칙으로 하며 이틀을 넘기지 않는다.
⑦ 영업이 끝난 밤사이에 냉면 육수통이 너무 결빙되어 육수가 얼지 않게 한다. 육수가 얼었을 때는 가장자리부터 얼며 가운데는 잘 얼지 않는데, 가운데 있는 얼지 않은 육수를 사용하면 안 된다. 육수는 간(소금)이 되어 있어 얼지 않는 부분은 소금이 몰려 있기 때문에 대단히 짜다. 얼었을 때는 언 육수가 모두 해빙될 때까지 기다렸다가 사용하거나 해빙시킨 후 사용한다.
⑧ 겨자채 및 차가운 음식을 모두 관여하고 준비해야 한다.
⑨ 후식을 관리하는 담당자가 없을 때에는 찬음식부에서 관리해야 한다.

7. 반 모

① 밥과 국, 탕을 준비한다.
② 남은 밥은 프라이팬에 얇게 눌려서 누룽지로 만들거나 물에 불린 후 헹구어 전분질을 제거한 다음 바짝 말려 후식부에 주어 강정을 만들게 한다.
③ 일손이 남을 때는 찬모일을 돕고, 규모가 작은 업장일 때는 직원식당의 밥과 찬을 준비한다.
④ 업장에서 요리에 사용되는 식자재 외에 버리기 아까운 재료는 직원용 찬 또는 국으로 활용한다.
⑤ 반모는 경험이 많은 연장자가 해야 한다.

8. 전부(신선로 및 전유어)

① 조리장의 지시를 받아 계절별 전유어를 준비한다. 보통 2~3종류(육류 또는 해산물, 혼합형과 야채와의 색깔의 조화를 감안한다).
② 신선로 재료는 너무 많이 준비하여 냉동상태에서 오래 보관하지 않도록 한다.
③ 미나리 초대 등은 색을 선명히 유지시킨다. 되도록 냉동보관보다는 냉장보관이 좋으며 자주 하는 것이 좋다.
④ 신선로 각각의 재료는 원재료 그대로 얇게 져며서 기본간을 한 후, 밀가루를 입히고 계란 푼 곳에 담그는 순으로 부침하는 것이 좋으며, 다지거나 갈아내어 밀가루와 계란에 반죽하여 부침하면 끓이면서 풀어지기 때문에 좋지 않다. 굳이 재료를 갈아서 전을 부침한다면 크게 부침하여 자르지 말고 작게 한 수저씩 부침한다. 이 방법은 한 장씩 전을 부침하면 유막이 있어 쉽게 끓는 육수에 풀어지지 않게 하기 위함이다. 반대로 크게 부침하여 자르면 잘려진 단면으로 쉽게 끓는 육수가 스며들어 풀어진다. 부스러기 생선살을 활용하는 또 다른 방법은 전골편의 신선로 재료에 닭고기 살전을 만드는 방법을 참고한다.
⑤ 신선로 육수를 탕부 담당과 함께 점검하고 숯을 사용할 경우 준비한다.
⑥ 때에 따라서는 튀김업무도 병행한다.

9. 탕 부

① 다음날 끓일 육수에 사용할 고기를 흐르는 물에 담가 놓아 핏물을 뺀다.
② 처음 끓이는 육수와 나중 끓이는 육수의 맛과 색이 차이가 없도록 일정하게 유지한다.

③ 탕에 사용하는 고기는 표면이 마르지 않는 상태로 보관하고, 미리 편육을 썰어 놓아 냉동시키거나 오랜 시간 공기와 접촉이 안되게 한다. 즉, 편육고기는 영업시작 직전에 썰어 사용하는 것이 좋다.
④ 탕에 사용하는 양념류를 준비하고 변질되지 않게 항상 유지한다.
⑤ 탕의 고명(지단체, 미나리, 홍고추 썬 것 등) 재료도 항상 신선하게 유지한다.
⑥ 지단은 냉동보관하에 필요시 조금씩 꺼내어 사용하고 미나리는 생것을 그대로 넣는 경우도 있지만 미나리 초대를 하여 냉장보관 후 사용한다.

10. 냉채부

① 구이류에 제공되는 야채를 준비한다.
② 고명(웃기)을 준비하고 전날 사용하였던 재료를 점검하여 필요시에 보충한다.
③ 해파리냉채가 제공될 경우에는 해파리를 1차로 새콤달콤하게 양념하여 충분히 양념이 배게 한 후에 사용한다.
④ 차갑게 제공되는 모든 소스 및 고명을 준비한다.
⑤ 때에 따라서는 예쁜 모양내기(꽃, 나비 등)를 준비한다.
⑥ 차가운 음식은 차가운 접시에 담아서 보관한다(세척기에서 바로 세척한 뜨거운 접시에 냉채 및 찬 음식류를 제공하지 않아야 한다). 냉채접시가 차갑지 않은 경우 얼음물 또는 냉장고에 접시를 보관한 후 사용한다.

제 4 절 주방안전과 위생·관리

1. 주방업무 시작 전과 종료 후 점검할 내용과 개인위생

1) 주방업무 시작 전

(1) 개인위생 점검

① 조리사는 개개인의 위생 및 청결내용을 점검해야 한다.

② 조리 시작 전 매일 가벼운 샤워 및 머리청결을 생활화한다.
③ 손톱은 길지 않아야 하고, 시계 및 반지를 착용하지 않는다.

※ 손톱은 관리하는 것이지 무조건 짧아서는 식자재 손질하기가 쉽지 않다. 당신 짧은 손톱으로 오징어 껍질 벗겨 오실래?

④ 화장을 지나치게 하지 말아야 하며, 특히 여성일지라도 입술연지는 가볍게 하고 향수사용은 금한다.
⑤ 위생복, 앞치마, 머리수건, 위생모, 목 스카프를 확인하고 착용한다. 또한 안전화 이외에는 신어서는 안 된다.
⑥ 위생모 및 머리수건을 착용할 때는 이마 앞으로 머리카락이 안 보이도록 해야 한다.
⑦ 소매는 20~25cm 위로 걷어올리고 지나치게 팔꿈치까지는 걷어올리지 않는데, 그 이유로는 팔 보호 및 체내의 비듬 등이 직접 음식에 낙하되는 것을 방지하기 위함이며, 여름에도 긴 소매의 위생복을 입는 것이 원칙이다.
⑧ 조리시작 전에는 흡연을 하지 말고 양치질을 조리시작 30분전에 하여 맛을 음미하는 데 최상의 상태가 되도록 해야한다.

(2) 주방업무 시작 전 점검사항

① 첫 출근자는 주방열쇠를 경비실로부터 인수받아 사인을 하고, 주방의 문을 열고 전등을 켠다. 닫힌 창문을 열고 가스배출 모터를 작동시켜 환기를 시켜준다.
② 전날 쥐잡기를 위하여 쥐덫 끈끈이, 쥐약을 놓았다면 반드시 점검을 하고 쥐약은 수량을 확인하고 관리는 특별히 해야 한다.
③ 가스밸브 상태를 점검하고 주가스밸브를 작동시킨다. 그리고 냉장고와 냉동고의 상태를 점검한다.
④ 전날 방제작업을 했다면 약이 잔류할 가능성을 인식하고 음식물을 다루는 기구 및 기물세척을 철저히 하고 특히 도마세척을 잘해야 한다. 자외선 및 열소독 도마 보관함을 구매하면 더욱 좋다.
⑤ 전날 끓였던 육수통이 있을 때는 반드시 내용물을 휘저어 보고 불을 붙인다. 그 이유는 뜨거운 육수를 식히기 위해 뚜껑을 덮지 않았을 때 가스 및 수도 배수관 위로 위해성 곤충 및 쥐 등이 낙하하여 죽을 수 있기 때문이다. 그러므로 뜨거운 육수통 등을 밤에 방치하는 경우가 있을 때는 밀폐형 뚜껑 대신 체반이라도 덮어 놔야 한다.
⑥ 그날의 예약 및 특이사항을 점검하여 준비한다.
⑦ 전날 발주한 구매내용과 납품된 식자재 내용이 일치하는가 점검하고 검수하여 사인을 한다.
⑧ 전날 늦은 고객으로 인한 뒷정리 안된 부분을 깨끗이 정리한다.
⑨ 조리업무의 준비로 칼, 도마, 작업대를 깨끗이 청소하고 작업에 임한다.
조리사는 종류별 칼 세트를 개개인이 관리하여 사용한다. 자신의 칼이 아니면 관리가 안된다.

2) 주방업무 종료시 점검내용

① 큰 그릇의 남은 음식은 작은 그릇으로 옮기고, 뚜껑을 반드시 덮어야 하며 뚜껑이 없을 시에는 알루미늄 호일보다는 투명비닐로 매듭을 지어 뚜껑을 만드는 것이 내용물을 확인할 수 있어 좋다. 그러나 랩비닐은 1회용이므로 좋지 않다.
② 냉장상태로의 보관 중에 변질이 염려되는 것은 얼음을 채워준다.
③ 기물을 정리하고 실내청소를 하며, 나무 도마는 도마가 들어갈 공간, 즉 함지 등을 이용하여 담가놓고 소독 살균제(락스) 등을 넣고 물속에 잠기게 한다. 또한 쓰레기는 반드시 규정에 근거하여 분리한다. 또는 살균소독 도마 관리함에 넣는다.
④ 흐르는 물에 육수를 식히거나, 고기의 핏물을 제거하기 위하여 물을 흘려 놓을 경우에는 표시를 해놓거나 당직자에게 알린다.
⑤ 모든 전열기 전원을 점검한다. 특히 밥솥 및 온장고를 먼저 점검한다.
⑥ 가스밸브를 점검하며, 중간밸브와 주밸브를 차단한다.
⑦ 수도밸브를 점검하고 퇴근 후에도 수돗물을 흘려야 하는 경우에는 당직자 및 경비실에 반드시 연락한다.
⑧ 살충제 살포시에는 음식물이 닿는 기물을 안전하게 관리하고 쥐를 잡기 위한 설치물은 각 부원이 모두 알고 있도록 협의 후에 결정한다.
⑨ 환기를 중지시키고 청소상태를 점검한다.
⑩ 영업장 책임자에게 퇴근함을 알린다.
⑪ 퇴근 점검표란에 사인하고 열쇠를 당직자 또는 경비실에 맡긴다.

2. 주방관리

1) 창고관리

창고는 마른 식자재, 공산품, 주방 소모품, 기물 등을 보관하는 곳으로서 통풍이 잘 이루어져야 하고 정리정돈이 잘되어야 한다.

관 리 순 서	관 리 내 용
1. 선반의 형태	선입선출이 용이하게 제작되어야 하고, 견고하게 제작되어 물품의 중량에 영향을 받지 않아야 한다. 창고형태에 맞게 제작되어야 한다.
2. 식재료 저장형태	분야별로 정돈이 잘 이루어져야 한다. 공산품은 유통기간을 충분히 감안하여 구입한다. 고춧가루, 엿기름 등은 창고에 오래 보관하는 것이 좋지 않고 조금씩 소분하여 냉동·냉장시키는 것이 좋다.
3. 구매 요령 및 선입선출	구입하는 시기는 용도에 맞게 월별 또는 주별로 하는 것이 좋으며 소비량에 맞춰 최대한으로 구매하는 것이 가격을 줄일 수 있는 한 가지 방법이 될 수 있다. 재고품목은 앞으로 당겨 놓고 새로운 것은 뒤쪽에 둠으로써 선출이 용이하게 한다. 파손되기 쉬운 기물 및 소품은 약 30% 정도의 여유를 가지고 있어야 갑자기 손님이 늘어났을 때 대체할 수 있다.
4. 청소상태	여러 종류의 제품이 저장되어 있는 만큼 정리정돈을 원활히 해서 부패나 변질이 발생하지 않도록 한다.
5. 쥐, 위해곤충방재	정기적이고 지속적으로 방재를 하되 살포된 약재가 직접 식재료에 잔류하지 않도록 한다.

2) 냉장고 및 냉동고 관리

한식의 냉장고는 크게 3부분으로 나뉜다. 일정한 온도에서 숙성시켜야 하는 김치냉장고(0~5℃), 생고기 상태와 썰기 좋은 상태(sub freezing)로 고기를 보관할 수 있는 −5~−2℃의 온도인 고기 냉장고, 공동으로 여러 가지 야채 등을 넣는 주(메인)냉장고(2~5℃) 등 크게 3가지로 나눌 수 있다.

여기에 냉면육수 또는 음청류를 냉장하는 육수 냉장고를 포함하면 네 부분으로 나뉜다.

(1) 냉장고

❶ 김치냉장고

관 리 순 서	관 리 내 용
1. 냉장고 상태	큰 업소에는 창고형으로 김치독이 들어갈 정도여야 하며 작은 업소일 경우에는 서랍형이 좋다. 냉장고는 선반이 있는 것이 좋다. 밑에는 김치독이 있으며 위 선반에는 손질한 김치(썬 김치)를 놓는다. 부재료는 올려놓는다.
2. 온도	냉장고는 5℃가 좋지만 여름에는 0℃에 가까운 것이 좋다.
3. 관리상태	김치는 종류별로 구별되게 보관하도록 한다. 숙성된 것과 숙성되지 않는 것을 구별할 수 있도록 제조날짜를 적어야 한다. 무게가 크게 나가는 물김치 등은 밑으로 보관한다.

❷ 주(메인)냉장고

관 리 순 서	관 리 내 용
1. 냉장고 상태	냉장고 바닥은 지면과 일정한 간격의 높이로 있어야 하고, 선반과 배수처리가 함께 있어야 한다.
2. 온도	여름에는 0~5℃, 겨울에는 5℃이다(여름에는 외부온도의 영향을 받으므로 온도를 낮춰야 한다).
3. 관리상태	① 1차 조리된 것은 반드시 뚜껑을 덮어야 한다. 이때에 뚜껑은 투명비닐을 사용한다. ② 선입선출의 기준에서 관리해야 한다. ③ 분야별, 과일, 야채, 육수 등 지정된 곳에 적당한 양만큼 보관하도록 한다. ④ 1단, 2단 눌림 없이 포갤 수 있는 직사각형 규격상자를 이용하여 옮긴다. ⑤ 냉기바람이 직접 나오는 곳에는 마르지 않게 포장상태의 것을 놓는다. ⑥ 시장에서 들어온 비닐(검은 비닐) 등은 벗겨 내고 투명한 위생비닐을 이용하고 규격상자에 넣는다. ⑦ 후식류는 별도의 냉장고에 보관함이 좋다.
4. 2차 오염 방지	양념과 육수는 2차 오염을 방지하기 위하여 뚜껑을 덮고, 관리자도 위생적으로 취급해야 한다.
5. 청소요령	냉장고 청소는 전원을 내리지 않고, 문을 열지 않은 상태에서 청소하는 것이 원칙이다. 즉, 청소를 이유로 냉장온도를 높이지 않아야 한다. 한쪽 구석에는 배수구가 있어 청소가 용이해야 한다.

❸ 육수냉장고

주로 냉면육수 보관 냉장고로 가끔은 당혹스러울 수 있는데 당일 영업이 종료되고 육수냉장고의 온도를 알맞게 맞춰주지 않아 밤새 급랭되어 꽁꽁 얼어서 곤란할 때가 종종 발생하므로 주의해야 한다.

관 리 방 법	관 리 내 용
1. 온도관리	약간 살얼음이 얼게 유지되는 상태로 한다. 영업 중에는 온도를 낮추고, 영업이 끝났을 경우는 온도를 0℃에 맞춘다. 온도계의 눈금과 실제온도의 차이가 있을 수 있으므로 주의한다.
2. 저장방법	직접 통 안에 육수를 넣는 방법도 있지만, 간접보관방법으로 작은 통에 육수를 넣고, 원형으로 된 육수냉장고 안에 육수가 담긴 통을 직접 넣어 보관하는 방법이 있다. 후자의 방법이 관리하기는 좋다.
3. 변질유무확인	육수는 변질되기 쉽고 2차 오염이 있을 수 있으므로, 사용하는 국자 및 기물 외에는 다른 것으로 사용하지 않게 하고 철저한 위생 관리를 해야한다.
4. 청소방법	미생물의 생육번식은 기하급수적으로 번식되는 것이므로 완전하고도 철저히 청소를 한다. 마지막으로는 마른 행주로 깨끗이 물기를 닦아낸 후 행주에 식초를 적셔 닦아주고 건조시킨 후 육수를 붓는다. 특히 배출코크가 있는 육수통은 배출코크 내의 오염이 되므로 각별히 소독에 유의해야 한다. 일반적으로 식초 또는 락스를 희석시켜 흘러내려 소독한다.

❹ 품질보존(−20℃) 냉동고

관 리 순 서	관 리 내 용
1. 냉동고 역할	급냉동고의 규모가 클 경우에는 싼 식자재를 제철에 대량 구매하여 1차 손질하여 원가 낮춤의 방편으로 사용되기도 하며, -20℃는 품질 보존온도로 고기 육질의 선도를 지켜주기도 하는 중요한 역할을 한다. 그러나 냉동시키면 마르지 않는 것으로 생각하기 쉽지만 반드시 포장을 하거나 뚜껑을 덮어 마르는 것과 색깔의 변화를 방지해야한다.
2. 온도관리	−20℃ 상태를 살피고, 냉기 바람이 나오는 뒷면에 성애가 끼었는지 수시로 점검해야 한다. 비닐 봉지에 넣어 보관할 때에는 투명 비닐을 사용해야 하고, 품명 및 관리자 이름을 표기해야 한다.
3. 선입선출	냉동고의 보관품은 분기별 또는 다음해에 사용하는 것도 있고, 냉동 상태에서는 내용물을 확인하기가 어렵기 때문에 선입선출과 품목의 구분이 잘되어 있어야 한다. 품목마다 품명이 적혀 있고, 제조날짜가 있어야 한다.
4. 청소방법	전원을 내리고 빠른 시간 내에 청소를 끝낸다.

❺ 선어보관(−50℃ 이하) 냉동고

관 리 순 서	관 리 내 용
1. 냉동고 역할	냉동 선어를 보관하는 용도로 사용하는데 주로 횟감 생선(참치 · 연어 등)을 보관한다. 초특냉동고로 선도를 그대로 유지할 수 있어 좋다.
2. 온도관리	−50℃ 이하를 유지해야 하므로 온도를 살펴야 하고 보통의 관리처럼 투명비닐에 품명 및 관리자 이름이 표기되어야 한다.
3. 선입선출	작은 냉동고는 박스형으로 되어 있어 선입선출에 유의해야 한다.
4. 청소방법	성애가 두껍게 끼어 있을 때를 제외하고는 자주 청소하는 것이 아니다.

3. 한식주방기기와 기구

제 1 절 한식요리에 필요한 주방기기들

한식요리는 손맛이요 정성이라고들 한다. 물론 요리하는 데 있어서 경험과 정성만큼 중요한 것은 없지만 한식요리는 요리하는 전과정이 복잡하고 산만하다. 또 손이 많이 가고, 높은 인건비를 요구하기도 한다. 그러나 이제는 냉정하게 손익계산 및 인건비 절감을 어떻게 할 것인가 계산해 보아야 한다. 그러기 위해서는 먼저 한식도 기계화를 통한 인건비 절감과 작업 능률 향상을 꾀하여야 한다.

이에 기계의 용도와 가격정도, 구입은 어디서 하는지를 알아보고자 한다.

번호	모 양	명 칭 · 용 도 · 특 징
1		① 명칭 : 맷돌기계(맷돌의 역할) ② 용도 : 빈대떡, 각종 잡곡전 ③ 특징 : 통녹두, 통콩 등의 껍질을 벗기기 위한 작업(거피할 때)이 가능하다. 두께의 조절이 용이하다. 불린 쌀, 콩 등을 곱게 갈 때 사용한다. ④ 가격 : 25~30만원 내외. 큰 것과 작은 것을 선택하여 구매할 수 있다. ⑤ 판매처 : 중앙시장, 흥인시장, 기타 주방기기 판매점
2	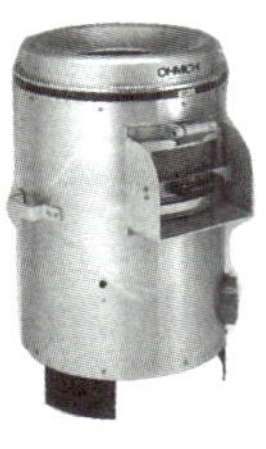	① 명칭 : 감자 및 구근 탈피기(**봉주방장 경험** : 쪽파까기) ② 용도 : 감자, 무, 쪽파 껍질 등을 손질 할때 사용한다. ③ 특징 : 마찰을 이용하여 껍질을 제거하는 방법이다. ④ 주방장 경험 : 본래는 감자 껍질제거에 있지만 경험으로는 쪽파의 뿌리 제거 후 파란 부분을 가지런히 손으로 쥐고 앞뒤로 돌려주면 껍질이 깨끗이 제거가 된다(물을 뿌려 가며). 감자 등을 대량으로 껍질을 제거할 때 대단한 능력을 발휘한다. ⑤ 가격 : 국내산 50만원, 외국산 200~250만원
3		① 명칭 : 야채탈수기 ② 용도 : 나물류, 버섯류 등의 물기를 제거할 때 ③ 특징 : 한식은 나물류 등이 많아서 탈수하는 일도 쉬운 일이 아니다. 특히 대량으로 할 때에는 물기의 많고 적음이 많은 영향을 주기 때문에 탈수기는 필수이다. 그러나 지금까지의 야채 탈수기는 세탁용 탈수기로 사용해 와서 위생상 문제가 된다. ④ 기타 : 소형도 있으며 대형도 있다(대형일 경우 기존의 빨래 짤수기를 사용한다).

4		① 명칭 : 분쇄기 ② 용도 : 고기 및 생선, 마늘, 뼈 종류는 제외한다. 생강은 조금씩 다른 것과 섞어서 갈면 되지만 일상적으로는 갈리지 않는다. 섬유질이 많기 때문이다. ③ 특징 : 갈아내는 굵기는 조절할 수가 있다. 대형 분쇄기일 때는 손으로 일일이 다져서 하는 만두속, 빈대떡속 등을 자유롭게 갈아낼 수 있다. ④ 가격 : 국산도 좋은 제품을 생산하고 있다. 50만원대
5		① 명칭 : 다지기(chapper) ② 용도 : 각종 야채를 곱게 다지고, 고기류 및 생선류를 곱게 다질 때와 땅콩가루 및 잣가루를 만들 때 사용한다. ③ 주의 : 땅콩가루와 잣가루는 지방이 많기 때문에 조심히 다루지 않으면 안 된다. 땅콩 또는 잣을 적당히 기계다지기에 넣고 약간만 다진 후 기름을 흡수하는 종이에 얇게 펼친 후 체에 쳐내서, 거친 것은 기계에 다시 돌리는 것을 반복한다. ④ 가격 : 200~300만원
6		① 명칭 : 다목적 야채 절단기 ② 용도 : 대량의 김치 속의 무 썰기, 오이 둥글게 썰기, 오이지 썰기, 장아찌 썰기, 대파 둥글게 썰기, 냉면 오이 썰기(국산의 경우 어슷썰기 성형이 있다), 냉면 무김치 썰기 등에 편리하다. ③ 기타 : 개량형으로 깍두기 썰기도 있지만 모양이 매끄럽지 않다. 단체급식 또는 대형식당에서 좋다. ④ 가격 : 국내산 150~200만원, 외국산 400만원 정도
7		① 명칭 : 육절기 ② 용도 : 로스 편채, 샤브샤브(진기스칸), 고기 얇게 썰기, 육회 썰기, 육포·생선포 썰기, 구절판 고기 썰기, 구절판 버섯 썰기 등. ③ 특징 : 한식은 얇고도 곱게 썰어야 하는 경우가 많다. 일일이 손으로 썰기에 버거운 것을 해결할 수 있다. 특히 버섯을 곱게 썰 때는 얇게 포를 떠서 차곡차곡 겹쳐 동결시킨 후 썰면 잘 썰린다. 육회 또한 이 기계를 이용하여 포기썰기하여 동결시킨 후 다시 썰면 곱게 채썰 수 있다. ④ 판매 : 국산 약 150만원 정드, 외국산 300~500만원
8	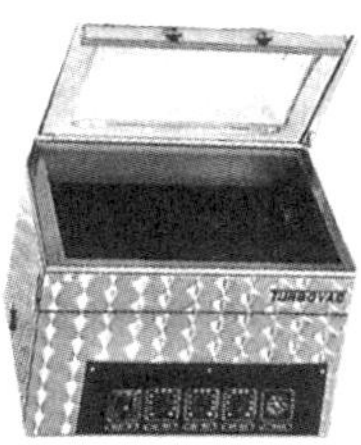	① 명칭 : 진공 포장기 ② 용도 : 반찬, 송이, 전복 등 진공포장. ③ 특징 : 송이버섯 등 고가품의 식자재는 진공포장을 하여 냉장 또는 냉동하면 식자재를 장기간 보존시킬 수 있다. 또한 밑반찬을 만들어 손님에게 드릴 수도 있다. ④ 가격 : 국내산 30만원부터

9		① 명칭 : 혼합믹서기(블렌더) ② 용도 : 혼합, 액화, 분쇄 등의 작업 ③ 특징 : 국산품으로서는 아직까지 영업용으로 사용하기는 어렵다. ④ 가격 : 소형 국내산 5만원. 대형 외국산 150~200만원
10		① 명칭 : 컷터기(위 블랜더와 비슷하나 칼날이 다르다.) ② 용도 : 땅콩가루, 김가루 만드는 작업 ③ 특징 : 믹서기와 혼동되기 쉽다. ④ 가격 : 국내산 5만~10만원, 유명 외국산 100만원 정도이다.
11	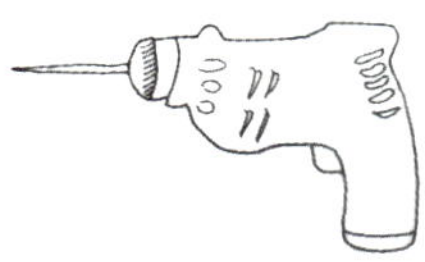	① 명칭 : 전기드릴러 ② 용도 : 가스버너 화구(火口) 막힌 것을 뚫을 때 대단히 좋다. 화구가 막히면 불꽃이 일정치 않고 그을음이 난다. 이때 버너를 분리하거나 꼬챙이로 뚫기는 어려우므로 전기드릴로 약 1.5mm로 뚫어준다. ③ 가격 : 5만원 정도(청계천에서)

제 2 절 칼의 종류 및 용도와 특징

번호	모 양	명 칭 · 용 도 · 특 징
1		① 명칭 : 중국식당칼 및 냉면칼 ② 용도 : 깍두기 썰기, 많은 양을 썰 때, 무 채치기 ③ 특징 : 칼이 크고 무게가 있기 때문에 많은 양을 썰거나, 길이로 길게 썰거나, 써는 작업에 힘을 필요로 할 때 사용한다.
2		① 명칭 : 일반칼 ② 용도 : 약 35cm 정도의 칼로서 보통 작업에 쓰이는 다용도 칼이다. ③ 특징 : 가지런히 썰 때는 세워서 당겨 썰고, 작두썰기, 충격과 함께 생선뼈 등을 자를 때 사용한다.
3		① 명칭 : 대바칼 ② 용도 : 생선회를 기초적으로 뜨고 큰 대바칼은 생선뼈 또는 닭다리 뼈를 자를 때 사용한다. ③ 특징 : 칼이 무게가 있다.

번호	모 양	명 칭 · 용 도 · 특 징
4	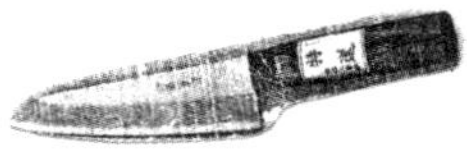	① 명칭 : 짧은 대바칼 ② 용도 : 생선 3장 뜨기 ③ 특징 : 생선을 초벌로 손질할 때
5		① 명칭 : 회칼 ② 용도 : 생선회를 뜰 때 사용한다. ③ 특징 : 한식요리도 때에 따라서는 생선회 또는 숙회가 나갈 때가 있다. 그러기 때문에 회칼을 다룰 줄 알아야 한다.
6		① 명칭 : 갈비칼 ② 용도 : 갈비살에 칼집 넣기 ③ 특징 : 갈비를 엷게 편 것에 칼집을 넣어야 하는데 뼈칼이나 일반칼은 어렵다. 일반칼보다는 작고, 뼈칼보다는 큰 중간 칼로 밑면을 직선화하여 날을 세운 후 칼집을 넣으면 훌륭하게 작업을 할 수 있다.
7		① 명칭 : 갈비뼈 칼 ② 용도 : 갈비손질, 갈비살리는 작업 ③ 특징 : 칼날의 폭이 좁아 뼈의 굴곡이 있더라도 수평으로 살을 펼 수 있다.
8		① 명칭 : 장어칼 ② 용도 : 장어뼈 제거용, 손질용 ③ 특징 : 칼날의 길이가 짧고 창끝과 비슷하게 생겼다.
9		① 명칭 : 무갱치기 ② 용도 : 가늘고, 길게 무를 채칠 때 ③ 특징 : 빠른 시간 내에 많은 양을 채칠 수 있다. ※무갱이란 : 생선회 밑에 깔아주는 무를 말한다.
10	 ※여러 유형이 있기 때문에 용도에 맞는 것을 선택해야 업무효율을 높일 수 있다.	① 명칭 : 채칼 1(일제) ② 용도 : 구절판 또는 겨자채, 오이채, 당근채, 생선회의 무갱치기 ③ 특징 : 한식에는 정밀하게 채를 쳐야 하는 것이 많다. 특히 구절판, 겨자채용으로 곱게 채를 썬다는 것은 많은 경험과 시간을 요구한다. 융통성 있게 채칼을 이용하여 시간을 단축하고 빠르게 해야 하는데 지금까지는 일본제(우신교역 수입)가 가장 좋다. 용도별로 채의 굵기는 조절할 수 있다. ※한식조리사로서 주방기물까지 외제품을 소개하는 것이 안타깝다. ① 명칭 : 무채칼 2(국산) ② 용도 : 무채치기 전용 ③ 특징 : 대량으로 무채 썰 때 이용. 무채나물 등에 사용하면 편리하다. 제품명 - 바이오 싱싱 채칼 (02)334-1270
11		① 명칭 : 파절이칼 ② 용도 : 구이류제공할 때에 파무침을 곁들여 준다. 파무침을 하기 위해서는 썰어야 하는데 곱게 썰어야 한다면 칼을 이용하고, 거칠어도 된다고 된다면 파절이칼을 이용하면 쉽게 해결할 수 있다.

번호	모 양	명 칭 · 용 도 · 특 징
12		① 명칭 : 멸치망 ② 용도 : 멸치 또는 가쓰오부시 등의 국물을 우려낼 때 사용한다. ③ 특징 : 일일이 거즈에 싸서 국물을 우려내는 것보다 훨씬 빠르고, 쉽고, 위생적이다.
13		① 명칭 : 피자 롤러 세트 ② 용도 : 약과 및 매작과 등을 일정한 간격으로 구멍을 낼 때 좋다. ③ 특징 : 빠르고 정확한 구멍을 낼 때 가능하다.
14	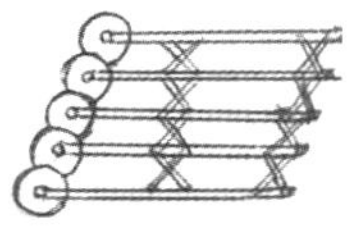	① 명칭 : 피자롤라 칼 ② 용도 : 약과 및 매작과를 재단할 때 사용한다. ③ 특징 : 간격을 조절할 수 있고 작업공정이 빠르다. 가격은 5만원대(청계4가 방산시장)
15	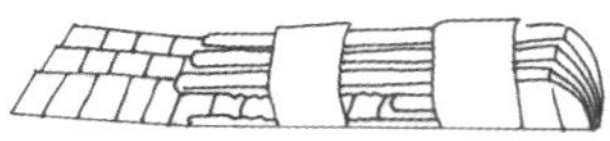 ※봉주방장이 응용해온 새우칼로서 3번의 칼집동작을 1번으로 줄일 수 있다.	① 명칭 : 새우 칼집 넣는 칼 ② 용도 : 새우의 힘줄을 끊어 튀김시 모양이 휘지 않도록 칼집을 내는 것이다. ③ 특징 : 일반 커터 칼을 3개 정도 묶어서 사용한다. 또는 칼날만을 교정할 수 있는 지주를 얇은 판이나 얇은 스티로폴을 이용하여 만들어 사용하면 훨씬 좋다.
16	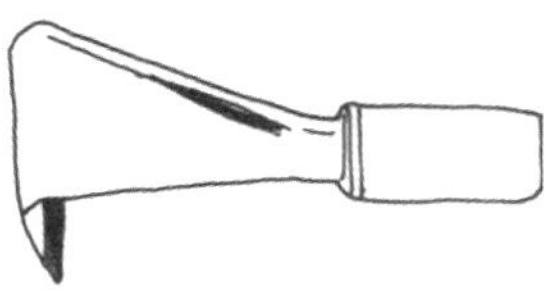	① 명칭 : 간이 대패 ② 용도 : 별다른 기술없이도 나무도마의 표면을 편편하게 내기도 하고 늙은 호박껍질을 깔 때 좋다. ③ 특징 : 철물점에서 판매한다(가격 2,000~3,000원). 날이 잘 들지 않으면 숫돌 등을 이용하여 갈아주면 된다. 일반 칼보다 껍질 제거력이 3~4배 빠르다.
17	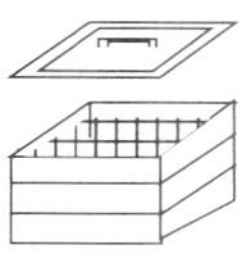	① 명칭 : 찜통 ② 용도 : 각종 찜 ③ 재질 : 알루미늄 또는 스테인레스 ④ 특징 : 직사각형, 정사각형, 원형 등 용도에 맞게 선택한다.
18		① 명칭 : 생선비늘 제거기 ② 용도 : 비늘있는 생선을 쉽게 손질해 준다. ③ 특징 : 사소한 기구지만 일반칼 사용의 비늘제거보다는 훨씬 효과적이다.
19	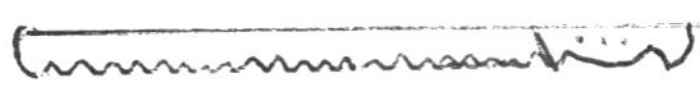	① 명칭 : 톱날칼 ② 용도 : 강정자르기(쌀강정, 잣 박산 등) ③ 특징 : 깨트려지지 않고 잘 자를 수 있다.

4. 식재료와 양념에 대한 이해

제 1 절 식재료

1. 주식류(곡류, 두류, 서류)

벼농사는 기원전 6~8세기경에 실시되었다고 추정되고 있고, 잡곡농사도 일찍이 시작되어 잡곡음식의 발달을 가져왔다.

곡류에는 사람들의 몸에 좋은 영양물질들이 많이 들어있다. 곡류 및 서류의 식품으로서의 가치는 에너지원이라는 점이다. 동물성 식품의 소비가 매우 빈약했던 옛날에는 우리 국민의 에너지원의 대부분을 곡류 및 서류로 충당하였다.

이밖에 두류와 식물 종자는 부족했던 단백질과 지방의 주요 공급원으로서의 역할을 하여왔다. 그러나 현대에 와서는 주식의 개념이 바뀌거나 희석되고 있다. 「이규태의 칼럼」을 보면 18세기에 한국 사람은 쌀을 많이 먹었다고 한다. 당시 자료에는 한 달에 장정이 쌀 너말 두되(약 33kg), 보통 남자가 서말(24kg), 어린이가 한말 여덟되(14kg)를 먹었다고 했다. 현대에 와서는 일곱되(5.6kg)밖에 먹지 않는데, 이는 줄잡아 200여년 전에 비하여 1/3밖에 먹지 않는 것이 되며, 이 수치조차도 지금은 더 급감되었으리라 생각된다. 요즘 어린이는 신체는 좋아졌지만 지구력이 떨어졌다고 한다. 고기와 밀가루를 주식으로 하는 서양사람이 지구력과 배고픔에 참지 못하는 것은 쌀과 야채를 많이 먹는 한국인에 비하여 장의 길이가 80cm나 짧은 것으로 보아 장길이가 소화력의 지연성과 지구력에 영향을 주는 것이 아닌가 하는 내용이 있다.

- 주곡류 : 기장, 메밀, 밀, 보리, 쌀, 호밀 등
- 잡곡류 : 수수, 옥수수, 율무, 조 등
- 두 류 : 강남콩, 녹두, 땅콩, 완두콩, 팥 등
- 서 류 : 감자, 고구마, 구약감자, 돼지감자, 마 등

등으로 분류할 수 있다.

서 류

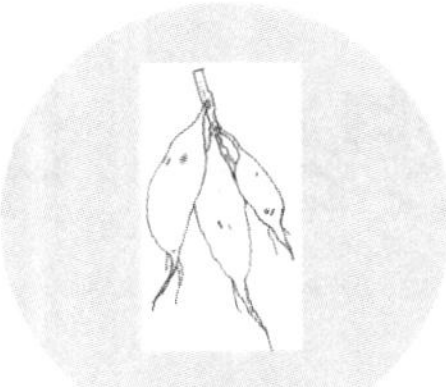
고구마

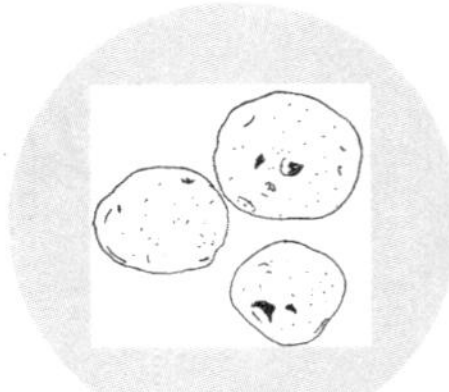
감자

곡 류

벼

보리

두 류

강남콩

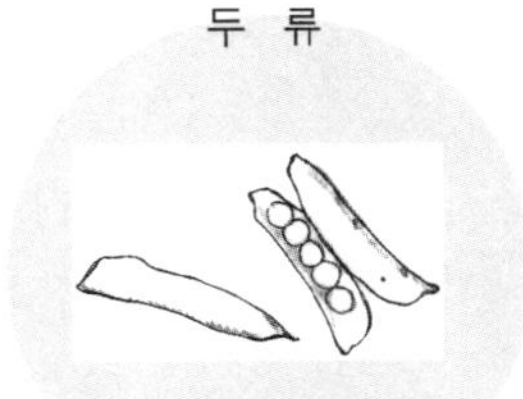
완두콩

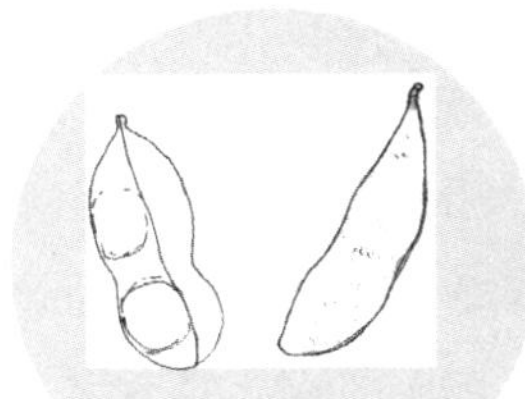
풋콩

2. 육류(쇠고기, 돼지고기, 닭고기)

우리나라에서는 농경이후에도 수렵을 숭상하여 좋은 고기요리를 개발하여 고기구이, 찜, 포 등의 솜씨가 특히 발달하였다. 요리는 그 나라의 기후에 상당한 영향을 받는데, 예로 중국은 날씨 변화가 커서 육류 보관상 위생적으로 문제가 되므로 튀겨서 소스를 얹거나 센 불에 볶음요리가 많은 반면, 한국은 구이, 찜뿐만 아니라 말린 포, 볶음, 장조림 등의 요리법이 다양하게 발달되어 우리 음식의 우수성과 다양성에 자긍심을 가질 만하다.

1) 쇠고기

쇠고기는 우리나라 사람이 가장 좋아하는 식품중의 하나로 소의 살코기는 물론 머리, 꼬리, 족, 각종의 장기류와 부위가 있고 조리법은 무려 120여 가지에 달한다. 쇠고기는 부위별로 독특한 맛을 내어 미각을 돋울 뿐만 아니라 영양가 특히 단백질, 무기질 등이 많이 함유되어 있다. 그리고 한방에서는 비위를 보하고 기혈을 도우며, 근골을 튼튼하게 하고 성장에 필요한 아미노산이 고루 함유된 식품으로서 태음인에게 좋은 식품으로 분류하고 있다.

(1) 쇠고기 감별법

① 쇠고기의 생육에는 냄새가 없어야 하고 선홍색이면서 밝은 색을 띠어야 한다. 냉동육은 색깔이 진붉고 어둡지만 녹으면서 밝은 빛으로 돌아온다. 단, 꼭 신선함은 물론 색깔이 선홍색으로 유지되어야 하는 경우가 있다(육회, 생등심 구이, 생갈비 구이).

② 대리석무늬(marbling)가 고루 분산되어 있어야 한다.

③ 손으로 눌러보아 탄력이 있어야 한다.

(2) 쇠고기의 품질등급

쇠고기는 육조직의 대리석무늬와 질감 및 육즙으로 기준 될 수 있다. 그러나 관능적으로 판명할 수 있는 것은 대리석무늬(marbling)로 평가하는 것이다. 쇠고기에서 대리석무늬라는 것은 지방의 분포도를 말한다. 국내기준 육조직 등급은 명확히 구분되어 있지 않아 미국품질등급과 비교한다.

① 최고급 상등육(prime) : 지방이 근육조직에 고루 풍부히 퍼져 있는 정도 *냉장 상태에서 유통

② 고급상등육(choice) : 지방이 근육조직에 고루 퍼져 있는 정도

③ 중상등육(select) : 지방이 근육조직에 보통 있는 정도

④ 중등육(standard) : 지방이 근육조직에 약간 있는 정도

⑤ 하등급(commercial) : 지방이 근육조직에 거의 없는 정도

⑥ 저등급(utility) : 지방이 뭉쳐 있고 없는 상태

⑦ 식품가공용(cutter) : 질기고 지방층이 없고 육즙의 향이 없는 것

참고

호텔 등의 고급식당에서는 choice급의 상등육을 많이 사용하는데, 어느 미국 육류 가공회사가 저급의 쇠고기를 choice급으로 포장하여 국내에 반입해 유통된 적이 있었다(99. 8. 20.~25. 언론, 뉴스 및 신문 발표). 고기값을 올리려는 속임은 국내나 선진국이나 비슷하다는 예이다.

(3) 한우고기의 질적 개선에 대한 주방장 의견

❶ 과학적인 사료개발로 값싸게 영양균형을 이룬다.

'여름 소는 거저 줘도 먹지 않는다'라는 옛말이 있다. 여름에는 소에게 곡류를 섞은 여물을 먹이지

않고 초지에 방목하여 풀만 먹이기 때문에 육질에 기름층(마블링, marbling)이 생기지 않아 질기고 맛이 없다 하여 나온 말이다. 이는 한국축산의 과학적인 사료개발이 이루어지지 않아 영세한 농가에서는 값비싼 수입사료를 살 수 없는 관계로 상등육 생산에 필수적인 기본인 영양공급이 불균형하여 질이 떨어지는 것이다. 반면 늦가을부터 이른 봄까지는 곡류(쌀겨)를 섞은 여물을 주기 때문에 육질이 좋다.

그러나 유럽 등에서 발육을 촉진한다고 동물성 사료를 먹인 것이 원인이 되어 쇠고기 단백질이 변이되어 광우병이 유발된 것은 신(神)이 정한 섭리 가운데 연구되어야 할 것이다.

❷ 품질관리와 정확한 유통체제가 필요하다.

'한우가 좋고 수입 쇠고기는 맛이 없다'라는 주장을 펴기에는 국제무역거래의 장벽이 허물어지고 있는 시점에서 버거움을 느낀다. 육질을 생산하기 위하여 기른 한우고기는 수입상등육 이상으로 질이 좋지만, 그 외 생산능력이 떨어져 도축한 젖소, 농사일을 하다가 폐소가 되어 도축된 소 및 기타 병사된 소의 등급이 정확히 표시되어 유통되는가 하는 면에서는 대단히 신뢰가 떨어진다.

❸ 국내 쇠고기의 부위별 포장의 불합리성에 대한 개선

도가니의 가격이 비싸면 도가니 주위에 있는 힘줄, 기름, 도가니뼈 밑에 있는 사태 부위까지 연결하여 유통되는 실정이다. 순수한 힘줄(스시)을 구매하면 힘줄 주변의 기름층까지 구분하여 가격을 올리고 가죽의 일부가 붙어있는 채로 무게를 늘리기도 한다. 선진 외국의 경우 등급표시가 명확하고 포장이 완벽하며 규격이 일정하다.

예) · 천엽 · 양 : 검은 부위의 융털이 깨끗하고 하얗게 손질되어 있다.
· 알힘줄(알스지) : 순수한 힘줄 외에 다른 것은 일절 없다.
· 우둔 : 국내산과 같이 엉덩이 부위 주변의 고기전체가 우둔이 아니라 상위치 우둔(top round), 상위치 아래부위 우둔(in side round)과 같이 정확하게 규격화되어 있다.

과거와는 달리 다국적 개념의 시장경제도입으로 무역장벽이 없어지고 있는 오늘날 등급별 · 부위별 포장기술이 완벽한 외국과의 경쟁에서 이기기 위해서는 많은 개선과 노력이 필요한 시기임을 지적하고 싶다.

❹ 위생적이어야 한다.

가격을 올리고자 가죽의 일부를 붙여 팔거나 예를 들어, 천엽 또는 양을 구매시 위생처리가 덜 되어 사이사이 쇠똥을 묻혀 오는 경우가 있다. 또한 세균감염률도 국내산 식육엔 대장균군인 E. coil이 69.5%로서 미국의 15.80%보다 4배 이상 높은 수치이며, listelia spp의 경우 국내식육은 100% 검출되며, 미국의 23%보다 4배 이상이므로 국내도축 식육의 생산공정에 유의해야 할 부분이다.

(4) 쇠고기 부위별 그림

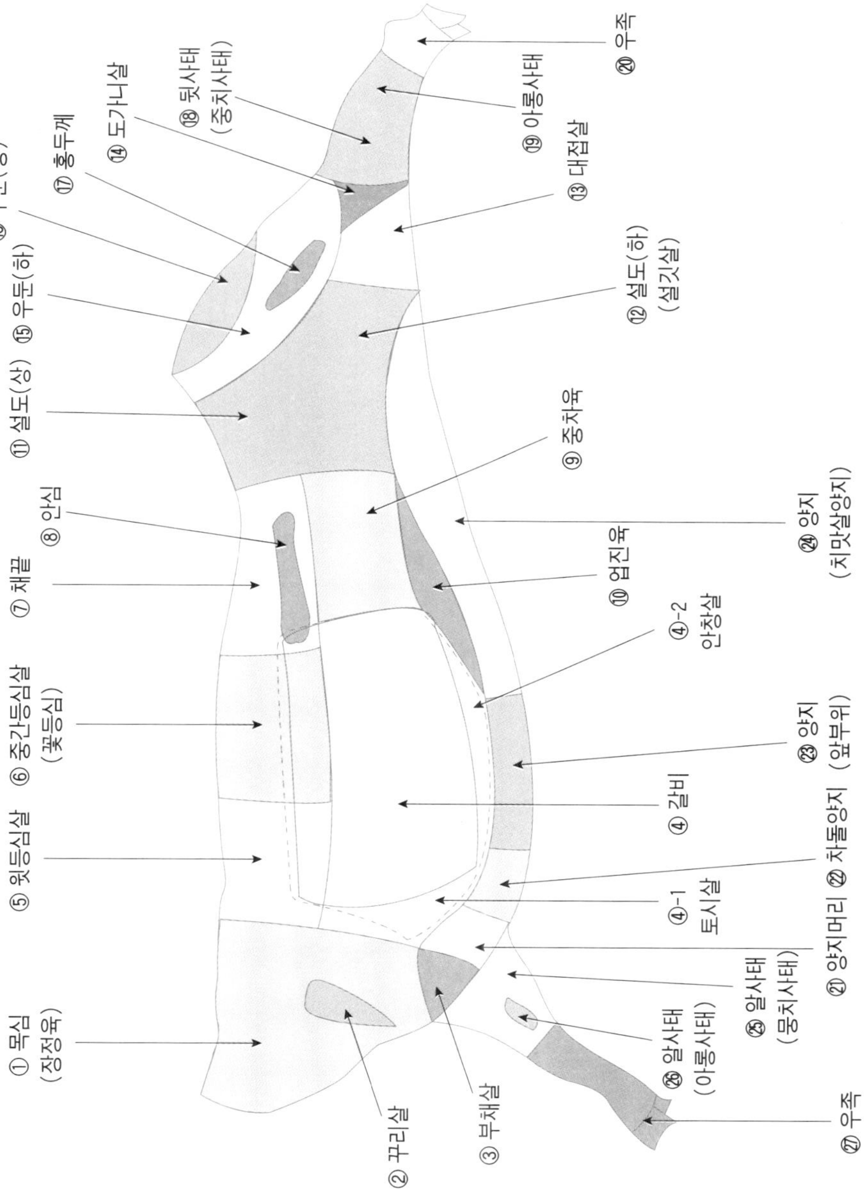

① 목심 (장정육)
② 꾸리살
③ 부채살
④ 갈비
④-1 토시살
④-2 안창살
⑤ 윗등심살
⑥ 중간등심살 (꽃등심)
⑦ 채끝
⑧ 안심
⑨ 중치육
⑩ 업진육
⑪ 설도(상)
⑫ 설도(하) (설깃살)
⑬ 대접살
⑭ 도가니살
⑮ 우둔(하)
⑯ 우둔(상)
⑰ 홍두깨
⑱ 뒷사태 (중치사태)
⑲ 아롱사태
⑳ 우족
㉑ 양지머리
㉒ 차돌양지
㉓ 양지 (앞부위)
㉔ 양지 (치맛살양지)
㉕ 알사태 (뭉치사태)
㉖ 알사태 (아롱사태)
㉗ 우족

(5) 쇠고기 분류방법 및 해법

번호	대분할 부위명	소분할 세부 부위명	주 방 장 해 법
1	안심(tender loin) 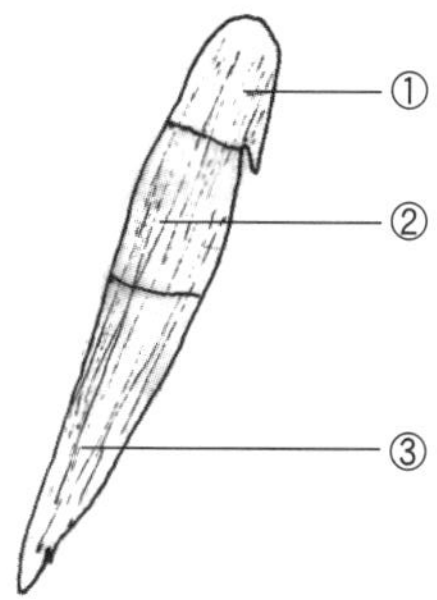	① 앞부위 (head tender lion) ② 중심부위 (chateau briand tender loin) ③ 끝부위 (filet mignon tender loin)	• 갈비뼈가 끝나는 13번뼈의 바깥쪽과 등뼈안쪽에 각각 1개씩 2개가 있으며 1개의 무게는 3kg 정도이고 정형하면 2.5kg 정도이다(등뼈의 바깥쪽은 채끝이 있다). • 안심의 다른 부위와 달리 유일하게 몸통 갈비 안쪽에 위치하고 있는 부위로 육질이 가장 연하다. 그리고 겉면에 지방과 얇은 근막이 형성되어 있다. • 표시방법 : 안심 또는 특등육 • 요리법 · 구이류 : 완전히 익히는 것보다는 중간 익히기가 좋다. · 산적 : 살이 연하여 결방향으로 썰어야 한다. · 냉채 : 얇게 너비아니로 저며 썰어 살짝 구운 후 야채와 곁들인다. · 볶음 : 데린 간장+불고기 소스에 야채와 볶는 요리에 쓰인다.
2	등심(sirloin) 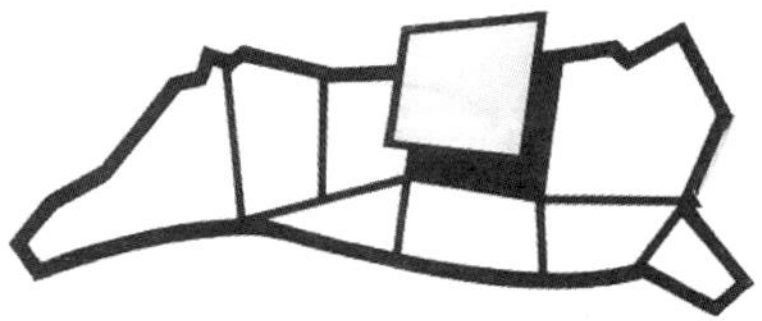 갈비전체의 윗쪽등뼈 옆으로 형성되어 있다. 양옆으로 대칭되어 2개 부위가 나오며, 대리석 같은 기름(marbling)에 의해 품질이 결정된다. 표피쪽은 지방층과 비교적 두꺼운 피막이 있고 안쪽에는 등뼈를 제거한 자국이 선명하게 있다. 	윗등심살 (butt sirloin)	• 앞쪽(1~5 흉추부위)의 등심을 뜻하며 '떡심'이라는 누런 굳은심이 S자 모양으로 박혀 있다. 떡심(누런 힘줄)이 등심 가운데 박혀 있으면 앞쪽 부위다. • 요리법 : 불고기용으로는 최고이며 생등심 구이, 산적꼬치, 너비아니 구이에 적합하다.
		아래등심살 (bottom sirloin)	• 뒤쪽(6~13 흉추부위)의 등심을 뜻한다. • 윗등심과 이어지는 부위로 약 4kg이며, 떡심은 없고 맛이 일품이다(아랫등심 밑으로는 채끝이다). • 불고기(너비아니), 로스편채용으로 적합하다.
		꽃등심살	• 꽃등심은 모든 소에 있는 것이 아니라, 비육이 잘 된 소의 등심부위중 대리석 무늬(marbling)가 고루 퍼져 있을 경우에만 해당된다. • 요리법 : 진기스칸, 로스 편채, 너비아니구이에 적합하다.
		살치살 (bottom sirloin triangle)	• 윗등심살과 어깨부위 밑의 살로 삼각형으로 생긴 부위다. • 대리석 무늬(marbling)는 없으나 육즙이 많고 촉감이 좋아서 생고기구이류로 좋다.

번호	대분할 부위명	소분할 세부 부위명	주 방 장 해 법
3	채끝 (beef rib eye) 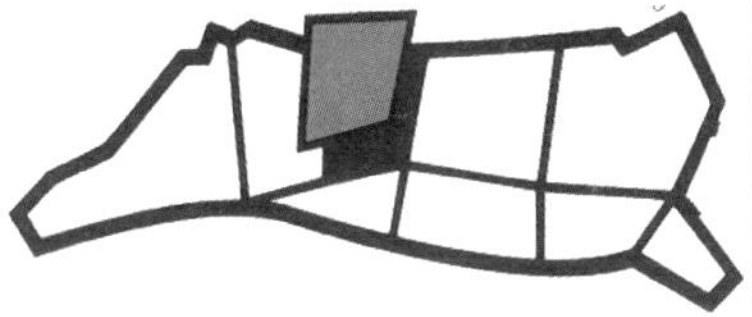	채끝살 (rib eye roll)	• 채끝은 등심에서 이어지는 고기로서 등심의 뒷부분으로 등심과 비슷한 단일 근육이고 스커트 모양의 치맛살이 포함된다. • 고기의 결이 곱고 비육이 잘된 소의 채끝에는 대리석 무늬의 지방이 상품이다. • 표시방법 : 채끝 또는 상등육 • 요리법 : 로스편채, 주물럭용, 생고기구이에 적합하여 아래 부위살은 힘줄이 많이 있어 칼집을 충분히 주어야 요리가 가능하다.
4	목심 (장정육 : beef chuck) 목심이라고 해서 단순히 한 덩어리가 아니라 크게 목 중심 부위와 다리 윗쪽 살로 나뉜다. 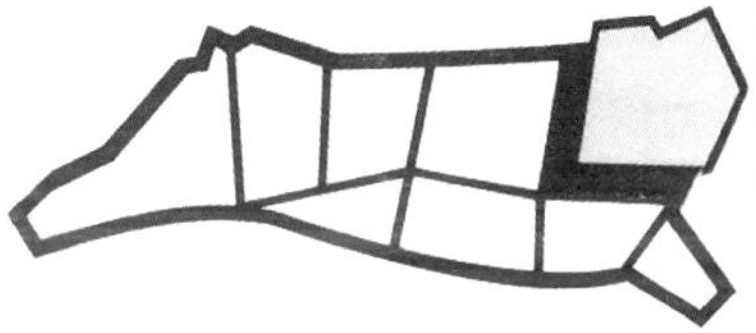	목심살 (shoulder clod)	• 어깻살 위쪽으로 연결되어 있으며 겉은 지방으로 둘러져 있다. • 목심에는 여러 가지의 다양한 근육이 모여 있으며 안쪽에 방골자국이 선명하고 두꺼운 힘줄이 여러 갈래로 갈라져 표면에 나타난다. • 약간 질기지만 지방이 적당히 함유되어 있어 풍미가 좋은 편이다. • 표시방법 : 목심, 정육 또는 중등육 • 요리법 · 육회 또는 채썰어 고명 : 앞다리 윗쪽의 뒷부분과 복부바깥쪽의 큰 근육조직으로 앞다리의 힘줄과 연결되어 있다. 그 중 꾸리살 부위는 기름층은 거의 없고, 결이 일정하게 있어 고명 및 육회에 좋다. · 등심대용으로 많이 사용하는 부위이며, 산적, 불고기, 편육, 냉면고명 등으로 쓰인다.
5	앞다리 (beef armbone chuck) 보통 5개로 구분되어 지는 근육층과 이것을 이어주는 덧살로 구성되어 있다. 표시방법 : 앞다리, 정육 또는 중등육	① 꾸리살 (beef chuck tender) 앞다리 위쪽 머리 밑에 각각 약 2kg 두 개 나온다	• 안쪽으로 어깨뼈를 떼어낸 넓은 피막이 나타나며 안심과 유사한 쐐기형의 살뭉치가 달려 있다. • 육즙이 많고 결이 일정하다. • 요리법 : 육회, 장조림, 산적 등에 쓰인다.
		② 갈비덧살 (앞다리 위의 갈비와 연결되어 있는 살이다)	• 힘줄이나 막이 있어 부분적으로 약간 질긴 것도 있으나 고기의 결이 곱기 때문에 불고기용으로 손색이 없다.
		③ 부채살	• 앞다리, 양지, 갈비의 겹쳐지는 부위로 부채모양의 근육이 있어 붙여진 이름이다.

번호	대분할 부위명	소분할 세부 부위명		주 방 장 해 법
6	우둔 (top round) 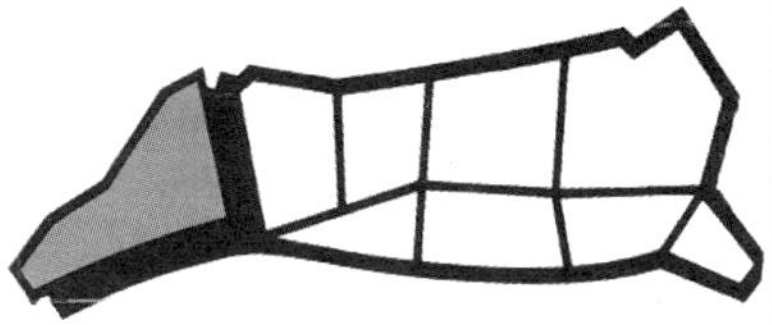	우둔살 (beef round)	우둔상부 (beef round / top inside)	• 바깥쪽의 오른쪽 우둔과 왼쪽 우둔으로 나뉘며 양지살과 같이 약 3~4cm의 뚜껑처럼 생긴 층이 있다. 이것을 젖히면 기름이 전혀 없는 살덩이가 4~5kg이 나온다. • 요리법 : 육회, 구절판, 나물 등의 고명, 산적구이, 다진고기 등에 사용한다.
		홍두깨살 (beef eye of round)	우둔심	• 하층 우둔(round bottom)과 뒷다리 바깥쪽 관절사이에 붙어 있다. • 길쭉한 약 45cm 정도의 길이로 원통형이다. • 방망이같이 생겼다 하여 홍두께라고 부른다. • 요리법 · 장조림, 육회, 육포 등에 쓰인다. · 구절판 고기채(가는채) 썰기 할 때에 결대로 곱게 썰기 좋다.
7	설도 설깃살, 도가니살, 보섭살로 구분된다. 소의 뒷다리 바깥부분의 전체를 이루는 부위다. 표시방법 : 설도, 정육 또는 중등육	① 보섭살(대접살 : rump sirloin) 엉덩이뼈를 감싸고 있는 근육 안쪽에 자리잡고 있다.		• 엉덩이뼈를 감싸고 있는 근육으로 안쪽에 자리잡고 있다. • 기름층이 풍부하다. • 요리법 : 불고기, 산적, 구이류 등에 쓰인다.
		② 설깃살(설도 : outside round ; bottom round) 대퇴부(엉덩이뼈) 바깥쪽 부위		• 약간 역삼각형 모양인데 넓은 쪽은 엉치뼈를 바쳐주는 쪽으로 약간 연하고 무릎쪽은 질기다. • 요리법 : 다진고기, 만두속, 완자, 찜, 조림 등에 쓰인다.
		③ 도가니살(대접살 : knuckle round) 뒷다리 무릎 부위		• 질긴 근육으로 도가니뼈를 감싸고 있고, 조직(힘줄 등)이 많다. • 요리법 : 조림, 찜, 편육, 만두속, 완자 등에 쓰인다.
8	양지(beef plate) 목심 아랫쪽(앞다리 사이)에서 뒷다리 사이 뱃살까지의 살이다. 이 전체를 '양지한체'라고 한다. 표시방법 : 양지 또는 보통육 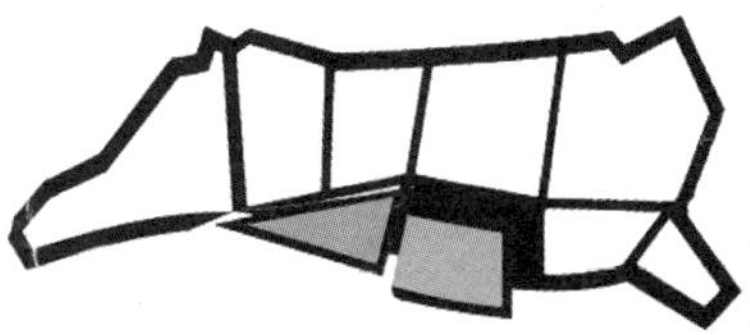	① 양지머리(beef brisket)		• 목심 턱밑의 앞가슴살로 맨 앞쪽에 단단한 지방과 살로 뭉쳐진 부위이다.
		② 차돌백이(beef brisket)		• 흰색의 단단한 기름을 말하는데 육질이 돌과 같아 붙여진 이름이다. • 요리법 : 얇게 썰어 구이용 돌판에 구워서 먹는 맛이 일품이고 국물을 끓이면 가장 구수한 맛이 나는 부위이다.
		③ 업진살(a kind of beef plate)		• 중간부위(7번 갈비) 하단의 뱃살로서 치맛살의 일부이며 앞쪽에 위치한다.
		④ 치맛살 (beef plate skirt)		• 갈비 7번 뒤쪽 하단부의 업진육과 붙어 있는데 뒤쪽 부위이다. • 주름 치마와 같이 주름이 있고 결이 일정하다. 기름층과 살이 교차되어 있다. • 육즙이 맛이 있어 국물이 좋다.

번호	대분할 부위명	소분할 세부 부위명	주 방 장 해 법
9	사태(shank) 앞, 뒷다리의 상박 부위로 근막이 발달되어 있다. 표시방법 : 사태 또는 보통육	앞사태 (fore shank)	• 앞다리뼈(사골뼈 중 상급으로 구분하는 뼈)의 주병을 감싸고 있는 근육으로 홍두깨 밑 부분이다. 뒷다리에도 마찬가지로 있지만 뭉치사태가 있고 뭉치사태안쪽 중심부위에 아롱사태부위가 있다.
		뒷사태 (hind shank)	• 우둔 및 뒷다리 하퇴골을 감싸고 있는 여러 근육들을 근막을 따라 우둔에서 분리정형한 것으로 앞다리에도 있는 뭉치사태와 뭉치사태 안쪽으로 아롱사태가 있다.
		뭉치사태 (shank shin)	• 무릎관절을 감싸고 있는 여러 근육들을 근막에 따라 앞다리에서 또는 뒷다리에서 분리정형한 것으로 여러 덩어리가 뭉쳐져 있는 것처럼 생긴 것에서 명명되었다.
		아롱사태(shank) 	• 뭉치사태의 가운데 위치한 아킬레스건으로 연결되어 있는 단일근육으로 고구마 형태의 질긴 근육으로 연결되었다. • 요리법 : 장조림이나 편육, 찜 등에 쓰인다.
10	갈비 (beef ribs) 갈비는 목심에서 이어지는 갈비를 1번으로 하여 등뼈 중심으로 왼쪽 갈비짝과 오른쪽 갈비짝으로 나뉘며, 등쪽의 갈빗대는 아랫쪽 갈빗대보다 굵으며 물렁뼈로 되어 있다. 갈비는 등쪽부터 배쪽까지 사방에 내장을 보호하거나 연결하는 살이 있다. 표시방법 : 갈비 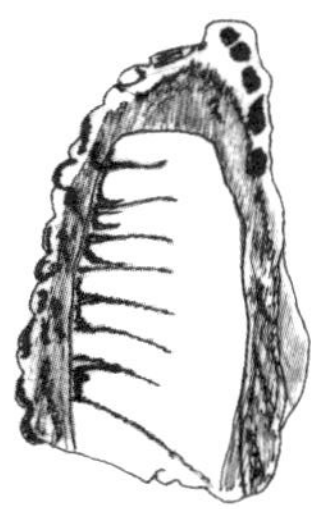	갈 비 (beef ribs)	• 갈비뼈는 전체 13개가 있는데 앞다리쪽 부위를 1번으로 한다. • 갈비 1번~13번까지를 말하며 등쪽의 마구리를 제거하고 갈비 안쪽의 막(제비추리, 안창살, 토시살)을 제거한 정리된 갈비를 뜻한다. • 요리법 : 구이, 찜, 탕 등에 쓰인다.
		갈비마구리 (beef trimmed ribs) 갈비짝의 가장자리 부분을 지칭한다.	• 국내에서 유통되는 갈비짝은 갈비마구리부위까지를 일컫는다. 단지 갈비마구리는 등쪽부위의 등심을 떼어내고 아랫부위의 양지를 떼어내어 살이 없다. 등뼈와 갈비가 연결되어 있는 부위는 짝갈비(갈비짝)의 가장자리 부위이다. • 요리법 : 육수 또는 갈비탕용으로 많이 사용한다.
		토시살	• 1번 갈비와 9번 갈비 사이의 갈비 안쪽에 붙어 있는 두꺼운 횡경막 부위이다. • 토시라는 말은 작업할 때 손에 끼는 토시같이 생겼다하여 붙여진 말이다. • 요리법 : 구이용으로 쓰인다.
		안창살	• 갈비(흉부)와 내장(복부)을 잇는 안심살의 옆에 폭 7cm 정도의 티(T) 모양의 살이다. • 질기긴 하여도 씹는 촉감과 육즙향이 좋다. • 안창살이라는 뜻은 창문안쪽의 커튼 윗부분의 주름살처럼 생겼다하여 붙여진 이름이다. • 요리법 : 구이용으로 쓰인다.
		제비추리	• 안창살과 비슷하지만 등쪽의 1번 갈비와 6번 갈비 안쪽에 붙어 있는 살이다. • 제비추리라는 말은 제비가 날개를 편 것같이 날씬하고 긴고기같다하여 붙여진 뜻이다. • 요리법 : 구이용으로 쓰인다.

(6) 쇠고기 부위별 요리법

❶ 쇠뼈그림

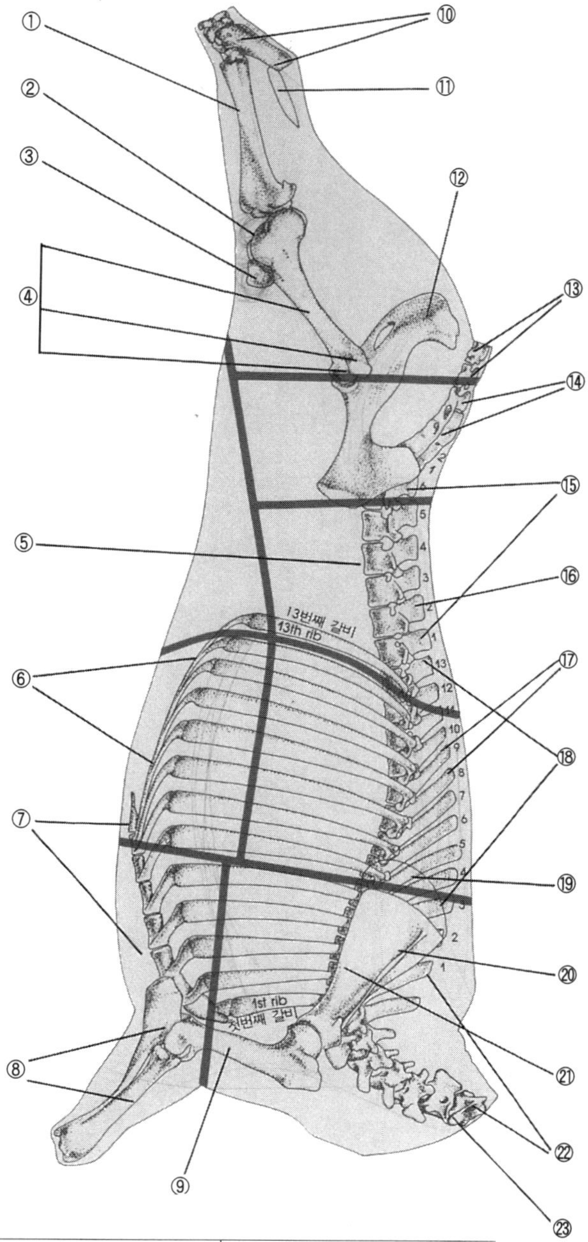

사골뼈	①, ②, ④, ⑧, ⑨
도가니뼈	③, ⑩, ⑪
잡뼈	⑫, ⑭, ⑳, ㉑, ㉒, ㉓
갈비마구리뼈	⑥, ⑦
꼬리뼈	⑬
등잡뼈	⑤, ⑮, ⑯, ⑰, ⑱, ⑲

❷ 쇠뼈 부위별 사용

- 잡뼈 : 곰탕을 끓일 때 사골과 함께 혼합하여 사용하고 해장국, 우거지탕 등에 사용한다. 맑은 육수, 냉면 육수 끓일 때 적은 양의 고기와 함께 끓인다. 해장국을 끓일 때 필수이다.
  특징 : 가격이 사골에 비해 저렴하므로 국물을 낼 때 다용도로 사용된다.
- 사골 : 곰탕육수 낼 때 사용한다.
- 마구리뼈 : 갈비탕 갈비로 사용한다. 갈비탕 국물, 해장국에 사용된다.
- 꼬리뼈 : 꼬리탕을 할 때 사용한다.

(7) 소의 내장 및 기타 부위의 조리법과 해법

번호	부 위	사용 요리	봉 주 방 장 해 법
1	간 (liver)	갑회 생회 간전	소의 간은 주로 빨간색을 띤 밝은 갈색이어야 생회로 먹을 수 있다. 생것으로 먹었을 때 잡냄새가 없고 약간 달달한 맛이 있다. 전을 만들 때는 계란으로 지지는 것도 있지만 메밀가루와 볶은 참깨가루 옷을 입혀 전을 부치면 별미이다.
2	소꼬리 (tail)	꼬리곰탕/꼬리찜 꼬리찜 수육	핏물을 빼고 끓여도 국물이 탁하므로 약 10분간 끓인 물은 버려야 한다. 꼬리찜을 할 때에도 고기가 어느 정도 익은 다음에 양념을 한다.
3	소혀 (tongue)	편육, 수육, 구이, 찜, 전골	혀의 껍질을 벗기는 것은 숙련을 요구한다. 소의 혀 안쪽(혀뿌리) 부위에서 노랑냄새가 심하므로 제거한다.
4	도가니/힘줄 (knee bone)	찜 탕 볶음 무침	도가니는 소의 무릎뼈 관절에 해당되는 것으로 도가니 옹기처럼 동글게 생긴 뼈를 말한다. 소의 무릎 주위에는 연골 및 힘줄(스지)이 있어 이 부위를 이용하여 탕을 끓이는 것이 도가니탕이다. 그러나 도가니뼈에 연결된 힘줄은 한정되어 있고 가격이 높기 때문에 다른 부위의 힘줄을 혼합하여 사용한다. 미국산은 깨끗이 정리되어 규격화한 알 힘줄로 거래되고, 국내산은 잡 힘줄(기름이 많이 섞였거나 사태 부위가 혼합된 것)을 혼합하여 거래하기 때문에 육가공의 기술낙후 및 경쟁력을 높이기 위해 시정되어야 할 부분이다. • 도가니뼈는 1.5cm 두께로 썰어야 한다. • 알 힘줄은 약 3시간 삶아내어 찬물에 식혀 알맞은 크기로 잘라낸다. 이때 무르게 익은 것과 무르지 않은 딱딱한 고기를 구분하여 딱딱한 고기는 다시 약 1시간 30분 더 삶아내어 무르게 익힌다. 삶아낸 후 국물이 뽀얗게 우러나온 것은 곰탕(사골) 육수에 혼합하여 사용한다. ※도가니와 알 힘줄을 삶아내어 고르게 섞어 1인분씩 비닐포장을 하여 냉동보관을 하면 편리하게 사용할 수 있다.
5	천엽 (tripes) 제3위	찜 신선로 고명 전골	검은 막이 있는 것과 함께 사용한다. 검은 막은 뜨거운 물에 순간적으로 데쳐 비벼서 벗겨내어 사용한다. 간과 천엽회 2종은 갑회라고 표현한다. 천엽(天葉)은 천개의 잎과 같이 너풀거리는 것이 많다라는 뜻이다.

번호	부 위	사용 요리	봉 주 방 장 해 법
6	양(stomarch) 양의 부위는 세 부분으로 나눈다.		천엽과는 달리 너풀거림이 없고 두껍다. 국내산은 검은 피막이 두껍게 있고 수입양은 검은 부위가 벗겨져 유통된다. 구수한 맛은 국내산이 좋지만 작업이 쉽지 않고, 수입양은 깨끗이 손질되어 있지만 검은 피막을 벗겨내는 작업이 화학적 방법이 아닌가하는 의심이 되고 구수한 맛이 부족하다. 손질된 수입양을 선택할 것인지, 검은 피막을 벗기는 과정이 어렵더라도 국내산을 선택할 것인지, 주방의 작업형편에 맞게 선택한다.
	① 털양 (제1위)	전골 무침 볶음	털양은 그대로는 사용할 수 없으며 반드시 털을 벗겨내야 한다. 뜨거운 물에 데쳐낸 후 전복껍질, 국자, 밥그릇 뚜껑으로 벗겨낸다. 수입양은 털이 벗겨져 있지만 국선은 깍아내고 사용한다.
	② 벌집양 (제2위)	전골, 찜, 무침, 볶음	털이 없고 벌집같은 무늬가 있다. 깨끗이 씻으면 그대로도 사용할 수 있다.
	③ 양깃머리 자루모양의 양을 중간중간 두꺼운 힘줄(떡심모양)으로 생겼다	구이, 찜	양의 두꺼운 힘줄부위로 윗부분에 있다. 껍질을 벗기고 양구이로 사용한다. 껍질 벗기는 방법은 버선 뒤집듯이 한다. 벗긴 껍질도 푹 삶아 썰어서 볶음 또는 무침에 사용한다.
7	허파 (부아, lung)	볶음 전골 순대국 해장국	허파는 보통육질에 비하여 1/3 무게다. 삶을 때 가끔은 찔러서 핏물을 빼가면서 한다. 요리할 때는 삶아서 사용한다. 잡냄새가 나므로 잘 씻어 주고 된장을 풀어주고 삶는다. 허파는 촉감이 부드럽기 때문에 사용도가 많지만 냄새가 많이 날 수 있다. 그렇기 때문에 슬라이서로 썬 허파를 소금, 후추 뿌리기 전에 정종과 마늘즙을 혼합하여 솔로 살짝 발라주거나 정종을 분무기에 넣고 약간 분무해주면 잡냄새도 없애고 깊은 맛도 얻을 수 있다. • 소 허파는 가벼워서 삶으려고 끓는 물에 넣으면 가라앉지 않고 물 위에 부유하고 있어 수시로 뒤집어 주고 뚜껑을 사용하여 눌러주는 것이 좋다. • 익는 시간은 끓는 상태에서 40분이며, 익은 허파는 식힌 후 납작납작하게 썰어 전골 또는 순대국에 넣는다. 냉동된 허파는 슬라이서를 이용하여 얇게 썰어 맛소금, 후추를 뿌려 밀가루를 입혀 계란에 담가 전을 지져 식힌다. 지짐한 허파전을 일정한 크기(3×5 또는 4×6)로 썰어 신선로 또는 전골에 사용한다. 허파에 관한 요리는 그대로 요리는 안되며, 일단 삶은 후에 요리한다.
8	곱창 (intestine)	곱창전골	끓이기 시작하여 30분 정도 끓인 국물은 버리고 다시 새 물을 넣고 1시간~1시간 30분 정도 삶아서 상태를 보고 건져낸다. 곱창은 손으로 가볍게 당겨보아 끊어지면 익은 것이다. 곱창은 체반에 펴놓아 수분이 빠지게 한 후 식힌다. 곱창은 4cm 폭으로 썰고, 양은 융털 부위를 깍아낸 후 4cm 폭으로 자르고 다시 납작하게 저며썰기한다. ※보관법 : 정갈하게 썬 양과 곱창을 1 : 1로 하여 1~2인분씩 냉동 보관한 후 곱창전골 및 곰탕용으로 사용하면 좋다.

번호	부 위	사용 요리	봉 주 방 장 해 법
9	곤자소니 (암소의 자궁) (uterine)	설렁탕 전골 신선로	깨끗이 손질하거나 한 번 데쳐 낸 후 1시간 정도 다시 삶는다. 삶은 곤자소니는 4cm 크기로 납작납작하게 저며썬다. 곤자소니는 탄력이 있어 쫄깃한 맛이 있다. 순대속으로 썰어넣기도 하고 같이 곁들여 나가기도 한다.
10	송치		소의자궁 내에 있는 털이 나기 전의 송아지(?)로서 보쌈편육을 만들어 먹는다. 그러나 법적으로 '송치'가 유통되는 것은 제재가 되기도 한다. 소생산 정책의 일환으로 그럴 것이다.
11	머리 (head)	수육, 편육, 탕	핏물을 충분히 제거하였다 하더라도 소머리는 복잡한 구조로 되어있어 첫번째 끓인 물은 버린다.
12	우족 (knuckle)	우족찜 우족탕 족 편	우족에서 발톱을 벗겨내고, 푹 삶은 것으로 쫄깃쫄깃 씹히는 맛이 일품이다. 뼈와 살이 고루 들어가 있도록 미리 포장을 해놓는다. 2시간 30분 정도 삶기한다.
13	선지 (blood)	해장국 만두속	윗부분은 선홍색이어야 하며 자주색이다. 데쳐놓고(1차로 자비 끓이기) 사용할 수 있다. 병사 또는 폐사 후의 소의 피는 응고가 되지 않고 진갈색이다. 반드시 응고된 피를 사용해야 한다.
14	우랑 (황소의 고환) (testicles)	도가니탕 곰탕	맛이 부드럽고 담백하다. 누린내가 약간 날 수 있는데 마늘 등의 향재료를 넣고 삶아서 식힌 후 썰어서 이용한다. 삶으면 큰 오리알같고 뽀얗다. 손님께 제공할 때는 의사를 확인한 후 대접한다.
15	우심(황소의 생식기) (oxsexual organs)	도가니탕 곰탕	삶는 초기에는 무척 딱딱하다. 약 3시간 이상 삶게 되면 우심이 부드럽고 쫀득해진다. 손님께 제공할 때는 의사를 확인한 후 대접한다.
16	콩팥 (kidney)	해장국 구이 볶음	냄새가 약간 좋지 않다. 적당히 칼집 내어 핏물 및 냄새를 제거하기 위해 물에 담가 놓았다가 푹 삶은 후 저며 썰어 해장국에 넣는다.
17	염통 (heart)	구이류 산적	위 부분의 지방층을 제거하고 3~4등분으로 절개한 후 안쪽의 힘줄을 제거하고 저며 썰어 직화(숯불)로 굽거나 산적꼬치로 사용한다.
18	소머리 골 (brain)	탕, 해장국, 구이	머리의 등골은 선지국 등 탕요리에 사용한다.
19	등골 (bone marrow)	탕 해장국 구이	등뼈 중앙 속에 있는 연필 굵기의 희고 부드러운 것으로 양념(참기름, 소금, 후추)에 무침하여 생회로 즐겨 먹는다. 소량이기 때문에 시중에 유통되지는 않고 주문해야 한다.
20	유통(젖통) (breast saggy)	전골 수육	주로 젖소의 유통이 많이 사용되고 좋은 한우 암소의 유통이 좋다. 유통이 너무 큰 것은 적당히 절단하여 1시간 30분 정도 삶기 한다. 유통은 맛이 담백하고 부드러우며 탄력이 있는 게 특징이다.
21	지라(spleen)	설렁탕 · 회	부드럽고 영양이 많다. 설렁탕에 많이 이용하고 생회로도 이용한다.

2) 돼지고기의 부위별 명칭, 뼈의 구조, 요리법

육질이 연하고 쇠고기와는 달리 감칠맛이 있어 차츰 소비량이 증가하고 있다. 돼지고기의 단백질 함유량은 쇠고기에 비해 다소 떨어지지만 질적으로는 쇠고기와 마찬가지고, 양질의 단백질이다.

단백질이 21% 정도이며 거의 필수 아미노산으로 구성된 완전단백질이다.

돼지고기는 국내산과 수입산의 차이를 알아야 하며 숫돼지, 암퇘지 구분과 품종별로 선별할 줄 알아야 한다.

먼저 국내산과 수입산의 차이점은, 국내산은 껍질이 있으며 삼겹살 부위인 갈비뼈 자리에 칼로 샘김한 자리가 있다. 수입산은 껍질이 없고 갈비위치가 매끄럽다.

숫돼지와 암퇘지 구분은 암퇘지고기의 육질이 연하고 숫돼지는 돼지 특유의 비린냄새가 유난히 강하다. 돼지의 4발의 사타구니쪽의 지라나는 강낭콩만한 노린냄새가 나는 부위가 있는데 이것을 제거한다.

검은 돼지는 껍질부위에 옆면으로 볼 때에 검은털 자국이 선명히 보인다.

돼지는 해체할 때 다리사이에 콩알모양의 지라(노린네나는 호트몬)가 있는데 이것을 반드시 제거해야 한다. 참고로 오리에는 목주변 어깨가 시작되는 부분에 있다. 이것을 긁어내야 한다.

(1) 돼지고기의 부위별 그림과 특징

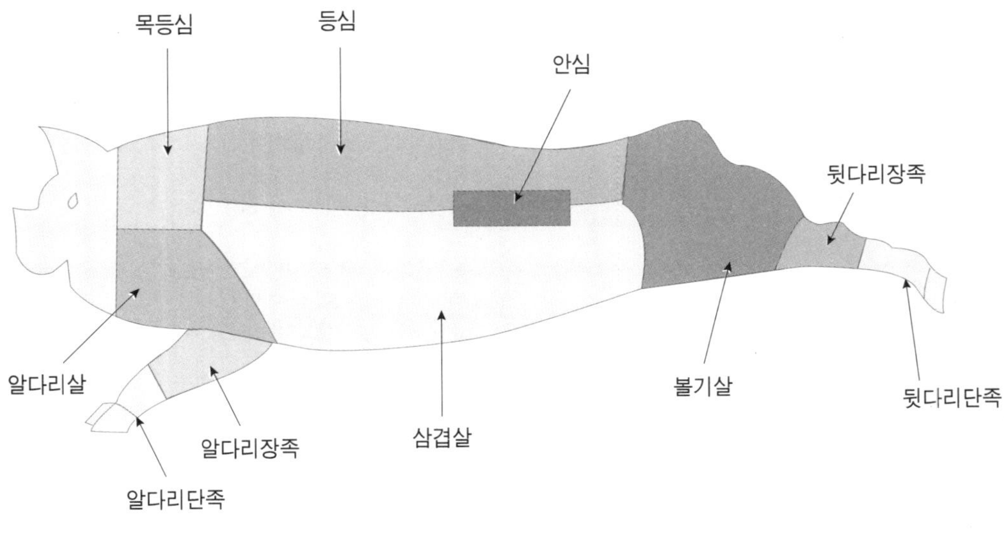

(2) 돼지고기의 부위별 봉주방장 해법

	부 위	봉 주 방 장 해 법
1	목심(어깻살 : shoulderbutt) 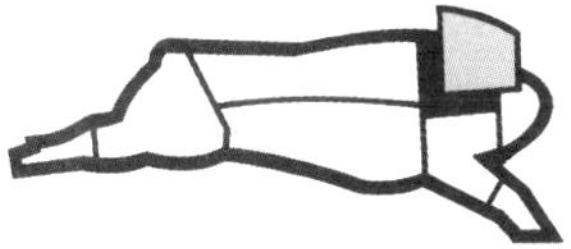	• 삽결살에 비할 만큼 근육사이에 지방이 고루퍼져 있어 맛이 좋다. • 덩어리, 토막, 슬라이스 같은 모든 썰기에 적당하다. • 상급으로 취급되나 등심만큼 높지 않다. • 요리법 · 생구이, 수육, 불고기 등에 좋다. · 돼지갈비구이는 갈비 부위인 삼겹살뿐만 아니라 목살부위도 함께 사용한다.
2	등심(loin) 	• 어깨살에 이어지는 등의 중앙 부분으로 결이 곱고 지방이 적당히 있다. • 하나의 부드러운 근육으로, 냄새가 없으며 풍미가 있어서 이용범위가 많다. • 요리법 · 제사지낼 때의 '적' 고기로 많이 사용하며 껍질을 제거한 살 부위는 채썰기하여 볶음요리로 좋다. · 양식으로는 스테이크, 돈가스(폭커틀렛), 포크소테, 로스트 포크 등에 사용된다.
3	안심(pork tender loin)	• 전체의 2%를 차지하며 결이 곱고 부드럽다. • 지방이 거의 없으며 누린내나 진한 맛이 없고 담백하다. • 요리법 · 돼지고기는 쇠고기와는 달리 완전히 익혀야 하고, 쇠고기 안심에 비해 맛이 텁텁하다. · 결대로 곱게 채썰어 잡채, 똑똑이 자반 등에 좋다. · 양식으로는 스테이크, 소테 등에 적당하다.
4	삼겹살(spare ribs belly) 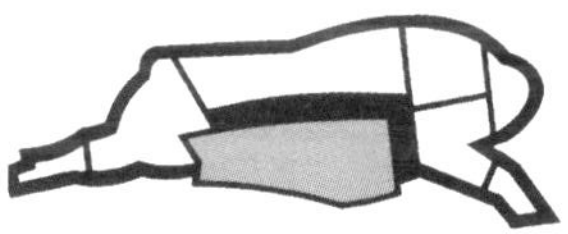	• 빨간살과 지방이 층으로 되어 있어서 삼겹살이라고도 한다. • 층이 동일한 두께로 반복적인 층을 형성할수록 양질이다. • 삼겹살은 껍질을 제거한 뱃살(박피삼겹살)을, 껍질을 벗기지 않은 통삼겹살을 5겹살이라고 한다. 이를 무박삼겹살이라고 한다. • 풍미와 진한 맛이 우수하다. • 요리법 : 구이, 베이컨, 조림, 스프 등에 이용한다.
5	다리살(앞다리 부위 : Picnic Shoulder) 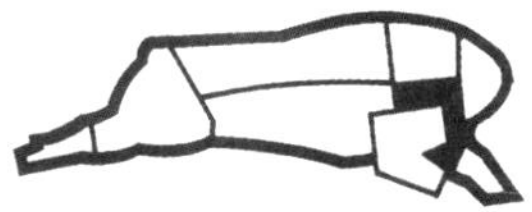	• 안허벅지와 홍두깨살로 나뉘어진다. 안허벅지는 지방이 적으므로 결이 큰 덩어리로 되어 있으므로 덩어리 고기로 만드는 요리에 적합하다. • 홍두깨는 지방이 적은 적색살로 부드러운데 근육이 있기 때문에 덩어리로 사용하는 것은 적합하지 않다. • 요리법 · 홍두깨는 장조림에 좋다. · 전체적인 다리살은 수육에 좋다. 수육이라 하면 보통 소금에 살짝 절인 배추속대와 겉절이 양념을 곁들이는 것으로 몇 점의 고기를 제공하더라도 고루고루 다른 부위를 저며 주는 것이 좋다.
6	앞족발(pork feets front)와 뒷족발(pork feets hind) 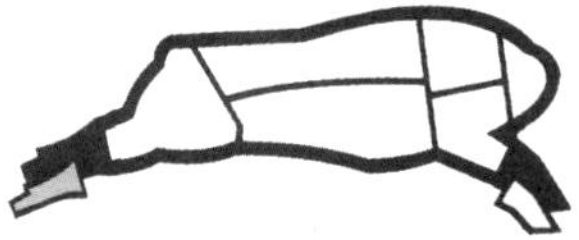	• 젤라틴 성분이 많아 쫀득하고 단백하다. • 앞족발은 얇게 썰었을 때 모양이 좋으나, 뒷발보다는 뻑뻑하다. 뒷족발은 앞다리에 비해 가늘고 모양있게 썰기가 나쁘다. • 요리법 · 쇠고기가 귀하던 시절에 임신수유부의 식사나 보양식으로 이용되었다. · 뼈를 제거하고 성형하여 굳힌 후 편육으로 한다.

(3) 돼지고기 뼈 구분

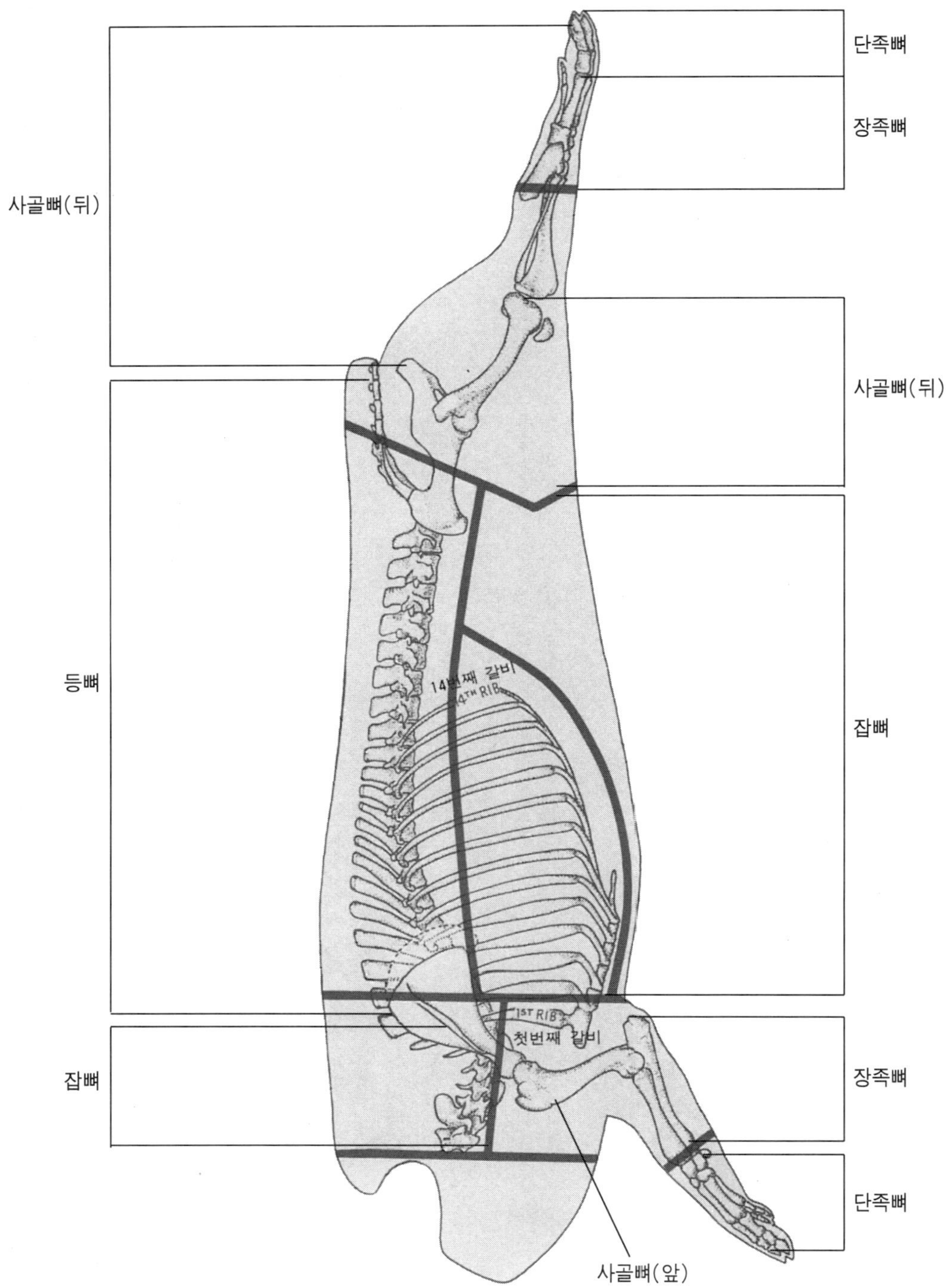
단족뼈
장족뼈
사골뼈(뒤)
사골뼈(뒤)
등뼈
14번째 갈비
14TH RIB
잡뼈
1ST RIB
첫번째 갈비
잡뼈
장족뼈
단족뼈
사골뼈(앞)

(4) 돼지고기 뼈 부위별 사용용도

① 순대국, 곰육수 : 잡뼈, 머리뼈, 족, 사골(앞뒤)뼈
② 족발찜 : 앞뒤 장족, 앞뒤 단족
③ 감자탕 : 등뼈

(5) 돼지고기의 내장 및 기타 부위의 봉주방장 해법

번호	부 위	봉 주 방 장 해 법
1	간 (liver)	• 소의 간보다 약간 색이 연하며 특유한 냄새가 없다. • 피가 맑아서 변색하기 쉽다. • 요리법 : 간 요리법은 한국요리에서는 잘 발달되지 않았다. · 전 : 생간을 저며 메밀가루 1/2, 깨소금 1/2을 혼합하고 소금, 후추, 조미료를 넣고 전을 부치면 좋다. · 튀김이나 볶음, 조림으로 이용하며 순대국에 넣어 주기도 한다.
2	염통 (heart)	• 심장으로 소보다 약간 연하다. 근섬유가 가늘고 치밀하며, 독특한 맛이 난다. • 적색살과 유사한데, 지방이 적고 질기다. • 요리법 : 얇게 썰어 구이, 조림을 한다.
3	콩팥 (kidney)	• 신장으로 적갈색의 광택이 있고 탄력있는 것을 고른다. • 겉에 기름이 많이 붙어 있다. • 요리법 · 맛이 진하여 먹기 쉽고 불고기 양념과 어울린다. · 내장구이(도톰하게 저며 굽는다), 볶음, 조림으로 한다.
4	고소리감투(돼지 위) (stomarch) ※옛말로는 '고소리감투' 라고도 하며, 지금도 유통시장에서 통용되는 언어이다.	• 위는 씹는 맛이 있으며, 냄새가 나지 않아서 먹기 쉽다. • 요리법 : 지방이 많으므로 미리 삶아서 조리한다. · 삶을 때는 뼈국물에 넣어 삶는 방법이 맛이 좋고 부드럽다. · 내장구이, 조림 등으로 한다.
5	소장 (intestine)	• 장시간 삶아서 떫은 맛이나 지방을 제거한다. 소시지의 케이싱 재료를 빼놓을 수 없다. • 요리법 : 조림에는 다른 내장과 함께 조림면 더욱 맛있다. · 두루치기(야채와 고추장에 볶는 요리), 순대국에 좋다. 일반적으로 순대만들기는 순대 소창자로 사용한다.
6	대장 (intestine)	• 소보다 먹기 쉬우며, 장종류는 소시지의 케이싱 재료로 빼놓을 수 없다. • 쫄깃쫄깃한 독특한 씹는 맛이 있다. • 요리법 · 아바이 순대(북한 요리 : 순대가 굵다)에 사용된다. · 순대국, 두루치기에 좋다. · 구이류, '내포구이'라고 하여 가격이 저렴한 포장마차에서 많이 이용한다.

7	돼지족 (shank)	• 뼈와 발톱 이외에는 전부 먹을 수 있다. • 젤라틴이 많아서 잘 삶으면 무르고 부드러워서 맛있다. • 요리법 · 무침, 조림, 찜으로도 이용하여 초된장과도 잘 맞는다. · 족발은 의외로 국물이 진하므로 가정에서 족발을 만들어 먹으면 뼈는 버리지 말고 절단하여 한 번 더 푹 끓여 국물을 우려내어 찌개 등에 사용한다. · 족발은 앞족발이 좋으며, 뒷족발은 무르게 족발을 만들어 뼈를 추려서 둥글게 말아 썰어주면 뷔페요리에 좋다.
8	도롱태 암돼지의 자궁 (uterine)	• 담백하고 부드러운 것이 특징이다. • 요리법 · 야채와 함께 굽거나 무침 등에 적합하다. · 간장이나 된장으로 조려도 맛이 있다. · 순대국(내장국)에 좋으며 볶음, 두루치기에 좋다.
9	돼지피 (blood)	• 돼지피는 진갈색이며, 소피는 진자주색이다. • 피가 연두부처럼 응고된 것은 살아서 도살된 것이고, 응고가 깨끗이 안되어 있는 것은 질이 나쁜 것이다. • 요리법 · 중국, 홍콩, 싱가폴, 베트남인들은 돼지피를 두부처럼 썰어 탕요리에 넣어 즐겨먹는다. 우리와는 반대로 소피는 먹지 않는다. · 순대, 해장국에 사용한다.
10	숫돼지(고환)낭심 및 생식기(sexual organs)	• 푹 끓여 적당히 저며 썰어 내장탕, 순대국에 이용한다.
11	애저	• 갓 낳은 새끼돼지로서 한방재료와 함께 찜을 한다. • 애저찜 : 전라도 광주의 토속음식

봉주방장 해법

돼지고기의 수육(삶은 고기)으로서 최고 3대 부위는 간, 고소리감투, 도롱태이다.

3) 닭고기

닭고기는 오래 전부터 다양한 조리법으로 보편화되어 먹어 왔다. 쇠고기나 돼지고기에 비해 지방이 적고 소화 흡수가 좋은 단백질 식품이다. 닭고기에는 단백질이 27%, 지방이 4.8% 정도 들어 있는데 지방산 중에서 리놀레산을 많이 함유하고 있어 성인병 예방이나 노인식, 환자식에 적합한 식품이다. 닭의 품종은 용도에 따라 난용종, 육용종, 난육 겸용종 등으로 나뉘며, 닭고기는 돼지고기 또는 쇠고기보다 섬유가 가늘고 연한 것이 특징이다.

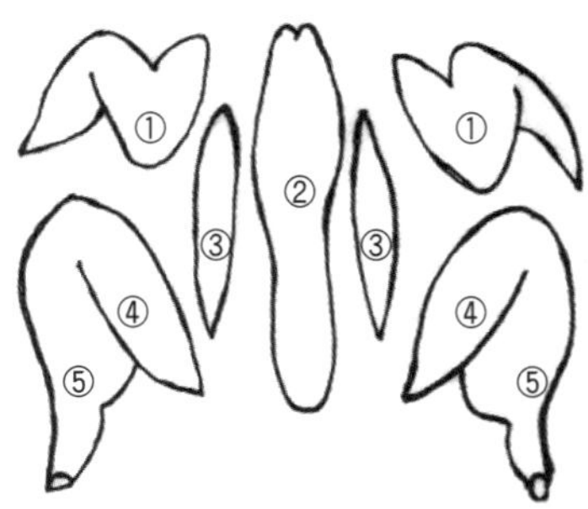

① 날개(whing) ② 등뼈(back bone)
③ 안심(tender loin) ④ 허벅지(thigh)
⑤ 다리(drum stick)

(1) 닭고기의 부위별 봉주방장해법

번호	부 위	봉 주 방 장 해 법
1	날개살류 (wing)	• 앞부분, 중간, 끝부분으로 나누어지는데, 앞부분보다 끝부분이 농후한 맛이 난다. • 지방이나 젤라틴이 풍부하며 맛이 진하다. • 요리법 · 지방이 많아 튀김하면 좋다. · 날개를 뼈와 살은 구분하여 한쪽으로 모아 구이하면 좋다.
2	가슴고기 (breast)	• 가슴부위의 살로 가슴뼈를 제거하면 살은 얇고 지방이 많아 오히려 요리하면 부드럽다. • 요리법 · 튀김, 구이용으로 으뜸이다. 특히 양식에서는 커틀렛으로 많이 사용한다.
3	허벅지고기 / 닭다리살 (thigh / drumstick)	• 다리에서 대퇴부가 붙은 부분(thigh) • 일반적으로 뼈가 없고 육질은 뱃살보다 단단하며 근육이 있다. 지방이 많으며 맛이 진하다. • 요리법 · 구이, 조림에 적합하다. · 한국사람이 제일 좋아하는 부위이다. 서양인은 기름이 많은 날개, 가슴살을 좋아한다.
4	닭안심살 (chickenloin)	• 소, 돼지고기의 등심살에 해당하는 부분으로 육질이 부드러우며, 흰살로 최고의 품질이다. • 살짝 삶아서 먹기도 한다. • 양쪽으로 두 개가 있으며 160g이 나온다. 기름과 힘줄이 전혀 없기 때문에 곱게 갈아 편편하고 얇게 전을 부쳐 신선로에 사용하거나 구이용으로 쓰인다. 만드는 법은 신선로에 소개하겠다. • 조류 부위 중 '회'로 먹을 수 있는 부위인데, 끓는 물에 살짝 데쳐서 가장자리는 익히고 가운데 부위는 설 익혀서 제공한다.
5	간 (liver)	• 심장부근의 심근으로 구성되어 있으므로 독특한 씹는 맛이 난다. • 요리법 · 요리할 때에는 데쳐내어 사용한다. · 꼬치 또는 볶음요리에 좋다.
6	모래주머니 (gizzard, 닭똥집)	• 위주머니의 근육부분으로, 닭의 위이다. • 지방은 거의 없고 쫄깃쫄깃하며 단단하다. • 냄새가 별로 강하지 않기 때문에 생식도 가능하지만, 구이가 일반적이다. • 튀김, 볶음으로도 이용한다. • 닭고기 부위로서는 유일하게 회로 먹을 수 있으며 힘줄인 흰막을 제거하고 칼집을 넣어 구이하면 질김이 덜하다. 데린간장 또는 소금구이를 한다. 구운 닭고기를 대접할 때는 참기름을 살짝 바른다.
7	등뼈 (back bone)	• 등중심의 뼈로 대부분 요리로는 사용하지 못하며 국물용으로는 괜찮다. • 요리법 : 다리부위의 뼈와 함께 깨끗이 손질하여 3~4시간 흐르는 물에 잠겨 놓은 후 마늘을 넣고 푹 끓인다. 약 4시간 끓이는 중간에 정종과 생강, 건미삼 또는 수삼을 약간 넣고 푹 끓여 냉면육수에 사용하거나, 닭죽 끓이는 데 사용한다. ※닭육수의 잡냄새제거는 인삼뿌리가 가장 좋다.
8	껍질 (skin)	• 지방이 많고 부드럽다. 맛이 진하며 몸부분보다 머리와 껍질쪽이 맛있다. • 껍질안쪽의 지방을 제거하고 살짝 데친 후에 볶음, 조림, 무침 등에 이용한다. • 튀김하면 좋다. 소금, 후추, 조미료를 약간 넣은 후 튀김가루 반죽에 입혀 바싹 튀기면 껍질의 지방이 빠져나가 바삭바삭하다.

3. 어패류

우리나라는 지리학적으로 삼면이 바다로 되어 있으며 동해는 한류와 난류가 교차하는 천해의 어장을 가지고 있기 때문에 어류가 다양하다. 그러므로 사철 좋은 식품재료가 공급된다.

우리나라 동해에서 생선이 최대로 포획되는 시기

품 종	봄	여 름	가 을	겨 울	용 도
연 어		6	9, 10, 11	12	회, 구이, 훈제연어
은 어		6, 7			구이, 찜
청 어	3			2	구이, 조림
정 어 리			9, 10		구이, 조림
꽁 치	3, 4				구이, 조림
대 구				12, 1, 2	탕, 전골, 찜,
명 태				12, 1, 2	전유어, 찜, 조림, 찌개, 탕
농 어		7, 8			구이, 찜, 회
숭 어		6, 7, 8			구이, 찜, 적, 회
전 갱 이	5	6, 7, 8			구이, 조림, 회
고 등 어			10, 11		구이, 조림, 찜
방 치				12, 1	구이, 조림, 회
삼 치	3			12, 1, 2	구이, 조림, 회
참 치	4, 5	6			구이, 조림, 회
갈 치		6, 7, 8	9, 10, 11		구이, 조림, 튀김
임 연 수			11	12, 1, 2	구이, 조림, 튀김
가 자 미				12, 1, 2	구이, 찜, 회, 조림
넙 치			11	12, 1, 2	회, 전, 조림, 구이
복 어			11	12, 1, 2	회, 탕, 찌개, 구이
가 오 리				12, 1	회, 찜, 조림, 구이
홍 어				12, 1	회, 찜, 조림, 구이
병 어			11	12, 1, 2	회, 구이, 찌개
뱀 장 어		6, 7, 8			구이
잉 어	3		11	12, 1, 2	탕, 찌개
메 기			9, 10, 11		탕, 찌개
옥 돔				12, 1, 2	구이
아 귀				12, 1, 2	찌개
오 징 어			9, 10, 11	12, 1	회, 찌개
문 어			11	12	숙회, 무침
전 복	3, 4, 5	6, 7, 8			숙회, 구이, 찜
굴			9, 10, 11	12, 1, 2	생식, 찌개, 튀김
모시조개	4, 5	6, 7, 8	9, 10		국, 찜, 튀김, 조림
소 라	4, 5	6, 7			구이, 숙회
큰가리비	3, 4			12, 1, 2	회, 찌개, 탕
홍 합	3, 4			2	국, 사라다
성 게		6, 7			생식, 염장
해 삼				12, 1, 2	생식, 염장
꽃 게				12, 1, 2	찌개, 삶은 요리
바다참게			11	12, 1, 2	찌개, 삶은 요리
보리새우	4, 5	6, 7, 8	9		찌개, 건보리새우는 볶음, 죽
갯 가 재	5	6, 7			찌개

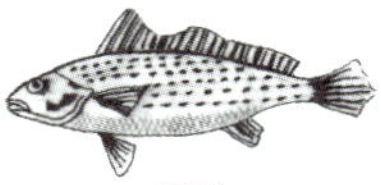
조기

옥돔

연어

도미

1) 여러 가지 생선손질법

(1) 고등어 손질하기

① 비늘생선은 반드시 비늘을 벗긴 후 내장을 제거한다.

② 찜 또는 구이의 작은 생선은 생선 모양 전체를 살려 조리하는 것이므로 내장 등을 제거할 때 배를 가르지 않고 아가미 오른쪽으로 내장을 빼낸다. 그 이유는 생선의 모양도 살리고 아가미 쪽의 상처 난 모습이 손님에게 보이지 않기 때문이다.

③ 큰 생선은 3장 뜨기를 한다.

④ 칼집을 낼 때는 칼을 뉘어서 넣지 말고 똑바르게 넣는다. 3~5번 칼자국을 내고 뼈에 닿기 전까지 깊게 넣는다. 단, 굴비, 옥돔 등의 고급생선은 칼자국을 넣지 않는다.

⑤ 간간하게 탄 소금물에 자작하게 재워 놓거나 직접 굵은 소금을 듬뿍 뿌려 2시간 정도 재워 둔다.

⑥ 물에 헹구어 미원(조미료)을 약간 뿌리고 유니랩 또는 비닐을 이용해 서로 겹치지 않게 한 마리씩 포장하거나 쟁반에 가지런히 놓아 냉장 및 냉동시킨다.

봉주방장의 의견

생선고르는법 : 생선은 아가미가 선홍색, 근육은 탄력, 비늘은 깨끗.
횟감 생선 고르는 방법 : 이런 생선을 고집하여 조림, 구이 용도에 맞게 선택해야 할 것이다.

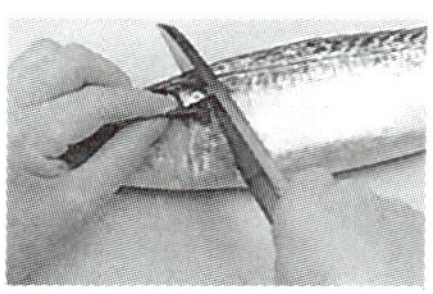
고등어를 깨끗이 씻어 머리가 왼쪽, 배부분이 앞쪽으로 향하게 도마 위에 올려놓고 지느러미 옆을 칼로 자른다

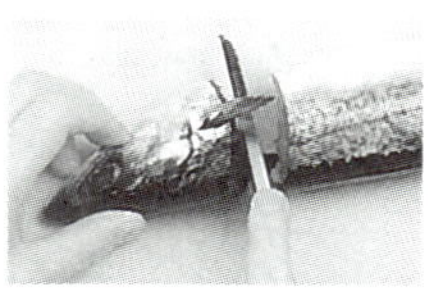
양쪽의 지느러미 옆을 잘랐으면 목 부분을 완전히 잘라 머리를 떼낸다

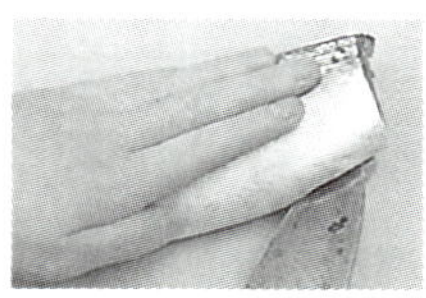
머리를 자른 고등어의 배쪽을 가른다

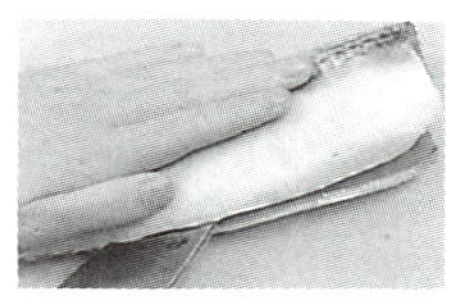
밑손질한 고등어는 머리쪽에서 꼬리쪽의 방향으로 배쪽을 가른 다음 뒤집어서 다시 등쪽도 가른다.

칼집을 깊이 넣고 머리쪽으로 갈라 살을 떼어낸다.

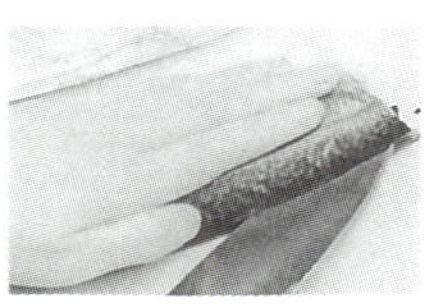
나머지 고등어는 다시 머리쪽으로 갈라 살을 떼어낸다.

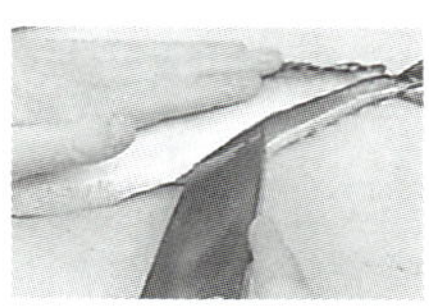
배쪽 뼈부분에 칼집을 넣어 배쪽끝까지 뼈를 도려낸다.

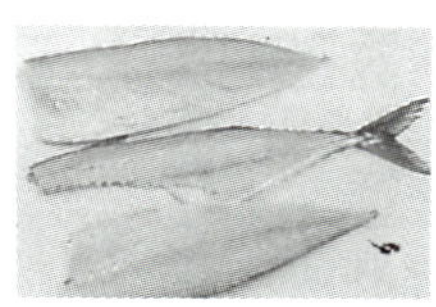
이런 순서대로 손질하면 두 장의 살과 한 장의 뼈가 나오므로 이 방법을 삼마이오로시(세장뜨기)라고 부른다.

(2) 염장처리(냉동된 생선손질법)

① 중간 말린옥돔(옥도미)과 같이 염장처리되어 냉동시켜진 것은 가시와 머리를 제거하고 알맞게 토막을 쳐서(4토막) 물에 10분 정도 간을 뺀 후 소쿠리에 건져 비닐을 깔아둔 쟁반에 일정하게 깔아주어 보관한다. 이때 약간의 조미료(미원)를 뿌려줄 수 있다.
② 냉동된 생선은 사용하기 하루 전에 냉장고에 옮겨 해동시킨 후 사용한다.

(3) 매운탕용 생선손질법

매운탕용 생선은 각종 재료를 손질하여 일정한 무게를 정해 놓은 후 랩으로 포장하여 가지런히 냉동시킨 후 필요시에 꺼내어 사용한다.

(4) 큰새우손질법

① 가위로 여러 개의 발과 수염을 잘라내고 머리와 몸통사이의 내장을 헹구어 놓는다.
② 칼집을 먼저 배쪽의 얇은 막에 3~4회 넣고 등쪽에도 머리부위부터 넣은 후 꼬리까지 확실히 벌려 내장을 제거한 후에 맛소금, 후추를 뿌리고 가지런히 비닐을 깔고 서로 겹치지 않게 놓는 것을 반복하여 냉동시킨다.
③ 오래 보관할 때에는 1마리씩 포장한다.

> **봉주방장 해법**
> 새우에 칼집을 넣을 때는 문구용 커터칼날 3개를 사이사이의 간격을 고정시켜서 사용하면 쉽고 빠르게 해결할 수 있다.

(5) 중간새우손질법(튀김용)

① 머리를 제거하는데 바로 머리를 비틀어 자르면 입쪽의 살이 머리와 함께 많이 제거될 수 있으니 주의한다.
② 껍질벗기는 방법은 돌려서 한겹 한겹 벗길 수도 있으나 검지 손가락을 머리쪽으로 돌려서 힘껏 손가락으로 배껍질을 벗기고, 새우살 전체를 등에서 밑으로 손가락을 누르듯이 힘을 가하여 벗겨낸다. 소금, 후추를 뿌린 후 가지런히 용기에 담아 냉동시킨다.

> **봉주방장 해법 : 새우머리 및 여러 부위 사용법**
> 새우머리, 다리, 내장 등을 씻은 물은 버리지 말고 푹 삶아 약간의 조미료와 새우젓으로 간을 한 후 김칫국물이 부족하거나 넉넉한 김칫국물을 원할 때 넣어준다.

(6) 꽃게손질법

꽃게

참게

영덕게

털게

① 꽃게는 배쪽을 보면 덮개가 좁은 것이 숫꽃게이고 넓은 것이 암꽃게이다. 꽃게요리는 찜뿐만 아니라 게장으로도 많이 사용되기 때문에 미리 손질하여 준비한다.

② 준비한 꽃게는 바로 요리를 하는 것이 좋지만 적은 일손과 준비할 것이 많을 때는 미리 준비하여 냉동시켰다가 필요시 사용하도록 한다.

③ 뚜껑을 벗겨 내면 내장류와 알이 있는데 버리지 말고 모아 놓았다가 고춧가루, 다진 마늘, 생강을 조금씩 넣고 잘 씻은 후 간장을 1/2로 졸여 식혀서 게장을 만들 때 사용한다.

④ 다리부위는 관절부위를 잘라 몸통과 연결하여 토막을 치고 용도에 따라 1회 분량을 따로 담아 보관한다.

봉주방장 해법

집게다리는 칼등이나 작은 해머로 두들겨 뚜껑부위 등과 함께 푹 삶아 매운탕 육수 또는 약간의 조미료와 새우젓으로 간을 하고 보쌈김치의 육수로 사용하면 좋다.

(7) 홍어와 가오리 구별법과 삭이는 방법

❶ 홍어와 가오리 구별법

홍 어		가오리	
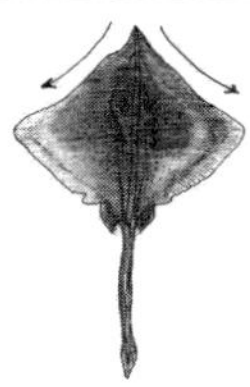	• 모양 : 앞이 뾰족하다. • 배부위 : 붉은빛이 있다. • 등 : 진갈색으로 가오리와 같다. • 특징 : 발효하면 암모니아 냄새가 진하게 난다. • 맛 : 조직이 쫄깃하고 부드럽다.	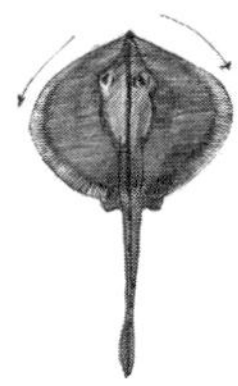	• 모양 : 앞이 뾰족하다. • 배부위 : 하얗다. • 등 : 진갈색으로 홍어와 같다. • 특징 : 발효되어도 암모니아 냄새가 덜난다. • 맛 : 질감이 퍽퍽하고 탄력이 없다.

❷ 가오리과(홍어 포함) 생선의 특징

- 다른 생선의 성분들과는 달리 요소 함량이 높아 부패보다는 발효가 먼저 시작된다. 특히 전라도 지방에서는 홍어회(홍탁)의 요리가 발달되어 있다. 이 생선이 발효될 때 나는 지독한 암모니아 냄새는 처음 접하는 사람에게는 역겨움을 주지만 익숙해지면 대단한 애호가가 된다.

❸ 가오리과(홍어) 삭히는 방법(2000년 1월 16일 평촌 수산물 시장의 홍어 전문가 답변)

- 홍어를 손질하여 결을 살려서 크게 토막을 쳐서 바닥에 볏짚을 깔아주고 또는 신문지나 종이박스를 뜯어 깔아주고 실온에서 보름 이상 숙성시킨다. 홍어를 삭히는 용기는 토기 그릇이 가장 좋으며 그렇지 않으면 일반 플라스틱 용기 또는 스티로폼 용기도 괜찮으나 공기가 통하지 않도록 덮어주어야 한다. 냉장고에서 숙성이 좋다.
  ※ 실무에서는 볕짚대신 종이Box 인쇄안 된 부분이 홍어살에 닿게 하여 켜켜로 넣고 보관한다.
- 볏짚이 없다면 밀가루, 설탕 등의 포대(봉투)종이를 대신하여 사용할 수 있고 실제로 생산업자들이 사용하는 방법이다. 그러한 종이 또한 없다면 신문지를 이용해도 좋은데 홍어 및 가오리가 숙성되면서 흘러나오는 진득한 액체는 가끔 종이를 갈아주면서 수분이 없는 상태를 유지하는 것이 쫀득하고, 톡 쏘는 홍어를 만드는 비결이다.

봉주방장 해법 : 홍탁

홍어를 막걸리에 삭힌다는 뜻이 아니라 홍어회를 막걸리(탁주)에 곁들여 먹는다는 의미이며 궁합이 맞는다는 의미이다. 물론 막걸리(탁주)의 효소를 이용하여 발효시킨다면 숙성은 빨리 되겠으나 지나치게 물러지고 물기를 제거하기 위하여 탈수를 해야 하기 때문에 홍어 자체의 즙이 유실되므로 좋은 방법은 아니다.

봉주방장 해법 : 홍어어시욱

발효된 홍어를 꾸득꾸득하게 건조시켜 찜을 하는 방법이다.

4. 채소류

단군신화에 쑥과 마늘이 나올 만큼 우리의 채소재배역사는 오래되었다.

채소는 국, 김치, 생채, 나물, 장아찌 등의 재료로 사용되며 색과 향이 좋게 보존되기 위하여 조리할 때 유의해야 한다.

1) 엽채류

갓, 고들빼기, 고비, 고사리, 곰취, 근대, 냉이, 달래, 돌나물, 두릅, 들깻잎, 머위, 모싯대, 미나리, 민들레, 배추, 부추, 비름, 상추, 쑥, 쑥갓, 샐러리, 소리쟁이, 순채, 시금치, 아욱, 아스파라거스, 원추리, 양배추, 죽순, 질경이, 취, 콜리플라워 등

봉주방장 해법 : 접시에 무순기르기

외국에서 한국식당 주방장으로서 경험한 것 중 가장 어려운 것은 식자재 구입의 어려움이다. 그중 경험했던 한 가지로서 접시에 무순을 기르는 경험을 기술한다. 많은 양을 생산할 때는 두부판과 같이 구멍 뚫린 판에 고운 흙을 고루 펴고(재를 뿌려주면 더욱 좋다) 화장지를 얇게 펴고 물을 충분히 적셔준 후에 씨를 뿌리고 위에 건조가 되지 않도록 약간의 공기가 통할 수 있게 비닐을 덮어준다. 판 밑에는 알맞은 쟁반을 바쳐준다.

① 접시에 재를 만들어 3mm 정도 깔아주고 종이냅킨을 2~3겹 위에 펴준다.

② 물을 가만히 부어주고 씨를 고르게 뿌려 펴준다.

③ p.p.랩으로 덮어주고 구멍을 뚫어준다. 하루에 2~3회 정도 물을 알맞게 준다.

④ 6~7cm 정도 크면 잘라서 사용한다.

2) 근채류

당근, 더덕, 도라지, 무, 생강, 순무, 양파, 연근과 연밥, 염교, 우엉, 인삼, 토란 등

(나물은 반찬 가운데 가장 기본이 되는 대중적인 찬품이다. 나물은 생채와 숙채의 총칭이나 대개 숙채를 가리킨다. 나물의 조미는 참기름과 깨소금을 비교적 넉넉히 넣고 무쳐야 부드럽고 맛이 있다)

5. 실과류

과일은 생과일로 화채를 만들고, 술을 담기도 하지만 주로 껍질을 제거하거나 깨끗이 씻어 먹는다. 견과류는 조리를 할 때 고명으로 많이 사용하며, 그 외 보조식품 등으로 사용하기도 한다.

흔하게 먹지 않았던 과실이거나 추정향이 지나치게 강하여 먹지 않는 것일지라도 설탕에 숙성발효시킨 후 사용하거나 익숙한 과실과 설탕 등을 이용하여 발효시키면 맛이 색다르고 좋을 수 있다. 시도해 보는 것이 좋다.

1) 화채(花菜)

화채는 과일, 열매, 산열매들을 원료로 하여 만든 시원하고 산뜻한 음료이다.

화채 종류로는 딸기화채, 앵두화채, 진달래화채, 배화채, 밀감화채, 보리수단, 식혜, 수정과, 수박화채, 복숭아화채, 사과화채, 앵두화채, 토마토화채 등이 있다.

봉주방장 해법

모든 실과류는 가격이 가장 저렴할 때에 실과와 설탕의 비율을 1 : 1로 하여 숙성시키면 언제든지 새로운 화채를 낼 수 있다. 또한 두 가지 이상의 재료를 혼합하여 화채를 새롭게 할 수도 있다. 봉주방장의 경험으로는 늙은 호박을 화채로 담아 손님께 드려보니 호응이 꽤 좋았다.

봉주방장 경험

매실을 차로 사용하기 위하여 매실과 설탕의 비율을 1 : 1로 재워 놓았다. 3개월까지는 매실이 쪼글쪼글해지고 수분이 많이 생겼으나 3개월 이후부터는 쪼그라든 매실이 다시 수분을 함유하는 현상이 있다. 그러므로 매실차는 3개월만에 분리하고 건져서 분리된 매실을 한 번 더 끓여 사용한다.

2) 차(茶)

향기로운 꽃이나 열매, 또는 잎을 가공하여 만든 음료의 재료 또는 이것을 달이거나 뜨거운 물을 부어 만든 음료이다. 차의 종류로는 매화차, 계화차, 국화차, 자소차, 차나무잎차, 모과차, 유자차, 계피차, 생강차, 녹차, 구기자차, 결명자차 등이 있다.

3) 과실이 나는 계절

품 종	영 문	봄	여 름	가 을	겨 울	주방장 해법	품 종	영 문	봄	여 름	가 을	겨 울	주방장 해법
딸 기	strawberry	5	6				유 자	yuzu			11	12, 1	
산 딸 기	raspberry		7				무 화 과	fig		8	9, 10, 11		
수 박	watermelon	5	6, 7, 8				모 과	quince			9, 10		
참 외	muskmelon		7, 8				대 추	jujube			10, 11		
감	persimmon			9, 10			파인애플	pineapple	3, 4, 5	6, 7			
귤	tangerine			11	12, 1		멜 론	melon	4, 5	6			
배	pear		8	9, 10			살 구	apricot		7			
사 과	apple			10, 11	12		자 두	plum		6, 7			
복 숭 아	peach		7, 8	9			머 루	wild grape			9, 10		
포 도	grape		7, 8	9			매 실	apricot	5	6			
바 나 나	banana	3, 4, 5	6, 7, 8	9, 10, 11	12, 1, 2	사철수입됨	구 기 자				9, 10		
키 위	kiwi			10			밤	chestnut			9, 10		

4) 야채의 최대 생산시기와 최저 생산시기

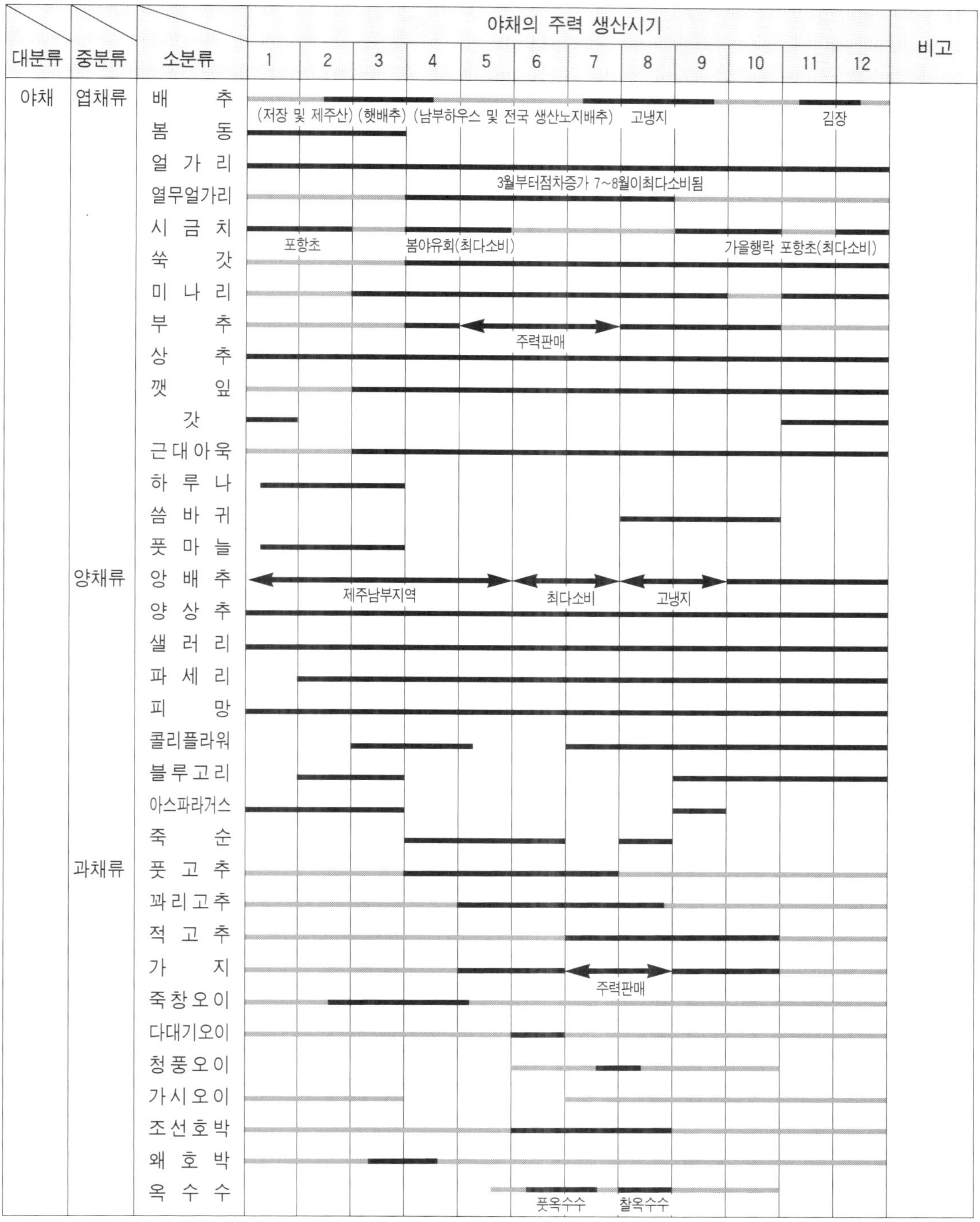

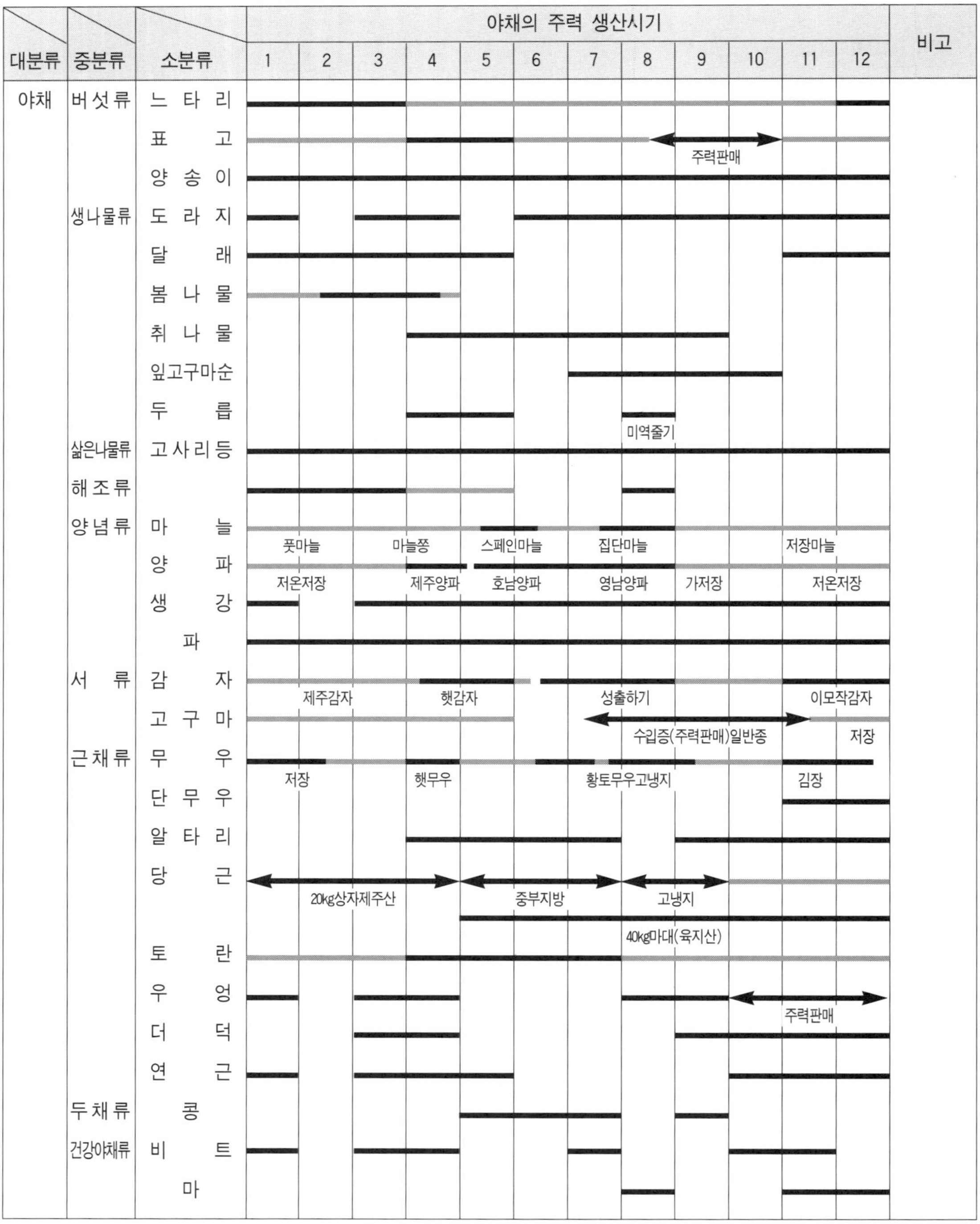
야채의 주력 생산시기
대분류
중분류
소분류
1
2
3
4
5
6
7
8
9
10
11
12
비고
야채
버섯류
느타리
표고
주력판매
양송이
생나물류
도라지
달래
봄나물
취나물
잎고구마순
두릅
미역줄기
삶은나물류
고사리등
해조류
양념류
마늘
풋마늘
마늘쫑
스페인마늘
집단마늘
저장마늘
양파
저온저장
제주양파
호남양파
영남양파
가저장
저온저장
생강
파
서류
감자
제주감자
햇감자
성출하기
이모작감자
고구마
수입증(주력판매)일반종
저장
근채류
무우
저장
햇무우
황토무우고냉지
김장
단무우
알타리
당근
20kg상자제주산
중부지방
고냉지
40kg마대(육지산)
토란
우엉
주력판매
더덕
연근
두채류
콩
건강야채류
비트
마

제 2 절 기본양념과 보조재료

양념에 의한 맛의 기본은 소금이다. 간장, 고추장, 된장도 기본간에 포함될 수 있지만 장류 또한 소금이 기본이 된다. 간을 맞춘다는 것은 쉽게 생각할 수도 있지만 대단히 중요하고 어려운 일이다.

양념은 음식을 만들 때에 식품이 지닌 고유한 맛을 살리고 특유한 맛과 향으로 음식에 풍미를 더해주며, 적은 양으로 나쁜 냄새를 제거해 식욕을 촉진하는 역할을 한다. 양념은 기본양념과 보조양념으로 나눌 수 있다.

❶ 맛에 의한 분류

짠 맛	소금, 간장, 된장, 고추장
단 맛	설탕, 꿀, 조청, 엿
신 맛	식초, 감귤류의 즙, 레몬, 각종 실과의 초, 막걸리 등
매 운 맛	고추, 겨자, 천초, 후추, 생강, 산초
쓴맛, 발효맛	씀바귀, 생강(아린맛)

❷ 계량법과 어림치

요리를 하다보면 계량컵, 계량스푼으로 일일이 식재료를 측정하여 양념한다는 것은 극히 초보적인 요리사일 경우에나 해당되는 일이다. 손가락, 손바닥으로 모든 양념을 어림하여 넣어도 정확히 맛을 내는 것이야말로 숙련된 요리사라고 말할 수 있다.

❸ 계량컵 단위(액체기준)와 재래식 계량단위 표현

1t (1티스푼, 1작은술)	5cc = 5g	**소두 1되**	1ℓ = 5컵 = 5홉
1T (1테이블스푼, 1큰술)	15cc = 15g	**소두 1말**	10ℓ
1C (1컵 = 200g)	200cc = 14T	**대두 1되**	2ℓ = 10컵 = 10홉
1홉	1C	**대두 1말**	20ℓ

❹ 손으로 측정할 때의 어림치(소금기준)

한식주방에서 육수를 표현할 때의 사용하는 단위로 1말이란? 18~20ℓ를 뜻한다.

손가락 2개 (1~2인분의 밑간을 할 때)	1/4t	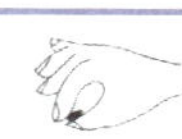
손가락 3개 (3~5인분의 기본간을 할 때)	1t	
한줌 쥐었을 때 (15~20인분의 기본간을 할 때)	5T	
손바닥으로 펴서 소복히 담았을 때 (육수일 때 50~60인분) / (나물일 때 약 100인분)	14~15T(약1C)	

❺ 기구를 이용한 어림치(간장 기준) : 주변에 있는 기구를 이용하여 양측정을 어림한다.

소 주 잔	6스푼	사기 비빔밥 그릇	6C
밥 그 릇	1.8C	국 자 (中)	½C
국 그 릇	2C	국 자 (大)	1C
탕 그 릇	4C	손잡이 있는 자루 바가지(中)	1ℓ(5C)
맥 주 컵	2C(약간 부족)	손잡이 있는 자루 바가지(大)	2ℓ(10C)
냉면대접	5~6C		

1. 기본양념재료와 보조양념

1) 기본양념

품종	내 용	봉 주 방 장 해 법
소금	성분 • 짠맛을 내는 가장 기본적인 조미료이다. 굵은소금과 고운소금의 염화나트륨 함량은 각각 85%, 99%이며, 미네랄, 마그네슘, 유기염이 함유되어 있다. 공기와 접촉되면 떫고 약간 씁쓸한 맛이 나는 간수가 내려지는데 이는 두부응고제로 사용한다. • 해물탕의 육수, 콩나물국 등의 개운한 맛은 굵은소금이 좋으며, 오래되어 간수가 빠진 소금이라면 더욱 좋다. • 가장 맛있게 느끼는 농도는 맑은 국일 경우 1%가 알맞고, 맛이 진한 토장국이나 건지가 많은 찌개는 간의 농도가 높아야 하고, 찜이나 조림 등 고형물의 간은 더욱 강해야 맛있게 느껴진다. • 소금의 짠맛은 신맛과 함께 있을 때는 신맛을 약하게 느끼게 하고, 단맛은 더욱 달게 느끼게 하는 맛의 상승작용이 있다. 소금의 종류 소금의 종류에는 호렴, 재렴, 재제염, 식탁염, 맛소금 등으로 나눌 수 있다. • 호렴 : 장을 담거나 채소, 생선의 절임용으로 쓰인다. • 재렴 : 재제염보다는 거칠고 굵으며 간장이나 채소, 생선 절임용으로 쓰인다. • 재제염 : 보통 꽃소금이라고 불린다. 음식에 직접 간을 맞추거나 적은 양의 채소, 소금 절임용으로 쓴다. • 식탁염 : 이온교환법에 의해 만들어진 소금이다. 음식의 간을 맞추기와 식탁에서 쓰인다.	• 온도의 차에 따라 짠맛의 느낌은 틀려진다. • 뜨거운 음식은 약간 짠듯하게 사용하고, 차가운 냉채류는 싱겁게 간을 해야 한다. • 생선, 어패류를 씻을 때는 굵은소금으로 씻는다. • 오징어 껍질을 벗길 때는 미끄러움을 방지하고, 문어 흡판의 흙을 씻을 때, 굴, 조갯살 등의 해감을 씻을 때는 소금물로 씻는 것이 맹물보다 더 좋고 과학적이다. • 너무 짜면 역효과가 나므로 바닷물보다는 슴슴한 간이 좋다. • 생선분류에 따라 소금사용을 조절한다. · 등푸른 생선 : 비린내가 강하므로 굵은소금을 절구에 살짝 빻아 듬뿍 뿌려 굽는다. · 흰살생선 : 소금을 조금 뿌리고 M.S.G.를 약간 뿌려 굽는다. · 살이 연한 생선을 끓일 때는 소금에 살짝 절인 후에 사용하면 살이 흐트러지지 않는다. ■ 소금, 장류를 물에 희석하여 알맞은 간이 맞는 비율 *(용수산 근무 조리사 5명이 실험에 참가)* 고운소금 : 물 — 1 : 47 굵은소금 : 물 — 1 : 40 구운소금 : 물 — 1 : 35 조선간장 : 물 — 1 : 10 진 가 장 : 물 — 1 : 9 고 추 장 : 물 — 1 : 8 된 장 : 물 — 1 : 8

	• 맛소금 : 소금에 글루탐산나트륨 등 화학조미료 약 1%를 첨가한 것이다(가정에서 만드는 방법-소금과 MSG를 4 : 1로 섞어 빻아준다). • 구운소금 : 구운소금은 짠맛이 덜하다. 이것은 소금 성분인 나트륨의 기화로 인한 것으로 생고기 구이에는 반드시 구운소금이 제공되어야 한다. • 양념소금 : 맛소금과 후추를 3 : 1로 섞어준다. 소금 넣는 양(부피개념의 비율) 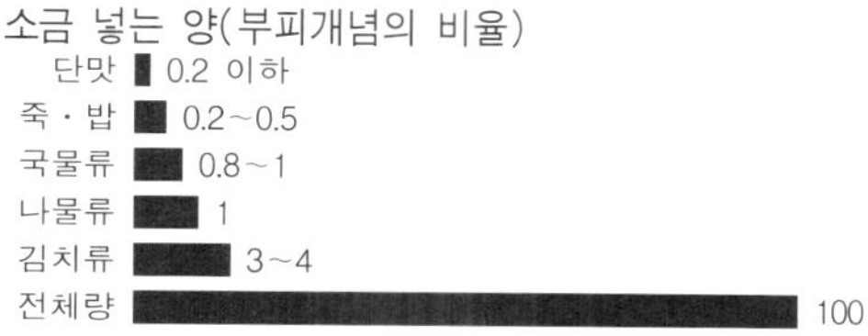 	소금의 정도에 따라 염도의 차이가 있으니 잘 알고 사용해야 한다. ※일반적으로 사람의 입맛에 간이 맞다하는 것은 2~3%의 염도이다. 그러나 이러한 기준도 나이·성별·문자·지역·직업·건강상태·습관에 따라 달라질 수가 있다. 또한 요리에 따라 간의 차이가 있는데, 국은 부피의 약 2%, 생채·숙채나물은 3~4%, 구이류는 2~3%로 차이가 난다. 가장 알맞은 "간"은 손님이 원하는 "간"이다. • 수정과, 식혜에도 약간(아주 약간)의 소금을 넣으면 단맛이 강조된다. • 밥을 하거나 죽을 끓일 때에도 약간 넣는다. 특히 찹쌀밥일 경우에는 더욱 그렇다.
	소금의 종류별로 본 염도의 차 · 검사방법 : 5인의 관능검사로 평가 · 기준 : 간이 맞다.  	볶은소금이 깔끔하고 더욱 개운한 맛을 낼 수 있으며, 일반소금은 입자가 고운 것일수록 간이 짜다. 볶지 않은 소금은 약간 떫은 맛이 나기도 한다.
간장	• 간장의 간은 소금의 짠맛을 나타내고, 간장은 된장이 되는 마지막 과정에 충분히 장맛이 우러나면 국물만 모아 간장으로 쓰고, 건지는 모아 소금으로 간을 하여 따로 항아리에 꼭꼭 눌러두고 된장으로 쓴다. • 국, 찌개, 나물 등에는 색이 옅은 청장(국간장)을 쓰고, 조림, 포, 초 등의 조리와 육류의 양념은 진간장을 쓴다.	• 조선간장 : 국물의 간을 맞추거나 건채나물(말린 취나물, 말린 고비나물)을 볶을 때는 조선간장(국간장)이 좋다(맛이 깔끔하고 개운하다). • 진간장 : 일반적인 요리에 사용(볶음양념간장). 단, 국, 탕 종류에는 사용 안하는 것이 원칙이다. 왜냐하면 진간장은 약간 단맛이 나기 때문이다. • 콩간장 : 깊은 맛을 내는 소스에 사용한다. • 순간장 : 조선간장과 진간장의 중간 맛으로 진기스칸 국물을 낼 때 사용한다. ※간장과 육수(물)의 알맞은 비율 조선간장 : 물=1 : 10 진간장 : 물=1 : 9
된장	• 된장의 종류는 메주를 소금물에 담궈 간장을 빼고 남은 재래식 된장이 가장 대표적이고, 지방이나 철에 따라 여러 가지를 만든다. • 된장은 주로 토장국과 된장찌개의 맛을 내는 데 쓰이고, 상추쌈이나 호박쌈에 곁들이는 쌈장과 장떡의 재료가 된다.	• 된장찌개 또는 탕 등 모든 요리에 된장이 들어가는 것은 구매한 양조된장과 재래식 된장을 1/2씩 혼합하여 사용하는 것이 제일 좋다. • 된장과 물의 알맞은 비율 : 조개국물을 조금 붓고 된장을 넣는다. 다시 참기름을 넣고 바글바글 끓이다가 국물(물)을 된장 양의 8배 정도 넣고 끓이면 된장찌개 맛이 좋다.
고추장	• 고추장은 세계에서 유일한 매운맛을 내는 복합발효 조미료이다. 된장과 마찬가지로 토장국이나 고추장찌개의 맛을 내고, 생채나 숙채, 조림, 구이 등의 조미료로 쓰인다. • 고추장을 볶아서 찬으로도 하고, 그대로 쌈장으로 많이 쓰인다. • 회나 강회 등을 찍어 먹는 초고추장을 만들고, 비빔밥이나 비빔국수의 양념고추장도 만든다.	• 시중에 유통되는 고추장만 하더라도 천차만별이다. 예를 들면 태양초 고추장, 찹쌀 고추장, 밀가루 고추장, 물엿을 많이 넣은 고추장 등이 있다. • 양념할 때는 빛깔이 좋고 물엿이 들어간 태양초 고추장이 좋다. • 매운탕 끓일 때 사용하는 고추장은 태양초 고추장으로 빛깔은 좋고 너무 달지 않은 것이 좋다. • 고추장과 물의 알맞은 비율은 고추장 : 물=1 : 8이 적당하다.

설탕

인류가 사용한 최초의 감미료는 꿀이다. 그러나 설탕이 발견된 후부터는 설탕이 대부분의 감미료이다. 설탕은 천연식물의 자당성분을 추출하여 만드는데, 열대 지방에서 자라는 사탕수수와 추운 지방에서만 재배되는 사탕무가 있다. 그러나 우리나라는 북한에서 소량으로 재배되는 사탕무우를 제외한다면 원료 모두를 외국에서 수입하고 있다.

설탕의 형태에 따른 분류

- 함일당 : 당밀을 함유한 빛깔이 검고, 당밀냄새를 풍기는 흑설탕
- 분밀당 : 당밀을 분리하고 정제한 후에 결정화한 빛깔이 하얀 설탕

설탕의 종류와 특징

- 백설탕 : 일반적으로 가정에서 많이 사용하는 당으로 잘 녹고, 어떤 용도에도 무난하게 어울린다.
- 그래뉴당 : 과립상태로 된 싸라기 모양을 한 설탕으로 순도가 백설탕보다 더 높고, 더 잘 녹으며, 섬세한 맛이 있다. 그래서 과자, 케이크류에 사용하면 좋다. 비싼 것이 흠이다.
- 흑설탕 : 정제가 덜 되서 색이 검고 특유의 강한 맛과 냄새가 있지만 떫은맛이 있어 많이 사용하지 않는다. 비타민과 미네랄이 풍부해 조림류의 반찬에 넣으면 좋다.
- 황설탕 : 흑설탕처럼 당밀을 함유하고 있어 검은 것이 아니라 정제도가 떨어지는 때문이다. 많은 양을 필요로 할 때 사용하면 경제적이다.
- 얼음설탕 : 덩어리로 되어 있어 잘 녹지 않는 것이 특징이고 관리하기가 편하여 차에 넣는 설탕으로 많이 이용한다.

보관방법

그늘지고 서늘한 곳에 반드시 유리로 된 밀폐성이 강한 용기에 옮겨서 보관한다.

설탕의 맛내는 방법 및 활용법

설탕은 널리 쓰이지만, 과다섭취시 비타민 B_1의 체내 소비량이 많아지고 체지방이 늘어 뚱뚱해진다. 또한 단백질과 지방의 섭취량이 적어져 발육이 저하되고, 빈혈이 일어나기 쉽다. 그리고 세균에 대한 저항력이 약해서 충치가 생긴다.

- 설탕은 다른 양념에 비해 침투력이 약해 소금이나 식초를 사용한 다음 설탕을 넣으면 맛도 없고, 많은 양을 필요로 해 비경제적이다. 설탕→소금→식초→간장의 순으로 넣는 것이 좋다.
- 너무 많은 양의 설탕을 넣으면 음식 자체의 맛을 잃게 된다. 찌개나 김치 등의 강한 맛의 음식에는 3~4% 정도, 야채조림이나 무침에는 2%, 표고버섯볶음이나 잡채에는 6% 정도가 알맞다.

설탕을 대신하는 감미료

- 사카린
  - 사카린이나 나트륨은 현재 가공되는 간장, 된장, 청량음료, 과자류에 여전히 쓰이고 있다. 발암성이 있다 하여 문제가 되고 있다.
  - 사카린을 간접 이용하는 방법으로는 한국음식에서 흔히 물김치류에 많이 사용하고 있는 '신화당, 뉴수가'라는 상표로 판매하고 있는데, 이는 포도당 70%와 사카린 30%를 혼합한 것이다.
- 포도당
  - 포도당은 설탕을 대신하여 냉면육수의 간을 맞출 때 많이 사용한다. 김치 숙성 촉진 시킬 때 사용한다.
  - 설탕 대신에 당도와 윤기를 내기 위하여는 물엿을 많이 사용한다.
- 벌꿀
  - 설탕이 없었던 옛날에는 꿀은 좋은 감미료였으며 현재에도 불고기 무침이나, 갈비양념에 넣어주면 더욱 맛이 좋다.

※**생각해 봅시다.**

삶거나 데친 나물을 무침할 때에 예를 들어, 참기름, 설탕, 소금을 넣어야 하는 경우가 있다고 가정해보자. 흔히 설탕, 소금을 넣어 간을 맞춘 후 참기름으로 고소한 맛의 상승효과를 내는 것이 일반적인 양념조미법인데 콩나물, 숙주나물과 같은 수분함량이 높고 삼투압의 영향을 크게 받는 나물은 설탕, 소금을 먼저 넣으면 수분침출이 삼투압에 의하여 빨라져 참기름이 씻겨 내려간다. 이럴 때는 참기름을 먼저 넣어 주는 것이 좋다.

용도별 설탕사용법

- 수정과 : 흑설탕 또는 황설탕(중백당) 백설탕을 넣을 때는 캐러멜을 만들어 넣어준다.
- 약식(약밥) : 황설탕을 넣는다.
- 갈비찜 : 황설탕, 황물엿
- 백물엿(이온물엿) : 엿에 물을 희석하여 농도를 묽게 한 것이고, 이온처리하여 희게 만든 것이다.
- 갱물엿(조청) : 재래식으로 만든 것으로 흑설탕과 같은 갈색이 나며 농도는 백물엿과 같다.
- 갱엿 : 재래식으로 만든 수분함량이 적은 딱딱한 엿
- 박하사탕: 식사 후 드리는 박하사탕도 찜류 요리를 할 때 물엿 대용으로 사용할 수 있다. 물론 박하사탕이 녹을 때까지는 끓여야 되겠죠!

설탕	· 마른 표고버섯을 씻을 때 미지근한 물에 1티스픈 정도의 설탕을 넣고 표고버섯을 담그면 설탕이 삼투압을 높여 표고버섯의 맛이 밖으로 빠져나가는 것을 막아준다. 맹물에 불리는 시간 : 30분 설탕에 불리는 시간 : 10~15분 · 설탕은 전분질이 식으면 단단해지는 것을 방지한다. 예를 들어 카스테라가 오래도록 부드럽게 유지되는 것과 콩고물로 밥을 비벼 놓으면 밥알이 부드러운 것도 같은 이유이고, 김밥과 초밥을 할 때도 설탕을 약간 첨가하면 좋다. · 수분이 빠졌거나 시든 야채는 요리하기 10분전쯤에 적은 양의 설탕을 뿌려주면 신기할 정도로 색깔이 선명해지고, 생생한 기운을 되찾는다. 그리고 완두콩, 삼두콩 등의 콩 종류나 당근, 무 등 근채류에도 효과가 있다.	
마늘	한국의 마늘소비는 연간 37만톤 이상으로, 한국인구의 7배나 되는 중국은 60만 200톤, 미국이 7만톤이라는 통계가 있다. 불교에서는 마늘을 날로 먹으면 기가 발동하고, 삶아 먹으면 음심이 뻗친다하여 금지시키고 있다. • 독특한 자극성의 맛과 향기를 가져서 파와 더불어 많이 쓰이며, 특히 육류요리에는 빠지지 않는다. 마늘은 추운 지방과 따뜻한 지방으로 구분하는 한지형과 난지형 마늘로 구분되고 6쪽에서 12쪽까지 쪽수가 있다. 수입마늘은 알이 크고 흰색이다. 마늘의 으뜸은 한지형으로, 속이 단단하고 매우며 6쪽 마늘을 으뜸으로 친다. • 나물이나 김치 또는 양념장 등에는 곱게 다져서 쓰고, 동치미나 나박김치에는 채썰거나 납작하게 썰어 넣는다. • 매운맛과 자극성이 있는 양념으로 육류요리에 많이 쓰인다. • 고기와 생선의 누린내와 비린내를 없애고, 나물과 김치 등에는 곱게 다져 쓴다.	마늘을 갈거나 다져서 실온에 오래 보관하면 색이 누렇게 되어 보기 좋지 않다. 조금씩 다져서 또는 갈아서 사용하면 기계 속에 갈리지 않은 마늘이 있어 번거롭다. ※마늘은 한꺼번에 많이 갈아내어 조금씩 비닐봉지에 포장하여 냉동시킨 후 조금씩 꺼내어 사용한다. ※고기구이 할 때에는 마늘을 얇게 썰어 상에 내어 놓는데 알루미늄 쿠킹호일에 마늘 썬 것을 넣고 버터를 약간 넣은 후 구이판에 올려 준다. ※마늘도 삼투압의 영향을 준다. 나물무침 중 수분함량이 큰 것은 콩나물과 숙주나물이 있다. 일상적으로 소금, 마늘 등의 양념을 하고 무침하는데 수분침출이 쉽게 발생하여 쪼글쪼글해지고 질겨지므로 참기름을 먼저 넣고 소금을 넣고 마늘양념은 넣지 말거나 나중에 넣는 것이 좋다. 마늘이 쉽게 삼투압의 영향을 주기 때문이다. ※기명자 선생님의 양념고집 김치 담그기 주 업무를 약 20년이상 해오신 선생님은 절대로 마늘을 시장에서 갈아온 것을 사용치 않는다. 당신이 직접 통마늘을 갈아서 사용한다. 마늘향을 살려서 장인의 '기(氣)'를 넣는 고집이란 이것이 아닌가?
파	• 특징 : 파의 함황물질인 알리신은 썰거나, 다지는 횟수가 많으면 세포 내의 효소로 인하여 매운맛이 강해진다. 그러나 열에는 매우 약해 100℃ 이상의 열을 받으면 매운맛이 사라지게 된다. 그래서 찌개, 국, 조림 등 익힌 음식에는 굵은 파를 길게 어슷썰거나 4~5cm 길이로 세로썰기하여 이용하면 파의 양념뿐만 아니라 건더기 역할에도 손색이 없다. • 파의 양념 효과를 높이려면 내용물을 충분히 끓인 다음, 마늘과 함께 파를 넣고 2~3분 후에 곧바로 불을 꺼야 한다. 파가 너무 익으면 본래의 맛이 반감되기 때문이다.	• 파 윗부분의 파란 잎은 육수를 끓이거나 데린간장을 끓일 때 사용한다. 파의 잎에는 끈끈한 액체가 많아 양념할 때는 좋지 않다. • 구이류의 양념을 할 때는 갈아서 사용하는 것보다 다져서 사용하는 것이 좋다. 그렇게 하면 갈아서 넣을 때보다 구울 때 고기표면이 덜 타고 연기도 덜 난다. • 파뿌리는 동치미 등을 담글 때 P.P 자루에 넣어 사용한다. • 찜을 할 때에 파향만 날 때에는 통째로 넣고 조리가 끝나면 건져낸다.

파

- 자극성 냄새와 독특한 맛으로 향신료 중에 가장 많이 쓰인다. 종류로는 굵은 파, 중파, 실파, 쪽파 등 여러 종류가 있다. 파의 흰 부분은 다지거나 채 썰어 양념으로 하고 파란 부분은 채 또는 크게 썰어 찌개나 국에 넣는다.
- 고명으로는 가늘게 채로 썰어 쓰도록 한다. 파의 매운맛을 내는 물질은 가열하면 향미 성분이 부드러워지고 단맛이 강해진다. 양념으로 사용할 때는 채로 썰거나 곱게 다져서 쓰고, 가열요리에는 둥글게 썰고, 무침에는 다져 쓴다.

식초

식초의 종류

- 발효식초 : 당분이나 알코올이 함유된 용액에 초신균이 발육하여 아세트산 등 여러 가지 향기 성분이 생성된 발효식품. 사과, 현미, 포도, 청주, 알코올식초 등이 있다.

※양조식초로서 흑초라는 것이 있다(오뚜기 식품). 제조과정에서 검게 변하기 때문에 그 이름을 딴 것으로, 아미노산의 함량이 많고 약용으로 개발된 것이다. 원료는 보리로서, 보리농사는 농약을 사용치 않으므로 무공해 건강보조식품이다. 값이 비싼 게 흠이다.

- 합성식초 : 공업적으로 합성한 빙초산 또는 초산을 물로 희석하고, 여기에 아미노산, 당류, 향료 등을 첨가한 것이다.
- 빙초산 : 빙초산은 석유를 원료로 하여 아세트 알데히드 산화법으로 생산한다.

식초 만드는 법

주원료 살균→30℃의 온도에서 초신균을 섞어 발효→필요한 산도에 도달→살균(초신균을 없앤다)→2~6개월 숙성→찌꺼기나 이물질 제거 후 살균

좋은 식초 구입하는 방법

- 천연과일과 현미를 주원료로 사용한 식초를 우선으로 한다.
- 포장된 용기가 흠집이 없고, 식초병 밑바닥에 찌꺼기가 가라앉거나 이물질이 섞인 것은 피한다.
- 양조식초의 경우 초산 농도가 낮은 것이 좋다. 우리나라는 7% 이하로 규정되어있다.
- 제조년, 월, 일 확인 뒤 가장 가까운 시기에 생산된 것을 선택한다.

식초 보관법

식초는 그 자체에 방부효소가 있어 개봉하지 않은 상태에서는 2년에서 2년 반 정도까지 보관은 가능하나, 뚜껑이 열린 상태에서는 6~7개월 정도 보관이 가능하다. 식초는 검은빛이 나는 병에 옮겨서 보관하고, 냉장고가 아니더라도 서늘하고 그늘진 곳에 둔다.

식초 맛내는 법 및 활용법

가정에서 사용하는 식초는 크게, 영양이 많은 현미식초와, 와인을 이용해 만들어서 냄새는 달지만 신맛이 강해

식초는 신비의 식품이다

맛을 내는 것 외에 천연방부제나 의약용으로도 이용되고 있다. 사용하는 방법에 따라서 짠맛, 단맛을 약하고 부드럽게 해주기도 하며, 비린내를 제거하기도 한다. 인간이 음식을 맛내는 데 있어서 가장 오래된 조미료는 소금과 식초이다. 소금은 천연의 맛이기 때문에 식초가 가장 오래된 조미료이다.

식초의 산도

식초 종류	산도.%
현미 식초	4
일반 식초	7
고산도 식초	10
두배 식초	14
빙초산	90

식초는 산성식품이 아니다!

식초는 신맛이지만, 산성과 알칼리 식품이냐를 판정하는 기준은 신맛으로 하는 것이 아니고 그 식품에 함유되어 있는 무기물의 성질로 평가하게 되는데, 양이온 성분을 지닌 식초의 무기물은 알칼리 식품이다. 알칼리 식품에는 Ca^{++}, Mg^{++}, K^{++}, Na^{++}, Fe^{++} 등의 양이온 무기물이 많고, 산성식품에는 S^{2-}, PO^{3-}, C^{-} 등의 음이온이 많다. 양조식초를 먹으면, 실제로 혈액의 칼슘을 증가시키고 인을 감소시켜 알칼리성 체질로 만든다는 연구도 있다.

※빙초산: 합성식초의 원료가 되는 초산은 메탄, 에탄, 포르말, 부탄 등의 가스를 높은 온도로 가열분해하여 아세틸렌으로 만들고 다시 망간등의 촉매로 사용. 아세틴 알데히드로 만든 후 이것을 산화시켜 초산으로 만든다. 이렇게 합성된 초산은 2성분 함량이 99% 이상이여서 섭씨 16℃ 이하에서 얼음같이 결정체가 생겨 빙초산이라 한다.
이 빙초산은 118℃ 이상 온도에서 증류하여 인체에 해로운 포름 알데히드(포르말린) 등의 부산물을 제거한 다음 식용 빙초산을 만든다.

식초는 무좀균에 특효

식초는 침투력이 높아 무좀 있는 발에 아침, 저녁으로 7일 동안 발라주면 깨끗이 낫는다. 단, 일반식초이어야 하며 빙초산은 산도가 강하여 화상을 입으므로 약 10배 정도의 물을 넣고 희석시킨 후 사용한다.

식초	샐러드나 드레싱 등에 많이 쓰는 포도식초가 있다. • 식초의 맛이 가장 좋은 온도는 25~50℃이기 때문에 여름철에 오이와 미역냉국을 만들때 얼음을 띄울 거라면 아예 식초를 넣지 않는 것이 좋다. 그리고 다른 양념과 함께 사용할 때는 식초는 제일 마지막에 넣는다. • 식초는 짠맛을 흡수해 버리는 성질이 있어 짠맛의 느낌이 훨씬 부드러워진다. 이때 많은 사용량보다는 한두 방울 정도로 조금만 사용하는 것이 중요하다. • 식초는 생선살을 단단하게 하고, 신선도가 떨어지는 생선을 씻을 때도 식초를 사용하면 좋다. 이는 식초에 살균작용이 있기 때문이다. 또한 밥을 지을 때도 식초를 넣어주면 맛있는 밥이 된다. • 식초는 생강, 차조기잎, 붉은 양배추 등의 색깔을 선명하게 해주고, 우엉, 연근, 콜리플라워 등의 갈변을 막아준다.	
생강	• 쓴맛과 매운맛을 내며 강한 향을 가지고 있어 어패류나 육류의 비린내를 없애주고 연하게 하는 작용이 있다. 생선, 육류, 고래고기 등의 누린내를 없애주고, 차를 끓이기도 한다. 생선이나 육류로 익힌 음식을 조리할 때는 재료가 어느 정도 익은 후에 넣는 것이 효과적이다. • 생강은 식욕을 증진시키고 몸을 따뜻하게 하는 작용이 있어 한약재로도 많이 쓰인다.	• 생강은 섬유질이 많아 기계를 사용하여 갈 때는 완전 냉동하여 분쇄시키면 잘 갈아진다. 소량씩 할 때는 분쇄기보다 믹서기에 물을 약간 넣고 갈면 된다. 마늘과 같이 혼합해도 된다면 마늘 갈 때 조금씩 같이 갈면 잘 갈린다. ※오래 보관하려면 마늘과 마찬가지로 비닐 봉지에 조금씩 냉동 보관한다.
후추	• 자극성이 있고, 매운맛을 낸다. • 검은 후추는 육류와 색이 진한 음식의 조미에 적당하고, 흰 후추는 흰살 생선이나 채소류와 색이 연한 음식의 조미에 적당하다.	• 후추의 맛을 느낄 줄 알면 맛을 내는 조리의 감각을 잘 아는 것이다. • 의외로 구이류, 찜 등의 양념에 검은 후추를 많이 사용한다.
참기름	• 참깨를 볶아서 짠 기름으로, 영양가가 높고 향이 좋아 나물을 무치거나 고기, 생선 등을 양념에 재울 때 사용한다. • 가열요리에는 마지막에 넣어야 향을 보존시킬 수 있다.	• 참기름은 고가품이고 다른 기름을 혼합하는 경우가 있기 때문에 참기름 맛을 정확히 알고 판단을 잘해야 한다. ※가짜 참기름은 콩기름 또는 채종유를 섞어 만든 것이다.
들기름	• 불포화도가 높고 실온에서 산패가 빨리 된다. • 과거의 전통사회에서 아기가 갓 태어나면 처음으로 입에 접하는 것이 들기름이라 한다. 태어나자마자 들기름을 흠뻑 묻힌 솜으로 입 안을 닦아냄으로써 잔병을 예방했기 때문이다. 즉, 들기름은 전통 살균제였던 것이다. • 「본초강목」에서는 들깻잎이 생선과 고기의 독을 죽인다고 했는데, 고기를 구워 먹을 때 들깻잎에 싸먹는 것이며, 보신탕·생선찌개에 넣어 먹는 것은 허브향으로서 뿐만 아니라 독을 감소시킨다는 데 근거를 둔 것이다. 또한 대기오염이 심하면 들깻잎에 갈색 반점이 많이 생겨나므로 환경청의 연구에 있어서 들깻잎은 대기오염을 예고해주는 한국의 지표식물이 되었다.	• 기름은 산패가 쉽게 일어나므로 반드시 냉장고에 보관한다. • 김구이를 할 때에는 참기름과 들기름을 1/2씩 혼합하여 사용한다. • 비빔밥 등에도 들기름을 함께 사용하면 좋다. ※보신탕양념, 구이양념에는 들기름이 필히 사용된다.

고추	• 굵은, 중간, 고운 고춧가루로 나누어 빻고, 실고추로 썰어 나박김치나 고명 등에 쓰이기도 한다. • 고추 입자로는 나뉘지만 씨를 제거하고 안하고의 차이가 있다. 씨를 제거하여 사용하는 경우는 고추붉은색을 강조할 때 사용한다. 매운맛의 분류도는 일반고추와 청양고추가 있다. • 고추씨는 · 장아찌, 짠지 담글 때 넣어 사용한다. · 기름에 튀겨내어 곱게 빻아 매운맛과 고소한 맛을 동시에 내기도 한다. · 냉면육수 끓일 때 고추씨 튀겨낸 기름, 즉 고추기름으로 사용하면 좋다.	※고춧가루가 맵고 색이 밝지 않아 궁여지책으로 많은 양의 홍고추를 사서 붉은 피망과 함께 씨를 빼고 곱게 갈아 비닐포장하여 냉동시킨 후 김치 등을 할 때 사용하였다. ※고추는 처음 수확한 것이 껍질이 두껍고 씨가 적지 않다. 즉 고춧가루가 많이 나온다. 나중 수확한 것은 크기가 작고 껍질이 얇고 씨가 많아 중량에 비하여 고춧가루가 덜 나온다. ※청양고추가루 대체는 캡사이신을 조심스럽게 넣어 사용하는 지혜가 필요
화학 조미료 설탕의 재료가 되는 사탕수수 등의 재료를 이용	옛부터 국물의 맛을 돋우기 위해서 다시마, 마른멸치, 가쓰오부시(건참치살) 등을 넣고 끓이는 일이 많았는데, 일본인인 이께다(油田)가 1908년 다시마의 감칠맛 성분을 발견하였다. 초기에는 밀단백질인 글루텐을 염산으로 가수분해해서 만들었는데, 현재는 90% 이상을 발효법으로 생산한다. 발효법에는 암모니아에 글루탐산의 생산능력이 강한 균을 사용하여 포도당을 발효시켜서 만든다.	화학조미료의 성분 glutamin acid(글루탐산)에 sodium(소디움), Na(나트륨)이 결합된 염으로 간단하게 M.S.G.라 불린다. MSG가 나쁜 이유는 음식이 간(짠맛)이 맞는데도 MSG를 넣으면 간이 싱거워진 느낌이 든다. 그러나 실제로 몸에서는 더욱 짜게 먹은 결과와 같기 때문이다. 맛을 내는 데 조금씩 넣은 것은 일반적인 양념법이 되었지만 지나치면 맛을 감소시킨다.

갖은양념의 파생원리

· 기본 갖은 양념 : 다진파2, 다진마늘1, 후추1/4, 조미료 적량, 설탕 적량, 참기름1
· 갖은 양념 간장 : 갖은 양념 + 간장3~5수저 ※물을 조금 넣을 수도 있다.
· 갖은 양념 소금 : 갖은 양념 + 소금 1수저(깍아서)
· 불고기 양념 : 갖은 양념간장 + 설탕2
· 제육 불고기 : 갖은 양념 + 고추장1, 설탕2, 새우젓1/2 수저
· 생선 구이 양념 : 갖은 양념간장 + 고춧가루2(실고추) + 생강물
· 조림 간장 : 간장2, 미림3, 설탕3

2. 한국음식의 맛을 내는 장만들기와 관리

장담그기는 한국음식의 첫걸음이다.

한국음식은 동·서양을 막론하고 발효음식 문화가 가장 잘 발달되어 있는 국가임에는 틀림없다. 그러기에 옛말에 "醬은 將이다"라고까지 표현했던 것 같다.

발효음식은 특별한 기술이 있어서 유래된 것은 아니다. 발효는 식재료를 실온에 놓거나 혹은 소금에 절이거나 소금물에 담가 놓게 되면 이것이 곰팡이, 세균 등과 같은 여러 가지 미생물의 영향을 받게 되는데, 이때 식중독의 영향을 받는 미생물보다는 독소의 영향을 받지 않고 소화 촉진, 향미에 도움을 주는 미생물의 영향을 받았기 때문에 일어나는 것이다. 이는 냉장기술이 발달되지 않은 과거에 자연 그대로

또는 반건조되거나 소금에 절여진 식재료가 본래의 맛이 아닌 시큼해지고 쿰쿰한 냄새가 나는 것을 무엇인가를 먹어야하는 상태에서 조금씩 먹기 시작하다 보니 오늘날의 발효식품 문화가 발달되었다고 본다.

봉주방장의 몽고여행에서 본 그들의 발효문화

본 저자가 몽고의 촌락을 여행한 적이 있었다. 그들은 주로 기르는 가축의 고기와 젖을 먹는데, 필자가 관심있게 본 것은 발효유이다. 그들에게 있어서 발효유만드는 법은 특별한 기술이 아니고 그냥 만들어지는 것이다. 그릇에 젖을 짜놓고 먹다가 남으면 냉장고가 없으니 실온에 그대로 방치하면 부패하는 미생물보다는 발효되는 젖산균의 영향을 더 크게 받아 되직해진 발효유가 되고 발효유를 먹다가 남아 그대로 실온에 두면 우유 단백질은 위에 부유하고 있고 고형질은 침전되고 중간에는 순수한 물로 구분된다. 위에 끈적한 뚜껑모양으로 부유하고 있는 단백질층을 걸러 뭉쳐서 발효시키면 치즈이고, 중간물은 버리고 가라앉은 것을 두부와 같이 썰어 튀겨서 먹기도 한다. 가축의 젖을 짜낸 젖 그릇은 잘 닦지도 않고 그대로 젖을 다시 짜내어 사용하니 발효가 되는 미생물의 종균역할이 항상 계속되어 발효가 촉진되는 것으로 보인다.

그러나 우유를 끓여서 모든 균(유해균, 유익한 균)이 사멸된 상태에서 실온에 방치하면 부패되어 썩은 냄새가 나는 독소로 변하여 먹을 수 없게 되는 것은 오묘한 자연의 섭리를 느끼게 한다.

이렇듯 발효음식의 저장식품은 그 나라의 가장 풍부한 식재료가 발효음식으로 발달되었으며, 한국은 삼면이 바다이고 농경사회가 기초가 되었기 때문에 종류와 수가 많은 것이다.

발효음식은 한국음식의 특징

발효식품으로서 한국음식 맛의 기본이 되는 맛내기는 장류, 젓갈류, 김치류가 있다.

한국의 장류는 된장, 간장, 고추장으로서 한국 음식의 맛을 내는 기본 양념이 되며, 3종류의 장을 서로 혼합하기도 하고 향재료와 물을 넣고 끓여 특유의 맛을 창출하여 조미하는 복합적인 맛은 나름대로의 비법이 되기도 한다.

젓갈류는 주로 해산물을 소금에 절여 삭히는 방법을 기본으로 해산물 자체만을 발효시키는 방법과 찹쌀 또는 조를 함께 혼합하여 발효시키는(식해류) 방법 두 가지가 있다.

김치류는 종류도 많고 방법도 여러 가지로서, 김치만의 오묘한 맛은 한국 음식을 대표하며 세계적인 음식이 되고 있다.

1) 장만들기가 어렵게 느껴지는 이유

지나치게 주술적이고 추상적인 표현이 많다. 예를 들면,

① 장을 담그기 전에는 목욕재계하고 담가야 한다 : 이 뜻은 맨손으로 장을 만드는 과정에 있어서 손

으로부터 유해한 균의 2차적 오염을 막기 위함이라고 생각된다.

② **간장독을 깨뜨리면 집안이 망한다** : 조심스럽고 알뜰한 집안 살림을 해야 한다는 뜻일 것으로 생각된다.

③ **장을 담글 때는 부정타지 않도록 외출을 삼가고 개를 꾸짖어도 안되고 성교를 해서도 안 된다** : 이는 장담그는 소금의 농도, 즉 짠 간을 보기 위하여는 섬세한 느낌을 유지해야 하는데 외부요인 또는 자신의 감정 조절이 안되면 정확한 간을 보기 어렵기 때문일 것이다.

④ **독안에 물기가 들어가면 벌레가 나기 쉽다** : 물이 들어가면 염도가 낮아지니 이상발효(변질)된다는 뜻일 것이다.

⑤ **음력 2·3월에 장 담그면 조상이 제사를 받지 않는다** : 장맛이 변하면 집안이 망한다고 하는 뜻이 있는데, 2·3월에 장 담그기를 하면 너무 늦어서 5~6월이 되어야 숙성이 완료되어 된장·간장 가르기를 할 수 있는데, 이 시기는 파리가 생겨나는 계절이고 고온의 외부 날씨로 장이 넘치게 된다. 따라서 이러한 장은 맛이 없을 것이고, 장맛이 없는 음식으로 식사를 하는 가장 및 가족들은 입맛이 날 리 없으니 일의 능률도 떨어진다.

⑥ **며느리가 잘 들어오면 장맛이 달고 집안 일이 잘된다** : 장독대 관리는 가정주부가 하는 일로서, 장이 달다라는 의미는 햇볕을 고루 잘 쬐게 했다는 뜻일 것이며, 집안이 잘된다라는 뜻은 장을 숙성시키는 과정은 당장 표시나는 일이 아니라 오랜 시일 동안 장독대를 열고 닫고 하는 꾸준한 정성으로 살림을 하면 집안이 잘되는 것은 당연한 것이 될 수 있다.

이렇듯 한국의 장담그기는 과학적 근거에 전해 내려오는 이야기로서 주술적이고 추상적인 표현이 많으니 한국음식을 배우는 후학들에게는 결코 쉽지 않을 뿐만 아니라 접근하기도 어려운 부분으로 인식된 것은 당연한 것이다.

장담그기가 어렵게 느껴지는 다른 요인은 식품을 판매하는 어느 곳에서라도 이들 장류를 구매하는 것은 어렵지 않기 때문에 장에 대하여 배우려는 분위기도 형성되어 있지 않고 의지를 가지려고 하지도 않기 때문이다. 그러나 외국에 취업을 나가거나 한국식당을 경영하게 되면 현지에서 이러한 장류를 얻는다는 것은 쉬운 일이 아니다. 결국 직접 만들어 담가야 하는 형편인데, 다시 말하면 어떠한 상황에서도 한국음식의 기본이 되는 장 만들기의 기본을 알면 현지 여건에 맞게 얼마든지 응용할 수 있다는 것이다.

여기서 소개하는 장류는 전통의 방법(계절, 길일 등을 따지는 의식 등을 생략하고)이 아니고 외국에서도 현지 사정에 맞게 장을 담글 수 있다는 의미로 전통적인 방법보다 실무적인 방법으로 장담그는 방법을 소개한다.

2) 장담그는 시기

시기와 시간은 아무 때나 해도 좋다. 단, 추운 겨울은 장시간 작업하거나 일조량이 부족하니 피하고, 여름의 장마철은 피하는 것이 좋다. 파리가 생겨나기 전 양력 2~3월 담그기 하여 4~5월에 분리하는 것이 좋다.

기간은 40~60일 정도인데 발효식품이므로 햇볕을 잘 쬐어야 하기 때문이다. 장담그기하여 간장과 된장을 일반적으로 40~60일 후에 구분하게 되는데 그 기간을 훨씬 넘겨서 혹 1~2년 동안 아니면 몇 년 지나도 나름대로의 맛은 있는 것이다.

3) 장(된장, 간장)을 만들 때 유의할 점

(1) 햇볕을 잘 쬐이고 파리가 접근하지 않도록 망사로 덮어준다.

(2) 빗물이 많이 들어갔을 때

만약 뚜껑을 열어 놓은 사이에 빗물이 들어갔다면 소금물이 싱거워졌으므로 기포가 생겨나기 시작한다. 간장물을 살짝 1/2정도 또는 1/3정도 덜어내어 소금을 넣고 끓인 후 식혀서 부어주면 된다. 덧붙여 멋을 더하여 낸다면 마른고추 서너 개, 대추 한 주먹, 숯 서너 개를 넣고 새끼줄을 치면 한층 더 멋스러워 보일 것이다.

(3) 간장, 된장 중 어느 한 부분에 더 비중을 주고 싶을 때

- 간장이 많이 필요하면 소금물을 더 넣는다.
- 된장이 많이 필요하면 메주를 더 넣는다.
- 간장, 된장 비율이 반반씩 필요하면 소금물과 메주를 반반씩 넣으면 된다.
- 비율을 꼭 지켜야 하는 것은 아니지만 메주가 넉넉해야 간장과 된장의 짙은 맛이 더 난다.

4) 맛있는 재래식 간장, 된장을 만들려면

(1) 소금의 농도를 잘 맞춘다

알맞은 소금의 농도는 맞추는 방법은

- 염도계 이용 : 18°Be(보메)가 적당하며, 따뜻한 지방에는 좀더 짠 19~20°Be이다.
- 계란 이용 : 소금물에 담가보아 100원짜리 동전 크기의 윗면이 보일 때가 가장 알맞다. 계란이 지나치게 떠오르면 너무 짜고 계란의 표면이 거의 없으면 싱거운 것이다.

(2) 오래된 소금이 좋다

이유는 오래된 굵은 소금은 간수가 빠지는데, 간수가 빠진 소금은 쓴맛이 적다. 일반적으로 소금은 공기가 통하고 간수가 빠지는 자루에 포장하여 유통된다.

간수는 모아놓아 병에 보관했다가 두부 만들 때 사용한다. 두부는 간수 또는 바닷물 두부가 가장 맛이 좋으며 염화칼슘 등의 화학제를 사용하면 쓴맛이 난다.

(3) 설탕, 다시마를 넣고 끓인다

간장·메주를 띄워 45일이면 분리하는데 분리한 간장은 끓여주는 것이 좋고, 끓여주면 생간장보다는 맛이 있다. 끓여줄 때 설탕 또는 꿀을 조금 넣어주고 다시마를 넣고 끓여주면 더욱 맛이 있다. 끓이는 과정에서 거품은 건져낸다.

(4) 묵은 간장을 조금 넣어준다

장 담글 때 굵은 소금만을 이용하지 말고 묵은 간장도 넣어주면 맛있는 간장이 된다. 이는 묵은 간장의 미생물을 접종시키는 결과이기 때문이다.

(5) 메주를 많이 넣는다

간장의 맛은 메주, 즉 콩 단백질을 이용하는 것이므로 메주가 많으면 그만큼 간장이 맛이 있다. 물론 된장도 맛이 있는 것은 당연하다.

(6) 약간의 꿀을 넣는다

재래식 간장과 된장은 무척 짜다. 장담그기할 때에 약간의 물을 넣거나 물엿을 넣어준다. 옛날에는 장담글 단자 안에 숯불을 피워 그 위에 꿀을 부어 진한 캐러멜 냄새가 날 때에 장항아리에 넣었다 한다.

염도계 이용 : 염도계 밑부위는 작은 납알이 들어있다. 소금물에 염도계를 담그면 염도에 따라 부유되는데, 염도가 강할수록 위로 솟는다.

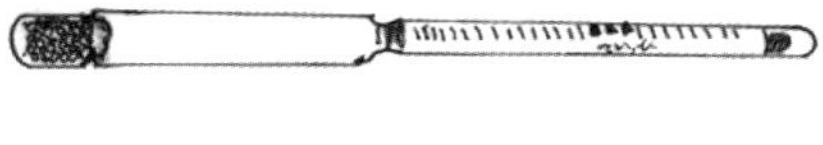

소금농도를 계란을 이용하여 측정하는 법

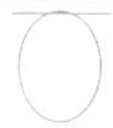	100원짜리 동전 면적 약 16Be 정도(겨울철)
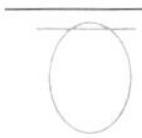	500원짜리 동전 면적 약 18Be 정도(봄)
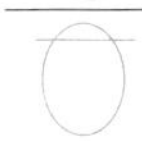	계란의 약 $\frac{1}{4}$정도 약 20Be 정도(여름)

물과 소금의 비율

날 씨	물 : 소금의 비율	담그는 기간
추울 때	10 : 3	60일
선선할 때 (봄, 가을)	10 : 4	40일
더울 때(여름)	10 : 5	30일

염도계나 계란, 물과 소금의 비율을 잘 모를 때는 간장을 담그는 통에(옹기를 권하고 싶지만 일반 합성 수지 통도 괜찮다) 소쿠리를 걸치고 굵은 소금을 충분히 소쿠리에 넣고 물을 소금 위에 부어 자연스럽게 소금물을 내린다. 그렇게 하면 자연스럽게 소금농도를 맞출 수 있다.

봉주방장 명강의

여러분들이 한국의 기후조건과 틀린 더운 나라, 추운 나라, 또한 습한 나라에 이민을 갔을 때, 한국의 기후에 맞추어 정월장, 삼월장, 사월장을 고수할 수 없는 해당 나라에서 한국의 맛을 내기 위하여 장담그기를 해야 하는데 가능할까?
중요한 것은 소금의 적량이며, 더운 나라, 습한 나라에서는 소금을 좀더 넣어주어야 할 것이고, 추운 나라에서는 기준치보다 적게 넣어야 할 것이다. 기존 재료외에 토마토, 늙은 호박 등을 끓여 농축하여 넣으면 별미의 장이 될 것이다.

4) 장담그기할 때 필요한 엿기름, 메주 만들기

된장, 간장은 함께 얻어지는 것으로 필요한 재료로는 굵은 소금, 물, 메주이며 약간의 대추, 숯, 마른 고추이다. 고추장을 담글 때 필요한 재료는 엿기름, 메주가루, 굵은 소금, 고운 고춧가루, 소금이며 어느 고추장을 만드냐에 따라 찹쌀가루, 쌀가루, 수수가루, 메밀가루, 보리가루 등이 필요한 것이다.

주방장으로서 또는 주방경력이 있어 주방에서 근무하게 되면 세계 각지에서 식당하시는 경영자로부터 높은 임금을 제시하며 외국에서 같이 일하자는 제안이 올 때가 있다. 한국실정만 생각하고 현지에 가보면 한식에 있어서 기본이 되는 고춧가루, 장류, 젓갈류, 엿기름, 막걸리 등 모든 면에 있어서 판이하게 달라서 당황할 때가 있다. 한 마디로 모든 것을 만들 수 있는 기초 개념과 순발력이 있어야 한다. 예를 들어 누룩이 없으면 생밀가루에 이스트를 넣고 반죽하여 채반에 넓게 펴 널어 말려서 빻아 사용할 수 있고, 고춧가루가 빨갛지 않고 맵기만 한다면 빨간 피망을 갈아서 사용할 수도 있는 것이다. 또 콩나물이 없으면 길러서 사용해야 한다. 그러기에 여기에서 소개하는 방법은 전통의 방법, 즉 고정적인 생각에서 벗어나 실재 응용할 수 있는 방법들을 소개하고자 노력하였다.

(1) 엿기름만들기

엿기름을 만드는 방법은 통보리를 싹을 틔운 후 말려서 빻는 것인데, 한국이라면 주문하면 되지만, 외국에서 근무하거나 거주하게 될 때 엿기름이 없다면 만들어야 하므로 그 방법을 잠깐 기술하고자 한다.

이렇게 만드세요

통보리를 따뜻한 물에 불려서 구멍 뚫린 소쿠리에 넣고 젖은 수건을 덮고 2일 정도면 싹이 나온다. 가끔 콩나물을 기르듯이 물을 흠뻑 적셔준다. 밑뿌리와 싹이 8~10cm로 크게 되면 뿌리가 엉켜 있으므로 손으로 비비면서 말린다. 싹을 틔우는 것은 종피(껍질 부분의)에 있는 효모 및 효소의 숫자를 늘려주는 것이므로 싹 틔울 시간이 없으면 그대로 빻아서 사용해도 된다.

봉주방장 해법 : 쉽게 엿질금을 기르는 방법

비닐 봉지에 물에 불린 통보리를 넣고 따뜻한 곳에 이불을 덮어둔다. 이때 비닐 봉지의 주둥이는 꼭 매지 않고 허술하게 해야 한다. 2~3일 지나면 싹이 제법 커있다. 이것을 말려서 빻으면 된다.(소량으로 할 때는…)
왜? 싹을 틔울까? 새싹 즉 생명이 움트는 시작점에는 효소가 많아 유해환경으로부터 생존하려는 섭리이다. 그 효소를 이용하여 단맛나지 않는 밥알을 단맛나는 당으로 환원시키는 것이다.

(2) 메주만들기

메주콩(흰콩)을 불려서 삶든, 찜통에 찌든지 중요한 것은 황갈색이 나도록 푹 익히는 것이다.

이렇게 만드세요

① 콩을 푹 삶아 찜통에 넣고 오래 쪄서 소쿠리에 받쳐 물기를 뺀 다음 뜨거웠을 때 절구에 넣고 찧거나 기계에 넣고 굵게(거칠게) 간다.
② 자루에 넣고 위생적으로 짓이긴다. 주방이라면 마늘 또는 고기가는 기계가 있으니 거칠거나 곱게 갈아도 상관은 없다.
③ 갈아 놓은 된반죽을 적당한 크기로 네모지게, 또는 둥글게 만드는 사람의 구상대로 빚는다. 고추장용 메주는 동글고 작게 빚어 곱게 띄운다. 너무 크게 하면 속 색깔이 까맣게 된다. 시기는 아무 때나 좋은데 주로 가을경에 빚는 이유는 콩의 생산이 왕성한 때가 10월이므로 이때 빚게 되면 원가관리가 수월하기 때문이다. 꼭 10월이 아니라도 좋다. 그렇다고 사용 못하는 것은 아니며, 따뜻한 곳이 좋다는 것이지 꼭 따뜻한 곳에서만 말려야 한다는 뜻은 아니다. 단지 다른 곳에서 말리면 시일이 많이 걸리는 차이가 있다.
④ 말리는 방법으로 어느 정도 꾸덕꾸덕하게 말려지므로 바닥에 놓으면 바닥에 닿은 면은 말려지지 않으므로 새끼줄로 매달거나 볏짚을 바닥에 깔고 2~3개월 말림으로써 띄우면 된다.

봉주방장 해법 : 메주 등의 숙성발효시키는 재료를 말릴 때에 왜 볏짚과 새끼줄을 이용할까?

메주를 만들어 말리면서 띄울 때에 꼭 볏짚을 깔아주는데 그 이유는 볏짚은 각종 메주를 발효시키는 데 도움이 되는 효소가 많기 때문이다. 메주를 매달 때에 다른 끈이 아닌 새끼줄로 묶어주는 이유도 여기에 있다. 요즘 이렇게 하면 꽤 번거롭게 하는 것이다. 시중에 유통되는 낫또를 혼합하여 공기가 통하고 따뜻하고 습도를 유지시키면 된다.

4) 재래식 간장, 된장 만들기

■ 재료 및 비율

준비물 : 염도계(또는 계란 1개)
비닐봉지(투명한 것)

장담그는 독은 재래 토기항아리도 좋으나 관리하기 어려우니 투명 유리에 공기가 통하면서 해충접근을 차단한 장독대 뚜껑이 좋다.

이렇게 만드세요

① 메주는 솔로 씻어 강한 햇볕에 하루 말린다.
② 굵은 소금을 물에 잘 풀어 기흙을 뺀 후에 윗물만 독 안에 넣는다.
③ 메주를 항아리 안에 넣고 마른고추, 숯, 마른대추를 조금씩 넣어준다.

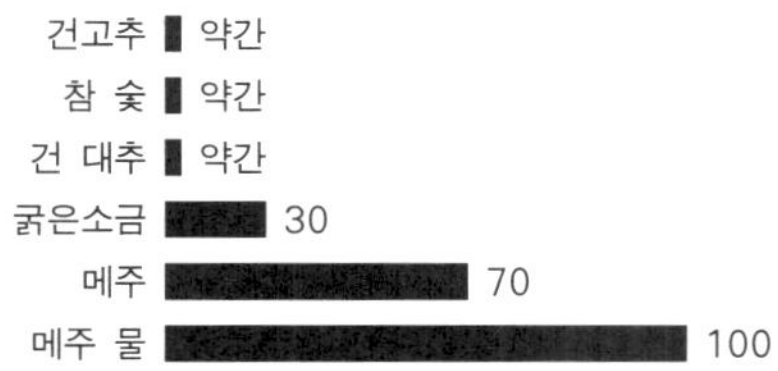

간장을 많이 만들려면 소금물을 많이 하여 메주와 물의 비율을 1 : 4로 하고, 된장과 간장을 동량으로 얻으려면 1 : 3, 맛있는 된장만 만들려면 1 : 2로 한다. 또한 소금은 간수가 빠진 것이 좋다.

④ 독 가장자리에 양파자루 또는 모기장 망사를 두르고, 고무줄로 묶어주고, 햇볕이 잘 드는 곳에 둔다. 옥외에는 이슬, 비가 맞지 않도록 뚜껑을 준비하여 날씨가 좋지 않으면 뚜껑을 덮는다. 이렇게 하여 40~60일 정도 지나면 완성되는데 간장과 된장으로 구분한다.
⑤ 구분하는 방법은 간장과 된장을 나누기한다. 나누는 작업은 일단은 넓은 그릇을 준비하여 메주를 건져낸다. 건져낸 메주는 주물러서 단지에 담고 위에는 소금을 듬뿍 뿌려준다. 이것이 된장이다.
⑥ 간장은 메주를 건져내었던 소금물이 40~60일 동안 메주의 단백질이 숙성되면서 맛있는 간장이 되는데, 메주를 건지면서 부서진 메주로 인하여 뿌옇고 덩어리도 많이 있으니 때로는 단지에 체를 놓고 받쳐낸다.
⑦ 분리된 간장과 된장은 양파자루, 또는 모기장 망사를 이용해서 파리가 접촉하지 않도록 해야한다. 분리된 간장은 끓여주면 더욱 좋다.

5) 청국장, 막장, 집장

「이규태 칼럼」(90. 11. 4)에서 보면 청국장은 한국 외 아시아 여러 나라와 미국, 캐나다 등의 나라에서도 애용된다고 한다. 청국장은 고구려 기마민족의 식품으로 시작되었다는 설이 있는데, 청국장은 이동민족의 식품으로서 조건이 갖춰졌기 때문이라 한다. 물기가 적고 쉽게 뭉쳐지고 굳힐 수 있으며, 오랫동안 상하지 않는 고단백식품일 뿐만 아니라 청국장균에는 뇌경색과 심근경색의 원인인 혈전을 용해시키는 효소가 있다고 한다. 청국장은 전국장(戰國裝)에서 유래되었다고 하기도 하고, 清國(청나라)의 군사식량으로 사용되어 생겨났다고도 하는데… 과거 전쟁을 겪은 미국과 유럽에서도 aging meat라 하여 숙성된 고기를 즐겨먹기도 한다.

청국장(淸國裝)은 된장만들기 초기단계인 콩을 푹 삶아 따뜻한 곳에 공기가 통하게 2~3일 습하게 두면(보자기를 덮어야 습하게 됨) 미생물의 영향으로 끈적한 점액이 많이 생긴다. 이것을 소금, 마늘, 고춧가루 등을 넣고 찧어서 작은 단지에 눌러두고 찌개에 사용하면 된다. 오래 보관하려면 이상발효를 막기 위해 냉장고에 보관해야 한다. 또는 비닐 팩에 넣어 얼려두고 사용하면 오랫동안 청국장을 맛볼 수 있을 것이다.

미생물(바실러스 세균) : 단백질 분해력이 강한 세균의 영향으로 진액이 많이 생기는데 지방분해효소와 단백질 분해 효소가 강하여 항암효과가 있다. 이 세균은 공기를 필요로 하는 호기성 세균으로 렙핑하여 냉장고에 두면 다른세균(혐기성 세균) 영향으로 쉰 냄새가 날수 있다. 그러면 청국장균(바실러스균)이 생성한 점액질이 없어지고 균이 생장하지 못한다.

봉주방장 해법
콩을 충분히 푹삶아 시중에 유통되는 낫도 청국장을 혼합해주고 발효하면 24시간내에 완성된다.

(1) 청국장 만들기

된장은 몇 달에 걸려 발효시켜 만들지만 청국장은 만든 지 2~3일 만에 먹을 수 있다.

■ 재료 및 비율

간생강	1
간마늘	2
굵은고춧가루(2C)	10
굵은소금(4C)	20
흰대두콩(20C) (메주콩)	100

※봉주방장 해법
충분히 삶아진 콩을 시중에 유통되고 있는 낫또 청국장을 혼합시켜 공기가 원활히 공급되면서 마르지 않게 하여 따뜻한 40℃에서 발효시키면 하룻밤 사이에 완성할 수 있다.

이렇게 만드세요

-재래식 방법-

① 메주콩은 깨끗이 씻어 8시간 물에 불린 후 물을 불려진 콩의 1 : 3배 정도로 넉넉히 넣은 후 푹 삶는다.
② 가끔 주걱으로 위아래로 뒤집어 주어 밑바닥에 눌어 붙지 않게 하고 콩알이 잘 뭉그러지고 약간 분홍빛이 돌면 잘 삶아진 것이다. 소쿠리에 쏟아서 물기를 빼고 소쿠리 밑에 쟁반을 받친 후 보자기를 털고 구멍을 낸 비닐을 다시 덮고 따뜻한 곳에 둔다.
③ 2~3일이 지나면 삶은 콩이 흰색의 옷을 입으면서 끈끈한 점액질이 생기고 손으로 찍어낸 바로 거미줄같이 생겨난다.
④ 절구에 넣고 대강 빻는다. 이때에 비율대로 간을 맞춘다.
⑤ 알맞은 크기로 빚거나 밀폐된 용기에 눌러 담고 몇일내에 사용할 때는 냉장고에 보관하고 오래 보관할 대는 냉동보관한다.

(2) 막된장 만들기

재래된장은 간장을 만들고 난 후 간장만들기에 이용되었던 메주를 으깨어 만들지만 막장은 막 담가서 만든다하여 막장이라고 한다. 지방마다 특색이 있으며 10일 정도면 먹을 수 있다.

제 1 방법

■ 재료 및 비율

굵은고춧가루(4C)	20
굵은소금(5C)	25
흰대두콩(5C)	25
메주가루(20C)	100

이렇게 만드세요

① 메주가루를 만드는데 대추알 크기 정도로 빻아 미지근한 물을 부어 놓는다.
② 대두콩은 충분히 불려 메주만들듯 푹 삶아 소쿠리에 건져 물기를 제거하고 절구에 거칠게 빻는다.
③ 모든 재료를 비율대로 잘 섞어준다.
④ 질척하게 잘 뒤집어질 정도로 농도를 맞추고 항아리에 넣고 눌러 담아 10일 정도 발효시킨다. 10일 후에는 이상발효를 막기 위하여 냉장고에 넣고 사용한다.

막장사용하는 방법
•수육, 편육의 양념장만들 때 이용한다(새우젓, 멸치액젓 등을 넣어주면 좋다).
•생선회 또는 물회의 양념장으로도 이용한다.

제 2 방법

■ 재료 및 비율

엿기름	10
굵은소금	25
김치국물	50
물	80
메주	100

이렇게 만드세요

① 메주는 잘 선별구매하여 씻어 말린 후 기계 또는 절구를 이용하여 거칠게 갈아준다.
② 김치를 먹고 나면 남은 국물을 갈아 놓은 메주가루에 부어주고, 물의 일부는 덜어서 엿기름을 체에 쳐서 거친 입자와 보리껍질은 버리고, 고운입자를 넣고 풀을 쑨 후 메주가루에 붓고, 남은 물은 굵은 소금을 넣고 희석하여 잘 반죽하여 놓는다.
③ 일반된장을 다루듯 실온에서 햇볕을 쬐며 숙성시킨다.

※소금의 양이 적으면 급속증식하는 미생물의 영향을 받아 끓어 올라올 수 있으며, 전체적인 물의 농도는 지나치게 되지 않게 묽게 잘박하게 담는다.

봉주방장 해법 : 된장에 대한 옛날의 칭송의 오덕(五德)에 대하여…

- 단심(丹心) : 다른 맛과 섞여도 제맛을 잃지 않는다.
- 불심(佛心) : 비리고 기름진 냄새를 제거해 준다.
- 화심(和心) : 어느 음식과도 잘 조화된다.
- 항심(恒心) : 오래 두어도 변질되지 않는다.
- 선심(善心) : 매운맛을 부드럽게 한다.

※ 콩이 맛이 있으면 콩과 관련된 요리 또는 장이 맛이 있다. 콩이 맛이 있다는 것은 공기 습도와 자외선을 많이 받지 않은 햇콩이 맛이 있다.

(3) 즙장(汁醬) 또는 집장만들기

집장 만들기는 막장 만들기와 같으나 찹쌀 등으로 죽을 쑤어 혼합해 주는데 엿기름가루를 죽을 쓸 때에 죽재료(찹쌀, 쌀)의 1/5 정도를 체에 가루를 쳐서 고운 엿기름가루를 넣고 죽을 쑤어 넣는다. 이것이 집장 또는 즙장이다. 대단히 묽은 것이 특징이다.

봉주방장 해법 : 이용방법

대단히 묽은 즙장에 고추, 무, 무청, 가지 등의 재료를 슴슴히 소금에 절여 물기를 제거하고 즙장 속에 넣고 발효시킨 후 반찬 또는 찌개에 이용한다.

장떡 만들기

■ 재료 및 비율

- 파, 마늘, 참기름, 고춧가루 10
- 찹쌀가루 30
- 돼지고기 50
- 된장 100

이렇게 만드세요

혼합해서 후라이 팬에 익힌다.

6) 고추장 만들기

고추장은 메주가루, 고춧가루, 엿기름을 기본으로 하여 찹쌀가루, 쌀가루, 보리가루, 밀가루, 수수가루, 메밀가루 등으로 되직하게 풀을 쑨 후 혼합해주고 소금으로 간을 하는 것이다.

■ 재료 및 비율

- 고운소금 15
- 물엿 25
- 메주가루 25
- 엿기름 40
- 고운고춧가루 50~60
- 찹쌀가루(말린 것) 50
- 물 100

이렇게 만드세요

① 엿기름을 물에 불려 자루에 넣고 짜낸다. 또는 엿기름을 체에 쳐서 가루를 내어 물을 4~5배를 넣는다.
② ①을 끓여서 찹쌀가루 또는 밀가루를 풀어놓고 서서히 끓여 주고 식힌다. 농도는 풀의 농도 정도는 되직하게 쑨다.
※ 되직하게 풀을 쑤어도 엿기름 영향을 받아 식으면 농도가 묽어진다.
③ 식히는 과정에서 엿기름의 영향을 받아 삭으면 말갛게 된다.
④ ③에 메주가루와 고춧가루를 고루 섞고 간을 보아 고운 소금으로 간을 한다.
⑤ 보관방법은 만든 후 뚜껑을 덮으면 김이 서려 물방울이 생기기 때문에 나중에 덮는다. 된장과 마찬가지로 소금을 위에 뿌려주고 망사를 덮고 뚜껑을 덮는다.

봉주방장 해법
만약 염도 등의 영향을 받아 끓어오르면 소금간이 싱거웠기 때문인 것으로 당황하지 말고 고추장의 1/2을 쏟아내어 소금을 넣고 바닥이 눋지 않게 달인 후 식혀서 남은 1/2과 혼합하고 단지에 다시 담고 망사를 씌운다.

3. 보조재료

양념으로서 보조재료의 의미는 사용함으로써 영양가나 맛, 음식의 질을 높이는 데 보조가 되는 식재료를 의미하지만, 조리를 하는 입장에서는 맛에 비중을 더 둔다. 그러나 보조재료를 사용함에 있어서 생각해야 될 점은 재료에 대한 도덕성과 윤리성이 있어야 한다. 맛에만 초점을 맞추다 보면 사용하지 말아야 하거나 사용하더라도 소량 사용해야 하는 경우가 있다.

1) 인공보조재료

품 종	봉 주 방 장 해 법
사 이 다	초고추장, 겨자소스, 야채소스, 물김치류의 국물을 시원하게 할 때, 말린 파래를 무침할 때 사이다에 불려서 사용하고 생선 비린내를 없앨 때 미림을 대신해 술과 함께 혼합하여 조리한다.
콜 라	초고추장을 만들 때는 사이다와 콜라를 1/2씩 혼합하여 넣으면 좋다. 돼지갈비 양념할 때도 좋다.
정 종	매운탕 끓일 때, 닭발육수 끓일 때, 소 내장류로 신선로 전을 부칠 때 분무기에 넣고 조금씩 뿌려주기도 한다.
소 주	각종 구이류 양념에 미림을 대신해서 사용하고 생선조림 등에 조금 넣어 준다.
맥 주	맥주는 끓여서 설탕을 혼합하면 맥주 미림이 된다. 구이류 또는 겨자소스에 이용한다.
아미노산제 (원기소)	과거 선배들은 맛을 내기 위해 많은 노력을 했는데 특히, 구이류 양념할 때는 영양제인 아미노산제, 과거에는 에비오제, 원기소 등을 많이 사용했다. 현재에는 영양실조문제가 해소되어 생산을 안 하는 듯하다.
포 도 당	냉면육수의 단맛을 내거나 물김치 등의 단맛을 낼 때 설탕보다는 당도 1/3 수준으로 덜 달다. 흰 분말형으로 되어 있다.
구 연 산	설탕가루와 같은 분말형으로 식초를 대신하여 화채, 냉면류의 신맛을 낼 때 좋다.
마요네즈	양념닭 소스, 겨자채 소스에 넣어 구수한 맛을 내기도 하며 흰살 생선을 구울 때 마요네즈를 칠하여 굽기도 한다.
커 피	꼼장어 구이 양념할 때 약간 넣어주며 비린내가 강한 생선류를 고추장구이할 때 사용한다.
소화제(효소)	고기가 질길 때 어린이 소화제(분말형)를 조금 넣어주면 어느새 부드러워진다.
땅콩버터	장어구이 소스 만들 때 조금 넣어주면 깊은 맛을 낼 수 있다.
빙 초 산	새콤하게 양념할 때 일반식초를 넣으면 산의 농도가 약하여 많이 넣어야 한다. 양념이 흐르기 때문에 빙초산을 넣는다. 특히, 홍어회 무침에 넣어 준다. 화상에 주의해야 한다. 식품위생법으로는 식품가공용(장아찌 등)으로만 사용하게 되어 있다.
냉소다	얼음덩이 같이 생긴 투명한 결정체로 물에 녹여 냉면 반죽에 넣는다.

품 종	봉 주 방 장 해 법
가루소다	냉면가루에 혼합하여 사용하는데 냉소다를 반죽을 할 때마다 넣어 주는 단점을 보완할 수 있다.
백반(명반)	정과류 및 밤초 등에 식초대용으로 사용하며 함흥냉면과 같이 질긴 면발과 표백작용을 위해 평양냉면에는 소다를 넣는데 함흥냉면에는 백반(명반)을 소량 넣는다.
육질 연화제	육질을 연하게 하기 위한 효소제로서 흰 분말로 생겼다. 일명, 연육소라고도 한다.
목초액	훈재냄새를 나게 하기 위한 제품 사용량이 많으면 독국물이 될 수 있다. 장미꽃잼에 들어간다.

2) 천연보조재료

품 종	봉 주 방 장 해 법
삼지구엽초	구이류(갈비양념 등)할 때 조금 넣어 주는데 향이 은은하다(한약방에서 구입).
감 초	한방요리시 필히 넣어준다. 색은 옅은 노란색이 우러나며, 약간 달달하다. 냉면육수 끓일 때 약간 넣어줄 때도 있다(함흥식 냉면). 데린간장 등을 끓일 때 약간 넣는다.
계피막대기	곰 육수를 누린 냄새가 나지 않게 하기 위하여 계피막대기를 조금 넣어 주면 누린 냄새가 나질 않는다.
오 향	특이한 향이 진하며, 돼지족발 찜, 조림 등에 사용한다. 중국계 사람들은 좋아하나 국내인들에게는 적응이 안될 수 있으며 한방족발을 할 때에는 소량 넣어준다.
샐 러 리	데린간장, 장어구이소스, 돼지고기 삶을 때에 잡냄새 제거에 좋다. 특히 버려지는 샐러리 밑둥을 사용하면 더욱 좋다. 샐러리 김치도 별미다. 미나리가 없을 때, 특히 외국에서는 김치할 때 부재료로 넣어 준다.
월계수잎	월계수잎은 서양요리의 향신료만이 아니다. 북한에서는 일반적으로 볼 수 있는 향신료로서, 데린간장, 조림 등의 요리에 사용한다.
옻 나 무	피부에 닿으면 발열과 통증을 주어 위험한 것으로 인식되어 있다. 그러나 옻나무를 넣고 습열 또는 찜의 방식으로 육류를 요리하면 특이 체질인 사람을 제외하고는 많은 사람이 좋아하는 훌륭한 식자재이다.
황 기	단맛이 약하게 나고 누런색을 띈다. 엄나무와 같이 닭요리에 자주들어간다.
구 귀 자	찜요리에 무난히 쓰이고 색감이나 약간의 단맛이 식감을 돋게 한다.
당 귀	향이 강해서 보신탕 고기를 할 때 사용한다.
카 레	춘천 닭갈비 소스, 새우구이 소스(응용) 등에 이용할 수 있다. 볶음밥을 할 때 조금 넣어주면 별미이다.
짜 장	짜장은 중국 요리뿐만이 아니라, 한국요리의 떡볶이나 조림(생선 조림)등에 약간의 짜장을 넣어 줄 수 있다. 떡볶이 양념 등에 넣어준다.
치 자	녹두전, 해파리 색들이기, 밀전병 색들이기, 튀김옷 등 천연 노란 색소로써 널리 이용한다. ※**봉주방장 경험** : 치자를 오래 사용하려고 물을 부어두면 상할 것 같아서 소주에 부어 병에 보관하였다가 2개월이 지난 뒤 살펴보니 진녹색의 천연색소가 되었다.
들깻가루	1. 껍질채 빻은 가루 : 해장국, 보신탕 등에 사용한다. 2. 껍질을 제거한 가루 : 겨자채, 야채소스, 들깨차 등에 이용

품 종	봉 주 방 장 해 법
잣 가 루	한국요리의 특징은 고명에 있다. 잣가루는 한과류 등 물기 없는 요리에 고명으로 조금 뿌려 주는데, 이러한 이유는 맛에 영향을 주기보다는 손님에게 아무도 손을 대지 않았다는 의미를 가지고 있으며 이는 손님에게 신뢰를 준다.
마른새우가루	감각이 있는 요리사라면 마른 새우를 곱게 갈아 각종 나물류 무침, 된장찌개 등에 넣어준다면 인정받을 수 있는 요리사일 것이다.
마른멸치가루	멸치도 여러 종류가 있다. 국물 또는 조미료용으로는 큰 멸치를 사용해야 한다. 내장을 제거하고 머리를 포함하여 커터기에 곱게 갈아 소량씩 찌개 등에 이용한다.
마른멸치가루	붕어질, 떡볶이, 튀김류, 두루치기(볶음류)에 약간씩 넣어준다.
고 추 씨	고추씨는 짠지, 장아찌 담글 때 넣기도 하며 냉면 육수 끓일 때 넣기도 하고 볶음 한 뒤에 곱게 빻아 양념무침에 넣으면 매운맛과 고소한 맛을 내는 훌륭한 양념이다.
다시마가루	가볍게 젖은 행주로 다시마를 닦고 고온의 기름으로 튀겨낸다. 튀겨낸 다시마를 가볍게 부수고, 얇은 습종이에 기름을 제거한 후 다시 곱게 갈아서 국, 찌개 등에 이용한다. 국산 다시마가루도 있고 일제(곤부차 : KONBUCHA)가 있다. 기름에 튀겨낸 것이 아닌 순수한 다시마가루가 있기 때문에 알찜, 특히 미역냉국에 좋다.
겨자가루	겨자는 뜨거운 물에 개어 냉면에 사용되지만 돼지족발찜과 같이 냄새를 제거할 때에도 사용된다.
와사비	와사비는 겨자갤 때와는 달리 차가운 물 또는 정종에 개어서 생선회 사용할 때 이용된다. 무초절임(새콤달콤한 맛)할 때에 사용되기도 한다.
건다랑어가루 (가쓰오부시)	다시마, 멸치 국물을 낼 때 일부는 가쓰오부시를 넣고 잠깐 끓여내면 국물이 개운하다.
아보카도	과실로서 국내생산은 안되는 것으로 알고 있다. 단맛이 전혀 없고 지방이 많으며 고소하다. 각종 해물소스에 넣어주면 좋다. 가격은 개당 2,000~4,000원 정도.
김 가 루	정품의 김을 구워 사용하는 경우도 있지만, 시장에서 파김(부스러기 김)을 이용하는 것이 좋다. 이것을 곱게 커터기에 갈아 무침에 사용하고 거칠게 빻아 국 고명으로 또는 비빔밥 고명으로 사용한다.
땅콩가루	잣가루가 비싸기 때문에 땅콩가루를 만들어 잣가루를 대용한다. 땅콩가루 만드는 작업은 쉬운 것 같지만 의외로 어렵다. ① 볶은 땅콩의 껍질을 벗긴다. ② 커터기를 이용하여 중간만 갈고 체에 쳐서 고운가루, 거친가루를 구분한다. ③ 고운 가루는 사용하고, 거친 가루는 습지에 깔아 기름을 제거시킨 후 뽀송뽀송해지면 다시 갈아서 사용한다. ④ ② 과정을 반복한다. 주의 : ②의 과정을 할 때에 계속 땅콩을 커터기에 갈아내면 기름이 지나치게 유출되어 죽같이 되어 사용하기가 어렵다.
쑥 가 루	직접 만드는 쑥가루 : 쑥냉면, 쑥경단 등의 부재료로 사용한다. 쑥을 물에 씻은 후 냉동시켜 기계에 갈아서도 사용한다(냉동시켜야만 갈아낼 수 있다). 녹즙기를 사용하여 즙을 짜내어 냉동시켜 사용하면 좋다. 유통되는 쑥가루 : 쑥가루를 판매하기도 한다(민속식품 1pack 100g(0348-945-2678). 냉면에 사용할 때는 체에 쳐서 사용한다.
카레가루	붕어찜, 떡복이, 튀김류, 두루치기(볶음류)에 약간씩 넣어준다.

제3절 고 명

고명(garnish)은 음식에 직접적인 변화나 맛을 바꾸지는 않지만 음식을 아름답게 꾸며 시각적인 자극을 줌으로써 식욕을 돋우며, 음식을 품위있게 해주는 역할을 한다. 고명의 의미를 궁중요리 대가이셨던 황혜성 선생님께서는 "고명은 당신을 위하여 이 음식은 준비되었으며 아무도 손을 대지 않은 새 음식입니다."라고 표현하셨다.

그러나 고명이 제 역할을 하지 못하고 색깔 또는 신선도가 좋지 않은 것을 사용한다면 고명을 얹지 않은 것보다 못하다.

새색시 얼굴에 연지·곤지를 그릴 때의 정성스런 마음이 고명을 준비할 때의 마음이라 할 수 있다.

고명이 지나치게 장식되면 유치하고 초보적 요리사라는 단점을 들어낸다. 분위기에 맞게 재치있고 신선하게 적당량을 사용해야 한다. 고명은 강조하지만 만든 요리사의 숙련도, 정심(正心)을 손님이 곧 알아차릴 수 있도록 정성스럽고 세련되게 해야 한다.

품 종	내 용	봉주방장 해법
달걀지단	달걀을 흰자와 노른자로 나누고 각각 소금을 약간씩 넣어 저어준 후 거품을 제거한다. 천천히 달궈진 번철에 얇게 퍼지게 하여 익힌다. 초보자라면 프라이팬을 이용하면 된다. 용도에 따라 모양을 내어 사용한다.	지단을 부쳐 원하는 길이로 잘라 차곡차곡 한 후 비닐포장하고 이것을 냉동시킨 후 사용한다.
고기완자	쇠고기를 다져 소금, 마늘, 파 등으로 양념하여 작은 크기로 만든 후 밀가루를 입히고 달걀을 묻혀 번철에 부친다. 면, 전골, 신선로 등에는 작게, 탕에 쓰는 것은 조금 크게 해도 좋다.	바쁠 때에는 빚어 놓은 완자를 밀가루에 입혀 그대로 냉동시킨다. 냉동시킨 완자를 신선로, 전골에 넣어 자체 국물에 익게 하면 기름이 없어 오히려 나을 수가 있으며, 시간이 많이 절약된다.
건표고버섯	미지근한 물에 불려서 꼭지를 제거한 후 마름모꼴이나 곱게 채를 썰어 사용한다.	포를 뜬 표고버섯을 그대로 썰면 미끈거린다. 구절판용과 일반 볶음에 사용하는 고명을 구분하여 냉동시킨 후 썰어 주면 편리하다.
석이버섯	미지근한 물에 불린 후 깨끗이 씻는다. 다져서 달걀 흰자에 섞어 고명으로 사용하고, 채로 썰어 사용한다.	마른 석이버섯은 충격을 주어 깨지지 않게 해야 한다. 안쪽의 모래, 흙 등의 이끼를 제거하기 위하여 살짝 데쳐내어 고무장갑을 끼고 빨래판 위에 놓고 비벼 검은 막을 벗겨내고 깨끗이 씻는다. 그 다음 모래가 붙어 있는 조그만 요철을 떼어낸다. 손질한 석이버섯을 보관할 때는 젖은 상태에서 보관하는 것이 좋다.
실 고 추	붉은색 고추를 말려 씨를 제거하고, 젖은 면보로 싸두어 부드럽게 한다. 두세 개 정도씩 말아서 채 썬다. 나물, 국수 고명이나 김치에도 사용한다.	실고추는 소화가 되지 않고 장벽에 붙어 있어 좋지 않다는 이야기가 있다. 적당히 소량을 사용하는 것이 좋다. 전을 부칠 때는 넣지 않는 것이 좋다.

품 종	내 용	봉 주 방 장 해 법
미나리초대	다듬은 후 깨끗이 씻어 적당한 양의 미나리 밑둥을 가지런히 꼬챙이로 꿴 후 밀가루를 엷게 입힌다. 계란을 씌워 번철에 지져낸 후 꼬챙이를 제거하고 모양을 만들어 사용한다. ※미나리는 한쪽으로 휘어지기 마련이므로(자랄 때 남쪽으로 휘어짐) 같은 방향으로 꿴다.	초대를 위,아래로 꿰어 전을 부치는 것은 완전 초보 또는 학원식 방법이다. 위쪽만 꿰어 전을 부치는 것은 일반적인 방법이며 꿰지 않고 그대로 부칠 수 있는 요리사는 숙련된 요리사이다.
잣(실백)	통잣은 전골, 탕, 신선로 등에 쓰이며, 잣을 갈라서 비늘잣을 만들어 쓰기도 하며 곱게 다져 잣가루로 만들어 쓰기도 한다. 잣가루를 잣소금이라 한다.	잣은 고깔을 떼고 사용해야 하며, 화채 등에 넣을 때는 홀수로 넣어 주어야 한다. 대용으로 땅콩가루를 이용한다.
호 두	겉껍질을 깨어 따뜻한 물에 잠시 담근 후 꼬챙이 등으로 껍질을 벗긴다. 찜, 신선로, 전골 등의 고명으로 쓰이고 곶감에 넣어 썰어서 마른 안주 등으로 쓰인다.	호두껍질을 까는 것은 대단히 어려운 작업이다. 식초물에 담그기도 하는데 비결은 뜨거운 물에 담가 불린 후 건져 냉동시킨다. 냉동된 호두를 다시 뜨거운 물에 담그면 손으로 벗겨낼 수 있으며 꼬치로 쉽게 벗겨낸다. 이 방법은 시간을 많이 절약해 줄 것이다.

제 4 절 실무를 위한 기본재료 준비법

1. 식재료 준비요령

품 명	내 용
간 마 늘	마늘은 사용할 때마다 갈아서 사용하기에는 불편한 점이 몇 가지 있다. 그래서 많이 갈아 놓기도 하는데, 보관하는 방법을 잘 몰라 대량으로 갈아놓은 마늘의 색깔과 향이 오래 가지 않아 낭패를 보는 경우가 가끔씩 있다. 하지만 조금씩 갈아서 사용함으로 인한 시간적 손실과 기계 청소 및 소량으로 갈 때 생기는 마지막 마늘이 갈리지 않음으로써(대형민찌기계일 때) 낭비되는 것을 감안한다면 결코 바람직하다고 볼 수 없다. ※**대량의 간마늘 보관법** : 대량으로 갈아서 조금씩 비닐에 담아 냉동 보관하면 색깔과 향이 그대로 살아 있다.
간 생 강 (김치에 넣는 생강)	생강은 섬유질이 질기고 많아서 기계에 갈아도 잘 갈리지 않는다. 김치에 넣는 생강은 마늘과 생강을 8 : 2 비율로 혼합하여 갈면 잘 갈린다. 또한 이 혼합률은 김치류에는 거의 적용이 된다. 생강만 갈 때에는 소량씩 갈거나 냉동시켜 갈면 잘 갈린다. 다른 방법은 두 번 갈아내는 것으로, 거칠게 1차로 갈고, 곱게 2차로 갈아내야 한다. ※**사용법 및 보관법** : 소량씩 비닐포장을 하여 냉동 보관한다.

품 명	내 용
마 른 고 추 (불려서 간다)	마른고추 배를 갈라서 씨를 제거하고, 물에 불려서 곱게 갈아낸다. 조금씩 소량 보관한다. ① 비빔냉면 양념 : 고춧가루만 사용하면 텁텁하다. 또 생홍고추는 너무 풋내가 난다. 비빔냉면은 마른고추가 좋다. ② 무생채, 물김치의 색깔을 낼 때 사용한다. ③ 물냉면의 육수에 살짝 발그스레하게 색을 낼 때 등에 사용한다. ※**마른고추를 갈 때의 요령** : 마른고추는 꼭지를 제거한 후 물에 바로 불려서 갈아야 한다. 시간이 오래 지체되면 잘 갈려지지도 않고 갈아지는것도 거칠게 된다.
마른표고버섯	마른표고버섯은 흰 속살 부분과 검은 부분으로 나누어 차곡차곡 어슷하게 비껴 쌓아 냉동 보관하면 필요할 때마다 꺼내어 사용하고, 얼었을 때 썰면 표고의 미끌거림 없이 썰기가 편하고 가지런하다.
땅콩가루 잣 가 루 (잣소금)	잣 또는 땅콩껍질을 곱게 다져 보슬보슬하게 보관하였다가 사용하면 좋다. ① 칼로 다지는 법 : 잣을 다질 때에는 비슷한 크기의 칼을 한손으로 3~4자루를 쥐어 잣의 기름이 흡유가 잘되도록 질긴 종이(설탕, 밀가루 종이포대)에 놓고 다진다. ② 분쇄기로 갈아낼 때(대량으로 만들 때) : 각별한 주의를 요하는데 분쇄기에 넣고 갈 때 너무 갈면 죽이 되어 사용을 못하게 된다. 잠깐 갈아서 중간체에 쳐내고 흡유지를 쟁반에 깔고 얇게 잣을 펴서 촉촉한 기름이 종이에 흡유되어 건조되면 다시 분쇄기로 갈아 체에 밭치는 것을 반복한다. 이 방법은 평시 주방 작업을 하면서 대량으로 만들 때 사용하는 방법이다.
파슬리 다진 것	늘 사용하는 재료도 아니고, 그렇다고 없어서도 안 된다. 튀김 할 때 튀김옷에 조금씩 묻어 있는 파슬리의 파란색이 더욱 싱싱해 보이고 새롭게 보일 수 있다. 늘 사용하는 것도 아니고, 파슬리를 구매하여 한 번에 사용하기 어렵기 때문에 구매하면서 바로 저장해 두면 좋다. ※**만드는 방법 및 보관법** : 파슬리는 잎만 따서 곱게 다진 후 행주에 싸서 물에 비벼, 푸른색이 없어질 때까지 씻어서 행주를 꼭 짠다. 보슬보슬한 파란색의 파슬리 가루가 준비되면 가루를 랩 또는 비닐에 싸서 냉동 보관한다. ※**응용** : 붉은 홍고추 가루 - 파슬리와 마찬가지로 홍고추 씨를 빼서 다진 다음에 행주에 싸서 물에 헹군 후 물기를 꼭 짜낸다.
찹쌀가루	만드는 방법 및 보관법 ① 찹쌀을 물에 불려서 약간의 소금을 넣는다. ② 방앗간을 이용하여 빻는다. 빻은 가루는 조금씩 투명 비닐봉지에 넣고 냉동 보관한다(쌀가루와 혼동되지 않도록 표시한다). 특히, 떡(시루떡, 두텁떡)을 할 때에는 체에 내려서 사용한다. 사용법 ① 김치에 넣고 풀을 쑬 때, ② 미역국, 팥죽에 사용하는 새알심, ③ 떡 만들 때 ④ 쇠고기 찹쌀구이를 할 때 등 ※쌀가루 보관방법도 찹쌀가루와 같다.
다시마 튀김가루	만드는 방법 및 보관법 ① 다시마의 소금기를 젖은 수건으로 제거하고 다시마 잎의 얇은 가장자리와 두꺼운 가운데 부위를 구분하여 잘라서 말린다. ② 고온 180℃ 이상에서 얇은 부위와 두꺼운 부위를 나누어 튀겨낸다. ③ 튀겨진 다시마를 절구와 방망이로 적당히 잘게 부순다. ④ 기름이 많기 때문에 실온에서는 산패되므로 병에 담아 밀폐시키고 냉장 보관한다. ※**응용** : 비빔밥에 소량 얹어준다.
간 고기	간 고기는 만두속, 전속, 신선로 완자에 사용되는데 1차로 미림에 재워 소쿠리에 받쳐 실온에서 핏물을 제거한 후 비닐봉지에 소량씩 편편히 하여 냉동 보관한다. 두껍게 보관하면 녹일 때 오랜 시간이 걸린다.

품 명	내 용
곱게 채썬 고기	곱게 채썬 고기는 기름기 없는 우둔 부위가 좋다. 잘 손질한 우둔 고기를 썰기 좋은 크기로 랩 포장하여 넝동 보관한다. ※**응용** : 곱게 채썬 고기는 육절기를 이용하여 얇게 썰거나 결대로 손으로 썰어 차곡차곡 겹쳐 놓은 후 냉동시킨다. 냉동시킨 후 썰면 깨끗하게 썰 수 있다.
육회용 고기	각별히 신선도와 색깔에 신경을 써서 랩으로 포장한 뒤 냉동 보관한다. ※**응용** : 육회고기는 냉동되었을 때 육절기를 사용하여 얇게 결대로 썰어 녹기 전에 냉동하면 나중에 썰 때 잘 떨어져 빠르게 요리를 할 수 있다. 약간 덜 얼었을 때 냉동 보관하려면 서로 얼기 전에 한 번 비틀어 분리시킨 후 다시 냉동한다. ※**주의** : 녹았을 때 썰거나 공기와 접촉되면 색깔이 선홍색이 안된다.
마른새우가루	만드는 방법 및 보관법 ① 분쇄기로 건새우가루를 만들어 놓는다. ② 뚜껑 있는 용기에 보관한다. 사용법 ① 된장찌개 등 국물에 소량 사용 ② 나물무침(된장, 고추장 양념할 때) ③ 쌈된장 만들 때

2. 시간을 단축할 수 있는 식자재 관리

① 야채는 깨끗이 손질한 뒤 삶아서 비닐팩에 한 번 사용할 분량으로 나누어 담아 얼려 놓는다. 된장국, 우거지탕에 사용하는 얼갈이 배추 등도 데쳐낸 후 찬물에 헹굼하여 물기를 빼서 같은 방법으로 보관한다. 국을 끓일 때, 예를 들어 얼갈이 배추를 넣는다고 하면 반드시 데쳐낸 후에 넣어야 한다. 생것을 그대로 넣는 것은 좋지 않다.

② 불고기 양념장은 한꺼번에 많은 양을 만들어 두었다가 필요할 때마다 사용한다. 불고기는 미리 양념장에 재워서 한 끼 식사 분량(약 200g)으로 비닐팩에 나누어 담아 얼려 놓는다. 파, 마늘, 배는 사용할 때마다 다지거나 갈아서 넣는 것이 좋다.

③ 생선은 머리와 꼬리, 내장을 깨끗하게 제거한 뒤 소금, 조미료, 후추에 살짝 절여 토막내서 한 끼 분량으로 나누어 비닐에 싸서 냉장 보관한다. 소금에 절여 구울 때도 완전히 소금을 뿌리지 말고 일부간은 구울 때 뿌린다. 보관할 때 약간의 미원을 뿌린다. 조기튀김 할 때는 가지런히 하여 냉동 보관한다.

④ 채소류(파, 양배추, 당근, 오이, 호박 등)는 그대로 통풍이 잘되는 바구니에 담아 바닥에 흙이 떨어지지 않게 바쳐 보관한다. 손이 많이 가는 양파, 실파 등은 전문적으로 기계사용하거나 수공으로 깐 재료가 유통되고 있으니 원가를 계산하여 득이 되는 방향으로 구매한다.

⑤ 마늘은 잘 다지거나 갈아서 비닐에 널찍하게 펴서 냉동시켜 필요한 분량만큼 사용할 수 있게 한다. 대량으로 사용할 때에는 냉동보관이 좋고 소량일 때에는 바로 갈아서 사용한다.

3. 식자재 재활용 및 남은 음식 지원하기

1) 무, 양파, 배, 사과

요리에 사용하기 어려운 무, 양파 등을 손질한 후 버리기 아까운 것을 모아 두었다가 마늘을 갈 때 마늘을 다 간 다음 갈아서 중간 비닐 봉투에 담아서 냉동 보관한다. 물론 배껍질, 사과껍질도 소금을 약간 뿌려 절인 후 비닐봉지에 넣어 보관한다.

> **봉주방장 해법**
> 사용할 때에는 물김치(나박김치, 동치미 등) 할 때 고운 망사 주머니에 담아서 국물에 넣어주면 된다. 그러면 김칫국물이 한결 깊은 맛을 낼 수 있다.

2) 마른표고 및 생표고 기둥(뿌리부위)

마른표고와 생표고의 기둥부분을 버리지 말고 모아두어 국을 끓일 때 넣어 1시간 정도 끓이면 표고의 맛난 맛이 우러나와 깊은 맛을 즐길 수 있다.

3) 시어진 열무, 동치미

시어진 열무, 동치미 등은 버리지 말고 장에 담가서 장아찌를 만들면 맛있는 장아찌가 된다.

또한 겨우내 먹고 남은 동치미 국물에 간장을 담그면 그 맛이 일품이다.

4) 남은 음식으로 더불어 살아가는 운동을 하자

남은 음식 나누기 운동(Food Bank 운동)이 탄생하기까지에는 ……

본 내용은 보건복지부 정책인 Food Bank(잉여식품나눔운동)의 기본내용으로 본서 저자의 대학원 재학 당시 강사로 나오셨던 보건복지부 강○○님(이명박 대통령 시절엔 수석 비서)에게 정책제안한 내용이 채택된 내용의 일부임을 밝혀둔다.

“사람은 살아가는 동안 여러 가지 문제가 있겠지만 가장 중요한 것 한 가지는 먹고사는 문제이다. 한편에는 방대한 양의 잔음식과 폐기물로 고민스러운 곳이 있는 반면, 끼니를 걱정하는 가정과 재정이 부족한 복지시설 등도 있다. 이들에게 남는 음식물을 재요리하여 지원한다면 실제적인 도움을 주는 것이 될 것이다. 이 운동이 필요하고 또 지속적이어야 하는 이유는 건강을 유지하기 위해서는 지속적으로 하루 3식이 필요하기 때문이다. 보통 단체급식소의 남는 음식 중 특히 밥이나 국은 5~6%선으로, 이것으로 한 시설단체(고아원 등)에 지원할 수 있으며, 개인 자영업소도 1~2가정은 지원이 가능하다.

또한 군대에서도 대취식자가 있으므로 잉여식품으로 농어촌의 농번기철에 지원할 수 있겠다. 정부의 잉여식품나눔운동(Food Bank 운동)이 꺼지지 않는 불꽃처럼 지속적으로 전개되기를 기도한다."

(1) 전달하는 방법

❶ 자영업자와 지원 받는가정(거택보호자)의 경우

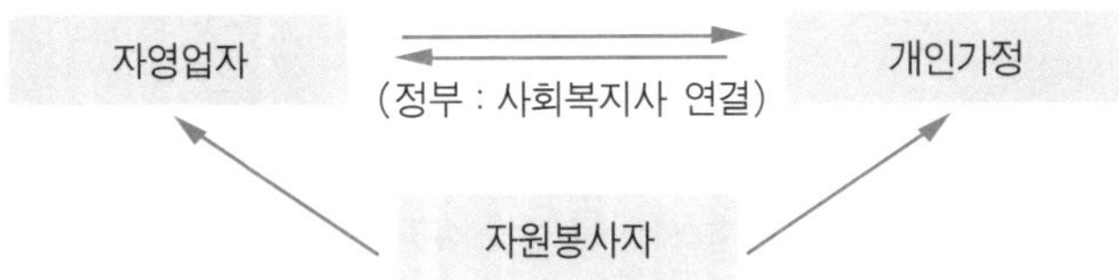

해설 : 전국 60만 이상의 외식 자영업소가 부근 지역의 한 가정의 거택 보호자에게 지원하는 방법으로 거택보호자 실태를 잘 아는 동사무소 사회복지사가 자원봉사자(종교단체 등)와 연계하여 지원하는 방법으로 더불어 살아가는 운동을 한다는 내용이다.

❷ 단체급식소 등 대형식당과 지원받는 시설보호(고아원 등)

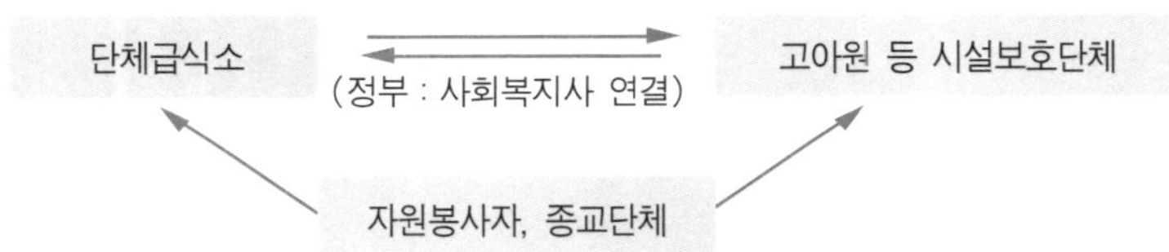

해설 : 50명 이상의 단체급식소의 잔반을 시설보호단체(고아원, 양로원 등)에 지원하는 방법으로 역시 동사무소의 사회복지사가 자원봉사자와 연결하는 방법이다.

❸ 농어촌일 경우

정량제인 군대급식은 잔밥량이 많다. 당직사관은 농촌의(농번기철에) 지원방법과 시설보호단체를 지원할 수 있겠다.

(2) 연결하는 방법

각 구청 및 동사무소의 사회복지사는 거택보호자와 지원할 업소와 자원봉사자 및 종교단체를 파악하고 연결할 뿐만 아니라 이들이 지속적으로 지원하도록 연결을 유지하는 역할이 중요하다.

이때에 식중독 사고가 일어날 수 있는데 지원하고 받는 과정에서 위생적 개념이 있어야겠으며, 그렇다고 식중독 사고 가능성을 의식하여 소극적이어서도 안 된다.

5. 여러 가지 절임법

세상의 가장 원초적인 맛은 소금맛이다. 육류건 채소건 곡물이건 소금만 치면 먹을 수 있다. 소금을 제1의 맛이라 하면, 소스양념은 제2의 맛이다. 나아가 이제 세상은 서서히 창조된 맛, 즉 한국음식의 특징인 발효음식의 맛인 제3의 맛 시대로 옮겨지고 있는 것이 미래학자 토플러의 예견이다.

짠지나 장아찌는 발효에 의한 맛으로서 만들 수 있고 그 종류는 대단히 많다. 특히 떫은맛(탄닌 성분)이 많아 먹기 어려운 풋과일, 버려지는 과실껍질 등은 좋은 재료가 될 수 있다.

껍질 등은 농약성분의 잔류 가능성이 염려되나 농약성분은 시간이 지나고 발효되는 과정에서 약화되거나 분해된다. 물론 자외선이나 물에 씻을 때도 마찬가지 효과가 있다.

우리나라는 영농과학의 발달로 연중 모두 생산되는 야채류 및 실과류가 많지만, 일반적으로 4계절의 특징으로 제철에 나는 야채류 및 실과류로 구분되어 생산된다. 이러한 것을 저장하여 철지난 밑반찬을 내어놓는다는 것은 대단히 중요한 것이며 3~4종류의 밑반찬이 준비되어 있으면 마음 또한 든든한 일이다. 장아찌가 일반적으로 보편화되어 있는 한국요리서에는 이러한 절임법이 지나치게 포괄적이며 매우 어렵게 정리되어 있어 필자 나름대로 경험한 것과 자료를 통하여 정리하였다. 단맛과 신맛(설탕, 식초)의 담그기 하는 것은 장(醬)아찌 담그는 것도 아니고 또한 발효되어 맛이 나는 것도 아니기 때문에 "감산지"로 구분하였고, 마찬가지로 소금으로 짜게 하는 것은 장(醬)을 전혀 사용치 않고 저장하는 것에 중요점이 있어 장아찌와는 별개로 "짠지"로 표현하였다.

또한 저자는 불에 익혀 먹는 장아찌라 하여 "숙(熟)장아찌", 일명 "숙장과(熟醬瓜) 갑장아찌(갑자기 장아찌를 만들었다 하는 의미)"도 나물 무침 또는 볶음과 유사한 점이 많아 장아찌로 구분하기는 매우 어렵게 이해되어 제외했다. 그러나 나물보다는 간이 짭짤한 특징은 있다.

1. 절임법의 분류

① 염장법(짠지) : 소금에 짜게 절임하는 법

② 장절임법(장아찌) : 고추장, 된장, 간장에 절임하는 법

③ 감산지(저자가 명명한 용어임) : 식초, 설탕, 소금에 절임하는 법

④ 기타 혼합 절임법 : 염장법, 장절임법, 감산 절임법을 혼합하여 절이는 방법으로 예를 들어, 식초에 담갔다가 장에 담그는 법, 장류에 식초, 설탕, 소금을 첨가하여 절임하는 법 등이 있다.

2. 짠지만들기(무, 오이, 갓)

짠지는 인류가 소금을 알고 저장하는 방법으로는 가장 오래되고 원초적인 양념방법으로 생각된다. 짠지는 단순히 소금에 절인 것이 아니라, 오랫동안 서서히 발효된 것으로 피클과는 큰 차이가 있다. 그러나 단순하게 생각되는 이 방법이 밑반찬으로 때로는 개운한 냉국으로 여러 가지를 할 수 있다는 점에서는 2~3종류의 짠지를 만들어 두면 좋다.

■ 소금에 물을 희석하는 비율

■ 짠지 재료기준으로 볼 때

■ 실제예

갓, 오이, 무 : 50kg, 소금 7~8kg, 고추씨 2kg

※**봉주방장 상식** : 짠지, 장아찌, 메주 띄우기 등을 발효시킬 때에 볏짚을 위에 덮거나 깔아주는데 그 이유로는 볏짚과 같은 건초에는 효소가 많기 때문이다. 볏짚 대용으로 왕겨(쌀의 껍질)를 사용하기도 한다.

이렇게 만드세요

무짠지

① 무짠지는 단단하고 지나치게 크지 않은 무를 골라 위쪽의 부위만 자르고 깨끗이 닦는다. 주의할 것은 껍질을 벗기거나 상처가 나면 무른다.
② 단지에 무를 빈틈없이 돌려 담고 소금을 무가 보이지 않을 정도로 골고루 뿌린다. 무를 단지 독의 70%까지 채운다.
③ 남은 소금을 넣고 물을 끓여 식혀 고추씨를 넣고 부어준다.
④ 무거운 돌을 이용하여 눌러준다.

오이짠지

① 단지에 오이를 차곡차곡 소금을 넣어가면서 단지의 80%까지 오이를 채운다.
② 뜨거운 물에 일부 소금을 넣어 끓여 뜨거운 소금물을 그대로 부어주고 무거운 돌을 눌러준다.

갓짠지

① 갓은 그늘에 한나절(12시간)정도 말려 시들시들하게 한다. 이때에 소금물은 무 위에 올라와야 한다.
② 갓 줄기가 말라서 나른해지면 그릇에 차곡차곡 소금을 뿌려가면서 채운다. 물기가 많이 나온다.
③ 독에 갓을 넣은 후 소금에 절였을 때 나온 물에 물을 조금 더하고 소금을 더하여 자작하게 붓고 돌로 눌러준다.
④ 독을 봉하고 뚜껑을 덮어준 후 3~4개월 후에 이용한다.

기타

엽채류는 깻잎, 무잎, 콩잎이 짠지 및 장아찌용으로 좋다. 섬유질이 많고 아삭한 질감과 단단한 느낌을 가진 줄기, 실과, 근채류는 장아찌를 담그면 좋다.

봉주방장 해법 : 곰팡이가 생길 때는…

① 소금물이 싱거우면 흰 곰팡이가 표면에 생길 수 있다. 이때 짠지의 내용물이 물에 잠겨 있으면 괜찮지만 떠 있으면 건져내고 나머지는 돌로 눌러 준다.
② 흰 곰팡이가 핀 소금물은 그대로 놔두어도 되지만 굳이 제거한다면 곰팡이를 걷어내고 따라내어 끓여서 식힌 후 다시 부어준다. 소금을 첨가하여 끓여도 된다.

봉주방장 해법 : 짠지 요리는 이렇게 하세요.

짠지는 그야말로 짜다. 너무 짤 때에는 썰어서 찬물에 2~3시간 우려낸 후
① 파, 마늘, 고춧가루, 참기름을 넣고 밑반찬으로 무침해도 좋고
② 약간의 고춧가루와 실파를 송송 썰어 넣어 심심한 짠지 냉국으로 나가도 좋다.

봉주방장 경험

짠지는 오래 두고 먹어도 맛의 변질은 없으나, 너무 많은 양을 담가서 먹기 지루할 때는 장(고추장, 간장)단지에 옮겨 담아 숙성시키면 새로운 장아찌 맛으로 환원되므로 시도해 보는 것도 좋다. 장아찌는 1개월 이상 숙성기간이 필요하며 오래될수록 깊은 맛이 난다.

3. 장아찌 만들기

장아찌는 맛의 마술사로 표현될 만큼 다양한 맛을 낼 수가 있다. 장아찌에 이용하는 장은 간장, 된장, 고추장이지만 2~3종류의 장은 서로 혼합하기도 하고 부재료를 넣어 새롭게 장을 조리하여 장아찌를 담그기 해도 좋다. 장아찌 장에 흔히 사용하는 부재료는

① 액젓 : 액젓(멸치, 까나리 등)의 구수한 맛과 짠맛을 이용한 것으로 고추장, 간장, 된장과 섞어서 담그면 된다.

② 물엿 : 단맛이 장아찌 재료에 들게 하며 윤기도 나게 한다.

③ 청량음료(사이다 · 콜라) : 장아찌를 많이 담갔던 장이 싱거워지면 발효가 되어 변질되기 쉽다. 이때 장을 덜어내어 소금, 설탕 등을 첨가하여 끓여주는데 밑바닥이 누를 수 있다. 이때 청량음료 매실청을 넣어 저어주면서 끓이면 맛과 향이 좋아진다.

봉주방장의 추천비율

간장 2 : 식초 1 : 설탕 1 : 당귀 0.1

재료로는: 알타리무, 양파, 청양고추, 마늘, 매실, 기타재료.

봉주방장 해법

장아찌를 담글 때는 위의 재료로 농도를 맞추어도 좋지만 양식에서 사용하는 특수한 향료(허브)재료인 월계수잎, 다임, 딜 등의 재료를 끓여 넣어도 좋다. 지나치지 않는 범위에서 응용을 한다는 것은 한국음식의 세계화에 바람직한 것이다.

4. 장아찌 담글 때의 유의사항

① 장아찌 재료는 바로 장에 넣으면 안 된다. 반드시 소금에 절이거나 햇볕에 말려서 수분을 어느 정도 탈수시킨 후 장에 넣어야 한다. 그 이유는 수분이 그대로 있는 상태에서 장에 박으면 장이 싱거워져 변질될 수 있기 때문이다.

② 장아찌 담그는 장은 별도로 취급되어야 한다. 이유로는 약간 새콤한 장맛으로 변하기 때문이다. 때문에 일반 장과는 구별하여 끓여주기도 하고 소금, 설탕 등을 첨가하여 변질을 방지해야 한다.

③ 장아찌는 여러 가지 재료를 한 가지 장에 같이 넣으면 장아찌의 맛이 더 좋아진다. 예를 들어 깻잎, 무, 더덕, 도라지, 풋고추 등을 함께 넣으면 서로 향과 맛이 전이되어 더욱 맛있게 된다.

④ 장아찌용 장 단지에 여러 재료를 조금씩 넣었다고 하면 보이지 않기 때문에 전부 꺼내어 확인해보기란 매우 어렵다. 그럴 때는 작은 망사자루에 장아찌 재료를 각각 넣은 후 자루 주둥이에 끈을 매달아 바깥으로 빼내고 장아찌 이름을 붙여 구분해주면 좋다.

5. 장아찌와 감산지 담그는 시기

장아찌는 시기를 잘 맞춰야 값도 싸고 질도 좋다. 어떤 장아찌를 담글 것인가는 담그는 이의 뜻에 따라 결정되므로 간장, 고추장, 된장장아찌는 그대로 장아찌로 표현했으며, 감산지는 정해진 재료가 구분되어 있으므로 별도로 표기한다.

▶ 계절별 장아찌와 감산지 담그는 시기

내용 / 계절	월	장아찌 (고추장, 된장, 간장장아찌)	감산(새콤달콤)지	봉주방장 해법
봄	4월말 5월초	풋마늘, 마늘쫑, 두릅	풋마늘, 마늘쫑	① 풋마늘은 통마늘로 장아찌 담가야 하는데 껍질이 아직 각질이 안 생기고 마늘과 함께 붙어있어야 한다. ② 마늘쫑은 너무 쇠지 않은 어린것이 좋다. 깐마늘장아찌는 다용도로 사용한다. 반찬으로도 사용할 수 있지만 감산지는 국물과 함께 곱게 갈아 생야채 소스, 겨자소스 등에 함께 넣어 무침하면 좋다. ③ 장아찌와 감산지로 구분되었지만 상관없이 담그기해도 좋다.
	5월말 6월	깐마늘, 더덕, 참죽나무순	깐마늘	
여름	6월, 7월, 8월, 9월	청매실, 오이, 깻잎, 도라지, 콩잎, 고추, 양파, 애참외, 당근, 우엉, 연근	· 생강, 오이 · 오이감산법은 양식에서 흔히 사용하는 허브 종류를 함께 넣으면 더욱 좋다.	
가을	10월	무, 무청, 배추, 배추꼬리, 감, 풋고추, 밤	감, 밤	

봉주방장 해법 : 새로운 재료로 장아찌 담그기

소나무 순 또는 어린 솔방울로 장아찌를 담가 맛을 보았는데 정말 맛있다.

봉주방장 해법 : 마늘껍질 벗기는 법

① 깐마늘은 까지 않은 통마늘보다 3배 이상 가격이 비싸다. 통마늘을 사다가 빨리 껍질을 벗기는 요령은 통마늘을 뿌리부위와 마늘대를 짧게 자르고 물에 잠기게 하여 충분히 불린 후에 발로 밟아주거나 주무른다. 다른 방법은 감자탈피기에 넣고 약 5분 돌려주고 손 또는 발로 비벼 껍질을 깐다.

② 장아찌 재료로는 여러 가지를 할 수 있지만 특히 과일류는 익지 않은 것이라면 장아찌 담그기가 좋다

(1) 간장 장아찌

간장 장아찌는 쉽게 담글 수 있으며 고추장, 된장보다는 관리하기가 좋다. 간장 장아찌를 보다 맛있게 하려면 설탕, 다시마를 넣고 끓여 식혀서 사용해도 좋으며 고추장과 된장을 약간 넣어주어도 좋다. 정해진 것은 아니며, 부재료로서 여러 가지를 넣고 맛내기 하면 된다는 의미이다. 주의할 것은 재료를

넣기 전에 약간의 소금을 뿌리고 절여서 물기를 빼내고 또는 꾸덕꾸덕 말려서 장에 넣으면 된다. 곰팡이가 많이 생길 수가 있다. 염도가 짜기만 하면 상관이 없으며 장아찌 재료가 장물에 잠겨있기만 하면 된다. 나의 경험상으로 쉽게 곰팡이를 제거해주는 방법은 식초를 부어주거나 스프레이로 곰팡이가 핀 곳에 분무해주면 좋다.

■ 장아찌 재료와 간장 비율

※봉주방장 해법
짜게 먹는 옛날의 방식에서
간장 2 : 설탕 1 : 식초 1의 비율을 무난히 추천한다.

이렇게 만드세요

무 장아찌

11월쯤 일반무(왜무)를 깨끗이 씻어 그대로 말린다. 약 20일 이상 말려서 간장에 넣는다. 돌로 눌러 놓는다. 단단한 동치미무일 경우에는 1/2로 잘라 소금에 절이고 12시간 지난 후에 간장에 넣는다.

콩잎 장아찌

콩잎은 5~10장씩 실로 묶어 소금에 심심하게 절여 6~10시간 후에 간장에 재운다.

도라지 장아찌

깐 도라지를 하루 정도 날씨 좋은 날 말린 후 간장에 넣는다.

풋고추 장아찌

풋고추는 절반 잘라서 씨를 털어 내고 끓는 물에 살짝 데쳐서 햇볕에 하루 정도 말린다. 무말랭이와 풋고추를 간장에 골고루 섞어서 단지에 담고 1주일 동안 재워 사용한다.

■ 재료 및 비율

※물에 불린 무말랭이와 말린 고춧잎 기준이다.

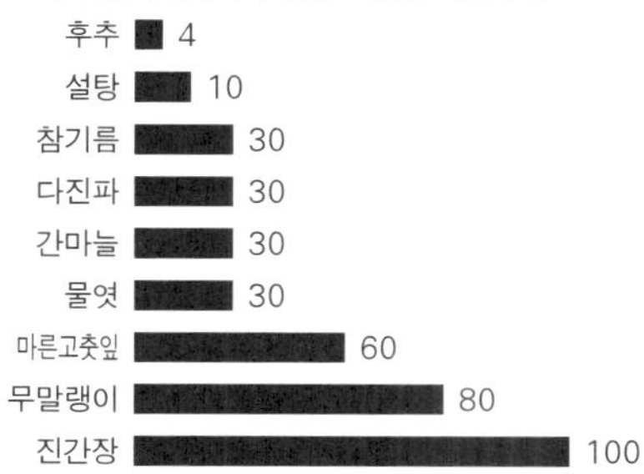

이렇게 만드세요

제1방법

① 무말랭이와 말린 고춧잎은 찬물에 재빨리 씻어 채반에 널어 선풍기로 꾸득꾸득 말린다.
② 그릇에 무말랭이와 고춧잎을 담고 간장을 붓는다. 24시간 뒤에 한 번 뒤집어 간장이 고루 배도록 한다.
③ 꼭꼭 눌러 놓은 후 먹을 만큼 간장을 꼭 짜낸 후 갖은 양념(다진파 2, 다진마늘 1, 참기름 1, 후추 1/5를 넣고, 굵은 고춧가루, 설탕, 물엿, 통깨, 참기름)을 넣고 무친다.

제2방법

무말랭이와 말린 고춧잎을 양파자루에 넣고 단지에 담은 후 고추장을 위에 넣어 준다(충분히 잠길 정도). 보름이상 지난 후 꺼내어 단순히 참기름·깨소금만으로 무침한다.

봉주방장 해법 : 맛있는 장아찌를 만들려면…

- 간장을 끓여 식혀서 부어주는데 간장을 끓일 때 물엿, 설탕, 소주, 마른고추 또는 마른고추씨, 약간의 허브(월계수잎, 딜) 등을 넣고 끓여준 후 식혀서 부어준다. 모든 향재료(대파, 양파, 마늘, 생강, 건고추)는 간장의 10% 범위 내에서 넣는다.
- 사용하고 남은 장아찌 국물은 끓여 식힌 후 다시 사용한다.

봉주방장 해법 : 김장김치가 많이 남았을 때는…

겨우내 먹어왔던 김장김치가 2~3월이 되어도 남는 경우가 있다. 이럴 때는 물에 씻어 속을 털어 내고 2~3일 펼쳐 말린 후 간장 속에 넣어주면 새콤해졌던 배추김치였기 때문에 장이 곱게 들어가 1주일 후면 꺼내어 사용할 수 있다. 송송 썰어 참기름·깨소금으로 무침하여 밑반찬으로 활용하면 좋다.

(2) 된장 · 고추장 장아찌

된장 · 고추장 장아찌의 구분은 많이 들어간 장의 이름을 붙이는 것이 원칙이며, 약간의 간장 등을 서로 혼합하여 넣으면 맛이 좋아진다. 더욱 좋은 것은 간장에 물엿, 소주, 김칫국물, 액젓 등을 넣고 끓여 식힌 후 된장, 고추장에 넣어 장아찌용 장을 만들어 사용하면 더욱 좋다. 중요한 것은 장의 염도(16%)보다 싱거워지면 이상발효가 되어 시어지는데 이 부분을 주의한다.

■ 고추장 장아찌

■ 된장 장아찌

※장아찌는 단맛 등의 잔맛을 내기보다는 전통적인 방법인 단순한 고추장, 된장, 간장에 담그는 것도 손님들 취향에 잘 맞다.

이렇게 만드세요

더덕 장아찌
더덕의 껍질을 벗긴 후 방망이로 두들겨 납작하게 만든다. 후에 햇볕에 말려 고추장에 박아 둔다. 먹을 때는 결대로 찢어서 참기름, 깨소금, 설탕 등에 고루 버무려 무친다.

풋고추 장아찌
풋고추를 반으로 잘라 씨를 털어 내고 끓는 물에 살짝 데친 후 1~2일 정도 햇볕에 말려 망사자루에 넣어 고추장에 박으면 된다.
※자루에 끈을 매달아 단지 밖으로 장아찌 이름과 날짜를 적어 놓는다.

감 장아찌
감은 소금 또는 장 속에 넣으면 오히려 감이 물러지고 감이 익는다. 권유한다면 단감을 앞뒤로 잘라 장 속에 넣고 2~3일 후에 바로 꺼내어 내어준다.

무 장아찌
김장철에 나오는 단단한 무를 잘 씻어 2~3일 말리거나 소금을 뿌려 탈수시킨 후 된장에 박거나 무짠지, 동치미무를 박아도 된다. 된장에 박은 지 6개월이 지나야 먹을 수 있다. 간장에서 2~3개월 숙성시킨 후 고추장, 된장에 넣으면 더욱 좋다.

파래 · 김 장아찌
김 · 파래는 일반적으로 톳으로 판매하지만 건어물시장에서는 얼기설기하게 뭉치로 말려 판매하는 곳이 많다. 그것을 양파자루에 넣고 장 속에 넣어준다.

봉주방장 해법
물엿, 소주, 김칫국물, 간장, 멸치액젓을 넣고 된장을 끓여 식힌 후에 장을 만들어 재료를 넣으면 더욱 좋다. 또한 장아찌를 했던 장은 가끔 끓여서 식힌 후 농도를 맞춰준다.

봉주방장 해법
매번 업소를 옮겨다니면서 주방에서 일을 할 때에 어려운 점은 반찬을 수시로 바꿔줘야 하고 어느 양념으로 반찬으로 만들어야 할지 고민스러울 때가 많다. 깨달은 바 장아찌(간장, 고추장, 된장, 액젓, 물엿) 등의 재료를 적당히 혼합시켜 여러 개의 색다른 장아찌 단지를 만들어 놓으니 반찬 중에 밑반찬 한 가지의 고민이 해결될 수 있다.

(3) 양념 장아찌(가지 장아찌)

※이 방법은 스승이신 개성음식의 대가 최상옥 선생님으로부터 배운 것임.

봉주방장 해법 : 상에 올릴 때는
먹기좋게 찢거나 썰어 참기름을 뿌려낸다.

■ 가지 장아찌 속재료와 분량

깨소금	5
간장	30
다진마늘	100
굵은고추	100

이렇게 만드세요

① 날씬한 가지를 앞뒤로 꼭지는 제거하고 약 7~8cm로 자르고 소박이 오이 하듯 칼집을 3군데를 넣는다.
② 끓는 물에 가지를 넣고 10초 정도 끓는 물에 살짝 데치고 찬물에 헹군다.
③ 물기를 꼭 짜고 채반에 널어 약간 꾸덕꾸덕하게 말린다. 선풍기를 이용해도 좋다.
④ 왼쪽의 비율대로 되직하게 양념소를 만드는데 간장을 1/2로 졸인 후 식혀서 넣어주면 묽지 않고 되직하게 소를 만들 수 있다.
⑤ 가지의 칼집 넣은 곳에 양념소를 넣어주고 그릇에 담아 간장을 자작하게 부어주고 냉장고에 보관한다.

(4) 감산(甘酸)지

설탕, 식초로 절임하는 법으로, 외국요리에서도 피클(pickle)이라 하여 설탕, 식초, 향신료로 절임하는 법과 비슷한 저장법이다. 필자는 장에 담그는 것은 장아찌 절임법, 새콤달콤하게 담그는 것은 감산(甘酸)절임법으로 명명한다.

■ 하얗게 하는 법

오이, 풋마늘, 깐마늘, 마늘쫑 등 감산절임법의 비율

물	10~15
소금	10~15
설탕	100
양조식초	100

■ 간장으로 하는 비율

간장:식초:설탕 =2:1:1 잘 녹게 하여 부어준다

이렇게 만드세요

감산절임할 재료를 손질한 후 왼쪽의 비율대로 잘 희석하여 재료가 충분히 잠길 정도로 부어주면 된다.

※다른 방법 1 : 설탕 : 식초 : 소금 = 8 : 6 : 1

※다른 방법 2 : 물 10 l : 빙초산 180ml 1병, 뉴슈가 식당용 1봉지 반, 소금 2C, 피클 스파이스 가볍게 한 줌, 뜨겁게 끓여 부어준다.

※피클 스파이스는 월계수잎 등의 여러 가지 향재료가 건조상태에서 유통된다(외국산)

봉주방장 해법

① 절임하고 남은 국물을 이용하여 소스를 만들려면 국물을 많이 잡아주고, 국물을 사용하지 않는다면 소금을 좀 더 넣어주고 자작하게 부어 주면 된다.
② 절임할 당시는 재료가 위로 부유하지만 절임이 잘되어 숙성되면 가라앉는다.

(5) 다꾸앙

이렇게 만드세요

① 왜무를 시들시들 말린다. (옛날에는 새끼줄에 처마밑에 말렸다)
② 쌀겨에 노란 식용색소 또는 차자물에 소금을 넣고 ①을 버무린다.
③ 시간이 지나면 소금 때문에 질척해진다.

또다른 방법

① 고추장(된장), 간장, 감미료, 물엿, 매실청을 혼합하여 버물린다.
② 통에 담아 보관한다.

6. 젓갈 및 식해류

우리나라는 발효식품의 문화를 기초로 한다. 제3의 맛, 즉 창조된 맛인 발효맛은 한국음식이 대표적이다. 고려취(高麗臭)라 하여 외국인들로 하여금 코를 막게 했던 젓갈이 이제는 각광을 받고 있다. 이 작은 반도국가가 세계에서 외식산업 인기순위 7위 이내의 선호도를 유지하는 것은 발효된 식문화에 기초를 둔 것이다. 이제는 제3의 맛(발효에 의한 맛)에 조리학을 전공하는 인재들이 눈을 돌려 한국음식의 격을 높여야 할 것이다. 건강한 삶을 위하여 짠맛을 절제해야 한다는 지적도 있지만 짭짤하고 깊은 맛이 나는 젓갈 반찬은 우스개 소리로 밥도둑이라고 할 만큼 입맛을 돋우기에 충분하다. 젓갈의 염분을 15%에서 10% 이내로 줄일 수 있다면 국제식용으로도 크게 자리잡을 것이라는 전망도 있다. 김치, 젓갈 등은 한국의 대표적 식문화의 특징이며 우수성이다.

쌀과 엿기름으로 양조한 음료를 감주(甘酒)라고 부르기도 하고 식혜(食醯)라고 부르기도 한다. 하지만 여기서 말하는 식해는 덜 비린 생선을 약간 말리거나 물기를 제거한 후, 밥(쌀, 조)과 향신료(파, 마늘, 고추)를 넣고 섞은 다음 단지에서 며칠동안 숙성(삭힘)한 것이다. 엄밀히 따지면 달콤한 음료를 식혜(食醯)라 하고 생선반찬은 식해(食醢)이다. 엿기름으로 삭힌다는 방법으로 보면 원래는 하나였던 것이 분화된 것 같다. 야채를 발효한 식품이 김치라면 생선을 발효한 것이 식해이다.

식해류가 젓갈류와 틀린 점은 간이 심심하고 짧은 기간에 숙성시켜 먹을 수 있는 것이다. 이러한 면에서 보면 김치류에 포함시켜야 하지만 사용하는 주재료가 생선류가 많기 때문에 젓갈에 포함시킨다. 국내에서는 시중에 젓갈류를 주문하면 다양한 젓갈을 얼마든지 구매할 수 있는데도 불구하고 굳이 기술하는 것은 책의 모양새를 갖추기 위함이 아니다. 주방장인 본인이 외국에서 고액의 달러($)를 받고 근무할 기회를 가져 느낀 것이지만, 외국시장에 유통되는 식자재가 국내 식자재와 다르기도 하고 밑반찬이 되는 각종 젓갈류도 직접 만들지 않으면 안 되기 때문에 당시의 당황했던 경험에서 얻은 것을 기초로 하여 기술한다. 해외에서 점차 외국인의 입맛에 한국음식이 적응되어 가고 있는 즈음 한국요리를 직업으로 선택한 후배들은 점차 해외에서 취업의 기회가 많아진다. 한국음식의 기본이 되는 것을 숙지하고 응용하면 해외에서 무난하게 실력을 발휘할 수 있겠다.

※ 참고 : *醢(간장 해) / 醯(초 혜)*

	세균	자초류	병원성효모, 병원성곰팡이
유익한 미생물	유산균, 비피더스균 초산균, 프로티온산균 청국장균	빵효모, 맥주효모, 치즈 곰팡이(페니실린 곰팡이) 식용버섯, 김, 미역	
유해한 미생물	결핵균, 대장균, 이질균, 장티프스균, 비브리오균, 리스테리아		독버섯

1) 젓갈류

젓갈은 바다에서 나는 어패류, 갑각류를 알맞은 소금에 절여 발효시키는 것을 의미하는데 종류는 대단히 많다. 젓갈의 이용은 김치소를 버무릴 때 넣거나, 액젓을 만들어 여러 가지 반찬, 무침 또는 김치 양념에 사용하고 국을 끓일 때도 사용된다. 또한 갖은 양념을 하여 밑반찬으로도 빼놓을 수 없는 것이 젓갈이다.

젓갈 담그는 시기	종류
4월에 담그는 젓갈	조기젓, 병어젓, 모챙이(숭어새끼)젓, 굴젓, 어리굴젓
5, 6월에 담그는 젓갈	멸치젓, 갈치젓, 조개젓, 고등어젓, 황석어젓
9, 10월에 담그는 젓갈	가자미젓, 게젓, 오징어젓, 새우젓, 민물새우젓(토하젓)
12, 1월에 담그는 젓갈	명란젓, 창란젓

봉주방장 해법
위 시기는 꼭 지켜야 할 필요는 없으며 재료가 가장 많이 나는 계절에 아무 때나 해도 된다. 그러나 여름철의 무더운 때나 장마철에는 피하는 것이 상식이다.

(1) 맛있는 젓갈을 담그려면,

① 큰 생선으로 담글 때는 아가미와 내장을 제거한다.

② 큰 비늘이 있는 생선은 비늘을 제거하고 담근다.

③ 비늘을 제거하고 내장, 아가미를 제거할 때는 소금물(물 : 소금=2 : 1)을 만들어 소금물 속에서 작업을 하고 작업이 끝나면 끓여 식힌 후 체에 밭쳐 다시 단지에 담아준다. 젓국물이 많이 있는 것이 좋다.

④ 젓갈은 소금의 양이 중요하다. 젓갈재료의 소금은 대략 8~10%이다. 부재료가 들어가는 것은 부재료의 양에 따라 소금을 더 넣는다. 더운 지방 또는 곧 사용할 것은 약간 싱겁게 소금을 넣고 오랫동안 두고 사용한다면 짜게 10%~12%까지 넣는다.

⑤ 젓갈은 국물(젓국) 속에 잠겨 있어야 한다. 젓갈의 재료가 국물(젓국) 속에 잠겨 있지 않으면 맛도 없을 뿐만 아니라 변질된다. 그러므로 반드시 젓갈을 담근 후에는 윗 부분을 무거운 것으로 눌러 놓는다.

(2) 단순히 소금에 절이는 젓갈

모든 젓갈은 젓갈재료와 굵은소금의 비율이 100 : 15로서 1차 절임하고 24~48시간 후 2차 양념을 하는 것이 기본이다.

■ 젓갈의 재료와 소금의 비율(공통)

재료	비율
굵은소금(3kg)	15
젓갈재료(20kg)	100

※경우에 따라서는 담글 때에 사용할 때는 풋고추를 켜켜로 깔고 간마늘, 고운고춧가루를 넣고 버무려 넣는다.

■ 액젓 담그기의 소금비율

재료	비율
물	20
굵은소금	20
액젓재료	100

※굵은소금을 물에 동량으로 혼합하여 단지에 넣는다. 이때에 표면에는 소금을 듬뿍 넣는다.
※대량으로 할 때 젓갈류는 일차적으로 굵은 소금으로 간을 하고 냉장고에 보관한 후 사용하기 2주전에 배, 양파, 무를 갈아서 넣고 버무리고 고추가루를 넣어 완성한다.

이렇게 만드세요

조기젓, 병어젓
재료를 대강 씻어 놓고 소금물(물 : 소금=2 : 1)에 생선을 담그고, 비늘, 아가미, 내장을 제거하고 물기가 빠지도록 받쳐 놓고 소금물을 받아둔다. 아가미 속에 소금을 꽉 차도록 넣는다(병어는 그대로). 항아리에 한 켜 깔고 소금을 생선이 보일듯 말듯하게 뿌린다. 이러한 과정을 반복하여 단지를 꽉 채우고 위에는 소금을 듬뿍 얹는다. 비늘 섞인 위의 소금물(아가미, 내장제거)을 끓인 후 체에 밭쳐 내려 식힌 후 단지에 부어주고 뚜껑을 덮고 약 6개월 이상 삭게 한다.

갈치와 고등어젓
내장을 제거하고 고등어는 그대로, 갈치는 토막을 쳐서 젓을 담갔다가 밑반찬으로 이용한다.

민물새우젓(찹쌀밥으로 젓 담그는 토하젓의 방법이 아님)
재료를 잘 씻어서 소금과 함께 버무려 단지에 꼭꼭 눌러 담고 위에는 소금을 듬뿍 뿌린다. 약 보름 후 밑반찬으로 사용하는데 풋고추, 파, 마늘, 생강, 고춧가루, 깨소금으로 무침하고 참기름을 조금 뿌려낸다.

굴젓, 황세기젓
재료를 잘 씻어 놓는다. 젓갈재료 한 켜, 소금 한 켜를 반복하여 뿌리고 맨 위에는 듬뿍 뿌린다. 잘 봉하고 숭어새끼젓은 무거운 것으로 눌러주고 보관한다.

봉주방장 해법 : 액젓 만들기
잘 삭힌 젓갈은 양념을 하여 밑반찬으로 사용하기도 하지만 끓여서 체에 밭쳐내어 액젓을 만들어 김치양념, 나물양념 또는 국물의 맛을 낼 때에 사용한다. 잘 삭혀진 젓갈은 큰 통에 끓여내는데, 끓일 때에는 서서히 액젓이 내려지는데 가끔 저어준다. 식힌 후에 알맞은 용기에 담아 사용한다. 이 때에 주의할 점은 영업시간에는 냄새가 진하게 나므로 영업종류 후나 시작 전에 완료하는 것이 좋다.

봉주방장의 시장보기
해산물 시장은 새벽에 경매하면서 시작된다. 젓갈 담그고자 하는 날을 정하는 것이 아니라 시장의 흐름과 맞아야 한다.

(3) 명태젓

한국사람들이 가장 많이 또 즐겨 먹는 생선은 뭐니뭐니 해도 명태이다. 또한 명태는 버리는 부위 없이 철저히 요리되고 가공된다. 명태의 명칭에 대해서는 함경도 오지 사람들이 바닷가에 나와 명태를 먹으면 눈이 밝아진다 하여 붙여졌다는 설이 있으며, 함경도 명천군에서 가장 많이 나는 생선이라 명태라 한다고도 전해진다. 북해에서 난다 하여 북어, 말린 것은 건태, 얼린 것은 동태, 노르끄레한 것은 황태, 강태, 일태, 코다리… 등, 여러 방법으로 분리・가공되고 먹어지기 때문에 이름도 여러 가지로 불린다. 문헌상 명태가 기록된 것은 16세기 경 「신증 동국여지승람」에서 함경도 토산물로서 등장한 것이 처음이다(이규태 칼럼 89. 12. 15).

젓갈의 부위로는 생선머리, 아가미, 내장, 알, 몸통 등의 생선의 전 부위가 사용된다.

명태 한 마리의 부위별로 담글 수 있는 젓갈 내용은

① 명태살젓 ② 명태머리젓(귀세미젓)
③ 명태아가미젓 ④ 명태알(명란)젓 ⑤ 명태내장(창난)젓

명태 한 마리가 여러 가지 방법으로 요리되는 내용은

① 북어국 ② 북어찜 ③ 북어구이 ④ 북어보푸라기
⑤ 북어장아찌 ⑥ 북어포 ⑦ 북어전 ⑧ 북어냉국
⑨ 명태전 ⑩ 북어무침 ⑪ 명태찌개

❶-1. 명태살젓

토막을 쳐서 처음부터 양념을 하여 담그는 방법으로 빠른 시일 내에 반찬으로 먹을 수 있다.

■ 재료와 비율

재료	비율
M.S.G.	약간
설탕	2
간마늘	2
다진파	2
굵은고추분	5
고운소금	5
무	15
명태	100

■ 실제 예

명태살 2.5kg, 설탕 50g, 소금 120g, 무 300g
고춧가루 100g, M.S.G (미원) 약간, 마늘 50g

이렇게 만드세요

① 명태는 머리, 지느러미를 제거하고 등뼈를 발라내고 깨끗이 손질하여 토막을 4~5cm로 쳐서 소금을 약간 뿌려 24시간(하루) 동안 절인다.
② 무는 굵게 채쳐서 소금을 약간 뿌리고 2시간 후 물기를 꼭 짜내고 고춧가루 일부를 버무려 놓는다.
③ 절여진 명태살에 ②와 양념을 모두 더하여 버무리고 단지에 꼭꼭 눌러 담고 위에는 소금을 살포시 고루 뿌려준 후 뚜껑을 덮는다.
④ 실온에서 2~3일 후 냉장보관하고 10일 후에 먹는다.

❶-2. 명태살젓

오랫동안 절여 놓은 후 이듬해 꺼내어 무침하여 반찬에 내어놓는 법

■ 재료와 비율

재료	비율
깨소금	약간
식초	1
참기름	2
다진파	2
마늘	3
고춧가루	5
굵은소금	15
명태살	100

이렇게 만드세요

① 명태를 머리, 꽁지, 내장을 제거한 후 깨끗이 씻고 뼈를 중심으로 칼을 대어 편다.
② 명태가 보이지 않도록 소금을 충분히 뿌려 절여서 단지에 넣는다.
③ 5~6개월 지난 후 꺼내어 물에 씻은 후 껍질을 벗긴 다음 뼈를 추린다.
④ 살만 저며 썰어 고춧가루와 참기름을 먼저 넣어 주무르고 무친 다음 다진파, 마늘, 깨소금, 식초를 두고 버무려서 내어드린다.

❷ 명태머리젓

■ 재료와 비율

재료	비율
조미료	약간
엿기름가루	0.5 약간
간생강	1
대파	2
간마늘	2
굵은고춧가루	15
소금	15
무	30
명태머리	100

이렇게 만드세요

① 명태머리를 반을 갈라서 잘 씻어 물기를 제거하고 굵은 소금을 골고루 뿌려준다. 뿌려 3~4일간 절임한다.

② 무는 굵게 채쳐서 소금에 절여 2시간 후 물기를 제거하고 고춧가루를 버무린다.

③ ①을 적당히 가위로 자르거나 손으로 찢어 엿기름 가루를 체에 쳐서 솔솔 뿌리고 고춧가루로 빨갛게 버무리고 무채와 섞은 후 대파는 채쳐서 두고 마늘, 생강, 미원 넣고 고루 섞어 단지에 담고 절인 배춧잎으로 위를 덮은 후 비닐로 단지 위를 덮고 뚜껑 덮어 1개월 후에 꺼내어 알맞게 자르고 식성에 맞게 참기름, 통깨, 파, 마늘, 약간의 물엿으로 재양념하여 상에 내드린다.

❸ 명태아가미젓 : 위의 명태머리젓의 내용과 같다.

❹ 명태창자젓(창란젓)과 명란젓

■ 재료와 비율

1차 : *소금에 절이기*

재료	비율
굵은소금	15
창란/명란(20kg)	100

2차 : *양념하여 삭히기*

재료	비율
조미료	약간
고운고춧가루	10
다진마늘	10
물엿	20
1차 재료	100

이렇게 만드세요

① 명태창자는 손으로 훑어 너려 내용물을 제거하고(윗주머니는 갈라서 제거) 굵은 소금으로 씻어내고 소금을 뿌려 하루정도 재워둔다.

② 파는 채치고 소금을 뿌려둔 명태 창자 또는 명란을 먼저 고춧가루에 버무린다. 나머지 재료를 넣고 고루 무침한다.

③ 실온에서 2일정도 둔 후, 냉장고에서 보름정도 지나 양념을 하여 상에 낸다.

※**제공할 때의 양념** : 껍질이 두꺼운 풋고추를 다지고, 마늘을 칼등으로 깨뜨려 다지고, 당근, 무를 1mm 두께로 1cm의 사각으로 썰고 절인 후 물기를 제거하고 물엿, 굵은고춧가루 약간, 참기름, 다진파, 통깨, 조미료 등을 넣고 버무려 제공한다.

봉주방장 해법

무를 채쳐서 소금에 절임하여 물기를 빼내고 고춧물을 들인 후 양념을 하고 단지에 담아 7~10일 후에 상에 낸다. 오래두고 먹을 경우에는 소금을 짜게 절인다. 이런 경우에는 먹을 때 양념을 한다.

(4) 뱅어젓

■ 재료와 비율

재료	비율
M.S.G.	약간
다진마늘	3
굵은고춧가루	3
소금	15
뱅어	100

이렇게 만드세요

뱅어를 소금물에 깨끗이 씻어서 체에 건져 놓고 물기를 빼고 소금, 마늘, 고춧가루, 약간의 M.S.G.(미원)를 넣고 버무려서 그릇에 담고 꼭꼭 눌러주고 위에는 소금을 넉넉히 뿌리고 삭힌다.

봉주방장 해법

- 제공할 때에는 파, 마늘, 참기름으로 양념하여 내어놓기도 하고 찜통에 쪄서 위 양념을 하여 내어드리면 된다.
- 풋고추와 함께 삭히면 좋다.

(5) 반찬용 멸치젓과 까나리젓 담그기

■ 재료와 비율

풋고추	15
소금	15
생멸치	100

봉주방장 응용 : 멸치액젓 만드는 법
멸치액젓은 보통 가을에 담가 봄에 멸치젓만큼의 물을 넣고 소금을 물 양의 80%를 넣은 후 푹 끓여 고운 체에 거른다.

이렇게 만드세요

① 생멸치는 깨끗이 손질하여 소금 1/2을 넣고 버무려 놓고 3~4시간 둔다.
② 단지에 소금 1/2을 넣고 절여 놓은 생멸치를 단지에 한 켜 깔고 풋고추를 몇 개씩 넣은 후 소금을 다시 뿌려준다.
③ 이렇게 반복하여 단지를 채운 다음 소금을 넉넉히 뿌리고 무거운 것으로 눌러 놓아 공기와 접촉하지 않도록 뚜껑을 덮어 삭힌다.

(6) 굴, 조개젓 무침하기

■ 재료와 비율

조미료	약간
다진생강	1
다진마늘	5
다진파	5
설탕	10
소금	10
미나리	10
굵은고춧가루	20
배	20
무	20
조개 또는 굴	100

이렇게 만드세요

① 굴은 좋은 것을 골라 껍질이 들어가지 않게 깨끗이 씻고 소금물에 씻은 다음 건져 물기를 제거한다.
② 무와 배는 1.5cm 정사각형으로 썰어서 고춧가루를 1/2만 넣고 버무려서 빨갛게 물들인다.
③ 미나리는 4cm정도 자르고 모든 재료를 넣고 버무려서 실온에서 2일, 냉장고에서 1주일 정도 삭힌 후 반찬으로 낸다.

※일종의 어리굴젓 담그는 방법과 유사하지만 색다름이 있다.
※굴젓은 물기를 충분히 빼지 않으면 국물이 많이 생기고 간이 싱거우면 시어진다.

(7) 오징어 젓갈 만들기

■ 재료와 비율

조미료	약간
소금	3
고운고춧가루	5
물엿	5
고추장	10
손질한 오징어	100

이렇게 만드세요

① 오징어는 싱싱한 것으로 사용하며, 다리부위는 다른 용도로 사용하고 몸통 껍질을 제거한다.
② 몸통을 1/2 길이로 자르고 가로로 가늘게 채를 친다.
③ 비율대로 양념하여 꼭꼭 눌러 담아 놓는다.
④ 사용할 때에는 사용할 만큼만 덜어내고 다진파 · 다진마늘 · 참기름 · 통마늘을 저며 썬 것을 넣고 무침해도 좋다.

■ 일반적인 젓갈무침 방법(모든 젓갈류에 해당)

재료	비율
조미료	1
간마늘	3
다진홍고추	3
다진풋고추	3
굵은고춧가루	5
물엿	5
무	5
양파	5
고추장	10
젓갈재료	100

※**봉주방장 경험** : 젓갈재료가 잘 숙성되지 않아 비린냄새가 날 경우 식초(빙초산이 좋다)와 참기름을 적당량 넣고 무침하면 된다.

이렇게 만드세요

① 젓갈재료는 알맞게 썰거나 다진다.
② 양파와 무는 강판에 갈고 풋고추와 홍고추는 송송썰기 또는 다진다.
③ 물엿, 간마늘, 조미료 등의 모든 재료를 넣고 무침한다.

(8) 토하젓

■ 재료와 비율

재료	비율
고춧가루	5
소금	10
멥쌀·찹쌀밥	15
민물새우	100

이렇게 만드세요

① 민물새우를 깨끗이 씻어 소쿠리에 밭쳐 물기를 제거하고 소금과 고춧가루에 버무려 단지에 담는다.
② 밥은 찹쌀밥이 좋으나 흰밥 남은 것도 좋다. ①의 단지 가운데에 밥을 묻어 놓고 꾹꾹 눌러 놓고 무거운 것으로 올려 놓는다.
③ 2개월 이상 놓아두면 밥이 삭아서 거의 형태가 없다. 삭혀진 새우와 밥을 꺼내어 간마늘·다진파·조미료를 넣고 무침하여 손님께 드린다.

봉주방장 해법

- 시중에 일차적으로 숙성된 것을 구매한 것을 양념을 하여 손님께 드리는데 젓국물이 많아 버리는 경우가 있다. 버리지 말고 끓여서 김치담글 때 사용하기도 하며, 고춧가루를 국물에 버무려질 정도로 개어 넣고 야채는 젓국물에 절여 꼭 짜서 넣으면 맛을 향상시킬 수 있다.
- 젓갈무침에는 대체로 무조건 짠맛 맛이 아니라 물엿을 첨가하여 윤기 또는 단맛을 낸다.

(9) 어리굴젓

■ 1차 양념 재료와 비율

재료	비율
갈은배	2
갈은 양파	2
굵은소금	6
굴	100

■ 2차 양념 재료와 비율

재료	비율
다시마,미원	조금
후추	조금
뉴슈가	약간

이렇게 만드세요

굴은 사계절 나오지만 5월 이후에는 생으로 먹지 않는다. 대형 도매시장에서 굴 생산이 최대일 때는 가격이 3배이상 차이가 난다. 예를 들어 3.5kg 기준으로 20,000원 이상의 값이 9,000원이하일 때가 있다. 이럴 때에 대량 구매하여 1차 양념을 해놓고 사용하기 일주일 전에 2차 양념을 하여 사용한다.

※ 굴 손질은 소쿠리에 쏟아 물기를 뺀 후 버무린다.

재료	비율
물엿	10
간마늘	5
고은고추가루	8~10
1차 굴	100

(10) 새우젓

김치 속에 넣는 새우젓이 아니라, 반찬용 새우젓을 말하는 것이다.

■ 재료와 비율

재료	비율
조미료	약간
통깨	약간
참기름	약간
홍고추	2
설탕	5
소금	10
잔새우	100

이렇게 만드세요

① 티없이 잘 고른 새우를 깨끗이 씻어서 채반에 받쳐 물기를 제거한다.
② 새우에 참기름, 설탕, 미원, 깨소금, 소금, 홍고추 다진 것을 버무린 다음 단지에 담고 꼭 봉하여 삭힌다.
③ 실온에서 보름정도 지난 후 밑반찬으로 내는데 참기름과 다진파, 간마늘을 조금 넣고 무침하여 낸다.

봉주방장 해법 : 소라젓 만드는 법
손질한 소라살을 소금에 24시간 절인 다음 새우젓 속에 담그면 1개월 후에는 맛있는 소라젓이 된다. 잘 삭은 소라를 꺼내어 납작납작 저며 썰어 다진파, 다진마늘, 굵은고춧가루로 양념하여 밑반찬으로 이용한다.

2) 식해(食醢)류

젓갈은 우리나라를 비롯, 중국 등 동남아시아에 널리 이용되어온 저장식품이다. 훈몽자회(訓蒙字會)에서 서해(西醢)는 젓갈을 일컫고 있다. 곧 물고기+소금+밥을 혼합하여 젖산균의 활동을 촉진시켜 발효시킨 것을 식해(食醢)라 했다. 「한국 식생활의 역사(이성우 저)」 필자는 식해(食醢)를 김치와 젓갈의 중간 방법으로 보는데 숙성기간이 짧은 것으로 볼 때에는 김치류로 볼 수도 있지만 주재료가 어류이기 때문에 젓갈의 일부로 본다.

날생선으로 밥을 지어 양념을 하고 숙성을 시킨 식해를 반찬으로 먹는다는 것은 비위생적이지 않겠는가 하는 의문이 들 수 있겠으나, 새콤하게 먹을 수 있는 발효숙성된 상태(pH 3.5 이하, 산도 0.4% 이상)가 될 때에는 부패균 및 대장균은 사멸되며, 인체 내에 유익한 초산균 및 유산균류만이 왕성하기 때문에 먹을 수 있는 것이다. 중요한 것은 식해를 만들 때 공기에 직접 접촉이 안되도록 꼭꼭 눌러 놓는 것이 중요하다.

(1) 식해 만들기의 유의사항

- 주재료는 바다생선을 이용하는데 가자미, 명태와 같이 흰살 생선을 이용하며 조개류를 이용한다. 민물고기로서는 토하젓이라 하여 민물새우와 찹쌀밥을 삭힌 것이 있다.
- 식해의 부재료는 무, 소금, 좁쌀이 있으며 좁쌀은 고슬고슬하게(되직하게) 지어야 한다.

❶ 가자미 식해, 명태 식해

■ 재료와 비율

재료	비율
조미료	약간
엿질금물	0.5
간생강	2
간마늘	5
양파	5
배	10
물엿	10
찹쌀	10
메조	10
고운고춧가루	10
소금	15
굵은고춧가루	15
무	30
식해재료	100

(명태, 대구, 참가자미)

※**봉주방장 해법** : 좁쌀은 메조가 있고 차조가 있는데, 메조는 색이 노랗고 차조는 색이 어둡다. 찰기는 차조가 훨씬 부드럽다. 메조와 찹쌀을 혼합하여 사용하면 훨씬 좋다.

※**엿질금물을 만드는 법** : 엿질금을 물에 담가 잘 주물러서 고운체에 내려서 만든 물. 맑은 물을 사용하지 말고…

이렇게 만드세요

방법 A

① 명태 또는 가자미를 잘 손질(머리, 꼬리, 내장 제거)하여 깨끗이 씻어 길이 3cm로 엇썬다. 살이 두꺼우면 포뜨기 하여 썬다. 소금을 뿌려 하루 재운 후 물기를 꼭 짜낸다.
② 무는 길이 4~5cm정도로 굵은 채로 쳐서 소금에 절이지 말고 고춧가루에 버무린다.
③ 대파는 어슷썰고 좁쌀과 찹쌀은 깨끗이 씻어 일어서 되직하게 밥을 짓는다.
④ 무는 소금에 절여서 숨이 죽으면 무에서 나온 국물은 버리지 않는다.
⑤ 모든 재료를 잘 버무려서 단지에 눌러 넣은 다음 실온에서 여름에는 3~4일, 봄·가을에는 5~6일, 추운 날씨에는 15일 정도 지나 냉장고에 보관한다. 가자미가 잘 숙성되어 뼈가 물러지면 반찬으로 낸다. 정확히 기술하면 15~16℃에서 15일이다.

방법 B

① 가자미, 명태를 한 켜 깔고 소금을 뿌리고 차곡차곡 담은 후에 무거운 것으로 눌러 두고 뚜껑을 덮는다.
② 약 1주일 후에 좁쌀을 되직하게 풀을 쑤어 식혀서
③ 마늘, 생강을 갈아서 대파는 다져서 ②에 혼합한다. 고춧가루, 깨소금을 넣는다.
④ 절여진 가자미를 꼭 짜내어 양념한 후 ③에 넣어 버무려 다시 항아리에 넣고 무거운 것으로 눌러 놓는다.
⑤ 소금을 맨 위에 뿌리고 꼭 봉해서 넣어 가지고 서늘한 곳에 놓는다.

※ 방법 A, B에 엿질금 물을 넣어주면 좋다.

신당동 ○호 식당

가자미 식혜
① 가자미를 손질하여 절인 후 냉장고에 3~4일 보관한다. 씻어낸 후 물기를 살짝짜고 말린다.
② 조밥과 찹쌀을 조금 섞은 후 무채 짜낸 것으로 무침한다.

봉주방장 해법

엿기름 물을 조금 넣어주는 것도 좋은 것 같다.

❷ 명태알(명란) 식해, 날치알 식해

■ 재료와 비율

재료	비율
간생강	2
깨소금	2
다진파	4
고춧가루	6
소금	6
마늘	8
무	40
명태알·날치알	100

이렇게 만드세요

① 물이 좋은 명태알을 깨끗이 씻은 다음 채반에 건져 물기를 빼고 간간하게 재료 및 비율의 소금을 1/2을 사용하여 절인 후 3일간 놓아둔다.
② 무는 길이 5cm, 너비 1cm정도로 납작썰기하여 소금에 절여 1~2시간 후 물기를 꼭 짠다.
③ 절인 명태알의 물기를 제하고 절여진 무와 모든 양념을 버무려서 단지에 담아 뚜껑을 덮는다. 실온에서 2~3일 후 냉장 보관하여 사용한다.

❸ 마른명태 식해

■ 재료와 비율

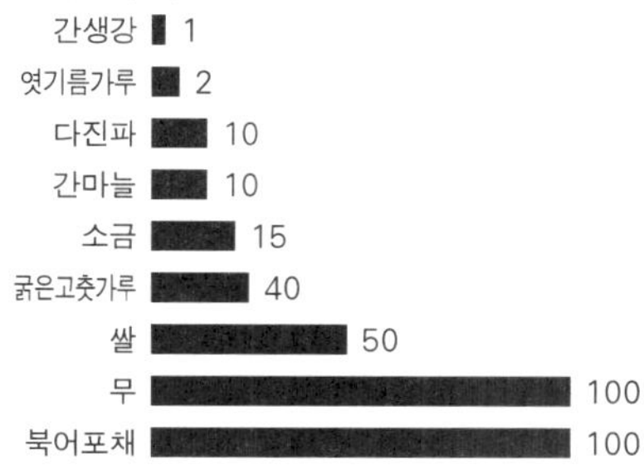

이렇게 만드세요

① 통북어는 물을 축여 방망이로 두들겨 껍질을 벗기고 뼈를 발라낸 다음 굵직하게 찢어놓는다. 손질된 북어채라면 가볍게 물을 적셔 꼭 짜준다.
② 무는 굵은 채로 쳐서 1/3의 소금에 절였다가 물기를 꼭 짜고 1/3의 고춧가루를 버무려 놓는다.
③ 쌀을 잘 일어 씻어서 되직하게 밥을 지어 놓는다.
④ 모든 재료는 잘 버무려 단지에 담아 2~3일간 실온에서 삭힌 후 냉장고에 보관한다.

3) 간장게장

❶ 삼삼한 꽃게장(정성섭님의 방법입니다.)

■ 재료와 비율

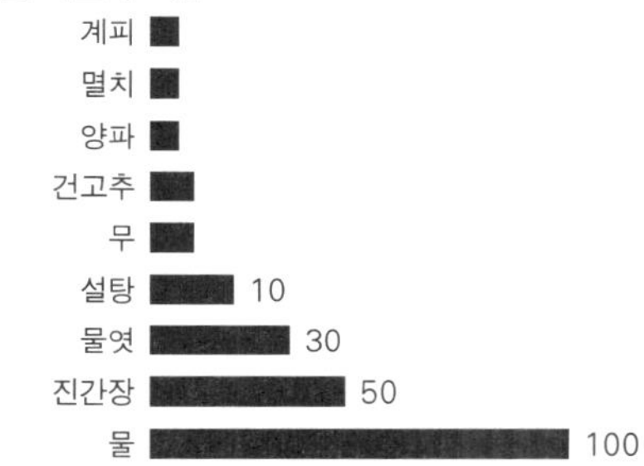

이렇게 만드세요

- 간장(샘표 501, 201간장, 샘표 F금산 간장)大1
- 꿀 大 2.1
- 다시마 1잎
- 물엿 1.2ℓ(2/3병)
- 설탕 약간
- 끓이다가 10분 뒤에 건진다.
- 생강 2EA편, 통마늘 3주먹 양파 1EA, 무 1/3EA, 미원 약간 건고추 3EA를 약한 불에 20~30분 끓인다.

※ 꽃게장 전문점에서는 게장을 담그면 중간에 장을 별도로 다시 끓여 식히지 않는다. 처음에 담근 것이 소비가 다 될 때까지 사용한다.

❷ 실제 게장 양념

■ 재료와 비율

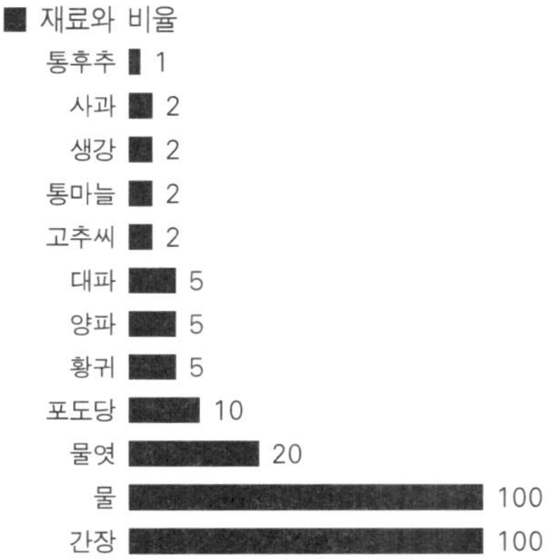

이렇게 만드세요

- 처음에 센불에..
- 끓기 시작하면 한 시간 반 정도 은근하게 하여 걸러서 식혀서 부어준다.

※ 레몬을 게 한짝에 2개 썰어 넣어준다.
※ 고추씨, 생강, 통후추는 거름망을 이용한다.

제 2 부

실무준비와 기본조리법

-양념과 육수-

1. 개 관

제 1 절 실무준비와 기본조리법

먼저 실무편에 임하기 전에 후배 여러분에게 몇 가지 당부하고자 한다. 음식이 손님에게 감동을 주고 맛이 있다는 것은 귀한 재료 및 향신료를 사용함에 있다고 생각할 수 있겠지만 의외로 기본적이고도 간단한 곳에 있다. 그건 바로 정성, 온도, 간(鹽)의 삼위일체에 의한 양념의 조화가 맛의 근본이 되기 때문이다.

요리의 삼위일체

손님 만족
- 손님을 소중히 생각하고 감동을 주는 요소
- 뜨거운 것은 뜨겁게, 차가운 것은 차갑게

숙련 요리사
- 정성스럽게 간을 맞춘다는 것은 요리사의 제일 중요한 직무

※ 섬기는 마음, 순수한 마음의 간이 중요하다.

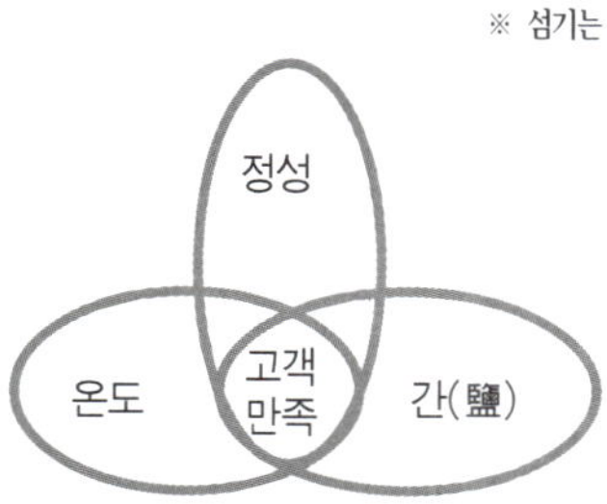

양념의 조화

음식의 맛 : 손님 입장에서 간을 맞춘다.

간이 잘 맞다라는 기준은 모호하다. 성별, 나이별로 느낌이 다르고 지방이나 민족, 나아가 직업에 따라 다르기 때문이다. 그런 이유로 조리사는 근무하고 있는 식당의 특성과 고객층을 잘 알아야 한다. 더욱 이용 연령의 분포와 성별, 직업 등은 큰 영향을 주는 요소이므로 조리사는 간을 본인에 맞춰 신뢰해서는 안 된다. 즉, 요리사가 만든 음식을 정확하게 간을 맞추었다 하더라도 음식을 드시는 손님께서 간이 맞지 않는다고 하면 즉시 인정하고 손님 취향에 맞추어야 한다.

1. 간(鹽)의 기준과 양념의 대화

1) 연령별로 본 간의 기준

- 어린이 : 단맛과 신맛을 즐기고 짠맛을 기피한다.
- 청년기 : 적당한 신맛과 담백한 맛을 좋아하고 너무 달거나 짠맛은 기피한다. 성인기준으로 보면 소년 또는 청년기에는 싱거운 간을 선호한다.
- 장년기 : 신맛은 대체적으로 싫어한다(단, 건강식으로 먹는 의도적인 것은 제외). 약간 달달하고 짭짤한 맛을 좋아한다. 직업에도 관계가 있어 노동의 일을 하는 사람은 그렇지 않은 사람에 비하여 간이 세다.

위와 같은 다양한 맛의 기준이 모호한데도 불구하고 조리사가 청년기의 연령이라면 자신의 입맛보다는 고객층의 입맛을 중요시해야 할 것이다.

2) 식재료 및 양념류와 대화를 잘해야 한다

대화는 사람과 사람의 관계뿐 아닌 생물이나 무생물도 나름대로의 기(氣)로서 표현한다.

사람은 희로애락의 감정의 표현을 다양하게 교감하듯이 식재료의 상태도 여러 가지로 알 수 있다.

추상적인 표현이지만 식재료도 나름대로의 기(氣)를 발산한다. 경험이 많은 요리사는 느낌으로 손님한테 드릴 수 있는 상태인지 그렇지 못한 상태인지를 읽을 줄 알아야 한다. 자신의 코(후각)에만 의지한다면 초보수준에서 벗어나지 못한 것이다.

시각과 촉감으로도 느낌이 와닿아야 하며 특히, 눈으로 확인하는 순간 적절치 않은 상태를 발견할 수 있어야 한다.

3) 음식의 상태를 보고 손님께 제공할 시기를 안다

(1) 최상의 상태, 좋은 식자재 및 요리의 기(氣)

- 생야채류 : 갈변 현상이 없고 윤기와 탄력이 있으며 밝다.
- 구이류
  - 육류 : 표면에 윤기가 돌며 밝고 짙은 갈색이다. 파, 통깨, 마늘이 분명하게 보인다. 손으로 눌러보면 즙이 송글송글 솟아오른다.
  - 어류 : 껍질 표면에 기름이 자르르 흐르고 살이 통통하며 즙이 약간 흐른다.

- 튀김류 : 노릇노릇한 색과 부풀림이 충만한 상태는 멀리서 봐도 바삭바삭한 느낌을 준다.
- 반찬류 : 양념장이 반질반질 윤기가 나며 파, 마늘이 분명하게 보이고 촉촉히 적당한 수분을 지니고 있다. 무침한 장국물은 반찬과 잘 어울려야 한다.
- 탕류 : 윤기가 실내등에 반사되어 반짝반짝거리며, 육수로 끓인 탕은 기름막이 잔잔하게 퍼져 있다. 장(된장, 고추장)류로 된 탕은 고루 장국물이 퍼져 있으며, 실온에 그대로 방치하면 탁한 장물은 밑에 가라앉고 맑은 물은 위에 선명히 분리되어 있다.
- 김치류 : 빨간 고춧물이 자르르 흐르고 본래 푸른잎이 약간 진초록색으로 변하는 시기가 제일 맛있다. 단, 익은 김칫국물은 고춧가루 본래의 색으로 짙붉은 색이며, 먹기 좋게 익은 김칫국물은 주홍색을 띠며, 지나치게 신 김치는 푸른 잎이 연두색이 되고 김칫국물은 흐린 주황색이 된다.

  ※신김치는 줄기부위를 잘라서 물에 헹굼하여 간장과 설탕을 5 : 1의 비율로 담그면 15일 후 맛이 삼삼한 장아찌가 된다.
- 동치미 : 국물이 약간 뽀얗고 맑으며 고명으로 넣은 미나리 등이 색이 분명할 때가 제공할 시기이다.
- 죽류 : 물의 정도와 쌀의 퍼짐이 고르고 서로 잘 어우러져 있다. 오래 두어도 겉물이 생기지 않는다.
- 양념류 : 각각의 양념재료 고유의 색을 유지해야 한다. 특히 파, 마늘이 들어가는 양념류는 신선함의 기준이 됨으로 찜을 하거나 구이 할 때 마지막 처리를 잘해야 한다.
- 찜류
  - 육류 : 찜을 한 후에 찜 국물에 고기가 잠겨 있지 않으면 공기에 노출된 표면은 색이 검게 변한다. 찜뿐만 아니라 삶은 고기류는 공기와 접촉되면 표면이 검게 되고, 부패가 시작되므로 찜의 육수가 옅어지며, 고기는 핑크빛이 나기 시작하고 좀 더 지나치면 기포가 생겨난다.

    ※찜국물은 냉동고에 응고시켜 위에 뜬 기름을 체에 밭쳐 제거하고 맛난 조림간장으로 재활용한다.
  - 어류 : 찜을 하고 난 후에는 파, 마늘 정도의 양념장을 참기름과 함께 혼합한 후 발라주는 것이 좋다. 최상의 상태는 모양이 흐트러지지 않고 함께 넣은 부재료(무, 대파 등) 및 주재료가 국물이 걸쭉한 농도로서 고춧가루, 고추장이 함께 잘 어우러져 있는 상태이다.

2. 온도별로 본 미생물관계와 육안으로 판단하는 오염도

1) 온도별 미생물의 증식관계와 살균법 그리고 온도에 따른 요리되는 정도와 저장법

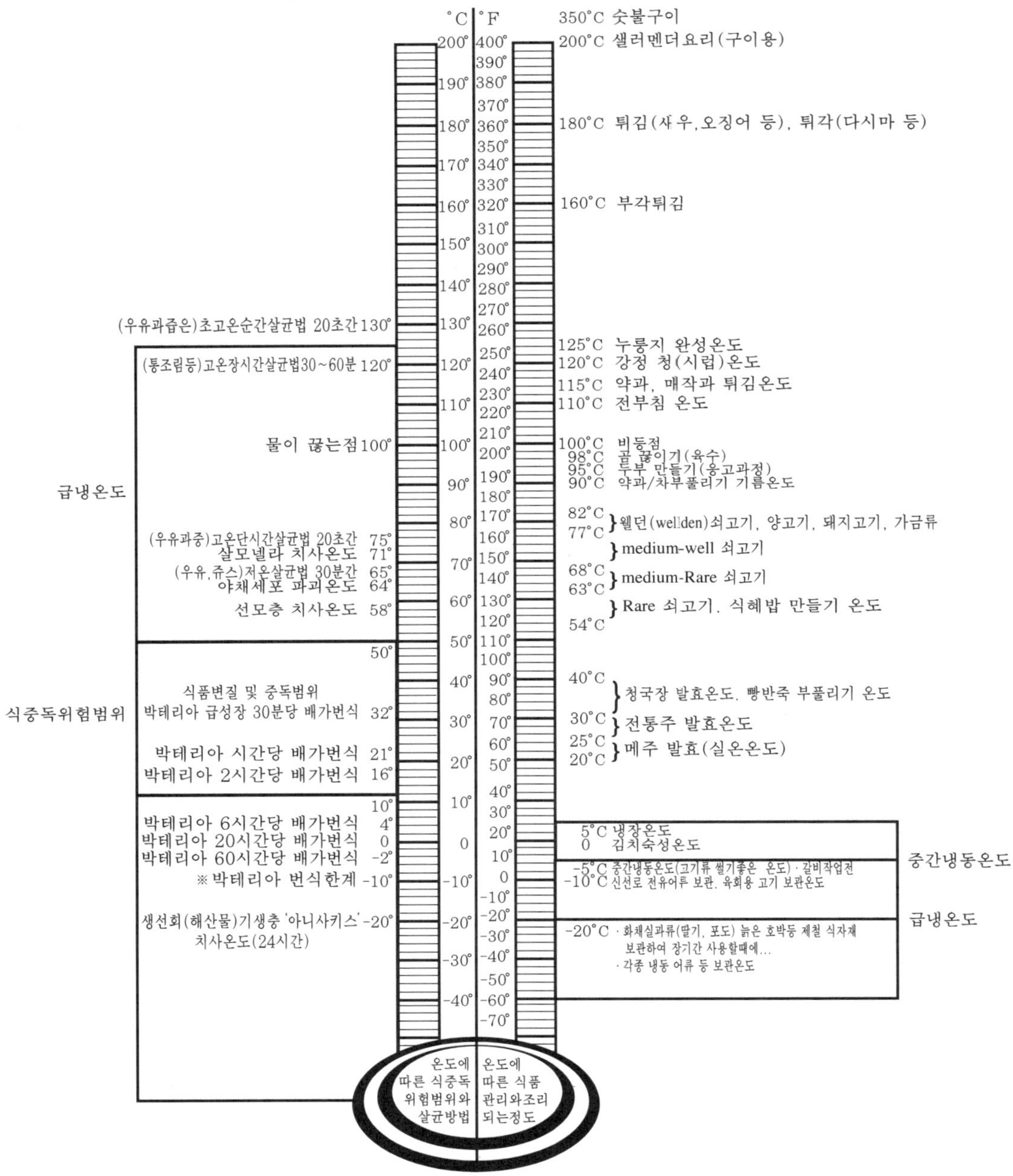

2) 육안으로 판단하는 음식의 부적절한 상태와 조치법

(1) 음식의 상태를 보고 부적절한 것을 조치할 줄 안다.

- 생야채 : 갈변현상이 야채 가장자리에 나타나 있으며 상처가 있다. 이런 것은 골라내고 싱싱한 것을 사용한다.
- 반찬류 : 겉표면이 마르고 축 처져 있으며 간을 한 뒤 삼투압으로 인해 물기가 빠져 쪼글쪼글하고 장국물이 멀건이 흘러 있다. 이럴 경우는 다시 조물조물 무쳐준다.
- 구이류 : 퍽퍽해 보이고 본래의 두께보다 얇으며 표면이 컴컴하다. 양념의 상태가 퇴색되어 있으며 파, 마늘, 양파의 구분이 안 간다. 이런 경우는 잠시 맑은 육수에 담가 놓고 다시 양념장을 바르고 굽는다.
- 튀김류 : 축 처져 있으며 튀김옷이 헐렁하고 윤기가 없다. 깨끗한 기름에 다시 한번 튀겨 조치하거나 튀김옷을 다시 입힌다.
- 탕류 : 기름이 덩글덩글 크다. 실내등에 반사되는 것이 희미하다. 탕이 뜨겁지 않은 상태를 의미한다. 이럴 땐 그릇과 국물을 뜨겁게 해준다.
- 죽류 : 시간이 한참 지나 표면에 겉물이 생기고 바닥으로는 쌀이 뭉쳐져 있는 것은 잘 퍼지지 않은 것이다. 반대로 쌀입자가 많이 깨져있고 풀같이 엉겨있는 것은 쓰고 남은 죽을 다음 날에 끓였다는 상태를 의미한다.

(2) 음식상태를 보고 변질된 것을 판단하여 폐기한다.

- 탕 : 드물게 황당함을 느낄 때가 있다. 전날 저녁에 큰 통에 잘 끓여 놓은 곰탕, 육개장, 추어탕을 예로 들자. 아침에 보니 이상이 없는 듯한데 다시 한번 끓여 놓는 과정에서 금방 시어버렸다. 능숙한 조리사라면 출근하면서 이미 알았어야 한다. 먼저, 건지 및 양념류가 바닥에 가라앉았으면 안전한 것이고 또한 윗물이 맑으면 괜찮다. 그러나 건지(건더기)와 양념류 색의 느낌이 분명하지 않으면 상하려고 하므로 빨리 응급조치를 해야 한다. 큰 통의 탕을 한꺼번에 끓이지 말고 센 불에 조금씩 빨리 끓여라. 이유는 서서히 데워지면서 미생물 번식이 기하급수적으로 늘어나고 신냄새가 난다. 탕에 기포가 한두 개라도 표면에 보인다면 상황판단을 빨리 해서 사용여부를 정하고 원인을 알아내야 한다. 끓이는 중에 거품이 나면 사용이 불가하다.
- 죽 : 떠서 그릇에 담는 순간에 주르륵 물같이 점성이 없고 끈기가 없을 때는 죽이 삭은 것으로 인식해야 하고, 변질은 안되었어도 회복이 불가능하다. 새로운 재료를 넣는다 하더라도 상태가 나아지지 않고 재료손실만 된다.

- **편육 · 삶은 새우 · 어패류** : 썰어 놓은 편육이 실내등에 비추어 유난히 반짝거림이 있어 손으로 만져보면 끈끈한 점액질이 느껴진다. 이는 미생물이 침범한 것이다. 이럴 땐 썰지 않은 편육도 위험하므로 칼, 도마, 용기를 깨끗이 소독하고 편육의 가장자리를 깍아내고 사용한다. 빠른 시간 내 소비시키면 이상 없다. 편육고기를 보관하려면 미리 썰어 놓으면 안 되고 덩어리로 보관해야 한다. 당일 써는 것이 중요하고, 편육고기를 썰 때에는 칼, 도마의 위생상태를 완벽히 해야 한다.
- **김치** : 너무 시어 어린이나 나이든 사람은 먹기가 어려운 경우가 있다. 신것의 판단은 김칫국물 및 고춧가루가 빨갛지 않고 주황색이며, 배추의 푸른잎은 연두색이 된다. 이럴 경우는 송송 썰어 새우젓을 넣고 버무려 김치찌개를 만들어 먹는다.
- **양념한 고기류** : 양념간장이 검은색인데도 불구하고 고기는 선홍색으로 변하는 듯 하면 빨리 기존의 양념을 버리고 다시 만들어 구이류라 하더라도 찜을 한다. 이는 뷔페요리에는 제공할 수가 있다. 상태가 심각한 것은 양념한 고기라도 선홍색으로 변하고 양념이 끈적한 점성을 보인다. 이런 경우는 제공해선 안 된다.
- **냉면육수** : 육수가 약간 점성이 있는 듯하다면 맛을 보지 않고도 변질된 것을 알 수 있다. 이런 것은 바로 폐기해야 한다.
- **한과류** : 엿물 또는 유막으로 인한 윤기가 없고 약간 눅눅하다. 한과의 양쪽이 약간 들려져 있다. 오래된 것은 냄새를 맡으면 기름의 산패 냄새가 난다.
- **양념장** : 파, 마늘, 고춧가루가 찐득하게 뭉쳐있고 표면은 말라 있다. 예방책으로 양념장은 조금씩 소량으로 만들어 사용한다. 다른 방법으로는 파, 마늘, 고춧가루는 사용 직전에 넣는 것이 좋다. 요리할 때에는 파 · 마늘은 요리완성 직전에 넣는 것이 좋다.

2. 기본양념과 기본국물 & 실무양념과 육수의 응용

제 1 절 한국요리의 기본양념류

1. 간 장

기본의 비율을 기초로 하여 여러 가지의 초간장을 만든다.

1) 기본 초간장

■ 재료 및 비율	응용
식초 50 진간장 100 ※ 간장은 연륜이 있으신 어르신네들은 집간장을 좋아하신다. 나도 그렇다.	① 부재료로 다음의 재료를 첨가할 수 있다. M.S.G. 1 단순하고 깔끔한 것이 장점이다. 통깨 10 고춧가루 10 ② 식초가 들어간 양념장에는 레몬즙을 넣어도 좋다.

응용

■ 재료 및 비율	
조미료 1 설탕 50 물(육수) 100	기본+응용1 일반적인 요리에 무난하게 사용한다(예 : 전류, 도가니수육). 육수나 다시마물(멸치, 다시마, 가쓰오부시)을 사용해도 좋다.
■ 재료 및 비율 와사비 20 또는 연겨자	기본+응용1+응용2 비린내 나는 생선류나 자극성 있는 요리에 좋다. 와사비가 없다면 겨자를 사용해도 좋다. ※와사비는 정종 또는 냉수에 개어주고, 겨자는 뜨거운 물에 개어준다..
■ 재료 및 비율 잣(호두) 50 ※갈아서 사용한다.	기본+응용1+응용3 생야채류에 잘 어울린다. 잣, 호두, 거피한 들깨, 참깨를 사용한다.
■ 재료 및 비율 후추 10 굵은고춧가루 20 다진마늘 30 다진파 50	기본+응용1+응용4 묵무침, 전류, 꼬막 등 일반적 요리에 잘 어울리는 소스

2) 실무 간장양념

(1) 개성식 초간장 및 정육식당 부추절임 소스

■ 재료 및 비율

식초	20
청양고추	30
홍고추	30
마늘편	30
진간장	100

※위 비율대로 혼합하여 건더기(마늘, 고추)를 함께 내어도 좋고 건지없이 내어도 좋다.
조선간장을 혼합하여 사용해도 좋다.

기본＋응용1＋응용4

묵무침, 전류, 꼬막 등 일반적 요리에 잘 어울리는 소스

※미야마 양파 초간장.
•물 20
•간장 10(샘표 501 간장)
•설탕 7
•환만식초 3

고기(구운 것)와 곁들이세요.

최상옥 선생님께서는

용수산의 조리부장으로 약 14년간 재직하는 동안 개성음식의 대가이신 최상옥 선생님을 가깝게 모신 것은 큰 영광이며, 자긍심을 갖게 한다.
선생님께서는 초간장을 간장과 식초를 5 : 1의 비율로 하여 병에 담고 마늘을 약간 굵직하게 썰고 풋고추와 홍고추를 동글게 썰어 넣고 필요할 때 담아낸다.

(2) 갖은 양념간장

■ 재료 및 비율

M.S.G.	약간
후추	5
굵은고춧가루	10
참기름	15
다진마늘	15
다진파	25
진간장	100

봉주방장 응용

양념간장의 이용은 일반적인 양념법이다.
겉절이양념, 전류에 흔하게 사용한다.
식초를 넣은 양념간장을 대신하여 사용할 수 있다.

(3) 졸인 간장

■ 재료 및 비율

진간장	100

기본＋응용 1

진간장을 1/2로 농축한 것으로 밑반찬이 되는 게젓 담그기, 가지장아찌 양념할 때 졸인 간장에 고춧가루, 마늘, 파 등을 넣어 사용한다. 일반 간장으로 무침이나 요리를 할 때 수분이 많아 요리가 잘 안될 때 사용한다.

(4) 데린 간장

데린 간장은 '데린다'의 어원으로 간장을 은근한 불로 농축시키는 것을 의미하는데 일본식 표현으로는 데리야끼소스와 비슷하다.

① 방법 1

■ 기본 비율

재료	비율
설탕	100
간장	100
물	100

■ 향재료

재료	비율
월계수잎	약간
통후추	약간
마른고추	약간
생강	약간
파	3
마늘	3
양파	10

이렇게 만드세요

① 서양요리에서 육수를 끓일 때는 부케가니(여러 가지 향신재료)를, 소스를 끓일 때는 miropoix를 넣는데 한국요리에서는 소스 및 국물을 낼 때 넣는 재료의 이름이 없다. 따라서 이를 향재료로 칭하고 기본비율을 기준으로 향재료를 넣고 은근한 불에서 3시간 정도 졸여 준다.
② 마른고추 대신 마른고추씨, 샐러리 밑둥을 이용하면 좋다.

※설탕은 나중에 향재료를 건진 뒤 넣어주면 더 좋다.
※사용방법은 모든 볶음간장요리에 해당된다.

봉주방장 해법

- 맛있는 데린 간장을 끓여 거르면 농도가 걸쭉하여 향재료에 묻어서 버려지는 경우가 있다. 이것을 방지하려면 기본비율의 설탕, 간장을 넣기 전 향재료를 먼저 물에 1시간 정도 끓여 충분히 향재료 향을 추출한 후(체에 걸러줌) 넣어 주면 시간은 많이 걸리지만 낭비가 없고 데린 간장이 깨끗하다.
- 데린간장을 이용한 요리 : 구이류(닭), 볶음류(낙지, 어묵, 버섯), 반찬류(장포구이…) 그 외 다양한 요리에 활용된다.
- 한국음식의 특성 중 하나로 각종 찜을 하고 남은 국물이 있다. 특히 호텔에서는 많은 찜국물이 있다. 갈비찜, 꼬리찜, 사태찜, 장조림 등의 국물이 뼈 찌꺼기와 함께 버려진다. 활용할 때는 기름 찌꺼기를 냉장고에 넣어 응고시킨 후 걸러서 활용한다. 볶음요리, 구이류에 데린 간장을 대신해서 사용한다.
- 남은 찜국물, 김칫국물 등의 모든 국물은 고운 소쿠리를 걸쳐 놓고 쏟아 부어서 순수한 국물만을 모아 소금과 설탕으로 짜고 달게 첨가하여 졸인 후 식혀서 장아찌를 담그면 그 맛을 어떻게 형용할 수 있으랴?

② 방법 2 : 일본식 데린(데리야끼) 소스

■ 재료 및 비율

재료	비율
월계수잎	2
마른홍고추	5
양파	10
스지	10
정종	10
백물엿	50
설탕	50
진간장	100
통후추	2
계피	5
대파	10
파인애플(캔)	10

이렇게 만드세요

① 진간장에 비율대로 모든 재료를 넣고 은근히 끓인다.
② 스지(힘줄)는 기름 없이 손질하여 씻어 넣은 다음 스지가 거의 흐물흐물 녹아날 때까지 4~5시간 약불에 끓인다. 스지가 다 녹지 않은 것은 건져 보관하여 다음에 재사용한다.
③ 체에 밭쳐 낸다. 양파, 대파를 건져낼 때 아까운 간장물이 버려지지 않도록 꼭 짜낸다.

※힘줄(스지)이 없을 때에는 젤라틴을 적당량 넣어준다. 젤라틴은 여러 형태가 있는데 미지근한 물에 풀어서 넣어줘야 한다.

(5) 만든 진간장

■ 재료 및 비율

- 조미료 2
- 양파 10(7개)
- 쇠고기육수 20(2ℓ)
- 국간장 100(10ℓ)

이렇게 만드세요

① 비율대로 1시간 끓인다.
② 체에 밭친다.
③ 구매하는 진간장을 대신해서 사용할 수 있으며, 구매간장보다 색이 열으므로 좋다.

(6) 채식주의(vegetarian) 맛간장

■ 재료 및 비율

- 마른표고버섯
- 느타리버섯 13
- 시골 간장 33
- 물 100

• 양파 굵은 것 2개
• 멸치 한줌
• 대파 두뿌리
• 마른고추 1, 2개
• 마른 새우 한줌
• 다시마(손바닥크기)한장

실제예)
시골간장(집간장) 500g
물 1.5L
느타리버섯 200g
마른 표고버섯 10g

이렇게 만드세요

① 물 1.5L에 간장을 제외하고 다 집어넣고 물이 절반으로 줄어들 때까지 끓인다.
② 낮은 불에서 10분 정도 조린다.
③ 건더기를 건져내고 조린물과 간장을 섞는다.
④ ③에 꿀로 단 농도를 맞추고 한소끔 더 끓인다.
⑤ 유리병에 담아 냉장고에 보관한다.

2. 고추장

1) 초고추장

초고추장 한 가지만 맛있게 만들어도 손님께 큰 호응을 얻을 수 있다는 것을 생각해 볼 때 진지한 연구가 필요한 부분이다.

■ 재료 및 비율

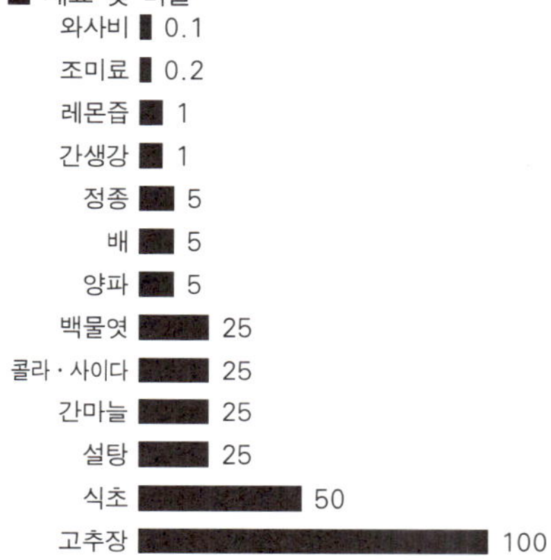

봉주방장 조언

- 초고추장이 너무 묽으면 양조 식초대신 빙초산과 고운 고춧가루를 넣어주면 된다(식초의 신맛 비율을 참고해서..).
- 정종을 대체할 수 있는 것은 소주, 미림이 있다.
- 유자청을 곱게 다져 넣으면 별미이다.
- 마늘은 제공하기 직전에 넣는다. 이때 참기름도 같이 제공할 수 있다.
- 콜라와 사이다를 넣는 이유는 단지 재료를 희석하기 위해 넣는 용도와 CO_2의 톡 쏘는 맛을 내기 위함이다.

2) 갖은 양념고추장

각종 나물무침에 좋으며 식초를 넣어주면 우렁, 소라 등 해물무침 등에 넣는다.

■ 재료 및 비율

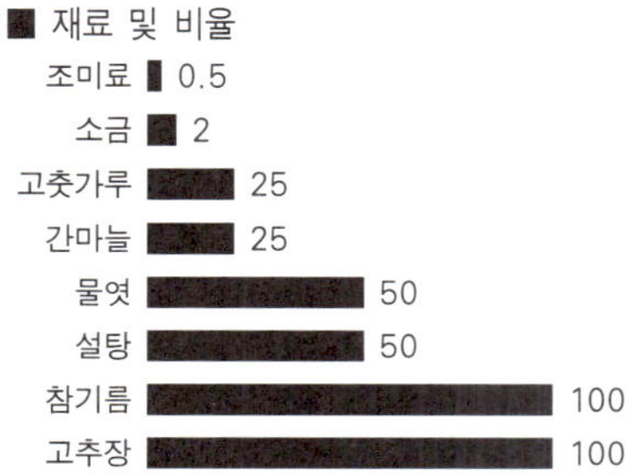

사용량 : 재료량의 15%

봉주방장 조언

참기름과 마늘을 제외하여 양념을 만들어 놓는다. 무침할 때 바로 할 수 있으며 이때에 마늘, 파, 참기름, 통깨를 넣어준다.

※ 참기름을 들기름으로 바꿔 사용해도 좋고 혼합해도 좋다.

3) 볶은 고추장

■ 재료 및 비율

재료	비율
후추	약간
조미료	0.5
들기름	5
식용유	5
참기름	5
정종	5
다진마늘	5
육수	5
설탕	25
다진양파	25
쇠고기	25
고추장	100

이렇게 만드세요

① 쇠고기를 먼저 다진마늘, 후추, 조미료를 넣어 양념하여 볶아준다.
② 달군 팬에 고추장과 식용유를 넣고 볶는다.
③ 양파도 넣고 잘 볶는다.
④ 남은 재료 모두를 넣고 넣은 육수가 증발될 때까지 조려준다.
⑤ 약 30분 정도 소용된다.

※비빔밥의 고추장 등에 쓴다.
※설탕대신에 꿀을 넣기도 하는데 옛날에는 약고추장이라고 표현하기도 했다.

봉주방장 해법

- 오랜 시간동안 볶음을 할 때에는 냄비가 두꺼워야 한다.
  가스밥솥의 밥 안치는 알루미늄 솥만을 시중에서 판매를 한다. 구매하여 사용하면 좋다.
- 오랜 시간 저어야 하므로 주걱 끝이 둥근형보다는 바닥을 긁어 줄 수 있는 나무로 된 주걱으로 밑면이 직선형인 것이 좋다.
- 비빔밥 또는 나물무침에 사용한다.

고추장은 제조회사별, 용도별 차이가 많으므로 용도에 맞게 선택을 잘해야 한다.

- 태양초 고추장 : 고추를 말리는 과정에서 자연건조되어 색이 밝다.
- 찹쌀 고추장 : 풀을 쑬 때 찹쌀을 넣은 것
- 재래식 고추장 : 매운탕에 넣을 때는 재래식 고추장과 색이 좋은 태양초 고추장을 혼합사용한다.

4) 채식주의(vegetarian) 고추장

■ 재료 및 비율

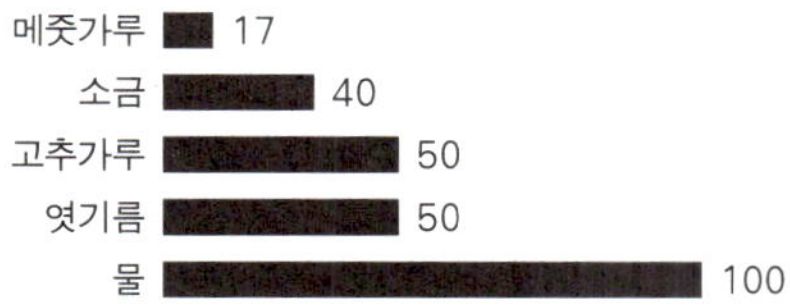

실제예)

고추가루 1.5kg
메줏가루 500g
소금 1.2kg
엿기름 1.5kg
물 3L

이렇게 만드세요

① 엿기름 1.5kg에 미지근한 물 3L를 붓는다.

② 손으로 주물러 엿기름이 뽀얗게 우러나면 엿기름을 체에 받쳐 걸러낸 후 건더기는 꼭 짜서 버린다. 남은 물이 맑아지도록 기다린다.

③ 찹쌀로 고두밥을 지어 전기밥솥을 보온으로 유지한채 ①의 맑은 물만 붓는다.

④ 5, 6시간 후 밥말이 하얗게 동동 떠오르면 솥에 옮겨 한시간 정도 끓인다. 식혜를 만드는 과정과 같다.

⑤ ④가 식으면 고추장용으로 간 고추가루와 메주가루를 넣고 젓는다. 이 때 가루가 뭉치지 않도록 한다.

⑥ 소금은 본인의 식성에 따라 간을 맞춰가며 넣는다.

⑦ 소독한 항아리에 고추장을 담고 그 위에 소금을 하얗게 뿌려 곰팡이가 피는 것을 막는다.

⑧ 햇볕에 2개월 정도 숙성시킨다.

5) 떡볶이 양념 만들기

■ 양념 재료

고운 고춧가루 20kg
양파 한 자루 20kg
황설탕 30kg
물 3L

이렇게 만드세요

① 양파를 곱게 갈아서 황설탕과 물을 넣고 끓여준다. 끓으면 고춧가루를 넣고 멍울이 안 생기게 풀어준다.

② 끓으면 은근히 5분을 좀 더 끓이고 식힌 후 보관한다.

※특징: 미원, 다시다, 마늘을 넣지 않는다. 고운 고춧가루 선택은 청양고추를 반반 넣거나 캡사이신을 넣어 조절한다. 캡사이신으로 매운맛을 강조하면 "불떡볶이"가 된다.

사용하는 방법

① 밀떡볶이 또는 쌀떡볶이 한 봉지(50EA)를 선호도에 따라 선택해서 양념 2주걱, 고추장 2주걱, 혼다시 2T, 물을 잘박하게 넣고 끓여준다. 이때 떡볶이는 사전에 불려놓는다.

② 떡볶이가 익어 떠오르면 불을 줄인다.

3. 된 장

1) 생양념된장

■ 재료 및 비율

조미료	1	
참기름	8	
고춧가루	10	
간마늘	25	
고추장	25	
된장	100	개량식 구매된장

이렇게 만드세요

준비된 재료들을 비율대로 혼합해준다.

(생된장무침)

※홍고추, 청고추를 둥글썰기하고, 양파를 고추크기로 썰어, 무침을 하여 제공하면 더욱 좋다. 고추장은 가감하여도 좋고, 전혀 넣지 않아도 새롭다.

※외식업에 성공한 예를 보면 된장 한가지라도 전통식의 재래 된장을 사용하면 손님들께 더욱 인정받을 것이다.

봉주방장 해법

- 구이류를 제공할 때 막대 모양(야채스틱)이 곁들여진다.
- 위의 양념을 제공하면 생된장보다는 성의가 있고, 맛과 멋을 즐길 수 있다.

2) 볶음 된장

■ 재료 및 비율

조미료	2	
들깨	10	통들깨 볶음가루
식용유	10	
멸치	10	멸치가루
마른새우	10	새우가루
참기름	20	
간마늘	20	
양파	20	다진 것
물엿	20	
버섯	30	표고 다진 것
쇠고기	40	간것
개량된장	100	
재래된장	100	
물, 육수	100	

멸치, 일반 육수

이렇게 만드세요

① 식용유에 간마늘, 양파, 쇠고기, 된장 2종류를 넣고 잘 볶는다.

② 볶은 다음 바닥이 탈 우려가 있기 때문에 육수를 넣어 주면서 통들깨 가루를 제외하고 남은 재료를 모두 넣고 은근히 끓인다.

③ 식힌 다음 제공할 때 통들께가루를 넣어 준다.

※고춧가루를 넣을 수 있고, 뜨겁게 나갈 수도 있다.

※사용용도 : 나물 무침에 많이 사용하기도 하고 순대국 등을 드시는 손님께 곁들여 드릴 때 양파 등을 깍뚝썰기하여 무침하여 드리면 좋다.

봉주방장 해법

- 된장은 그대로 있는 콩의 형태가 약 20%이다. 이것을 찌개, 쌈장 등에 사용할 때에는 분쇄기 등에 갈아서 보관하였다가 사용하면 좋다.
- 쌈밥 된장은 볶은 된장보다는 날 된장을 제공하는 것이 좋다.

3) 쌈 장

■ 1차 양념 비율

참깨(2C)	2
사이다(0.5ℓ)	2.5
마늘(1㎏)	5
흰콩(4㎏)	20 (삶아서 간 것)
삼원조선된장(20㎏)	100

■ 2차 양념 비율

설탕(800g)	4
참기름(1㎏)	5
청양고추(1㎏)	5
풋고추(1㎏)	5
홍고추(1㎏)	5
대파(1㎏)	5
양파(1㎏)	5

이렇게 만드세요

① 흰콩을 삶은 후 갈아서 된장 등 모든 재료와 혼합한다.
② 콩물을 버리지 말고 첨가한다.

※위의 1차 양념에 청양고추, 풋고추, 홍고추, 대파, 양파를 곱게 다져서 설탕, 참기름과 함께 잘 섞어준다.

봉주방장 해법

쌈밥 전문점이라면 쌈장을 갤 때에도 땅콩가루, 해바라기씨, 호박씨 등을 넣어 특별한 쌈된장양념을 만들어 soul(영혼)이 있는 쌈장을 개발해야 한다.

4) 초된장

■ 재료와 비율

조개다시다	약간
레몬	5
노른자	5
겨자	5
설탕	30
미림	50
양조식초	50
개량된장	100
다시마	100

· 멸치육수

이렇게 만드세요

① 다시물에 된장을 곱게 간 후 비율대로 혼합한다.
② 제공하기에 어울리는 요리는 생선회 또는 생선구이류이다.

※참기름을 혼합해 줄 수 있다.

4. 겨 자

겨자분은 제조회사 별로 차이가 있어 냉면 전문 식당에서는 특성에 맞는 겨자 선택을 잘해야 한다.

1) 겨자개는 법

■ 재료 및 비율

재료	비율
겨자가루	80
물	100

이렇게 만드세요

- 겨자를 갤 때 정확하지 않으면 겨자 특유의 톡 쏘는 매운맛이 안나고, 쓴맛이 나는데 이것은 숙성(발효)이 충분히 안된 것이다.
- 겨자분을 갤 때에는 반드시 뜨거운 물을 부어야 한다. 겨자분은 본래 약간 푸른색이나 뜨거운 물을 붓고 1시간 정도 뜨거운 곳에 놓으면 옅은 노란 갈색으로 변한다(이때에 겨자 특유의 향과 매운맛이 강해진다).
- 표면이 마르는 것을 방지하기 위해 랩으로 덮어주고 작은 구멍을 낸다.

봉주방장 해법 : 와사비 개는 법

와사비는 겨자와 비슷한 분말로 되어 있지만 생와사비도 있다. 생와사비는 강판에 갈아서 사용하지만 분말와사비는 겨자와는 달리 찬물에 개거나 정종을 넣어 개어 사용한다.

2) 무침용 겨자개는 법

■ 1차 재료

재료	비율
미원	10
진간장	20
간마늘	50
겨자	100

■ 2차 재료

재료	비율	재료	비율
미원	5	통깨	10
고춧가루	20	간마늘	20
1차양념	100		

이렇게 만드세요

① 1차 비율에 맞춰 양념을 개어 넣는다.
② 요리주문이 들어오면 2차 양념을 한다.
③ 부재료로서는 5cm 길이의 쪽파와 어슷썰기 해 놓은 홍고추가 들어간다.

3) 겨자간장(초겨자장)

간장과 잘 숙성된 겨자를 혼합한 것으로 생선구이, 어선, 구절판, 어복쟁반 요리에 곁들여 나간다.

■ 재료 및 비율

재료	비율
설탕	2
참기름	20
겨자	30
물	50
진간장	100

이렇게 만드세요

초겨자 간장은 옆의 양념 비율에서 물을 제외시키고 제외시킨 양만큼 식초로 바꿔서 넣어 주면 된다.

5. 새우젓

새우젓은 단순한 젓갈로 인식하지 말고 양념으로 인식하여 요리에 적절하게 이용해야 한다. 좋은 새우젓은 싱싱하고 깨끗하며, 비린 냄새가 없다.

1) 양념 새우젓(소스용)

■ 재료 및 비율	이렇게 만드세요
깨소금 0.5 / 조미료 0.5 실파 1 / 굵은고춧가루 5 간마늘 5 새우젓 50 다시물 (다시마·멸치 국물) 100	• 다시물을 끓일 때 곰부차(다시마가루)를 넣어주면 좋다. 경우에 따라 미림을 약간 넣어 줄 수 있다. • 돼지고기 요리(족발찜, 돼지고기 보쌈)에 좋다.

봉주방장 해법

- 새우젓은 의외로 요리에 많이 사용하게 되는데 김치찌개 끓일 때, 김치가 많이 시어졌을 때 새우젓으로 조물조물 무쳐서 넣으면 좋다.
- 김치를 넣거나 돼지고기를 넣은 만두는 새우젓을 소량 넣어주면 돼지고기 특유의 냄새 또는 잡냄새를 없애 준다. 이 양념법은 개성식 양념법이다.

2) 새우젓 담그기(직접 담그세요 - 새우젓 새우 1 : 굵은 소금 1)

새우젓 새우는 김장철인 11월에는 한 짝(약 5kg)이 5만 원에서 10만 원의 가격으로 형성되나 김장철이 지나면 반값 이하로 하락한다. 이때에 구매하여 새우젓 새우에 동량의 굵은 소금과 혼합하여 공기가 통하지 않게 잘 동여매고 숙성시키면 굳이 시장에서 발색제와 방부제가 들어있는 새우젓을 비싸게 구매할 필요가 없다.

6. 미 림

자존심있는 요리사라면 미림을 만들어 사용하는 것이 좋다. 고기나 생선요리의 누린 냄새를 제거하고, 연화작용을 하는 맛술로서 가정이나 업소에서 쉽게 만들 수 있다. 미림은 술의 알코올 성분을 휘발시켜 만든 것이다. 술이란 수분과 알코올 성분을 함유하며 주원료의 향이 있다.

■ 초대리	포인트
식초 360cc / 소금 60g 백설탕 180g / 물 60cc 미원 0.5g / 다시다 조금 레몬향 조금	소금과 식초를 완전히 녹인후 다시다 향료를 첨가

서양요리(특히 스테이크)에서는 브랜디, 또는 포도주를 조금 넣어 불꽃(flamber)을 일으켜 잡냄새는 없애주고, 요리자체의 향을 상승시켜 주는 역할을 한다. 서양의 스테이크 요리는 센 불에 표면을 갈색으로 내고 속은 중간 익히기, 덜 익히기 등으로 즉석에서 술을 뿌려 알코올 성분으로 불꽃이 일어날 만큼 센 불이지만, 한국요리는 그렇지 않기 때문에 맛술을 만들어 넣는 것이 좋다.

1) 소주 미림

■ 재료 및 비율

- 황설탕 3
- 백물엿 11
- 백설탕 11
- 소주 100

(가격이 싼 1.8 *l* 패트병 소주로 해야 제조원가를 줄일 수 있다)

이렇게 만드세요

① 술에 적량의 설탕, 물엿을 넣고 은근한 불로 끓여 알코올 성분이 거의 휘발될 때까지 끓여 준다.

② 약 1시간 30분~2시간 정도 끓이면 수분보다는 알코올 성분의 증발이 강하게 나타난다. 또한 알코올 도수에 따라 증발되는 정도가 정해져 알코올 도수가 높은 것은 불이 옮겨 붙기도 하는데, 주변의 화재 위험에 대한 우려가 없다면 상관없다.

③ 또한 알코올 도수에 따라 미림 양이 정해지는데, 도수가 높으면 양이 적어지고, 도수가 낮으면 양이 많아진다(20° 알코올의 소주라면 소주량의 1/2만큼 물을 첨가하고, 맥주 미림 또는 정종 미림은 그대로 끓여 만드는 것이 좋다).

봉주방장 해법

물을 소주량의 1/2~1/3 정도 넣어준 다음 끓이면 미림 향은 약하지만 양은 늘릴 수 있다. 약 1/3 정도 양이 줄며 술냄새가 거의 없고 향긋한 향이 잔재해 있으면 된다.

2) 맥주 미림

맛은 약간 씁쌀한 맛이며 새콤달콤한 냉채 소스에 좋다.

■ 재료 및 비율

- 설탕 20
- 맥주 100

※경우에 따라 물엿, 황설탕을 혼합하여 주면 된다.

이렇게 만드세요

해외에서는 해당 국가 술이 가장 가격이 저렴하므로 때에 따라서는 45° 정도의 술로 미림을 만들 때가 있다. 이런 경우에는 동량의 물을 넣어 미림의 양도 늘리고, 만드는 과정에서 지나친 불꽃도 예방할 수 있다.

봉주방장 해법 : 남은 술을 버리지 마세요

손님께서 드시고 남은 술을 모아서 끓여 만들어도 된다. 중국술, 위스키, 맥주, 소주, 정종 등 남은 많은 술을 혼합하여 만들면 그 맛이 과히 환상적이라고 할 수 있다. 단, 막걸리는 안되며, 적포도주는 피하는 것이 좋다.

남은 음식을 재사용하지 않는 것과 남은 술을 이용하여 소스를 만드는 것은 다른 면이 있다.

3) 정종 미림

■ 재료 및 비율

정종/소주/설탕/식초 : 100/10/10/5

이렇게 만드세요

① 비율대로 혼합하여 10분간 끓인 후 식힌다.
② 마개있는 병에 담아 보관하고, 해물요리할 때 사용한다.

7. 고추기름

고추기름은 용도가 다양하고 응용범위가 넓다. 음식을 마르지 않게 하며, 윤기가 나게 하고, 얼큰하면서도 구수한 맛을 낸다. 영양적인 면에서도 탄수화물, 단백질과 함께 식품 중 가장 중요한 성분중의 하나이다. 요리에서의 지방은 외관상 두 가지로 분류한다.

실온에서 액체로 있으면 기름(oil)으로 식물성 유(油)에 많고, 고체상태로 있으면 지방(fat)으로 동물성 지(脂)로 표현된다. Oil과 Fat은 특유의 향이 있고 맛이 다르며 요리할 때 적절히 선별하여 사용하면 좋다.

1) 식물성 고추기름

❶ 고추향이 스며든 기름만 사용할 때(고운 체에 걸러 사용한다) : 나물 및 돌솥비빔밥에 사용한다.

■ 재료 및 비율

생강편	2
대파	10
마늘편	10
고운고춧가루	20
기름	100

※냉채류, 편채무침, 돌솥비빔밥 등에 첨가하여 밥과 함께 볶아준다. 돌솥바닥에 살짝 칠해 준다.

이렇게 만드세요

① 식용유를 넣어 뜨겁게 한다.
② 열이 오르면 대파, 마늘, 생강을 넣어 향이 기름에 유출되도록 한다.
③ 온도가 높아지면 고춧가루를 넣고 고추의 색깔과 향이 기름에 배어지도록 한다.
④ 온도는 110~120°를 넘지 않아야 하고 130°를 넘으면 고춧가루가 타서 좋지 않다.

※기름의 온도가 높을 때 넣으면 고춧가루가 쉽게 타므로 고춧가루 외의 재료를 먼저 넣어 향을 추출하기도 하고 기름의 온도를 가늠하여 고춧가루를 넣는 것이다.

❷ 체에 거르지 않고 사용하는 방법

■ 재료 및 비율

조미료	1
후추	1
참기름	2
다진생강	2
다진마늘	10
고운고춧가루	20
굵은고춧가루	60
기름	100

이렇게 만드세요

※동물성 고추기름 대용으로 육개장, 우거지탕 등의 탕요리에 좋다.

2) 쇠기름

육계장 및 해장국류의 얼큰한 탕을 끓일 때 사용한다.

■ 재료 및 비율

미원	1
후추	1
참기름	2
생강편	2
양파	5 다진 것
마늘	10 다진 것
고춧가루	70
쇠기름	100

이렇게 만드세요

① 쇠고기에서 추출한 쇠기름에 마늘과 생강, 양파 다진 것을 넣어 향을 추출한 뒤 기름의 온도를 낮춰준다(이때 너무 뜨거운 기름에 마늘 등을 넣으면 수분에 의해 기름이 넘치는 수가 있다).

② 기름의 온도를 낮춰(110°~120°정도) 고춧가루를 넣고 잘 볶아준다.

③ 남은 재료(조미료, 후추, 참기름)를 넣고 잘 볶아주고 끝내기 한다

※동물성 기름만으로 만들면 실내 온도가 차가운 겨울에는 너무 딱딱하게 응고되어 사용하기가 불편하므로 식용유 적당량(1/10 ~ 1/20정도)을 혼합하여 준다.

봉주방장 해법 : 쇠기름 추출법

① 곰탕 또는 육수를 끓일 때 수거법 : 처음에는 불순물이 생긴다. 이것을 걷어내면 순수기름인 노란 기름이 생긴다. 이것을 물이 들어가지 않게 가만히 걷어낸다.

② 후라이팬에서 녹이는 법 : 후라이팬에 식용유를 약간(쇠기름 전체 분량의 1/10) 넣고 기름을 녹인다. 너무 연기가 나서 타지 않게 하며 온도는 140~150℃로서 튀김온도보다 낮은 온도가 적당하다. 기름이 추출되면 체에 밭쳐 찌꺼기를 버리고 사용한다.p

③ 동물성 고추기름 사용 : 육개장 소스, 우거지탕, 해장국 등에 사용한다.

3) 주꾸미 소스

매운맛 양념(주꾸미, 낙지 등)

■ 불다시다 기본 재료

설탕 300g	닭고기맛 분말 시즈닝 50g
캡사이신 30g	미원 30g
후추 15g	스모크향 분말 20g
소금 10g	쇠고기 맛나 10g
쇠고기맛 분말 시즈닝 10g	마늘맛분 10g
생강맛분 10g	양파분말80 5g
합계 500g	

※특징: 많은 양(10배, 100배)으로 만들어 실온에 놓아도 변질되지 않는다.

이렇게 만드세요

사용 직전 불다시다 기본 주꾸미 재료를 기본으로 하여 만든다.

주꾸미 소스 배합하는 방법

물 60g + 불다시다 기본재료 300g + 고운 청양고춧가루 300g + 진간장 30g을 개어놓는다.

주꾸미 양념 재우는 법과 볶는 방법

① 식용유 20g을 넣고 주꾸미 360g을 넣고 볶는다. (너무 센 불에 볶지 않는다. - 초벌용)

② 주꾸미가 어느 정도 익으면 마늘과 주꾸미 소스 73g을 넣고 볶는다.(초벌)

③ ②의 초벌용을 차가운 물에 팬을 닿게 하여 식힌다. (차가울수록 좋음)

④ 새로운 팬에 식용유 25g을 넣고 센 불로 켜서 연기가 나기 시작하면 ③과 양배추를 넣고 볶는다. (쓴 맛이 나지 않고 불 맛이 나도록)

※주꾸미 메뉴 배합: 주꾸미(해동) 360g + 식용유 20g/25g + 마늘 20g + 주꾸미 소스 73g

제2절 국 물

1. 개 요

육수의 분류와 파생되는 원리

- 국 물(육수)
  - 1) 맑은 국물
    - (1) 쇠고기 육수
      - ① 장국 · 떡국 육수
      - ② 매운탕 육수
      - ③ 냉면 육수(함흥식 냉면)
    - (2) 쇠고기+돼지고기 육수
      - ① 냉면육수(평양식 냉면)
    - (3) 쇠고기+돼지고기+닭고기육수
      - ① 냉면육수(평양식 냉면육수)
    - (4) 닭고기 육수
      - ① 삼계탕
      - ② 초계탕
    - (5) 조개탕 육수
      - ① 조개탕 육수
      - ② 해물탕 육수
      - ③ 기초 토장 육수
    - (6) 조개탕 육수+쇠고기 육수
      - 신선로 · 매운탕 육수
    - (7) 멸치, 다시마, 다랑어(가쓰오부시) 육수
      - ① 진기스칸(샤브샤브) 육수
      - ② 매운탕 육수
      - ③ 국수 육수
      - ④ 로스편채 소스
    - (8) 콩나물 육수
      - ① 해장국 육수
      - ② 물김치 국물
    - (9) 과육(뼈, 사과) 육수
      - 동치미 등의 물김칫국물
  - 2) 탁한 국물 "곰육수"
    - (1) 사골 잡뼈 육수
      - ① 곰탕류(설렁탕, 도가니탕, 꼬리탕) 육수
      - ② 떡국 육수
      - ③ 온면 육수
    - (2) 돼지뼈(머리뼈 포함) 육수
      - ① 해장국
      - ② 감자탕 육수
      - ③ 우거지탕 육수
      - ④ 순대국
    - (3) 닭뼈 육수
      - ① 삼계탕
      - ② 부분적으로 냉면 육수에 사용
      - ③ 초계탕
    - (4) 생선뼈 육수
      - ① 강화도 지방의 진한 생선뼈국물인 '백숙'
      - ② 매운탕
  - 3) 장(된장,고추장) 국물
    - (1) 된장+쇠고기육수
      - ① 된장찌개 · 강된장찌개
      - ② 된장국 · 해장국 일부
    - (2) 된장+조개육수
      - ① 된장찌개 · 강된장찌개
      - ② 된장국 · 해물탕 일부
    - (3) 고추장+육수(쇠고기, 조개)
      - ① 강된장찌개 일부, 감자탕
      - ② 매운탕 등의 전골 및 고추장찌개
      - ③ 된장국 일부

※사골뼈 등급 순서: A. 한우 황소, 한우 암소, 한우 거세 / B. 육우 황소, 육우 거세, 육우 암소

한국음식의 국물은 전통적인 가족문화, 친족문화의 공동체적 문화와 함께 애환이 깃들여져 있는 음식문화로 국물에 대한 애정은 세계 어느 국가의 음식문화에 비할 수 없는 독특한 문화를 가지고 있다.

예를 들면, 한국음식의 상차림으로 국, 찌개, 전골은 필수적으로 올려지는데 예정에 없는 인원이 늘

거나 농번기때 지나가는 길손이라도 '진지 잡수십시오'라는 인사를 할 수 있었던 것은 수저만 있으면 남은 밥과 국물이 있는 찌개 또는 국으로 한끼 식사는 대접할 수 있는 여유가 있기 때문이다. 또한 과거 우리 가족제도의 끈끈한 연대감의 느낌을 찌개, 전골의 국물에서 찾아 볼 수 있는데 비위생적이라 하여 배척되어 있는 모습으로 잊혀져 가고 있지만 과거에서는 흔히 시골에서 바글바글 끓여지는 찌개 국물에 할아버지, 할머니, 부모님, 자식간에 각자의 수저로 국물과 건더기를 나눠 먹고, 나눠주는 옛 추억이 그렇게 정겨움으로 회상되는 부분이기도 하다.

국물은 육, 어류 뼈 등을 주재료로 사용하며, 부재료로 양념류의 채소와 향신료를 넣어 은근한 불에 끓여 내는 것이다. 국물은 0.8~1%의 염도로 간을 맞추며 간장은 진한 느낌과 깊은 육수 맛을 더한다.

국물의 분류는 농도에 따라 크게 맑은 육수와 탁한 곰국으로 나눠진다.

2. 국물을 끓이는 방법과 유의할 내용

❶ 국물 끓이는 통의 선택이 중요

육수 끓일 때 절대로 피해야 할 통은 스테인레스통이다. 이유로는 국물이 잘 우려지지 않기 때문이며, 특히 뼈육수일 경우에 더욱 그렇다. 가장 좋은 통은 바닥이 두꺼운 알루미늄통이며, 같은 양이라면 깊이가 있는 것이 넓이가 넓은 것보다 더욱 좋다. 가마솥도 좋으나 계속 사용할 때는 녹을 방지할 수 있으나 사용이 중단되는 것이 반복되면 녹을 제거하며 사용하기가 어렵다. 그러나 설렁탕 등의 전문점이라면 무쇠솥이 최상이다.

❷ 충분한 핏물빼기와 온도

충분히 핏물을 뺀 고기덩이를 그대로 넣는다. 물이 끓을 때 넣는 것이 국물이 깨끗하나, 순수하게 육수를 낼 목적이라면 처음부터 센 불에서 끓이고 끓기 시작하면 서서히(98℃ simmering 상태) 끓인다.

❸ 끓이는 시간

고기도 사용하면서 맑은 육수를 내기 위해서는 끓기 시작하여 2시간이 적당하고, 고기(편육)를 사용하지 않고 순수하게 국물만 내는 목적이라면 3시간 지나면 국물이 탁해지기 시작한다. 또한 3시간이 지난 고기덩이는 편육으로 썰기 어려운 뭉구러짐이 있다.

❹ 육수의 누린 냄새를 없애기 위한 향재료(부재료)

오랫동안 고기와 함께 끓여도 괜찮은 향재료는 마늘, 인삼(미삼)이며, 서울음식의 대가이신 이원림 선생님은 통계피를 약간 넣으라고 충고한다.

> **봉주방장 해법**
> 많은 요리사들이 육수를 끓일 때 실수를 하는 경우가 많은데 파, 마늘, 생강, 무 등을 함께 넣고 끓이는 경우 이 경우는 당장 사용하는 경우이다. 이러한 향재료는 오히려 육수 고유의 맛을 감소시키며, 보존할 수 있는 시간도 짧아진다.

3. 국물내는 법

1) 맑은 육수

맑은 육수는 깊은 맛보다는 깔끔하고 개운한 맛을 낼 때 끓이는 것으로 육·어류의 뼈보다는 육질 부위를 주로 사용한다. 맑은 육수는 크게 쇠고기, 닭, 조개탕 육수, 다시마 육수, 콩나물 국물로 나누어 질 수 있다. 염도는 0.8~1%이며 간장은 재래식(조선) 간장을 사용하고, 소금은 굵은 소금이 좋으며 구운 소금 또는 볶은 소금이라면 더욱 좋다.

고기 맑은 육수를 끓이는 데 있어서 뼈를 사용하지 않고도 고기만 넣고 오래 끓여도 국물이 탁해지므로 유의해야 한다. 일반적으로 고기를 넣은 후 최대 2시간~2시간 30분 내에 끝내야 육수가 맑다.

봉주방장 해법
- 육수에 국간장을 넣을 때는 끓이는 과정에 넣어야 간장의 날냄새가 나지 않는다.
- 맑은 육수는 물이 끓는 상태에서 넣어야 한다(냉면 육수 등 포함).

공통 : 육수용 부재료 넣기 재료

■ 향재료
- 생강 아주 조금
- 양파 5
- 마늘 5
- 대파 5
- 물 100

■ 간맞추기
- 조미료 아주 조금
- 설탕 아주 조금
- 국간장 1
- 소금 2

이렇게 만드세요

경우에 따라 향재료를 가감할 수 있으며, 육수에 진한 느낌을 주기 위하여 향재료를 굽거나 갈색으로 지져낸 후 넣으면 맛의 상승효과를 낼 수 있으며 육수 또한 진한 느낌을 주어 좋다.

※원가를 낮추기 위해서는 고기를 손질한 것(갈비, 등심)을 활용하는데, 국물내는 기본은 핏물을 제거하는 것으로 12시간 이상 제거한다.
※삶은 고기가 목적일 때는 끓는 물에 고기를 넣고, 육수를 목적으로 하면 처음부터 고기를 넣고 끓인다.

봉주방장 해법 : 육수는 양지머리부위가 진한 육수를 만든다.
- 양지는 원가가 비싸고 기름이 많아서 편육으로 많이 사용하는 사태·설깃살 등을 함께 사용한다.
- 양지 부위는 턱 밑에서부터 젖 부위까지의 살을 말하며, 양지머리는 앞다리쪽의 턱 밑의 살을 양지머리라 한다. 이 부위는 차돌박이라 하여 기름과 육질이 혼합되어 있어 맛이 구수하고 씹을 때 꼬들꼬들하다. 또한 육질에 탄력이 있어 구이용으로도 일품이며 국물 맛내기로도 양지머리가 최고이다.
- 약 40여년간 유명한 평양식 냉면점이 있다.
  냉면육수의 비법은 순수 쇠고기 육수만을 끓인 육수와 갈비 등을 손질할 때에 제거한 기름을 모아서 끓인 육수를 합치는 것이다.

(1) 쇠고기 육수

■ 재료 및 비율

재료	비율
향재료	1 (대파, 마늘 …)
무	2
쇠고기	10~15
물	100

이렇게 만드세요

① 처음의 지저분한 거품은 제거하고 노란 기름이 나오면 제거하지 않는다. 이 기름은 육수 자체의 맛과 향을 보존할 수 있기 때문이다.

② 소금은 처음부터 기본적인 간으로 하는 것이 좋고, 끓으면 국간장을 조금 넣어 육수의 색과 맛의 깊이를 더하는 것이 좋다.

③ 약 3시간 정도 은근히 끓으면 야채를 넣는데 무, 향재료(대파, 마늘)를 넣고 30~40분 정도 끓여준다. 이는 야채를 넣고 오래 끓이면 풋내가 나기 때문이다. 육수를 오랜 시간 끓여야 할 경우에는 파와 무를 넣지 않고 미삼과 통마늘만 넣는다.

※육수를 사용하여 토장국, 육개장, 우거지탕 등을 끓일 때는 간을 하지 않은 육수를 사용한다. 그 이유는 된장, 고추장 등으로 기본간을 하기 때문이다.

※미역국, 갈비탕, 육개장, 냉면 육수 등에 쓰인다.

봉주방장 해법 : 인삼은 고기비린냄새를 제거하는 데 최고!

- 육수를 끓일 때 약간의 미삼뿌리와 아주 조금의 통계피를 넣으면 고기 비린 냄새를 없앨 수 있다.
- 수삼(말리지 않은 삼)은 보존기간이 짧으므로 마른 미삼뿌리를 구매하여 사용하면 좋다.

(2) 닭고기 육수

■ 재료 및 비율

재료	비율
조미료	1
소금	2
진간장	2
향재료	5 (대파, 마늘, 생강, 양파)
닭	20
물	100

이렇게 만드세요

① 향신료를 넣고 너무 오래 끓이면 풋(야채)냄새가 좋지 않기 때문에 40분 정도가 적당하다(육수가 진하게 느껴지게 하기 위해서는 향재료를 약간 갈색 나게 구워서 넣을 수도 있다).

② 간 맞출 때 유의할 장단점

- *육수를 끓이기 전 처음부터 간을 맞출 때*
  - 장점 : 고기 등에 맛난 간이 들어가 삶은 고기가 맛이 있으며, 소금, 간장, 염(鹽)으로 인하여 육질 내에 함유하고 있는 칼슘성분이 안정되어 육수가 맑다.
  - 단점 : 간을 미리 하면 다용도로 사용하기 어렵다. 예를 들어 고추장, 된장으로 간을 할 때에는 사용하기 어렵다.
- *육수를 끓이고 난 후 간을 맞출 때*
  - 장점 : 여러 용도로 사용할 수 있다. 특성에 맞는 간(된장, 고추장, 소금)으로 할 수 있다.
  - 단점 : 국물이 탁해진다.

※닭 육수는 초계탕(새콤달콤한 육수), 초교탕(일반 닭 육수), 미역국에 사용할 수 있다.

(3) 다시마, 멸치, 가쓰오부시 국물

■ 재료 및 비율

재료	비율	
미원	약간	
건다랑어	0.2	가쓰오부시
다시멸치	0.6	
다시마	0.6	
진간장	1.5	색이 날 정도로
소금	1.5	
향재료 물	100	

이렇게 만드세요

① 찬물에 다시마와 굵은 멸치를 넣고 끓인다.
② 물이 끓기 시작하면 5분 후 불을 끄고 건다랑어가루(가쓰오부시)를 넣고 5분 후에 멸치와 가쓰오부시를 걸러낸다.
③ 진간장을 노르스름한 육수색이 되게끔 넣는다.
④ 소금으로 간을 하여 조미료를 넣는다(조미료 : 미원, 혼다시, 쇠고기 다시다를 조금씩 넣고 설탕을 약간 넣을 수 있다).

※사용되는 요리는 진기스칸(샤브샤브), 국수전골, 버섯전골, 우동, 메밀국수 등이 있으며, 때에 따라서는 해물탕 등의 전골에 사용할 수 있다.

봉주방장 해법 : 육수를 끓일 때의 유의점 1

① 향재료(무, 대파, 양파, 마늘)를 넣어 줄 수 있다.
② 생선 지리탕은 같은 방법이나 간장을 넣지 않고 해당 생선뼈와 살을 넣으면 된다.

봉주방장 해법 : 육수를 끓일 때의 유의점 2

① 간장은 색이 발그스레하게 색이 날 정도로 넣는데 끓을 때에 넣는다.
② 다시마는 물 1ℓ에 5cm 정도 크기로 잘라서 사용한다.
③ 가쓰오부시는 무게감이 거의 없는 가벼운 것이기 때문에 부피 개념으로 물 1ℓ에 가쓰오부시(건다랑어) 1/2컵을 넣는다(10ℓ라면 자연스럽게 손으로 두 번 크게 넣으면 된다).

(4) 조개탕 육수

■ 재료 및 비율

재료	비율
혼다시	조금
마늘	조금
말린다시마	1
소금	1
정종	2
바지락	10
모시조개	10
물	100

이렇게 만드세요

① 큰 조개, 대합 등을 생것으로 살을 발라 낼 때 속에 있는 개흙과 함께 조개물이 쏟아진다. 버리지 말고 국물을 끓일 때 넣는다. 내장을 떼어낸 것도 함께 끓이고 체에 밭쳐 버린다.
② 끓이는 동안에 개흙과 모래는 가라앉고 점성의 액체는 거품과 같이 위에 부유하고 있어 걷어 내면 된다.
③ 조개 껍데기도 함께 삶으면 전혀 국물이 안 나올 것 같아도 진한 국물이 나온다.
④ 바지락을 넣는 이유는 모시조개보다는 값이 저렴하고 국물이 진해진다. 그러나 조개국물은 모시조개 국물이 가장 으뜸이다. 또 조개탕은 간장을 넣지 않고 굵은 소금만으로 간을 한다.

※혼다시는 일식 요리에 많이 사용하는 조미료로서 조개 다시다의 일종이다. 주로 조개탕, 조개탕국물로 끓이는 토장국(된장, 고추장), 해물탕, 매운탕 등에 쓰인다.

봉주방장 해법 : 다시마 육수내는 법

물 5ℓ에 다시마 약 30cm 정도를 넣고 처음부터 넣은 후 끓기 시작하면 불을 끄고 5분 후에 건져낸다.

봉주방장 해법 : 맛있는 신선로 육수내는 법

일반적으로 된장 찌개, 조개탕, 해물탕, 신선로 등은 고기육수만을 사용할 것 같은데 고기육수의 1/2, 1/3, 1/4……정도 비율로 혼합해주면 육수가 한결 개운하고 시원해진다. 염도의 일부는 멸치 액젓 또는 까나리 액젓 국물을 첨가할 수 있으며 개운함과 깊은 맛을 얻을 수 있다.

봉주방장 경험 : 맛있는 조개육수내는 법
조개를 다루는 데 있어서 점액질의 분비물이 흐르는 것을 볼 수 있다. 씻어 버려야 할 지 판단이 잘 안되는 경우가 있는데, 버리지 말고 그대로 끓이면 점액질 및 부유물질은 거품으로 위로 떠오르게 되므로 안심하고 끓이면서 걷어내면 된다.

(5) 콩나물 국물

콩나물의 아스파라긴스 성분이 술 해독 작용을 한다는 연구가 있어 콩나물 국, 콩나물 해장국, 콩나물 국밥 등으로 많은 관심을 가지고 있다. 가장 흔하게 소비되고 있는 콩나물은 누구나 쉽게 할 수 있다는 장점이 있지만, 몇 가지 알아야할 사항도 있다.

■ 재료 및 비율

재료	비율
다시마	3
소금다시마	3
마늘	4
대파	4
콩나물	30
물	100

이렇게 만드세요

콩나물은 약간의 소금을 넣고 뚜껑을 덮지 않고 끓이는데, 끓는 상태에서 넣어 5분이면 알맞게 익는다.

※멸치를 넣으려면 멸치를 콩나물보다 먼저 넣고 끓인다.
※끓여놓은 콩나물을 맛있게 오래 보관하려면 소금을 넣지 않고 삶아서 잘 익으면 콩나물을 건져, 콩나물과 국물을 따로 식힌다. 국물이 식을 때까지 기다린 후 식은 콩나물을 다시 넣어 보관한다(여름에는 얼음을 채워 보관하면 좋다).

봉주방장 해법 : 콩나물 국밥
멸치 콩나물 육수에 새우젓을 약간 넣어 간을 하고 김치를 송송 썰어 양념하여 넣고 쇠고기 장조림(덜 달게 만들어)을 쪽쪽 찢어 계란 줄알을 해 완성한다(시원한 맛을 낼 때는 조갯살 또는 조개국물을 넣으면 개운하게 끓일 수 있다).

(6) 냉국 국물

■ 부피개념으로의 비율

재료	비율
굵은멸치	3
가쓰오부시	3
다시마	5
오이즙	5
물	100

■ 사용하는 방법

① 차갑게 식혀진 냉국 국물에 오이를(주로 속을 이용) 갈아서 즙을 내어 체 또는 자루에 걸러 넣는다.
② 냉국을 만들고자 하는 주재료(오이, 미역, 콩나물, 가지)를 방법대로 넣고 냉국을 만든다.

이렇게 만드세요

① 찬물에 건다시마, 가쓰오부시, 굵은 멸치를 넣고 끓인다.
② 끓기 시작하면 3분 후 불을 끄고 잠시 5분 정도 있다가 고운 체에 바쳐 낸다.
③ 차갑게 식힌 다음 기본양념(소금, 국간장, 간마늘, 약간의 고춧가루, 깨소금)을 넣고 양념을 한다.

(7) 과육 국물(배껍질 · 사과껍질)

■ 재료 및 비율

재료	비율
배 · 사과껍질	50
물	100

※껍질을 사용하기 위해서는 잘 닦은 후 깎아야 한다.

이렇게 만드세요

배, 사과껍질을 모아 놓았다가 2~3배의 물을 넣고 끓인다. 약 2시간 정도 후에 체에 걸러서 나박김치, 동치미 등의 물김치에 사용한다.

2) 탁한(곰) 육수

탁한 곰육수는 끓이고자 하는 뼈에 함유되어 있는 칼슘 성분과 젤라틴 성분을 뜨거운 온도와 물이 대류 되면서 추출시켜 고농도의 진국을 만드는 것이다.

▶ 육수 끓일 때 꼭 알아두어야 할 내용

① 스테인레스통을 사용하여 육수를 끓이면 국물이 잘 우러나지 않는다.

② 알루미늄통을 사용하거나 무쇠솥을 사용하면 국물이 잘 우러난다.

③ 사골 또는 잡뼈 등 국물을 낼 재료는 핏물을 12시간 이상 물을 조금씩 흘려 빼내고 정해진 통에 재료를 넣고, 처음에는 재료의 1.5배를 넣고 센 불에 끓여 준다. 끓기 시작하면 약 15분 후 좋지 않은 색의 국물이 우려지는데 이것을 완전히 버리고 재료와 통을 물로 깨끗이 닦아주어 남은 불순물(뼈 가운데 들어있는 기름은 톡톡 두드려 빼버릴 것)을 제거하고, 다시 새로운 물을 재료의 5~6배로 붓고 끓인다. 국물의 농도를 진한 느낌을 주려면 스지(힘줄)를 넣어준다. 한 박스 10kg을 시키면 1kg씩 보관했다가 한 봉지씩 꺼내 사용한다.

④ 처음에는 센 불에 끓여 끓기 시작하면 은근하게 끓인다. 처음 지저분한 거품은 제거하고 노란 기름이 떠오르면 기름을 제거하지 말고 그대로 놔두어 자연적으로 기름 층이 뚜껑 역할을 하게 하고 뼈의 구수한 향기도 보존하게 한다.

▶ 누린 냄새를 없애고 깊은 맛을 낼 때 알아두어야 할 내용

① 약간의 인삼뿌리와 통계피를 넣으면 잡냄새가 없어진다.

② 돼지고기를 삶아 요리할 경우, 12시간 이상 흐르는 물에 담가 잡냄새 및 핏물을 제거한 돼지고기를 육수 끓이는 통에 넣고 약 10분만 삶은 후 제육요리에 사용한다. 국물은 국물대로 깊은 맛을 내고 고기는 고기대로 육즙을 보존하며 요리할 수 있어서 좋다.
※돼지고기를 곰(사골)육수에 넣고 끓이는 것이 이해가 안되겠지만 묘한 깊은 맛이 난다.

③ 가격이 싼 닭뼈 및 닭발을 구입하여 깨끗이 껍질을 벗기고 별도로 국물을 우려내어 혼합해주면 누구도 상상할 수 없었던 묘한 맛이 난다. 이때, 정종을 약간 넣고 생강 몇 쪽, 마늘을 넣고 닭발의 6배 물을 넣고 2시간 정도 삶은 물을 걸러서 혼합한다.

④ 편육을 사용하기 위하여 고기를 삶을 때는 덩어리 고기를 그대로 삶아야 한다. 별도의 물에 삶지 말고 핏물을 24시간 이상 제거한 후 곰(사골)육수가 끓을 때 넣고 1시간 30분~2시간 고기를 삶게 되면 육수도 깊은 맛을 내고 고기 또한 맛이 부드럽다. 두꺼운 부위는 칼집을 넣는다. 칼집을 넣을 때는 편육으로 사용할 것을 유의하여 칼집을 넣는다.

⑤ 순대국(돼지) 육수는 돼지머리뼈를 사용하는데 양파를 많이 넣을수록 좋다. 다른 것은 안 넣는다.

▶ 국물이 진하지 않아 응급조치로 깊은 맛을 낼 때 알아두어야 할 내용

① ROUX(루)를 만들어 조금 넣어 준다.

봉주방장 해법 : ROUX(루)

- 양식요리에서 소스 또는 수프를 끓일 때 버터와 밀가루를 2 : 1의 비율로서 버터를 먼저 녹인 후에 밀가루를 넣고 볶은 것으로, 크림수프용처럼 지나치게 볶지 말고 약간만 볶아준다. 냉장고에 보관하고 사용시마다 조금씩(1인분에 1t정도) 꺼내어 사용하면 좋다.
- ROUX(루)가 뼈육수에 잘 어울리는 이유는 버터지방은 소의 젖으로부터 생산된 것이기 때문에 맛이 구수하다. 밀가루는 버터 기름에 볶았기 때문에 밀가루 냄새는 잘 나지 않고, 구수함을 더하며 밀가루의 농도에 의하여 약간 걸쭉함을 주기 때문에 진국처럼 느껴진다.

② 경우에 따라 커피 프림, 생크림 등을 넣어 주기도 하나 준비가 덜 된 국물에 사용하는 응급조치법이다. 이럴 때는 국간장을 조금 넣어야 생크림의 옅은 우유 맛을 없앨 수 있다. 그러나 이 방법은 요리사로서 알고 있어야 할 부분이기는 하지만 지나치게 사용한다는가, 지속적으로 사용하면 좋지 않다. 강조컨대 음식은 윤리적이고 정성을 다해야 한다.

③ 가장 좋은 방법은 순수한 뼈 육수와 육즙에 의한 국물이 제일 좋은 국물이며 손님에게도 신뢰를 얻을 수 있는 방법이다.

▶ 곰(사골) 육수 끓이는 법과 보관하는 법

① 처음 우려낸 국물은 어둡고 진한 육수 맛이고 누린내가 날 수 있다. 두 번째 육수맛은 약간 누런색의 뽀얀 국물이 우러나온다. 그러나 점점 끓어 낼 때마다 뽀얀 국물이 희석되어 4~5번째는 거의 나오지 않는다.

② ①을 단계별로 끓일 때마다 식힌 후 비닐 팩을 이용하여 각각 냉동시켜 놓는다.

③ 냉동 보관하였던 모든 국물은 처음에 나왔던 국물과 중간 국물, 마지막 국물 등 전부를 합친 다음 끓여 준다. 끓인 것은 식힌 다음 다시 봉지에 담아 얼린 다음 필요한 만큼 꺼내어 사용한다.

④ 사골육수가 잘 우려지지 않는다면 이는 젖을 생산하는 젖소의 뼈를 사용했거나 늙은 소(폐소)의 고기를 사용했기 때문이다(젖소뼈는 젖을 생산하면서 칼슘이 우유생산에 활용되기 때문이 아닌가 생각된다).

(1) 곰육수 끓이는 법

❶ 쇠 사골육수 재료

<table>
<tr>
<td>

■ 재료 및 비율

재료	비율
쇠사골뼈	20
쇠잡뼈	20
물	100

※충분히 핏물을 빼지 않았다면 끓는 물에 넣어 5분 정도 지난 후 따라내고 새 물을 넣고 끓여야 한다.

</td>
<td>

이렇게 만드세요

① 사골뼈를 약 24시간 이상 핏물을 뺀다.
② 핏물을 뺀 뼈가 잠길 만큼 물을 넣고 끓는 물에 넣는다. 그래야 국물이 탁하지 않다.
③ 끓을 때 떠오르는 부유물은 자꾸 걷어낸다.

※사골뼈는 가격이 비싸므로 잡뼈를 1/2 정도 넣고 끓인다. 설렁탕 전문점에서는 쇠머리뼈를 삶기도 한다. 곰 육수 끓일 때 설렁탕고기, 장조림고기를 삶아야 하는 경우, 핏물 제거 후 사골 곰 육수 끓이는 통에 넣고 끓이면 고기도 부드러워지고 육수도 구수하고 맛이 좋다.

</td>
</tr>
</table>

봉주방장 해법

사골육수를 끓일 때에도 잡뼈를 함께 넣고 끓여야 맛이 있다.

쇠사골의 진하고 뽀얀 뼈 육수는 소의 앞·뒷다리 무릎관절 부위의 뼈(사골 : 앞·뒷다리의 정강이뼈를 말함)가 국물이 가장 진하다. 그러나 사골은 원가가 높기 때문에 잡뼈 또는 머리뼈를 사용하거나 혼합해 준다. 또한 도가니, 힘줄 등 여러 가지 부위도 오래 끓이기만 하면 국물이 결국 뽀얗게 우러나온다.

핏물을 뺀 고기를 함께 넣고 삶으면 사골 곰육수라 할지라도 맛이 있다.

사골 뼈 육수는 평균 2~3일 동안 계속 끓여 사용하게 되는데, 일반 덩어리 고기를 1차적으로 삶아야 하는 경우가 있다. 이런 경우에는 핏물을 잘 빼서 사골 곰 육수 끓이는 통에 넣어 끓이면 육수 맛도 좋을 뿐더러 삶은 고기맛도 좋아진다(특히 설렁탕 고기 등…).

봉주방장 경험

육수를 끓일 때 간을 하게 되면 국물이 탁하지가 않다. 그러나 장기간에 두고 우려낼 것이라면 그렇게 하지 않는 것이 좋다. 설렁탕을 끓일 때는 설렁탕 고기(머리고기, 우설, 양) 등을 삶아서 찬물에 헹궈하여 체반에 놓고 식은 후 썰어놓고 삶았던 육수는 사용하지 않는다. 육수는 사골 잡뼈 국물로 뽀얗게 우려낸 것을 사용한다.

❷ 생선뼈 곰 육수(흰살생선 뼈 : 농어, 광어, 숭어 등)

생선뼈는 뽀얀 국물이 아닌 생선 맑은 국물을 약 10~20분 끓여 손님께 드리지만 약 5~6시간 푹 끓이면 뽀얀 국물이 진하게 우려 나온다. 강화도의 '생선 백숙'이라는 메뉴가 인기가 있는데 쇠사골 육수처럼 뽀얀 국물에 미나리와 콩나물을 듬뿍 넣고 생선머리와 뼈를 함께 끓인 것을 지리초 소스와 곁들여 대접해 드리는 것인데 부드럽고 깊은 맛이 대단하며 비린 냄새도 없다.

■ 재료 및 비율

재료	비율
소주	약간
생강	약간
통마늘	5
생선뼈	30 머리뼈 포함
물	100

※생선머리와 뼈는 신선한 것을 사용해야 하며, 사용하기 전에 흐르는 물에 씻는 것이 좋다.
※경우에 따라 고기 육수와 혼합해 주면 맛이 훨씬 좋아진다.
※생선매운탕, 보쌈김치 국물에 새우젓을 약간 보충하여 끓여 식힌 후 넣어 주면 깊은 맛이 난다.

❸ 돼지뼈 육수와 닭뼈 육수

■ 재료 및 비율

재료	비율
미삼	약간
생강	약간
통마늘	1
돼지뼈	20
물	100

※**사용방법** : 온면 육수, 해장국 등의 탕국물에 사용하며 쇠뼈 육수의 약 1/5 정도만 혼합하여 사용하거나 애시당초 곰(사골) 육수 끓일 때 1/5은 돼지 뼈를 넣고 끓이면 더욱 좋다.

봉주방장 해법

돼지육수는 잘 사용하지 않지만 주방장의 경험으로는 권장하고 싶은 부분이다. 한국인의 의식으로는 쇠고기 육수를 가장 으뜸으로 치지만 돼지고기를 더 선호하는 나라도 많다. 흐르는 물에 잡냄새와 핏물을 제거한다(10시간 이상). 그리고 끓는 물에 돼지고기를 넣고 끓여보라. 이북이 고향이신 분들의 경험담을 듣고, 끓는 물에 돼지고기를 넣고 끓여보니 의외로 담백하고 맛이 개운하였다.

제3절 기본조리법

1. 볶 음

볶음요리는 중국요리의 특징으로, 잘 길들여진 철 프라이팬을 강한 불에 놓고 식용유를 두르면 순식간에 식재료에 함유된 수분이 기화되면서 기름을 분산시켜 불이 붙어지면서 볶아지게 되는 것이다.

봉주방장 해법

① 볶음을 할 때에는 길이 잘 들여진 팬을 이용한다. 이유로는 팬의 철판에 재료가 붙게 되면 볶음이 아니라 비벼지는 것이기에 볶음의 의미가 없기 때문이다.
② 낮은 온도에 볶음하면 너무 많은 기름이 재료에 흡수되어 좋지 않고, 재료가 잘 들러붙는다.
③ 볶음에 사용하는 프라이팬은 비눗물이나 철 수세미를 사용하면 안 된다.
④ 자연스럽게 흐르는 물에 씻어내고 볶음 전용팬은 다른 것을 사용하지 않는다.
⑤ 볶음팬은 얇은 것보다는 두꺼운 것이 좋다.

(1) 육 류

중국팬에 기름을 넣고 기름의 연기가 비춰질 정도로 뜨거워지면 육류를 넣고 색을 낸다. 낮은 온도에서 조리하면 육즙이 유출되어 퍽퍽해지고 질겨진다. 그리고 이때, 손잡이를 위로하고 불꽃을 팬 안쪽으로 끌어 들여 훈제되는 향을 유도하면 특유의 볶음요리가 되는 것이다.

(2) 채 소

① 색깔있는 구절판 재료(당근, 오이)는 소금에 절이지 말고 중간불에 볶으면서 소금을 넣는다. 기름을 적게 두르고 볶음한다. 기름을 많이 넣으면 색이 누래진다. 오이 또는 당근즙이 볶는 과정에서 침출되는데, 그대로 흡수될 정도로 볶아준다.
② 마른표고버섯 볶을 때는 약간의 물을 넣어준다. 기본적인 간(조림간장, 식초 약간, 설탕 등)을 한 다음 볶는다.
③ 일반 버섯은 물기가 많이 나오므로 센 불에 재빨리 볶거나 소금에 살짝 절인 후 볶는다.
④ 요리의 부재료로 넣는 야채(낙지볶음 등의 볶음요리에 넣는 야채)는 연기가 날 정도의 센 불에 야채를 넣고 먼저 볶음한 후 주재료를 넣고 다시 볶은 후 마지막에 양념을 한다.

2. 지 짐

한식요리는 지짐요리가 많은 것이 특징이다. 산적 지짐이나 전을 부칠 때 전 부치는 팬의 온도는 110~120℃ 정도이다.

봉주방장 해법

① 온도가 너무 높으면 표면이 타고 속이 익지 않으며, 너무 낮으면 수분량이 지나치게 유출되어 부드럽지가 않다.
② 전을 최초로 놓는 순간에 자글자글 약간의 지짐 소리가 나야 정상이다.
③ 전판의 한쪽 면은 온도를 낮게 하여 지지는 전을 잠시 대기시키는 자리로, 다른 쪽은 약간 강하게 하여 지짐하는 자리로 임의 정한다.
④ 전뒤집개는 스테인레스와 플라스틱으로 된 것의 두 종류가 있는데 플라스틱 뒤집개는 잘 눌어붙지 않는 특징이 있다. 스테인레스는 구부려서 사용하기 좋으며 계란물을 입힌 전을 부칠할 때에는 유리하다.

(1) 곡류전

녹두전 등의 갈아서 지짐하는 곡류전은 기름을 넉넉히 둘러야 한다. 기름을 두를 때에는 뒤집기 전에 기름을 전의 중심부위에 얹는다.

(2) 야채전

야채전과 같이 옷을 입혀 지짐할 때는 곡류전과는 달리 기름을 적게 사용해야 한다. 숙련된 요리사는 계란지단을 얇게(구절판 등에 쓸 때), 두껍게(김밥 등에 쓸 때) 부칠 줄 알아야 하고, 넓은 전(膬)판에서도 해결할 수 있어야 한다. 이 방법은 조리사의 예민한 감각이 요구된다.

3. 튀 김

튀김조리법은 식품을 고온의 기름 속에서 단시간 조리하므로 표면이 바삭하고 수분과 식품 자체의 향을 보존하여 풍미를 더한다. 기름은 성분과 기름의 온도, 공기와의 접촉 등으로 산패가 되기 때문에 관리상 유의해야 한다.

❶ 튀김기름의 종류

기름에는 동물성 기름인 라드가 있고 식물성 기름엔 대두유, 유채유, 낙화생유(면실유) 등이 있다. 동물성 기름엔 육류요리가 좋고 식물성 기름엔 생선류나 야채튀김류가 좋다.

❷ 기름의 양

기름이 너무 적으면 재료를 볶는 형식이 되기 때문에 적당한 양이 중요하다. 튀김냄비의 약 7부가 되어야 하며 깊이는 튀기고자 하는 재료와 양에 따라 틀리지만 충분히 잠길 깊이가 되어야 한다.

❸ 기름의 온도

튀김 재료의 종류나 양에 따라 차이가 있지만, 대체로 160~180℃가 적당하다.

❹ 기름의 온도판단방법

튀김옷을 떨어트려 보아서 바닥에 가라앉았다가 천천히 떠오르는 것은 160℃ 이하이며, 곧바로 떠오르는 것은 160℃이다. 중간정도 가라앉았다가 곧바로 떠오르는 것은 170~180℃이다. 가라 앉지 않고 표면에서 흩어지는 것은 190℃ 이상이고 200℃ 이상이 되면 연기가 나기 시작한다.

적정온도라 할지라도 기름양에 비하여 재료양을 너무 많이 넣게 되면 온도가 급격히 떨어진다. 이러한 경우에는 온도를 높여야 한다.

❺ 온도 차에 따른 튀김 요리법

- 95℃ 이하 : 튀김할 때 100℃ 이하에서 튀긴다는 것이 이해가 안되겠지만, 이 온도는 약과를 1차로 튀길 때의 온도이다. 약과는 참기름이 많이 함유된 반죽이므로 1차와 2차로 나누어서 튀기는데 아주 저온에서 서서히 튀겨야 부풀림이 커서 바삭하고, 시럽을 넉넉히 함유할 수 있게 된다. 만약 높은 온도에서 튀겨지면 건빵같이 딱딱하게 된다.
- 110℃ : 2차 약과 튀김이나 매작과, 부각류 등을 튀긴다.
- 180℃ : 보편적이고 일반적인 튀김을 튀길 때
- 190℃ : 다시마, 쌀강정 등을 튀길 때 온도가 낮으면 질겨지고, 부풀림도 없으며 딱딱해진다. 이 온도에서는 연기가 날 정도의 높은 온도로서 튀겨지는 재료를 넣으면 순간적으로 튀겨진다.

❻ 튀김옷

밀가루로 바삭하게 튀기려면 튀김옷을 만들 때 휘젓는 동작을 가볍게 해서 끈기가 덜 생기게 해야 한다.

- 가루 : 밀가루는 박력분(튀김가루)을 사용한다. 박력분이 없을 때에는 중력분을 이용하는데, 공기를 충분하게 하고 입자를 고르게 하기 위하여 고운 체에 밭쳐서 사용한다(중국 요리에서 튀김한 재료에 소스를 얹는 것은 반드시 전분으로 해야 한다).
- 튀김옷 만드는 물 : 물은 아주 차갑게 해서 사용해야 바삭한 튀김을 만들 수 있다.

봉주방장 해법 : 튀김반죽을 차갑게 하는 방법

- 튀김가루를 냉동고에 넣고 사용한다.
- 얼음물을 이용하거나 튀김반죽에 얼음을 넣어준다. 이때 주의해야 할 것은 얼음이 녹으면서 반죽이 묽어지는 것을 주의한다.
- dry ice를 밀가루 반죽 속에 넣어 차갑게 하는 방법이 있다.

※차갑게 된 것을 차갑게 유지하는 것이 중요한데, 해산물을 담았던 스치로폼 아이스박스를 이용하여 반죽 물을 보관하고 얼음을 채워주면 좋다.

봉주방장 해법

- 똑같은 기름의 양과 똑같은 온도 160℃에서 온도차가 있는 물(2~3℃와 50℃의 물)을 작은 잔에 동시에 넣고 증발되는 시간과 상태를 관찰해 보았다. 그 결과 2~3℃의 물에는 기포가 많이 발생하고 완전히 증발하는데 21초가, 50℃의 물은 완전 증발까지 18초가 소요되었다.
- 솔잎을 녹즙기로 짜내어 넣거나 송화 가루를 약간 넣어 튀김하면 은은한 솔향이 나서 좋다. 건조된 쑥가루를 넣을 수도 있다.

봉주방장 해법

① 튀김 반죽은 튀김가루(박력분 : 글루텐 함량 6~7%)를 사용하고, 튀김의 바삭한 맛을 더하기 위하여 계란을 넣기도 한다. 흰자만은 더 좋다.
② 물 반죽을 할 때 너무 젓지 않아야 글루텐의 강성을 줄일 수 있다.
③ 튀김 가루는 냉동 보관해야 하고, 반죽하는 물 역시 얼음물로 해야 좋다. 온도의 차가 크기 때문에 기름에 넣는 순간 부풀림이 커져 더욱 바삭하게 튀겨 낼 수 있기 때문이다.

❼ 튀기는 방법

- 주재료에 가볍게 밀가루를 묻히고 튀김옷을 묻힌다. 튀김은 젓가락을 이용하여 튀기지만 새우는 꼬리를 잡고 튀기며 재료가 큰 것은 손으로 튀긴다.
- 재료를 튀길 때는 앞쪽에서 뒤로 살짝 던지듯이 넣는다. 색이 옅은 노란색이 되면 서로 겹쳐지지 않게 잠시 건져놓았다가 손님께 제공 직전에 가볍게 한번 더 튀긴다.
- 튀김은 튀긴 즉시 손님께 드리도록 하며, 식게 되면 바삭한 느낌과 맛도 떨어진다.

❽ 튀김기름의 처리

기름은 완전히 식기 전에 고운 체에 밭쳐서 재사용한다. 이때에 고운 체에 거어즈를 1~2장 겹쳐놓고 밭치게 되면 깨끗하게 걸러진다. 재사용할 때에는 새 기름을 30% 정도 보충해서 사용하면 깨끗하게 튀김을 튀겨낼 수 있다. 기름을 사용하지 않을 때에는 공기와 접촉하지 않도록 반드시 뚜껑을 덮어야 한다.

4. 끓임(데쳐내기)

❶ 찬물에서부터 끓여야 할 때

- 육류 : 탕 육수 끓일 때, 곰탕 끓일 때
- 채소 : 약간의 소금을 넣고 끓인다. 주로 조림이나 삶을 때 해당되는 것으로 오래 끓여도 질감이나 맛에 영향을 받지 않는 전분을 함유한 근채류에 해당된다. 우엉, 무, 연근, 죽순, 고구마, 감자 등이 있다(예외로 늙은 호박은 끓일 때 아무것도 넣지 않고 끓인다).

❷ 끓는 물(boiling)에 빠른 시간 내에 데치거나 삶아야 할 때 : 찬물 또는 얼음물에 바로 식혀야 한다.

- 육류 : 제육을 삶을 때(보쌈용) / 굴, 문어를 삶을 때, 편육을 하기 위해 삶을 때(국물을 사용 안 하고 고기를 사용할 때)
- 채소 : 색깔이 있는 엽채류를 데칠 때(약간의 소금을 넣는다. 소다를 넣는 경우가 있는데 시래기와 같이 질긴 경우 소다를 넣는다.)

봉주방장 해법

소다가 적정량을 넘으면 색깔은 선명하지만 조직이 연화되어 흐물흐물해진다. 부득이한 경우가 아니면 권하고 싶지 않다.

❸ 끓기 직전의 상태(blenching : 약 90℃)에서 데쳐내야 할 때 : 물이 끓는 100℃에서 데치고자 하는 재료를 넣게 되면 자동으로 온도가 내려간다.

- 오징어 : 솔방울 무늬를 낼 때
- 해파리 : 데칠 때(90℃ 이상에서 데쳐내면 너무 오그라들어 풀리는 데 상당한 시간이 필요하게 된다)

> **봉주방장 해법**
> 끓는 물에서 데칠 때 식재료에 있는 수용성 영양분이 빠져나가는 것을 방지하기 위해, 물을 적게 넣고 끓인다고 소개하는 책이 있다. 그런데 이런 방법은 오랫동안 데쳐야 하는 단점이 있기 때문에 결과적으로 더 많은 영양이 손실되고, 선명도가 낮아지므로 권하고 싶지 않다.

❹ 중탕(약 70℃ 전후)일 때

- 식혜 : 보통 식혜 밥을 삭힐 때는 보온전기밥통을 이용하지만 중탕으로 하는 방법을 이용하면 육안으로 식별을 하면서 대량으로 할 수 있기 때문에 좋다. 혹 실수하여 온도가 넘어가게 되면 적당히 찬물을 넣어 온도를 맞추고, 자루에 엿기름을 넣고 그대로 통에 넣어 주면 이것을 살릴 수 있다.
- 기타 온도일 때
  - 80℃ : 겨자, 와사비 발효
  - 90℃ : 완성된 '탕' 요리가 온기를 계속 보존하면서 손님에게 나가기 전 끓여줄 때
  - 95℃ : 계란을 삶을 때. 계란을 급하게 끓는 물에 넣으면 내부 압력과 외부 온도차가 커서 껍질이 터지는 경우가 있다. 뜨거운 물에 계란을 담가 예열을 시켜 주는 방법도 있다. 이런 경우에는 식초나 소금을 조금 넣고 끓이면 된다. 익힌 후 바로 달걀을 찬물이나 얼음물에 넣으면 팽창된 달걀의 수축률이 커져 껍질이 잘 벗겨진다(완숙 15분, 반숙 7분. 20분 이상 되면 노른자부위가 청록색으로 변한다).

> **봉주방장 경험**
> 백두산을 여행한 적이 있었다. 정상에 오르기 중간 지점에 아직도 화산열기를 지열로 발산하면서 뜨거운 물을 솟아내는 곳이 있었는데, 그곳에서 계란을 삶아 중국돈 10원에 3~4개 파는 것을 구매하여 먹어보니 흰자위는 반숙상태였다. 본인 생각에는 유황성분의 온천수가 계란의 황화제이철과 결합하면서(?) 노른자가 먼저 익고 계란 흰자는 나중에 익는 것 같다.

5. 찜

증기에서 찔 때. 증기찜 방법이 삶는 방법과 차이가 큰 것은 증기찜은 요리하려고 하는 식재료 표면에 수분을 유지시키며, 요리가 되어도 원형을 보존할 수 있다.

> **봉주방장 해법2 : 찜을 할 때는 뚜껑의 응결수(물방울)가 생기는 것을 주의**
> 맨 처음 증기를 낼 때는 요리를 넣지 말고 충분히 증기가 오를 때 넣어야 하며, 젖은 수건을 위에 덮어 뚜껑에 맺힌 물방울이 요리에 직접 떨어지는 것을 방지해야 한다. 주로 떡쌀, 감자, 생선, 알찜 등을 요리할 때 사용한다. 찜통은 둥근 것(알루미늄통)뿐만 아니라 사각(스테인레스)통이 있으므로 주방의 실정에 맞게 선택한다.

제 3 부

실 무 요 리

1. 전 채 요 리

전채요리는 식욕을 돋우는 요리로서, 영어로 에피타이저(appetizer), 불어로 오되브르(hors dóeuvre)라 하고 음식에 대한 기호, 먹고 싶은 욕구를 자극시키는 요리로서 주(主)요리를 먹기 전의 요리이다. 특징으로는 작게 만들어져야 하는데 이런 조건을 갖춘 한국음식 중 물김치가 그렇다. 물김치는 한 입 크기로 작고, 식욕을 촉진시키는 작용을 한다. 따라서 물김치류는 한국의 전채요리이다.

본인은 한국의 전채요리를 크게 국물형과 요리형, 2가지로 나누었다.

국물형은 물김치류(식사 전 잘 익은 물김치는 식욕을 촉진시킨다)이며, 요리형은 새콤달콤한 소스를 곁들이는 요리나 무침한 요리이다.

제 1 절 국물형(물김치류) 전채요리

1. 물김치의 소금량과 재료의 비율

■ 김치 절일 때의 소금비율

- 소금 4~5
- 건지 및 부재 100

■ 김치 국물의 소금비율

- 소금 2~2.5(물 : 소금=50 : 1)
- 물 100

■ 건지와 부재료의 비율

- 생강 1
- 소금 4
- 고추 5
- 마늘 5
- 건지 50~60
- 물 100

이렇게 만드세요

① 물김치재료를 절일 때에는 짜게 하여 짧은 시간에 절이기보다는 좀 싱겁게 하여 오래 절이는 것이 좋다. 그러나 재료 또는 담그고자 하는 물김치 성격에 따라 다르겠지만 국물의 간보다는 간이 세어야 한다.

② 적절한 국물양은 재료의 2~3배가 적당하다. 그러나 국물이 많고 적음은 만드는 이의 재량이다. 건지를 적게 하고 국물을 많이 줄 때에는 무나 양파를 충분히 갈아서 즙을 넣어주거나 자루에 넣어주고, 건지를 많이 하고 국물이 적을 때는 그런대로 의미가 있으니 그대로 실행하면 된다.

※알맞은 소금의 농도는 물과 소금의 비율이 50 : 1이다. 김치재료를 절일 때 알맞은 비율은 30 : 1이다.

③ 빨갛게 고춧물을 들이는 가장 좋은 방법(고춧물을 들일 때와 넣을 때의 여러 가지 방법)

- 마른고추인 태양초를 물에 불려 갈아서 사용한다(단, 씨를 제거한 후).
- 생홍고추와 마른고추를 50 : 50으로 섞어서 하는 방법
- 고운 고춧가루를 이용하는 방법
- 생홍고추만을 사용하는 방법 : 풋내가 지나쳐 사용하지 않는 게 좋다.

※위 4가지 방법에서 차이가 있을 수 있겠으나 ①의 방법인 마른고추를 갈아서 사용하는 것이 가장 좋다.

봉주방장 해법

남은 김칫국물은 마술사 : 김칫국물은 여러 가지 양념이 혼합되어 숙성된 것이므로 남은 김칫국물을 이용하여 갓 담근 김치를 익은 것처럼 처리할 수도 있으며 용도가 다양하다. 여러 가지 살아 있는 젖산균이 풍부하므로 부패균이 접근도 못하는 안전한 식품이다. 남은 김칫국물은 새로 담가진 국물과 적절히 혼합하여 사용할 수도 있다.

봉주방장 해법

말린 고추를 물에 불려서 갈 때에는 : 말린 고추를 잘 곱게 갈려면 충분히 물에 불려 기계를 이용해 갈려고 하니 웬일인지 잘 안되는 것이다. 경험한즉, 잠깐 물에 씻듯이 하여 곧바로 갈아내야 한다는 것을 깨닫는 순간이었다. 마른고추가 물에 지나치게 불려지면 미끈거려 갈려지지 않는다.

2. 물김치를 맛있게 만들기 위해서는

유의할 내용	봉 주 방 장 해 법
1. 김치재료를 잘 절여야 한다. 실예 : •나박김치류 6시간 •동치미류 12시간 •열무, 미나리, 돌김치는 절이지 않고 잘씻어 그대로 사용한다.	• 재료를 잘 절이지 않으면 씹히는 맛이 덜 하고, 건지가 쉽게 물러진다. • 무 · 배추 재료의 하얀 속살이 숙성되면서 거무스름하게 퇴색된다. • 절이지 않고 간을 맞춘 김칫국물에 그대로 넣는 경우는 열무 등의 풋풋한 맛을 즐길 때에 그렇게 할 수 있다.
2. 단맛은 용도에 맞는 것을 택한다. •물엿, 꿀 등의 점성이 있는 것은 절대로 사용하면 안 된다.	• 단맛을 내기 위해서는 설탕을 많이 사용하는데, 설탕을 사용하면 쉽게 물러진다. • 설탕대용으로는 포도당, 감미료(뉴슈가, 신화당)로 당도를 맞춘다. • 뉴슈가 : 사카린 나트륨 5% + 포도당 95% • 신화당 : 사카린 나트륨 30% + 포도당 70%
3. 숙성이 덜 되어 손님께 드리기가 어렵다.	• 다른 김칫국물 익은 것을 넣어도 괜찮으며 넣어 주어도 된다. • 구연산 또는 식초를 사용하여 숙성된 맛을 제연하는 순발력이 있어야 한다.
4. 과즙(배, 사과)을 넣으면 국물이 맛이 있다. •시판하는 음료는 방부제로 인하여 숙성이 안되므로 사용해서는 안 된다.	• 배, 사과를 껍질채 갈아서 고운 자루에 넣어 소금물에 헹굼하여 사용한다. 또는 푹 끓여서 체에 밭쳐 사용해도 좋다. • 갈아 놓고 오래 지체하면 갈색으로 변하므로 즉시 짜낸다. ※시판하는 과즙음료는 보존료의 영향으로 숙성시키는 국물에 오히려 좋지 않다. • 즙을 짜넣지 않으려면 잘게 썰어 넣는다. 이때의 장점은 국물이 맑다. 껍질부위를 이용해도 좋다.
5. 간을 맞출때는 깊은 맛을 내기 위하여 소금 외의 새우젓을 사용한다.	• 국물형 김치는 소금간만으로 하는 것으로 인식되어 있으나 의외로 새우젓 국물은 끓여서 체에 밭쳐 넣는다.
6. 재료에 따라 절였던 국물은 사용하기도 하고 버리기도 한다. 또한 계절에 따라 사용하기도 하고 버리기도 한다.	• 녹색이 짙은 열무김치 등은 절인 후에 잘 헹궈내고 새롭게 간을 맞춘다. • 배추를 많이 사용한 물김치와 백김치류의 절였던 국물은 여름에는 헹궈내고 겨울에는 사용한다. • 동치미는 절였던 국물을 사용하는데 정확한 소금간을 맞추기 위하여 절였던 국물은 따라낸 후 그 국물에 필요량의 물을 넣고 소금간을 한 다음 넣어주면 정확하다.
7. 양념의 재료는 갈아 넣는 것보다는 깨트려 넣는다.	• 양념의 재료는 갈아서 넣기보다는 깨뜨려서 넣는 것이 국물이 맑고 깨끗하다. 깨뜨리는 요령은 양파자루에 넣고 큰 대바칼의 옆면으로 두드려서 깨뜨린다.
8. 소주 또는 정종을 조금 부어준다.	• 국물김치류에는 소주 또는 정종을 넣고 숙성을 시키면 훨씬 맛이 좋아진다. ※사이다 등으로 맛을 내는 것은 임시융통적 방법이며 될 수 있는 한 사용을 자제한다.

유의할 내용	봉 주 방 장 해 법
9. 새우젓으로 간을 한다.	• 소금으로만 간을 할 것이 아니라 동치미, 열무 물김치, 나박 물김치, 국물에도 새우젓 국물을 짜내어 넣던가, 새우젓을 끓여 체에 밭쳐 넣으면 그맛은 흉내낼 수 없을 정도로 훌륭하다.
10. 칼칼한 맛을 내려면	• 청양고추를 갈아서 넣게 되면 매우면서 칼칼한 맛이 난다.

봉주방장 해법

무갱을 치고 헹군(생선회 밑에 깔아주는 무갱)첫물을 간을 하여 발효시킨 후 물김치 국물에 사용한다.

3. 전채요리로서의 물김치를 제공할 때 개선해야 할 점

물김치 제공할 때의 문제점	봉 주 방 장 해 법
1. 물김치를 2~4인까지는 큰 그릇에 1개만 담아낸다.	① 개개인에게 물김치를 내어 드리는 것을 기본으로 실천해야 한다. ② 큰 그릇에 1개만 담아낼 때는 덜어 먹을 수 있는 국자와 작은 보시기를 개개인에게 내어드려야 한다. ※물김치를 1개만 내어드려도 남는다고 판단하기 쉬우나 그것은 자신이 들었던 수저를 이용하여 먹는다는 것이 쉽지 않기 때문에 포기하는 것이다.
2. 물김치를 1개만 내어드려도 남는다.	손님의 모임의 성격은 여러 가지이다. 가족단위라면 문제가 덜 하겠지만 격을 갖춰야 하는 손님의 입장에서는 자신이 들었던 수저를 이용하여 물김치를 한 수저 뜬다는 것은 대단히 어려운 것이다. 단지 포기하는 것이다.
3. 물김치를 개개인에게 내어드리기에는 너무 바쁘다.	손님의 예약이 많고 모임 참석손님의 숫자가 한꺼번에 오실 때를 대비하여 물김치 정도는 미리 담아서 냉장고에 보관한다. 냉장고에 보관하기 위해서는 물김치그릇을 차곡차곡 쌓아도 가능한 그릇을 구매하거나 맞춤해야 한다.
4. 물김치의 고명이 고루 넣기가 어렵고 번거롭다.	고명은 흔히 미나리, 돗나물, 배, 홍고추, 오이인데 해당되는 고명을 물김치를 숙성시킬 때에 넣지 말고 서브직전에 넣는다. 방법은 물김치를 담고 고명을 얹어 보관한다.
5. 물김치의 국물이 매번 너무 많이 남는다.	국물이 많기 때문에 물김치라고 하는데 국물을 거의 없게 하거나 자작한 정도의 국물을 만들어 내어드리면 양념도 절약되고 맛도 훨씬 좋다. 예를 들어 나박김치를 담그는데 국물을 거의 없게 만들어 숙성시킨 후 접시에 담아내도 좋다.
6. 칵테일 파티나 스텐드 뷔페에서의 물김치를 전채요리로 내어드릴 수 없을까?	물김치의 숙재료를 약간 길고 가늘게 썰기하면 좋고 그럴 형편이 안되면 대강 잘게 썬다. 이것을 돌돌 말아 내어드려야 하는데 무를 얇게 기계를 이용하여 썰어 단촛물에 담갔다가 배를 채썰고 미나리를 1~2개 같은 크기로 잘라서 함께 말이하면 훌륭한 전채요리로 연회를 치를 수 있다.
7. 물김치가 남아서 모아놓았다가 손님께 내어드린다.	절대로 그렇게 하면 안 된다. 만약 기름기라도 뜨거나 시원하지도 않고 고명의 색도 틀리기 때문에, 보이지 않는 곳에서 윤리관을 가지고 정성을 다해야 하기 때문에 손님이 모를 리가 없다.
8. 남은 김치 재활용방법	국물이 많은 물김치는 체에 밭쳐내어 건지만 건지고 여기에다 깍두기 국물 또는 포기김치 국물을 넣고 하루 정도 발효시켜서 직원용으로 먹을 수 있다. 발효음식에는 유해한 균이 생존하기 어려운 환경을 가지고 있기 때문에 안전하다.

4. 봄 전채 물김치(春前采)

겨우내 움추렸던 몸과 식욕이 없는 입맛에 상큼한 봄내음이 물씬 느껴지는 물김치류는 충분한 생기를 얻기에 부족함이 없다. 종류에는 나박김치, 수삼 나박김치, 장김치, 더덕 물김치 등이 있다.

❶ 나박김치

■ 재료 및 비율

재료	비율
신화당(조금)	조금
생강(600g)	0.6
마른고추(1kg)	1 (생고추일 경우 3kg)
마늘(1kg)	1
배(2kg)	2
쪽파(2kg)	2
미나리(2kg)	2
단감(3kg)	3
오이(3kg)	3
양파(5kg)	5
배추(20kg)	20
무(20kg)	20
물(100kg)	100

이렇게 만드세요

① 무는 0.2×2.5×2.5cm로 납작하게 썰기하는데, 무가 매끄러우면 깨끗이 닦아 껍질을 사용하는 것이 좋다.
② 배추는 무와 같은 양을 넣고 크기도 같게 한다.
③ 무와 배추는 약 1~2시간 절이는 것이 좋다(심심하게).
④ 마른고추는 가위로 잘라 물에 불려 배, 생강, 마늘과 함께 믹서기에 간다(마른고추 대신 생홍고추를 이용할 수 있다).
⑤ 무와 배추 전체 양의 1.5배의 물을 넓은 함지에 계산하여 넣고 고운 헝겊자루에 간고추, 마늘, 배, 생강을 넣고 주물러 준다(고춧가루를 약간 넣고 주물러 줄 수 있다).
⑥ 소금으로 간을 하는데 절여진 무, 배추의 간을 확인하고 간을 맞춘다(물과 소금의 비율은 부피로 50 : 1이 알맞다).

※양파, 무를 좀 더 얇게 썰어 넣거나 갈아서 자루에 넣고 빻아주면 좋다.
※고명으로 넣어주는 미나리, 오이는 손님께 대접하기 전에 몇 개씩 넣어준다.
※숙성된 국물이 남았을 경우는 버리지 말고 막 담근 물김치 국물에 혼합하여 주면 빠른 시간에 대접할 수 있다(숙성시간이 없을 때 이용한다).

봉주방장 해법

- 때에 따라서는 배즙 음료나 사이다를 서브 직전에 넣어 사용할 수도 있지만, 전통의 맛을 고수하는 분들에게는 오히려 역효과를 낼 수 있으며 지나치지 않게 한다.
- 물김치류에는 화학조미료를 넣으면 안 된다.
- 물김치류를 담글 때에 배, 양파 등을 많이 넣는데 비싼 배를 넣을 바에는 시중의 배즙음료를 넣는 것이 어떨까?라는 기발한 아이디어가 떠올라 배즙음료를 넣고 물김치(동치미 포함)를 담그고 몇일 후 맛있게 익었으려니 하고 뚜껑을 열어 보면 물김치는 발효가 되지 않고 내용물음 거무스름하게 물러 있을 것이다. 이유로는 시중에 유통되는 배즙음료는 방부제가 들어 있어 젖산균의 활동을 방해하거나 오히려 사멸시켜 맛이 변질되기 때문이다.

❶-1. 나박김치에서 국물을 간장으로 하면,

① 장김치를 담글 때는 소금대신에 간장(진간장 1 : 국간장 1)으로 재료를 절임하고 국물은 심심하게 소금으로 간을 하여 부어준다. 간장빛깔의 김칫국물이기 때문에 잘 선호하진 않는다.

② 나박김치국물의 붉은색은 고춧물로, 장김치는 실고추로 해야 한다. 장김치는 김칫국물이 검기 때문에 붉은색을 굳이 내지 않는다.

❶-2. 나박김치국물에 내용물을 틀리게 하려면 돗나물 김치를 담근다.

① 같은 국물에 무, 배추 대신에 양파채, 돗나물을 넣고 숙성시킨다.

재료	비율	
양파채	10	슴슴하게 소금물에 살짝 5분 정도 절인 후 넣는다.
돗나물	30	

② 대접하기 전 오이채, 홍고추, 배 2~3쪽을 띄워 나가면 훌륭한 돗나물 김치가 된다.

봉주방장 해법

① 돗나물, 배, 양파는 소금에 쉽게 절여지기 때문에 김칫국물을 배, 양파, 마늘, 무를 갈아서 만들어 국물만 먹기 좋게 익힌다. 돗나물, 양파는 손님께 드리기 직전에 살짝 절여 넣고 제공한다.
② 돗나물과 양파채를 넣고 숨을 죽이고 숙성시키면 색감·질감이 좋지 않으므로 국물을 먼저 숙성시킨 후 돗나물과 양파채를 바로 넣고 제공하면 좋다.

❷ 수삼나박김치

■ 재료 및 비율

재료	비율
생강	약간
마늘	4
소금	4
양파	4
대파	4
당근(200g)	4
오이(400g)	4
배추속대	10
무(1kg)	20
생수삼(1kg)	20
물(5ℓ)	100

※오이 400g(2개) 정도를 속을 빼내고 나박썰기 하면 절반으로 줄어든 200g이 된다.

이렇게 만드세요

앞의 나박김치와 비슷하다. 차이점은 수삼이 들어가는 차이이다.

① 수삼은 씻어 길게 쪼갠 다음 3~4cm의 크기로 썬다.

② 무는 깨끗이 씻어 2~3cm 정도의 납작한 네모로 썬다. 오이는 껍질채 무와 같은 크기로 썰고, 당근 역시 껍질을 벗기고 무, 오이와 같은 크기로 썬다.

③ 넓은 그릇에 수삼, 무, 오이, 당근을 넣고 전체 양의 2~3% 정도의 소금을 2~3시간쯤 놓아둔다.

④ 2~3cm의 길이로 채썬 파와 생강은 채썰어 고루 뿌려 넣고, 식초를 넣어 섞는다. 물을 붓고 간을 맞춘 다음 용기에 담고 실온에서 3~4시간 후 냉장에 보관한다.

❸ 더덕 물김치 : 사찰음식으로서, 귀한 방법의 물김치로 시도해 볼 만하다.

■ 재료 및 비율

재료	비율
생강(25g)	0.8
실고추(25g)	0.8
마늘(70g)	2
잣(70g)	2
홍고추(100g)	3
밤(100g)	3
실파(400g)	13
미나리(500g)	18
무(500g)	18
생더덕(3kg)	100
소금	6(천일염)

이렇게 만드세요

① 생더덕을 껍질을 벗긴 다음, 소금물(농도 2%)에 2~3시간 담근다.

② 무는 2~3cm 네모로 얇게 썰고, 실파는 4~5cm로 썬다. 마늘, 생강, 밤은 곱게 채썰고 붉은 고추는 반으로 갈라 씨를 빼 어슷썰기를 하거나 통고추를 곱게 갈아 준비한다.

③ 절여진 더덕을 칼등으로 두들겨 조직을 부드럽게 해 4~5cm 길이로 썰어 무와 함께 담고, 나머지 재료를 마저 다 넣은 후, 소금으로 간을 맞춘 국물을 붓고 고루 섞이게 한 다음 찬 곳에 둔다.

※통고추물을 들이지 말고 하얗게 담글 수도 있다.

※미나리, 홍고추(일부), 잣은 고명으로 약간씩 제공직전에 넣어준다. 물론 오이 몇 개를 넣어줘도 좋다.

봉주방장 해법

단감은 단단한 것을 선택하여 껍질 및 씨를 제거하고 제공하기 직전에 나박썰기하여 넣어주면 좋다.

5. 여름(夏) 전채 물김치

여름은 열무, 오이를 주재료로 물김치 담그기를 많이 한다. 종류로는 열무김치, 오이나박김치, 개성오이 소박이 물김치, 겨자 김치 등이 있다.

❶ 열무김치 : 봄부터 여름까지의 물김치이다.

■ 재료 및 비율

재료	비율
생강(70g)	3.5
홍고추(100g)	5
찹쌀·밀가루풀(200g)	10
마늘(200g)	10
굵은파(400g)	20
열무(2kg)	100

이렇게 만드세요

① 열무는 연한 것으로 골라 6~7cm 길이로 썰어 소금물(농도 3%)에 1~2시간 절인다. 이때 소금물은 버리지 않고 사용한다.

② 넓은 그릇에 채썬 마늘, 생강 그리고 어슷썰기를 한 붉은 고추, 찹쌀풀이나 밀가루풀을 넣고, 열무 절인 소금물을 1~2컵 섞어 묽은 양념을 만든다.

③ 위 양념에 열무와 4~5cm 길이로 파를 넣고 고루 섞어 항아리에 담는다.

④ 열무 절인 물로 양념그릇을 살짝 헹궈 붓고, 김치 간과 국물 양을 맞춰 찬 곳에 둔다.

❷ 개성열무 오이소박이(개성음식 대가이신 용수산 최상옥 선생님으로부터 배운 것이다)

■ 재료와 비율

재료	비율
고운소금	2
다진마늘	5
새우젓	5
굵은소금	6
쪽파	10
고운고춧가루	10
굵은고춧가루	10
밀가루	10
다진파	20
얼갈이배추	30
열무	50
조선오이	100

※참고 : 음영 표시는 오이소박이 소양념비율이다.

이렇게 만드세요

① 오이는 조선오이로 가는 것이 좋다. 왼손에 소금을 놓고 오이를 올린 후 오른손으로 오이를 돌려 비벼서 절인다. 몇 시간 그대로 둔다.

② 열무, 얼갈이, 쪽파, 미나리는 5cm 길이로 잘라 살짝 소금물에 절였다가 씻어 건진다.

③ 오이소를 만드는데 다진파 또는 부추를 송송 썰고 다진 마늘, 고춧가루, 소금, 새우젓 약간을 넣고 비벼 갠다. 간은 소금으로 맞춘다.

④ 절인 오이를 6~7cm로 자르고 양쪽 끝 1cm를 남기고 칼집을 3군데 넣는다.

⑤ 김치통에 열무, 얼갈이 배추, 쪽파, 미나리를 넣고 위에 소를 넣은 오이를 얹는다. 이를 반복하여 켜켜로 한다. 밀가루풀로 끓여 물로 희석해서 오이 양념그릇에 붓고 소금으로 간을 하여 넉넉히 국물을 만든다.

⑥ 김치통에 국물을 넉넉히 부어준다.

※고춧가루는 따스한 물에 개어야 붉은색이 곱다. 그리고 국물을 곱게 하려면 체에 밭쳐 준다.

❸ 오이나박김치 : 나박김치가 떨어졌을 때 담그는 즉석김치로서, 숙성시켜서 새콤한 맛을 내는 것이 아니라 식초를 넣어 새콤하게 한다. 이 김치에 양파, 당근, 실고추, 잣 등을 넣으면 맛이나 볼품이 없어진다. 복잡하고 장식적이면 반비례로 맛이 감소한다.

■ 재료 및 비율

재료	비율
감미료	약간
생강(70g)	3.5
소금	4
식초	5
마늘(100g)	5
설탕(100g)	5
굵은파(200g)	10
고추(200g)	10
무(1kg)	50
오이(2kg)	100

이렇게 만드세요

① 오이는 납작하게 썰고 무는 4~5cm 길이로 곱게 채썰어 한줌의 소금으로 숨을 죽인다.

② 넓은 그릇에 오이와 무를 건져 담고 채썬 마늘, 생강 그리고 3~4cm의 길이로 얇고 어슷하게 썬 고추를 넣어 섞는다.

③ 오이와 무를 숨죽인 소금물에 감미료를 약간 넣고 간을 맞춘 다음 위에 붓는다.

④ 찬물과 얼음으로 국물을 더하고 간을 맞춘 다음 찬 곳에 둔다.

※설탕으로 단맛을 내면 쉽게 물러진다.

❹ 겨자김치(여름용)

새콤 · 달콤 · 매콤한 맛이 어우러진 물김치이다.

*저자가 중국에 있는 동안 북한음식점에서 배운 것으로 특이한 방법이다.

■ 재료 및 비율

이렇게 만드세요

① 배추속은 흰부분만 나박김치처럼 사방 2cm 정도 썰어 소금에 약간 절인다.
② 미나리는 손질하여 4~5cm 정도 되게 썬다.
③ 배는 껍질을 벗기고 나박썬다.
④ 버섯은 잘 불려서 얇게 채썬다.
⑤ 소라는 깨끗이 씻어 얇게 저민다.
⑥ 실파는 미나리 크기로 자르고 대파는 배를 갈라 흰 부분만 송송 썬다.
⑦ 배추가 숨이 죽으면 찬물에 깨끗이 씻어 물기를 짜낸다.
⑧ 모든 재료를(겨자, 소라 등) 버무려서 소금으로 간을 하고 단지에 꼭꼭 눌러 담고 3~4시간 지나서 소금물을 질벅하게 하여 익힌다(실온에서 여름엔 2일, 겨울에는 3일 정도 놔두고 냉장고에 보관한 후 사용한다).

6. 가을(秋) 전채 물김치

❶ 백 깍두기(물은 잘박하게 고일 정도로)

늦가을, 겨울, 제철 등 사계절 내내 먹을 수 있다. 익지 않아도 신선한 맛으로 거부감 없이 먹을 수 있는 순한 김치이다. 붉은 통고추와 실파 묶음을 항아리 맨 위에 넣기도 한다. 마늘즙과 생강즙은 입맛에 따라 선택한다. 순한 김치로 피클과 게리쉬맛과 비슷해 많은 외국음식과 잘 어울린다.

■ 재료 및 비율

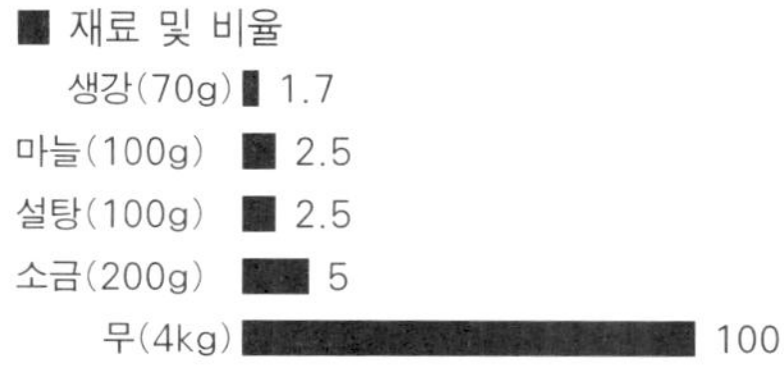

이렇게 만드세요

① 무는 2~3cm 정도의 도톰한 네모로 나박썰고, 여기에 1컵(200g)의 소금을 뿌려 2~3시간 숨을 죽인다. 무에서 나온 소금물은 받아둔다.
② 넓은 그릇에 절인 무와 즙을 낸 마늘, 생강, 설탕을 넣고 고루 버무린다.
③ 항아리 속에 꼭꼭 다져가며 넣고 눌림을 한 후, 받아둔 소금물을 위에 붓는다.

❷ 당근 깍두기(김칫국물은 잘박하게 고일 정도로 하는 방법)

위의 백 깍두기 재료 그대로 하거나, 고춧가루를 사용하는 일반 깍두기 그대로 담그기만 하면 된다. 외국에서는 무, 배추 등이 우리가 원하는 것이 아닐 때 사용한다.

❸ 백김치

백김치는 본래 이북음식으로 동치미처럼 담그는 것이 원칙이다. 요즘은 포기김치처럼 담그나 여기서는 본래방법을 소개한다.

■ 재료 및 비율

재료	비율
감미료	0.05
실고추	0.1
잣	0.1
석이버섯	0.1
조미료	0.1
표고	0.5
대추	0.5
실파	1
간마늘	1
생밤	1
멸치젓(액젓)	1
새우젓	2
청고추	2
홍고추	2
미나리	3
소금	4 (굵은소금3 : 고운소금1)
배	5
무	40
배추	100

■ 실제 예

배추 100kg, 무 20kg, 소금 4kg, 미나리 3kg, 새우젓 2kg, 멸치액젓 1kg, 생밤 1kg, 간마늘 1kg, 실파 1kg, 대추 500g, 표고버섯 500g, 석이버섯 100g, 잣100g, 실고추100g

이렇게 만드세요

① 배추는 잘 손질하여 다듬어 반으로 갈라서 통김치담는 요령으로 굵은 소금물에 절인다. 10시간 정도 되면 잘 절여지므로 깨끗이 씻어 소쿠리에 건져 놓는다.
② 무는 깨끗이 다듬어 1/3 정도를 채친다.
③ 미나리는 4~5cm되게 손질하여 썬다.
④ 실파도 같은 길이로 썬다.
⑤ 밤은 납작납작하게, 대추는 돌려깍기하여 채치고, 표고와 석이버섯은 손질하여 채친다. 실고추는 4~5cm 정도 자르고 혼합한다.
⑥ ②, ③, ④, ⑤를 새우젓, 소금으로 간하여 소를 만든다.
⑦ 소쿠리에 건져놓은 배추 속에 소를 넣고 배추를 꼭꼭 눌러주면서 무와 배추를 반복한다.
⑧ 김치독의 맨 밑에 무를 한 켜 깔고 소를 넣은 배추를 꼭꼭 눌러주면서 무와 배추를 반복한다. 독을 70% 정도 채우고 소금에 버무린 우거지를 덮은 후 누름돌을 얹는다. 독입구를 꼭 봉하여 겨울에는 3일을 실온에서, 여름에는 1일을 실온에 두었다가 사용한다.
⑨ 생수에 젓국(새우젓, 액젓)과 소금으로 간하여 부어준다. 실온에 1일 정도 놓고 냉장고에 들어가 10일 후에 무와 어울리게 하여 제공한다.

※ **봉주방장 해법**
생선회를 제공할 때 무갱을 쳐서 물에 헹구어 사용하는데 헹군물을 버리지 말고 물김치, 또는 유사한 김치국물에 이용한다.

❸-1. 백김치와 사태편육쌈 : 백김치에 편육을 싸서 먹는 것이다.

■ 재료 및 비율

재료	비율
조미료(3g)	0.3
통후추(5g)	0.5
마늘(20g)	2
대파(30g)	3
양파(50g)	5
물엿(150g)	15
간장(150cc)	15
물(1ℓ)	100

■ 제공하는 법

가운데 백김치를 썰어 놓고 가장자리에는 편육을 가지런히 해놓고 육수를 부어준다.

이렇게 만드세요

① 사태편육은 데린 간장이 있으면 사용하고, 없을 경우에는 사태의 핏물만 제거하고 물을 사태가 잠기도록 한다.
② 간장은 물 양의 약 1/6정도로 한다.
③ 설탕, 물엿을 합쳐 간장과 동량을 넣는다.
④ 대파, 생강, 마늘, 후추, 조미료를 넣고 약 1시간 30분 정도 조림한다.
⑤ 불을 끄고, 국물 속에서 그대로 식힌다(그래야 표면이 마르지 않고 깊은 맛이 난다).

※사태가 충분히 잠기게 하여 삶고, 삶은 다음에도 바로 건지지 말고 국물과 함께 그대로 식히는 것이 맛있다.
※사태편육 대신에 제육 등의 수육을 차갑게 하여 얇게 썰어 곁드려 나가면 훌륭한 또다른 전채요리가 된다.
※편육이 너무 검게 되면, 김칫국물이 좋지 않으므로 소금을 사용하는 것도 좋다.

❹ 백보쌈 물김치

배추의 푸른 잎이 아닌 중간 잎(노란잎)으로 싸서 개인 물김치그릇에 국물과 함께 한 개씩 넣어주는 방법이다.

■ 재료 및 비율

• 1차 : 속재료 양념비율

재료	비율
백후추	약간
감미료	약간(설탕과 감미료 반반씩)
설탕	1
새우젓	2 (다져서)
간마늘	3
잣	3
소금	4
밤	5
대추	5
실파	8
동치미무	20
배추	100

• 2차 : 국물 만들어 붓기

재료	비율
백후추	약간
감미료	약간 0.1 이하
설탕	1
소주	3
소금	3
양파즙	10
배즙	10
무즙	20
물	100

이렇게 만드세요

① 배추 밑동을 조금 안쪽으로 자르면 푸른 겉잎부터 떨어지면서 중간 잎도 떨어진다. 푸른 겉잎은 다른 용도로 사용한다.
② 배추포기의 크기에 따라 다르겠지만 중간잎 약 10장 정도를 차곡차곡 그릇에 담고, 배추속대(고갱이)는 가로로 약 2.5cm로 잘라서 다른 그릇에 담는다. 반드시 세로로 자르지 말고 가로로만 자른다.
③ 양쪽 그릇에 소금을 3% 정도씩 넣고 절인다.
④ 절이는 시간은 계절마다 다르다. 여름에는 3~4시간, 겨울에는 6~8시간이 적당하다.
⑤ 배추속대에 비율대로 양념을 한다. 주의할 것은 조미료는 절대 넣지 않는다.
⑥ 배추 중간잎을 알맞게 잘라서 펴고 절여서 양념해 놓은 ⑤에 배추속대를 몇 점, 잘 익은 동치미 김치 무 한쪽, 배 한쪽, 잣 2~3개, 밤 1~2개쪽, 채썬 대추 1~2개, 동글썰기한 홍고추 1개를 넣고 이불을 개듯 싸서 적당한 통에 차곡차곡 담는다.

※손님께 드릴 때에는 개인 보시기에 잘 익은 보쌈물김치 1개를 넣고 칼집을 넣어 국물을 부어서 제공한다.

봉주방장 해법

① 절여진 배추 중간잎과 배추속대에서 나온 배추즙 소금물은 여름에는 헹구어 씻어내고 겨울에는 버리지 말고 국물을 만들 때 혼합하여 부어준다.
② 국물김치에는 마지막에 소주를 부어주면 좋다.
③ 백보쌈에 넣는 무는 동치미 김치무로서 백김치 먼저 동치미무를 잘 숙성시킨 후 한쪽 넣어야 한다.
④ 김치를 절일 때에 소금으로만 절이지 말고 감미료(신화당, 뉴슈가)를 이용하여 절인다.

❺ 시금치 김치(데쳐서 만드는 법)

■ 재료 및 비율

재료	비율
고춧가루	0.5
밀가루	0.8
마늘	1.5
새우젓	2.5
소금	2.5
대파	2.5
시금치	100

■ 실제 예

시금치 1kg, 파 25g, 마늘 15g, 소금 25g, 고춧가루 5g, 밀가루 8g, 새우젓 2.5g

이렇게 만드세요

① 대가 길고 연한 시금치를 깨끗이 손질하여 끓는 물에 살짝 데친다.
② 숨이 죽을 정도로 데친 시금치를 찬물에 넣어 잘 헹구어 식힌 다음 소쿠리에 바쳐 놓는다.
③ 시금치 대를 가지런히 추려 쥐고 굵은 것은 줄거리를 1/2로 쪼개고 길이 4cm로 썬다.
④ 파는 3cm길이로 썬다.
⑤ 시금치에 다진 마늘, 파, 고춧가루를 섞고 소금을 골고루 뿌리면서 살짝살짝 단지에 넣는다.
⑥ 약 30분이 지나서 밀가루를 연하게 물에 풀어 끓여서 차게 식힌 다음 소금과 새우젓으로 간을 맞추어 김칫국물로 붓는다.

❻ 무말이 김치

■ 재료 및 비율

재료	비율
감미료(뉴슈가)	조금
실고추	조금
생강채(30g)	3
마늘채(50g)	5
새우젓국물(70g)	7
배채(100g)	10
밤채(100g)	10
오이채(100g)	10
영양부추(100g)	10
당근채(100g)	10
무(1kg)	100

이렇게 만드세요

① 무는 껍질을 벗겨서 일정하게 6~7cm로 하고, 두께는 1mm 두께로 소금물에 심심히 절여 둔다.
② 오이와 당근, 무, 배는 곱게 채썰어 배를 제외한 재료에 소금을 솔솔 뿌려 절여 둔다.
③ 부추도 깨끗이 다듬어 5cm 정도로 썰어 놓는다.
④ ①에 무를 펴두고 재료를 조금씩 넣고 돌돌 만다.
⑤ 절인 부추로 다시 한 번 돌려말아 풀리지 않게 한다.
⑥ 단지에 무말이를 생강채와 마늘채, 실고추를 뿌려가며 차곡차곡 담고 새우젓국으로 간을 하며 붓는다.

❼ 무말이 생강김치

■ 재료 및 비율

재료	비율
소금(20g)	2
설탕(40g)	4
식초(40g)	4
깐밤(60g)	6
생강(60g)	6
파(100g)	10
당근(400g)	40
무(1kg)	100

이렇게 만드세요

① 무 1/2은 지름 6~7cm로 0.2cm로 얇게 썬다(무말이와 같다).
② 주방에 slicer가 있다면 사용하고, 일제 채칼인 경우 채칼의 날을 빼고 사용하면 좋다.
③ 생강은 얇게 편을 썰고, 대파는 채친다.
④ 당근과 남은 무는 채를 친다.
⑤ 깐밤은 얇게 저민다.
⑥ 위 재료를 새콤달콤하게 재워둔다.
⑦ 무를 말 때 당근채, 무채, 파채, 생강편을 넣고 돌돌 말아 준다.
⑧ 단지에 차곡차곡 담고 물에 소금으로 간을 맞추고 자분자분하게 물을 부어준다.
⑨ 하룻밤을 두었다가 냉장고에 넣는다.
⑩ 손님께 드릴 때마다 반으로 어슷썰기하여 담는다.

봉주방장 응용 : 무말이 생강김치를 이용한 요리
① 생강김치 한 개를 어슷하게 1/2로 자른다.
② 해물숙회를 올려 주어도 좋다.
③ 다시마 또는 미역을 불려서 가지런히 썰어 옆에 놓아주어도 좋다.
④ 다시마 또는 미역을 불려서 피망, 밤, 단감 등을 곱게 채썰어 넣고 돌돌 말아 생강김치와 같이 놓아도 좋을 것 같다.

❽ 두릅김치

■ 재료 및 비율

재료	비율
고춧가루(5g)	0.5 고운것
간생강(10g)	1
새우젓(30g)	3
파(40g)	4
소금(40g)	4
배(100g)	10
홍고추(200g)	20
무(300g)	30
두릅(1kg)	100

이렇게 만드세요

① 두릅은 어린 것을 골라 잘 다듬어서 밑부분은 십자로 칼집을 넣고 끓는 소금물에 데쳐 낸 후 찬물에 식혀 건진다.
② 무와 파는 채를 친다. 통고추는 갈아낸다.
③ 배는 껍질을 제거하고 반은 채치고, 반은 도톰하게 편을 만든다.
④ 두릅은 제외하고 모두 버무려 소를 만든다.
⑤ 단지에 두릅을 한 켜 깔고 그 위에 양념을 얇게 편 다음 배조각을 드문드문 넣고 다시 두릅을 놓고 꼭 눌러 담근다.
⑥ 소금물을 끓여서 새우젓을 간하여 식힌 다음 부어준다.
⑦ 두릅김치가 익으면 두릅 김치 1~2쪽에 국물을 살짝 부어준다.

❾ 고수김치(미나리과의 향신야채)

고수는 중식요리에서 많이 사용하고 한식에서는 아는 사람이 드물다. 동남아시아 여행을 한 사람이라면 식사 때마다 익숙치 않은 냄새때문에 골치가 아플 정도로 거북스러움을 자주 느낀다. 이것은 고수라는 향신야채 때문이다. 저자는 홍콩에서 근무 당시 중국직원들이 고수를 식사 때마다 넣는 것을 보고 무척 역겨웠지만, 자료에 보면 북한지방에서는 오래전부터 먹어 왔던 음식이었다. 향이 독특하여 적응하면 훌륭한 전채요리로 손색이 없어 소개한다. 개성음식의 대가이신 최상옥 선생님께서도 옛날의 개성지방에서 많이 즐겼던 것이라고 하셨다.

■ 재료 및 비율

재료	비율
고춧가루(10g)	1
새우젓(40g)	4
마늘(50g)	5
파(50g)	5
생강(50g)	5
소금(50g)	5
열무(600g)	60
무(800g)	80
고수(1kg)	100

이렇게 만드세요

① 고수를 깨끗이 손질하여 5cm 길이로 썬다.
② 무는 가늘게 채치고 파는 다지고 생강은 즙을 짜낸다.
③ 고수와 무에 소금, 다진파, 마늘, 생강즙, 고춧가루를 넣고 잘 버무려 단지에 담고 뚜껑을 덮어 5~6시간 지난 다음 새우젓과 소금으로 간을 하여 김치물을 자분자분하게 붓고 하룻밤 익힌 후 제공한다.

※최상옥 선생님께서는 : 참기름, 고춧가루, 간장, 파, 마늘 등의 갖은 양념을 넣고 겉절이로 무침하여 즐겨 드셨다.

7. 겨울(冬) 전채김치

❶ 박 동치미 : 늦가을, 초겨울(중간 계절)

■ 재료 및 비율

재료	비율
붉은고추(50g)	2.5
생강(70g)	3.5
마늘(100g)	5
대파(200g)	10
무(2kg)	100
배추(2kg)	100

소금물은 위 재료의 4배이다(소금물 16ℓ)

이렇게 만드세요

① 무는 연한 것으로 두쪽을 내고, 배추는 푸른 잎이 적고 줄기는 두꺼운 것으로 골라 배쪽으로 쪼개 숨을 죽인다.
② 붉은 고추는 통째로 준비하고, 생강·마늘은 가늘게 채썰고, 대파는 4~5cm 길이로 어슷하게 썰어 준비한다.
③ 절여진 배추 속에 무, 고추, 마늘, 생강, 파를 넣고 둥글게 반으로 접어 겉잎으로 속내용이 나오지 않게 항아리에 담가 누르고 뚜껑을 덮어 하룻밤 재운다.
④ 다음날 소금농도 2%의 소금물을 붓는다. 이때 소금물은 내용량의 4~5배 정도가 적당하다.

봉주방장 해법

2~3℃ 내외의 찬 곳에서 4~5주간 익히는 것이 가장 맛있다. 손님께 드릴 때는 배춧잎에 무, 배추 줄기를 알맞게 썰어 배 한쪽, 미나리 3~4개를 싸서 시원한 국물을 포도당, 감미료 등으로 간을 한 후 부어준다.

❷ 통배추 동치미 : 겨울, 냉면모밀

■ 재료 및 비율

재료	비율
생강(80g)	2
마늘(120g)	3
삭힌 풋고추(120g)	3
쪽파(120g)	3
청각(200g)	5
배추(4kg)	100

식수와 소금 : 전체 분량의 2~3배

이렇게 만드세요

① 배추는 중간크기로 골라 통째로 절인 후 네 쪽으로 나눈다.
② 배추 속에 삭힌 풋고추 1~2개씩 넣고 길이로 절반을 접어 겉잎 두 장으로 배추 몸을 감싸 둥글게 만들고 숨죽인 쪽파쪽으로 싸맨다.
③ 항아리 바닥에 남은 삭힌 풋고추와 청각을 깔고 배추묶음을 담는다.
④ 작은 자루(삼베나 성긴 두명천)에 채썬 마늘과 생강을 넣고, 느슨하게 묶어 배추 위에 올려놓고 눌림을 하고 뚜껑을 덮어 하룻밤 재운다.
⑤ 다음날 농도 3%의 소금물을 붓는다. 이때 소금물은 내용량의 4~5배 정도가 적당하다.

❸ 통무 동치미

■ 재료 및 비율

재료	비율
생강(70g)	0.2
쪽파(80g)	0.2
삭힌 풋고추(100g)	0.3
마늘(100g)	0.3
무(4kg)	100

식수와 소금 : 전체 분량의 2~3배

이렇게 만드세요

① 무는 약간 잘며 푸른 녹색이 몸체 절반쯤 있는 동치미용 토종무를 사용한다.
② 농도 3%의 소금물에 통무로 절이고 무잎을 무몸에 감싸고, 절여진 쪽파로 둘레를 묶어준다.
③ 항아리 바닥에 삭힌 풋고추와 청각을 깔고 무를 하나씩 넣는다.
④ 채썬 마늘, 생강을 베로 만든 자루 안에 함께 넣어 무 위에 얹어 놓고 눌림을 하여 하루 재운다.
⑤ 다음날 소금물(농도 3%)을 무 위에 가만히 붓는다.

❹ 풋감김치 : 남쪽지방, 사찰식

볏짚으로 항아리를 감싸 땅속에 묻어두면 한 겨울 진미로 귀한 과일간식이다.

■ 재료 및 비율

재료	비율
맥반(5g)	조금
계피쪽(30g)	1
탱자(160g)	5.3
소금(180g)	100
끓는물(3kg)	100
풋감(3kg)	100

대나무잎(우거지를 대신 사용할 수 있다.)

이렇게 만드세요

① 딴딴하게 여문 푸른 풋감을 꼭지에 옅은 소금물에 씻어 물기를 닦은 후 마른 항아리에 꼭지쪽이 위로 오게 해서 담는다.
② 두쪽으로 쪼갠 탱자, 계피쪽, 백반을 감 위에 뿌려놓는다.
③ 감씻은 소금물에 대나무잎을 식혀 물기를 털어낸 다음 계피, 탱자 등이 안 보이게 잘 덮는다.
④ 무거운 것으로 누르고 끓인 소금물에 붓는다. 시원한 곳에 보관한다.

봉주방장 해법
연시가 아닌 단단한 감은 떫은 맛의 감과 단감이 있는데 떫은 맛의 감을 소금물(물 : 소금=9 : 1)의 비율로 끓여 부어서 약 보름정도 숙성시키면 단감의 맛보다 더 달고 맛이 깊다. 이 맛은 바로 제3의 맛, 발효맛이라 생각한다.

❺ 양배추 동치미

일반 배추나 무의 동치미보다 한결 시원하다. 톡 쏘는 자극성이 있는 독특한 맛을 지녔다. 평양냉면, 국수 등에 쓰인다.

■ 재료 및 비율

재료	비율
생강(100g)	5
붉은고추(100g)	5
쌀가루죽(200g)	10
마늘(200g)	10
실파(200g)	10
미나리(400g)	20
양배추(2kg)	100

소금(천일염)은 절일 때 4%이며, 간을 맞출 때는 3%이다.

이렇게 만드세요

① 양배추는 2×4×5cm로 썰어 숨을 죽여 소쿠리에 놓는다. 미나리는 배추에서 나온 물에 숨을 죽인다.
② 양배추와 미나리를 항아리에 담고 쌀가루, 채썬 마늘, 생강, 실파, 고추를 넣고 물을 붓고 소금으로 간을 맞춘 후 한두 번 저어준 다음 뚜껑을 덮는다.

❻ 양배추 물김치 : 1~2일 만에 국물이 아주 시원하고 맛좋은 김치로 익는다.

■ 재료 및 비율

재료	비율
생강(70g)	2.3
붉은고추(100g)	3.3
쌀가루죽(200g)	6.6
마늘(200g)	6.6
굵은파(400g)	13
오이(1kg)	33
양배추(3kg)	100

소금(천일염) 굵은소금

이렇게 만드세요

① 양배추는 2×5cm로 썰어 절여 건진다. 오이는 5cm로 잘라 네쪽으로 쪼갠다.
② 쌀가루죽, 채썬 마늘, 생강, 고추, 어슷썬 파를 넣고 섞어서 양념을 만들어 양배추와 오이를 넣고 잘 버무려서 항아리에 담는다.
③ 소금물로 양념그릇을 헹궈 붓고 간을 맞춘 후 시원한 곳에 둔다.

제 2 절 요리형 전채요리

뜨거운 음식, 찬 음식 등 순서없이 한상으로 차려지는 밥중심의 찬류(side dish) 차림의 한국음식의 특징은 전채요리의 구분이 모호하지만, 분명한 것은 입맛을 돋우는 전채요리가 물김치류 전채요리와 냉채류 전채요리로 구분된다는 점이다.

1. 양념을 곁들이는 전채요리

1) 구절판

구절판요리는 가장 한국적인 문화가 깃들여져 있는 음식이다. 그 이유를 몇 가지로 보면, 밀전병에 여덟가지 음식을 모두 싸서 먹는 보쌈적(inclusive) 식사법이 서양요리의 나이프로 썰어 나누어서 먹는

(exclusive) 식사법과는 차별되며, 방향적 측면으로 보면 가운데 중심(밀전병)을 두고 8방(八方)향으로 나누어져 있지만 크게는 4방(四方)의 구분으로 동(東)은 푸른색(靑), 남(南)은 붉은색(赤), 서(西)는 흰색(白), 북(北)은 검은색(黑)으로 공간의 방향을 나타낼 뿐만 아니라 사용하는 재료로 볼 때에도 춘하추동 계절에 가장 왕성할 때 채취되는 식자재를 사용하였으며, 종류상으로도 채소류, 고기류, 해물류를 사용하여 자연과 인간의 현상, 즉 동양사상의 음양오행의 의미를 둔 여러 가지 맛, 오미(五味)로 볼 때에 우주론적 의미가 깃들여 있는 것이다. 결론적으로 구절판은 맛이 있다는 미각(味覺)적 의미와 시각적(視覺的) 의미가 한데 어우러져 있는 한국음식의 맛과 멋의 대표적이고 상징적 요리라고 볼 수 있다.

(1) 구절판 재료준비에 있어서 유의해야 할 내용

구절판은 밀전병을 제외하고는 준비해 놓아야 하는 요리이기 때문에 색, 신선도, 맛에 각별히 유의를 해야 한다. 색에 영향을 받지 않는 육류, 해물류, 버섯, 근채류 등을 미리 준비하여 보관하고 색에 영향을 받는 당근계(Carotenoid : 진황색), 오이계(Chrolopy : 청색)는 오래 보관하지 않는 것이 좋다.

(2) 구절판에 사용하는 식재료 변화의 다양성

색감배열, 채도대비 상승효과에 따라 식재료를 다양하게 선택한다.

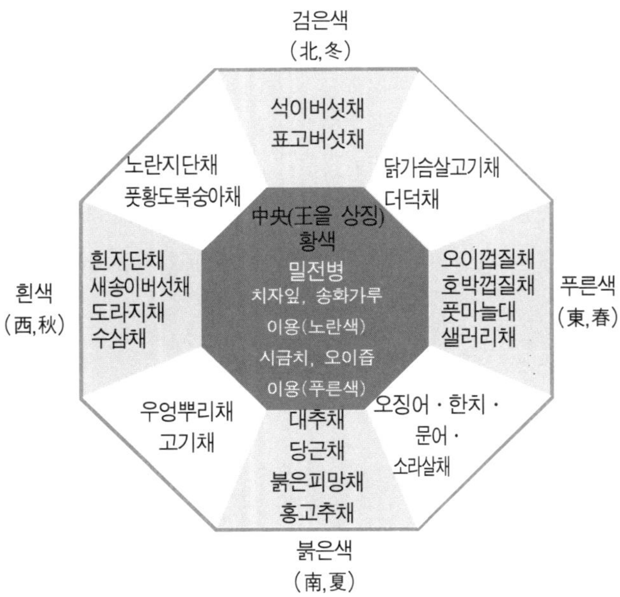

오행배치

	양(陽)	중앙(中央)	음(陰)
물질(형)	목화(木火)	토(土)	금수(金水)
공간(오방)	동남(東南)		서북(西北)
시간(오절)	춘하(春夏)	절기 교체	추동(秋冬)
색채(오색)	청적(靑赤)	황(黃)	백흑(白黑)
윤리(오륜)	인예(仁禮)	신(信)	의지(義志)
신체(오장)	비장, 폐	심장	간, 신장
맛(오미)	신맛, 쓴맛	짠맛	단맛, 매운맛

한국음식과 서양음식의 특징

한국음식	서양음식
inclusive(포함적)	exclusive(배타적)
polysemic(다중기호)	monosemic(단일기호)
becomming(진행되는 시간의 맛)	being(존재 그대로)

한국음식은 평면이 있는 것을 보자기로 싸고 오색오미를 하나로 섞는 융합형이자 맛의 교향곡이다.

구절판은 실용성이 있는 것으로…

구절판 목기는 옻칠 냄새도 나고, 물에 세척하는 것도 용이하지 않아 비실용적이다. 실용적인 사기그릇을 선택하는 것이 좋다.

(3) 구절판 재료준비에 따른 봉주방장 해법

❶ 밀전병의 색을 여러 가지로 표현해 보자.

· 치자 : 노란색을 낼 때에는 병에 치자를 1/3 정도 넣고 물을 가득 채워 냉장고에 보관한 후 사용한다.

봉주방장 해법
파란색을 낼 때에는 오이즙이 좋지만은 치자를 물에 담글 때에 물 대신에 소주를 부어주고 2~3개월 지나면 짙은 그린색이 된다. 오이즙을 낼 때에는 오이 전체를 이용해야 오이향이 짙다.

· 송화가루 : 솔잎의 향과 노란색을 낼 때에는 송화가루를 밀가루와 혼합하여 사용한다.
· 솔잎즙 : 녹즙기를 사용해서 즙을 짜야 하며 즙은 냉동보관하여 사용한다. 솔잎향과 색이 으뜸이다.
· 오이즙 : 오이를 통째로 갈아서 즙을 내어 밀전병을 부치면 그린색을 내기도 하지만 오이향이 은은하여 좋다.
· 파슬리즙 : 푸른색을 짙게 낼 수 있지만 향이 진하므로 지나치지 않게 한다(파슬리즙 : 물=10 : 1).

봉주방장 해법
색을 예쁘게 낸다고 하여 당근즙, 오미자즙은 사용하지 않는 것이 좋다. 향뿐만 아니라 색감도 좋지 않다.

❷ 채썰기를 빠르게 하려면

채칼 또는 육절기(슬라이서)를 사용해야 한다. 요리사는 기계·기구에 의존하기보다는 자신의 칼로 썰기 작업하는 것이 기능적인 면에서 좋다. 그러나 기구 또는 기계 사용을 하여 쉽고 정확히 할 수 있다면 그렇게 해야 하고 또한 연구를 해야 한다. 아무리 숙련된 요리사라도 기구 또는 기계만큼은 빠를 수가 없기 때문이다. 또한 업주는 주방시설에 과학화를 도입하는 데 인색해서는 안 되며, 특히 기계 및 기구의 필요성을 주방장이 요구할 때에 수용해야만 효과적인 인력관리를 할 수 있을 것이다.

• 채칼로 밀어썰기를 하는 재료
· 당근채 썰기 : 속심지는 사용하지 말고 겉부위의 빨간 부위만 밀어썰기 한다.
· 오이채 썰기 : 오이의 겉부위의 짙푸른 색을 사용하고 중간살은 해파리 냉채에 넣는다. 길이는 7cm가 좋다

• 채칼을 당겨썰기하는 재료
· 도라지채 썰기 : 도라지는 밀어썰지 말고 당겨썰기 한다. 이때 주의할 것은 실장갑을 한쪽 손에 두 개 끼고 작업을 한다. 고운 날이 좋으나 경우에 따라 중간날을 사용한다.
· 우엉채 썰기 : 도라지와 마찬가지로 당겨썰기 한다.

• 육절기 슬라이서 기계를 이용하는 방법
· 고기 채썰기 : 반드시 소의 우둔부위 또는 홍두깨살로 해야 한다. 우둔 또는 홍두깨살(중간)을 냉동시킨 후 결방향으로 얇게 썰어 결방향 그대로 정리해서 다시 동결시킨 후 반대로 썰기한다.
· 건표고를 빠르게 채썰기하는 방법

㉮ 충분히 불린 건표고는 P.P 자루(양파자루 등)에 넣고 탈수기를 이용, 탈수를 한 후에 얇게 포를 뜨는데 2가지로 분류해야 한다. 검은 부위의 버섯의 지붕표면과 버섯의 속살부위이다. 버섯의 짙

은색 표면은 구절판에 사용하고 속살은 나물고명으로 사용하면 좋다. 물론 속살을 사용할 마땅한 용도가 없을 경우에는 속살도 얇게 포를 떠서 캐러멜 등을 이용하여 색을 내어 사용한다. 큰 버섯 안쪽의 주름이 깊으면 채썰기할 때 부스러기가 많이 생겨 좋지 않으므로 버섯주름은 깍아내고 썰기하는 것이 좋다.

㉯ 얇게 포를 뜬 버섯을 쟁반에 가지런히 엇뉘어 차곡차곡 놓은 후 얼려서 칼을 이용해 썰어도 되지만, P.P 랩을 이용 둥글게 꼭꼭 말아서 얼린 후, 기계로 썰거나 플라스틱 작은 통에 비닐을 깔고 차곡차곡 쌓은 다음 얼린다. 모양이 작은 통 그대로 유지되니 슬라이스 기계를 이용해서 썬다.

· 소라를 곱게 채썰기하는 방법

㉮ 삶은 소라살을 곱게 채썰어 구절판 재료로 사용하면 좋다. 그러나 작은 소라살을 일일이 칼로 채썰기한다는 것은 대단히 오랜 시간이 소요된다. 그렇다고 소라살 1개를 슬라이서 기계에 넣고 썰기한다는 것은 대단히 어려운 일이다.

㉯ 작은 플라스틱통 속에 비닐을 깔고 소라살을 손질하여 물기가 있게 하여 차곡차곡 쌓는다. 냉동을 시킨 후 꺼내어 슬라이서 기계에 얇게 밀어낸다. 얇게 밀어낸 소라살을 썰어진 그대로 꺼내었던 통 속에 비닐을 깔고 고르게 펼쳐서 꼭 채운다. 뚜껑을 덮고 다시 냉동시킨다. 냉동이 되면 꺼내어 어느 방향으로 썰든 결을 살려 1차로 썰었던 방향이 아닌 반대로 썰기 한다. 이 방법은 소라살뿐만 아니라 시간이 많이 걸리는 연체 해물류에 알맞다.

봉주방장 해법

소라는 개소라, 참소라, 야자소라가 있다. 개소라는 뻑뻑하고 질기며 구절판용으로 사용하기는 안 좋다. 참소라가 가장 좋은데, 써는 방법은 위에서 소개하였고, 기계준비가 안 된다면 야자소라(일반소라의 5~10배 크기)를 사용한다. 약간 중간냉동(subfreezing)하여 칼로 썬다.

❷ 밀전병 부치기

밀전병은 직경 8~9cm의 원형으로 한 장 한 장을 수저로 동글게 부침해야 하는데 밀쌈으로 할 때에는 큰 프라이팬에 얇게 부침하여 알맞은 원형틀(주전자 뚜껑 등)로 찍어내거나 길게 말이를 하여 썰어주는 방법도 있다. 그러나 한 수저씩 부침하면 밀전병의 가장자리가 얇기 때문에 구절판에 사용하거나, 격이 있는 한정식 요리에는 반드시 한 수저씩 부쳐야 한다.

■ 재료와 비율

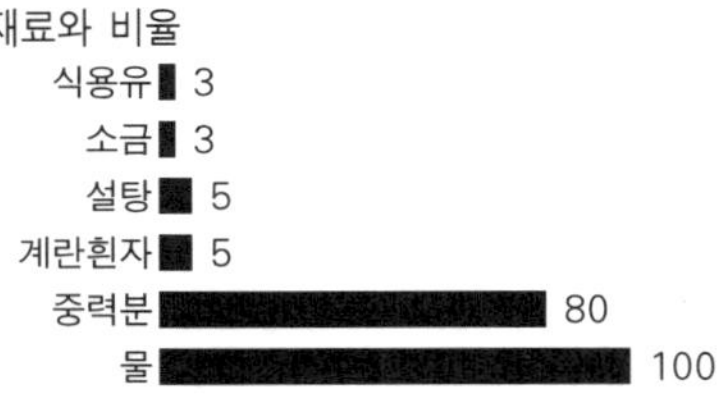

■ 실제예

중력분 1.6kg, 물 2ℓ, 설탕 5T, 물 1ℓ, 밀맥스 800g, 설탕 3T, 소금 2T, 식용유 3T, 계란흰자 1~2개

이렇게 만드세요

① 밀가루는 중력 밀가루 또는 강화중력분인 밀맥스를 사용한다(밀맥스는 영양강화분으로 삼양사에서 생산한다).

② 소금은 글루텐 형성에 있어서의 촉진역할을 하므로 탄력(점탄성)이 높아진다. 설탕은 맛의 상승효과로 넣어주는데 지나치면 부침할 때 좋지 않다.

③ 모든 재료를 고루 섞어 10분쯤 후에 체에 걸러서 멍울을 없앤다.

※색을 내려면 천연 야채즙(오이즙이 제일 좋다)을 이용한다.

봉주방장 해법 : 밀전병을 보관하고 사용하려면…

① 부쳐놓은 밀전병을 재빨리 선풍기 등에 약간 말린다.
② 약간 말려진 밀전병을 차곡차곡 4인분 기준으로 P.P랩에 포장하여 냉동보관한다.

❷ 구절판의 표고버섯 볶는 방법

■ 재료와 비율

재료	비율
식초	약간
쇠고기 다시다	1
간마늘	2
물엿	5
참기름	5
설탕	10
식용유	10
진간장	10
육수 또는 물	20
버섯채	100

이렇게 만드세요

① 왼쪽의 비율은 구절판의 표고버섯뿐만 아니라 나물고명의 표고버섯을 볶음할 때에도 같은 양념이다.
② 채썬 표고는 왼쪽의 분량대로 식용유와 물 또는 육수를 넣고 촉촉히 은근히 볶다가 나머지 모든 재료를 넣고 은근히 졸여준다.
③ 자주 뒤집어 준다.

※약간의 식초를 넣는 이유는 버섯 특유의 잡냄새를 없애 주고 입맛을 새롭게 한다.

❸ 구절판의 석이버섯 다루는 방법

다루기가 까다롭고 채썰기가 만만치 않아서 권할 만한 것이 못되어, 고명에서 소개를 대신하는 것으로 한다. 흰자에 석이버섯을 다져 넣어 색을 별스럽게 낼 수도 있지만 이 역시 보기에 안 좋다(음식은 모양뿐만이 아니라 인력의 효용성과 맛을 우선으로 해야 하기 때문이다). 석이버섯 안쪽에는 이끼, 모래, 흙이 있기 때문에 석이버섯을 다루기 위해서는 일단 뜨거운 물에 불려 고무장갑을 끼고 빨래판에 문지른 후 몇 번 깨끗이 헹굼하여 가운데 뿌리부위는 제거하고 곱게 채썰기한다.

봉주방장 해법

석이버섯은 손질하여 될 수 있는 한 가지런히 하여 작은 판에(접시 등) 비닐을 깔고 놓은 후 위에 다시 비닐을 깔고 다른 눌림이 될 만한 같은 크기의 그릇으로 눌러준 후 동결시킨 뒤 얼은 상태에서 곱게 채친다.

❹ 구절판의 고기채

구절판 고기채는 가늘기 때문에 써는 것부터가 기술과 경험을 요구한다. 쇠고기를 가늘게 썰려면 결이 일정하고 우둔한 홍두깨살이 좋다.

■ 재료와 비율

재료	비율
조미료	2
간마늘	3
물엿	3
설탕	3
참기름	5
식용유	5
간장	10
육수	20
고기채	100

이렇게 만드세요

① 소량일 때는 직접 달궈진 프라이팬에 서로 엉겨 붙을 겨를을 주지 않고 재빨리 볶아내는 경우도 있지만 대량일 때는 조금씩 나눠서 볶든지 아니면 간장, 설탕물을 끓이거나 또는 데린 간장에 물을 5배 정도 희석시키고 데쳐내면 된다.
② 데린 간장이 없을 때는 장조림하고 남은 조림소스(기름과 찌꺼기를 걷어내고)에 2~3배 물을 붓고 끓인다(기름은 냉장고에 굳힌 다음 걸러낸다).
③ 끓는 장조림소스 또는 데린 간장에 고기채를 넣고 젓가락을 사용하여 가볍게 휘저어 익힌다. 고기국물은 고운 체에 걸러 진한 육수를 다른 요리에 활용한다.
④ 충분히 익으면 건져낸 후 왼쪽의 양념에 은근히 뒤적여 주며 볶는다.

봉주방장 해법 : 가는 고기채를 볶는 방법

곱게 채썬 고기를 볶는 데는 섬세한 기술이 필요하다. 센 불에 볶으면 가늘게 채썬 고기가 뭉쳐지고, 약한 불에 익히면서 젓가락으로 휘저으면 고기채가 끊어져 보기 좋지 않다. 조금씩 중불에 볶는 대신 젓가락으로 젓는 시기를 잘 맞춰야 한다. 제일 좋은 방법은 갈비찜, 장조림간장 등에 물을 넣고 끓이고 거기에 고기채를 넣고 데쳐낸 후 볶아주는 것이다. 다른 방법으로는 맹물을 끓여 고기채를 데쳐 내는 것으로, 데쳐 내었던 고기국물은 육수로 활용하고 데쳐낸 고기는 데린 간장, 조림간장, 간장, 설탕 등의 양념으로 은근히 조리면서 볶아준다.

❺ 근(根)야채 공통

■ 재료와 비율

• 당근

재료	비율
소금(8g)	8
설탕(10g)	10
식용유(10g)	10
당근(100g)	100

• 도라지 · 우엉

재료	비율
식초(약간)	0.5
마늘(1g)	1
다시다(2g)	2
물엿(5g)	5
설탕(5g)	5
식용유(100cc)	10
간장(100cc)	10
우엉 · 도라지(1kg)	100

이렇게 만드세요

당근

① 어슷썰기를 하지 말고 결방향대로 썬다. 당근의 속심지는 구절판용으로는 좋지 않다.

② 소금에 절이지 않고, 약간의 기름을 팬에 두르고 볶으면서 소금간을 하면 당근색의 물기가 나오면서 다시 그대로 착상되어 색이 예쁘다.

도라지

① 섬유질이 강하고 특유의 향이 있기 때문에 결방향 또는 어슷썰기로 채 썬다.

② 소금에 절여 조물조물하여 10분 후 물에 가볍게 헹구어 물기를 짜낸다.

③ 식용유를 두르고 소금을 넣는다.

④ 설탕을 넣은 후 은근히 졸이듯이 마무리한다.

우엉

① 겉껍질을 제거하고 어슷하게 썰기하여 곱게 채를 썬다.

② 우엉은 공기와 접촉이 되면서 색이 짙은 밤색이 되는데 그대로의 색도 아름다움이 있으니 일부러 식초 등을 사용하여 흰색을 유지하려고 할 필요가 없다. 그러나 식초를 조금 사용하면 맛이 새롭다.

③ 양념을 하여 뒤적이며 은근히 졸인다.

❻ 밀쌈과 무말이 강회

밀쌈은 밀전병에 어느 재료든 쌈한 것을 의미하는데 깨소금에 설탕을 넣고 빻아 소를 넣거나 김치를 다지거나 채썰어 쇠고기와 볶음하여 넣어줄 수도 있고, 호박을 채썰어 볶은 후 밀전병에 말이한 것도 밀쌈이다. 여기에서의 밀쌈은 구절판 재료를 손님이 드시기 좋게 밀전병에 소를 넣고 둥글게 말아준 것을 의미한다. 구절판의 재료는 약간의 겨자와 참기름을 넣고 양념하는 것이 맛이 있다. 무말이 강회는 구절판의 야채를 새콤달콤 무치거나 참기름과 겨자로 양념하여 밀쌈 대신 무를 7×0.1cm로 둥글게 썰어 단촛물에 담갔다가 물기를 제거하여 싸먹는 것인데 이것도 별미다.

▶ 무를 새콤달콤하게 절이기 위한 단촛물 만들기

• 방법 1 : 설탕 : 식초 : 소금 = 8 : 8 : 1
• 방법 2 : 물 : 설탕 : 식초 : 소금 = 1 : 1 : 0.8 : 0.1
• 방법 3 : 물 : 설탕 : 식초 : 소금 = 45 : 8 : 6 : 1

사용할 때에는 방법 1, 2는 물에 가볍고 헹굼하여 사용하고 방법 3은 그대로 건져서 사용한다.

이렇게 만드세요

식초 : 설탕 : 소금 : 물 = 1 : 1 : 0.3 : 1의 비율로 섞어 무를 담가놓는데 무 특유의 냄새가 좋지 않으니 찬물에 한 번 헹군 후 넣어준다.

2) 어 선

생선포를 얇게 포를 떠서 구절판 재료를 넣고 김밥말듯이 둥글게 말이하여 찜을 한 것인데, 재료를 색스럽게 가지런히 넣어 말이를 할 수도 있으며, 각각의 재료를 김에다 볼펜굵기로 말이를 하여 다시 얇게 포를 뜬 생선포에 말이를 할 수도 있다.

■ 재료와 비율

재료	비율
소금 · 후추	약간
계란	7～10
전분	15
흰살생선	100

이렇게 만드세요

① 광어, 대구 등 흰살생선을 사용한다.
② 칼을 이용하여 포를 떠도 되지만 일정하게 포를 뜨는 작업은 쉽지 않은 일이다.
③ 동결(냉동)시켜 슬라이서 기계를 이용하여 얇게 썰어 소금, 후추로 간을 한다.
④ 김발에 전분가루를 넉넉히 바르고 생선포를 얇게 펼쳐 놓는다. 구절판 재료를 앞쪽으로 가지런히 놓고 말아준다.
⑤ P.P 랩에 싸서 구멍을 내 준 후에 찜통에 쪄낸다. 식었을 때 썰어서 초간장과 곁들여 나간다.

봉주방장 응용 : 날치알말이

① 얇게 포를 뜬 흰살생선을 10×7cm 정도(손바닥 크기)로 잘라서 소금, 후추, 미원으로 간을 한다.
② 날치알에 기본간(파, 마늘, 참기름)을 하여 그대로 또는 계란 푼 것, 전분을 약간 넣어 고루 섞어주어 소를 준비한다.
③ 김발에 전분을 뿌려 주고 준비된 ①의 생선포를 깔고, ②의 소를 넣어 가장자리는 계란 푼 것과 전분가루를 붙이고 양쪽 끝도 그렇게 하여 말아준다.
④ 말이한 것을 찜통에 구멍을 낸 비닐을 깔고 서로 붙지 않게 가지런히 놓고 찜을 한다. 날치알대신 명란 또는 연어알도 좋다.

3) 로스편채

로스편채는 쇠고기의 채끝부위로(등심의 뒷쪽) 겉면을 살짝 익힌 후, 야채를 말이하여 먹는 것으로 소스와 함께 제공되며 음식을 먹기 전에 음식 맛을 돋우어주는 역할을 한다. 로스편채는 한식요리로서 생소한 느낌이 드는 요리이다. 그러나 외국에서 저자가 있었던 한 업장에서는 이 로스편채가 주력메뉴로서 중국, 홍콩 등에서 대단히 인기있는 메뉴였다. 로스편채는 로스(roast)+편채(片菜)가 합성된 이름이다.

❶ 편채고기 만들기

이렇게 만드세요

① 로스편채에 적당한 고기는 등심살도 사용하지만 기름이 많고 힘줄이 중간중간에 있어 일정하게 성형하기가 어렵다. 채끝살이 편채고기로는 무난하다.
② 채끝살은 길이가 약 45cm 정도로 앞쪽의 두께는 10cm 정도이며 중간에 힘줄이 박혀있다. 뒤쪽은 두께 7cm이며 조금 좁아진다.

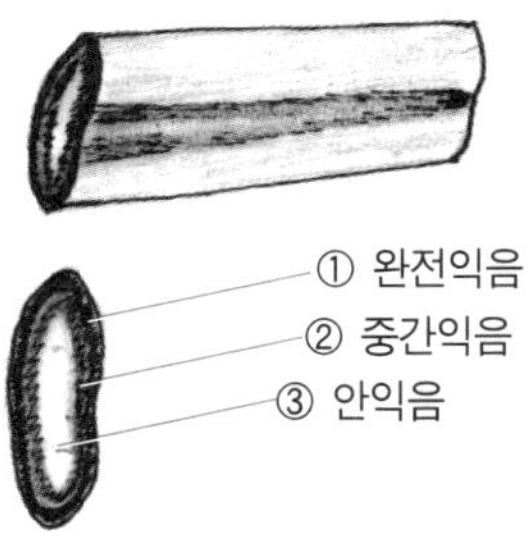

③ 힘줄은 제거하고 편편히 모양있게 성형한다.
④ 성형한 편채고기는 굵은 소금을 볶은 후 빻아 겉면에 살짝 뿌려주고 조미료도 약간 뿌린다.
⑤ 약 10분 후에 샐러맨더, 그릴, 오븐에 넣고 앞뒤로 굽는다.
⑥ 은근한 불에 앞뒤로 오랫동안 굽게 되면 고기 속까지 익어 퍽퍽하여 좋지 않으며, 센 불에 짧은 시간에 굽게 되면 속이 너무 안 익어 육회와 같이 된다. 한쪽면에 3분씩 2회 반복하여 구우면 적당하다.

※구운 편채고기는 식은 후에 비닐랩으로 포장을 하여 중간냉동(−10 ~ −5℃)시킨 후 필요시 기계를 사용하여 슬라이스한다.

❷ 편채소스와 편채담기

소스만들기

■ 재료와 비율

• 1차 : 냄비 두 개를 준비하여 각각의 재료를 끓인다.

냄비 첫 번째 끓이기		냄비 두 번째 끓이기	
가쓰오부시(35g)	3.5	생강(50g)	5
물(1ℓ)	100	마늘(50g)	5
		물(1ℓ)	100

• 2차 : 재료혼합하기

재료	비율
레몬즙(20cc)	1
오렌지즙(50g)	2.5
빙초산(100cc)	5
화이트와인(150cc)	7.5
고량주(200cc)	10
정종(300cc)	15
롯데미향(300cc)	15
오렌지원액(500cc)	25
진간장(2ℓ)	100
1차끓인육수(2ℓ)	100

담기 예제

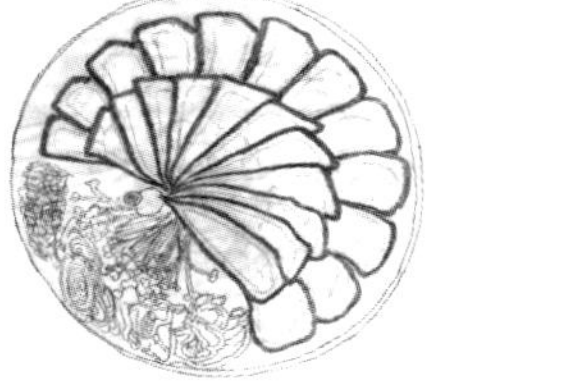

이렇게 만드세요

소스 만들기

① 냄비 두 개를 준비하여 1개는 가쓰오부시를 넣고 끓이는데, 가쓰오부시는 끓으면 바로 불을 끈다. 다른 냄비는 마늘, 생강을 편으로 썰어 약 5분 정도 끓여 우려낸 후 체에 밭쳐 두 개를 합쳐 준다.
② 끓인 ①에 재료를 비율대로 합친다.
③ ②를 뜨겁게 데워 주고 식혀주는데 끓이지 않고 뜨겁게 데운다는 것은 손가락을 잠깐 넣어도 되는 약 85~90℃이다.
④ 식혀서 알맞은 용기에 담아 사용한다.

편채담기와 재료준비하기

① 양파채 : 양파는 슬라이서 기계를 이용하여 둥글게 그대로 얇게 썰거나, 채칼의 평날만 끼우고 곱게 밀어서 사용한다.
② 피망 : 속살을 벗겨내고 겉살만 일정하고 곱게 채친다.
③ 마늘 : 얇게 저민다.
④ 무순 : 가지런히 놓는다.
⑤ 모든 재료는 각각 찬물에 헹굼하여 정리하여 놓는다. 특히 가지런히 놓아야 하는 피망채는 가로, 세로 길이가 일정하게 놓는 것이 좋다.

※큰 접시(지름 30cm 이상)에 공간 15cm 정도는 남기고 슬라이서 기계로 편채고기를 돌려 담은 후 한 쪽의 빈 공간에 준비된 재료를 색스럽게 꾸민다.

⑥ 무를 강판에 갈아서 찬물에 헹굼하여 두 부분으로 나눈다. 나눈 무를 와사비로 혼합반죽해 주고, 고운고춧가루를 나머지 무에 반죽하여 새알심으로 빚어 각각 1개씩 장식한다.

4) 쇠고기 찹쌀구이(편채)와 야채

쇠고기 찹쌀구이는 요즘 인기있는 한국요리로 자리하고 있는데 본래 우리 음식의 고서인 「음식디미방」에 '섬야멱적(불고기의 원조)에 간장, 기름, 밀가루를 얹어 굽는다'라는 요리법이 소개되었다는 「한국요리문화사」에 근거를 두고 있다.

쇠고기 찹쌀구이는 찹쌀의 부드러움과 고기의 수분보존의 특징을 살려 구이를 한 것이다.

■ 곁들이장의 재료와 비율

이렇게 만드세요

방법 1

① 쇠고기는 채끝 등심부위로 얼린 후 2mm 정도로 약간 얇게 썬다.
② 맛소금, 후추를 뿌린 후 찹쌀가루를 묻힌 후, 쟁반에 비닐을 깔고 가루 입힌 고기가 겹쳐지지 않게 가지런히 펴 놓는다. 그렇게 하기를 반복한다.
③ 찹쌀가루를 묻힌 후 식용유를 조금 두르고 지짐한다.
④ 찹쌀가루를 묻힌 상태에서 지짐한 것이기 때문에 서로 잘 붙는다. 식은 다음에 겹쳐지지 않게 놓는다. 메밀가루를 조금 넣어줄 수도 있다.

※야채는 깻잎과 양파를 곱게 채썬 다음 가운데 놓아주고 쇠고기 찹쌀편채를 가장자리에 돌려 담아낸다.

방법 2

① 홍두깨를 얇게 슬라이스한다.
② 진간장 불고기 양념을 바른다.
③ 찹쌀가루를 꾹꾹 힘을 주어 입히고 비닐을 깔고 냉장시킨다.
④ 제공할 때에 살짝 튀겨준다.

봉주방장 해법 : 찹쌀가루 입힌 쇠고기 편채를 빨리 제공하는 법

손님이 많이 오시면 일일이 즉석에서 지짐하여 내어드리기는 어렵다. 이럴 때에는 작은 체반에 비닐을 깔고 서로 붙지 않게 차곡차곡 놓는다. 그렇게 하기를 반복하여 미리 준비해놓고 손님이 오시면 바로 그대로 드려도 좋고 약간 데워서 야채와 드린다.

봉주방장 응용 : 김발에 넓게 썬 채끝 등심에 찹쌀가루를 입힌 후 야채를 넣고 김밥말듯 말이하는 법

① 얇게 썬 채끝 등심에 소금, 후추, 찹쌀가루를 뿌린 후 김발에 올려 놓는다.
② 파란색인 부추와 팽이버섯을 생으로 넣은 후 그대로 말이한다. 가장자리에 찹쌀가루를 충분히 묻혀준다.
③ 그대로 노릇하게 지져 식은 후에 밀쌈 크기로 자른다.
④ 채끝부위 대신에 우둔부위 홍두깨살을 사용할 수 있다.

2. 냉채류

1) 겨자양념 냉채류

겨자양념의 요리는 새콤달콤한 냉채요리로 양념하여 특수하게는 김치를 담그는 데 고춧가루 대신으로 사용한다. 제조회사별로 겨자맛이 틀리기 때문에 용도에 맞는 제품을 선택한다.

(1) 해파리 냉채

해파리는 해조류가 아닌 연체동물이고, 바다에서 사람의 몸에 스치기만 하여도 독소로 인하여 피부가 손상된다고도 한다.

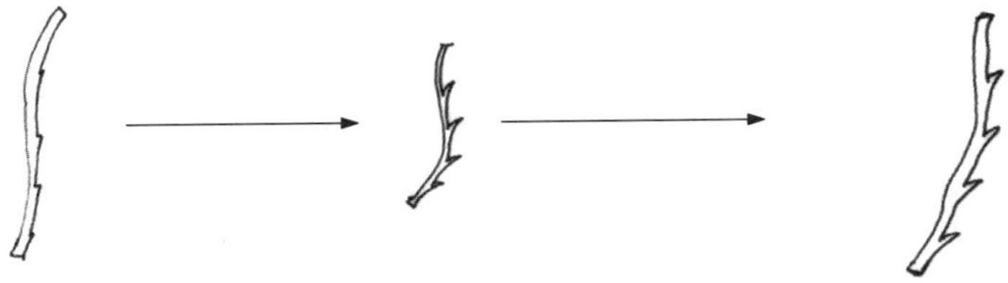

① 해파리 데치기 전 얇고 편편한 상태 ② 해파리 데친 직후 질겨지고 부피가 작아진다 ③ 해파리 불린 후 알맞게 통통하고 윤기가 난다.

해파리요리는 냉채류 요리로 즐길 수 있고 뜨거운 음식으로는 되지 않는다. 중국식 해파리 냉채는 고추기름에 마늘, 식초, 설탕에 절임하는 방법이고 한국식 해파리 냉채는 고추기름이 들어가지 않는다.

때때로 장에 담가서 장아찌로 활용되기도 한다. 해파리는 둥근 원판으로 염장되어 유통되고 있으며 채를 썰어서도 유통이 된다.

봉주방장 해법 : 좋은 해파리 고르기

- 해파리 질(質)은 여러 층인데 두께가 도톰하고 탄력이 있으며 색이 짙은 것이 좋은 것이다. 좋지 않은 것은 반대로 얇고 탄력이 없고 색은 베이지색이다.
- 해파리 염장되어 유통이 되는데 무게를 늘리는 방법은 두 가지이다. 소금을 잔뜩 넣는 방법과 또는 소금물을 넣는 방법이 있다.

❶ 해파리 손질법

■ 결들이장의 재료와 비율

재료	비율
미림	10
설탕	10
식초	10
간장	10
양겨자	20
파인애플즙	30
물	100

※**좋은 해파리 선별법** : 해파리는 탄력이 있고 짙은 갈색이 좋으며, 썰은 것과 썰지 않은 것은 상관할 것이 못되지만, 썰어서 유통되는 해파리는 소금을 지나치게 버무려 중량을 늘이려는 의도가 종종있으므로 주의한다.

이렇게 만드세요

① 해파리는 구매하면 일단 소금이 묻어있는 해파리에 물을 조금 넣고 주물러 몇번 씻어낸다.
② 24시간 이상 찬물을 바꿔주면서 해파리 특유의 냄새를 해감시킨다.
③ 끓기 전의 온도인 90℃가 데쳐내기 알맞은 온도이다.
④ 데쳐낸 해파리를 담을 통을 미리 준비하고 찬물을 담아 놓는다.
⑤ 큰소쿠리에 데쳐낼 해파리를 적당히 나누어 넣고 해파리가 고르게 동시에 뜨거운 물에 닿게 하기 위하여 소쿠리채 넣는다. 해파리가 서서히 작아지면서 꼬불꼬불해지면 꺼내어 준비된 찬물통에 넣는다. 이 과정을 반복하며 공정이 끝나면 찬물을 조금씩 흘려 불린다.
⑥ 약 5~6시간이면 충분히 불려질 정도가 될 것이다. 그러나 지나치게 데쳐졌을 경우에는 잘 불려지지 않으므로 좀더 시간을 둔다.

❷ 해파리를 1차로 절임하는 방법

■ 재료와 비율

재료	비율
소금	1.2
간마늘	3
양조식초	10
설탕	17
해파리	100

이렇게 만드세요

① 잘 불려진 해파리를 자루에 넣거나 소쿠리에 넣어 무거운 것으로 12시간 이상을 은근히 눌러 물기를 제거하고 1차 절임 비율대로 버무린 후에 냉장고에 보관한다.
② 필요할 때마다 꺼내어 야채(오이, 배)와 함께 소스를 넣고 무침한다.

봉주방장 해법

해파리 물기를 제거하는 방법으로 두부상자를 이용하여 짜내면 잘 짜낼 수 있다. 데쳐서 잘 불려진 해파리는 두부상자가 넘치도록 담고 다른 두부상자를 엎혀 무거운 것을 올려 놓는데. 큰 물통에 가득 물을 채워서 올려 놓으면 되겠다.

❸ 해파리 냉채고명

▶ 사태(아롱사태)편육

■ 사태삶는 비율

• **제1방법**

재료	비율
기타	약간씩(대파, 양파, 통후추, 마른고추, 감초)
썬생강	2
마늘	3
소주	5
황물엿	25
설탕	30
진간장	60
물	100

• **제2방법**

사태 15kg, 간장 5.4kg, 물 13kg, 흑설탕 600g, 백설탕 200g, 통마늘 200g, 생강 50g, 정종 500cc, 통후추 50g, 고추씨 30g, 양파 4EA, 무 1/2개 (800g) 정도

이렇게 만드세요

아롱사태는 핏물을 제거한 후 왼쪽의 비율대로 맞추어진 끓는 물을 넣는다. 또는 곰국(육수) 끓이는 곳에 넣고 30분 정도 끓인 후 왼쪽의 비율에 2시간 30분 정도 졸여주면 곰육수도 진하게 끓일 수 있고 편육도 만들어 낼 수 있어 좋다.

※졸임이 끝난 사태고기는 P.P. 랩으로 사태 한덩이씩 꼭꼭 싸서 냉장보관하였다가 얇게 저며 썰어 해파리 냉채고명으로 제공한다. 편육 한 장에 새우, 송화단과 함께 장식한다.

봉주방장 경험

졸여진 사태고기를 건져서 공기에 접하게 하면 표면이 시커멓게 변하고 마른다. 따라서 졸였던 소스에 그대로 식을 때까지 두었다가 건져내면 좋다. 이럴 경우에는 불을 좀더 일찍 꺼야 한다(20~30분 정도).

봉주방장 해법

졸였던 간장국물을 체에 걸러 야채 등을 짜서 버리고 순수한 졸임 간장을 그대로 보관하였다가 각종 볶음류(잡채, 구절판, 근채유, 도라지, 우엉 등)를 볶음할 때 사용하면 그 맛은 어느 요리사도 흉내낼 수 없는 자신만의 노하우가 된다.

▶ 새우 : 새우는 큰 것을 삶아서 손질하여 저며썰기하고 중간 새우는 1/2를 모양대로 썰기하고 잔 새우는 무침할 때 넣어준다.

▶ 송화단 : 송화단은 삶거나 쪄서 껍질제거후 8등분하여 접시옆에 예쁘게 장식한다.

▶ 오징어 : 오징어 등의 해산물은 데쳐서 한 점 크기로 잘라 놓는다.

▶ 날치알 또는 연어알 : 날치알 또는 연어알은 해파리무침 할 때 함께 무침하거나 위에 뿌려준다(새콤달콤하게 절군 다음 뿌려주면 더욱 좋다).

▶ 배 또는 오이 채친 것 : 해파리 냉채는 배와 오이채는 필수이며, 썰기는 주방장 의도대로 한다.

▶ 레몬 등 : 레몬은 즙을 이용할 수도 있고 얇게 슬라이스하여 고명할 수도 있다.

❹ 해파리 소스

주로 해파리 소스에는 무침하기 좋은 농도가 되게 하기 위하여 물을 넣게 되는데, 일부 물비율을 제하고 또는 전량의 물 대신에 술을 끓여서 미림을 만들어 비법을 간직하여 사용해도 좋다. 자신만의 연구하는 부분이 있어 인삼차를 넣는 방법, 우유 또는 생크림을 넣는 방법 등의 비법을 창안하려는 노력이 다분하지만 여기에서 제시하는 것은 맥주를 이용하여 미림을 만들고 그것으로 겨자소스를 만드는 법을 제시한다.

▶ 제1방법 : 한정식 코스 요리와 같이 무침 즉시 손님께 드릴 때의 양념

■ 소스 비율

재료	비율
레몬즙(12개)	15
간마늘(3kg)	20
겨자분(3kg)	20
양조식초(3ℓ)	20
마늘초국물(6kg)	40
사이다(7.5ℓ)	50
갈은배(15개)	50~55
백설탕(12kg)	80
맥주미림(15ℓ)	100

이렇게 만드세요

① 맥주를 끓여 1/2로 졸인 것을 식힌 후 비율대로 넣어야 한다.
② 겨자는 3~4시간 전에 뜨거운 물에 개어 놓아 넣어준다.
③ 배는 껍질을 벗겨 갈아준다.
④ 마늘초절임 국물과 초절임한 마늘을 함께 갈아 넣어 줄 수도 있는데 이런 경우에는 초절임한 마늘을 넣은 만큼 제하고 생마늘을 넣는다.
⑤ 알맞은 용기에 넣고 밀봉해 주고 1일 사용할 만큼 덜어서 반드시 위 아래로 흔들어 무침한다.

▶ 제2방법 : 국물이 적게 나오는 무침방법

해파리 냉채를 뷔페와 같이 오랜 시간을 무침해서 놓아야 할 경우에는 강한 초를 사용하고 되직하게 양념해야 한다.

■ 재료 및 비율

재료	비율
소금	3
빙초산	4
간마늘	5
갠겨자	5
설탕	10
배	10
1차절임한해파리	60
오이	100

이렇게 만드세요

① 무침하고자 하는 그릇에 갠겨자, 마늘, 설탕, 소금, 빙초산을 넣고 잘 섞어 준다.
② 해파리, 오이채 또는 오이 어슷썰기한 것을 넣고 버무린 후 배를 마지막에 넣고 자연스럽게 버무려준다.

※땅콩, 아몬드, 오이피클, 마늘감산절임(달콤새콤 절인 것) 등을 갈아서 무침해 주면 새로운 맛을 낼 수가 있다.

• 영업준비하는 방법과 무침하는 방법 : 냉채담당자 앞에는 여러 가지 꾸미(고명)가 신선한 상태로 준비되어 있어야 한다.

• 꾸미준비 및 영업준비

· 사태편육 : 작은 접시에 사태고기를 편육으로 얇게 저며 썰어 차곡차곡 있어야 하며, 표면이 마르는 것을 방지하기 위하여 소스를 촉촉히 발라줘야 한다.

· 새우 삶은 것 : 삶은 새우를 가지런히 저며 썰고, 밤 또는 배와 오이채를 넣고 미나리로 묶은 것 준비한다.

· 소라채 : 삶은 소라살을 얇게 저며 썰어 준비한다.

· 송화단 : 찌거나 삶은 송화단의 껍질을 까서 길이로 8등분한 것을 가지런히 작은 접시에 담아 놓는다.

· 오이채 : 오이 겉껍질은 질기므로 구절판에 사용하고 오이 중간살을 8~9cm로 채썰기하여 찬물에 헹군한 후 얼음 위 또는 냉장고에 보관하여 즉시 무침할 수 있도록 한다.

· 배채 : 배를 곱게 채썰기하여 놓는다(계절에 따른 배품종에 따라 색이 갈변되기 때문에 유의해야 한다). 갈변을 방지하기 위해서는 소금·설탕을 타서 녹인 후 배채를 담갔다 건진다.

· 겨자소스 : 잘 혼합되도록 흔들기가 편리하고 소스를 부어 주기가 편리하도록 주둥이가 좁은 용기에 준비한다.

· 해파리 1차로 절임한 것 : 새콤달콤한 마늘 등으로 양념한 것을 하루 사용 할만큼 준비해 놓는다.

· 손님께 드릴 때에는 : 배채, 오이채, 해파리 1차로 절임한 것을 버무려주고 소스를 붓고 잘 믹스해 준다. 접시에 꾸미(편육, 새우, 송화단 등)가 되는 고명을 장식하고 가운데에 해파리 무친 것을 소복히 놓아준다.

(2) 천사채 돗나물 배무침

■ 재료 및 비율

재료	비율
백후추	5
참기름	10
겨자	20
간마늘	20
식초	80
설탕	80
사과	100
배	100
양파	100

이렇게 만드세요

① 양파, 배, 사과를 1 : 1 : 1로 간다.
② 마늘, 겨자를 조금씩 넣는다.
③ 설탕과 식초로 새콤달콤하게 한다.
④ 참기름으로 고소하게 하고, 백후추로 깊은 맛을 낸다.
⑤ 제공할 때는 천사채와 돗나물을 1 : 1로 선택한 후에 소스를 넣고 무침한다. 준비된 배채를 얹는다.

(3) 해물 겨자 냉채

■ 겨자소스

재료	비율
실백	10
대추	10
방울토마토	10
깐밤	30
소라살	30 삶은 소라살
문어살	30
새우살	30 백새우살
오징어	30 갑오징어
샐러리	50
오이	100

※겨자소스는 앞장에 소개된 것을 참고할 것

이렇게 만드세요

① 오징어 몸통살은 0.2cm간격으로 칼집을 넣어 끓는 물에 데친 후 0.2cm 두께의 꽃무늬형으로 썬다.
② 차새우는 등쪽으로 내장을 빼고 껍질을 제거하고, 백새우도 깨끗이 손질해 찜통에 찐다.
③ 소라는 모양을 살려서 0.2cm 두께로 편썰기한다.
④ 오이는 0.2cm 두께로 동그랗게 썰어 살짝 절이고, 샐러리는 껍질을 벗겨 V자형으로 썬다. 금귤과 방울토마토도 0.2cm 두께의 V자형으로 썬다.
⑤ 밤은 껍질을 벗겨 0.2cm 두께로 썰고 대추는 씨를 빼고 1cm 나비로 썬다.
⑥ ①~③의 재료를 겨자소스로 버무린 후 ④,⑤의 준비된 야채와 섞는다.
⑦ ⑥을 접시에 담은 후 실백을 뿌린다.

※일반 오징어는 몸 안쪽으로 칼집을 내고, 갑오징어는 등쪽으로 칼집을 낸다. 이유는 갑오징어는 일반 오징어보다 두껍기 때문에 몸 안쪽에 칼집을 넣어도 모양있게 되지 않고 반대로 등쪽에 칼집을 넣어야 한다.

(4) 안심 불고기 냉채

이렇게 만드세요

① 안심을 도톰하게 2cm 두께로 썰고 얇게 칼집을 넣는다.
② 소금, 후추를 약간 뿌리고, 불고기 소스에 재워둔다.
③ 10분 후 후라이팬에 식용유를 넣고 센불에 빨리 구운 후 식혀서 냉장고나 냉동고에 잠시 넣어 차갑게 한다.
④ 차가워진 안심 불고기는 한 입 크기로 썰어서 소스에 버무린다.
⑤ 양상치는 먹기 좋은 한 입 크기로 찢고 깻잎은 채친다. 준비된 야채를 불고기와 섞어서 차가운 접시에 담고 위에 잣가루를 뿌린다.

※국내 겨자는 톡쏘는 맛이며 색은 약간 푸른색을 띠며, 양식 겨자는 진노란색이며 약간 부드럽다.

(5) 쇠고기 편육 냉채

쇠고기를 삶아서 식힌 후 편육으로 썰어 채썰기 하여 겨자 소스에 무침하는 것이다.

이렇게 만드세요

① 삶은 쇠고기를 채썰기 한다.
② 오이는 어슷썰기 하고, 대파는 가늘게 채친다.
③ 지단을 제외하고 모든 재료를 버무려서 모양있게 접시에 담아 지단을 요리위에 얹어 고명한다.

봉주방장 해법 : 소혀 냉채
소혀를 삶아내어 껍질을 깎아 내고 반달모양의 편육을 썰어서 사용한다.

(6) 겨자 닭 냉채 : 유명 호텔의 소스비법이다.

삶은 닭고기 살을 잘게 찢어 야채와 무침하는 것으로 소스의 특징은 진한 육수(식으면 묵처럼 됨)에 겨자 · 설탕 등을 넣어 만들어 맛이 진하고 구수하다.

■ 소스비율

재료	비율
흰후추	0.5
미원	0.5
빙초산	1
소금	3
설탕	5
갠겨자	5
마요네즈	10
육수 (닭뼈와 소잡뼈육수)	100

■ 닭냉채 실제 예

① 22ℓ ② 마요네즈 3kg ③ 겨자 1.2kg
④ 빙초산 1c ⑤ 소금 4c

■ 닭고기 냉채 재료비율

재료	비율
대추채썰기	5
당근채썰기	10
사과채썰기	10
배채썰기	10
생률납작썰기	10
양파채썰기	25
오이어슷썰기	25
소스	30~40
닭고기살	100

이렇게 만드세요

① 닭뼈와 소잡뼈를 12시간 이상 핏물을 제거하고, 물을 뼈양의 2배 이상 넣고 은근히 24시간 끓인다(물이 너무 부족하면 보충해주고).
② 고운 체에 육수를 내려 뼈는 버리고 잠시 식힌다(완전히 식으면 묵처럼 엉긴다).
③ 육수가 어느 정도 온기가 있을 때(고무장갑을 넣고 작업을 할 수 있을 정도로 약 50℃ 정도)
④ 모든 재료를 넣고 혼합한 후 다시 고운 체로 내린다(겨자의 찌꺼기를 거르기 위하여 작업하는 것이다).
⑤ 알맞은 용기에 넣고 냉장고에 보관한다. 사용할 때에는 적당히 덜어서 렌지에 잠시 따뜻하게 데워 묽어지면 닭고기와 야채를 버무려 제공한다.

※일반 야채의 부드러운 양상치, 치커리 등을 무침할 때에는 즉석에서 무쳐야 한다. 이럴 때는 마늘초절임을 갈아서 넣거나, 땅콩가루를 함께 넣고 버무리면 좋다.
※빙초산은 식품 공전에는 식품가공 장아찌용으로 사용해야 하나 일반식초로서는 물이 많이 생기므로 특수한 경우에는 사용하고 있는 것이 현실이다.

봉주방장 해법

해파리 소스와 겨자 닭냉소스를 합하고 잣을 볶아갈고 사과를 갈아서 넣어 간을 맞추면 그 맛이 과연 환상적이다.

(7) 속을 채운 새우냉채

■ 재료와 비율

재료	비율
해파리(5g)	5
오이(30g)	30
배(30g)	30
큰새우(100g)	100

■ 소스재료

재료	비율
소금(16g)	16
레몬즙(20cc)	20
간마늘(35g)	35
겨자	50
설탕	80
양조식초(100cc)	100

이렇게 만드세요

① 큰 새우를 배쪽으로 칼집을 넣고 삶을 때 등이 굽지 않도록 대나무 꼬치로 머리쪽에서 꼬리쪽으로 찌른다.
② 끓는 물에 소금과 레몬을 넣고 2~3분 정도 삶는다.
③ 그대로 식혀서 껍질을 벗기고 배쪽을 칼로 갈라 편다.
④ 여기에 오이채 7cm 정도, 배채를 7cm 정도로 채를 쳐서 새우 배를 가른 부분에 넣고 해파리 또는 미나리로 머리부분과 꼬리부분을 묶는다.
⑤ 오이와 배가 빠지지 않도록 하여 접시에 담아 소스를 뿌리고 제공한다(자연스럽게 뿌려 준다).

※배는 변색이 될 수 있으므로 심심한 소금물에 적신 후에 사용한다.

(8) 겨자의 공통적인 양념소스로 여러 가지 냉채 만드는 법

공통 양념 ❶~❻

■ 재료 및 비율

재료	비율
후추	약간
M.S.G.	약간
실백	약간
참기름	25
소금	25
진간장	25
간마늘	25
설탕	50
갠겨자	50
식초	50
다진파	100

이렇게 사용하세요

① 다진 파와 마늘은 사용직전에 넣어준다.
② 모든 재료를 비율대로 잘 버무리고 앞으로 소개할 6종류의 냉채류에 약 10%를 넣고 무침한다.
③ 상황에 따라 황백지단채를 얹혀줄 수 있다.

❶ 닭고기 냉채

■ 재료 및 양파

재료	비율
양파	40
오이	40
닭고기	100

이렇게 만드세요

① 닭고기는 삶아 식힌 다음 5~6cm, 굵기 0.5cm되게 찢는다.
② 실백, 실고추, 지단, 오이, 배를 제외한 양념을 모두 넣고 무침한다.
③ 오이는 1/2 길이로 잘라 어슷썰기하고, 배는 납작썰기하여 소금물에 담가 놓는다.
④ 닭고기무침, 오이, 배 등을 넣고 2차 무침하여 접시에 담고 고명을 한다.

※소금, 파, 마늘을 삶을 때 같이 넣는다.

❷ 왕새우 냉채

■ 재료 및 비율

재료	비율
배	30
왕새우	100

이렇게 만드세요

① 왕새우는 손질하여 삶은 후 껍질을 제거하고, 살을 져며 썬다.
② 배는 납짝썰기한다. 왕새우와 배를 잘 버무린다.

※새우를 삶을 때는 껍질째 삶는다. 등쪽의 내장을 제거한다. 삶을 때 소금과 레몬 등을 사용하여 냄새를 제거한다.

❸ 대합조개 냉채

■ 재료 및 비율

재료	비율
배	5
오이	20
조갯살	100

이렇게 만드세요

① 조갯살은 삶은 것이 크면 저며 썰고, 모시조개 또는 바지락은 그대로 사용한다.
② 오이는 어슷썰기하고, 대파는 다진다. 또 배는 얇게 나박썰기한다.
③ 잘 버무려 제공한다.

※너무 오래 삶지 않는다. 굵은 소금을 넣고 삶는다. 끓는 상태에서 2~3분 정도 삶는다.

❹ 문어 냉채

■ 재료 및 비율

재료	비율
오이	50
문어	100

이렇게 만드세요

① 삶은 문어는 얇게 어슷썰어 놓고, 굵은 것은 길이를 반으로 자른 후에 썬다.
② 무침하여 제공한다.

※문어 껍질을 벗기고 삶는다. 굵기에 따라 끓는 상태에서 20~30분간 삶는다.

❺ 우무 김 냉채

■ 재료 및 비율

재료	비율
김가루	30
우뭇가사리	100

이렇게 만드세요

① 우뭇가사리는 청포묵을 썰 듯이 직각으로 썰어야 한다.
② 김은 구워 손으로 비비거나, 블렌더를 이용하여 잘게 부순다.
③ 우무는 가늘게 채쳐서 잘게 부순 김과 무침한다.
④ 남은 재료와 양념하고 고명을 얹어 제공한다.

❼ 게살 냉채

■ 재료 및 비율

재료	비율
오이	20
게살	100

이렇게 만드세요

① 게는 깨끗이 손질하여 찜솥에서 쪄낸 다음 살이 부서지지 않게 발라낸다.
② 오이는 채칼을 이용하여 밀어서 오이채를 만들거나 돌려깍기 하여 채친다.
③ 양념장을 두르고 간을 맞추면서 무침하고 고명한다.

(9) 생야채와 여러 가지 소스

여러 가지 색스럽고 신선한 야채 위에 들깨가루를 주재료로 새콤달콤하게 소스를 만들어 얹어 준 것이다. 구이류를 제공할 때 곁들여 나가도 되고 전채요리로 손님에게 첫 코스에 내어드려도 좋다.

생야채 준비

■ 재료와 비율

재료	비율
당근	5
적채	5
영양부추	20
오이	30
치커리	30
미나리	30
쑥갓잎	50
잎상추	100
양상추	100

※재료뿐만 아니라 여러 가지 야채(배추속대, 방울토마토, 무채 등)를 이용해도 좋다.

이렇게 만드세요

① 양상추는 폐기율이 35%나 된다. 겉잎은 떼어내고 속은 적당한 크기를 손으로 뜯어낸다.
② 쑥갓은 5~6cm로 칼을 이용하여 자른다.
③ 치커리는 5~6cm로 칼을 이용하여 자른다.
④ 오이는 5~6cm로 납작썰기하고, 미나리는 여린 줄기를 선택하여 5~6cm로 자른다.
⑤ 양부추는 손질하여 5~6cm로 자른다.
⑥ 양배추적채는 곱게 채썰기한다.
⑦ 당근은 채칼을 이용하여 곱게 채썰기 한다.

※모든 재료는 찬물에 헹굼하여 소쿠리에 담아 젖은 수건으로 덮고, 사용할 때 한 줌씩 접시에 들깨소스를 얹어 준다.
※들깨소스를 적량을 넣고 즉석에서 무침하여 주면 소스가 절약된다.

방법 1 : 들깨 소스

■ 재료와 비율

재료	비율
레몬즙	약간
고운소금	4
참기름	7
다진양파	15
설탕	15
마늘초절임	15
마늘초절임국물	15
거피한들깨가루	60
물	100

■ 실제예

들깨가루 800×20g, 참깨볶은 것 700g×2봉
식초 8ℓ, 미림 4ℓ, 물 24ℓ, 마늘초절임 2000g
소금 1kg, 마늘초절임 국물 3ℓ 양파(중) 10개,
설탕 4000g

이렇게 만드세요

① 참깨, 양파, 마늘초절임을 곱게간다.
② 모든 재료를 큰통에 넣어 잘 섞는다.
상태는 걸죽하게(되직하게)되는데, 완전히 뚜껑을 덮어 보관하고 사용한다.

※들깨가루(거피한 것). 저자가 아는 회사로는…
·제조원 : 경도식품
·전화 : 02)337 - 1311, 02)332 - 9766

봉주방장의 외국경험

중국에서 있을 때다. 들깨는 많은데 거피한 들깨가루가 없었다. 들깨를 찬물에 담갔다가 씻은 후 건져서 노릇하게 볶은 것을 빻아, 설탕 : 식초 : 소금을 10 : 8 : 8 : 2의 비율로 혼합하고 들기름을 넣어 믹스한 후 준비해 놓고, 상추를 뜯어 양파 약간 썬 것을 혼합하여 제공할 때마다 버무려서 내어 드려서 호평을 받았던 경험이 있다.

방법 2 : 과일소스

■ 재료와 비율

재료	비율
소금	10
양겨자	25
설탕	50
식용유	50
파인애플	50
사과	50
오렌지	50
물엿	100
오이속	100
빙초산·양조식초	새콤하게

※빙초산을 사용하는 이유는 농도를 되직하게 하게 위함이다.

이렇게 만드세요

① 오이를 사용하다보면 속을 버리는 경우가 많은데, 이것을 이용하여 비율대로 혼합한다.
② 오렌지는 속살만을 가지고 곱게 갈아 준비하고, 파인애플 역시 곱게 간 다음 비율대로 혼합한다.
③ 저자가 양을 측정하지 않았지만 빙초산과 양조식초를 이용하여 새콤하게 한다.

방법 3 : 일반적인(일반 영업점) 소스

■ 재료와 비율

재료	비율
깨소금	10
레몬즙	10
굵은고춧가루	20
다진파	30
설탕	30
간마늘	60
식초	60
물	100
진간장	100

이렇게 만드세요

비율대로 혼합하여 사용한다.

봉주방장 해법 : 더욱 맛있는 소스를 만들려면…

① 물대신에 맥주를 끓여 알코올을 날리고 사용하거나 육수를 사용하면 더욱 좋다.
② 마늘초절임은 5월에 담그기하여 3개월 후에 사용한다.
※담그는 방법은 감산지 저장법에 소개하였다(설탕 : 식초 : 소금=8 : 8 : 1).
③ 마늘 초절임이 없을 경우에는 마늘을 갈아서 사용한다. 또는 혼합하여 사용한다.
④ 잣, 아몬드, 땅콩 등을 갈아서 사용하면 더욱 맛있다.
⑤ 피클 오이를 곱게 갈거나 다져서 넣으면 맛이 좋다. 물론 오이피클 국물을 사용한다.

2) 초고추장 양념 냉채류

한국요리의 초고추장은 입맛을 돋우는 양념으로, 연회음식에 잘 어울리는 생선회 무침에 주로 이용된다. 홍어회 · 참치 · 킹구(대구과 생선)회 등이 있다.

(1) 홍어회 무침

❶ 홍어회 무침(일반 양념)

■ 손질한 홍어 1차 절임

재료	비율
소금	4
양조식초	10
흑설탕	10
국간장	10
막걸리	20
손질한홍어	100

■ 1차 절임한 홍어를 2차 양념 하는 법 : 준비된 초고추장으로 양념하는 법

재료	비율
조미료	1
빙초산	2
소금	2
간생강	2
간마늘	5
굵은고춧가루	10
물엿	20
초고추장	30
1차절임한 홍어	100

■ 2차 양념한 홍어를 부재료인 야채와 버무리기

재료	비율
소금	2
설탕	5
배	15
미나리	15
통도라지	15
오이	15
무	15
2차절임한홍어	100

이렇게 만드세요

① 손질한 홍어(껍질, 내장 벗긴 것)를 깨끗이 씻고 알맞은 크기로 썬다.

② 비율대로 1차 절임하여 24시간 재운 후 적당한 압력으로 물기를 제거한다.

※너무 꼭 짜면 홍어가 부드럽지가 않고 너무 물기가 많으면 양념이 흘러 좋지 않다.

③ 2차 양념 : 1차 절임한 홍어무침을 물기를 제거하고 2차 양념을 한다.

※양조식초 대신에 빙초산, 설탕 대신에 감미료(뉴슈가, 신화당)를 사용하는 경우가 많다. 사용할 때에는 비율에 유의한다.

※초고추장이 없을 경우에는 일반 태양초 고추장, 정종, 고운 고춧가루, 간마늘 등의 재료를 더 넣고 무침한다.

④ 부재료인 야채를 규격대로 썰어 살짝 소금, 설탕으로 절임한 후 물기를 짜내고 야채와 버무린다.

⑤ 무는 약 6~7cm 납작썰기하고 오이는 씨를 제거하고 납작썰기한다. 통도라지는 납작썰기하여 약간 두드려준다.

⑥ 미나리는 손질하여 6~7cm로 자르고 배는 납작썰기 또는 굵게 채를 치는데 맨 나중에 넣는 것이 좋다.

※1차 절임할 때에는 여러 가지로 절임하는데, ㉠막걸리로만 절임하는 법, ㉡사이다, 식초, 설탕으로 절임하는 법, ㉢빙초산, 감미료(뉴슈가, 신화당)으로 절임하는 법 등이 있다.

(2) 참치회와 야채

여러 가지 야채를 곱게 채썰어 찬물에 헹구어 싱싱하게 되살린 후 1인분씩 뭉쳐 그 위에 참치회를 초고추장에 버무려 얹는 법이다.

■ 재료와 비율

- 참기름 5
- 다진마늘 5
- 양배추조절임 10
- 초고추장 25
- 생선회 50
- 야채 100

※초고추장에 들어가는 간마늘, 참기름은 나중(사용직전)에 넣는 것이 양념의 향을 위하여 좋다.

이렇게 만드세요

① 참치는 냉동참치를 구매하여 손이 아프더라도 냉동되었을 때 결 방향대로 젓가락 굵기 정도로 썬다.

② 썰은 고기는 바로 냉동고에 비닐봉지에 담아 냉동시킨다. 만약 녹았을 때 냉동시키면 색이 변할 뿐만 아니라 나중에 서로 붙어 떨어지지 않기 때문이다.

③ 야채는 5가지 이상의 야채를 이용한다.

- 조선상추 : 칼을 이용하여 곱게 채친다.
- 깻　　잎 : 칼을 이용하여 곱게 채친다.
- 당 근 채 : 채칼로 곱게 채친다.
- 실 부 추 : 4cm 길이로 자른 다음 깨끗이 씻는다.
- 무　　채 : 채칼로 곱게 채친다.
- 양 파 채 : 1/2로 자른 양파를 아주 곱게 칼로 채친다.
- 적　　채 : 적배추를 아주 곱게 채친다.

이상의 채친 야채를 찬물에 헹굼하여 놓는다.

④ 양배추 초절임은 식초, 설탕, 소금을 1 : 1 : 0.3 비율의 소스에 양배추를 곱게 채썰어(10cm 길이로) 초절임하여 야채 위에 놓아주고 그 위에 참치 썰어 놓은 것 3~4개를 초고추장을 듬뿍 묻혀 올려 준다.

⑤ 야채보관은 비닐봉지에 넣고 1일 사용할 만큼만 채를 썰어 놓고 사용한다. 사용할 때에는 1인분씩 야채를 둥글게 뭉쳐서 놓고 양배추 초절임, 참치회 초고추장에 버무린 것을 순서로 올려 준다.

봉주방장 해법

제공직전에 위에 참기름을 살짝 뿌려주고 통깨를 몇알 뿌린 후 제공한다.

(3) 생선회 무침과 야채

■ 재료 및 비율

- 방법 1 : 야채를 곱게 채썰어 둥글게 뭉쳐서 위에 얹는 법
  - 간마늘 10
  - 참기름 30
  - 초고추장 60~70
  - 킹구살 100
- 방법 2 : 야채를 약간 굵게 설어 접시에 깔아주고 생선회 재료(연어 등의 재료 2종 이상)를 썰어 마늘, 참기름에 무침하여 얹어주고 미나리, 배, 무순 등으로 장식하여 초고추장을 얹어 제공하는 법이 있다.

이렇게 만드세요

① 킹구는 시장에서 손질한 것을 판매한다. 뱃살부위의 흰막을 제거하고 깨끗이 손질하여 얇게 저며썰기하여 미나리 3~4개를 넣고 말이를 한다. 이때 미나리는 연한 가운데 부위만 사용하고 말이했을 때 미나리가 양쪽에 조금 나와있어야 한다.

② 킹구살은 물기를 꼭 짜내고 초고추장에 마늘, 참기름을 약간씩 넣은 후 무침한다.

③ 여러 가지 야채(상추, 양배추, 깻잎)를 아주 곱게 채썰고 쑥갓은 잎사귀만 짧게 자르고 영양부추 3~4cm로 자른다. 둥글게 말아 접시 위에 놓고 그 위에 양배추 초절이를 조금 놓는다.

④ 초고추장에 미리 무침하였던 킹구살을 넣고 ①을 올려준 후 가운데 초고추장을 뿌려준다.

봉주방장 해법

킹구살대신 연어, 참치회를 또는 어느 생선회 재료든 모양있게 가지런히 제공할 수 없는 재료를 무침하여 얹어줄 수 있다.

> **봉주방장 응용 : 날치알 어선**
>
> 킹구 생선을 얇게 포를 떠서 6×8cm로 네모지게 자르고 소금과 후추로 기본간을 한다.
> 물기를 마른수건으로 눌러 제거하고 날치알을 계란 풀은 것 조금과 전분가루 조금을 넣고 말이를 하여 쪄낸다. 고명으로 사용해도 좋고 전채요리로 내도 좋다.

(4) 광어회와 전복회

대그룹인 H호텔에 근무했을 때다. 생선회를 전채요리로 내어 주어야 하는데 일식요리와 다르게 주는 방법을 연구하여 아래와 같이 요리하여 내어 드려 호평을 받았다.

이렇게 만드세요

① 광어회는 젓가락 모양으로 썰어 3개 놓는다.
② 얇게 져민 광어살에 돌돌 무순을 말아 내었다.
③ 전복을 채썰기하여 잣즙에 무침하여 놓는다.

※잣즙 : 잣을 육수를 약간 넣고 곱게 갈아낸 후 소금과 후추로 간을 한 것

▶ 여러 가지 모양내는 법

A. 얹는법

B 방법

이렇게 만드세요

1. A방법 : 야채를 1인분씩 계란만하게 뭉쳐 놓고 참치회를 초고추장에 간 마늘을 약간 넣고 참기름을 조금 넣은 후 무침하여 1인분에 2~3개 얹고 통깨를 살짝 얹는다.
2. B방법
   ① 양상추 또는 조선상추잎에 연어 또는 참치와 얇게 썬 마늘, 케퍼 등을 넣고 이불개듯 말이를 한다. 이때 소스로 초고추장을 별도로 제공한다.
   ② 양상추를 이불개듯 말이할 경우에는 양상추를 약간 뜨겁다 할 정도의 물에 담궈 마음대로 접을 수 있도록 해야 하며 완성한 것은 플라스틱 사각채반에 세워서 차곡차곡 재워 놓고 젖은 수건을 덮은 후 냉장고에 보관한 후 제공한다(하루 이상 사용할 수 없다). 제일 좋은 것은 오전 · 오후로 나누어 만든다.

(5) 한치회와 야채

한치회는 오징어보다 부드럽고 백색에 가까운 얇은 몸체를 가지고 있어 생선회로 널리 이용한다. 한치의 구매 방법은 내장을 제거한 손질된 것이 있으며 손질되지 않은 것이 있는데, 작업시간과 인원이 허락된다면 직접 손질하는 것이 좋다(손질된 것의 단점은 지나치게 한치살 겉면에 얼음을 덮어 무게를 늘렸다는데 문제가 있다).

■ 재료와 비율

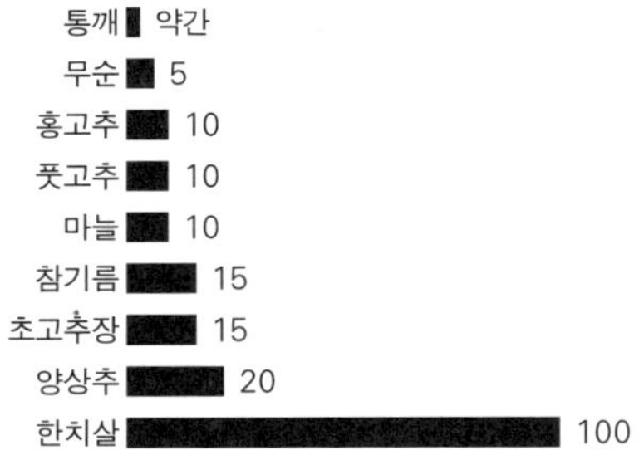

이렇게 만드세요

① 한치살을 손질하여 껍질을 제거한 후 깨끗이 씻어 3~4장씩 포개어 P.P 랩으로 싼 것을 냉동시킨다.
② 통마늘은 납작썰기하여 놓고 풋고추, 홍고추는 어슷썰기하여 물에 헹굼한 후 따로따로 놓는다.
③ 필요할 때에 한치를 꺼내어 썰기 좋은 냉동상태(sub freezing)에서 썰어 손질된 통마늘, 풋고추, 홍고추, 참기름을 넣고 무침하여 양상추 캡(모자형)을 깔고 그 안에 넣는다.
④ 무순을 얹는다. 초고추장을 옆에 곁들이거나 아예 버무려 나가도 좋다.

(6) 마채 무침

마요리는 일식에서 주로 사용하지만, 재료만 가지고는 '일본요리다' 혹은 '한국요리다'라고 말하기는 어렵다. 재료는 상관하지 말고 우리 양념으로 하면 우리 음식이라는 것이 필자의 주장이다.

이렇게 만드세요

① 마껍질을 벗긴다.
② 5~6cm의 길이로 배추속 무채썰기 굵기로 채썬다.
③ 찬물에 가볍게 헹구어 놓는다.
④ 야채를 곱게 채썰어 속에 넣거나 생선회를 무침하여 속에 넣어주고 가장자리에는 마를 채썰어 올려 놓는다.
⑤ 초고추장을 얹어주거나 무침하여 제공한다(초고추장은 소스편에 있음).
⑥ 맨 위에 마늘을 얇게 썰어 꽃잎모양으로 돌려준다.

봉주방장 해법
① 되직한 요플레에 땅콩가루, 양파 다진 것, 설탕 등으로 새콤달콤하게 무침하면 별미가 될 수 있다.
② 초고추장에 요플레 소스와 혼합해 주어도 좋다.

3. 생고기채회와 육회무침

1) 생고기채회(육회)

일반적으로 생고기는 육사시미라고도 한다(현업에서 그대로 사용하고 있음). 육회가 양념과 배와의 어우러진 맛이라면 육사시미는 고기 그 자체의 맛에 충실하다.

▶ 생고기의 부위사용별 특징

- 등심채끝 : 육질이 연하고 찰져서 생고기로 적합하다. 특징은 수육이 좋다.
- 치마살 : 육질은 연하고 쫄깃하나 겹겹이 근막과 힘줄이 있어서 수육이 안좋다.
- 박살(대접살) : 너무 퍽퍽하나 부드럽다. 육사시모로는 조금 부적합하다.
- 차돌박이 : 토종 전라도 음식으로 육질이 고소하고 쫄깃하나 생고기로 먹기에는 일반인에게 조금 거부감이 있다.

■ 생고기장(육사시미 소스)

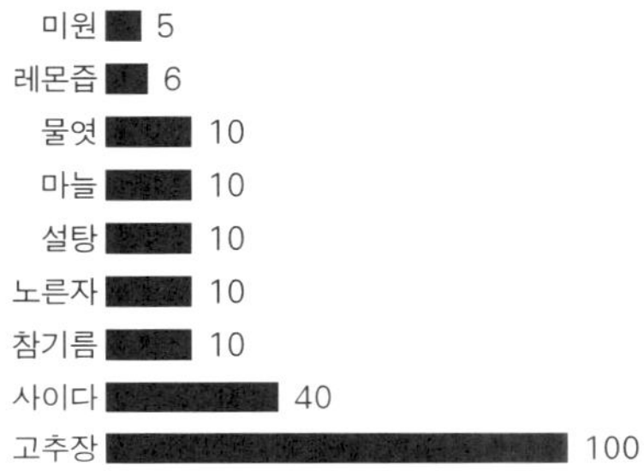

이렇게 만드세요

① 사이다에 계란 노른자 · 설탕 · 간마늘 · 물엿 · 미원을 넣고 잘 혼합한다.
② ①에 고추장을 넣고 혼합해 놓는다.
③ 제공할 때에는 혼합해 놓은 양념을 섞어서 비벼 먹거나 슬쩍 양념을 발라 먹기 좋게 볼형 그릇에 담고 간마늘, 참기름, 통깨, 송송 썬 실파를 넣는다.

봉주방장 해법
간마늘, 참기름, 통깨를 나중에 더 넣어주는 이유는 향을 잘 보존하기 위함이다.

2) 육 회

동서양을 막론하고 날 쇠고기를 먹는 요리는 한국요리의 육회 외에는 없다. 서구의 햄버거에 식중독균이 발생되었다고 언론에 부각이 된 적이 있지만, 한국요리의 육회는 날 쇠고기를 양념하여 먹는 식문화인데도 그로 인한 식중독의 빈도가 높지 않은 것을 보아, 발효음식을 즐기는 우리나라 국민의 체질에는 유해한 세균을 이겨낼 수 있는 내성이 있기 때문인가 하는 생각도 든다.

▶ *육회에 좋은 쇠고기 부위*

- 목심쪽 어깨부위의 꾸리살이 제일 부드럽고 좋다.
- 우둔부위 또는 홍두깨 부위를 일반적으로 사용한다.

▶ *육회를 빨리 제공하기 위해서는*

- 육회부위의 고기는 깨끗이 칼로 손질하여, 적당한 크기로 잘라서 P.P랩으로 포장하여 냉동시킨다.
- 기계 또는 칼로 썰어야 하는데 냉동된 상태(중간 냉동 : sub freezing)가 좋다. 결대로 썬다.

방법 1

■ 육회양념비율 : 간장과 소금으로 하는 방법

미원	0.5	1차
후추	5	1차
소금	5	1차
진간장	10	1차
설탕	30	1차
참기름	100	1차
통깨	5	2차
다진파	10	2차
다진마늘	10	2차
노른자	10(메추리알 또는 계란노른자)	
오이채	200	
배채썬것	200	
육회고기	1000	

봉주방장 해법 : 뷔페에 제공할 때에는 참기름을 먼저 양념하고, 나머지 재료를 넣고 마늘만 넣지 갈아 넣지 말고 편으로 썰거나 깨트려 넣는다. 이유는 장시간의 노출에 의한 마늘 성분에 의하여 본래의 육회의 색이 어두어지기 때문이다.

봉주방장 경험 : 육회는 날로 먹는 것이기 때문에 복잡한 방법보다는 배를 곱게 채썰어 양념이 완료된 육회와 곁들이는 것이 제일 좋은 듯하다. 육회의 양이 적을 때는 계란 노른자보다는 메추리알 노른자를 얹는다.

이렇게 만드세요

뷔페에 제공할 때

중간냉동상태(-5℃)에서 결대로 3mm 두께로 썰어 재빨리 냉동시킨다.

① 냉동시키는 중간에 서로 붙지 않게 두 손으로 털어준다. 완전냉동시킨다.

② 냉동된 상태에서 썰어 다시 재보관하던가 무침하여 제공한다.

일품요리로 제공할 때

① 냉동된 육회부위의 고기를 칼 또는 슬라이서 기계를 이용하여 채를 곱게 썬다. 다른 양념을 하는 동안 녹기 전에 냉동고에 일단 보관해 놓고 다른 꾸미작업을 한다.

② 오이는 껍질부위를 제거하고 돌려깍기하여 채썰어 놓고 배 역시 채썰어 가지런히 6~7cm로 잘라 놓는다. 양쪽 옆에 남은 것은 다져서 무침할 때 함께 사용한다.

③ 분량의 1차 양념을 모두 버무리고 썰어놓은 육회고기를 무침한 후 다진파, 다진마늘, 통깨를 넣고 무침하여 가볍게 두 손으로 짜준다. 둥글게 뭉쳐 접시에 담고 오이채와 배채로 장식하고 위에는 얇게 썬은 마늘로 돌려주고 그 위에 작은 양일 때는 메추리알 노른자 2~3개 많은 양일때는 계란노른자 1개를 터지지 않게 올려주고 잣가루를 뿌려준다.

※개성음식의 대가이신 최상옥 선생님께서는 육회를 무침하여 대추모양으로 빚어 잣을 박아주었다. 모양이 예쁘고 품위가 있었다(시간이 오래 지체되는 것이 단점이다).

※ 참고 : 육절기(slicer)에 작업하기 좋은 -5℃ 냉동상태는 sub freezing이라 한다.

방법 2

■ 고추장 육회 양념

재료	비율
미원	5
백후추	5
양겨자	10
진간장	10
초고추장	25
고추장	25
설탕	50
참기름	100

이렇게 만드세요(저자가 개발한 양념비율임)

① 참기름을 제외하고 나머지 재료를 고루 섞는다.

② 알맞은 개인 양념종지(좀 큰 것)에 양념을 넣고 참기름, 간마늘 또는 거칠게 다진 마늘, 통깨, 송송 썬 파, 잣가루, 메추리 노른자를 넣어주고 제공한다.

봉주방장 경험

어느날 지긋한 신사 손님께서 봉주방장을 부르더니 고추장 육회는 개성식인데 옛날 고향의 어머니가 해 주신 맛이 생각난다며 들려주셨다.

'손님께서는 개성이 고향이셨고 본래 육회는 고추장에 참기름, 잣가루에 비벼 드셨다고…'

4. 묵요리와 두부 만들기 및 기타

1) 묵만들기

우리나라는 묵요리가 발달되어 도토리, 청포, 메밀묵 등을 시장에서 흔하게 구입할 수 있어 묵만들기를 기술한다는 것이 괜한 책의 쪽 맞추기가 되지 않겠느냐 하는 생각도 들지만 원료가공방법의 필요성을 절실히 느꼈기 때문이다. 묵은 식품의 종자에 많이 있는 전분을 이용하는 것인데 전분이 아닌 지질과 단백질 등을 많이 함유한 종자는 묵이 되기 어렵다. 그래서 같은 콩과 식물이라도 두부가 되는 4대두 등은 묵성분인 전분의 양이 적어 잘 되지 않는 것이다. 생소하지만 팥, 생강 등에는 많은 전분이 나와 묵을 쑬 수 있어 새로운 묵을 생산해 봄직도 하다. 봉주방장은 묵만들기의 실무적 내용에 충실하기 위하여 3대에 걸쳐 30여년간 묵을 쑤어온 과천의 묵 장인(丈人)에게 이른 새벽에 10여차례 방문하여 작업공정에 참여하여 얻은 결과를 기술하는데 이론적으로 설명할 수 없는 부분 전분을 쉰 냄새가 날 정도로 자연발효 숙성기간 10여일이 지난 전분을 5~6번 정도 수돗물이 아닌 지하수물로 씻어내야만 묵이 찰지다는 설명을 들었지만 왜 그러한지는 저자도 잘은 모르겠지만 경험상 그렇다고 일러주며, 소중한 마음으로 기술한다.

(1) 묵(淸泡)만드는 공정

본래 청포묵은 녹두로 만드는 것이나 시중에 유통되고 있는 것은 동부콩 원료로 만든 것이다.

① 묵재료를 불린다	껍질을 제거하면 비지를 사용할 수 있고 비지를 사용하지 않는다면 돌을 일어낸 다음 깨끗이 씻고 그대로 갈아도 된다.
② 갈아내어 거른다	맷돌기계를 사용하는데 콩비지와 전분물이 나누어 분리되는 기계를 이용하여 전분을 추출한다. 갈아내기만 하는 기계(믹서기 포함)라면 보자기에 걸러내야 한다.
③ 순수 전분앙금을 생산한다	3~4시간 지나고 겉물을 따라낸다. 다시 물을 붓고 손으로 휘저어 전분을 가라 앉치다. 이 과정을 3~4회 반복하고 최종적으로 앙금만 단지에 담아 놓는다.
④ 숙성시키다	단지에 담아놓은 전분이 일주일 이상 실온에 놓아 두면 쉰냄새가 날 정도로 발효가 된다.
⑤ 물에 희석하여 놓는다	묵은 쑤기 하루 전에 전분을 쓸만큼의 양을 덜어내어 물에 담가 놓는데 손으로 휘저어 전분이 완전히 물에 풀어질 때까지 주물러 준다.
⑥ 물을 교환해 준다.	2시간 간격으로 5번 정도 물을 교환하여 준다. 교환할 때마다 전분을 휘저어 고루 물에 희석되어야 하고 2시간 정도 지난 물을 따라낼 때는 전분이 씻겨 내려가지 않게 조심해야 한다. 발효가 덜 된 것이기 때문에 전분이 물렁한 느낌을 받는다.
⑦ 전분의 7배의 물을 넣고 묵을 쑤기 시작한다	전분을 가라 앉히면 바닥에 내려 앉는데 이것을 풀어 주려면 대단한 힘을 들어간다. 그러나 발효가 된 것이기 때문에 그렇지가 못하다. 전분의 6.5배의 묵을 처음부터 희석하여 나무주걱으로 쑤면서 저어준다. 어느 정도 전분이 익어가면 나머지 0.5배의 물을 넣으면서 농도조절을 한다. 물이 적게 들어갔을 때 저으면 덩어리가 생기고 물이 많이 들어가면 묵이 묽어진다.
⑧ 불은 중불로 하면서 바닥이 눌지 않게 젓는다	묵쑤는 솥은 알미늄으로 두께가 두꺼운 것이 좋으며 묵쑤는 주걱은 나무주걱이 좋다. 저을 때는 바닥만 젓는 것이 아니고 위 아래로 중심에서 만날 수 있도록 한다. 철떡철떡 소리가 난다.
⑨ 성형한다	완성된 묵은 묵틀에 비닐을 깔고 젖은 행주로 닦아주고 바가지로 퍼서 편편히 한다. 농도가 잘 맞는 상태는 바가지로 폈을 경우 덩어리가 생기지 않고 자연스럽게 수평이 될 때 잘 만들어진 묵이다.

※ 묵 쑨 통을 닦을 때는 묵을 솥에 넣고 뚜껑을 닫은 다음 끓인 후 30분 정도 후에 닦으면 잘 닦인다.

묵 장인(丈人)의 해법
① 동부콩 1말(8kg)로 전분을 추출하면 순수 동부전분 3.5kg을 얻을 수 있다.
② 묵을 쑬 때는 말을 하지 않아야 한다.
③ 묵을 쑬 때 사용하는 물은 생수가 좋으며, 수돗물은 염소 성분에 의하여 묵이 쉽게 삭는다.
④ 전분(동부콩전분)을 묵을 쑤는데 녹두를 갈아 고운 천에 짜내어 녹두향 전분을 약 1/20~1/10정도 넣어주고 쑤면 녹두향이 어우러지며 맛이 좋다.

봉주방장 해법 : 묵을 끈기있게 잘 쑤려면…
전분(도토리 또는 청포)가루는 시중에서 유통된다. 청포묵 전분가루를 구매하여 사용할 때에는 녹두향이 전혀 없기 때문에 녹두전분을 만들어 혼합해주면 더욱 좋을 것이고 구매한 전분은 12시간 이상 충분히 물에 불려서 물을 3~4회 교환해 주고 교환할 때마다 가라앉은 전분을 휘저어 새 물에 남아있던 순수 전분 이외의 물질을 씻어내어야 한다.
※청포(淸泡)묵은 맑고 하얀 녹두묵을 가리키는데 녹두를 갈아서 비지를 버리고 가라 앉으면 중간에 겉물이 생겨나는데 색은 누렇다. 이 물을 제물(제몸의 물)이라고도 하며 향이 뛰어나다. 전주 비빔밥에는 황포묵(제물묵)을 넣어주는 특징이 있다.

❶ 녹두묵(청포묵) 무침 : 탕평채라고도 한다.

■ 재료 및 비율

재료	비율
소금	2(조금)
마늘	5
참기름	5
숙주나물	100

기본양념으로 (소금, 마늘, 참기름) 간을 하여 청포묵과 혼합하여 사용한다.

※식용유가 많으면 푸른색이 누렇게 되니 조심한다.
※시중에서 유통되는 청포묵과 창포묵 전분은 녹두가 아닌 동부콩 전분으로 쑤거나 유통된다. 이유로서는 녹두가 동부콩에 비하여 비싸기 때문이다.

봉주방장 경험 : 푸른 나물(오이나물)을 볶을 때는 식용유를 많이 넣지 말고 최소량만 넣고 볶는다. 많이 넣으면 누런 색으로 변한다.

이렇게 만드세요

청포묵 준비하기
청포묵은 4~5장 뜨기하여 0.2~0.3cm 간격으로 곱게 채썰어 놓았다가, 필요시 소쿠리에 썰어놓은 묵을 끓는 물에 넣고 투명해지면 바로 준비된 찬물에 잠깐 담갔다가 건진 후에 체반에 펼쳐 수분을 없앤다. 물기가 빠지면 마른 헝겊에 싸서 비닐봉지에 담아 놓고 무침할 준비를 한다. 시중 묵가루를 구매하여 쑬 때에는 두껍게 둑을 만들어 얇게 썰면 된다. 길이와 두께는 어떻게 하든 기준은 없다. 얇고 곱게 채를 치면 모양도 좋고, 먹기도 좋다.

고명 준비하기
오이, 고기, 버섯, 김가루를 얹어 주는 것이 좋으며 숙주나물은 청포묵에 반드시 곁들여 나가야 한다.

- 오이 : 속을 빼고 어슷썰기하여 심심히 소금에 절여 약 30분 정도 지난 후 P.P 자루에 넣고 탈수기를 이용하여 탈수시켜 식용유를 조금 넣고 볶아준다.
- 표고버섯 : 마른 표고의 검은 부위는 구절판에 사용하고 남은 부위는 포를 떠서 가지런히 쟁반에 정렬하여 놓고 냉동시킨 후 뻣뻣해 지면 썰어서 사용한다. 식초 약간, 고기 조림 또는 찜 간장을 넣고 물엿, 설탕, 식용유, 쇠고기 다시다를 넣고 은근히 졸인다.
  ※표고버섯 볶는 방법과 썰기 작업에 대하여 구절판에 자세히 기술하였다.
- 고기채 : 구절판 편에 고기를 참고한다.
- 김가루 : 시장에서 규격이 일정하지 않은 김가루를 판매하는데, 이를 구입하여 커터기에 갈아서 사용한다.
- 숙주나물과 미나리나물 : 끓는 물에 데쳐내어 찬물에 식혀서 양념을 하여 사용한다. 그날 사용한 것은 그날 오전·오후로 나누어 데쳐서 사용하는 것이 좋다. 데쳐놓은 숙주나물을 오래보관하려면 얼음물에 재워둔다. 양념을 하고 오래두면 숙주나물이 가늘어져 좋지 않다. 미나리도 손질하여 약 6~7cm로 잘라서 숙주나물과 같은 방법으로 데쳐내고 물기를 제거한 후 숙주나물과 같이 양념하는데 따로 무침한 후에 청포묵과 같이 무침한다.

담기 : 주문이 들어오면 썰어놓은 청포묵을 사람 수에 따라 무침할 그릇에 넣고 맛소금 약간, 참기름을 듬뿍 넣고 가볍게 무쳐주고 녹두나물을 넣고 다시 무쳐주고 접시에 담아 고명을 돌려준다.

❷ 올챙이묵(옥수수 전분으로 만든다)

지방음식으로 옥수수전분을 약간 되직하게 묽게 풀을 쑤어 1cm의 구멍을 낸 바가지에 부어 찬물에 똑똑 떨어뜨리면 올챙이 모양의 묵이 된다. ※반드시 박바가지여야 한다. 플라스틱 바가지는 두께가 얇아 안된다.

이렇게 만드세요

- 잘 익은 열무김치 국물에 말아먹는다.
- 올챙이묵은 어느 전분이나 가능하겠으나, 옥수수 전분과 같이 끈기가 덜한 것은 올챙이 모양이 잘 나온다.

봉주방장 해법 : 묵을 잘 썰기 위해서는…

① 묵은 냉장고에서 1~2일 보관후 굳혀서 썬다.
② 항상 썰어놓은 묵이 준비가 되어 있어야 하며, 영업하기 직전에 청포묵을 소쿠리에 넣고 소쿠리째 가만히 데쳐낸다.
③ 노화된 청포묵은 흰색이지만 데쳐내면 투명한 색이 된다.
④ 데쳐낸 묵을 소쿠리에 놓고 찬물에 잠깐 열을 식혀주고 채반에 널어놓는다.
⑤ 청포묵에는 지나친 수분이 없어야 한다. 약 20분이 지나면 젖은 행주에 싸서 놓고 손님이 오시는 대로 무침해야 한다.

❸ 도토리묵(저자가 개발한 양념법으로 일반적인 도토리묵 무침이 짜고 맵고 볼품없던 것을 개선하였다.)

■ 재료와 비율

• 1차 재료 비율 : 양념에 사용할 즙 만들기

재료	비율
배	50
양파	100
무	100

• 2차 양념 비율 : 즙에 양념 혼합하기

재료	비율
설탕	20
고춧가루	30
진간장	50
땅콩가루	50
들깨가루	50
1차 양념	100

• 부재료 비율 : 주재료와의 비율

재료	비율
구운김	10(가루를 내어)
피망	10
실파	10
깻잎	30
양파	30
쑥갓	50
도토리묵	100(주재료)

이렇게 만드세요

① 1차 재료를 껍질을 제거하여 곱게 갈아 즙을 내고 찌꺼기는 P.P. 자루(양파자루)에 사서 물김치 국물 만들 때 넣어준다.
② 2차 양념을 1차 즙에 비율대로 혼합한다.
③ 도토리묵은 채르 썰어 소쿠리에 넣고 뜨거운 물에 담가 부드럽게 한 후 소쿠리 자체를 찬물에 담가 식힌다.
④ ③을 건져 물기를 털어 내고 보자기에 덮어 놓는다.
⑤ 쑥갓, 양파, 깻잎, 실파, 피망은 3~4cm로 자르거나 채썰어 찬물에 10분 정도 담갔다가 건져 놓는다.
⑥ 제공할 때에는 야채와 도토리묵을 넣고 소스를 뿌려 무침한 후 김가루를 마지막에 넣고 버무려 낸다.

❹ 메밀묵

도토리묵과 같은 방법으로 하는데 2차 양념에서 설탕을 줄이고 부재료에서 김치양을 늘리며 돼지고기채를 양념(마늘, 소금, 약간의 설탕, 조미료, 간장)하여 볶아준 후 함께 버무리는데 생야채를 줄여준다.

2) 두부 만들기

두부는 콩단백질에 간수를 넣어 응고시켜 성형한 것으로 요즘 두부전문식당이 많이 생겨날 정도로 현대인의 관심을 끄는 식품이다.

(1) 두부의 종류

- 순두부 : 간수를 넣고 콩단백질이 자연스럽게 응고되는 것을 그대로 사용(유통)하는 것. 수분함량이 95%이고 탈수공정이 없다.
- 손두부 : 일반적인 두부인데, 기계를 사용하지 않고 직접 손으로 맷돌을 돌려서 만들었다는 의미(실제로는 어려운 것으로 상업적 의미가 강조된 것임).
- 숨두부 : 두부가 숨을 쉬는 것(살아있는 것)처럼 신선하고 즉석에서 만들었다는 의미를 강조한 것(상업적 의미가 강조된 것임).
- 청두부 : 청대콩으로 만든 것.
- 검정두부 : 검정콩으로 만들었으며 일명 "약두부"라고도 한다.
- 여러 가지 응용되는 두부 : 두부에 간수를 넣고 응고시켜 여러 가지 기능성 강화 첨가물을 넣어 만드는 것(미개척 분야).
  - 한방두부 : 두부를 압착하기 전에 한방재료의 엑기스를 넣어 혼합시킨후 만드는 것.
  - 인삼두부 : 인삼분말을 두부에 압착하기 전에 혼합하여 만드는 것.
  - 시금치 기타 야채두부 : 야채즙을 추출하여 압착하기 전에 순두부 상태에서 혼합한 것을 압착하여 만드는 두부.
  - 과즙두부 : 과즙을 추출하여 위의 방법으로 만들 수도 있겠다.
  - 육류고기두부 : 살코기 간 것을 익혀서 같은 방법으로 만들 수도 있겠다.
  - 생선살두부 : 생선살을 추출하여 익힌 후 위의 방법으로 만들 수도 있겠다(미꾸라지, 흰살생선 등).
  - 젤라틴 · 한천두부 : 간수를 적게 넣고 콩단백질이 연하게 응고되면 젤라틴 또는 한천을 녹여 혼합하고 압착시켜 만든다.
  - 만두두부 : 일반두부를 더욱 압착시킨 두부이다.(보통은 두부 자투리로 사용한다.)

(2) 국내산콩과 수입콩의 차이점

- 국내산 : 물에 불리면 불려진 상태가 약 2.5～3배로 커진다. 두부를 할 때 간수를 넣으면 콩단백질이 응고되거나 응집하는 상태가 좋다(실무에서는 '간수가 잘 먹는다'고 한다). 콩의 향(구수한 냄새)이 진하다.
- 수입산 : 물에 불려도 불려진 상태가 크지 않다. "간수가 잘 안먹는다"라고 표현하며, 콩단백질이 간수를 넣어도 응고응집력이 좋지 않다는 뜻이다. 콩의 향이 진하지 않다.

(3) 콩을 가는 기계 종류 및 선택

- 두부용 전문 맷돌기계
  - 가격 : 500～1,500만원 정도
  - 특징 : 불린 콩을 갈면 콩비지와 콩즙이 분리되어 나온다.
  - 응용 : 청포묵, 도토리묵과 같이 묵을 만들 때에 활용하면 보자리고 짜내지 않아도 쉽게 전분을 추출하여 묵을 쑬 수 있다.
- 일반 맷돌기계
  - 가격 : 60만원 정도로서 두 종류가 있다(맷돌이 옆으로 향한 것과 위로 향한 것).
  - 특징 : 불린 콩 또는 마른 곡류를 쉽게 갈아 낼 수 있다.
  - 단점 : 두부 또는 묵을 만들 때는 콩즙전분을 짜내기 위하여 보자기를 사용하여 짜내야 하기 때문에 일손을 필요로 한다.
- 믹서기(가정용) : 소량일 때 또는 가정에서 만들고자 할 때에 사용한다.

봉주방장 해법

두부가 맛있다는 것은 콩이 맛있다는 것
콩이 맛이 없다면 두부도 맛이 없다.
콩이 맛이 있다는 것은 햇콩이 맛이 있고
햇콩은 국내산 수입산을 구분하기 전에 유통기한이 짧은 국내유통이 맛이 있다.
물론 유통기한이 길면 국내산도 맛이 없고 벼농사를 짓던 논콩보다는 황토 흙인 밭콩이 맛이 있다.
강원도 고랭지 콩이 고소한맛이 더하다.
날로 먹어봤을 때 비린 냄새가 강한 것이 맛이 있는 콩이다.

(4) 두부 만들기 단계별 과정

① 콩을 돌이 없게 일어 불린다.
불리는 시간 : 여름 8시간, 겨울 20시간

↓

② 불린콩을 맷돌에 곱게 간다.

↓

③ 비지와 콩즙을 분리시킨다.

↓

④ 끓는 물에 콩즙을 한 바가지씩 넣고 마지막 콩즙을 넣고는 불을 끈다. 거품이 일어날 때는 들기름을 약간 넣는다.

↓

⑤ 불을 끈 상태에서 양에 따라 약 85℃를 유지하여 15~30분 정도 그대로 놔둔다.

↓

⑥ 잠시 놓아두면 윗면에 막이 생긴다. 콩물을 주걱으로 가볍게 회전시켜 간수를 넣어주고 반대로 주걱을 회전시킨다. 그러한 상태에서 가만히 10~20분 정도 그대로 둔다.

↓

⑦ 간수에 물을 50~100배로 희석하여 넣어준다. 넣을 때의 온도는 80℃를 유지해주고 조금씩 넣고 두유 젓는 것은 빠르게 한다. 간수 양은 콩 10kg에 천연간수 20cc~30cc이나 간수의 순도에 따라 차이가 있다.
※ 간수 넣을 때 주의할 점은 굵은소금을 넣어 간을 맞춘 다음에 간수를 넣는데 간수 원액을 그대로 넣으면 안 된다. 반드시 원액 간수에 물을 50~100배로 희석하여 넣어준다.

↓

⑧ 두부판에 보자기를 깔고 응고가 된 순두부를 부어주고 보자기를 싸준 후 압착시킨다.

↓

⑨ 순두부는 끓인 콩물, 즉 두부 만들기 직전의 끓인 두유를 말한다. 끓인 콩물 6ℓ에 G.D.L(gluco delta lactose)를 2T 넣어주는데 G.D.L을 물에 50배 희석하여 콩물이 뜨거울 때 빠르게 저어주고 넣어주고 동작을 빨리 멈춘다. 성형이 될 때 저어주면 안 된다.

봉주방장 해법

③번과 ④번 과정은 순서를 바꾸어도 된다. 본래 옛날식(재래식)은 갈은 콩을 끓이고 뜨거운 콩물을 베보자기에 넣고 무거운 멧돌을 올려 놓고 콩물을 짜내고 비지를 분리한 다음 콩물을 다시 끓이면서 만드는 것이다.
그렇게 하면 끓여서 짜내는 것이 생콩을 갈아서 즙을 추출하는 것보다 더 많은 즙이 나온다.
굵은 소금을 넣을 때 조심해야 할 것은 간수성분이 많은 소금과 간수성분이 빠진 소금이 있다는 것이다.
부드러운 두부를 만들려면 G.D.L(gluco delta lactose)를 콩 물 10ℓ당 1T 정도 넣어준다.

봉주방장 경험

두부는 만두, 찌개 등에 보편적으로 많이 사용하는데 맛의 차이가 크다. 맛의 차이가 나는 이유로는 두 가지가 있는데, 첫째, 간수를 사용했는가?와 둘째 화학응고제를 사용했는가?이며, 콩이 햇콩 또는 묵은콩인가, 또는 수입콩 또는 국산콩인가에 원인이 있다.
유능한 요리사라면 두부의 선택도 잘 해야 할 것이다. 간수두부는 손두부라 하고 1모에 1,500원, 영업자가 사면 1000원(1/2판 이상 구매해야) 정도 이다.

두부는 콩이 맛이 있어야 두부가 맛이 있다.
묵은 콩이 맛이 없는 이유는 저장기간이 길어짐에 따라 콩이 가지고 있는 성분(단백질, 지방)변화이다.
유통되고 있는 중국산, 미국산 콩이 맛이 없는 것은 수입산이라서가 아니라 유통기한이 국내산보다 길기 때문이다.
두부전문점을 운영한다면 가을에 당해년도 생산된 콩을 구매하여야 하는데 냉장보관 저장실이 확보되어 있지 않으면 대량구매를 피해야 한다.
냉장고가 아닌 실외 창고라면 장마기간인 6~8월에 맛이 급격히 떨어진다.

2. 죽과 즙

제1절 죽

죽을 만들어야 하는 경우에는 가끔 죽에 변화를 주어야 하므로 반드시 준비해야 할 것은 찹쌀과 멥쌀, 쌀가루와 찹쌀가루가 있어야 한다. 만약에 쌀가루 및 찹쌀가루가 준비되어 있지 않으면 그때그때 불린 쌀을 분마기에 갈아서 사용할 수도 있다. 쌀을 불려 건져서 소금을 약간 넣고 방앗간에서 곱게 빻아 1회씩 사용할 만큼 비닐봉지에 담고 쌀가루인지, 찹쌀가루인지 표시해 사용한다. 이들 가루는 비단 죽 뿐만이 아니라 떡, 김치 등을 할 때 요긴하게 쓸 수 있다.

여름철에는 쉴 우려가 있으므로 방앗간에 갈 때에는 얼음을 위에 재워 기계에 빻기 직전까지 냉각시켜 상하는 것을 방지하고 방앗간에서 작업이 끝나면 넓은 그릇에 헤쳐서 냉동고에 넣어 냉각시키거나, 조금씩 투명한 비닐봉지에 담아서 빨리 냉동보관해야 한다.

• 죽 재료의 성분

┌ 탄수화물이 많은 것 (전분함량이 많다)
├ 단백질이 많은 것 (대두류)
├ 지방이 많은 것 (호두, 잣, 해바라기 씨, 호박씨, 아몬드, 땅콩 기타)
└ 해물, 야채류

① 쌀을 넣게 되면 쌀 입자 전체 그대로 넣는 것이 좋다(갈지 않고) 넣게되면 작게 넣고 넣지 않아도 무관하다.

② 콩은 물에 불린 후 설컹하게 삶아서 찬물에 식힌 후 갈아서 비지와 두유를 분리한 후 사용한다.

③ 쌀을 갈아서 죽을 쓸 경우 주의해야 할 점은 뜨거운 곳에 오래두면 지방층이 분리가 된다. 죽을 쑨 시 바로 제공해야 하고 보관시 식힌 후 보관해야 한다.

④ 야채, 해물, 또는 야채해물은 참기름에 볶아서 쌀류를 넣고 볶은 후 물을 넣고 죽을 쑨다.

봉주방장 해법

① 주의할 점 : 쌀의 입자는 쌀 입자의 4배까지 불기 때문에 농도를 맞추어도 죽이 되직해진다. 적절하게 줄어들어가는 주요되는 즙을 이용해 농도를 맞추어 준다.

② 실무적 비법 : 쌀 흰죽을 영업시간 하루 전 죽을 쑤어 놓은 후 해당 재료를 넣고 단시간에 만들어 낸다.

1. 쌀입자가 보이게 쑤는 죽

쌀입자가 보이게 쑤는 죽의 종류에는 흰죽, 전복죽, 콩죽, 팥죽, 장국죽, 녹두죽, 어죽, 닭죽 등이 있다.

죽을 끓일 때에 유의해야 할 점은 쌀을 충분히 불려서 끓여야 한다. 만약 충분히 불리지 않으면 알맞게 죽을 끓인 것 같아도 곧바로 되직해져 다시 물을 부어 주어야 하는 경우를 반복해야 한다.

1) 죽을 쑬 때의 물을 기준으로 본 비율 : 기본공통비율 (1) 흰죽 ~ (2) 닭죽

앞으로 소개될 흰죽~녹두죽까지 쌀과 물의 비율은 공통으로 적용된다.

15%의 응용재료에는 여러 가지 죽을 쑤고자 하는 재료, 예를 들어 팥앙금, 녹두앙금 대두콩물 등이 사용된다.

■ 응용

재료	비율
소금	3(간을 보아서)
쌀외의 주재료	10
불린쌀 또는 찹쌀	25
물	100

※물대신에, 닭고기죽은 인삼을 넣고 푹 곤 닭곰탕국(닭뼈 육수)을 사용하거나, 조개죽은 조개탕육수로 끓이면 좋다.

이렇게 만드세요

물의 양과 불린쌀의 기준을 정확히 지켜야 하고, 남은 죽은 새롭게 쑤는 죽과는 혼합하지 않는다. 잘못되었을 경우 죽을 식는 과정에 쉽게 삭거나 윤기가 나지 않는다.

봉주방장 해법 : 죽을 쑬 때 유의해야 할 점

① 죽을 쑬 때는 냄비 바닥이 두꺼운 알루미늄 냄비가 좋다.
② 죽은 나무주걱으로 저어줘야 한다.
③ 물의 1/4은 처음 끓이거나 참기름 넣고 볶을 때, 나머지 반은 끓일 때 사용하며, 1/4은 상황을 보면서 넣는다.
　물 : 40%－끓이거나 거를 때 사용하는 물
　　30%－죽을 쑤면서 첨가하는 물
　　30%－죽을 쑨 시간이 오래 되어 되직해졌을 상황을 보면서 첨가하는 물
④ 죽은 불의 세기가 중요하고 한 번 끓어오르면 불을 약하게 줄여 계속 끓인다. 중간에 물붓기는 뜨거운 물이 좋다.

봉주방장 경험 : 밥을 이용하여 죽을 급하게 쑤는 경우

더운 밥보다는 찬밥으로 죽을 쑤는 것이 잘 퍼지고 죽이 잘 된다.

(1) 흰 죽 : 흰죽은 모든 죽의 기본이 된다.

■ 재료 및 비율

재료	비율
소금	2(간을 보아서)
참기름	5
불린쌀	15
물	100

이렇게 만드세요

① 쌀을 안친 후 끓인다.
② 불을 낮추어 쌀알이 푹 퍼질 때까지 가끔 주걱으로 저어주면서 끓인다.
③ 다 끓은 죽은 내가기 전에 소금으로 밑간을 한다.

봉주방장 해법 : 흰죽을 끓일 때의 요령

① 쌀을 참기름에 볶았다가 끓일 수도 있다.
② 부드러운 죽을 만들려면 믹서기에 거칠게 갈아서 쑤는데 처음부터 갈은 쌀을 넣으면 안되고 물을 먼저 끓인 후 저으면서 부어준다.
③ 흰죽의 완성도를 70%한다음 잣을 갈아 넣으면 잣죽, 두유(콩국수물)를 넣으면 콩죽이다.
처음부터 잣을 갈아서 그리고 콩두유를 같이 끓이지 말아야 한다. 된 흰죽을 거의 완성 80%에서 준비된 즙을 넣어 완성한다.

봉주방장 해법 : 흰죽과 어울리는 고명과 곁드릴 수 있는 찬

① 죽은 개인별 죽그릇에 푼 다음, 뜨거울 때 계란노른자만 분리하여 터트리지 말고, 김을 가늘게 채썰어 넣어 줄 수 있다.
② 국간장 또는 집에서 만든 간장을 내어드리거나 장산적, 장조림을 반찬으로 내어드린다.

(2) 전복죽

■ 재료 및 비율

재료	비율
소금	0.5(간을 보아서)
참기름	4
전복	10
불린쌀	25
물	100

이렇게 만드세요

① 전복은 수세미로 표면을 잘 닦아주고 뜨거운 물에 바로 넣어 살을 떼낸다.
② 내장을 제거하고 저며썰거나 채썰어서 참기름을 넣고 볶는다.
③ 주로 쌀을 추가로 넣어 다시 볶기도 한다.

스승님께서는 : 전복 내장죽

최상옥 선생님께서 가르쳐 주신 죽으로, 전복 내장을 보면 작은 고추같이 생긴 짙녹색의 장기가 있다. 이것은 정력제라는 설이 있어 술과 함께 삼키기도 하고 데쳐내어 초고추장을 곁들여 먹기도 한다.
① 전복내장을 일단 참기름에 볶아준 후 으깨어 껍질을 끓이듯이 볶아준 후에 체에 거른다.
② 쌀을 넣고 물을 조금 넣은 후 자글자글 끓인다.
③ 충분히 볶아지면 남은 물을 넣고 센불에서 끓인다.
④ 한번 끓어오르면 불을 약하게 하고 나무주걱으로 가장자리를 저으면서 잘 어우러질 때까지 서서히 끓인다.
⑤ 쌀알이 푹 퍼지도록 충분히 끓여서 소금으로 간을 한다.
※맛은 약간 쓴맛이 나며 구수하다. 별미로 즐길 수 있다.

스승님께서는 : 전복내장을 보관하는 방법

전복 내장을 곧 사용하기 어려우면 냉동보관하는데, 비린 냄새를 없애기 위해서는 참기름에 달달 볶아 보관하는 것이 좋다.

봉주방장 응용

전복 뿐만 아니라 모든 조개류의 내장을 흙과 모래를 제거하고 깨끗이 씻어 같은 방법으로 하면 좋다.
특히 관자(가이바시) 등

봉주방장 경험 : 전복대신에 소라살을 이용하면…

① 전복은 비싸고 귀한 것이기 때문에 소라를 얇게 저며 전복죽과 같은 방법으로 끓여 소라죽으로 변형시킬 수 있다.
② 대부분의 뷔페에서 제공되는 전복죽은 소라살만 사용하거나 전복을 조금 섞은 소라죽을 많이 낸다.

봉주방장 경험 : 전복죽을 빨리 쑤려면…

전복죽은 정식대로 만들려면 30~40분 이상 소요되기 때문에 시간이 없을 경우에는 준비된 전복살과 쌀밥을 자작자작하게 물을 부어 참기름을 넣은 후 주걱으로 저어주고, 으깨면서 바글바글 끓인다. 끓인 후 물을 더 붓고 10~15분 끓이면 죽이 완성된다.

(3) 해물죽

■ 재료 및 비율

- 소금 2(간을 보아서)
- 참기름 3
- 흰후추 약간
- 오징어 3
- 깨소금 2
- 새우살 3
- 간마늘 2
- 조갯살 3
- 불린미역 3
- 불린쌀 15
- 물 100

봉주방장 해법 : 해물죽은 여러 가지가 있다. 단일 해산물, 2종 이상의 해산물을 혼합하여 쓸 수 있다.

이렇게 만드세요

① 오징어는 껍질을 제거하고 다지듯이 썰고, 새우살의 껍질을 제거한 건새우 또는 껍질을 제거하여 거칠게 다져서 사용한다. 바지락조개 등은 모래가 없도록 잘 씻어주고 불린미역은 잘게 썰어준 다음 마늘, 소금, 참기름으로 갖은 양념을 한다.
② 양념한 해물, 쌀, 약간의 물을 넣고 바글바글 끓이면서 볶아준다. 주의할 것은 센불에 참기름을 넣고 물기 없는 재료를 볶으면 참기름이 쉽게 타버려 쓴 냄새가 난다.
③ 어느 정도 볶아지면 나머지 물을 넣고 푹 끓인다.

※홍합죽 : 모래와 수염을 깨끗이 손질하여 씻어서 사용한다.
※조갯살죽 : 조갯살의 흙과 모래를 제거하고 큰 것은 잘라서 작은 조갯살은 그대로 사용한다.

(4) 콩 죽

■ 재료 및 비율

- 소금 2(간을 보아서)
- 콩 15
- 불린쌀 15
- 물 100

※물의 양은 콩을 삶아서 갈아낸 다음 식힌 후 콩비지를 짜내면서 찬물을 넣은 전체적인 물양을 말한다.

봉주방장 경험 : 콩죽을 더욱 고소하게 하려면 잣을 조금 볶아 갈은 후 콩물에 혼합하여 넣어주면 맛이 더욱 향상된다.

봉주방장 해법 : 처음부터 콩물에 쌀을 넣고 끓이면 맛이 반감된다. 처음에는 물만 넣고 흰죽으로 끓이다가 두유(콩물)를 넣고 완성한다.

이렇게 만드세요

① 콩은 5시간 정도 충분히 불린다.
② 냄비에 콩이 충분히 잠길 정도로 물을 붓고 비린내가 나지 않고 살캉하게 5분 정도 삶는다(콩국 만들기와 과정은 같다).
③ 북북 힘을 주어 주물러 으깨듯이 비벼대며 씻어 껍질을 다 벗겨낸다.
④ 분마기로 곱게 갈아 4~5배의 콩분량의 물을 붓고, 고운 체에 거른다. 콩비지는 찌개 등에 활용하고 콩물만을 이용한다.
⑤ 콩물을 끓이고, 쌀을 넣는다.
⑥ 냄비 밑이 눌지 않도록 주걱으로 잘 저어준다.
⑦ 중불에서 은근히 끓여 밥알이 투명해질 때까지 서서히 끓이고, 소금으로 간을 맞추어 그릇에 담는다.

※콩을 불려 삶아서 그때그때 한다는 것은 무척 어렵다. 살캉하게 삶은 콩을 1차 손질(껍질벗기기)하여 얼음에 재웠다가 또는 냉장고에 보관하였다가 필요시 사용한다. 이유로는 콩을 갈아내면 상하기 쉽기 때문이다.

(5) 팥죽 A

■ 재료 및 비율

- 소금 1(간을 보아서)
- 팥 15
- 불린쌀 15
- 물 100

※물의 양은 콩죽과 같다.
※팥앙금을 만들어 냉동보관 후 사용하세요. 팥물을 끓이려면 탈 우려가 있으므로 거꾸로 쌀과 5배의 물을 넣고 끓이다가 순수 팥앙금만 넣고 끓일 수도 있다. 콩죽과 마찬가지로 팥앙금만 냉동보관되어 있으면 빠르게 만들 수 있다.

이렇게 만드세요

① 팥은 3~4시간 이상 불렸다가 팥의 5배 정도의 물을 넣고 삶는다. 팥의 껍질이 터지도록 푹 삶는다.
② 처음 끓어오르는 것은 불순물로 색깔이 좋지 않으니까 따라 버린다.
③ 다시 물을 넣고 푹 무르게 삶아 뜨거울 때 체에 넣고 팥물을 부어 가면서 주걱 등으로 문지르면서 껍질을 버리고 앙금을 가라앉힌다(팥을 체에 거를 때, 물을 많이 넣고 체에 걸러도 한참 놓아두면 윗물과 팥앙금이 분리되어 상관은 없다. 그러나 앙금을 가라앉히는데 시간이 많이 걸리므로 물은 너무 많이 붓지 않는다. 약 2배 정도가 알맞다. 녹두죽과 똑같다).
④ 팥물에 쌀을 넣고 나무주걱으로 저어주면서 끓인다.
⑤ 소금으로 간을 한다.

(6) 팥죽 B(동지죽)

팥죽에 찹쌀 경단(새알심)을 넣고 끓여서 겨울 동짓날에 많이 먹었다하여 동지죽이라고 했다.

■ 재료 및 비율

- 소금 2(간을 보아서)
- 찹쌀경단 5
- 불린쌀 10
- 팥 15
- 물 100

이렇게 만드세요

① 팥앙금을 물에 잘 풀어 놓고, 불린쌀을 물에 끓이다가 팥앙금 푼 물을 넣어준다.
② 찹쌀경단은 쌀이 충분히 터지기 직전에 넣고 경단이 떠오르면 완성된 것이다.

봉주방장 해법

- 식용유를 약간 넣은 물에 경단을 데쳐 서로 붙지 않도록 해준다. 미리 준비해 두었다 손님에게 제공되기 전 경단을 넣어주면 붙지 않아 좋다.
- 찹쌀경단은 빚어 쟁반에 깔아준 다음 동결시켜놓고 필요할 때마다 꺼내어 사용한다.

(7) 녹두죽

■ 재료 및 비율

- 소금 2(간을 보아서)
- 녹두앙금 15
- 불린쌀 15
- 물 100

※녹두는 평상시에는 해독작용과 이뇨작용에 좋고 열을 내리는 작용이 있어 좋다고 한다. 그러나 약을 먹는 환자에게는 약효가 떨어져 삼가야 한다고 한다.

이렇게 만드세요

① 녹두를 3~4시간 정도 불린다.
② 녹두가 충분히 물에 잠기게(3배의 물을 넣고)하여 녹두껍질이 터져 뭉그러지도록 푹 삶는다.
③ 팥죽과 마찬가지로 고운체에 삶아진 녹두를 문지르면서 물을 부어 껍질은 버리고 앙금을 가라앉힌다.
④ 물을 아무리 많이 넣고 걸러도 녹두 앙금과 물이 시간이 지나면 두 개의 층이 생긴다. 크게 영향은 없으나 2배 정도의 물을 사용하는 것이 알맞다. 녹두죽은 녹두의 향을 사용하기 때문에 물을 많이 사용하면 그만큼 향이 엷어 지기 때문이다. 팥죽에도 공통으로 해당된다.
⑤ 시간이 지나 겉물이 위에 떠오르면 겉물에 쌀을 넣고 푹 끓이다가 끝내기 10분 전에 녹두앙금과 소금을 넣고 끝을 낸다.

(8) 어 죽

■ 재료 및 비율

- 후추 1
- 통깨 2
- 소금 3(간을 보아서)
- 참기름 5
- 계란 5
- 다진파 8
- 장어 또는 메기 15
- 닭고기 15
- 불린흰쌀 15
- 물 100

이렇게 만드세요

① 닭고기는 깨끗이 손질하여 찬물에 넣고 약간의 소금을 넣어 삶는다.
② 장어는 내장을 제거하고 10cm되게 토막을 친다.
③ 닭고기가 절반 정도 익으면 장어를 넣고 끓이다가 닭고기를 건져서 굵게 찢어 놓는다.
④ 장어의 뼈를 추려내고 불린 쌀을 안친 다음 끓인다.
⑤ 쌀이 퍼지면 닭고기를 넣고 조금 더 끓인 후 간을 맞춘다.
⑥ 계란은 잘 풀어 파를 섞어 자연스럽게 풀어넣는다.
⑦ 반쯤 익으면 통깨와 후추를 넣고 끝을 낸다.

(9) 개성식 닭죽

■ 재료 및 비율

재료	비율
후추	0.5
참깨	0.5
소금	2(간을 보아서)
참기름	2
미삼	3
불린찹쌀	15
닭육수	진한 닭육수 100

봉주방장 해법 : 인삼과 닭은 궁합이 맞으며, 육수를 끓일 때 인삼을 조금 넣으면 잡냄새가 나지 않는다.

이렇게 만드세요

① 가격이 싼 닭뼈(1kg당 1,000원 정도)를 구매하여 껍질과 기름을 떼어내고 깨끗이 씻어내고 핏물을 제거한 후 미삼을 넣는다. 5~6시간 푹 고아 체를 이용하여 뼈를 걸러내고 진한 닭육수를 만든다. 육수를 만드는 과정에서 1~2차례 기름 및 좋지 않은 부유물을 걷어 낸다.
② 불린찹쌀을 넣고 푹 끓인다. 일부 미삼은 송송 썰어 넣는다.
③ 소금으로 심심하게 간을 한다.

2. 쌀가루 또는 쌀을 분마기에 갈아서 쑤는 죽

쌀가루 빻은 것은 물에 잘 풀어 고운 체에 바쳐 사용하고 불린 쌀은 분마기에 2배의 물을 넣어 갈아서 사용한다. 주재료를 갈아서 쑤는 죽으로 잣죽, 호두죽, 늙은 호박죽, 대추 인삼죽, 깨(흰깨, 검은깨)죽, 살구씨죽 등이 있다.

(1) 기본공통사항 (2)~(5)

■ 기본공통사항

재료	비율
소금	(간을 보아서)
잣죽	15
깨죽	15
살구씨죽	15
호두죽	15
불린쌀	15
물	40 / 30 / 30 = 100

※소금, 물, 쌀은 기본이며 각각의 죽을 쑨다면 죽을 쑤는 주재료를 15% 갈아서 넣는다는 의미이다.

■ 물비율

40% : 처음 끓일 때 사용되는 물의 양 / 30% : 해당죽을 중간 끓일 때 사용하는 물 / 30% : 쌀을 분쇄할 때 사용되는 물

※잣죽, 깨죽, 살구씨죽은 동일한 비율이 적용된다.

(2) 잣죽, 깨죽, 살구씨죽

봉주장방 해법

잣죽을 고소하게 쑤려면 잣을 살짝 볶아준 후 갈아준다.

죽을 완성한 후 뜨거운 상태에서 오래 있으면(뷔페의 경우처럼…) 잣죽이 풀어지는 경우가 있다. 이것은 잣의 지방이 쌀의 점성과 일체가 안되고 분리되기 때문이다. 소금은 나중에 넣어야 하고, 물을 추가로 넣을 때는 뜨거운 물을 많이 넣는다.

손님이 산발적으로 올때는 쌀 갈은 물과 잣 갈은 물을 따로 준비하고 그때그때 죽을 쑤어야 한다.

잣죽을 손님께 낼 수 있는 식당이라면 아마도 영업활성은 보장 될 것이다.

잣을 기름 없이 살짝 볶아주고 갈아주면 더 고소해 진다.

이렇게 만드세요

① · 잣은 3배 정도의 물을 넣은 후 곱게 갈아 체에 받혀 놓는다.
 · 깨죽용깨(흰깨, 검은깨)는 잘 볶아 준 후 3배의 물에 갈아내고 걸러 놓는다.
 · 살구씨는 또한 잘 볶아준 후 갈아내어 체에 걸러준다.

② 불린 쌀은 믹서기 또는 분마기를 이용하여 곱게 갈아 체에 밭쳐 놓는다.

③ 먼저 물을 끓이는데 사용될 양의 절반을 끓인다.

④ 물이 끓으면 갈아 놓은 쌀가루를 풀어서 넣어 주고 풀을 쑤듯 나무주걱으로 저어주고, 끓기 시작하면 한 손으로 계속 저어주고, 한손으로는 준비해 놓은 잣, 깨, 살구씨 등의 죽재료를 조금씩 흘려 넣어 농도를 맞추고 맛을 낸다.

⑤ 죽이 완성되면 소금으로 간을 하고 끝낸다.

(3) 호두죽

이렇게 만드세요

- A : 호두는 소금을 약간 넣고 속껍질째 갈아 고운 거즈에 밭쳐서 잣죽과 같은 방법으로 죽을 쑤는 방법이다. 이 방법은 속껍질의 탄닌 성분이 약간 떫은맛을 낼 수 있으나 고전적인 맛으로 자연스러울 수 있다. 떫은맛을 적게 하려면 살짝 볶아주고 갈아낸다.
- B : 호두 속껍질을 뜨거운 물에 5분 정도 담그었다가 대꼬챙이로 살살 제거한다. 식초나 설탕을 넣고 벗기면 잘 벗겨지지만 죽을 쑬 때는 바람직하지 않다.

※호두 속살을 벗기는 작업은 영업활성이 부진할 때 다른 주방 업무가 종료되고도 한가롭게 진행될 때 여럿이 작업하여 냉동고에 보관하였다가 사용하면 좋다.

봉주방장 해법 : 호두껍질 속 빨리 벗기는 방법

딱딱한 껍질을 벗긴 것은 구매할 수 있으나 속껍질을 벗긴 것은 구매하기가 만만치 않다. 그러나 호두껍질을 벗긴 것도 특급 호텔 구매과에는 연결이 되어 있지만 호두의 향이나 호두의 속껍질 제거방법에서 화학적 방법이 사용되지 않았나 의심이 가는 것이 사실이다.

그렇다고 인건비를 무시하고 일일이 속껍질을 벗겨가며 죽을 쑨다는 것 또한 현실적으로 영업이익에 도움이 안될 뿐 아니라 다른 주방업무에 지장을 줄 것이다.

봉주방장 해법 : 밤의 속껍질 까는 요령

① 겉껍질을 깐 호두는 물에 한 번 담갔다가 냉동시킨 후 2~3일 따뜻한 곳에 두면 밤알이 마르고 겉껍질은 그대로 있기 때문에 이때 조금씩 뜨거운 물에 불려서 재빨리 속껍질을 벗겨내면 수월하다.

② 바쁠 때는 껍질을 제거한 밤을 사용해야겠지만 시간적인 여유가 있다면 이러한 방법도 괜찮을 듯 싶다.

(4) 늙은 호박죽

■ 재료 및 비율

재료	비율
소금	(간을 보아서)
쌀가루	20
설탕	30
늙은호박	70
물	삶을 때 50 / 끓을 때 50 — 100

이렇게 만드세요

① 늙은 호박은 껍질과 씨를 제거하고 푹 삶아 식힌후 분마기로 또는 믹서기로 갈아서 되직히 갈아 낸다.
② 남은 물을 넣고 끓인다.
③ 설탕과 쌀가루를 넣고 완성한다.

봉주방장 해법 : 호박죽용 호박보관방법 3가지

호박의 구매시기는 10~11월이 좋다.
① 껍질을 벗기고 씨를 제거한 호박살을 토막낸 후 비닐팩에 넣어 얼리는 방법
② 손질한 호박을 삶아서 곱게 갈아 식혀서 1회 사용할 만큼 비닐에 포장하여 냉동보관한다.
③ 습기가 방지되고 통풍이 잘되는 곳에 보관하는 방법 : 겹쳐서 쌓는 방법보다는 펼쳐서 보관하고 사용할 때는 가장 상태가 안 좋은 듯한 순서대로 먼저 사용한다.

봉주방장 해법 : 맛있는 호박죽을 쑤려면,

① 호박죽에는 늙은 호박을 주로 사용하지만 단호박을 20~30% 정도 혼합하여 끓여도 별미이다. 또한 당근을 조금 삶아 갈아서 끓이면 맛과 색이 뛰어나다.
② 호박과 쌀가루의 비율은 신축성있게 변화를 줄 수 있고 설탕의 양도 가감할 수 있다. 그러나 쌀가루양을 적게 넣는 것이 맛이 좋다.
③ 호박껍질을 제거하는 방법 중 좋은 방법은 간이대패를 사용하고, 칼은 이론편 주방기구에서 설명되어 있다

※호박을 삶아서 곱게 갈아 보관하기에는 여간 신경이 쓰이는 것이 아니다. 뜨겁게 삶아서 호박을 곱게 갈아내는 것도 어렵고 식히는 과정에서 변질될 수도 있다. 그렇다면 호박을 삶지 않고 분쇄기에 갈아서 보관하면 하는 생각으로 날호박을 갈아서 저장하면 조리시 색은 같지만 풋내가 많이 난다. 이유로서는 날호박을 갈아낼 때 효소의 공기 접촉으로 인해 호박 특유의 풋냄새가 나는 것이므로 이 방법은 절대로 삼가야 한다.

(5) 단호박죽

■ 재료 및 비율

재료	비율
소금	7
찹쌀가루	20
멥쌀가루	30
설탕	50
단호박	100

이렇게 만드세요

① 단호박 껍질을 벗기고 푹삶아 냉동실에 얼린다.
② 솥에 해동시켜 초박을 끓이다가 한번 끓어올랐을 때 찹쌀을 물에 풀어 저어주면서 솥에 넣고 중불에서 끓인다.

(6) 대추인삼죽

■ 재료 및 비율

재료	비율
밤	3
설탕	5
미삼	10
대추씨	25
찹쌀가루	25
물	100

이렇게 만드세요

① 밤은 황률이 좋으며, 대추씨, 미삼과 함께 푹 끓인 후 체에 밭쳐낸다.
② 설탕을 넣어 준다.
③ 그 물에 찹쌀가루를 풀어 죽을 쑨다.

봉주방장 해법

대추인삼죽은 음식궁합으로 잘 맞고 어우러지는 것으로 별미의 죽이다. 대추씨라고 표기한 것은 대추는 고가이며, 대추살은 한식요리에서 많이 사용하고 있는데, 사용하고 난 대추씨를 버리지 말고 모아서(말리거나 냉동보관) 사용한다. 결국 대추살을 이용한다기 보다는 대추씨에 붙은 잔여 살을 이용하는 것이다. 미삼 역시 3~6년근 수삼을 이용하는데 몸체는 다른 요리에 이용하고 잔뿌리 등을 모아서 사용한다.

3. 범벅류

범벅은 죽의 분류에서 연계되어 지지만 죽은 입자가 고른 반면 범벅은 재료가 자연스럽게 보이도록 쑤는 죽이고, 때에 따라서는 경단, 수제비 등을 넣기도 하며, 찹쌀가루를 넣을 때도 멍우리가 생기도록 넣는 것이 일반 죽과의 차이점이다.

1) 호박 범벅

■ 재료 및 비율

재료	비율
소금	2
팥	10
설탕	15
찹쌀가루	25
호박	50 잘 익은 것
물	삶을 때 70 / 끓일 때 30 / 100

이렇게 만드세요

① 늙은호박은 속과 껍질을 없애고 2~3cm 정도의 두께로 숭덩숭덩 썬다.
② 팥은 물에 씻어 삶다가 주름살이 펴지면 호박을 넣고 함께 삶는다. 호박이 물러서 툭툭 쳐서 흩어질 정도가 되면 찹쌀가루를 넣어 저어준다(70%).
③ 농도를 보아가며 나머지 물을 첨가하여 끓인다(물 30%).
※찹쌀 경단을 만들어 넣고 강낭콩을 삶아서 넣어주면 더욱 좋다.

2) 밤 범벅

■ 재료 및 비율

재료	비율
소금	0.7
식용유	2
설탕	20
우유	70
생밤(깐것)	100

이렇게 만드세요

① 찌면 더욱 좋겠지만 밤에 물을 자작하게 붓고 삶아낸다.
② 익으면 물을 버리고 뜨거울 때 거품기 또는 주걱으로 으깬다.
③ 냄비에 기름을 두르고 밤, 소금, 설탕가루, 우유를 넣고 잘 저으면서 끓이다가 되직해 지면 불에서 내려서 완성한다.

제2절 즙

옛부터 즙은 환자의 보양식으로 많이 이용되는 것으로 요리개념보다는 약의 개념이 더 크다. 탕(湯)보다는 진한 농축액을 만들어 마시는 데 이용방법으로는 끓여서 만드는 즙과 생즙이 있으며, 일반적인 식자재를 이용하면 요리의 개념으로 보아야 하며 특수한 재료, 즉 뱀, 고양이, 물개, 거북이, 자라 등의 특수한 동물과 특수한 식물(한약재)을 이용하면 약으로 구분해야 할 것이다. 여기에서는 요리개념으로 죽을 끓여서 대용한 즙을 만드는 방법을 기술한다.

1. 육즙(肉汁)과 어즙(魚汁)

1) 공 통 : 즙을 내는 3가지 방법

▶ *제1방법 : 잣을 넣고 즙을 내는 방법*

■ 재료 및 비율

- 후추 약간
- 소금 (간을 보아서)
- 잣 5
- 쇠고기 또는 양 25
- 물 100

※대파, 마늘, 대추, 인삼 등을 넣어도 좋다.

▶ *제2방법 : 마늘, 파를 넣고 즙을 내는 방법*

■ 재료 및 비율

- 후추 약간
- 소금 (간을 보아서)
- 대파 3
- 쇠고기 또는 양 25
- 물 100

※잣을 넣고 대추, 인삼을 넣어도 좋다.

▶ *제3방법 : 한약재를 넣고 즙을 내는 방법*

■ 재료 및 비율

- 후추 약간
- 소금 (간을 보아서)
- 생강 1
- 밤 2
- 감초 2
- 대파 2
- 참기름 2
- 대추 5
- 마늘 5
- 즙재료 25
- 물 100

※잣을 넣고 대추, 인삼을 넣어도 좋다.

이렇게 만드세요

쇠고기즙

① 쇠고기의 기름기 없는 부위를 선택하는데, 대접살, 양지부위의 기름막을 제거한 부위가 좋다.
② 쇠고기는 기계를 이용하여 갈아내고, 잣은 믹서기 또는 분쇄기를 이용하여 약간의 물을 넣은 후 갈아내고 쇠고기와 함께 고루 섞어준다.
③ 물을 4~5배 넣은 후 은근히 2~3시간 중탕을 한 후 뜨거웠을 때 베보자기에 넣고 꼭 짜낸 후 소금과 후추로 간을 한다.

양즙(벌집양 또는 양깃머리)

양부위 중 벌집양, 양깃머리가 양즙내기에는 가장 좋다.
① 양의 안쪽에 붙어 있는 얇은 막을 벗겨내고 밀가루에 비벼 여러 번 씻어낸다.
② 손질된 양을 적당히 썰어 냉동시킨다. 냉동시키는 이유는 기계에 갈아내기 위함이다.
③ 냉동시킨 것을 기계에 갈아낸다.
④ 마늘, 파 등을 넣고 3~4시간 중탕을 하여 즙을 짜낸다. 또는 잣을 넣고 끓여도 좋다.

어즙(가물치, 잉어 등…)

위의 1, 2, 3의 방법 중 어느 방법으로도 좋다. 그러나 일반적으로 물고기류(잉어, 가물치 등)를 많이 이용한다.
① 물고기의 아가미, 내장을 제거하고 비늘을 벗겨 깨끗이 닦아낸다.
※순수한 약으로 사용한다면 비늘 및 내장까지도 그대로 하는 경우도 있다.
② 물고기를 참기름에 가볍게 앞뒤를 지져낸 후 충분한 물과 재료를 넣은 후 은근히 중탕을 2~3시간 한 후, 즙을 짜낸다.

2. 호박즙

■ 재료 및 비율

- 마른대추 2
- 벌꿀 5
- 늙은호박 100

이렇게 만드세요

① 늙은호박을 꼭지가 있는 쪽을 직경 15cm 정도로 동그랗게 도려낸다. 도려내는 방법은 일단 칼을 깊게 꽂은 뒤 칼을 빼내고 쇠톱날을 넣고 둥글게 잘라낸다.

② 안쪽의 씨를 빼낸다.

③ 대추와 꿀을 적량 넣고 도려낸 호박꼭지부위를 다시 덮는다.

④ 찜통에 넣고 약 1시간 30분~2시간 쪄낸다.

봉주방장 해법 : 호박즙을 먹는 법

꿀과 호박즙이 모여진 순수한 즙은 환자식에 좋으며 뷔페요리 등에는 국자를 넣어두어 호박살과 호박즙을 동시에 먹게 한다.

3. 전(煎, 지짐)

전(煎)이란 字는 「한국요리문화사」(이성우 저)의 표현을 빌리자면 "달일 → 전 · 졸일전 · 지질 → 전" 등의 뜻을 가진다. 전은 고기 · 생선 · 채소 등의 재료를 다지거나 얇게 저며서 꼬챙이에 꿰지 않고 밀가루, 달걀로 옷을 입혀서 번철에 기름을 두르고 납작하게 양면을 지져내는 것인데, 그렇다면 빈대떡과 같이 옷을 입히지 않은 것은 부침개이며, 파전과 같이 밀가루를 연결제의 역할로 썼을 때도 부침개의 한 종류이지 전이 아니라 한다.

그러나 기존의 한국요리책을 보면 때로는 '전유화, 전유어' 다른 유명 한식요리의 대가 선생님의 책에는 '저냐'로 표현이 되어 있으니 실무자인 봉주방장이야 어느 것이 맞는 표현인줄 모르니 일반적인 기준으로 전분, 밀가루, 계란 등의 접착력을 이용하여 기름을 두르고(부침=지짐) 하는 것으로 정의한다.

우리나라에서는 튀김요리가 발달되지 않은 반면 번철에 지지는 전이 다양하게 발달되어 왔다. 전류는 우리나라 모든 음식차림에 빠지지 않을 만큼 그 중요성이 크다. 한국음식은 포장을 하기가 어려운 불가동(不可動) 요리가 많은데 비하여 전 요리는 가동(可動) 음식이다. 즉 take out이 가능한 음식

전요리는 ①원재료의 조직을 살려서 부침하기도 하고, ②다지거나 분쇄하여 부재료인 야채를 혼합하기도 하고, ③반죽을 되직하게 또는 묽게도 하며 ④꼬챙이에 꿰어 지지는 것(산적, 散炙)도 있다. 부드러움과 음식궁합을 더하기 위하여 두부를 넣기도 하고, 그러고도 계란으로 옷을 입혀 부침한다. 요리방법이 다양하다는 것은 식문화의 우수성으로 자랑할만하나, 전류에 대한 기본과 전통을 무시한 채 마치 전위예술처럼 재료의 궁합과 맛 등을 무시하고 아무 재료나 무엇이든지 번철에 지짐하여 한국의 전(煎)요리로 소개되어지는 것은 주의해야 할 것이다.

이 책에서는 전 부치는 방법을 한 가지 한 가지 요리법을 소개하는 것보다는 원리를 소개하여 스스로의 창의력으로 전부침을 하도록 유도하였다.

제 1 절 전

1. 전의 개요

1) 재료의 종류에 따라 분류

재료의 분류	봉 주 방 장 해 법
곡류 : 쌀, 찹쌀, 밀, 메밀, 수수 등 **서류** : 감자, 고구마 등 **두류** : 대두, 녹두 등	• 곡류, 두류, 서류 공통 : 일반적으로 곡류전은 맷돌기계에 물을 넣고 갈거나 가루로 된 재료는 물을 넣어 부침하게 되는데, 지나치게 곱게 가는 것도 좋지 않으며, 약간 거칠게 가는 것이 구수하고 맛이 있다. • 갈아 놓은 쌀가루, 녹두 등은 시간이 오래되면 윗층엔 겉물, 중간에는 고형물, 맨 밑바닥에는 순수한 전분입자로 분류되기 때문에 좋지 않다. 또한 곱게 갈 때 공기가 함께 유입되어 전을 부드럽고 바삭한(crispy)한 느낌을 주지만, 시간이 지나면 공기가 빠져나가 전을 부드럽지 않게 한다. 이러한 이유로 맷돌기계 또는 분쇄기를 이용하여 갈아낼 때는 1~2일 사용할만큼만 갈아서 지짐한다. • 서류인 감자, 고구마 등은 생 것으로 껍질제거 후, 강판에 갈아서 부침하거나 변색을 방지하기 위하여 찐 다음 전을 부침하기도 하고 전분만을 추출하여 묵을 쑨 후 노화시켜 다시 전으로 만들기도 한다.
육류 • 삶은 고기를 사용한 전 : 쇠고기의 우둔, 간, 허파의 전으로서 전 자체의 요리보다는 전골류와 같이 끓이는데 넣는 전에 해당한다. • 생고기를 다지거나 갈아서 만든 전 : 소, 돼지, 가금류의 근육조직은 모두 해당된다.	• 삶은 고기를 사용한 전은 주로 신선로에 많이 쓰이는데 얇게 포를 뜨기 어려운 재료를 삶음으로서 가능하게 하여 계란옷을 입혀 부침한다. • 생고기를 사용한 전은 다지거나 갈아내어서 부재료(두부, 야채, 계란 등)와 함께 적당한 농도를 밀가루나 계란 또는 혼합하고 반죽을 하여 부침하는 경우이며 예외로 생고기를 저며 썰어 부침하는 것은 소내장류인 간, 천엽, 등골, 두골전 등이 있다.
해산물류 • 흰살생선 : 광어, 대구, 동태 등 • 붉은살생선 : 연어 • 갑각류 : 새우 • 패류 : 홍합, 바지락, 종죽 등의 조갯살 • 연체류 : 오징어, 문어, 낙지	• 생선류전은 주로 비늘이 있고 흰살생선류르만 전을 한다. 단, 유일하게 붉은살생선으로는 연어가 있다. • 갑각류, 패류, 연체류는 대부분 다지거나 갈아서 전을 부침하는데, 그중에 관자, 새우, 홍합, 해삼 등은 전부침하기에 알맞은 크기라면 원형대로 부침한다. ※굴은 절대로 원형으로 부침한다.
버섯, 채소, 기타류 기타류는 어린나무순인 두릅 등	• 버섯류는 주로 머리(모자)부위에 고기재료의 소를 넣고 전을 부침하는데 때때로 자연송이, 새송이와 같이 기둥부위가 굵은 경우에는 원형을 살려 부침할 수도 있다. • 채소류는 일맞게 잘라 원형을 살려서 부침하는 것, 애호박, 더덕, 인삼 등. • 속을 채우는 방법으로는 깻잎, 피망, 고추, 연근 등이 있다.

2) 요리방법의 차이로 분류

재료의 분류	봉 주 방 장 해 법
재료의 조직을 살리거나 원형그대로 부침하는 전 소의 내장류(간, 천엽, 두골, 등골)전 및 육전 · 흰살생선 및 비늘이 있는 생선으로 바닷고기여야 한다(동태, 광어, 연어). · 패류(굴, 홍합, 모든 조갯살류, 패주 등) · 야채류 : 애호박, 당근 등 · 특용 또는 근채류 : 더덕, 인삼, 도라지, 두릅 등	재료의 조직을 살려서 전을 부침하는 것은 재료가 가지고 있는 육즙의 향과 질감(씹혀지는 느낌)이 무리가 없고 신선로와 같이 일정한 규격을 위한 방법이다.
다지거나 갈아서 부침하는 전 · 모든 곡류, 육류, 어패류, 야채	다지거나 갈아서 전을 부침하는 것은 그대로의 모양으로는 부침하기 어렵거나 질감이 강하여 씹기가 어렵고 작업공정의 과정이 지나치게 시간이 요구되거나 어려움이 있을 때이다.
속을 채워서 부침하는 전 · 양파, 깻잎, 피망, 호박, 표고, 양송이, 오징어 (순대로 만들어 썰거나 데쳐서 링으로 만들어서)	속을 채워서 전을 부침하는 것은 소를 넣을 수 있는 공간을 가지고 있는 야채이거나 공간을 임의로 만들어 전을 부침할 수 있는 경우이다.
꼬치전 : 사슬적전 · 김치전, 쇠고기, 돼지고기, 파, 버섯, 해물 등의 모든 꼬치적(산적류)에 해당된다.	두 종류 이상의 재료를 꿴 것은 꼬치(산적)라 하는데 재료 중 많이 꿰거나 비중이 큰 재료명에 따라 이름이 붙여지는데 계란 등의 옷을 입혀 부침하는 경우는 모두 해당된다.
전병(煎餠)류 · 대부분의 곡류를 이용한 부침에 해당된다. 이 경우에는 전병 또는 부꾸미도 많이 불린다. (밀가루, 녹두, 수수, 찹쌀, 메밀 등) · 또한 곡류라 할 지라도 주재료가 많이 들어가는 것의 명을 따를 수 있다. 호박전병, 오이전병, 김치전병	전병류는 엄격한 의미로는 기름에 지진 떡을 일컫는데, 부침하는 요리방법 단어인 전(煎)과 요리된 결과로 본 떡 또는 과자 병(餠)으로 본 합성어로 볼 수 있다. 다른 분류로 보면, 반상차림의 기준으로 볼 때에는 찬류이고, 떡으로 보면 주식의 개념이고 단맛나는 고물은 소로 넣고 작게 부침하면 후식으로 볼 수 있으니 한국요리의 다양성은 세계 제일이라고 볼 수 있다.

2. 전류의 재료보관방법

① 중간 냉동(sub freezing, -5℃)된 상태에서 썰기해야 한다

육류와 어류를 저며 썰어 보관할 때에는 약간 냉동된 상태가 손질하기 좋다. 살짝 얼면 썰기가 한결 수월하기 때문이다. 특히 간전, 생선전 등을 할 때 이 방법을 사용하면 좋다.

② 썰어 놓은 전은 서로 붙지 않게 해야 한다

썰은 전(煎)재료는 사각의 플라스틱 채반을 준비하여 비닐을 깔고 그 위에 소금, 후추를 고루 뿌리고 다시 비닐을 깔아주는 작업을 반복하여 냉동시키면 오래 보관되기도 하고 냉동된 상태라도 손쉽게 전을 지짐할 수 있겠다.

❸ 다지거나 갈아낸 재료는 투명한 비닐봉지에 담아 냉동시켜야 한다

소로 사용될 갈아내거나 다진 재료는 내용물이 보이게 하기 위하여 투명비닐을 사용해야 하고 해동을 빨리하기 위하여는 넣은 재료를 얇게 펴주고 산패나 퇴색되는 것을 방지하기 위해서는 공기를 빼주어야 한다.

❹ 소로 사용될 재료중 야채는 구분하여 냉장보관해야 한다

전류에 사용할 목적의 재료중 소금에 절여지거나 양념을 끝낸 야채재료라도 냉동시키면 안된다. 예를 들어 야채류와 다진고기를 양념하여 혼합한 녹두전(빈대떡)의 소를 완료하여 보관할 때에 업무량과 시간적인 이유로 냉동보관하고는 필요시 꺼내어 사용하기도 하는데 그렇게 하면 맛에 큰 차이를 주기 때문에 삼가야 한다. 이럴 때에는 야채류만을 구분하여 양념하여 냉장보관하여 준비하고 ③의 고기류는 사용직전에 꺼내어 해동하여 양념하고 혼합하여 사용한다. 냉장보관에서도 2~3일을 넘기지 않아야 한다.

❺ 곡류와 서류(감자, 고구마…) 재료는 갈아 놓은 상태에서 오래 놓아두면 좋지 않다. 갈아 놓은 재료(녹두…)는 시간이 지나면 네 개 층으로 분리되는데 맨 위는 겉물, 그 다음은 비지와 제물, 바닥은 순수한 전분으로 나뉘어지기 때문이며, 또한 최초로 갈을 때는 미세한 공기가 유입되어 전이 바삭한 느낌을 주는데, 시간이 지나면 공기층이 없어지면서 부드럽고 바삭거림이 덜하고 쉽게 굳어진다.

3. 번철길들이는 법과 전을 지짐할 때의 요령

(1) 전 뒤집개 사용은 용도에 따라 다르게 선택해야 한다

❶ 스텐레스 뒤집개

곡류전으로서 점성이 약하거나 되직한 반죽, 계란옷을 입힌 전, 야채가 주재료인 전일 경우에는 스텐레스 뒤집개를 이용하는 것이 좋다.

※ 스텐레스 뒤집개의 앞부분은 숫돌을 이용하여 어느 정도 날을 세워주는 것이 좋다.

❷ 플라스틱 뒤집개(전유와의 전분질이 익으면서 붙는 것을 방치한다.)

찰떡을 만질 때는 비날장갑(1회용 장갑)을 끼는 것과 쪄낸 만두나 찰떡을 비닐에 포장하는 것은 늘러 붙지 않기 때문이다.

전을 부침할 때에도 점성이 너무 강하고 부꾸미처럼 섬세하게 접어야 하는 경우에는 플라스틱 뒤집개가 좋다.

(2) 기름을 두르는 것도 전의 성격에 따라 가감한다

❶ 곡류전은 기름을 넉넉히 두른다

곡류를 곱게 갈았기 때문에 흡유량이 많기 때문이다. 그래야만 바삭한 느낌을 얻을 수 있다.

❷ 야채전은 기름을 적게 한다

기름이 많으면 쉽게 색이 누렇게 되고, 밀가루 또는 계란옷이 쉽게 벗겨지기 때문이다.

(3) 점성을 높이거나 부드러움을 주기 위하여는 재료를 잘 선택하여 넣는다.

❶ 쌀가루, 밀가루, 찹쌀가루를 넣어야 하는 경우

전의 모양이 형성되지 않고 뒤집을 때 어려움이 있을 때나 계란을 넣어 보플림이 있을 때(스폰지케이크와 같은 현상)는 계란을 넣는 것을 줄이고 위의 가루를 넣는다.

❷ 계란 흰자와 전분을 넣어야 하는 경우

전의 모양을 높이로 도톰하게 형성하기도 하지만 부드러움을 줄 때에 또한 흰색을 유지할 때

❸ 계란과 밀가루, 쌀가루 또는 찹쌀가루를 혼합하여 사용하는 경우에는

전의 모양을 형성하기도 하고 점성을 높일 때

❹ 속재료를 더 넣어야 하는 경우

속재료가 부족하면 시멘트가루로 반죽을 하여 건축물의 벽면에 바를 때에 자갈과 모래가 없으면 쳐지게 되는 것처럼 전 또한 부재료가 부족하면 넓게 쳐지게 된다. 쳐지는 것을 방지한다고 밀가루, 계란 등의 재료로 점성을 높여주면 전이 딱딱하다.

> 봉주방장 해법
> 전판에 기름때 제거할때는 강산이나 강알칼이성의 화학적 방법보다는 철물점에서 판매하는 유리코팅 제거칼을 이용하면 깨끗이 기름을 제거할 수 있다.

제2절 전류의 분류

1. 곡류와 서류

1) 녹두전

맛있는 녹두지짐은 녹두를 선택할 때부터 결정된다. 맛나게 양념을 하여도 원재료가 좋지 않으면 맛이 나질 않기 때문에 햇녹두인지 묵은녹두인지, 혹은 수입산인지 국내산인지를 잘 살펴보아야 한다.

또한 수입녹두일지라도 햇녹두는 맛이 좋고 국내산이라도 묵은녹두는 맛이 없다.

녹두전은 평안도에서는 지짐이, 황해도에서는 막부침, 전라도에서는 부꾸미 또는 허드레떡, 서울에서는 빈대떡 또는 빈자떡(貧者餠)으로 불리는데, 지방마다 이름은 다르지만 서민들의 사랑을 받아온 음식이다.

이규태의 컬럼에서는 흉년이 들어 팔도유민이 한양 도성 안에 몰려들어 굶주리며 노숙하고 있는 청계천변에 빈대떡 적선이 베풀어졌는데, 빈자들에게 적선한 떡이라고 해서 빈자떡이라고 불렸다는 설이 있다. 또 다른 속설은 지금 서울의 한복판인 정동의 옛 이름이 빈대가 많다 하여 빈대굴이라 했는데, 이 빈대굴에 부침 장사가 많았기 때문에 빈대굴에서 부쳐 파는 떡이라 하여 빈대떡이 됐다고도 하며, 이 빈대떡은 몇 안 되는 한국의 가동음식이다. 정착성 생업을 영위하는 한국사람의 음식에는 불가동 음식이 많다. 옛날 먼 곳을 떠나는 하인이나 가난한 서생이 과거 치르러 갈 때 기름종이에 싸서 허리춤에 차고 다니던 음식이 이 빈대떡이다.

「한국문화요리사」(이성우 저)에서는 규합총서에 '빙자(녹두전)는 녹두를 되게 갈고 번철에 몸이 잠길 만큼 붓고, 녹두즙을 떠놓고 그 위에 밤소, 꿀 버무린 것을 놓고 지진다고 했는데, 그 후에 소를 넣지 않고 지져대니 빈자(貧者)가 되었다'는 설이 있다.

녹두전의 재료비율

■ 재료 및 비율

- 후추: 조금
- 소금: 간을 보아서
- 참기름: 5
- 간마늘: 5
- 계란: 5 (경우에 따라)
- 실파: 5
- 버섯: 5(표고)
- 양파채: 10
- 숙주: 10
- 돼지고기: 10
- 쇠고기: 10
- 배추김치: 20 (또는 양배추)
- 녹두: 불려서 껍질 제거 100

■ 실제예

불린 녹두 1.2kg, 돼지고기 120g, 쇠고기 120g, 김치와 양배추 240g, 숙주나물 120g, 양파 120g, 표고 60g, 실파 60g, 삶은 고사리 60g, 계란 2개, 홍고추 30g, 마늘 60g, 소금 30g, 참기름 30g, 후추 10g

이렇게 만드세요

① 녹두를 타갠 것(거칠게 한 번 간 것)을 물에 3~4시간 충분히 불려서, 빨래를 하듯 비벼 물을 넣으면 껍질이 위로 뜬다. 이 뜬 껍질을 가만히 따라내는 것을 반복하여 껍질을 제거하고, 돌이 있을 수도 있으니 조리로 일어 돌을 제거한다.
② 맷돌기계에 약간 거칠게 갈거나, 분마기에 약간의 물을 넣고 갈아낸다. 약간의 쌀(녹두의 약 6~8%)을 넣고 갈아주어 사용해도 좋다.
③ 돼지고기는 끓는 물에 절반 정도를 익혀 식힌 다음, 거칠게 갈아내거나 잘게 다진 후 기본간(소금, 후추, 마늘, 조미료)을 하여 1~2회 사용할 만큼 비닐 봉지에 얇게 펴 냉동시킨 후 필요시 꺼내어 사용한다.
④ 배추김치는 물에 헹구어 잘게 다진다. 김치는 줄기 부위가 좋다. 배추김치 대신에 양배추를 사용할 경우 굵게 채쳐서 소금에 슴슴히 절인 후 물기를 제거하여 사용하거나, 다른 방법으로는 굵게 채친 양배추를 뜨거운 물에 소금을 약간 넣어 데쳐 찬물에 헹굼하여 물기를 짜낸 후 기본 양념을 한 다음 다른 부재료와 혼합한다. 주방장은 양배추를 데치는 방법을 권장한다.
⑤ 숙주나물은 데쳐서 서너번 중간중간 썰어준다.
⑥ 표고버섯, 양파는 채쳐서 소금에 절여 데쳐낸 후 소쿠리에 밭쳐 물기를 제거하고 실파는 3㎝ 길이로 썬다.
⑦ 돼지고기와 쇠고기는 곱게 갈아서 기본양념(후추, 마늘, 소금, 미원, 쇠고기다시다, 참기름)으로 간을 한 다음 볶아준다.
⑧ 모든 속 재료를 합하여 양념한 후 보관하였다가 사용하기 전 갈아 놓은 녹두와 혼합한다.

봉주방장 경험 : 전재료를 오래두고 사용할 때

① 녹두 속재료와 갈은 녹두를 많이 혼합치 말고, 속재료를 양념해 놓고 보관하여 필요할 때(지짐하기 직전에) 혼합한다. 녹두 또한 갈아놓은 후 오래두고 녹두전분과 물이 분리가 되어 이 상태에서 반죽을 하여 부침하면 부스러지거나 전이 자연스럽지 못하다.

② 갈은 녹두에 김치가 들어갔을 경우 발효가 되므로 갈은 녹두와 속재료는 사용하기 직전에 혼합하여 하루를 넘기지 않아야 한다.

봉주방장 해법 : 맛있는 녹두전은 녹두가 좋아야 한다.

① 맛있는 녹두전은 녹두를 잘 선택해야 가능하다. 흔히 수입산, 국내산을 따지게 되는데 수입산(중국산)이라도 햇녹두는 녹두의 구수한 향이 뛰어나 좋다. 국내산이라도 오래된 것은 구수한 맛이 덜하다.

② 수입곡물이 좋지 않다는 것은 유통되는 기간이 길어 묵은 곡물이기 때문이고 오랫동안 보존하기 위하여 인체에 유해한 보존약품을 함유하기 때문이다.

2) 옥수수전

■ 재료 및 비율

재료	비율
조미료	0.1
고추분	0.2
참기름	0.5
깨	1
소금	3(간을 보아서)
간마늘	6
파	10 (송송 썬 파)
계란	10
쇠고기	10
양배추	50
물	60
중력밀가루	60
옥수수 (풋옥수수알)	100

■ 실제예

옥수수알 800g, 물 250g, 양배추 400g, 쇠고기 80g, 파 80g, 마늘 45g, 소금 25g, 통깨 8g, 참기름 4g, 고춧가루 2g, 조미료 1g, 계란 2개, 밀가루 500g

이렇게 만드세요

① 풋옥수수는 한알한알 따내는 것이 매우 어렵다.
② 칼을 이용해 옥수수 낟알을 깍아내어 분쇄기에 거칠게 갈아낸다.
③ 양배추는 굵게 채를 치고 소금에 슴슴히 절여 물기를 제거한다. 쇠고기는 곱게 다져서 소금, 후추로 기본간을 한다.
④ 모든 재료를 고루 양념하고 옥수수 간 것을 혼합한다.
⑤ 달궈진 번철에 기름을 두르고 지짐한다.

※ 숟가락 크기의 한입 크기 전을 만들 경우 전 한개씩 모양을 잡는 것이 쉽지가 않다. 그럴 때는 반죽이 되어있는 작은 통 모서리를 이용해 동그란 모양을 만들어 준다.

봉주방장 해법

① 통조림 옥수수알을 섞어주면 옥수수 알의 탱글탱글 터지는 맛이 좋다.
② 완두콩(푸른콩)을 거칠게 다져서 넣으면 노란 옥수수알과 푸른콩의 어우러짐이 훌륭하다.

3) 감자전

감자지짐에는 다음의 두 가지 방법이 있다.

① 생감자를 껍질벗겨 강판에 갈아서 지짐하는 방법 : 토속적인 지짐법이지만 색이 검게 변하는 것이 문제이다.

② 감자를 쪄서 여러 가지 부재료를 넣고, 반죽하여 지짐하는 방법 : 색은 변하지 않지만 밀가루 등의 부재료를 넣어야 한다.

❶ 생감자로 지짐하는 방법

■ 재료 및 비율

재료	비율
후추	0.5
소금	1(간을 보아서)
참기름	2
간마늘	3
홍고추	3
부추	20 (또는 파)
생감자	100

※약간의 튀김가루나 녹두 간 것을 혼합해 주면 더욱 맛있다.

이렇게 만드세요

① 감자는 눈 부위를 도려내면서 껍질을 벗긴 다음 강판에 갈아낸다. 분쇄기나 믹서기에 갈아서 지짐하면 지짐이 잘 안 된다. 강판에 가는 것이 좋다.

② 부추는 3~4cm 자르고 홍고추는 고명으로 한다.

③ 갈아놓은 감자의 불그스름한 윗물을 따라내고 썰어놓은 재료와 양념을 고루 섞는다.

④ 번철에 기름을 두르고 지져낸다.

❷ 삶은 감자 또는 찐감자 지짐

■ 재료 및 비율

재료	비율
후추	1
참기름	2
간마늘	3
소금	3(간을 보아서)
밀가루	5
대파	10 (송송 썬 것)
계란	20
게살	20
생선	30 (흰살생선 : 대구포, 동태 등)
감자	100

이렇게 만드세요

① 껍질을 제거한 감자와 흰살 생선포를 찜통에 쪄내고 뜨거울 때 곱게 갈아내거나 고르게 으깬다.

② 게살, 계란 등 위의 모든 재료를 넣고 반죽을 한다.

③ 뜨거운 번철에 지짐한다

※게살 또는 새우살을 자연스럽게 다져 넣으면 형체를 알아보기 힘들게 갈아내어 넣는 것보다 별스런 맛을 낼 수 있다.

2. 육(肉)·어(魚)·채(菜)류전

전 종류는 다양하게 많이 있으나 전을 부치는 방법에 따른 세 가지 분류와 전의 종류별 분류에 따른 세 가지로 나눠볼 수 있다.

1) 재료의 원 상태 그대로 알맞은 크기로 저며 썰어 지짐하는 법

이 방법의 전은 주재료 자체의 맛을 최대한 살린 것이 특징이다.

■ 공통적인 양념 비율

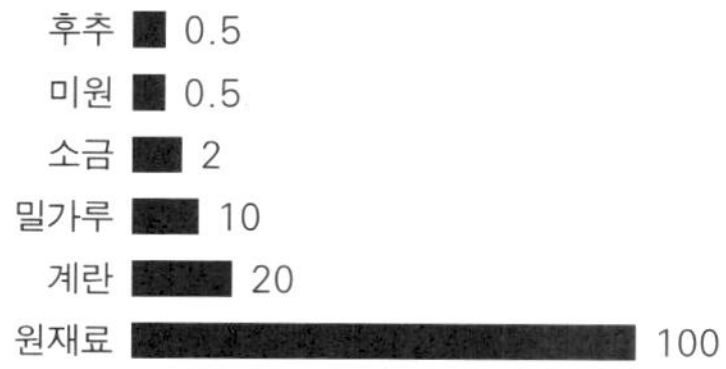

※소의 내장류 : 천엽전, 두골전, 등골전, 간전, 기타 육전
※해물전류 : 생굴전, 홍합전, 기타 해물전
※야채류전 : 애호박전, 당근전, 연근전
※특수야채전 : 인삼, 더덕

① 재료의 가운데에 홈을 파거나 오이선과 같이 비켜 썰어 쇠고기 또는 패류, 새우류 등을 다져 넣고 지짐할 수도 있다.
② 밀가루 대신 송화가루, 땅콩가루, 들깨가루 등을 묻혀 독특한 맛을 낼 수 있다. 그 외에 약간의 치즈 등을 이용할 수도 있다.
③ 연근전의 홈에는 고기 또는 새우 다진 것을 채워 넣을 수 있으나 주방장의 경험으로는 아보카도를 속에 채워 밀가루와 계란을 입혀 지짐하는데, 그 맛은 상상을 뛰어 넘는다. 이렇듯 자신만의 연구를 실험해 보려는 노력의 결과를 간직하여 축적시켜 나가는 것이 전문가인 것이다.

이렇게 만드세요

재료는 깨끗이 손질하는 것을 전제로 한다. 손질하여 알맞은 크기로 썰어 기본간 소금, 후추, 조미료를 한 후에 밀가루를 묻히고 계란물에 담궈 지짐한다. 때로는 계란물이 아닌 쌀가루, 밀가루 반죽에 담궈 지짐하기도 한다.

육류

끓는 물에 약간의 소금을 넣고(경우에 따라 된장과 정종을 약간 넣는다) 쇠우둔살 및 통삼겹살을 삶아서 식힌 후 얇게 편을 떠서 소금, 후추를 고루 뿌린 후 사용한다. 내장류인 간이나 허파는 소금, 후추와 마늘즙을 바르기도 하고 스프레이(분무기)에 정종을 넣어 뿌려주면 좋다. 밀가루, 계란옷 대신 메밀가루, 참깨, 땅콩가루를 이용하면 좋다.

어패류

① 흰살생선 : 손질된 흰살생선은 안쪽의 거친 부분을 매끄럽게 손질한 다음 알맞은 크기로 저며 썬다.
② 패류 : 손질하여 그대로 밀가루, 계란을 묻혀 전을 한다.
③ 새우류 : 껍질을 제거하고 배 쪽에 칼집을 넣어주고 소금, 후추를 뿌려준다.

채소류

당근, 애호박을 둥글게 또는 알맞은 크기로 잘라 끓는 물에 약간의 소금을 넣고 살짝 데쳐 내고 사용하고, 인삼, 더덕 등은 얇게 저며썰기하여 반죽(찹쌀가루+우유)에 담궈 부침한다.

(1) 원재료 그대로서의 육류전

❶ 천엽전

이렇게 만드세요

- 소위에는 3개의 소화기간, 즉 위가 있다. 소가 먹이를 먹으면 털이 많이 있는 털양, 즉 제1위에 머무르며, 소가 다시 되새김질하여 넘겨지는 것이 벌집같이 생긴 제2위이며 다시 천엽으로 옮겨져 소화가 완료되는 것이다.
- 천엽은 천 개의 잎(千葉)모양같이 너풀거리는 것이 많다 하여 붙여진 명칭이며, 소의 제3위이다. 천엽을 뜨거운 물에 살짝 데쳐서 검은 표피를 제거하거나 아니면 깨끗이 씻고 천엽을 떼어내어 칼집을 넣은 후 양념을 하고 전을 부침한다.

봉주방장 해법

천엽전을 이렇게 하면 안됩니다 : 천엽을 손질하기가 여간 번거로워서 기계를 이용하여 갈은 다음 계란, 밀가루로 반죽을 하여 얇게 부침하여 신선로 등에 넣어주는데 절대로 삼가야 한다. 신선로 국물이 끓게 되면 풀어지기 때문이다.

❷ 두골전

이렇게 만드세요

소의 두골을 씻어서 겉껍질을 살살 벗기고 사이에 낀 핏줄을 빼낸 다음 저며 썰어서 공통재료비율에 따라 지짐한다.

❸ 등골전

이렇게 만드세요

등골은 소의 등뼈 중심에 있는 얇은 막에 싸여있는 부드러운 하얀 등골로서 사용할 때에는 표면의 점막을 벗기고 또는 그대로 알맞은 길이(약간 7cm)로 잘라 중간중간 칼집을 넣어 소금, 후추를 뿌려서 공통자료비율에 따라 지짐한다.

봉주방장 해법

등골은 한 마리의 소에 극히 제한된 양이므로 일반적으로 구매하기는 힘들고 특별히 정육업자에게 부탁해야 하는데 전보다는 회로 즐겨먹을 수 있다(참기름, 소금, 후추).

❹ 간전

■ 재료 및 비율

재료	비율
미원	약간
후추	약간
소금	1
메밀가루	10
참깨	30
쇠간	100

이렇게 만드세요

① 간을 손질해야 하는데 간의 겉 표면에는 질긴 막이 있다. 안쪽에는 구멍이 여러 갈래로 퍼져 있는데, 표피(질긴막)와 함께 제거한 후에 알맞은 크기의 길이로 잘라 놓고 냉수에 담궈 핏물을 뺀다.
② 여러번 물을 갈아주고 핏물이 빠지면 건져내어 마른 수건으로 닦아주고 다시 비닐로 돌돌 말아서 냉동시킨다.
③ 필요시 꺼내어 중간냉동상태에서 알맞은 크기로 썰어 쟁반에 가지런히 놓고 소금, 후추를 뿌려준다.
④ 볶은 참깨는 가볍게 빻아 메밀가루와 혼합한다.
⑤ 준비된 간을 ④에 넣고 두 손으로 꾹꾹 눌러주고 기름이 충분히 둘러진 번철에 지짐한다.

봉주방장 해법

① 간의 핏물이 빠지지 않으면 전의 색깔이 좋지 않다.
② 지짐 해놓은 간전이 식어서 데워야 하거나 간전을 부침하여 시간이 오래되어 간의 철분성분으로 인하여 녹색으로 변하는데 이럴 때에는 밀가루와 계란물에 살짝 담궈 지짐하면 좋다.
③ 간의 핏물을 뺄때는 우유에 담그면 단백질이 간의 냄새를 흡착하고 우유 단백질과 간의 단백질이 만나 영양의 상승효과를 낸다.
※ 간 튀김하는 법 : 술, 참기름, 소금, 후추가루 등을 넣고 양념한 뒤 녹말가루를 입혀 바싹 튀겨낸다.

(2) 원재료 그대로서의 해물전

❶ 생굴전

이렇게 만드세요

생굴은 깨끗이 손질하여 심심히 소금을 뿌려 놓는다. 손님께 드리기 직전에 밀가루에 굴려서 준비된 계란물을 씌워 지짐한다.

봉주방장 해법 : 김치에 말아서 밀가루를 입혀서 지짐하면 더욱 좋다.

❷ 홍합전

이렇게 만드세요

① 홍합은 안쪽의 털을 가위로 잘라내고 깨끗이 소금물에 씻어 살짝 데쳐 놓고 기본간을 하고, 밀가루를 묻힌다.
② 쇠고기, 두부, 파, 마늘, 참기름, 조미료로 간을 한 완자전 고기를 동글게 빚어 준비된 홍합 가운데 박는다.
③ 준비된 계란물에 씌워 지짐한다.

❸ 새우전

이렇게 만드세요

새우전을 손질하여 등쪽으로 칼집을 넣어 편 후에 소금, 후추 등 기본양념을 하고 부침하는 방법과 가운데에 쇠고기 민찌를 두부 조금 넣고 반복을 하여 넣어주기도 하고 잔새우살(시바새우살)을 다져서 양념하여 가운데에 넣고 지짐하는 방법이 있다.

(3) 원재료 그대로서의 야채전

❶ 인삼전

이렇게 만드세요

계란옷을 입히고 지짐하는 경우도 있지만 밀가루와 우유로 반죽하여 지짐하는 방법도 있다.

봉주방장 해법 : 다른 방법의 부침으로서 밀가루가 아닌 찹쌀가루로 반죽하면 별미이다.

❷ 더덕전

이렇게 만드세요

더덕전은 찹쌀가루와 계란 흰자를 묽게 하여 지짐한다.

봉주방장 해법 : 그 반죽을 되직하게 하여 튀김하면 섭산삼이다.

❸ 애호박전

이렇게 만드세요

① 둥글게 썰어 밀가루 계란옷을 입혀 전을 지짐하는 방법
② 소금, 후추를 뿌려 물기를 제거하고 밀가루, 계란옷을 입혀 지짐하는 방법
③ 살짝 데쳐내어 전부침하는 법
④ 가운데에 구멍을 내어 소를 넣고 전부침하는 법이 있다.

봉주방장 해법 : 바쁘고 빨리 전을 부침해야 할 때에는 설겅하게 데쳐서 식힌 후에 방법대로 부침한다.

❹ 파전

파전은 중요도가 높고 해외에서 또는 외국인이 좋아하는 전이므로 상세히 기술한다.

밀가루와 실파 또는 쪽파가 주재료인 곡류전으로 밀지짐이다. 파전은 평범하면서도 대중적인 지짐이지만 해산물과 쇠고기 등의 재료를 실파에 얹어 즉석에서 밀가루집에 지짐한 것은 참으로 먹음직스럽다. 사실 해외에서도 외국인에게 한국음식의 인기요리 중 하나가 해물파전일 정도로 인기가 있다.

▶ 파전 밀가루집 만드는 재료

■ 밀가루집 만드는 재료

- 후추 약간
- 조미료 약간
- 참기름 2
- 소금 2(간을 보아서)
- 간마늘 2
- 계란 3 계란 흰자
- 찹쌀가루 15
- 밀가루 중력밀가루(밀맥스) 65
- 물 해산물 혹은 국물 혼합 100

■ 파전재료비율

- 소라살 3
- 조갯살 3
- 계란 5 풀은 것
- 새우살 5
- 홍고추 5
- 풋고추 5
- 오징어 10
- 실파 또는 쪽파 100

※각 재료(부재료)는 소금, 마늘, 참기름, 후추, 다시다, 미원을 약간씩 적당량을 넣어 양념 후 얹어 준다.

이렇게 만드세요

① 밀가루에 양념을 하여 물을 혼합하고 반죽을 해놓는다.
② 쪽파 또는 실파는 다듬어 정갈히 정리하여 놓는다.
③ 속재료는 손질하여 기본 양념해 놓고 계란은 별도로 풀어 놓는다.
④ 둥근 팬에 식용유를 충분히 두르고, 연기가 날 정도로 뜨거워졌을 때 부침한다.
⑤ 실파, 둥근파를 한줌 움켜쥐고 뿌리부위를 주먹쥔 손으로 서너번 때려주고 움켜진 파 반의 머리부분을 돌려 반으로 갈라서, 파의 머리부분이 서로 반대가 되도록 한 후, 밀가루 반죽에 담궈 밀가루 반죽물이 흐르지 않도록 팬 가까이로 들고와 파를 고루 펴준다.
⑥ 파 위에 해물을 고루 펴준다.
⑦ 반죽물을 해물 위에 손으로 끼얹어 주고 손바닥으로 착착 가볍게 두들겨 준다.
⑧ 준비한 채썬 홍고추 서너개를 얹어주고, 풀어놓은 계란을 가볍게 얹어준 다음 손으로 가볍게 두드려 준 후 뒤집기를 한다(숙련이 되면 요리사는 뒤집개를 이용하지 않고도 뒤집어야 한다).
⑨ 요리 중간중간에 기름을 가장자리에 흘려 후라이팬을 앞 뒤로 흔들어 기름이 고루 밑바닥에 닿게 한다.
⑩ 다 익으면 다시 뒤집어서 뜨거운 파전 담는 쇠판 또는 돌판에 기름을 바르고 바르게 놓는다. 서브직원은 손님 앞에서 서너번 먹기 좋은 크기로 잘라준다.

봉주방장 경험 : 밀가루 반죽을 맛있게 하려면

- 밀가루 반죽은 보통 물로 하나 다음의 방법을 이용하면 더욱 맛이 좋다.
- 해물을 약간 볶아주면 맛있는 국물이 나오는데, 이 국물을 식혀 밀가루 반죽에 넣으면 맛이 좋고 볶으면서 해물의 수분이 많이 침출되었기 때문에 부칠 때 해물이 잘 떨어지지 않는다.
- 밀가루대신에 찹쌀가루, 녹두같은 것을 혼합해 주면 더욱 맛있다.

봉주방장 해법 : 해물의 종류와 준비

- 오징어 : 손질하여 얼린 다음(sub freezing 상태) 썰기 또는 기계를 이용하여 거칠게 갈아내기
- 조갯살 : 손질하여 얼린 다음 썰기 또는 기계 이용하여 거칠게 갈아내기
- 소라 : 채썰어 얼린 다음 다시 썰기 또는 기계 이용하여 거칠게 갈아내기
- 잔새우살 : 손질하여 놓은 후, 기계를 이용하여 거칠게 갈아내기
- 굴 : 간간한 소금물에 씻어 얼리지 말고 건져 놓고 바로 사용한다.

※위의 재료를 각각 잘게 다져 비닐 봉투에 얇게 펴 넣고 얼린 다음 바로바로 꺼내어 사용한다(단, 굴은 제외).

봉주방장 경험
해외에서는 실파 또는 쪽파가 없는 경우가 있다. 물론 사정에 의하여 국내에서도 그럴 수 있겠다. 그럴 때는 대파를 칼을 이용 쭉쭉 칼로 갈라서 사용하면 된다. 또는 중국부추(굵은 부추)를 혼합하여 사용하면 금상첨화이다.

2) 다져서 또는 곱게 만드는 전

■ 공통재료비율

조미료 ▌ 약간
후추 ▌ 약간
소금 ▌ 2
참기름 ▌ 5
표고버섯 ▌ 5
당근 ▌ 5
다진양파 ▌ 10
다진파 ▌ 10
계란 ▌ 20
두부 ▌ 20 (육류전에만 해당)
육류또는어패류 ▌ 100

봉주방장 해법 : 야채는 칼로 다져서 넣어야
야채를 기계에 갈아내어 분쇄한 것을 넣어주면 절대로 안 된다. 반드시 칼을 이용하여 정갈하게 다져 넣어야 한다. 양파, 대파, 고추 등의 재료를 갈아서 넣으면 전이 익지도 않을뿐더러 검게 타기 때문이다.

이렇게 만드세요

육류전

① 기름기 적은 부위인 쇠고기, 돼지고기를 갈아서 전은 부침하거나 양동구리전과 같이 깐양을 그대로 전부칠때에는 어렵기 때문에 갈아서 전을 한다.
② 편육 등은 사용하고 남은 것을 생고기와 함께 갈아서 사용해도 좋다.
③ 부재료는 더 추가하거나 다른 재료를 혼합해 줘도 좋고, 고추장, 된장을 혼합해 줘도 좋다.
④ 모든 재료를 잘 혼합하여 번철에 지짐하다.

어 · 패류전

① 전으로 사용하는 어 · 패류 종류는
- 흰살생선(동태, 대구, 광어··· 등)
- 조개류(바지락, 모시조개, 소라, 전복 등)
- 갑각류(새우, 기타)
- 연체류(오징어류, 문어)
- 붉은살 생선은 전으로 이용치 않는다(단, 연어 제외).

② 위 재료를 손질하여 곱게 다지거나 기계를 사용하여 갈아내야 하는데 생물로서는 미끈거려 다지거나 갈아내기가 어렵다. 중간 냉동(sub freezing)하여 다지거나 갈아낸다.

채소류전

채소류를 다져서 사용하는 것은 부재료로만 사용되는 것이 일반적인 예이다. 그러나 김치를 다져서 굴 등과 함께 부침하는 김치굴전, 늙은 호박, 또는 단호박을 삶아 곱게 갈아서 전을 부침하는 방법이 있다. 또한 애호박채전과 같이 썰어서 부침할 수도 있다.

(1) 어패류전의 실제 예

❶ 오징어전

■ 재료 및 비율

소금 ▌ 약간씩
후추 ▌ 약간씩
참기름 ▌ 약간씩
혼다시 ▌ 약간씩

이렇게 만드세요

① 오징어를 동태살과 함께 갈아준다.
② 양파는 다진다.
③ 양념을 한다. 해물류이기 때문에 혼다시를 사용했고 참기름, 후추, 소금으로 간을 한다.

재료	비율
전분	5
밀가루	5
게살	5
계란흰자	10
다진양파	10
동태살	25
오징어살	10

봉주방장 해법 : 흰오징어전은 흰색의 재료이기 때문에 계란흰자와 전분으로 반죽농도를 조절하는 것이다. 게살은 중국요리에 많이 사용하는 것으로 스프요리에 이용된다.

❷ 게살전

■ 재료 및 비율

재료	비율
혼다시	1
참기름	3
소금	3
밀가루	5
대파	10
다진양파	10
계란	20
게살	20
동태살	40
감자	100

이렇게 만드세요

① 감자, 동태살 또는 흰살생선류를 찜통에 찐다.
② 뜨거웠을 때 찐감자, 동태살에 계란을 넣고 기계로 갈아내거나 주걱으로 치댄다.
③ 게살은 중식당에서 스프로 많이 사용하는 게살을 구매하여 이용한다. 구입한 것이 냉동된 것이라면 찜통에 쪄내어 국물과 함께 넣고 반죽을 한다. 게살이 자연스럽게 보이도록 한다.
④ 밀가루, 참기름 등의 양념을 한다.
⑤ 반죽의 상태는 되직한 상태이며 무척 부드럽고 구수하다.

(2) 채소류전의 실제 예

❶ 김치굴전

■ 재료 및 비율

재료	비율
혼다시	0.5
홍고추	0.75
마늘	1
부침가루	5
계란	8
양파	8
밀가루	12.5
쪽파	20
굴	20
김치	100

이렇게 만드세요

① 김치는 속을 털어내고 송송썬 후 손으로 국물을 짠다.
② 쪽파, 홍고추는 송송썰기 한다.
③ 양파는 김치보다 작게 송송썰기한다.
④ 굵은 소금으로 씻고 이물질을 제거한다.
⑤ ①~③의 재료와 굴을 뺀 나머지 재료를 섞고 물로 농도를 맞춘다(뚝뚝 떨어질 수 있도록).

※김치잎에 굴을 싸서 반죽물에 담갔다가 지짐할 수도 있다.

❷ 애호박전

■ 재료 및 비율

재료	비율
소금	약간
후추	약간
쇠고기다시다	2
밀가루	10
계란	30
애호박	100

※곱게 채썬 호박은 따로 절이지 않고 그냥 사용한다.

이렇게 만드세요

① 애호박을 5cm 길이로 썰어 돌려깍기하여 파란 부분만 곱게 채를 치거나 채칼을 이용하여 돌려가며 채를 치면 더 좋다.
② 채썬 호박은 아무런 조미를 하지 않는다.
③ 밀가루계란을 혼합하고 조미하여 놓는다.
④ 손님이 오시면 심심하게 채썰어 놓은 호박②를 ③과 혼합하여 직경 6~7cm로 지짐한다.

봉주방장 해법 : 실제 예 : 여러 가지 다른 방법의 애호박전

- 애호박을 둥글게 썰어서 그대로 지짐할 수도 있고, 살짝 데쳐낸 후 옷을 입히고 지짐할 수도 있다.
- 둥글게 썰은 애호박을 가운데에 구멍을 내어 속을 채우는 방법
- 애호박을 채썰어 밀가루 반죽에 섞어 전병을 부치는 방법
- 채썰은 애호박을 즉석에서 계란, 밀가루를 약간 엉겨지도록 개어 부침할 수도 있다. 또한 늙은 호박도 그렇게 할 수 있다.
- 다진 새우살과 다진 부추를 섞어 양념한 후 호박전 가운데를 파서 재료를 넣어 준다.
- 계란을 입혀서 지짐한다.

❸ 늙은 호박전

■ 재료 및 비율

재료	비율
조미료	약간씩
소금	약간씩
후추	약간씩
간마늘	1
다진파	5
새우살	10
계란	10
밀가루	10
늙은호박	100

이렇게 만드세요

제1방법

① 껍질과 속을 제거하여 순수한 호박살을 찌거나 삶아 건져서 으깬다.
② 새우는 다져 양념을 하여 넣는다(새우 대신에 쇠고기를 사용해도 된다).
③ 양념을 하여 전을 부친다.

제2방법

① 늙은 호박을 손질하여 채칼을 이용하여 곱게 채를 친다.
② 약간 절여서 숨이 죽으면 반죽한 것을 동그랗게 한 수저씩 부침한다.

❹ 홍콩딤섬

이렇게 만드세요

① 토란을 삶아 으깬 후 거칠게 다진 돼지고기와 찹쌀가루를 함께 반죽해 쪄서 4조각으로 썰어준다.
② 이것을 다시 후라이팬에 지져낸다.

3. 꼬치전

꼬치전의 분류를 이승우 선생님은 꿰어서 굽는 것을 산적이라 하고, 꿰어서 밀가루와 계란옷을 입혀 부치는 것을 느름산적/누름적(산적지짐)이라고 하시는데, 황혜성 저 「한국의 전통음식」에서는 꿰는 재료를 익혀서 꿰면 화양적이고, 익히지 않은 재료를 꿰어 부치는 것은 느름적이라고 분류를 한다.

아무튼 꼬치에 꿰어 지짐하는 것은 가장 한국적이고 깊이가 있는 전이다. 음식도 유행을 쫓아 이것저것 재료를 선택하여 지짐한다고 하여 퓨전요리이다, 한국요리의 세계화다 하여 함부로 합리화시키지 말고 재료를 색스럽게 궁합을 고려하여 꿰어 전을 부침한다면 손님께 큰 감동을 줄 수 있으며 가장 전통적인 방법이 세계화로 가는 길이라는 것을 알아야 한다. 꼬치지짐전은 여러 가지 재료를 선택할 수 있으나 주재료는 쇠고기, 어패류이며, 때로는 김치, 야채일 경우도 있다.

■ 꼬치전에 사용되는 재료

- 김치류
  - 흰색 : 배추김치의 줄기부위, 동치미 김치무, 석박자무, 단무지
  - 파란색 : 쪽파김치의 줄기부위
- 파 : 움파, 쪽파, 중파
- 버섯류 : 새송이버섯, 느타리버섯, 표고버섯
- 야채류 : 브로커리, 두릅
- 어패류 : 북어포, 북어코다리살, 홍합살, 맛조개살, 대구살, 광어살, 은대구살, 피조개(큰 것), 오징어, 새우
- 육류 : 쇠고기(채끝, 등심, 꾸리, 대접살) 등의 부위로 비교적 부드러운 부위가 좋다.

■ 꼬치전의 유의해야 할 점

- 사용하지 말아야 할 재료 : 당근, 오이 등의 재료는 화양적, 누름적에 사용하지만 사용하지 않는 것이 좋다.
- 필히 사용해야 할 재료 : 파, 버섯류
- 어느 꼬치전이나 좋은(어울리는) 재료 : 배추김치의 줄기 부위

이렇게 만드세요

- 김치 : 김치류는 충분히 숙성된 것으로 하고 잎사귀 부위보다는 줄기 부위를 가지런히 잘라 놓는다. 주위할 점은 물에 한 번 헹굼하여 준다.
- 파 : 파의 줄기부위는 1개씩 꿰지만 잎부위는 2개씩 꿰야하고 굵기에 따라 가감하고 굵은 중파 또는 대파일 경우 길이로 절반을 쪼개어 뀔 수도 있다. 숨이 쉽게 절여지기 때문이다.
- 버섯류 : 재단할 크기보다는 약간 길게하여 데친 후에 기본간(소금, 후추, 간마늘, 참기름)을 하여 꿴다.
- 야채류 : 손질하여 알맞게 잘라서 기본간(소금, 후추, 간마늘, 참기름)하여 꿴다. 도라지는 약간 두들겨 준다.
- 어패류
  - 북어는 촉촉히하여 손질하고 기본간(소금, 후추, 간마늘, 참기름, 약간의 설탕)을 하여 조물조물 주물러 양념하여 알맞게 재단하여 꿴다.
  - 북어 꼬다리는 손질하여 알맞게 자르고 기본간은 북어와 같이 하여 꿴다.
  - 조갯살은 초밥용 피조갯살이 가장 좋으며 일반 조갯살은 수축되는 정도와 수분이 많아 좋지 않다. 재단을 알맞게 하여 꿴다.
  - 오징어살 : 살짝 데쳐낸 후에 칼집을 넣어 재단한다.
  - 광어, 대구살 : 껍질을 벗겨낸 후 반드시 결대로 썰기한다.
- 육류는 주로 쇠고기를 사용하여 덩어리 고기를 도톰하게 썰어 육수에 데쳐내어 양념하여 꿰는 방법과 생고기를 수축될 것을 감안하여 길게 썰어 핏물을 마른 수건으로 싸서 압착한 후 기본간(다진파, 다진마늘, 소금, 후추, 약간의 설탕, 미원)을 하여 꿴다.

4. 전병(煎餠)류

전병이란 엄격한 의미로는 기름에 지진떡을 일컫는데, 기름에 지졌기 때문에 전(煎)류에 분류하기도 하고 병(餠)으로 해석하여 떡으로 분류하기도 하는데, 저자의 소신으로 전(지짐)류로 분류한다. 그러나 전병의 종류로 보면 단맛나는 고물을 넣은 전병은 후식의 개념으로 보아야 하는데 전통적 분류에서는 함께 묶어 놓았으니 덜 달게하면 전(煎)으로 해석할 수도 있다는 의미로 볼 때에 전(煎)으로 분류한다.

1) 곡류전병

❶ 밀쌈(깨소금 소를 넣은…)

■ 재료 및 비율

- 미나리 조금
- 소금 5(간을 보아서)
- 계피가루 5
- 설탕 10
- 깨소금 33
- 중력분 100
- 물 100

※전채요리에서 구절판의 밀쌈과 혼동하지 말 것

이렇게 만드세요

① 미나리는 잎사귀 부위로 1~2가닥을 약 5cm 정도로 손질해 놓는다.
② 볶은 깨를 설탕, 계피가루를 넣고 빻는다.
③ 밀가루 반죽을 하는데 소금과 설탕을 약간씩 넣고 개어서 고운 체에 바쳐낸다.
④ 번철에 기름을 약간씩 두르고 밀가루 갠 것 한 숟가락을 떠서 타원형(5×4)으로 부친다. 굳기 전에 재빨리 미나리를 올리고 살며시 눌러 미나리를 고정시킨다.
⑤ 준비된 깨소금을 넣고 말이를 한 후 양쪽끝을 눌러 붙여 완성한다.

❷ 메밀전병

메밀전병은 빙떡이라는 말로도 불려지는데 왜 그러한 이름이 붙여졌는지는 알 수 없으나 빙빙돌려 말았다는 표현을 사용하기도 하는데 돌려 말은 것은 메밀전병뿐만 아니기 때문에 신빙성은 없다. 이러한 조리명의 정리가 시급히 이루어져야 하는 것이 과제이다.

▶ 제1방법

■ 메밀지짐 소양념비율

- 후추 1
- 소금 1
- 참기름 2
- 마늘 2
- 파 10
- 돼지고기 25
- 배추김치 40

■ 메밀지짐반죽

- 메밀가루 (메밀가루 80, 밀가루 20) 100
- 물 100

이렇게 만드세요

① 배추김치는 헹궈 물기를 빼고 다진다.
② 돼지고기는 중간 정도 익도록 끓는 물에 삶아 식혀서 채를 썬다.
③ 위의 ①, ②를 갖은 양념(파, 마늘, 참기름, 소금, 후추)한다.
④ 메밀반죽과 ③을 혼합하여 지진다.

※넓게 지짐하여 작게 자를 수도 있고, 맨 처음부터 작게 부침할 수도 있다.
※메밀가루로만 지짐을 하면 쉽게 끊어지거나 부드러움이 없기 때문에 점성을 높이기 위해 밀가루, 찹쌀가루, 쌀가루 등으로 혼합하여 사용하는 것이 좋다. 맛의 상승을 주기 위하여 녹두간 것을 조금 혼합해줘도 좋다.

▶ 제2방법

■ 재료 및 비율

재료	비율
조미료	0.5
후추	1
소금	1
다진파	1
설탕	1
간마늘	2
식용유	2
간장	2
참기름	3
돼지고기채	10(또는 쇠고기채)
표고	10
무채	40
메밀전병반죽	100

이렇게 만드세요

① 무 4×2×0.2cm로 채썰어 식용유와 간마늘만 넣고 중간불에 볶는다. 뽀얀 국물이 나오면 소금, 조미료, 후추를 넣고 충분히 볶아준다.
② 마른 표고버섯을 물에 담가 불려 기둥을 떼고 곱게 채썰고, 고기도 채썰어 갖은 양념(불고기 양념 : 간장, 설탕, 마늘, 후추, 참기름)을 하고 볶아준다.
③ 볶은 것을 각각 식혀서 고루 버무려서 소를 만든다.
④ 번철에 메밀반죽을 김 2/n장 크기로 밀전병을 부쳐 ③을 넣고 김밥말듯이 말아준다(메밀반죽=메밀 : 물=1 : 1).
⑤ 4~5cm로 어슷썰기하던가 똑바로 썰어 접시에 담아낸다.

❸ 수수, 녹두전병(부꾸미 : 해당되는 주재료로 밀전병을 부치듯이 지짐하여 소를 넣고 반으로 접어 붙여 만든 것)

일반적으로 찰수수로 만든 수수부꾸미가 있으나 녹두를 곱게 갈아서 약간의 찹쌀가루 또는 밀가루를 넣은 후 같은 방법으로 해도 별미이다. 여기서는 수수부꾸미만 실례로 제시한다.

■ 반죽

재료	비율
소금	3
설탕	5
밀가루	10
물	40~45
수수가루	100

■ 부꾸미소(팥또는 동부콩고물)

재료	비율
소금	1
백물엿	6
불린팥 (거피한 것 또는 불린 녹두)	100

※부꾸미를 전으로 사용할 때에는 부꾸미 소를 달지 않게 하며, 후식으로 할 때에는 부꾸미 소를 달게 한다.

이렇게 만드세요

소(고명)

① 불린 녹두나 불린 동부팥은 잘 손질하여 껍질 및 돌을 제거하고 증기에 쪄서 뜨거워졌을 때 물엿 또는 설탕과 약간의 소금을 넣고 빻는다.
② 반죽을 하여 소를 만든다(약간 길죽한 원통형으로 길이 2.5cm 새알심 굵기로).
③ 녹두는 옅은 노란색 소가 되고 동부팥은 흰색의 소가 될 것이다.
④ 비닐봉지에 소량씩 나눠 보관하고, 즉시 사용할 것은 가로 2cm 세로 1cm로 만들어 놓았다가 사용한다.

수수부꾸미

번철에 기름을 알맞게 두르고 한 수저 떠놓고 수저를 떠놓은 부꾸미 반죽 중심에 잠시 눌러주면 둥글게 약 6cm 정도의 원형으로 자연스럽게 만들어진다. 표면에 식용유를 조금 떨어뜨려 주고 반죽이 중간정도 익으면 뒤집어 바로 소를 놓고 반달모양으로 접어 부침한다. 익은 것을 아는 방법은 가장자리가 약 2~3mm 정도 익은 자국이 짙게 생긴다.

봉주방장 해법 : 수수가루 빻을 때 유의할 사항

① 수수가루는 곱게 빻으면 너무 질어서 모양이 예쁘게 나오지 않고 무척 애를 먹인다. 약간 거칠게 빻는다.
② 수수가루는 반드시 가루상태로 빻아야 되는 것은 아니다. 멧돌기계를 이용하여 물을 조금씩 흘리면서 갈아서 비닐팩을 이용하여 냉동보관하였다가 필요한 시기에 꺼내어 사용한다.

봉주방장 해법 : 부꾸미소의 다양화

부꾸미소는 일반적으로 팥고물을 많이 사용하나, 고기채나 나물(숙주) 등을 다지거나 채썰은 김치로 소를 만들어 넣어도 된다.

2) 야채류 전병

❶ 오이 또는 애호박 전병

■ 재료 및 비율

재료	비율
후추	약간
소금	5(간을 보아서)
오이또는애호박	33
물	80
중력분	100

이렇게 만드세요

① 소금, 후추, 참기름으로 기본간을 하고, 밀가루반죽을 만들어 놓고 체에 걸러 놓는다.
② 오이 또는 애호박을 채쳐서 소금에 약간 절여서 꼭 짜낸 후 ①의 반죽에 넣는다.
③ 반죽을 사각모양(비슷한 타원형)으로 얇게 편 후 말이를 한다.

❷ 김치, 돼지고기 전병

■ 재료 및 비율

재료	비율
미원	약간
후추	약간
소금	간을 보아서
후추	5
돼지고기	10
김치	30
물	80
중력분	100

이렇게 만드세요

① 밀가루 반죽은 위의 ①, ②와 같다.
② 김치는 물에 헹굼하여 곱게 채썰어 기본간(다진파, 간마늘, 참기름, 후추, 설탕)을 한 뒤 돼지고기도 채썰어 같은 양념을 한 후, 서로 혼합한다.
③ 호박전병과 같이 말이를 한다.

봉주방장 응용

김치, 돼지고기 대신 풋고추, 쇠고기를 채썰어 같은 방법으로 해도 좋다. 또는 좋은 착상이 있다면 그렇게 해 보세요.

4. 튀 김

밀가루는 글루텐 함량이 적은 박력분을 사용 1일 전에 냉동고에 보관한다.

고운체에 2~3번 걸러내며 미리 준비한 차가운 물 1c에 계란 노른자 1EA 비율로 잘 혼합한다. 계란물 1c에 밀가루 1c의 비율로 밀가루가 풀릴 정도로만 저어 사용한다.

계란물 : 밀가루 =1:1이나 밀가루를 약간 적게 넣으면 더 바삭한 느낌을 가질 수 있다.

튀김 온도는 170℃~180℃가 가장 좋으며 170℃는 튀김 재료가 기름 중간까지 가라 앉았다가 떠오르고 180℃는 가라앉이 않고 기름표면에서 튀겨진다.

"데다시(튀김장)" 비율은 다시물 5.5, 미림1, 진간장1, 화학조미료 약간을 혼합하여 놓고 튀김이 어느 정도 잠길정도로 넉넉한 종지를 사용한다.

무즙을 강판에 갈아 즙을 가볍게 짜낸 후 넣고 붉은고추를 다지거나 동굴게 썰어 고명으로 넣고 쪽파 송송 썰은 것과 참기름 2~3방울 넣어 제공한다.

튀김을 제공할 때는 접시 밑받침에 나무종이 또는 흡유지를 깔고 제공한다.

(1) 오징어, 빙어튀김

이렇게 만드세요

① 밀가루 4kg, 찹쌀가루 1kg, 물 5kg, 계란 5개 소금, 다시다
② 오징어 다리를 긴것과 짧은 것을 쌍으로 하여 마른 밀가루에 담궜다가 튀김한다.

(2) 복튀김 소스

이렇게 만드세요

① 냄비에 다시마를 넣고 가스오부시와 레몬 약간을 썰어 넣고 찬물을 넣고 끓으면 불을 끈다.
② 5분 뒤에 건더기들을 거른다.
③ 식힌 후 사용한다.
④ 다시물1, 에 식초1, 간장1 넣고 섞는다.
(식초는 환만식초 사용) 마지막에 레몬즙 약간을 넣어준다.

(3) 복어, 소고기 튀김

이렇게 만드세요

① 재료에 밑간을 한다.
마늘1, 소금1, 설탕1, 참기름, 후추, 계란, 노른자 1개를 넣고 밑간을 해준다.
② 재료를 튀기기 전 전분조금과 밀가루조금 섞은 것을 묻힌 후 튀긴다.
③ 튀김소스
간장1 : 물4 : 설탕1, 생강 슬라이스, 레몬즙

(4) 오징어 까스

이렇게 만드세요

오징어 꼬리는 다른 곳에 사용한다.
몸통을 껍질을 벗기고 냉동시킨다.
냉동 후 칼집을 앞 뒤로 내어준다.

※ 파절이 칼을 이용하면 더욱 좋다.
김치를 갈아서 칼집 넣은 오징어를 입혀서 지져낸다.

5. 구 이

한국음식의 구이류는 기본양념인 간장, 고추장, 된장, 소금을 이용하여 굽는 방법이 있으며, 그 독특함은 이제 김치류와 더불어 세계인의 입맛에 확실한 자리를 차지하고 있다. 그러나 각 구이류 양념법은 쉽게 접근해 볼 수 있는 기존의 한식요리책의 양념법과는 전혀 다른 양념법이기에 일반인 또는 구이류 양념법을 개발하고자 하는 이들에게 힘들게 느껴진다. 이러한 문제를 잘 알고 있는 저자는 본인이 경험하거나 연구한 양념법과, 또는 선배나 동료 주방장들로부터 부족하거나 경험하지 못한 구이류 양념법의 자료를 얻어 기술한다. 일반 양념법이 아닌 색다른 양념재료가 들어간다 하더라도 실무적으로 유명구이류 전문점의 양념비법이므로 특징에 따라 알맞은 양념법을 선택하여 그대로 실행해보길 바란다.

구이류의 분류

	봉 주 방 장 해 법
• 소금양념구이 ─ 수원식 소갈비양념과 소등심구이 소등심구기 돼지고기구이 어패류구이	• 소금양념구이 : 맛의 가장 원초적이면서도 단순하고 깔끔한 양념은 소금양념이다. 한국요리의 대중적인 구이류는 소금구이에 기초한다. 소금에 양념을 한 것이 유명한 지명의 수원식 갈비양념이다. ※수원식 갈비양념은 간장양념구이도 있다.
• 간장양념구이 ─ 쇠고기구이 돼지고기구이 생선구이 닭고기구이	• 간장양념구이 : 간장양념구이는 간장의 양만큼 설탕을 동량으로 넣은 불고기양념에 기초한다.
• 데린간장양념구이 ─ 닭고기구이 장어 또는 생선구이	• 데린간장양념구이 : 간장을 주양념재료로 하여 설탕, 된장, 고추장, 향재료(파, 마늘) 등의 재료를 넣고 농축하여 구이하는 것으로 즉석구이에 사용한다.
• 고추장, 된장을 넣은 양념구이 ─ 어패류구이 돼지고기구이 장어구이	• 고추장, 된장 양념구이 : 일반적으로 냄새가 진하게 나는 구이류에 고추장 양념을 주로 사용하지만 부재료 양념으로 된장과 향재료가 사용된다. 된장을 주양념재료로 사용하는 것은 생선구이류이다.
• 새우젓고추장양념구이 ─ 돼지고기구이 닭고기구이 기타 육류의 내장구이	• 새우젓, 고추장 양념구이 : 새우젓을 사용하는 양념구이류는 돼지고기이며, 북한지방 양념법이다. 보통 간장, 고추장 양념에 혼합하여 사용하게 된다.

• Fushion Food 양념구이(신요리 용어로 동서양의 양념혼합 또는 요리법을 이야기한다) · 불고기 구이류 (불고기양념+스테이크소스) · 갈비구이(갈비양념+양식요리향신료) · 닭구이(고추장양념+케찹이용) · 어패류구이(마요네즈, 버터 사용)	• 봉주방장의 퓨전요리에 대한 견해 : fushion이란 혼합되었다는 의미인데 동서양의 만남이라는 해석은 억지스러움이 많이 있으며 서양요리에 대한 우월성, 즉 사대주의적 발상에서 생겨난 말이 아닌가 한다. 동양요리의 3대 요리는 한국, 중국, 일본요리인데 이들 나라는 지리적으로 인접해 있으면서도 요리법의 개성이 있기 때문에 동서양의 만남의 요리라는 말은 자연스럽지 못한 것이고 이러한 용어를 유행시킨 장본인은 국내에서 활동하는 서양요리를 전공하는 외국인 요리사이거나 한국요리의 우수성을 모르는 이의 표현이었을 것이다.

고기를 맛있게 굽는 방법에 대한 봉주방장의 고집

(1) 센불에서 가능한 짧은 시간에 굽는다

고기표면이 갈변되면서 단백질 응고로 육즙과 구수한 맛의 손실을 최대로 막을 수 있다.

(2) 자주 뒤집지 말아야 한다

특히 등심구이는 숫불 또는 번철에 올려놓은 후 고기 표면의 밑은 열이 직접 닿아 응고가 되고, 위 표면에는 육즙이 배어 나올 때까지 기다렸다가 한 번 뒤집고 다시 거꾸로 육즙이 나오면, 살짝 뒤집어 고기를 잠깐 더 익히고 바로 드시도록 해야 한다.

(3) 간접열 구이보다는 직화열에 구워야 한다

구이를 굽는 방법은 두 가지로 나눌 수 있다. 숯이나 연탄으로 굽는 직화열 구이(broiled), 팬이나 오븐(salamender)에 굽는 간접열 구이로 구분되는데, 저자는 직화열 구이를 권하고 싶다. 직화열 구이 방법으로 가장 좋은 방법은 숯불구이이다. 가스로 구울 경우에는 양념국물이 떨어져도 지장이 없는 것으로 한다.

숯불구이를 권하는 이유는 숯불에 석쇠를 걸치고 구이를 하면서 고기에서 나온 양념육즙이 숯불에 떨어지면서 연기와 함께 자연적으로 훈제역할을 하여 향을 더하고, 숯불의 복사열은 고기표면과 속을 고루 익혀주기 때문이다. 다시 말하면 복사현상으로 열을 내뿜는 숯불화로는 고기 안팎의 온도를 올려주는 속도가 간접열에 비해 5배 정도 빠르기 때문이다.

숯불구이는 고기의 주 영양소인 단백질과 지방을 응해하여 표면에 막이 형성되고, 이 막은 고기 속의 수분이 밖으로 빠져나가는 것을 막아 고기육즙의 향을 보존시키고 수분을 적절히 조절하여 맛이 고조된다. 그러나 숯불을 관리한다는 것은 현실적으로 매우 어려운 작업공정이기 때문에 가스불 구이를 택해야 하는데 구이를 하는 방법도 여러 가지 유형이 있으므로 장·단점을 고려하여 선택해야 한다.

소고기를 부드럽게 하여 요리(중국식)

이렇게 만드세요

① 소고기를 썰어 두드려서 밑간을 한다.
② 고기의 1/20의 전분을 넣고 소금, 설탕, 후추를 넣고 주무른다.
③ 팽이버섯을 속에 넣고 말이를 해준다.
전분가루를 한쪽에 묻혀 꼭 잡아준다.
④ 튀긴다.
⑤ 소스 : 기름에 파, 마늘, 두반장, 굴소스, 홍고추, 설탕, 조미료를 넣어주고 전분을 넣는다.
마지막에 참기름을 약간 넣어준다.

봉주방장 해법 : 양념구이를 할 때에는…
소주미림에 배즙, 불고기 양념을 조금 넣고 참기름, 파, 마늘을 넣은 소스를 만들어 표면이 마르는 것을 방지하고 향을 좋게 하기 위하여 적셔가면서 굽는다.

제 1 절 육류구이

한국요리 중에 세계적으로 알려진 대표적인 요리는 갈비구이와 불고기로서 업소마다 양념의 비법을 간직하거나 연구하려는 노력이 크다. 이제는 세계 속에 한국음식문화가 확실한 자리를 찾기 위해서는 좋은 비법들을 공유하고 교환하여 이로 말미암아 동양요리 중 중국음식, 일본음식 이상의 세계요리로 진출해야 할 것이다. 저자는 비법을 찾아 15곳 이상의 직장을 옮기며 배우기도 하고 연구하여 스스로 개발하기도 하고, 부족한 것은 동료 또는 선배 주방장을 통하여 어렵게 연구하고 수집한 양념 비법을 소개하며 단위가 일정치 않은 것은 표준화하여 쉽게 풀어쓰려고 노력하였다. 이해를 돕기 위하여 해당 업소명을 소개하면 도움이 되겠지만 소개 할 수 없기 때문에 A, B…로 표기하였다. 각각의 양념법은 현재도 대단히 유명한 식당 또는 호텔의 비법이기 때문에 바로 적용하여 활용해도 손님께 큰 감동을 줄 수 있으리라 확신한다.

1. 육류구이양념의 유명업소별 봉주방장의 중요분석

(1) 업소별 양념의 공통점

- 기본간(소금, 간장)을 넣는 양이 비슷하다.

• 당도(설탕, 물엿…)가 비슷하다.
• 양념(파, 마늘, 깨, 참기름) 넣는 양이 비슷하다.

(2) 업소별 비법의 차이점

• 당도는 같되 재료는 다르게 : 설탕을 대신해서 백설탕, 흑설탕, 중백당, 포도당, 꿀, 초콜렛, 포도당, 물엿 등을 사용한다.
• 초콜렛은 캬라멜 색소대용으로 진한색을 원할 때 쓰이고 음식을 부드럽게 한다.
• 윤기를 내기 위한 노력으로 물엿이나 전분을 사용한다.
  · 물엿 : 당도를 유지하면서 윤기를 내기 위함이다.
  · 전분 : 물엿의 효과인 윤기를 내면서도 당도를 줄여준다.
• 고기를 연화시키기 위한 노력으로 미림이나 효소제를 사용한다.
  · 미림
  · 효소제 : 천연효소제로는 양파, 배, 파인애플 알로애 등을 사용하고, 인공효소약제로는 어린이 소화제, 프로판찜(식용연육소 이름) 등을 사용한다.
• 고기의 신선도가 느껴지도록, 즉 고기 자체의 고유색인 선홍색을 느낄 수 있도록 하는 노력이 있다. 양파, 대파, 마늘, 배 등의 양념재료를 기계에 갈지 않고 칼로 다져서 뿌려주듯이 양념한다.
• 특수향료을 이용하여 고기 특유의 누린냄새를 제거하고 향미상승효과도 기대한다. 미림 또는 술 사용, 한약재 사용(삼지구엽초, 감초, 오향 등), 천연재료(솔잎즙 또는 차, 녹차, 인삼) 등
• 혼합하는 물 대신에 여러 가지 물을 대신해서 사용한다. 미림, 육수(맑은 육수 또는 사골 곰육수)
• 그 외에 색을 내기 위한 노력(캐러멜 등) 등도 빼 놓을 수 없다.

2. 육류구이의 기본이 되는 쇠고기 불고기 · 갈비양념 해법

한국음식의 대표적인 육류구이는 기본적으로 불고기 양념에서 시작된다.

• 갈비 **1kg** 손질하면
- 구이용 50~55%
- 민찌 4~5% (노력하면 6~7%)
- 갈비탕용 10%
- 기름(skin) 3%

1) 불고기 또는 갈비양념을 맛있게 하는 제1단계 과정

김찬종님의 양념 비법입니다.

■ 소 불고기

미향 300g	참기름 350g	통깨 150g
간마늘 1kg	진양념 4바가지	

※진양념
육수 32kg, 고은소금 4.6kg, 설탕 23kg, 물엿 14kg, 미원 2kg, 정종 1/2병 후추 600g

① 고기의 핏물을 제거한 후에 양념한다.

② 초벌양념(미림, 배즙, 마늘즙, 설탕)을 할 것. 이렇게 하면 핏물제거와 연육과정이 동시에 일어난다.

■ 불고기 또는 갈비양념의 1단계 양념비율

설탕 5
배즙 10
간마늘 10
미림 100

■ 위 양념을 사용할 때의 양념

1단계 양념 10
양념할 고기 100

봉주방장 해법 : 양념할 고기에 가볍게 미림, 마늘, 설탕, 배즙을 발라주고 냉장고에 하루정도 보관하면 핏물도 빠지고, 핏물과 향이 배어있는 고기를 양념하면 맛이 있다는 설명이다.

이렇게 만드세요

갈비

① 생갈비 : 손질하여 쟁반에 비닐을 깔아주고 1개씩 가지런히 겹치지 않게 정리해 놓고 표면이 마르지 않게 비닐을 덮은 후 중간 냉동시킨다.
② 양념갈비 : 얇게 뜬 갈비는 손질하여 미림, 배즙, 마늘즙, 설탕을 비율대로 배합한 것을 붓으로 발라서 냉장고에 12시간 이상 보관하여 1단계 양념이 베이게도 하여 핏물이 빠지게 한다. 그 다음에 본양념을 한다. 양념하고, 양념한 후 12시간 후에 사용한다.
③ LA갈비 : 가장자리의 기름 및 막을 제거한 후 밑 해머로 두드려 부드럽게 한 후 위와 같은 방법으로 한다.

불고기

① 너비아니 불고기(산적용 불고기) : 두께가 약 2.5mm 정도 되므로 썰어 논 고기 한 장 한 장을 붓으로 좌의 1단계 양념을 칠하여 주고 냉장고에서 12시간 이상 핏물을 빼주기도 하며 기본 양념이 배게 한다.
② 일반 야채 불고기 : 고기가 얇기 때문에 좌의 1단계 양념을 넣고 버무린 다음 소쿠리를 바쳐 냉장고에 6시간 이상 보관 후 양념한다. 핏물이 충분히 빠지면 양념한다.

봉주방장 해법

- 고기가 무척 질길 때(인공연육소 사용) : '프로판 찜'이라는 상표의 연육소를 후추 통에 넣은 후 고루 약간씩 뿌려준다(※고기를 두들겨 주고 뿌리면 더욱 좋다). 또는 배・키위・파인애플즙을 넉넉히 사용하면 부드러워 진다. 신맛이 강한 과실일수록 효소가 많아 육질의 분해력이 강하다.
- 파, 양파는 칼로 다져서 사용 : 파, 양파는 기계에 갈아서 사용하는 것 보다는 칼로 다지는 것이 구이시 양념이 지나치게 타지를 않는다. 또한 육질의 색인 선홍색이 오래 유지되며 구이용 고기에 푸른 파, 하얀 양파 등이 자연스럽게 고기에 어우러지는 양념은 신선함을 느끼게 한다.
- 굽기직전에 넣을 것 : 구이시 미림에 파, 마늘 다진 것과 배즙이 혼합된 것을 1~2회 적셔가며 굽는다. 이때에 파, 마늘, 양파는 사용직전에 넣어준다. 신선한 느낌을 주기 위함이다.
- 육즙을 발라줄 것 : 구이할 때에 밑으로 떨어지는 육즙은 쟁반 등에 받쳐내어 모은 후 다시 발라준다(특히 뒤집을 때 떨어지는 양념).

봉주방장 해법

- 핏물을 뺄 때에는 1단계 양념(미림+간마늘+배즙+설탕)을 약간씩 넣고 버무린 후 소쿠리에 담고 소쿠리 밑에 쟁반을 깔아주고 냉장고에 보관한다. 이것이 핏물이 많이 생겨서 바닥에 흐르지 않게 하기 위한 것이다. 양념을 절약하기 위해서는 고기에 핏물을 제거하고 미림 등에 재운다.
- 연육처리와 1단계 양념을 하면 고기의 맛은 상승되지만 고기의 선도를 나타내는 선홍색은 퇴색되어 어두워진다. 혹, 외국의 한국식당에서 근무하거나 운영한다면 고기의 선홍색을 기준으로 판단하는 그들에게는 불고기 양념 할 때에 1단계 과정 없이 즉석에서 등심 부위를 썰어 조물조물 본 양념을 한 후에 야채를 넣고 가볍게 혼합하여 바로 내어 드려야 한다.

2) 불고기, 갈비구이 양념에서 파생되는 원리(2단계)

불고기, 갈비구이 양념은 대체로 소금구이양념과 간장양념구이가 있다.

(1) 소금양념구이

소금양념구이는 수원식 갈비양념구이와 같이 소금에 갖은 양념을 혼합하여 고기를 재우는 방법과 생고기류와 같이 소금, 후추로 단순하게 양념하는 방법이 있다.

(2) 간장양념구이

간장의 염도는 일반적으로 16%이다. 간장 양념구이류를 짜지 않고 부담 없이 먹을 수 있는 간장의 염도는 3~3.5%이며 이 기준이 되기 위해서는 물 또는 육수를 넣어 간장 : 물(육수, 미림)=1 : 4~4.5로서 간장의 농도를 희석시킨 후 양념을 하거나 양념할 고기양의 비율에 간장을 적정량을 직접 넣어 양념한다.

❶ 진양념법

- 의미 : 고기양에 비례하여 정확히 간장을 넣고 양념하는 법
- 장점 : 고기의 변질이 적고 육즙이 풍부하여 맛이 담백하다.
- 단점 : 고기양에 따라 간장의 양이 정확히 계산되어야 한다.

▶ 진양념에 들어가는 간장의 양

진양념이란 용어는 본 저자가 명명한 것이다. 특징은 국물이 거의 없고 육즙 보존력이 뛰어나 맛이 좋다. 고기의 양에 따라 들어가는 간장 또는 소금이 정확하게 사용되어져야 한다. 대표적인 음식은 수원갈비양념이다.

▶ 진양념할 때의 간장사용

고기 (kg, g)	간장		고기 (kg, g)	간장	
	T(테이블스푼)	실제주방기물사용으로는		T(테이블스푼)	실제주방기물사용으로는
100g	1T	없음	6kg	41T	국자 큰것 2개 약간 더
1kg	9T	소주잔 2개	7kg	46T	탕그릇 7부
2kg	17T	밥공기의 7부	8kg	50T	중간 냉면 대접 5부
3kg	24T	맥주컵으로 1컵	9kg	53T	계량컵 4컵 못되게
4kg	30T	국그릇으로 9부	10kg	56T	계량컵 4컵
5kg	36T	국그릇으로 가득	11kg	10kg을 넘길 때는 다시 처음부터 위 기준에 적용한다.	

봉주방장 해법

위의 표에 제시하였듯이 양념할 고기가 늘어남에 따라 직접 간장을 넣을 때는 점차 줄어든다. 그러나 10kg이 한계로써 10kg 넘을 때는 별도로 양념하는 것이 좋다. 굳이 함께 양념한다면 kg당 5T를 넣어주면 무난히 양념할 수 있다. 이러한 어림치는 경험과 숙련을 요구하며 정확도를 높이기 위해서는 같은 양을 반복하여 구매하고 익숙한 계량기구를 고정으로 사용함이 좋다.

주 : 기존의 한식책에서 제시하는 100당/T의 비율로 1kg 이상 양념한다면 지나치게 짜서 제공하기가 어렵다.

▶ 진양념법 : 양념할 고기양에 비례하여 정확히 간장을 기준으로 사용하여 양념하는 비율

■ 재료 및 비율

- 미원 약간
- 통깨 3
- 후추 3
- 미림 5
- 참기름 5
- 다진마늘 5
- 다진대파 10
- 다진양파 20
- 물엿 40
- 설탕 40
- 간장 100

이렇게 만드세요

① 고기의 양에 따른 간장의 양을 정한다. 간장이 들어간 만큼 설탕(당도)도 같은 양을 넣는 것이 전례이나 요즘은 약간은 덜 달게 양념하는 것이 특징이다.
② 설탕만을 넣을 수도 있으나 고기의 윤기를 내기 위하여 설탕을 줄이고 물엿을 넣었다.
③ 준비된 재료에 배즙을 갈아넣으면 더욱 좋다

▶ 간장진양념법의 간장대신 소금으로 양념할 때에는 잘 알려진 일종의 수원갈비식 양념법으로, 간장양의 1/6의 소금을 넣어 양념하는 것이며 맛이 예스럽고 담백하다. 간장에 대한 소금량의 정확한 양념비율은 13 : 1이다.

■ 사용법 : 고기양의 약 30% 정도 양념을 넣어 주면 알맞다(예 : 쇠고기 18kg, 양념 6kg).

■ 양념 및 비율

재료	비율
미원	약간
흑후추	5
황설탕	10
물엿	10
다진대파	40
간마늘	40
다진양파	40
참기름	40
미림	100
진간장	100

※미림끓이는 법은 기본양념법에 소개를 하였다.

■ 실제예

간장 1.5ℓ, 미림 1.5ℓ, 다진양파 700g, 간마늘 700g, 다진파 700g, 백물엿 350g, 황설탕 350g, 검은후추 90g, 미원 30g

이렇게 만드세요

① 넓게 썰은 불고기를 적당히 썰어 미림을 고기양의 1/6을 넣고 고루 섞은 후 핏물을 빼준다(미림의 향과 연화작용으로 부드러움을 더하여 준다).
② 마늘을 갈아주고 양파와 대파는 칼로 직접 다진다.
③ 양념을 고기양의 1/7 정도 넣고 고루 섞어준다. 둥글고 얇게 치대거나 4각형으로 성형하여 비닐을 깔고 한 켜 한 켜 보관하여 냉동시킨 후 사용한다.
④ 구울 때에는 양념의 일부를 촉촉이 발라주며 굽는다.
⑤ 손님에게 제공할 때는 참기름을 살짝 발라준다.

❷ 물양념

- 의미 : 진양념의 간장의 양에 물을 4배 정도 부어 양념한 것으로서, 물 대신에 육수, 미림, 청량음료(사이다, 콜라) 등을 넣을 수 있으며 업소마다 나름대로의 비법을 가지고 있는 부분이다.
- 특징 : 고기에 양념을 부어 재우는 방법(marinade)으로 양념 양에 상관없이 간이 일정한 것이 특징이지만, 보통 고기가 잘박하게 잠길 정도의 물 양념을 부어준다.
- 장점 : 고기양에 상관치 말고 물양념에 충분히 잠겨지면 간이 일정하게 잘 맞는다.
- 단점 : 육즙과 양념손실이 많다. 변질이 빨리오며, 고기색이 검게 변하여 신선한 느낌이 없다. 또한 직화구이가 아닌 그릴 또는 팬에 익히게 될 때에 흥건한 양념에 의하여 구워지는 것이 아니라 삶아지거나 쪄져서 익혀지는 상태가 된다.

▶ 물양념법의 원리

■ 재료 및 비율

재료	비율
진양념	20
물 (물, 육수 또는 미림)	100

※진양념에 물을 5배하면 물양념

이렇게 만드세요

① 진양념을 기준으로 물이나 육수 또는 미림을 4배 붓는다. 이 방법은 국물과 함께 고기를 즐길 수 있는 장점이 있다. 반면 고기를 재우는 시간이 필요하다.
② 미림 대신 사이다, 콜라를 사용하거나 혼합하기도 한다. 이때 혼합하는 양은 양념전체의 5% 이내이다. 돼지갈비 양념에 많이 사용한다.

▶ 물양념법의 기본

• 물양념(갈비구이 / 너비아니형 불고기 공통)

※국물을 함께 즐기는 불고기 국물형은 아래 양념비율에 10%의 물 또는 육수를 더 넣는다.

■ 재료 및 비율

재료	비율
미원	2
통깨	5
후추	5
다진배	10
마늘	10
다진양파	10
참기름	10
다진파	10
설탕	20
간장	25
물	100

※갈비구이 양념을 사용할 때는 고기가 양념에 자작하게 잠기기 직전이 좋다. 지나치게 양념을 많이 넣으면 낭비가 있으므로 약간 부족한 듯 하게 양념에 재워 3~4시간마다 뒤집어 준다

이렇게 만드세요

① 물 대신에 100%의 미림(구매용이 아닌)을 넣으면 더욱 좋다. 육수(맑은 육수) 또는 곰 육수를 넣어도 좋다. 또는 혼합해서 사용해도 좋다.
※미림은 꼭 만들어 사용해야 한다

② 배와 마늘은 갈아도 되나, 양파와 대파는 칼로 다지는 것이 좋다. 이유로는 익지도 않고 표면이 타기 때문이다.

③ 설탕의 당도는 물엿의 두 배, 윤기를 내기 위하여 설탕을 감하고, 물엿을 넣을 수 있다.

④ 윤기를 내면서도 덜 달게 하는 방법으로는 육수나 물을 끓이는 법이 있는데, 끓일 때 전분을 약간 넣어주면 된다. 물을 끓일 때는 간장과 설탕, 생강 등을 저며 썰어 5% 정도 넣어준다

• 물양념에 고기를 재우는 방법

■ 재료 및 비율

재료	비율
후추	약간
미원	약간
다진파	5
양파	10
배	10
간마늘	10
진간장	25~30
미림 또는 물	100

※고기를 오래보관하려면 간장을 미림양의 25% 12시간 내에 양념하여 사용하려면 30%를 넣는다.

■ 실제예

소주미림 9ℓ, 간마늘 900g, 간장 3ℓ, 다진배(작은 것 7개) 900g, 후추 45g, 양파(4개) 900g, 미원 60g

이렇게 만드세요

① 너비아니 갈비는 손질하여 소주미림의 1/6 정도를 솔을 이용하여 발라주고 체반이나 소쿠리에 두어 냉장고에서 12시간 이상 핏물을 제거한다.

② 왼쪽의 양념을 배합하여 고기가 자작하게 잠길 정도로 12시간 재운 후 구이를 한다.

③ 마지막으로 참기름을 살짝 발라 제공한다.

※특징
·간이 약간 세며 달다 : 48시간 이내에 사용해야 좋다
·소주를 끓여 미림을 만들어 100%사용하였으므로 향이 뛰어나지만 원가상승의 요인의 된다.
※미림 1/3에 생수 2/3가 좋다.

참고

정난이 선생의 불고기 비법이다.
① 불고기를 얇게 슬라이스하고 다시 실처럼 썬다.
② 물양념을 한 후 국자를 이용해 석쇠에 불고기를 올려준다.
③ 뒤집을 때에는 석쇠를 툭툭 쳐준 후 뒤집어 준다.
※마늘을 넣지 않는다.

❸ 진양념과 물양념의 실제 예

▶ 진양념법의 실제예

예 1 불고기양념 A형 (유명식당의 양념법)

■ 재료 및 비율

- 후추(50g) 0.18
- 참깨(80g) 0.29
- 조미료(300g) 1.07
- 참기름(600g) 2.14
- 정종(1/2병) 4.3
- 양파(10개) 4.3
- 마늘(4kg) 14.3
- 배(10개) 17.9
- 흑설탕(6kg) 21.4
- 간장(8kg) 28.6
- 물(28kg) 100

이렇게 만드세요

① 신선한 쇠목살 18kg 정도를 0.5mm로 썰어 놓는다.
② 배, 양파를 갈아서 규정된 물, 정종, 간장, 후추, 미원, 마늘, 깨소금, 참기름, 흑설탕과 함께 잘 섞는다.
③ 준비된 양념에 썰은 쇠목살을 0℃에서 약 3시간 정도 재워 놓은 후 먹으면 불고기의 제맛을 즐길 수 있다.

윤재상님의 불고기 만들기 비법이다.

재료 : 간장1, 설탕 2/3, 물엿 1/2, 물6, 소고기 20kg, 배(中)5개, 양파(中) 8개, 마늘 1대접(냉면그릇), 후추 1국자, 소주 1병(360ml), 참기름 200ml, 깨소금(약간), 미원약간, 파 약간

① 위 재료 간장, 설탕, 물엿, 물을 넣어 끓인다(육수)
② 소고기는 피를 뺀다.
③ 배, 양파, 마늘은 믹서기에 거칠게 간다.
④ 갈아진 재료에 양념(참기름, 깨소금, 파, 소주)을 혼합하여 피빠진 소고기에 버무려 완성한다.

육포 만들기
① 홍두깨 10근(6kg)을 정종 2C, 설탕 1C(2:1)을 발라서 핏물을 (냉장고에서)뺀다.
② 간장 3C, 설탕 3C, 후추 2C, 마른고추 한줌, 양파, 마늘, 생강, 사과 배를 넣고 끓인다. 끓을 때 물을 적당량 넣어준다. 끓이는 간은 짜워야 하고 농도는 거품을 보고 안다. 사용할 때는 채에 바친 후 사용한다.

예 2 주물럭(등심)구이 B형

■ 1차 끓일때

- 생즙 약간
- 레몬 1
- 미림 2
- 사과 3
- 정종 5
- 설탕 14
- 간장 20
- 물 100

이렇게 만드세요

끓여서 무침하는 법

① 간장 1되(2ℓ), 물 5되(10ℓ), 설탕 1400g, 생강 20~25g, 사과 썰은 것 1개, 레몬 1개, 미림 1/2컵, 정종 1/2컵을 약 1시간 정도 은근히 끓인다.
② 체에 걸러 식혀 놓는다. 냉장고에 보관한다.
③ 판매할 때 1인분(200g)에 1~2수저 넣고 2차 양념(참기름, 미원, 간마늘, 땅콩가루, 후추)을 약간씩 넣고 주물러서 제공한다.

※평범한 양념법이다. 주물럭은 위 양념법과 같이 물양념으로 하는 방법도 있지만 직접양념법(앞장 소개)으로 양념하는 것이 좋으며, 레몬보다는 파인애플 즙을 넣는 것이 좋고 볶은 콩가루를 넣어주면 더욱 좋다.

■ 2차 양념

재료	비율
미원	약간
후추	약간
땅콩가루	5
간마늘	5
참기름	10

예 3 주물럭구이(유명구이 전문점 : ○○나무집)

주물럭 고기부위는 보편적으로 살치살, 채끝, 밑추리(채끝 밑의 부위)를 사용한다.

■ 1차 끓일때

재료	비율
미원(50g)	약간
소금(120g)	2
참기름(150g)	2.5
식용유(300g)	5
설탕(500g)	8
물(2kg)	33
미림(2kg)	33
주물럭고기(6kg)	100

이렇게 만드세요

① 고기는 알맞은 크기 가로 3cm, 세로 4cm, 두께 2cm 정도의 크기로 썬다.
② 양념을 비율대로 넣고 주무른다.
③ 주무를 때 주의할 점은 3~40분간 계속 주물러 주면 양념이 고기에 완전히 스며들어 고기가 질펀해 진다.

봉주방장 해법

고기가 얼려져 있을 경우에는 충분히 해동시켜 핏물을 제거한 후 양념을 해야 맛이 좋아진다.
주물럭고기는 생고기전문점에서 생고기로 들이기가 곤라한 부위 및 규격으로 한다.

예 4 수원식 소금 갈비 양념(이 양념법은 동료 한식 주방장인 김홍수님의 양념법이다)

■ 재료 및 비율

재료	비율
후추(30g)	1
통깨(60g)	2
고운소금(500g)	16
다진파(900g)	30
다진배(1.8kg)	60
다진마늘(1.8kg)	60
식용유+참기름(2.4kg)	50 / 50 → 80
중백당(3kg)	100

※수원식 갈비 양념구이는 직화로 굽는 것이기 때문에 참기름만 사용할 것이 아니라 식용유를 혼합해야 타는 것을 방지함이다.
※중백당은 흰설탕보다는 당도의 차이가 약간 감소된다.
※소금을 넣을 때 일반 소금보다는 볶음 소금과 구운 소금 등이 훨씬 맛이 깔끔하다.

이렇게 만드세요

1단계 : 다진배와 다진마늘을 발라준다.
① 양념할 고기를 쟁반에 가지런히 펼치고 다진배와 다진마늘을 조금씩 고기 위에 놓는다.
② 손으로 ①을 문지르면서 마늘향과 배즙이 고기에 배어지게 한다.
2단계 : 혼합된 양념(설탕 6 : 소금 1 : 후추 0.1)을 충분히 고루 뿌려준다(경험이 필요하고 실수없이 하기 위해서는 시식을 해보고 뿌리는 양을 정하는 것이 좋다. 뿌리는 양은 설명으로 표현하기 어렵기 때문이다).
※조미료를 넣지 않는데 넣는다면 후추 넣는 것을 기준으로 넣는다.
3단계 : 참기름과 식용유를 1/2씩 혼합한 것을 손 또는 붓으로 발라준다.
4단계 : 다진파를 고루 뿌려주고 통깨를 가볍게 뿌린 후 겹쳐놓는다. 양념할 고기부위에 한쪽면만을 뿌려주고 재워놓고 24시간 후에 사용한다.

김홍수 주방장의 조언 : 파, 마늘, 배를 갈아내지말고 다져서 뿌려주는 이유는 양념재료를 갈아내면 효소에 의하여 고기육질의 색이 검게 변하는 것을 방지하기 위함이라고 했다.

※미림을 약간 뿌려 12시간 재워 핏물을 뺀다음 설탕과 소금 비율은 4:1로 한다.

예 5 수원식 간장 왕갈비 양념(이 양념법은 선배이신 김창수님(전 마포가든호텔 한식과장)의 양념법이다)

■ 재료 및 비율

재료	비율
후추(15g)	2.5
통깨(30g)	5
다진대파(200g)	30
간마늘(400g)	70
설탕(450g)	75
참기름(500g)	80
샘표(F-금3)진간장(600g)	100

※수원식 갈비양념은 대파, 마늘은 될 수 있는 한 칼로 다진다. 간마늘을 넣으면 색이 검게 변하므로 대파, 마늘을 chapper(다지는 기계)를 이용하던가 칼로 다져서 사용하는 것이 비결이다.

이렇게 만드세요

갈비 30kg(choice급)을 손질하면 왕갈비 9~10cm 60대가 나온다.

① 샘표 진간장(F-금3)을 기준으로 모든 재료를 비율대로 섞는다.
② 손질된 갈비는 5~6시간 냉장고에 보관하여 핏물을 제거한다.
③ 갈비 한 대 한 대를 편 후에 양념을 고루 칠하듯이 발라준다.

※그릴(번철) 또는 후라이팬에 구워도 물이 거의 없으므로 색이 구운 것 같이 잘 나며 양념과 고기즙의 유실이 없어 맛이 담백하다. 또한 보관하여도 변질되거나 색이 검게 변하지 않는다.

강○면○ 김재수님 갈비소스 양념법입니다.

■ 1차
- 물(생수) 20ℓ
- 고은소금 3.4kg
- 설탕 13kg
- 물엿 27kg

■ 2차
- 배 27EA를 굵게 갈아낸다.
- 깨소금 1kg
- 삼화진간장 2ℓ(1바가지)
- 식용유 2ℓ
- 간마늘 3kg
- 생강곱게간 것 1kg
- 미림 1ℓ
- 소주 2병
- 아이미 500g

예 6 떡갈비구이

떡갈비구이 : 떡갈비는 전통적으로 있었던 방법이 아닌 90년대 초부터 서서히 일반인에게 선을 보이게 되어 지금은 갈비구이의 한 방법으로 자리잡게 되었다. 떡갈비를 최초로 만든이가 누구인지 인명을 알 수 없어 아쉽지만 아마도 갈비살이 길게 모양내기는 곤란했기 때문에 시도했을 것으로 짐작된다. 비슷한 요리로 섭산적이 있지만 섭산적은 두부가 들어가고 기름이 없는 부위로 하다보니 맛이 텁텁한 느낌을 주는데 떡갈비는 갈비살로 다져서 만들기 때문에 질감과 맛에 있어서 뛰어나다.

■ 양념재료 및 비율

재료	비율
미원	3
깨소금	5
후추	5
찹쌀가루	10
다진마늘	40
물엿	40
설탕	40
다진파	80
참기름	80
진간장	100

이렇게 만드세요

제1방법

① 갈비뼈가 4~5개 붙어있는 갈비판을 6~6.5cm로 자른다.
② 갈비위 표면의 껍질을 벗겨내고 칼을 뼈가까이에 대어 갈비살만을 떼어 낸다.
③ 갈비살은 곱게 다진다.
④ 갈비뼈는 뼈사이의 살 중간을 자른다.
⑤ 간장 : 물=1 : 10에 ④를 삶는다. 만들어 놓은 떡갈비를 굽게되면 살은 익었는데 뼈안쪽에서 핏물이 흘러나와 불쾌감을 줄 수 있기 때문이다.
⑥ 삶은 뼈는 가장자리의 약간 남은 살을 1~3cm 가장자리로 편다. 이래야만 갈비살이 잘 붙는다.

※갈비살 대신 다른 고기를 섞어준다? : 다져 놓은 갈비살이 부족하여 다른 부위를 혼합할 생각을 할 수도 있겠다. 그러나 '고기를 다져놓고 주므르면 같은 맛이 되지 않을까?' 하는 유혹이 올 것이다. 그러나 맛은 정직하여서 아무리 양념을 잘 하여도 다른 부위를 사용하면 손님의 입맛을 속일 수는 없다. 갈비살이 부족하면 갈비사잇살(finger meat)를 사서 사용한다.

⑦ 다져놓은 갈비살은 준비된 양념으로 갈비살의 13~15%를 한 번에 넣지 말고 처음 7~8%를 넣고 한참 주무르고 준비된 ⑥의 갈비뼈에 가운데는 얇게 0.6cm 정도로 붙이고 가장자리는 1.2cm 정도로 붙이면 완성된 것이다.
⑧ 보관해 놓았다가 굽는다.

제2방법
① 갈비살을 덩어리로 떼어 물에 담가 녹인다.
② 건져서 핏물을 제거하고 칼로 썰어 다진다.
③ 양파, 파를 썰어 함께 다진다.
④ 통깨, 간장, 후추, 설탕 등을 넣고 다진다.
⑤ 찹쌀가루를 조금 넣어주고 모양을 만든다.

봉주방장 해법 : 떡갈비살을 대량으로 다져야 하는 경우에는 민찌기계를 이용해야 하는데 구멍이 커야 되고 약간 중간냉동된 상태가 갈아내기가 좋다. 구멍이 작으면 갈려지지를 않고 갈려진 고기도 지나치게 고와서 씹는 맛이 반감된다. 시간이 걸리더라도 다지는 것이 좋다.

필○○ 떡갈비 김기주 님의 방법이다.

■ 재료
수입갈비 11kg, 민찌 3kg / 총 14kg
■ 양념
양파 2개, 배 1개, 중간국자로 수북히 간마늘 1개, 후추 약간, 소주 1/2병, 대파 다진 것 적당량, 설탕 300g

▶ 물양념의 실제 예

예 1 이 양념법은 저자가 근무했던 홍콩의 유명식당에서 사용했던 갈비비법이다.

■ 재료 및 분량

재료	분량
후추	약간
노른자	1
캐러멜	1
양파	7
마늘	8
참기름	10
간장	22
정종	22
설탕	25
물	100

■ 실제예
물 8kg, 간장 1.8kg, 설탕 2kg, 조미료 420g, 후추20g, 계란노른자 4개, 정종 1.8ℓ 2병, 양파 600g, 마늘 700g, 참기름 850g, 캐러멜 150g

이렇게 만드세요

믹서기에 모든 재료를 갈아준다 단, 참기름, 참깨는 제외시킨다.
※감칠맛이 나며 대파를 넣지 않아서 슴슴한 간이 배고, 계란 노른자를 넣어 깊은 맛과 윤기가 난다. 이러한 방법은 24시간 이상 핏물을 뺀 갈비를 24시간 재워야 한다. 캐러멜을 넣어 색깔을 낸 것이 특징이다. 오랫동안 재워있었기 때문에 고기색은 검다.
※캐러멜은 굳이 안 넣어도 괜찮다.

예 2 유명호텔 양념

■ 재료 및 비율

재료	비율
후추	약간
실파	5
조미료	5
미림	15
간마늘	15
정종	15
참기름	15
설탕	20
물엿	35
간장	45
육수	100

■ 실제 예

육수 13국자, 간장 6국자, 설탕 3국자, 참기름 2국자, 정종 2국자, 마늘 2국자, 미림 2국자, 물엿 5국자, 조미료 2/3국자, 후추 200g, 실파 적당량

이렇게 만드세요

육수를 끓여 거른 후에 식혀서 모든 재료를 넣고 양념한다.

※간이 강하여 오랜 시간 재워두면 안되고 신선한 고기를 즉석에서 양념하여 3시간 이상 지나면 간이 짜다. 설탕을 적게 넣은 대신에 물엿을 넣어 단맛을 보완하고, 윤기가 나게 한다. 물 대신에 고기육수를 넣어 깊은 맛을 내려했다. 실파는 서브 직전 송송 썰어 넣어준다(주로 즉석양념할 때).

예 3 유명호텔

■ 재료 및 비율

재료	비율
통깨	약간
후추	약간
핵산조미료	1
파인애플	3
간마늘	4
참기름	5
정종	5.3
양파	7
황설탕	26
물엿	29
간장	32
물	100

■ 실제 예

간장 5.5kg, 물엿 5kg, 황설탕 4.5kg, 핵산조미료 200kg, 정종 1/2병, 통깨 50g, 마늘 800g, 파인애플 1can, 양파 1.2kg, 후추 120g, 물 17kg

이렇게 만드세요

① 믹서기에 모든 재료를 넣고 갈아낸다.
② 통깨와 참기름을 넣는다.

※파인애플의 효소를 이용하여 육질을 부드럽게 하였다. 쇠판에서 굽게되면 찌꺼기가 많아 타기 때문에 석쇠가 좋다. 파인애플은 갈아서 즙만을 사용하고 양파, 파는 다지는 것이 좋다. 황설탕을 넣어 자연스러운 색을 낸 것이 좋다. 양념을 한 후 오래 보관하면 육질의 살이 지나치게 검게 되고 고기육질이 떨어진다.

※본 책을 구입하여 이 방법을 선택하여 양념을 실험해 본 독자가 항의성 전화를 하기를, 양념에서 술냄새가 나서 고기를 사용하지 못하게 되었다고 한 적이 있다. 야채 및 파, 마늘, 양파 등을 기계를 이용하여 갈아내면 야채가 지닌, 특히 알리신 성분이 공기와 접촉되면서 가스가 발생한다. 그러므로 이 양념법은 부페식당과 같이 대량 소비가 가능할 때의 양념법으로 빨리 소비시켜야 한다.

예 4 유명 갈비전문점 양념법

■ 실제예

후추 125g, 참기름 250g, 육수 32kg, 육장 2kg, 마늘 3kg, 통깨 300g, 핵산조미료 300g, 카라멜 1국자, 소주 3병, 배즙 12kg

■ 육장소스(1800개 양념)의 실제예

이 소스를 확실하게 끓여준 다음 갈비양념에 넣어준다. 황설탕 9kg, 간장 18kg, 물엿 24kg

이렇게 만드세요

고기가 윤기가 나며 소주가 뒷맛을 개운하게 해준다.

예 5 유명갈비집

■ 재료 및 비율

재료	비율
캐러멜	약간
미원	약간
양파	2.5
참기름	3
물엿	4
배즙	10
사과	10
간마늘	12
설탕	25
간장	25
물	100

■ 실제 예

간장 6kg, 설탕 6kg, 물 24kg, 카라멜 1개, 미원 3큰국자, 물엿 1kg, 마늘 3kg, 배 15개, 양파 5개, 사과 7개

이렇게 만드세요

배를 갈아서 자루에 넣고 꼭 짜내어 국물만 이용한다.

※배즙이 많이 들어간 것과 사과를 넣는 것이 특색이다. 단점이라면 배의 가격이 비싸 원가상승의 요인이 된다. 배 물을 짜고 남은 찌꺼기는 동치미국물을 만들 때 자루에 넣어주어 이용하면 좋다.

봉주방장 조언

배즙을 사용하다보면 '시중에서 유통되는 배즙음료를 대신하여 사용하면 같은 효과가 나지 않을까?'라는 유혹이 들 때가 있다. 전혀 다른 맛이 나며 이상한 화학냄새가 난다는 것을 유념하기 바란다.

예 6 P.K.호텔의 양념법

■ 재료 및 비율

재료	비율
후추	약간
조미료	약간
참기름	4
정종	5
양파	10
대파	15
배	15
간장	25
물엿	75
사골육수	100

■ 실제예

육수 12바가지, 간장 3바가지, 물엿 간장의 3배, 참기름 1/2바가지, 참깨·후추 1/4컵, 미원 1국자(큰 것), 정종 1컵, 대파 12개, 양파 10개, 배 6~7개

이렇게 만드세요

- 장점 : 고기를 굽게되면 고기표면이 윤기가 나고 지속되는 것이 장점으로 볼 수 있으며
- 단점 : 사골육수를 만드는 것도 시간, 원가를 만만치 않게 투자 해야한다는 것이다. 또한 쇠구이판에 잔류 양념이 많아 자주 구이 판을 갈아줘야 한다
- 맛 : 전체적으로 달고 짜지 않다.

※이 방법은 특급호텔인 P. K외 2곳에서 사용하는 방법이다. 사골육수로 양념을 하고 설탕을 사용하지 않고 물엿을 사용했기 때문에 양념의 농도가 걸쭉하다.

예 7 유명○능 갈비구이 전문점의 일반적인 양념 : 현재에는 그곳의 주방장이 호텔의 특채근무로 여러 곳의 호텔에서 사용하는 양념법으로 저자가 근무했던 호텔의 양념법이었기도 하다.

■ 재료 및 비율

재료	비율
후추	적량
미원	적량
참깨	3
감자녹말	5
소주	5
참기름	5
간마늘	5
생강	5
흑설탕	5
백물엿	10
진간장	25
물	100

이렇게 만드세요

① 끓이고자 하는 통에 정확히 간장과 물을 1 : 4로 넣은 후 소주를 약간 넣어준다.
② 생강을 썰어 넣은 후 약 2시간 끓인다
③ 2시간 정도 끓이면 처음 끓일 때 양보다 줄어든 것이 자국이 남는다.
④ 물을 부어 처음의 양만큼 다시 맞춘 후 끓으면 물엿 흑설탕을 넣고 전분은 물에 풀어 넣어준다.
⑤ 찬물에 끓인 통을 넣고 완전히 식혀준 후에 나머지 재료를 넣고 사용한다.

※전분이 약간 들어가서 윤기가 난다. 끓여준 후에 간을 했기 때문에 보관이 오래간다. 생강맛이 숨겨져 있기 때문에 향이 좋다. 대체로 원가가 저렴하다.

예 8 갈비구이(R업소의 양념법)

■ 재료 및 비율

재료	비율
후추(100g)	0.06
깨소금(300g)	0.17
조미료(500g)	0.28
볶은소금(1.25kg)	0.69
정종(1병)	1.33
양파(20개)	2.2
참기름(5.4ℓ)	2.9
마늘(6kg)	3.3
벌꿀(7.2kg)	4
물엿(12kg)	6.7
배(20개)	6.7
물(27ℓ)	15
갈비(180kg)	100

이렇게 만드세요

① 규정된 양의 모든 양념을 곱게 갈아 놓은 배, 양파와 섞는다. 섞을 때는 물엿, 벌꿀, 소금이 녹을 수 있도록 잘 저어가며 섞는다.
② 갈비는 35mm 정도로 골절기에 절단하여 지방을 제거한다.
③ 지방을 제거한 갈비를 0.6mm 정도 지그재그로 포를 떠서 펼치면 약 20cm의 길이가 되고 무게는 약 80g 정도가 된다.
④ 펼친 갈비의 양쪽에 칼집을 낸 다음 잘 말아서 통속에 차곡차곡 쌓는다.
⑤ 갈비를 담은 통에 준비된 모든 양념을 갈비가 충분히 잠기도록 붓고 5시간 정도 냉장고에 보관한 후 먹는다.

예 9 한방갈비양념(쇠갈비, 돼지갈비) : 후배 Lim의 양념법

■ 1차 끓이기

재료	비율
생강	0.5
황설탕	10
간장	14
물	100

■ 2차 양념하기

재료	비율
통깨	약간
미원	0.5
후추	0.5
참기름	5
간마늘	5
정종	5

※위 양념은 모든 양념돼지갈비구이, 돼지껍데기구이 등 모든 구이류에 적용시킬 수 있다.

이렇게 만드세요

① 설탕, 간장, 물을 정확한 비율로 넣은 후 끓인다
② 생강은 썰어 넣고 한방재료 모두를 집어넣는다.
③ 약 3시간 끓여주고 수시로 최초의 물의 양을 넣어서 줄어듦을 방지시킨다.
④ 체에 걸러주고 식힌 후 갈비를 재워둔다.
⑤ 천궁, 계피, 녹차, 당귀, 황귀, 감초, 생지황, 녹각, 약쑥, 건미삼, 대추 각각 0.5% 내외 정도로 넣어준다.

후배 Mr. 임의 양념법 : 천궁, 계피, 녹차, 당귀, 황귀, 감초, 생지황, 녹각, 약쑥, 건미상, 대추, 생강을 각각 10g씩 정량을 달아서 간장 : 물 : 설탕(1 : 7 : 0.5)을 넣어서 센불에서 한 번 끓이고 그 다음 아주 약한 불에서 2시간정도 끓여서 식혀 2차 양념 정종, 마늘, 참기름, 후추, 미원, 참깨, 함께 넣어서 양념하고 갈비를 넣어서 하루 보관한다.

예 10 갈비구이(J형－기본적으로는 R업소의 양념법으로서 저자가 실험하여 맛을 재정리하여 기술한 것임)

■ 재료 및 비율 : ※ 갈비 45kg 분량

재료	비율
통깨(50g)	0.7
후추(70g)	1
미원(140g)	2
고운소금(350g)	5
정종(700cc)	10
벌꿀(700cc)	10
참기름(700cc)	10
간마늘(700g)	10
다진양파(700g)	10
백설탕(1.4kg)	20
배(5개)	30
물(7ℓ)	100

이렇게 만드세요

① 배 · 양파는 시간이 허락되면 다지는 것이 좋고 여의치 않으면 갈아낸다.
② 비율대로 혼합한다.
③ 갈비는 4cm 정도로 펴고 약 20cm 정도되게 정리한다.
④ ③을 뼈를 중심으로 잘 말아서 차곡차곡 쌓는다.
⑤ 갈비를 담은 통 ④에 양념을 충분히 잠기게 붓고 12시간 이상 재운 후 구워낸다.

3. 돼지갈비구이와 삼겹살구이

돼지고기양념구이의 특징은 캐러멜을 사용하는 빈도가 크고, 돼지특유의 냄새가 있기 때문에 향재료(생강, 마늘, 술 또는 미림 등)를 더 넣는다. 그리고 윤기를 내고 단맛(물엿, 설탕)을 더 강조하며, 양념을 끓여서 만든다. 양념을 직접 넣으면 지나치게 걸쭉하고 육질에 많이 붙으므로 끓이는 방법을 택하여 사용한다.

삼겹살구이에 관한 일반적인 상식으로는, 맛있는 삼겹살은 구매단계에서부터 선택되어진다는 것이다. 껍데기가 있는 상태에서 기름이 많이 있지 않은 것이 좋으며, 완전냉동보다는 중간냉동보관하거나 생고기가 더 맛이 있다. 또한 숫돼지보다는 암돼지가 특유의 돼지냄새가 덜 난다. 삼겹살은 껍데기까지 굽는 것이 좋다. 이런 경우 오겹살이라고 불리기도 한다. 껍데기가 없는 것은 수입육 또는 새끼생산이 중단된 성돈일 가능성이 있다.

봉주방장 해법

① 돼지갈비는 살이 부족하기 때문에 목심부위를 갈비살과 1 : 1비율로 혼합하여 사용한다.
② 돼지갈비 1인분 : 300g, 돼지 삼겹살 1인분 : 200g, 돼지 껍데기 1접시 : 300g

봉주방장 해법 : 상추, 깻잎 대신에 뽕잎을...

한국의 집 김동열 선배는 이러한 여담을 한다. 야외에 가족 나들이를 했는데 공교롭게 야채(깻잎, 상추잎)를 챙기지 않아 아쉬워 했는데, 머리 위에 뽕나무 가지가 늘어져 있어 뽕잎을 따서 고기와 함께 먹어보니 그맛이 괜찮다고...
저자가 실제로 먹어보니 뽕열매인 '오디' 향이 스며있는 것이 썩 괜찮았다.

(1) 돼지갈비구이 A형

향재료를 넣고 끓인 후 식혀서 양념에 재우는 방법이다.

이렇게 만드세요

① 생강, 양파는 얇게 썰어 넣는다
② 사과는 새콤한 홍옥이 좋다. 반을 쪼개어 얇게 썰어 넣는다.
③ 모든 재료를 넣고 2시간 정도 은근히 끓여준 후 손에 실장갑을 끼고 다시 고무장갑을 낀 후에 야채를 꼭 짜내고 식힌다.
④ 체에 바쳐 식혀준 후에 냉장보관한다.
⑤ 사용하기 직전 2차 양념을 하고 고기를 재워준다. 소스와 고기 양의 비율은 고기가 자작하게 잠길 정도로 부어준다.

■ 1차 양념의 실제 예
물 30ℓ, 물엿 20kg, 진간장 10ℓ, 설탕 3kg, 사과 1,8kg, 양파 0.8kg, 생강 1,8kg, 감초 100g

■ 2차 양념의 실제 예
마늘 4kg, 참기름 1ℓ, 소주 1.5ℓ, 계란노른자 30개, 생강 2kg, 식용유 1.5ℓ, 캐러멜 4와 1/2컵, 미원 450g, 참깨 450g, 후추 75g

일반적인 돼지갈비 양념법 : 일반적으로 많이 사용하는 양념법이다.

이렇게 만드세요

① 물엿을 따뜻하게 하여 물에 희석시킨다.
② 배는 강판에 갈고 마늘, 양파, 파는 칼로 다진다.
③ 모든 재료를 혼합해준다.
④ 핏물을 뺀 갈비를 재워둔다.

※캐러멜을 넣지 않았기 때문에 일반 돼지갈비의 검은빛보다는 약하며 맛은 달달하다.

■ 실제예
물 4ℓ, 설탕 1.4kg, 간장 1ℓ, 물엿 500g, 대파 300g, 배 2개, 정종 2C, 마늘 600g, 간생강 400g, 양파 3개, 참기름 2C, 미원 40g, 통깨·후추 적량

(2) 돼지갈비구이 B형 : 솜씨좋은 돼지갈비전문 식당 컨설팅 전문가의 비법이다.

■ 재료 및 비율

재료	비율
조미료	1
참기름	2
통후추	2
감초	2
생강	3
대파	5
양파	5
배	5
마늘	5
물엿	7
콜라	10
소주	10
중백당	20
간장	30
물	100

■ 곁들이는 양념인 돼지갈비육장

재료	비율
미원	1
고추씨	2
생강	2
마늘	3
양파	5
대파	5
설탕	17
간장	17
물	100

이렇게 만드세요

① 배, 대파, 양파 등을 적당한 크기로 자른다.
② 모든 재료를 넣고 1시간 30분 정도 끓인다.
③ 끓으면 재료를 거른다.

※해물구이로도 좋다. 이런 경우에는 고추장을 넣게 되면 더욱 좋다. 콜라, 감초, 소주의 향이 어우러져 묘한 맛을 낸다.
※돼지껍데기 양념은 일반적으로 굵은 구운소금으로 밑간을 하여 굽지만 한방갈비소스에 재워두고 구우면 별미가 된다.
※곁들이는 양념으로 돼지갈비육장은 이렇게 만드세요.

돼지갈비육장

① 돼지갈비육장이란 양념된 돼지갈비를 구워 곁들이는 양념장으로, 삼겹살 구이에는 소금, 후추, 참기름을 혼합한 양념장을 곁들인다.
② 만드는 법 : 모든 재료를 넣고 1시간 정도 끓여준 후 체에 바쳐서 양념장 그릇에 내어드린다.

돼지껍데기 구이

도축장에서 도매가격으로 돼지껍데기 10kg에 1만원 정도이다. 이것을 김한 장 크기로 자른 후, 1접시(400g)에 5천원만 받아도 고객만족은 영업활성으로 연결된다.

돼지갈비 재우는 방법

① 돼지갈비는 핏물을 빼고 갈비 윗등을 송곳으로 여러곳을 찌른다.
② 그리고 칼집을 넣는다.
③ 소금 3T, 오향가루 1/2T, 설탕 12T, 미원 1T, 굴소스 5T, 소다 2T, 연육소 1T, 오렌지 적색 약간, 물 3T, 중국술 2T, 된장 4T 넣어 준후 잘 섞어준다. 갈비를 재운다.

※물엿 3C에 물 1C을 넣고 끓인다.

(3) 개성식 돼지불고기 : 용수산 최상옥 선생님께 배운 돼지불고기양념이다.

■ 재료 및 비율

재료	비율
생강	약간
미림	10
참기름	10
정종	10
간마늘	25
새우젖국물	25
물엿	50
고운고춧가루	100
고추장	100

이렇게 만드세요

① 삼겹살부위를 얇게 썰어서 구매하여도 좋고, 썰지 않은 채로 구매하여도 좋다
② 냄비에 물을 붓고 생강과 청주를 조금 넣어 펄펄 끓으면 얇게 썰은 삼겹살을 넣고 살짝 데쳐낸다.
③ 덩어리로 구매하였을 때는 덩어리로 그대로 넣은 후 중간정도 익을 때까지 삶을 후 꺼내어 썰어서 모든 재료를 넣은 후 양념을 한다.

※돼지고기부위는 삼겹살 부위를 구한다
※끓은 물에 한번 데쳐냈기 때문에 잡냄새가 없다. 새우젓으로 간을 하여 맛이 깔끔하고 개운하다. 최상옥 선생님께서는 서울식은 새우젓을 곁들여 내어 주고 개성식은 새우젓으로 간을 하는 것이 차이점이라 하셨다

김창종님의 양념비법입니다.

■ 돼지 숯불고기 양념

		※진 양념	
삼겹 25kg	전지 25kg		
식용유 400g	미원 200g	물엿 5kg	미원 1kg
진간장 3.5g	후추 40g	진간장 4kg	설탕 2kg
카라멜 200g	설탕 1.5kg	생강 200g	마늘 2kg
소주 400g	통깨 100g	무(즙) 1/2개	육수 14kg
참기름 500g	고은고추가루 750g	고추장(태양초) :1통	고은고추가루 5kg
간마늘 1.5kg	물엿 4.5kg	배(중) 즙 15개	양파(즙) 12개
생강 1.5kg		참기름 0.9ℓ	

낙삼 불고기, 오삼불고기

■ 재료 및 비율

재료	비율
후추	약간
고추가루	6 (굵은고추가루5+고은고추가루1)
들기름	10
설탕	20
고추장	100

이렇게 만드세요

① 낙지 1 : 삽겹1

② 양념 고추장, 고운고추가루, 들기름, 통깨, 후추, 미원, 설탕에 마늘, 배를 갈아서 혼합한다.

※ 그 외 재로는 입맛에 맞게 조절 고추장, 설탕 비율의 중심이다.

※ 불주꾸미 소스 비법은 최근에 개발하여 p148에 기술했다.

(4) 부드러운 양념삼겹살구이 : 삼겹살을 썰어서 양념에 재워서 굽는 특이한 방법으로 부드럽고 향이 좋다.

남양주가든의 장현오 선생님 양념비법

■ 1차 : 원액장만들기 비율

재료	비율
감초(100g)	0.4
생강(1kg)	4
마늘(2.5kg)	10
대파(6kg)	25
양파(8kg)	30
사과(8kg)	30
설탕(12kg)	50
진간장(1⅓통)	100
백물엿(24kg)	100

■ 2차 : 양념장 만들기 비율

재료	비율
후추	1
설탕	1
간마늘	5
식용유	5
참기름	5
정종	10
1차 : 원액장	40
물	100

이렇게 만드세요

1차 원액 만들기

① 진간장을 기준으로 1차 원액을 만들어 놓은 후 잘 변질되지 않으므로 만들어 놓고 사용할 때마다 2차 양념을 하여 사용한다. 변질되지 않으므로 실온에 보관해도 된다.

② 재료를 건져내는데, 손에 실장갑을 끼고 다시 고무장갑을 끼운 후 꼭 짜내어 양념간장이 유실되지 않도록 한다.

③ 물엿을 혼합한다.

2차 양념장 만들기

① 1차 원액에 약 2.5배 물을 넣고 희석시킨다.

② 비율대로 정종, 참기름, 식용유, 마늘을 넣고 참깨는 갈아서 넣는다. 약간의 설탕, 후추를 넣는다.

※고기는 2차 양념장에 24시간 재워두고 구이를 하는데, 반드시 직화인 숯불 또는 가스에 굽는다.

봉주방장 해법 : 부드러운 양념삼겹살구이의 양념비법을 알기까지…

남양주 가든의 부드러운 숯불구이집을 운영하시는 장현오 선생님은 어느날 저녁 음식에 관한 이야기를 나누고자 만나기를 원하셔서 밤늦게 만나 많은 음식이야기를 나누다가 위 양념비법을 신중하고도 성의있게 알려주셨다. 음식에 관한 한 대단한 열의를 가지고 계셨고 적극적으로 살아가시는 모습이 귀감이 되었다. 위 양념법은 공개하여도 좋다는 허락을 받고 기술한다. 이렇듯 저자는 한 가지 양념법을 배우고 경험하기 위하여 많은 노력이 들어간 것으로 양념법의 한 가지 한 가지가 소중하지 않은 것이 없고 이 비법들을 공개하면서 한국음식이 외식산업의 세계화의 일익을 담당했으면 하는 마음이 간절하다.

육장 만들기

■ 재료 및 비율	이렇게 만드세요
• 진간장 : 설탕 : 물 =1:1:6 • 대파, 양파, 무, 마늘, 생강, 고추씨, 다시마·멸치, 미원, 전분약간	① 설탕, 전분을 제외한 나머지를 중불 30분간 끓여준다. ② 내용물 제거 후 설탕을 넣고 전분을 아주 약간 풀어서 농도조절을 한다.

▶ 통돼지 요리 방법

통돼지 손질법

이렇게 손질하세요

① 안쪽의 내장을 깨끗이 정리하고 눈알과 신장을 제거한다.
② 머리와 등뼈 연결부위를 자른다.
③ 갈비 4개 앞쪽부터 갈비를 제거한다.
④ 앞다리 두꺼운 뼈를 제거한다.
⑤ 갈비 3대씩 칼집을 넣는다.
⑥ 다리살 뒷다리살 두꺼운 부위를 잘라내고 칼집을 넣는다. 뒷다리를 칼집넣어 꺾는다.
안쪽에 소스를 발라 굽는다.

소스 만드는 법

이렇게 만드세요

방법 1

① 물 3C, 중국술 1/2c, 빙초산 1/2T을 혼합한다.
② 물엿 2T(강엿)을 넣는다. 맥아엿
③ 손으로 풀어준다. 색소를 1t 정도를 뜨거운 물 3T 정도에 풀고 함께 섞어준다. 약간 붉은색이 된다.
④ 소금 약 1C(5T), 설탕 1개(1T), 미원 2T, 오향가루 1/3T를 혼합한다.
⑤ 손질한 돼지고기 안쪽에 발라주고 손으로 문지르면서 마사지 한다.
⑥ 대나무 긴것이나 긴 막대에 돼지 앞다리 뒷다리 사이에 끼우고 쇠고기에 달아맨 후 소스를 발라준다.
⑦ 바비큐 통에 배를 안쪽으로 하여 굽는다.
1시간 정도면 익는데 50분 후 남은 10분은 뚜껑을 열고 마무리한다.

방법 2
① 중국된장 5T, 또 다른 된장 5T, 설탕 1C, 미원 1/2C, 물 1C를 넣고 혼합 후 기름 5T 넣은 후 뜨거운 팬에 끓인다.
② 다른 그릇에 옮긴다.
완성된 맛은 맛이 달달하고 된장 맛이 난다.

방법 3
① 다진 마늘 2T, 된장 3가지를 넣고 술을 넣는다.
② 60분 동안 다 구운 갈색이 된 돼지 안쪽에 바른다.
③ 식용유를 바르면서 수평으로 굽는다.
④ 껍데기가 부풀면 안되므로 꼬챙이로 부푼 부위를 찔러준다.

바베큐 통 다루는 법

이렇게 만드세요
① 중간에 센티를 맞추고
② 구멍을 막아준 후 물을 충분히 부워준다.
③ 30분이면 종료한다.
④ 손을 대어 3초 버틸 수 있으면 조금 닫아둔다.

4. 닭구이류

닭구이류는 지명인 춘천식 양념, 데린간장 양념, 고추장새우젓 양념, 소금 양념이 있다.

1) 춘천식 닭갈비 양념

■ 재료 및 비율

이렇게 만드세요
① 닭고기를 얇게 저며 썬다.
② 뼈있는 것은 적당히 자르고 양념에 무침 한다.
③ 고기를 식용유에 들깨가루를 넣고 볶다가 야채를 넣고 볶는다.
④ 참기름과 고추장을 넣어주면 더욱 좋다.
※양념 넣는 양은 고기의 20~25%이다.
※고기를 거의 다 드시면 밥, 김가루를 넣고 참기름, 들기름을 넉넉히 넣은 후 비벼준다.

야채는 이렇게 준비하세요.
① 고구마를 약간 굵게 채썰기한다.
② 양배추는 큼직하게 4각썰기한다.
③ 대파는 어슷썰기한다.
④ 당근은 약간 굵게 채친다.
⑤ 양파를 채친다.
⑥ 깻잎을 큼직하게 썬다.

■ 볶음할 때의 재료비율

재료	비율
참기름	5
(1)의 양념고추장	20
고구마	20
양파	20
대파	20
당근	20
버섯	30
깻잎	50
양배추	100
닭고기	100

■ 오리양념구이는

재료	비율
후추	10
간마늘	20
검은후추	20
볶은들깨가루	100
들기름	100

이렇게 만드세요

① 오리는 손질하여 뼈를 제거한 것을 구매하여 껍질이 있는체로 직경 5cm 정도(이때에 껍질은 바깥으로 있어야 함)로 돌돌 말아서 비닐을 이용하여 단단히 탄력있게 묶어주고 냉동을 시킨다.

② 주문이 오면 냉동상태의 준비된 것을 돼지삼겹살 구이 두께로 썰어 양념비율에 살짝 버무려 구이판에 가지런히 펴준다. 오이구이에 곁들이는 양념은 볶은 소금을 빻아 후추 조미료를 배합하여 제공한다. 들깨소스 생야채를 제공하여 주면 더욱 좋다.

2) 데리간장 양념 닭구이

■ 재료 및 비율

재료	비율
후추(25g)	0.5
조미료(50g)	1
소주(250cc)	5
저민생강(25g)	5
대파(5~6뿌리)	10
마늘(500g)	10
물엿(1kg)	20
설탕(1.5kg)	30
간장(2.5ℓ)	50
물	100

이렇게 만드세요

① 비율대로 은근한 불에 약 1시간 30분~2시간 끓인다. 끓일 때는 향재료들이 부유하고 있으므로 국자로 눌러주어 끓이는 장국물에 향이 우러나오게 한다.

② 식힌 다음에 소쿠리에 밭쳐내는데 향재료(대파, 마늘 등)에 아까운 양념이 많이 묻어 있으니 고무장갑을 끼고 꼭꼭 짜낸다.

③ 보관해 놓고 사용한다.

사용하는 방법

① 닭구이 부위는 다리살이 좋으며 얇게 갈비를 뜨듯이 하여 칼집을 넣고 간마늘, 설탕, 미림, 후추를 약간씩 넣고 버무려 놓는다.

② 영업시작 직전에 준비된 닭은 중간정도 구워놓는다. 이때에 버터를 살짝 발라주고 구우면 더욱 좋다.

③ 데리간장을 후라이팬에 적량 넣고 ②를 넣은 후 색을 발그스름하게 굽는다.

3) 고추장 양념 닭구이(개성식 돼지불고기 양념법 응용)

■ 재료 및 비율

재료	비율
미원	5
간생강	10
후추	10
정종	20(미림을 대신하여)
새우젖국물	20
미림	20
간마늘	30
다진파	30
참기름	60
물엿	60
고운고춧가루	100
고추장	100

이렇게 만드세요

① 고추장에 고운고춧가루를 넣고 흰물엿, 참기름, 미림, 마늘, 파 등의 모든 재료를 넣는데 미림이 없으면 대신하여 정종을 넣는다. 반대로 정종을 넣으면 미림을 넣지않는다.
② 손질한 닭고기를 양념고추장에 버무려 사용한다. 굽는 방법은 샐러멘더에 굽는 것이 좋다.
③ 양념에 오래 버무려 놓을 때는 다진파, 간마늘은 제외하고 버무려 놓고 사용할 때에 넣는 것이 좋다.
※얇게 손질한 닭고기는 소금·후추를 가볍게 뿌려서 밑간을 해 두고 본양념을 약하게 하는 것이 좋다. 본양념을 많이 하면 타기 때문이다.

4) 닭소금 양념 닭구이

닭고기의 담백한 맛을 가장 잘 살린구이로서 닭뼈를 발라내고 살만 구워낸다.

■ 재료 및 비율

재료	비율
후추	3
고운소금	3
간마늘	5
닭고기	100

이렇게 만드세요

① 닭고기 다리살을 약 0.5cm로 펴서 칼집을 넣어 힘줄을 끊어준다.
② 간마늘을 고루 바르고 고운소금과 후추를 알맞게 뿌려준다.
③ 노릇노릇하게 구워 닭껍질의 기름이 빠지게 한 후에 썰어낸다.
※버터를 녹인 후 살짝 발라 주고 구우면 한결 고기맛이 구수하다.

제2절 어패류구이

삼면이 바다인 우리나라는 일본, 중국과 첨예한 이해가 얽혀 갈등을 가지고 있지만, 내륙의 국가보다는 해산물이 비교적 신선하고 풍부하며, 가격도 저렴할뿐만 아니라 여러 종류의 생선을 접할 수 있고, 이에 따른 구이류 등이 많이 발달되었다.

▶ 생선요리를 맛있게 하려면

• 신선한 생선을 구하는 것이 중요하다. 일단 신선도가 떨어진 어패류는 무슨 요리를 해도 맛이 없다.

· 눈과 아가미를 본다. 눈이 맑거나 표면의 색이 분명하고 윤기가 나는 것은 신선한 것이다. 아가미는 선홍색이나 검붉은 색이 나야 한다.
· 배를 본다. 신선도가 떨어지는 것은 내장쪽이 먼저 변한다. 내장쪽의 배가 탄력이 있으면 신선한 것
· 냄새가 중요하다. 신선한 것은 냄새가 거의 나지 않는다.

• 손질을 잘해야 한다.
  · 생선을 구매한 즉시 손질해야 한다.
  · 비늘을 긁어 사용하는 생선은 말끔히 벗겨야 한다.
  · 내장과 머리, 아가미, 지느러미의 불필요한 것은 제거하고 말끔히 씻는다.
  · 조기, 도미, 꽁치 등의 내장이 맛있는 생선은 내장을 그대로 유지시킨다.

▶ 생선구이 할 때의 유의점

• 생선을 굽다보면 꼬리나 지느러미가 타버려 통째로 손님께 드리기가 곤란할 때가 있다. 이럴 땐 이렇게 하면 된다.
  · 물기있는 소금을 지느러미 꼬리부위에 듬뿍 뿌려 주면 신기할 정도로 그대로 남아 있다. 손님께 드릴 때는 소금을 털어내고 내어 드린다.
  · 알루미늄 호일을 잘 타는 부위에 감아준다.
  · 생선살이 석쇠에 눌러 붙어 살이 떨어져 나갈 경우가 염려되면 굽기 직전 생선의 표면에 살짝 기름을 바르고 굵은 소금을 충분히 묻혀준 다음 석쇠에 기름을 발라주고 구운 후 소금은 털어낸다.
• 생선은 자주 뒤집지 말고 뒤집기를 1~2회로 끝내야 한다. 한쪽 면이 60% 익었을 때 뒤집어 나머지 40%를 익혀야 한다.
• 짧은 시간에 노릇노릇하게 구워 익혀야 하지만, 약간 덜 익지 않았나 할 정도의 감각에서 끝내면 알맞다. 전문용어로(carry over cooking : 요리가 끝나도 계속 익어가고 있다는 뜻)이라고 한다.
• 술은 생선살을 연하게 하고, 미림은 설탕성분이 함유되어 있어 생선살을 단단하게 한다. 그러므로 술은 질긴 해물(연체류 : 오징어, 낙지)요리에 미림은 깨지기 쉬운 요리에 이용한다.

▶ 생선구이에 제공하는 곁들이

한식요리의 생선구이는 단순히 생선을 구워서 레몬조각을 얹어 제공하지만, 일식요리와 같이 생선구이나 장어구이에는 곁들이 고명을 놓아주면 좋다. 초절이 또는 근채(연근, 우엉)조림 등을 제공한다고 하여 일본요리라고 배척할 수는 없으며 한국요리의 근본을 잃지 않는 한 응용해야 한다.

초절이 곁들이

■ 촛물만들기 소스비율

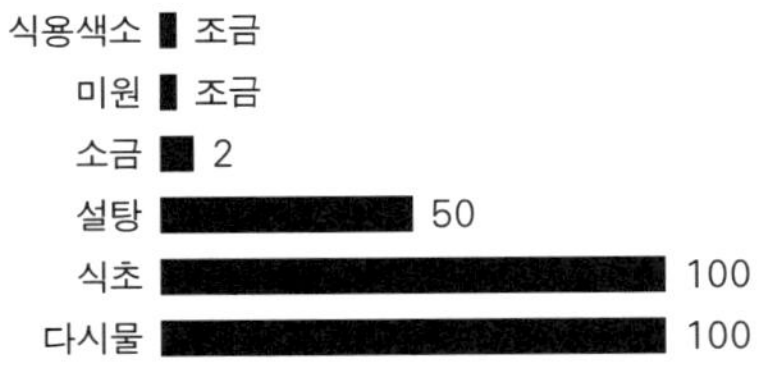

이렇게 만드세요

연근 초절이

① 껍질을 벗기고 구멍과 구멍사이에 칼집을 넣은 후 꽃모양으로 홈을 파서 모양을 낸 다음 0.5cm두께로 썬다.
② 식초를 조금 넣은 끓는 물에 연근을 설겅하게 삶아 색이 변하는 것을 막는다.
③ 식힌 후 ①을 넣어 재워 놓는다.

무 초절이

① 무는 1×1.5cm로 썰어 칼집을 길고 촘촘히 넣어 슴슴한 소금물에 절인다.
② 알맞은 크기로 자른 후 손바닥으로 눌러 물기를 짠다.
③ 다시 촛물에 담그고 무에 새콤한 맛이 배면 건져 물기는 뺀 다음 꽃모양을 내고 흑임자 또는 노른자 가루를 체에 내려 모양낸다.

생강 초절이

① 생강마디가 부풀고 껍질에 탄력이 있는 것을 준비해 껍질을 말끔히 벗겨 얄팍하게 저며 썬다.
② 끓는 물에 소금을 약간 넣고 저민 생강을 넣어 살짝 삶는다.
③ 저민 생강은 물기를 꼭 짠 후 촛물 속에 잠기게 놓는다. 색소로 몇 가지 생강초절이를 재연할 수 있다.

조림(연근, 우엉) 곁들이

■ 조림소스비율

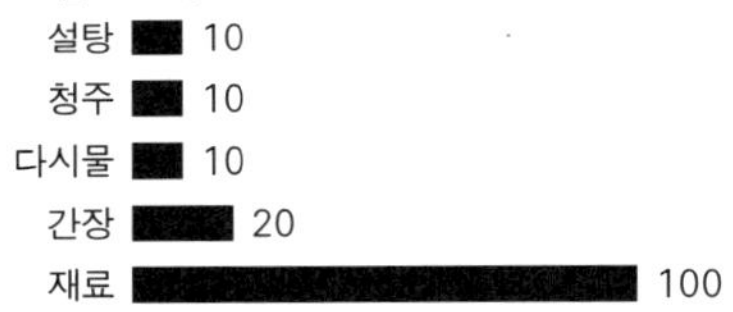

※기름에 볶음하거나 튀겨내듯 하지 않으면 조림할 때에 윤기가 나지를 않는다. 조림이 끝난 후 기름을 넣어도 윤기가 나지를 않으니 이점 유의해야 한다.

이렇게 만드세요

① 조림에는 흔히 연근, 우엉을 사용한다.
② 우엉을 칼등 또는 휠러를 이용하여 껍질을 벗기고 5cm 정도로 나무젓가락 끝 굵기로 썬다. 연근은 초절이 하는 굵기로 썰되, 단 너무 클 경우에는 반달모양으로 잘라서 얇게 썬다.
③ 기름에 약 3~5분 충분히 볶음한다. 다량일 경우에는 15~20초 정도 튀겨내듯 해도 좋다.

※조미료를 약간 넣는 것은 만드는 이의 소신대로 한다. 청주(정종)가 없으면 소주 또는 미림을 사용한다.

1. 생선구이

1) 소금구이

생선소금구이는 찜이나 조림처럼 갖은 양념으로 맛을 내는 것이 아니라 소금의 깔끔하고 단순한 맛으로 구이를 하는 것이며, 생선살 자체에 어느 정도의 소금기가 있기 때문에 소금은 생선 전체무게의 1~1.5%면 충분하다.

소금구이 생선 중 비늘만 제거하고 굽는 통생선은 30분전에 소금을 뿌려 굽는 것이 좋다. 소금뿌린 상태로 너무 오래되면 살이 질겨지고 맛있는 즙이 빠져 맛이 없다. 생선살이 쉽게 부서지거나 삼치와 같은 큰 생선은 3장 뜨기하여 가시를 제거 후 등쪽에 칼집을 넣어 소금을 조금 뿌려 두는 것이 좋다. 그 이유는 약간의 소금간으로 굽는 과정(뒤집는 과정)에서 살이 깨지는 것을 방지하기 위함이다.

지나치게 짠 자반은 심심한 소금물에 담가놓아 소금기를 뺀 후 건져 물기를 빼고 굽는다. 마지막으로 구울 때는 참기름을 발라준다.

(1) 실예 : 새우소금구이

소금구이용 새우는 머리가 달려 있는 것으로 머리부위가 깨끗한 것이 신선한 것이다.

이렇게 만드세요

① 새우등의 머리쪽부터 2번째 마디에 꼬챙이를 찔러 젖혀 낸 후에 내장을 제거한다.
② 발부위와 수염은 가위로 잘라낸다.
③ 배쪽에 칼집을 넣으면 굽는 것을 방지할 수 있다.
④ 쇠꼬챙이로 밑에서 머리쪽으로 꽂은 후에 머리와 꼬리부위에 고운 소금을 듬뿍 올려준 후 구이를 한다. 굽는 과정에서 쇠꼬챙이가 너무 열을 받으면 살이 늘러 붙으므로 꼬챙이를 가끔 돌려준다.
⑤ 곁들이는 레몬과 조림(우엉, 연근)을 놓아주고 내어 드린다.

봉주방장 해법

① 손질한 생선은 완전동결(강냉)로 얼리지 마세요!
- 맛있는 생선요리는 생선이 가지고 있는 즙액을 그대로 지니고 있어야 한다.
- 냉동된 생선을 또 다시 얼리면 조직의 스폰지 현상으로 맛의 향미가 크게 떨어진다. 부득이 얼린다면 약냉(약한 냉동)으로 보관하고 짧은 시간내에 소비하는 것이 좋다.

② 튀김 새우용 새우는 손질하여 새우 몸체에 직접 소금, 후추를 뿌려주는 것보다는 튀김 반죽에 간을 해 주는 것이 좋다.
- 새우에 직접 소금을 뿌리면 맛있는 액즙이 많이 흘러나오고 그 결과 새우가 질기게 된다.

2) 생선류 간장양념구이

(1) 양념 A방법 : 간이 심심하여 양념에 재워두고 굽는 양

■ 1차 양념
- 찹쌀가루 1
- 생강 5
- 진간장 20
- 물 100

■ 2차 양념
- 미원 약간
- 후추 1
- 통깨 2
- 참기름 3

이렇게 만드세요

① 간장과 물(1 : 5)을 섞는다.
② 생강을 간장의 1/4 정도 넣고 끓인다(약 20분).
③ 생강을 건져내고 덩어리가 생기지 않게 하며 찹쌀가루를 넣어준다.
④ 1차 재료가 식은 후 2차 양념을 혼합하면 된다.

재료	비율
다진파	3
물엿	5
고추장	5
간양파	20
고춧가루	30 굵은 것
1차소스	100

봉주방장 해법

① 생선구이는 1차적으로 손질하여 칼집을 낸 후 슴슴하게 맛소금으로 간을 한다.
② 1/3 정도 구운 다음에 생선양념구이 소스를 발라가면서 앞뒤로 굽고, 손님에게 제공하기 전에 참기름을 살짝 발라 준다.

(2) 생선류 간장양념구이 양념 B방법

■ 기본양념

재료	비율
조미료	0.5
깨소금	1
후추	1
간생강	1
미림	1
참기름	10
설탕	10
마늘	20
파	40
간장	100

위 기본 양념을 이용하여 매운맛을 낼 경우(A, B)

■ 방법 A

재료	비율
굵은고춧가루	30
기본양념	100

■ 방법 B

재료	비율
고춧가루	30
고추장	50
기본양념	100

이렇게 만드세요

① 파, 마늘은 사용하기 직전에 넣어준다.
② 모든 것을 혼합해주고 고추장 또는 고춧가루를 주방장의 뜻에 따라 혼합해주고 사용한다.

※상황에 따라 A, B 양념법 중 택일하여 사용한다.
※간이 짭짤하기 때문에 굽다가 양념을 발라주는 것이 좋다.

(3) 일본식 생선류 간장구이

❶ 간장에 재우는 양념 비율 : 이 양념법은 2시간이 가장 좋다.

■ 재료 및 비율

재료	비율
조미료	약간
레몬	약간
청주	50
다시물	60
진간장	100
미림	100

이렇게 만드세요

① 토막낸 방어, 병어, 등을 간장에 담가 2시간 정도 둔다.
② 꺼내어 굽고 마지막에는 참기름을 발라준다.

※재워두었던 간장은 생강을 약간 넣은 후 끓여주고 걸러 식혀서 재사용한다.

❷ 고추장 양념에 생선류를 재워 놓은 후 굽는 방법

■ 재료 및 비율

재료	비율
레몬즙	5
간생강	5
고운고춧가루	10
미림	20
다진마늘	25
다진실파	25
물엿	40
고추장	100

이렇게 만드세요

① 적당한 크기로 토막을 치거나 또는 손질한 통생선을 그대로 양념에 재워놓은 후 24시간 후 구워준다.
② 다진 실파는 굽기 직전에 넣는다.

※사용한 장은 약간의 물을 넣고 끓여 식힌 후 재사용 한다(약간의 생강즙 필요).
※긴 꼬챙이에 손질한 낙지나 쭈꾸미를 꿰어 기름을 바르고 중간익히기 한 후, 고추장 양념을 바르면서 굽는다.

❸ 일본식 생선류 된장구이

■ 된장에 재우는 양념 비율

재료	비율
미원	약간
물엿	약간
청주	15
미림	20
다시물	30
일본된장	100

이렇게 만드세요

① 손질한 생선토막은 양념된장에 켜켜로 발라 하룻밤 24시간 절인다.
② 물에 가볍게 씻어 굽는다.

※된장은 고운 체에 내리거나 믹서기로 곱게 갈아 사용한다.
※일본된장이 없으면 국내생산 된장도 좋다.

참고
다시물은 다시다, 멸치, 가스오부시, 무, 마늘, 생강, 대파, 건고추를 끓인 것이다.

3) 색다른 생선구이 요리법

굽고자 하는 생선 또는 해물류에, 1차로 마요네즈를 바르고 굽게 되면 색도 곱고 윤기가 난다. 이때에 간장 또는 고추장 양념을 바르고 다시 구워준다. 노른자와 마요네즈를 혼합한 것을 1차로 굽다가 원하는 양념장을 바르고 굽는다. 굽고자 하는 생선에 원하는 생선알젓을 생선표면에 바르고 굽게 되면 별미이다. ※생선알젓(명란젓, 성게알젓, 상어알, 연어알 등)

4) 코다리북어구이

■ 방법 1 : 간장과 고춧가루 양념으로 양념에 재워두고 굽는 법

재료	비율
미원	10
정종 · 미림	20
물엿	20
후추	20

이렇게 만드세요

손질하는 법
① 바싹 마른 북어는 그냥 두드리면 부서지므로 먼저 물에 적셔야 한다.
② 물에 불린 북어는(지느러미, 머리를 제거) 마치 스폰지 같아서 손으로 눌러 물기를 뺀 후 사용한다.

재료	비율
굵은고춧가루	50
참기름	50
간마늘	50
다진파	50
설탕	50
물	50
간장	100

■ 방법 2 : 고추장과 간장으로 굽는 방법

재료	비율
미원 · 혼다시	10
후추	10
깨소금	25
설탕	25
간마늘	25
물	50
참기름	50
다진파	50
간장	50
고추장	100

③ 중간 말린 코다리북어는 머리, 지느러미를 제거한 후 2, 3토막 손질하여 그대로 사용한다. 또는 전부를 사용할 수 있다.

양념하는 법

① 방법 1로 구울 때에는 그대로 고루 굽고, 방법 2로 구울 때에는 유장을 발라주고 애벌구운 다음 양념장을 고루 발라주고 구워 완성한다.

※유장은 참기름과 간장이 3 : 1을 일반적으로 사용하나 굽는 과정에서 쉽게 탈 수가 있으므로 식용유를 참기름의 비율과 같이 넣어준다.

② 양념장을 고루 묻혀 보관한 것은 가끔 뒤집어 준다.

③ 보관하여 두고 사용할 때에는 파 · 마늘은 사용직전에 넣는 것이 가장 좋다.

※방법 1의 양념된 북어를 구울 때 녹말가루를 살짝 묻혀 구우면, 윤기와 보습효과가 좋아진다.
※북어를 구울 때 북어는 익지 않고 양념이 탈 때는 물을 슬쩍 가장자리에 뿌려 주고 뚜껑을 덮어 구워 낸다.

5) 북어 · 황태구이

이 방법은 북어구이 전문식당의 전문가로부터 저자가 직접 전수받은 것이다.

■ 재료 및 비율(북어 70～80마리)

1차 양념하기

재료	비율
후추	약간
미원(50g)	5
소주(2홉)	25
고운고춧가루(250g)	25
마늘(500g)	50
설탕(800g)	80
진간장(1ℓ)	100
양파10개(1kg)	100

※북어, 황태 손질법

① 손질되지 않은 황태 또는 북어를 물에 4~5시간 정도 불린다.

② 망치 또는 방망이를 사용하여 고르게 두들겨주어 살이 부드럽게 한다.

③ 가위로 머리와 지느러미를 자르고 약 5~6시간 동안 소쿠리에 놓아 물기를 뺀 후 양념한다.

※북어구이 전문가(성일엄마)의 조언 : 북어양념은 매일 해야 하고 양념한 것은 냉동시키면 맛이 없다. 또한 여름에는 오전, 오후로 나누어 양념해야 한다.

이렇게 만드세요

① 믹서기 또는 컷터기에 양파와 마늘을 약간의 물을 넣고 갈아낸다.

② 설탕, 진간장, 고춧가루, 소주, 미원, 후추를 분량대로 모두 혼합한다.

③ 손질한 북어에 양념을 칠하고, 소쿠리에 밀가루를 손으로 한주먹(1/2C 정도)쥐 다음 북어 4~5마리 비율로 북어의 안쪽 살부위에 뿌려준 다음 소쿠리에 껍질 부위가 밑으로 가게 하여 포개어 놓는다.

④ ③의 작업이 완료되면 용기에 담아 보관하고 필요시 후라이팬에 지져 나간다.

⑤ 후라이팬에는 충분한 식용유를 넣고 기름이 뜨거워지면 북어를 튀기듯이 지져낸다.

⑥ 약간의 참기름을 살짝 바르고 도마에 놓은 후 토막을 쳐서 가지런히 뜨거운 구이판에 껍질이 용기에 닿도록 하여 담아낸다.

황태구이

■ 황태구이 소스 원액

생강즙 1주먹즙	소주 1병
마늘 800g	콩가루 600g
태양초고추장 5.3kg	사골육수 2중간국자
알찬 고추장 3.3kg	땅콩버터 3수저
미원 800g	물
설탕 1kg	물엿 2.5kg
식용유 2.1kg	다시다 300g
찹쌀가루 600g	

■ 황태구이 소스

원액(소바가지) 5바가지	물(콜라) 2바가지 대접
미원 많이	설탕 많이
다시다 한주먹	소금 한주먹
마늘 적당히	참기름 냄새낼정도
소주 반병	식용유

이렇게 만드세요

① 적당한 믹싱볼에 혼합액을 넣고 끓는 물 위에 이불을 올려놓고 3시간 30분 끓인다.
② 1시간 간격으로 저어준다.
③ 황태를 재울 때는 배쪽이 소스에 잠기도록 한다.
선태 : 40분
구태 : 1시간 30분
④ 황태를 구울때는 ┌ 배부위 :2~3회 └ 등 : 2회소스 원액을 발라준다.

기여사님의 황태구이 방법입니다.

이렇게 만드세요

황태구이 두부말이
① 황태는 찬물에서 손질해준다.
② 지느러미와 속뼈를 제거하고 1/2로 자른다. 다시 물에 담궈두고 불어지면 바구니에 담아놓는다.

A 방법
① 황태 50마리 기준 재료(배 3개, 양파 5개, 갈아서 고운고추가루, 물, 간장, 간마늘, 설탕조금, 미향, 후추, 미원, 참기름)를 넉넉히 넣어 소스를 만든다.
② 손질한 황태를 양념에 담궈 재워놓는다.

B 방법
① 황태 50마리 기준 재료(양파 220g 정도 7~8개, 큰 것 400g 이상은 4개, 배 800g 되는 큰것 2개, 설탕 5T, 마늘 2T, 후추, 미원, 고운고추가루 5T, 다시다 2T, 진간장 600cc, 참기름 200cc)를 넉넉히 넣어 소스를 만든다.
② 황태를 물에 푹 적셔 배쪽을 손질하면서 배를 밑으로 소쿠리에 건져놓고 양념을 발라서 10~30마리 기준으로 봉지에 담아 약냉동에 넣는다.
③ 사용할 때는 들기름을 듬뿍 넣고 지진다.

두부조림
① 황태 한 마리에 두부 1모가 들어간다. 두부를 들기름에 지져준다.
② 양념(간장, 들기름, 고추가루, 설탕)에 물을 조금 넣고 두부를 지져 놓는다
※제공방법: 다 구워진 황태 위에 두부 5쪽을 위에 올린 후 제공한다.

황태구이
① 껍질 부위만 물을 축여서 비닐봉지나 보자기 등으로 1~2시간 정도 싸둔다.

② 촉촉히 눅은 등쪽을 망치로 자근자근 두들겨준다.
③ 머리를 자르고 껍질을 벗겨준다.
④ 칼이나 손으로 반으로 가른다음 가시를 제거한 후 물에 적셔 꼭 짜준다.
⑤ 양념장(고추장, 마늘, 파, 깨, 향신료, 조미료)에 재워두고 오븐이나 팬에 살짝 구워내면 황태불고기가 된다.
※ 진부령 부흥덕장 033)462-5212, 019)328-5212

6) 장어구이{민물장어, 바닷장어(아나고) 꼼장어}

장어는 불포화지방산과 비타민, 단백질을 많이 함유하고 있어 여름철에 즐겨먹는 보양식이지만, 지금은 사시사철 장어요리를 즐기는 외식층이 증가하고 있다.

장어는 국내 또는 일본 등의 소비량이 많고 전문요리 방법이 발달되어 유통되지만 홍콩, 중국 등의 해외로 진출하게 되면 장어가 국내산보다는 무척 크고 직접 손질해야 한다. 일부 일식요리사만이 할 수 있는 것이 아니므로 한식요리사도 반드시 익혀야 할 기능이다.

(1) 장어의 종류

- 민물장어 : 흔히 뱀장어로 알려져 있으며 등쪽은 진녹·흑색을, 배쪽은 흰색을 띤다. 장어는 1kg에 4마리 짜리가 가장 맛있으며, 지나치게 큰 것은 값이 싸다.
- 바닷장어(갯장어)
  - 붕장어 : 일명 '아나고'로 알려져 있으며 연한 회색이다. 가장 두드러진 특징은 양 옆에 흰점이 있으며 잔가시가 많다. 산 것은 회로 손질하고, 냉동된 것은 구이 또는 찜으로 사용한다.
  - 꼼장어 : 껍질을 벗겨보면 불그스름한 살을 지니고 있으며, 가시가 없는 것이 특징이다.

(2) 장어손질법

장어를 손질하는 칼은 별도로 있으며 날이 예리해야 한다. 국내산은 없으며 일본산이 있다.

❶ 장어를 기절시키는 방법

- 얼음 이용 : 얼음에 약 20분 정도 재워놓은 다음, 장어의 움직임이 둔화되었을 때 손질한다.
- 타격을 가하는 법 : P.P자루(양파자루) 등에 3～4마리를 넣은 후, 자루 윗부분을 잡고 힘껏 바닥에 2～3회 내리친 후 손질한다.
- 전기를 이용 : 전문 장어 생산업자들이 이용하는 방법으로, 플라스틱 용기에 장어를 넣은 후 일반 200V 전기를 이용, 전기봉을 만들어 기절시킨다.

▶ 장어 손질법 순서

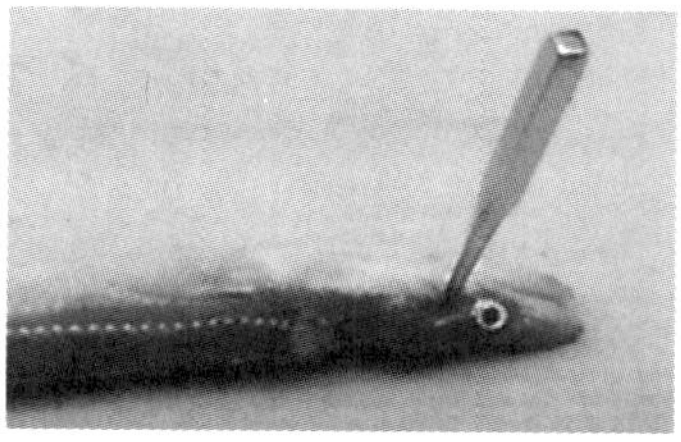

① 나무도막에 장어 머리를 오른쪽으로 하고 송곳 또는 못을 박는다.

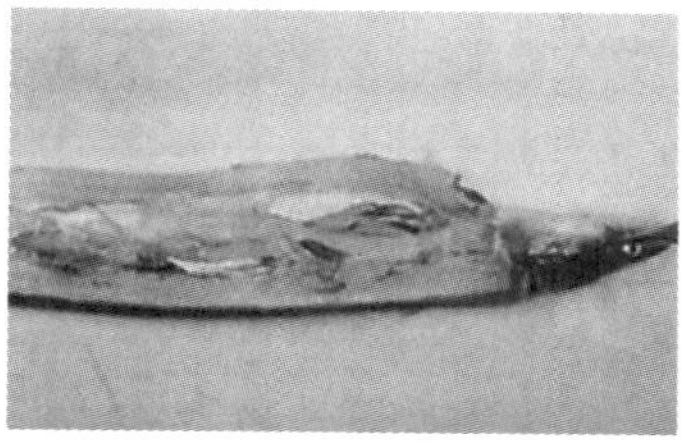

② 등뼈를 따라 훑어내리며 가른다.

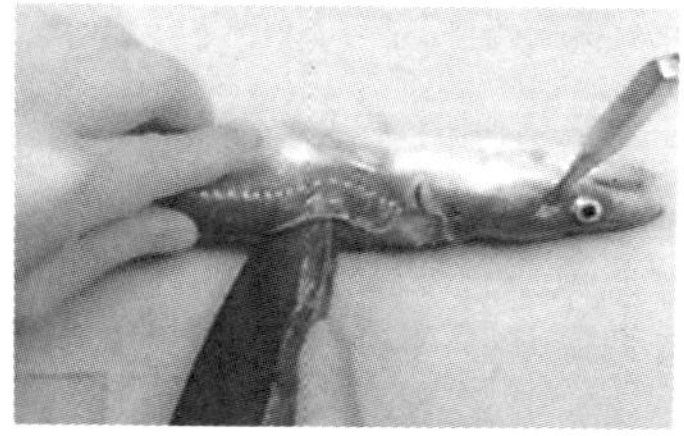

③ 가른 상태의 장어

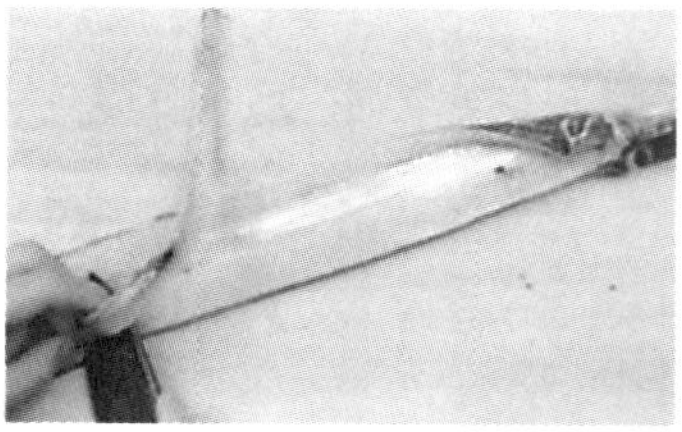

④ 다시 머리 부위의 뼈에서 밑으로 칼을 넣고 아래쪽으로 힘을 주어 뼈를 발라낸다.

⑤ 머리를 잘라내고 내장을 제거한다.

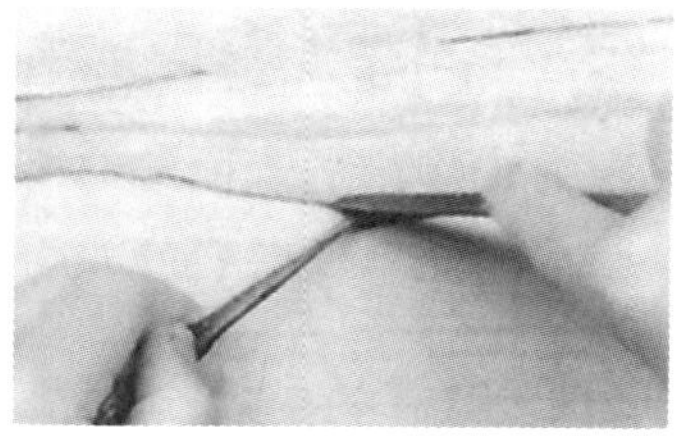

⑥ 지느러미를 제거한다.

봉주방장 해법 : 장어 기절시키는 전기봉 만들기

① 전기를 꽂을 수 있는 전기줄을 선택한다. 길이는 꽂을 수 있는 전기콘센트와 장어가 있는 곳까지 갈 수 있는 길이면 된다.
② 두 가닥이 붙어 있는 전선 끝 부분 30cm를 한가닥씩 분리시킨다.
③ 분리시킨 전선 끝부위에 약 5cm의 전산표피를 벗겨낸다. 젓가락(튀김 젓가락 크기)의 쇠막대를 선택하여 쇠막대의 끝부위에 벗겨낸 전선을 테이프로 감아준다. 양쪽을 같은 방법으로 만든다.
④ 이번에는 플라스틱 수도관 굵기의 봉을 선택하여 쇠막대의 봉이 서로 반대로 하여 플라스틱 봉에 전기 테이프로 여민다.
⑤ 플라스틱 봉은 물로 쇠막대기보다는 길이가 큰 1m 정도가 좋다. 쇠막대기가 있는 반대쪽이 물론 손잡이다.
⑥ 전기는 일반 가정용 220V면 되고 장어가 있는 플라스틱 바구니에 봉을 넣으면 장어가 기절한다. 약 5분간 그 상태로 놔둔다.
※ 장어 도매상에서 가격 2~3만원에 판매를 하기도 한다.

❷ 신선하지 않는 장어 선별법

· 표면에 뭉굴뭉굴한 액체가 묻어져 있다.
· 껍질부위가 회색으로 윤기가 나질 않는다.
· 장어머리부위가 투명하고 눈이 선명해야 한다.
· 눌러보면 탄력이 없다.

❸ 장어를 굽고 보관하는 방법

장어구이는 직접 손님이 보는데서 구워주는 방법도 있으나 단계별로 내어주는 한정식 차림일 경우에는 한번 구워둔 후에 필요할 때 꺼내어 사용한다.

장어를 굽고 보관하는 방법은,

- 숯불이 좋으나, 구워서 제공할 때에도 샐러멘더를 이용하여 양념을 한번 발라서 구이를 하여 1인분씩 잘라 포장하여 놓았다가 사용한다.
- 전자렌지를 이용하여 녹여준다.
- 양념을 다시 바르면서 구워준다. 부재료와 모양을 내어 제공한다.
- 장어를 굽게되면 크기는 1/2로 축소되고 무게는 1/3 정도 줄어든다.
- 꼬리부위는 정력제로 인식되어져 있기 때문에 타지 않게 쿠킹호일에 감아주고 조심스럽게 구워 낸다.

❹ 장어구이에 곁들이는 고명(꾸미)

생강 채 썰은 것, 레몬 한 쪽, 마늘 편 구운 것, 버섯(생송이, 느타리 등)구이 등이 있다.

봉주방장 해법

생강채 썰은 것과 마늘 채썬 것을 찬 물에 헹굼하여 섞어준 후 위에 올리는 방법
이 방법은 고명없는 시간이 빠르다.

❺ 장어맛을 살리려면 : 구이가 완료된 후 참기름에 살짝 발라준다.

❻ 장어소스 끓이는 법

▶ 기본 : 2차 재료인 A방법과 B방법을 넣고 완성한다.

■ 1차 : 장어뼈 국물 진하게 끓이기

월계수잎	약간
양파	5
마늘	5
생강	5
마른고추	5
샐러리	5
통계피	5
된장	5
장어뼈	40
물	100

■ 2차 : 장어구이 양념 완성하기

• A방법

미원	약간
계피가루	약간
물엿	20
백설탕	30
청주	100
간장	100
1차국물	100

• B방법

땅콩버터	5
된장	5
A방법의소스 (전 재 료)	100

이렇게 만드세요

① 장어뼈와 머리부위는 손질하여 물에 흘려 잡냄새를 제거한다.
※손질한다는 것은 장기류(쓸개)를 제거한다는 의미이다.
② 장어뼈의 약 2배의 물과 향신재료를 넣고 은근히 끓인다.
※샐러리는 사용하지 않고 버리는 밑동 부위를 활용한다. 약 2~3시간 은근히 끓인다.
③ 체에 거른 다음 2차 재료를 넣고 끓인다

A방법(일본식 장어구이소스 끓이는 방법)

① 은근히 졸여 1/2로 졸아들면 체에 바쳐낸다
② 장어 굽는 가까운 곳에 소스를 두고 붓으로 발라주면서 굽는다. 시간이 흘러 수분이 증발하여 짜지면 미림 또는 청주를 넣고 살짝 끓여 간과 농도를 조절한다.

B방법(A방법을 응용한 것, 된장과 버터를 추가로 넣은 것)

① 1/2로 줄어 뻑뻑해질 때까지 은근히 졸여준다.
② 체에 거른 후 알맞은 용기에 담은 후 보관해두고 사용한다

▶ 또 다른 실무 장어소스 : 한국의 집 이종철씨

콘시럽 1.8ℓ 1병	고추장 1kg	통마늘 한줌
마른고추 6개	대파 3개	흑설탕 1kg
간장 400cc	통후추 30개	생강 100g
정종 300cc	양파 1개	갠 겨자 1T

한참을 끓여 식힌후 체에 바쳐내어 사용한다.

▶ 민물장어 구이소스

■ 1차 : 진한 장어뼈 국물내기

재료	비율	비고
월계수잎	0.5	
미원	1	
통후추	3	
감초	5	
마른고추	20	또는 마른고추씨
생강	20	
양파	20	
대파	20	
장어	30	장어뼈 · 머리
물	100	

■ 2차 : 장어양념 완성하기

재료	비율
땅콩버터	5
된장	10
물엿	20
소주	20
설탕	30
진간장	30
1차육수	100

이렇게 만드세요

① 살아있는 장어를 잡아 손질하는 것은 전문성을 요구하기 때문에 국내라면 손질한 것을 주문하면 뼈와 머리를 구분하여 가지고 온다(뼈와 머리는 구워서 사용한다). 이것을 부재료와 함께 은근한 불에 3시간 정도 푹 곤다(이때 쓸개는 버려야 한다).

② 2차에서 은근하게 반 이상을 졸인다(1/2~1/3사이, 식었을 때 뻑뻑한 상태가 좋다).

※샐러리 밑둥이 있다면 10% 정도 양을 사용한다.

※좌의 양념 위에 한약재 일반적인 것 20여 가지를 넣고 끓여 매운 고춧가루 등을 혼합하는 방법이 있는데 독자님들은 활용해 보기 바란다.

봉주방장 해법 : 장어를 바르게 굽는 법

① 장어를 석쇠에 놓고 굽는데, 껍질 부위가 먼저 불쪽으로 향해야 곱게 구워진다.
② 굽는 기구로는 샐러멘더 또는 숯불 가스기기를 사용한다.
③ 꼬리부위는 몸통에 비하여 쉽게 탈 수 있다. 몸통이 익었을 때 꼬리부위를 굽거나, 알루미늄 호일로 꼬리 부위를 덮어서 굽는다.
④ 1차로 어느 정도 구워지고 색깔이 노릇노릇하여 졌을 때 소스를 발라준다.
⑤ 앞뒤로 계속 발라주고 마무리한다.

서브하는 법 : 서브할 때는 참기름을 살짝 발라서 생강은 곱게 채를 치고, 마늘은 편을 썰고, 레몬은 반달모양으로 얇게 저며 서브한다. 1~2인분용 쇠판을 사용하고, 더욱 좋은 것은 수족관에서 사용하는 검은 바둑돌을 뜨겁게 달궈 쇠판에 얹어서 서브하면 더욱 좋다. 젤리 알콜을 한쪽에 넣고 불을 붙여 제공하는 방법도 좋다.

장어구이 : 유명전문점 업소 비법

양념육수

10깔통에 장어뼈 내장을 제거한 것을 2/3정도 넣고 물을 충분히 잠기게 넣고 양파 5개, 대파 10개(파껍질 모아놓은 것) 마늘 1.5kg, 생강 3kg, 무 1 1/2~2개, 감초 1/3봉, 통후추 1주먹, 계피 2봉, 고추씨(우동대접)1개, 쇠고기다시다 약간 넣고 재료를 5시간 정도 끓인다. 굵은 소쿠리에 바친후 재차 잘박하게 물을 붓고 두 번 거른다. 이것을 기본으로 양념 소스로 쓴다.

간장소스

위 양념육수에 몽고진간장 3개 우동대접으로, 전지분유 10kg×2개, 감자전분 1kg×3개, 소주(막소주), 2/3정도, 백물엿(우동대접) 3개, 설탕(우동대접)3개, 캬라멜 적량을 넣고 잘 혼합하고 은근히 끓여 살균처리와 양념이 익게 한다.

고추장 소스

일반고운고추가루 5kg, 순창고추장 5kg, 물엿 1.5kg, 간장 1.5kg, 넣고 끓인다.
끓인 후 전분으로 농도를 맞춘다.

장어굽기

이렇게 만드세요

① 장어는 생으로 초벌구이하고 석쇠에 1시간정도 말린다.
② 다음 간장양념에 재운다.(재운다는 뜻은 한번 발라준다.)
③ 간장 양념구이는 간장양념을 2번을 발라주면서 구워주고 고추장 양념을 할 때에는 고추장 양념을 발라준 후 구워준다.

▶ 바닷장어구이 양념소스

민물장어 구이소스의 1차 양념을 기본으로 활용하여 얼큰하게 끓이는 방법이다.

■ 재료 및 비율

재료	비율
간생강	10
간마늘	20
청주	20
굵은고춧가루	30
고추장	50
물엿	50
1차 양념 끓인 것	100

이렇게 만드세요

① 민물장어 기본으로 하여 얼큰하게 끓이는 법이다.
② 민물장어 소스의 1차 양념을 활용 맵게 혼합한 것으로서 한국인에게 잘 맞는 양념이다.
③ 장어를 구울 때는 양념장을 미리 바르면 장어가 탈 수 있으므로 주의한다.
④ 장어는 처음 1~2회는 간장소스를 바르고 굽다가 나머지는 고추장 소스를 1~2회 더 바르고 굽는다.

※손님께 드릴 때에는 참기름을 약간 넣는다.

▶ 아나고 구이

■ 재료 및 비율

재료	비율
미원	약간
레몬즙	3
소주(1국자)	20
양파즙(1국자)	20
간마늘(1국자)	20
배즙(1국자)	20
물엿(2국자)	40
간장(2국자)	40
고운고춧가루(2국자)	40
물(5국자)	100

이렇게 만드세요

① 간장물을 끓이는데 재료 및 비율에는 언급하지 않았지만 대파, 생강, 마른고추를 적당량 넣고 약 1시간 정도 끓인다. 재료를 건져내고 식힌다.
② 비율대로 갈아 넣는다.
③ 손질한 아나고(껍질 벗기고 등쪽으로 편 것으로 다른 장어와는 달리 뼈는 제거하지 않는다)를 바르면서 굽는다.

2. 패(조개)류 및 연체(낙지)류 구이

- 통조개구이하는 법 : 대합구이
- 조갯살을 꼬치로 하며 굽는 법 : 패주구이
- 조갯살을 썰어 다른 부재료와 함께 양념하여 껍데기 속에 넣고 굽는 법 : 소라구이

1) 대합구이

(1) 조개는 앞, 뒤 뚜껑이 있다

조개는 익으면서 입이 벌어진다. 이것은 조개가 익었다는 신호도 되지만, 조개껍데기가 벌어지면서 뒤집어지거나 쓰러져 맛있는 국물이 쏟아진다. 조개는 앞, 뒷면이 없이 똑같은 것 같지만 그렇지 않다.

밑면은 익었을 때 살이 붙어 있는 쪽이며, 윗면은 살이 붙어 있지 않은 쪽이다. 조개구이 할 때에는 살이 붙어있는 밑면이 밑에 있어야 하는데 정면으로 보았을 때 구분하는 방법은 조개겉면 한쪽에 힘줄이 검게 붙어 있는데 힘줄을 왼쪽으로 놓으면 반드시 국물이 쏟아지지 않고 안전하게 구울 수 있다.

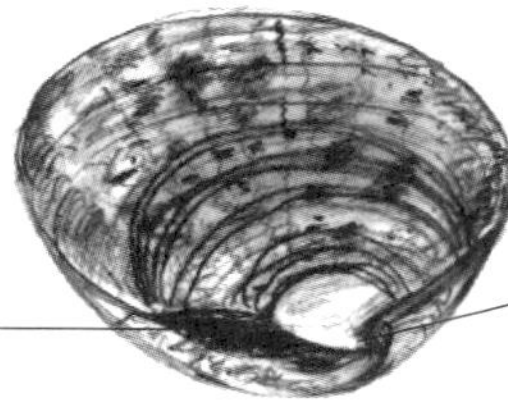

<조개 구울 때의 바른 위치>

(2) 윗뚜껑에 소금을 듬뿍놓고 구워야 한다

윗뚜껑에 소금을 듬뿍 놓고 구우면 뚜껑이 열리는 것을 방지할 수 있다. 소금을 놓을 때 소복히 쌓기 위하여는,

- 물을 분무해 줄 것 : 약간의 수분을 소금 위에 분무해주면 그대로 있다.
- 계란 흰자를 혼합해줄 것 : 소금에 계란 흰자를 1/5정도 넣은 후 얹어 준다.

소금을 깔은 접시에 물을 분무기로 분무해주고 구운 조개를 놓은 후 가장자리에 고체 알코올을 놓고 불을 붙여서 제공한다.

봉주방장 해법

조개구이 할 때에는 껍질의 열고 닫는 기능의 검은 피막을 벗겨내면 안전하게 구울 수 있다.

※ 조개를 해감시키는 방법은 그릇은 물을 담고 조개를 물속에서 마찰시켜(빨래하듯) 수족관에 소쿠리 채 종류별로 넣어 놓는다.

2) 패주(관자)구이

(1) 꼬치로 굽는 법

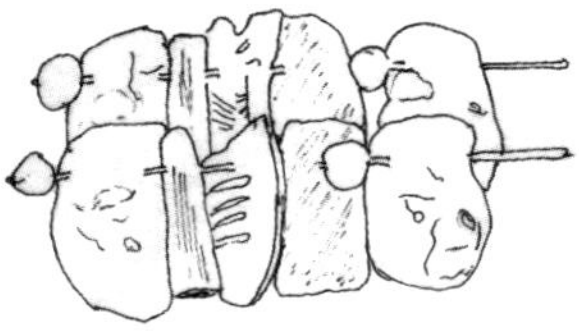

양념은 단순하게 참기름, 소금, 후추, 파, 다진 것 또는 파슬리 다진 것 약간 정도로 준비하고 너무 질기지 않게 약간 덜 익은 듯하게 굽는다. 은행, 조갯살을 교대로 끼워 굽는다.

※패류와 연체류는 완전히 익으면 질겨진다.

※은행볶는법(껍질제거법) : 팬에 기름 약간 두르고 어느정도 볶음하다가 물엿 조금 넣고 롱스푼으로 문지른다.

(2) 패주를 통하여 칼집을 넣고 굽는 법

이렇게 만드세요

① 통패주에 칼집을 위표면에서 패주살의 중간까지 내고 열십자로 촘촘히 썬다.
② 참기름(또는 버터기름)을 바르고, 소금, 후추로 간을 한 후 센불에 앞·뒷면을 굽는다.
③ 패주가 클 때에는 1/2로 잘라준다.
④ 조개껍데기 위에 구운 패주를 놓고 은행을 굽거나 볶아 2개의 열에 고명으로 놓는다.

(3) 소라구이

이렇게 만드세요

① 소라구이는 살이 크기 때문에 꼬치구이를 할 때에는 앞의 패주구이와 같은 방법으로 소금, 참기름으로 구워도 좋으나 데린간장으로 구워도 좋다. 또는 데린간장에 불고기 양념을 혼합하여 사용하면 더욱 맛있다.
② 썰어서 굴소스를 넣고 센불에 볶아 소라껍데기에 채워준 후 고명(황, 백지단, 석이 등)을 한 후 소금을 깐 접시에 고체 알코올을 올려 놓고 불을 붙여 제공해줘도 좋다.

(4) 낙지구이(낙지구이, 낙지볶음 양념공통)

■ 재료 및 비율

재료	비율
참깨(10g)	0.5
검은후추(10g)	0.5
간생강(100g)	5
미원(100g)	5
간양파(200g)	10
배즙(300g)	15
진간장(400g)	20
다진마늘(800g)	40

이렇게 만드세요

① 낙지구이 또는 볶음양념은 비율대로 혼합하여 보관한 후 사용한다.
② 낙지요리(구이, 볶음)을 할 때에는 먼저 낙지를 식용유에 볶음한 다음 야채를 볶아주고 준비된 양념장을 넣어야 한다.

봉주방장 해법

해물구이 또는 볶음은 먼저 해물자체의 표면에 유막을 형성해야 한다. 해물요리할 때에 센불에 식용유로 먼저 볶음한 후에 해물을 넣어야 색감이 예쁘다.

굵은고춧가루(800g) 40
물엿(2kg) 50
찹쌀고추장(1kg) 100

■ 실제예
마늘 3kg, 생강 500g, 미원·다시다, 참기름 약간, 소주 1병(1.8ℓ), 미원 1캔, 굴소스 1캔, 닭소스 1ℓ, 양파 10개, 고은고추+굵은고추 4kg, 물엿(7ℓ), 고추장(18ℓ)

해물요리는 센불에서 짧은 시간 내에 완료해야 육질이 연하다.

봉주방장 해법 : 낙지를 부드럽게 하는 방법
낙지구이, 낙지전골, 불낙 등 낙지를 열처리(굽기, 볶음, 전골) 해야 하는 요리 중 낙지를 부드럽게 하기 위해서는 일반적으로 낙지가 신선해야(냉동이 아닌 것)한다고 생각하나, 그렇지 아니하고 냉동낙지라도 내장을 제거하여 굵은 소금과 소다를 넣고 약 30분간 주무른다. 대량으로 할 때에는 세탁기에 넣고 돌려주고 깨끗이 헹궁한다. 또는 장화를 신고 소금을 넣고 밟아서 낙지를 부드럽게 한다.

봉주방장 해법 : 손질한 낙지를 보관하는 방법
손질된 낙지는 시간이 지나면 붉은색이 나므로 얼음에 재워둔다.

낙지구이(루○가○의 낙지구이 방법입니다.)

■ 양념

고추장 2100g, 간장 2600g, 고은고추가루 1800g, 배 3000g, 양파 2000g, 다진마늘 2000g, 물엿 1200g, 조미료 500g, 후추 20g, 냉소다 75g, 미림 1500g, 참기름 4ℓ, 참깨 100g, 다진생강 150g, 정종 900cc

■ 낙지장 소스

고춧가루 1000g, 사과 3500g, 다진마늘 4000g, 황설탕 3.500g, 참기름 2700g, 간장 3600g, 양파 4000g, 다진생강 200g, 후추가루 100g

이렇게 만드세요

① 낙지는 먹통을 제거하고 다리 끝을 잘라낸 후 소금에 문질러 씻는다.
② 소다와 미림에 30분가량 담그어 놓은 후 채에 바쳐 물기를 빼낸다.
③ 양념과 낙지를 버무려 냉장보관을 한다.
④ 낙지장 소스는 사과와 양파를 갈아 즙을 낸 후 마늘, 생강을 섞은 후 고추가루와 설탕, 후추, 조미료 참기름을 넣어 잘 섞은 후 하루정도 삭힌 후 구운 낙지를 찍어 먹으면 좋다.

※전라도에서는 낙지찜을 할 때 머리를 통째 먹는데 머리는 '엔톨'이라고 하고 익으면 순대처럼 된다.

낙지볶음

간장약간, 고추장, 굵은고추가루, 설탕, 물엿, 오뚜기카레, 물엿, 간마늘, 겨자 약간, 배간 것, 양파간 것, 미원, 다시다를 섞어 양념을 만든다.

※청량, 태양초를 적당히 섞어 사용한다.

제3절 버섯구이 및 더덕구이

1. 송이구이

송이버섯은 가을에 채취하는 버섯으로 특이한 향기가 일품이다. 조리에 있어서도 송이향을 잃거나 감소시키는 조리는 피하고 송이 자체의 맛을 살릴 수 있도록 간단하고 삼삼하게 하여 송이버섯 향을 유지토록 해야 한다. 송이버섯은 활짝 핀 것은 향이 잘 나지 않으며 어린 것 일수록 좋다. 송이가격은 98년 가을시세는 1kg에 25만원 이상으로 1kg은 송이 60개이고 2008년 현재에는 약 12만원 정도이니 재배기술에 의해 값이 내린 것 같다.

(1) 송이버섯 손질요령

- 버섯을 깍아내는 방법 : 버섯 밑둥 끝은 모래알이 박혀 있으니 깍아내고, 머리부위도 중앙에서부터 살짝 결대로 벗겨낸다. 이 방법은 깨끗하기는 하나 낭비가 있다.
- 버섯을 씻는 방법 : 버섯 밑둥 끝을 칼로 깍아내고, 버섯 갓은 물에 잠기게 하여 수세미로 닦아낸다. 버섯의 유실은 없으나 물이 버섯 갓 속에 들어가는 것이 좋지 않다. 자칫 흙이 잔류할까 염려된다.

※깍아낸 버섯살은 버리지 말고 국 끓일 때 사용하면 좋다. 사용할 때는 그대로 햇볕에 말리고(흙 포함하여) 보관 후 맑은 육수 끓일 때 넣어주면 송이향이 일품이다. 그러나 밑에 가라앉은 모래와 흙은 조심해서 취급해야 한다.

■ 송이구이(참기름에 살짝 굽는 것)

• A방법

참기름	2
간장	4
손질한송이	100

• B방법

소금	1
참기름	4
손질한송이	100

※송이버섯은 송이버섯의 특이한 솔향이 진미인데 참기름 등의 지나친 향재료 및 소스는 어울리지를 않는다. 그러므로 참기름을 사용하지 않던가 조금만 사용하도록 한다.

이렇게 만드세요

① 버섯은 손질하여 두께 3mm 정도로 송이 모양대로 썬다.
② 양념은 잘 혼합해 놓고 송이를 슬쩍 담궜다가 석쇠에 구워주거나 석쇠에 송이를 가지런히 한 후 양념을 발라주면서 은근한 불에 굽는다.
③ 검은돌(수족관에서 판매함)을 뜨겁게 달궈 접시에 깔고 송이를 살짝 깔아준다.
④ 구운 송이를 솔잎 위에 가지런히 놓아준다.

※참기름 소국장을 곁들여 나간다.

봉주방장 해법

- 솔잎을 녹즙기로 짜내어 솔잎즙을 만들어 조그마한 병에 보관한다.
- 사용할 때에는 물에 심심하게 소금을 넣은 후 솔잎즙을 약간 타주고 송이를 구울 때 살짝 적셔준 다음 구워준다.
- 제공할때는 ① 검은 바둑돌을 뜨겁게 달구어 편편히 깔아준다. ② 솔잎을 알맞게 깐다. 그러면 솔잎이 뜨거운 바둑돌에 의하여 은근히 누르스름하게 색이 변한다. ③ 구운 송이를 가지런히 둘러준다.

(2) 새송이 버섯구이

새송이란 송이버섯과 느타리버섯을 접목하여 양식생산하는 것으로, 위·아래가 비슷한 기둥모양으로 되어 있다. 이것은 송이버섯구이 대용으로 할 수 있다. 가격은 1kg에 15,000원 정도이다.

> 이렇게 만드세요
>
> ① 송이버섯구이와 같은 방법으로 하여도 좋고
> ② 새송이를 구워 장어구이 또는 생선구이의 곁들이로 놓아줘도 좋다.

(2) 양송이 버섯구이

양송이는 중간 크기를 선택하여 기둥을 제거하여 다른 용도로 사용하고 캡을 석쇠 위 또는 구이탄에 놓으면 안쪽에 노란액이 고인다. 그 때에 손님께서 버섯액을 드시게 하는 것이 요령이다.

2. 더덕구이

더덕에 양념장을 무쳐 구운 반찬류로서, 더덕 고유의 향이 감소되지 않도록 조미를 삼삼하게 한다.

■ 재료 및 비율

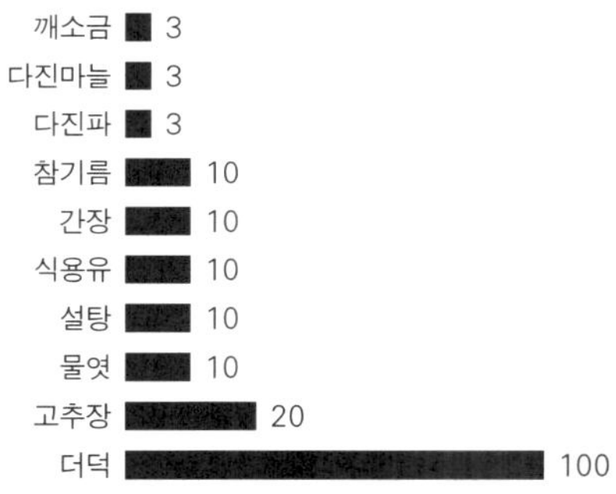

이렇게 만드세요

① 생더덕을 반으로 갈라서 펴놓고 도마 위에서 칼등으로 두들겨 편편하게 한다.
② 식용유를 먼저 살짝 발라주고 1차로 굽는다.
③ 나머지 재료를 모두 혼합하여 발라주고 2차로 굽는다.

※양념을 모두 혼합하여 그대로 무침하여 굽게되면 색상이 좋지 않다. 식용유를 발라주고 1차로 굽는 것이 중요하다.
※봉주방장해법 : 불고기양념 1에 고추장 1/3, 고운고추가루 1/3를 혼합하여 쉽게 더덕양념구이를 만든다.
유장 : 식용유 2/3, 참기름 1/3를 혼합하여 1차로 구운 후 봉주방장해법의 양념을 2차로 발라서 구은 후 잣소금 또는 깨소금 뿌려 제공한다.

6. 찜

찜은 증기로 증숙하는 "찌다"의 의미이다. 과거 찜을 하는 방법은 찜을 하고자 하는 재료를 양념하여 냄비에 앉힌 후 약 1시간쯤 재웠다가 다른 솥에 냄비높이보다 낮게 물을 넣고 센불에서 끓이고 약불에서 끓이는 과정을 반복하는 것을 '물위끓임'이라고 한다. 재료에 따라 익는 시간이 다르겠지만 1시간 이상을 물위끓임을 하면 찜을 하고자 하는 냄비 위에는 솥뚜껑으로부터 증기가 맺힌 물방울이 떨어져 고여 있는 경우가 허다하며 이 겉물은 따라내었다.

과거 시골에서는 종종 소죽 끓이는 여물솥이나 국솥, 밥솥을 이용하여 맛스럽게 양념한 각종 찜을 물위끓임하다가 찜요리를 조리하였다. 이러한 방법은 중탕하는 방법과 밑으로부터 증기가 발생하여 요리가 되는 찜요리의 중간 방법이라 볼 수 있다.

결론적으로 자작한 국물이 있으면서 물로 익는 요리를 하는데 있어서 물위끓임이나 증기를 내어 찜요리하는 불편함을 넉넉한 국물을 넣고 조려나가면서 익히는 방법으로 오늘의 찜요리가 된 것이다. 이와 같은 요리법이 오늘날에 한국조리의 조림류와 찜류의 구분이 모호한 것이 사실이다. 한국요리의 대표적 저서 몇 권을 예로 들면, 닭찜과 닭조림의 양념과 조리법이 소개가 되지 않는 용어지만 오래 전부터 닭도리탕이라 하면 얼큰한 고추장 국물에 토막친 닭과 감자 등을 큼직하게 썰어 조림한 것을 연상하게 되는데, 이것을 조림류로 구분해야 하는지 찜류로 구분해야 할지 명확히 구분이 되지 않지만 조리법으로 본다면 조림이 맞고 의미로 보면 찜으로 구분할 수밖에 없어 혼선이 된다.

찜이란 말의 어원의 근거는 조리고서인 「증보산림경제」에 '양념한 고기를 중탕하여 연해지면 먹는다'와 「규합총서」에 '고기를 찜하는데 국물이 바틋하여 제몸이 다 익은 후는 젖을 만해야 좋다'고 쓰여 있으니 한국요리문화사의 이성우 선생은 찜은 요리법에서 온 명칭이라기 보다는 마무리된 상태가 수증기로 쪄내었을 때의 상태로 해석해야 한다고 했는데 이렇듯 한국요리가 세계적 요리가 되기 위해서는 한국조리 용어부터 분명한 우리글의 의미는 무엇인지 정리가 되고 그에 맞는 조리법이 정착이 되어 그것을 기초로 하여 새로운 양념법이 개발되고, 그로 인한 세계인의 입맛에 한국음식이 정착되어져야 할 것이다.

저자는 찜의 본래 의미를 냉철히 적용하여 조리법을 기술하여야 하지만 조림류중 주식요리(육류요리)는 찜으로 분류하고 반찬의 의미가 있는 조림은 조림류로 구분하였다. 실제로 「한국요리문화사」를 인용하면 '시의 전서 : 1700년대 이후 조선요리 소개지에 진장에 고기 단자에 호두, 잣을 넣고 구워서 진장에 졸이되 꿀을 많이 타서 단맛나게 졸이다'라고 소개하였는데, 이것이 장조림인 것 같다.

어찌되었든 한식요리에는 증숙(찜)하는 방법보다는 향재료(파, 양파, 마늘, 생강 등)와 먹기 좋은 간을 하여 끓여 익히는 경우가 많다. 그러나 계속 끓이면 간이 강해져서 조림이 되기 때문에 알맞게 익은 찜은 찜통에 또는 중탕으로 보관함은 당연하다. 많은 종류의 찜이 있지만 이해를 돕기 위하여 공통되는 부분은 중복을 피하기 위하여 묶음으로 설명하며, 찜의 기본양념을 기초로 창의적인 응용양념법이 개발되도록 유도했다.

찜요리의 현대화에 대한 봉주방장의 의견

찜통(재래식 방법 : 현 한식주방실정)의 원리를 언급하면 밑에서 증기를 내어 구멍 뚫린 위로 보내어져 찜 요리가 익혀지는 것이다. 이때에 찜이 되는 요리의 양념 등이 밑으로 흘러내려 증기발생이 잘 안되고 물이 흘려져 끓어 넘치는 경우가 있다. 이러한 재래방법보다는 컨백션오븐(convection oven)을 구매하여 사용하면 증기가 위, 좌우에서 뿜어져 나오며 증기 외에 반습열요리, 건열요리 등 여러 가지 복합적인 요리를 할 수 있다. 좁은 공간에서 여러 가지 요리를 해낼 수 있는 이와 같은 다용도 오븐을 양식주방 기기라고 배척하지 않고 사용할 때, 한식주방의 과학화가 되는 것이다. 고가품인 것이 흠이다.

찜통다루는 법

큰 것과 작은 것, 둥근 것, 각진 것, 여러 가지가 있다. 주방현실에 맞게 선택하여 사용한다.

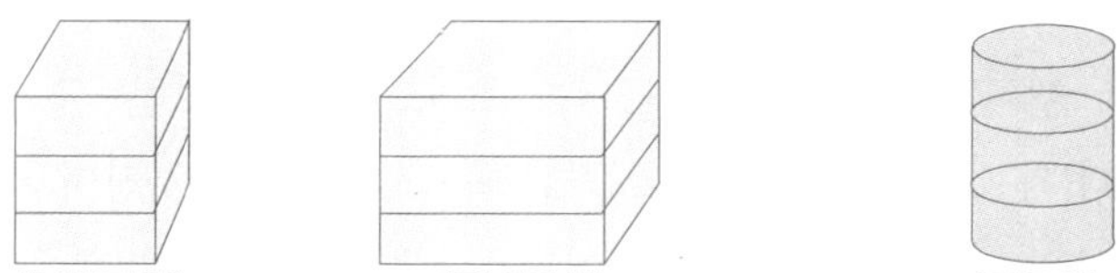

(정사각형) (직사각형) (원통형)

- 찜통의 물은 찜통의 약 60% 정도를 채우는 것이 적당하다.
- 찜통의 가장자리에 증기가 샐 경우에는 밀가루를 반죽하여 붙여서 증기가 새어 나오지 못하게 한다.
- 찜통에 하고자 하는 찜요리를 넣는 시점은 증기가 최대한으로 올라올 때 넣는다(특히, 알찜).
- 오랫동안 찜통에서 대기해야 하는 경우, 뚜껑을 열어 안쪽의 물방울을 닦아 준 다음 살짝 옆으로 비켜 덮는다.
- 가끔 찜통의 물을 보충해 주거나 사용하던 물을 교환해 준다.

만들어 놓은 찜을 보관하는 방법에 대한 봉주방장의 연구

외국에서 경험한 한식찜요리 보관하는 법을 소개한다(요리 : 꼬리찜, 갈비찜, 닭찜).

외국에 진출하는 한식요리사는 일단 고임금을 받고 외국으로 진출하는 경우가 종종 있다. 국내의 한식당처럼 몇 가지 음식으로 전문화된 차림보다는 한식요리 여러 가지를 메뉴상에 차림해 놓는 경우가 많다. 여기에서 고임금을 준 업주측 입장은 모든 메뉴가 완벽한 조리가 되어 손님에게 제공되는 것을 원하고 외국에서의 근무 경험이 없는 한식요리사는 말도 통하지 않는 제3국인을 데리고 일을 해야하니 그 답답한 마음을 경험하지 않은 사람은 모른다.

▶ 찜요리하여 보관하는 방법

① 보관을 해야 하는 찜은 약간 덜 무르게 찜을 하여 국물 속에서 그대로 식혀야 한다.
※건져내어 식히면 겉표면이 진갈색이 되어 보기 흉하다.

② 식혀진 찜은 건져내고 국물은 체에 바쳐 내어 깨끗한 찜국물이 되게 한다.
※보관해야 하는 찜요리는 국물이 넉넉해야 한다.

③ 비닐팩에 국물과 함께 사람수에 맞는 건지를 넣고 국물이 새지 않게 묶어주어 동결시킨다. 동결시킬 때는 되도록 얇게 펴서 동결시킨다. 사용할 때에는 전자렌지에 돌려 녹여준 후 봉지를 열어 냄비에 끓여 고명과 함께 내어드린다. 또는 찜그릇에 고명을 제외하고 담아 그릇 자체를 냉동 또는 냉장보관하는 방법이 있다. 이러한 경우 사용할 때에는 찜이 담겨진 그릇을 그대로 찜통에 쪄서 고명을 얹은 후에 내어드린다.

④ 이미 간이 정확히 된 것이기 때문에 국물이 짜지면 안되므로 간이 되지 않은 육수 또는 물을 약간 넣어 끓인다.

▶ 찜에 사용하는 꾸미(고명) 준비

찜에 사용하는 꾸미의 재료는 무, 표고버섯, 은행, 당근, 밤, 대추, 마늘, 피망, 죽순, 한약재, 황·백지단 등을 사용한다.

- 무 : 도톰한 사각형으로 나박나박 썰어낸 후 밤톨같이 깍는다. 무가 설컹하게 익을 때까지 일부 찜국물의 일부를 덜어내어 익힌다.
- 건표고버섯 : 물에 불려서 기둥을 떼어내고, 은행잎 모양 또는 일자형으로 썰어 찜 중간에 넣는다.
- 밤 : 밤은 주재료와 함께 익히면 색이 좋지 않고 윤기가 나지 않아 별도로 밤초를 만든 후 고명으로 사용한다. 생율은 약 10분 정도 끓는 물에 넣고 익힌다. 설탕과 물엿을 전체 양의 30% 넣고 서서히 윤기나게 한다. 오래 끓이면 밤이 결대로 쪼개진다.
- 인삼 : 인삼은 찜국물 1 : 물 1 : 물엿 1의 비율로 은근히 졸여서 사용한다.
- 대추 : 대추는 통으로 줄 때에는 씨만 고스란히 빼내는데, 그 요령은 대나무 꼬치나 쇠꼬치로 씨 주

변을 동그랗게 원을 그려주고 빼낸다. 빼낸 대추는 밤초 하듯이 물엿에 약 5~10분 졸여준다. 다른 방법은 씨를 돌려깍기하여 빼낸 후 3~4등분하여 그대로 넣어준다.

- **황·백지단** : 여러 모양 중 선택하여 썬다.
- **청피망** : 속심지를 제거한 다음 삼각형으로 잘라서 뜨거운 물에 소금을 약간 넣고 잠깐 데쳐낸 후 찬물에 헹구어 놓는다.
- **은행** : 은행은 껍질을 벗기고 2~3개 넣는다.

봉주방장 해법

※꾸미는 꾸미다, 장식한다는 고명의 의미로서 순수한 우리말이다(고명(高明)은 한자어이다).

- 고명(꾸미) 재료는 요리가 완료된 찜을 돋보이게 하는 것으로, 주재료인 찜보다는 밝은 색을 나타내야 한다. 준비된 꾸미는 제공하기 직전에 고명으로 얹은 후 뜨겁게 하여 손님께 드린다.
- 고명(꾸미) 재료 보관은 물엿에 졸였던 대추, 밤, 인삼은 함께 보관하고 피망은 하루하루 당일 준비하여 얼음물에 보관한다.

제1절 쇠고기를 이용한 찜

쇠고기는 한국요리에 있어서 다른 육류요리보다도 선호되고, 요리법도 발달되었다. 쇠고기는 부위별로 다양하게 찜요리로 사용되지만, 요리가 되는 과정, 양념, 완성된 찜이 비슷하여 한가지씩 소개한다면 중복되는 설명이 많으므로 특징적인 차이가 있는 부분만 언급하고 양념법은 거의 차이가 없으므로 공통양념으로 설명하였다.

1. 쇠고기 부위별 찜요리와 손질법

1) 쇠갈비 찜의 3가지 방법과 손질방법

- 쇠갈비찜 : 뼈 길이 3~4cm로 자르고 지나친 기름은 제거하고 윗살에 칼집을 넣는다.
- 쇠갈비무찜 : 쇠갈비찜에 무를 큼직하게 썰어 1/2정도 양을 넣고 찜하는 방법으로 위의 방법과 같다.
- 쇠갈비구이찜 : 일반 쇠갈비구이 보다는 크게 6~7cm로 자르고 살 있는 쪽을 뼈 중심으로 양쪽으로 편다(이 방법은 불고기 양념을 하여 약 1시간 재운 후 구이를 중간 익히기만 한 다음 다시 찜을 하는 방법이다).

※쇠갈비가 탕용으로 통조림으로 유통되고 있는데 권장할 방법은 아니지만 찜으로 활용해 봄직하다.

2) 사태찜

적당한 크기(갈비찜 크기)로 자른 후 칼집을 넣어준다.

3) 우설찜

소혀를 깨끗이 닦고 핏물은 뺀다. 우설은 껍질을 벗겨야 하는데 혀의 위쪽 부위와 끝쪽 부위를 3~4분 정도 끓는 물에 데쳐서 칼을 이용하여 긁어서 벗겨준다. 숙련되지 않은 요리사는 끓는 물에 약 1시간 이상 삶아 건져내어 식히면 혀끝부위를 벗겨낼 수 있다.

4) 꼬리찜

꼬리의 굵은 부위는 얇게 또는 3~4cm 자른 후 원형으로 된 것을 다시 절반 잘라 반달모양으로 손질할 수 있다. 지나친 기름은 가위로 잘라내는데, 끓는 물에 약 20분 정도 삶은 후 손질해야 한다. 참고로 꼬리찜을 하여 약 2인분 분량으로 통조림한 것이 여러 식품회사에서 유통이 되고 있다.

5) 소양찜

양 부위는 털양, 벌집양, 깃머리양의 3부위로 나뉘는데, 깃머리양은 굵고 쫄깃한 질감이 있어 이 부위를 양찜으로 사용한다. 소양은 안쪽의 지저분한 것과 털 같은 곳의 잡냄새를 없애기 위하여(공개하기가 어렵지만 실제적인 방법이라서 기술한다) 주방세제 물비누로 깨끗이 빨래하듯 씻어주고 소금, 밀가루를 이용 2차로 깨끗이 주물러 헹군다. 약 1시간 정도 끓는 물에 삶아내어 식혀서 적당한 크기로 자른다.

> **봉주방장 해법**
> 소양은 깐 양(수입양)을 구매하는 것이 작업을 줄여서 좋으나 검은양(손질하지 않은 양)이 더 큰 신뢰를 준다. 깐 양은 흰색이므로 간장 대신 소금과 간장을 혼합사용하여 깐 양의 색을 돋보이게 하는 것이 좋다. 양찜은 검은양(국내산)이 작업이 어려우며 수입양과 1/2씩 혼합하여 조리한다.

6) 도가니찜 · 힘줄찜 · 우족찜

도가니, 힘줄, 우족은 2시간 이상 삶아야 하고, 삶은 후 부드럽지 않은 부위, 즉 딱딱한 부위는 골라내어 별도로 더 삶아 고르게 익힌 다음 알맞게 잘라 사용한다.

> **봉주방장 해법**
> 도가니 우족, 양 등은 오래 끓이다보면 뽀얀 진국물이 나오는데, 이 국물을 사용하여(뼈육수에 혼합시켜) 탕국물, 전골 육수로 사용하면 좋다. 그러기 위해서는 깨끗이 손질해야 하고 재료를 넣고 처음 끓어 5분 정도의 물을 버리고 다시 새물을 받아 재차 끓인다.

2. 쇠고기 찜(갈비, 사태, 꼬리, 도가니, 양, 우설) 공통의 양념비율과 만드는 법

■ 공통의 양념비율

• 1차 양념

재료	비율
간마늘	5
양파	5
대파	5
백물엿	8
설탕	8
진간장	16~17 물 : 간장 = 6 : 1
물	80
주재료	100

(찜을 하고자 하는 모든 것 해당)

• 2차 양념

재료	비율
후추	0.2
미원	0.5
참기름	3
정종또는소주	3
갈은배	5

이렇게 만드세요

핏물 빼기와 잡냄새 제거

모든 재료는 조금씩 흐르는 찬물에 담가 핏물을 제거해야 한다. 찬물에 씻어주는 것은 핏물 때문만이 아니라 잡냄새 성분이 수용성(물에 녹는 성질)이기 때문에 잘 씻어줘야 한다.

데쳐내거나 삶아서 손질하기

질기지 않은 육질은 데쳐내어 기름제거한 후 칼집을 넣어주고, 질긴 도가니, 족, 양 등은 약 2시간 삶은 후 적당한 크기로 잘라준다.

양념하여 찜하기

① 찜 재료가 충분히 잠길 정도의 끓는 물에 준비된 재료를 넣는다.

② 재차 끓어 10분까지는 불순물이 떠오르기 때문에 긴 국자를 이용 건져낸다. 불순물, 기름, 국물이 함께 제거되어 약 20%는 줄어든다.

③ 처음 물을 넣었던 양의 1/6의 간장을 넣고 간장의 1/2의 설탕과 1/2의 물엿을 넣는다.

④ 대파는 큰 채로 절반 꺾어 넣고, 양파는 1/2로 잘라 넣으며 통마늘을 대강 두들겨 넣는다.

⑤ 갈비찜은 40분 후에, 꼬리찜은 1시간 후에, 도가니 등의 질긴 고기는 1시간 30분 후에 집게로 대파, 양파를 건져내고 2차 양념을 하는데, 배즙을 넉넉히 넣으면 좋다. 배는 껍질 제거 후 강판을 들고 찜하는 곳으로 가서 배 씨가 나올 때까지 갈아낸다. 2차 양념 후에 약 20분 후 끝내기한다.

※한방 찜으로 할 경우에는 한약재(황귀, 당귀, 감초, 칡) 등을 적량 넣어 찜을 한다.

봉주방장 해법

① 핏물을 충분히 제거 못했다면 끓는 물에 넣고 약 10분 정도 데쳐낸다. 육류찜을 할 경우에는 뚜껑을 덮지 않는 것이 육질이 빨갛게 되는 것을 방지할 수 있다.

② 색을 진하게 내고 싶으면 백설탕 대신에 흑설탕을 넣는다. 캐러멜을 넣는 이도 있으나 맛을 감소하게 되므로 권장하고 싶지 않다.

3. 쇠고기 찜을 보관하는 법과 남은 찜국물 이용하는 법

이 방법은 부패와 같이 회전이 빠른 것이 아닌 일품요리의 저장법이다.

• 완료된 찜은 손대지 말고 찜을 했던 냄비 그대로 흐르는 찬물에 넣고 어느 정도 식힌다.

• 냉동실에 옮겨 기름이 응고될 때까지만 차갑게 한다.

• 기름이 굳으면 건져내고 찜을 건져 별도의 그릇에 담고 국물은 체에 바쳐 깨끗하게 한다.

• 건져낸 찜과 체에 바친 국물을 혼합하여 인분수 대로 포장을 하여 냉동시키거나 곧 사용할 것 같으면 냉장보관한다.

봉주방장 해법
육류찜을 했던 국물은 버리지 마세요. 남은 고기(육류)찜 국물은 차갑게 식혀 위에 굳은 기름을 걷어내고 체에 내려 각종요리, 볶음, 조림 등에 이용하면 요리는 절로 맛이 난다.

4. 찜요리를 손님께 드리는 방법

- 찜 그릇에 1인분씩(또는 분량대로) 완료된 찜을 넣고, 열의 영향을 받지 않는 인삼, 대추, 밤, 무, 은행, 버섯 등과 같은 고명을 먼저 넣은 다음, 찜국물을 넣고 찜통 그릇에 차곡차곡 넣은 후 증기를 올려 뜨겁게 한다.
- 손님께 드리기 직전에 갈비찜을 뒤집어 주고 당근, 피망, 황 · 백지단을 올려 내어드린다.
- 찜통을 이용하지 않고 다시 끓일 때에는 약간의 물 또는 간이 안된 육수에 참기름 1~2 방울 넣고 끓여서 내어 드린다.

봉주방장 해법 : 찜을 내어드리는 방법 2가지
- 방법 1 : 2인 이상 함께 드실 수 있도록 큰 찜그릇에 담는 방법
  이 방법의 장점은 번거롭지 않다는 점이며, 단점은 찜은 젓가락을 이용하여 먹을 수 있지만 국물을 먹기가 곤란하다. 특히 4인분을 한 곳에 드릴 때는 더욱 그렇다.
- 방법 2 : 1인분씩 찜을 드리는 방법
  작은 보시기에 준비되어 있는 찜을 담고 찜통에 쪄서 나가는 방법인데, 장점은 개인별 드리기 때문에 국물까지 즐길 수 있으며 여유롭다는 것이다. 단점은, 포개어도 밑에 찜이 닿지 않도록 해야 하기 때문에 특수한 찜그릇을 사용해야 한다.

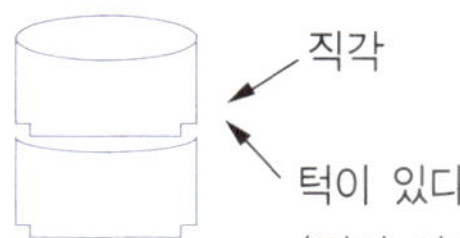

(턱이 있어 여러층을 포개어도 밑에 갈비찜이 눌려지지 않는다)

제 2 절 돼지고기를 이용한 찜

돼지고기는 동아시아 국가에서 쇠고기보다 더 선호되고, 특히 쇠고기를 못 먹는 흰두교인들에게는 양고기와 함께 선호도가 높은 것이다. 한국요리에 있어서 돼지고기요리는 족발 이외에는 구이를 선호하고 있다.

1. 돼지갈비 · 돼지고기구이 찜

■ 양념비율

이렇게 만드세요

① 돼지갈비찜은 쇠갈비찜과 같은 방법으로 할 수 있는데, 이때에는 쇠갈비양념찜보다 생강만 더 넣어준다.
② 돼지고기는 맵게 하는 것이 어울리며, 쇠고기찜보다는 덜 달고 마늘은 좀 더 넣어주면 좋다.
③ 돼지고기는 쉽게 물러지므로 한번에 양념을 끝낸다.
④ 돼지고기를 은근하게 바비큐와 같이 노릇하게 구워 기름을 제거 후 토막을 쳐 다시 찜을 하는 방법도 있는데, 간장과 물엿 등으로 양념할 수도 있고 맵게 할 수도 있다. 후배 여러분은 직접 양념비율을 참고하여 만들어 보길 바란다.
⑤ 돼지고기에는 사과 간 것, 파인애플 간 것이 좋다.

※돼지고기는 껍질 부위와 함께 요리하는 것이 맛이 있다.

돼지갈비찜 신원호님

■ 재료 및 비율

(1) 원액

진간장 1$\frac{1}{3}$통 (24kg)
(cut) 사과 8kg
(cut) 양파 8kg
대파 6kg
(그대로) 마늘 2kg
(slice) 생강 1kg
감귤 300g
제일 나중에 첨가한다. ┌ 백물엿 24kg
└ 설탕 12kg

(2) 양념

간마늘, 후추, 소주, 식용유 깨소금

이렇게 만드세요

① 원액을 모두 넣고 끓여준다.
겨울 : 3시간
여름 : 2시간 30분
② 끓여준 후 바구니를 이용해 걸러준다.
③ 백물엿, 설탕을 넣어준 후 중불에서 끓어오르면 불을 내린다.
④ 원액은 냉장보관 한 후 필요할 때마다 꺼내어 쓴다.
⑤ 원액 : 물 = 1:1
⑥ 양념 추가 해준다.

※ 참기름은 서브하기 전에 첨가해 준다.

제3절 닭고기를 이용한 찜

1. 찜통을 이용한 찜

1) 삼계찜, 삼계구이찜

영계닭(약 400~450g)은 일반적으로 인삼, 찹쌀 등을 넣고 탕을 끓이는 삼계탕만 인식되어져 있는데, 찜을 하면 맛도 진하고 쫀득한 밥과 함께 일품이다. 같은 방법으로 삼계탕을 만들어 큰 쇠꼬챙이에 간이 구이장치를 한 작은 짐차에서 장작불에 구워내는 것도 기름이 쏙 빠져 껍질도 맛이 있으며 별미이다.

■ 삼계찜 양념비율

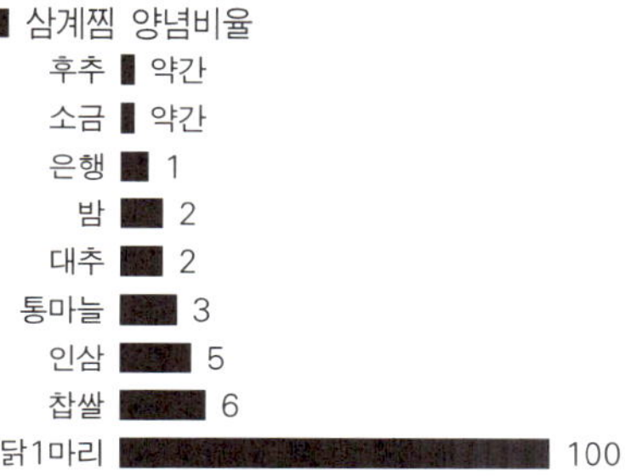

※손님께 내어드릴 때는 충분한 닭뼈와 인삼, 약간의 찹쌀을 넣고 푹 끓인 닭 육수를 내어드린다.

이렇게 만드세요

① 손질된 영계닭을 꽁지 쪽의 기름을 떼어내고 깨끗이 씻어 인삼을 한 뿌리 깊숙이 넣어주고 밤 1개, 불린찹쌀 3~4수저, 통마늘 2개, 대추 2개, 은행 2개를 넣고 심심한 소금, 후추물을 끼얹어 주고 다리를 S자 모양으로 끼운다.
② 닭 표면에 소금, 후추를 약간 뿌려주고 찜통에 찜을 한다. 약 2시간 찜을 해야 속의 찹쌀까지 익는다.
③ 닭이 푹 익으면 통째로 그릇에 담아 가위로 배 부위와 등쪽을 잘라 펴서 낸다.

봉주방장 해법

① 뜨거웠을 때 반으로 자르면 모양이 예쁘지가 않다.
② 찜이 완성된 닭을 위 표면이 마르지 않게 비닐로 덮고 닭국물과 함께 약간 냉동시켜 정확히 1/2로 등뼈 중심으로 자르고 준비해 놓았다가 접시에 닭육수를 부은 후 찜통에 다시 쪄서 손님께 내어드린다. 진공팩을 해두면 더욱 좋다.

2) 통닭찜

통닭찜은 제사상에 올릴 때 또는 폐백닭을 꾸밀 때에 닭 모양 생긴 그대로 찜을 하는 것이다. 특별한 양념보다는 배 안쪽에는 간마늘, 소금, 후추, 미원을 넣어 발라 주고, 겉쪽에는 소금, 후추, 마늘즙, 생강즙을 약간 발라준 다음 약 30분 정도 찜통에 찜을 한다. 대량으로 찜을 할 때에는 기본간을 물에 희석하여 찜닭을 약 1시간 정도 재워주고 건져내어 찜을 하면 된다.

3) 닭말이찜

양식요리의 테린과 비슷한 방법이다. 차이점으로는 테린은 자체 근육의 젤라틴 성분이 농축되어 차가웠을 때 썰어내야만 하는 찬음식이고, 한국요리의 닭말이찜은 찹쌀의 점성을 이용한 말이찜으로 뜨거웠을 때 먹는 음식이다.

■ 닭말이찜의 양념비율

재료	비율
통깨	약간
계피가루	약간
소금	약간
생강	약간
참기름	1.5
진간장	1.5
표고버섯	5
마늘	5
파	5
당근	5
찹쌀	20
쇠고기	20
중닭1마리	100

이렇게 만드세요

① 손질된 닭을 뼈쪽으로 가르고 껍질을 최대한 넓게 발라낸다.
② 닭고기를 뼈와 분리하여 곱게 다지고 쇠고기도 곱게 다진다.
③ 찹쌀을 불려 씻고 당근을 채썰어 놓는다. 생표고 버섯은 채썰어 놓는다.
④ 쇠고기, 닭고기 다진 곳에 찹쌀, 파, 당근, 버섯, 마늘, 후추, 깨소금, 계피가루 또는 인삼가루, 참기름, 간장, 생강즙, 소금을 넣고 잘 혼합한다.
⑤ 닭 껍질을 넓게 주름 없이 김발 위에 펴고 ④를 넣고 단단하게 말아 싼다. 이것을 천에 싸서 1시간 정도 찐다. 쪄낸 것은 먹기 좋은 크기로 썰어 접시에 담고 닭 육수를 살짝 끼얹어 내어 드린다.

봉주방장 해법

① 옻나무와 인삼 및 기타 한약재를 삶은 국물을 끼얹고 찜을 하고 진한 옻닭육수를 내어 드리면 손님께 감동을 줄 수 있는 것은 정해진 것이다.
② 대추, 인삼, 밤, 은행은 적당히 잘게 썰어 건지로 넣어주면 더욱 훌륭하다.

4) 계란찜

찜 중에서 계란찜은 쉽게 생각할 수 있으나, 물(육수)과 계란의 비율정도에 따라 방법이 다르다. 또한 계란의 전란(흰자・노른자)을 이용할 수도 있고, 흰자만 이용할 수도 있으며 조리시간을 잘 맞춰야 하기 때문에 쉽지 않다.

❶ 계란새우젓호박찜

■ 재료 및 비율

재료	비율
후추	약간
미원	약간
실고추	1
송송썬실파	2
간마늘	2
참기름	2
새우젓	3
호박채	30
계란	30
육수또는물	100

※ 육수 : 계란 = 3 : 1
※ 대량으로 할 때는 끓는 물에 계란을 잘 풀어 명란분란젓을 혼합하여 넣어준다. 그리고 중탕한다.

이렇게 만드세요

① 계란을 잘 풀어 참기름, 새우젓 다진것, 미원, 후추를 넣고 잘 저어준다. 육수 또는 물을 혼합한다.
② 찌고자 하는 알찜 그릇에 높이 ½정도 부어준다.
③ 찜통이 강하게 올라올 때 알찜 그릇을 넣고 약 2분 정도 찐 후 어느정도 익으려는 느낌이 오면 호박채를 고루 넣어주고 실고추와 송송 썬은 실파를 고명으로 얹혀준다.
④ 뚜껑을 덮고 약 4~5분이면 완료가 되는데, 지나치면 알찜 색이 좋지 않으니 3분쯤 후 확인하고 불을 조절한다.

※계란찜이 익으려고 할 때 호박채를 넣어주라는 뜻은 호박채가 바닥으로 가라앉는 것을 방지하기 위함이다.

❷ 계란 흰자찜

이 방법은 육수비율을 계란 흰자보다 2.5배 정도 더 넣어 수저로 떠서 먹어야 하고 여러 가지 해물류를 넣어 전채요리로도 가능하다.

※일부러 흰자를 얻기보다는 돌솥비빔밥에 노른자를 사용하고 남은 흰자를 이용한다.

■ 양념과 고명

• 양념
- 후추 약간
- 쇠고기다시다 2
- 흰자 40
- 육수 100

• 고명
- 삶은 새우살, 삶은 새끼 가리비살
- 삶은밤 1/4 크기로 썬 것
- 표고버섯 작은 깍두기 모양
- 은행

이렇게 만드세요

① 알찜 그릇에 고명을 1~2개씩 넣어준다. 고명의 크기는 모두 은행알 크기가 좋다.

② 흰자를 잘 풀어주고 식힌 육수를 부어준다. 쇠고기다시다와 후추로 간을 하고 거품을 걷어 낸다.

※알찜 그릇에 고명을 넣고 차곡차곡 냉장고에 넣어두세요. 배합이 끝난 흰자도 붓기 편한 주둥이가 있고 뚜껑있는 일자형 주전자 등에 넣어놓고 주문이 들어오면 즉시 알찜 그릇의 1/2까지 붓고 찜통에 넣은 후 3~4분 찜을 한다.

봉주방장 해법

- 알찜은 찜하는 시간이 중요하다. 시간이 지나치면 색이 어둡게(푸른빛) 된다.
- 육수(물)의 양은 계란(흰자 또는 전란)의 비율은 찜한 것을 접시 또는 찬기에 담아낼 때는 2 : 1이며, 개인찬기(옹기)그릇에 찜할 때는 3 : 1이 좋다. 물론 2.5 : 1도 괜찮다.
- 고명을 미리 넣으면 고명이 밑에 가라앉게 되고 계란찜을 중간 익게 하여 넣으면 위에 고명을 앉힐 수 있다.

5) 두부찜

계란흰자/노른자, 순두부, 양파, 마늘, 생강을 다져 넣고 애호박, 다진파, 돼지고기 간 것을 양념하여 넣어 혼합한 후 찜을 한다.

6) 옻닭찜

옻은 동의보감에도 나오는 약용식물로서 우리 산야에 널리 퍼져 있다. 독성이 강하여 곤충이 접근을 못하고 옻나뭇잎만 스쳐도 알레르기 반응을 일으키는 사람도 있다. 옻나무는 흔히 가구칠에 많이 사용되며, 사자(死者)의 관에도 옻칠을 하여 방부역활을 하기도 한다. 그 독한 옻나무도 열에는 약하여 식용으로 먹을 수 있다는 것이 신기하다.

■ 옻육수 끓이는 재료비율

- 기타 한약재
- 통후추 1
- 소금 2
- 마늘 5
- 대추 5
- 녹각 5

이렇게 만드세요

육수 만들 때에는

① 옻나무는 경동시장 등의 한약재료상에 가면 구매할 수 있다.

② 모든 재료를 깨끗이 씻어 닭뼈와 함께 5~6시간 은근히 끓인다.

③ 국물이 줄면 물을 더 넣어줄 수 있다.

④ 진하게 끓여진 육수를 체에 바쳐 놓는다.

재료	비율
칡	5
감초	5
인삼	5
황귀	5
당귀	5
마른옻나무	20
닭뼈	20
물	100

옻닭을 할 때에는

① 옻닭을 하고자 하는 닭을 옻물에 잠기게 하여 냉장고에 24시간 이상 재워 놓는다.

② 주문이 들어오면 압력솥에 옻물에 재워둔 옻닭과 옻육수를 적당히 붓고 한약재료를 조금씩 넣어주고 약 25분 압력 찜을 한 후에 접시에 얌전히 담고 한약재료와 옻육수를 부어준다.

봉주방장 해법

① 옻닭을 주문하신 손님에게는 인삼주를 한잔 올려 드리고

② 옻육수로 찹쌀죽을 끓여 먼저 조금 내어 드리거나 나중에 내어 드린다.

2. 조림형식의 찜

1) 닭불고기 양념찜

■ 재료 및 비율

재료	비율
미원(50g)	약간
후추(50g)	약간
소주(200cc)	1
간생강(200g)	1
참기름(600g)	3
다진파(600g)	3
간마늘(600g)	3
설탕(600g)	3
간장(800g)	4
토막낸닭(20kg)	100

이렇게 만드세요

① 손질한 닭은 찟물을 잘 씻어 길이 2.5cm 정도의 토막으로 뼈째 엇비슷이 썬다. 손질된 감자는 큼직하게 썬다.

② 냄비에 토막낸 닭과 약간의 물(닭 양의 1/10 정도)을 넣고 30~40분간 끓인 다음 참기름을 제외하고 간장, 설탕 등의 갖은 양념을 넣고 찜을 한다.

③ 간장물이 거의 다 졸았을 때 참기름을 넣어 완성한다.

※밤, 대추, 버섯, 은행을 넣어주면 더욱 좋다.

2) 닭도리탕(고추장)찜

■ 양념비율

재료	비율
후추	약간
미원	1
간생강	1
설탕	2
겨자	2
들기름	3
간장	3

이렇게 만드세요

① 손질한 닭을 토막을 내어 씻어 건져낸 후 후라이팬에 기름을 충분히 두르고 살짝 볶는데, 소금, 후추를 약간 넣는다. 중간 정도 익으면 건져 놓는다.

② 양념을 비율대로 모두 개어 놓는다(고추장 이하…).

③ 야채손질하기

· 감자와 당근은 깍아서 큼직하게 썰어 설컹하게 익혀 놓는다.

재료	비율
간마늘	5
소주	5
들깻가루	5
굵은고춧가루	5
고추장	10
물또는육수	50
토막낸닭	100

■ 야채 부재료

재료	비율
미나리	20
깻잎	20
버섯류	20
대파	20
감자와당근	40

· 대파는 어슷썰기한다.
· 버섯류는 찢거나 썰어 놓는다.
· 깻잎 썰어 놓는다.
· 미나리 6~7cm로 썰어 놓는다.

④ 주문이 들어오면 야채와 감자를 고루 넣고 중간 익은 닭과 양념된 고추장 양념을 듬뿍 넣어주고 손님 앞에서 끓여준다.

※양념할 때 약간의 카레와 짜장을 넣게 되면 나름대로의 비법양념이 된다.

3) 닭튀김 찜

■ 재료 및 비율

재료	비율
미원	약간
후추	약간
통깨	약간
미림	2
생강	2
다진마늘	3
다진파	3
참기름	6
감자녹말	6
물엿	6
고추장	6
토막낸닭	100

이렇게 만드세요

① 닭은 뼈째로 3cm 길이로 잘라서 간장, 간생강, 후추가루로 재워 놓았다가 감자녹말에 굴려 기름에 튀긴다.

② 냄비에 간장, 고추장, 설탕, 참기름, 미림을 넣고 끓이다가 튀긴 닭을 넣어준다.

③ 닭고기가 붉은 밤색이 나게 졸여지면 다진파, 마늘 등을 모든 양념하여 접시에 담고 통깨를 뿌린다.

3. 개성식 새우젓 닭찜과 무찜

1) 개성식 새우젓 닭찜

새우젓 닭찜은 개운한 것이 특징이다. 최상옥 선생님께서는 간을 맞출 때 새우젓으로 종종 사용하셨는데, 예를 들면 만두 속의 간을 할 때에도 새우젓으로 간을 하여 깔끔한 맛을 내셨다.

■ 양념과 비율

- 미원 약간
- 생강 약간
- 후추 약간
- 새우젓 2
- 설탕 3
- 다진파 3
- 다진마늘 3
- 참기름 3
- 간장 5
- 토막친닭 100

이렇게 만드세요

① 닭을 손질하여 기름기를 제거하고 알맞은 크기로 토막친다.

② 토막낸 닭을 냄비에 담고 다진파, 마늘, 새우젓, 참기름, 후추, 생강을 넣고 볶는다. 닭 표면이 익어(중간익기) 볶아지면 물을 자작하게 붓고 끓인다.

③ 국물이 졸아들어 조금만 남을 때까지 끓인 뒤 풋고추, 홍고추를 썰어넣고 조금 더 익힌다. 뜨겁게 내어 드린다. 국물이 잘박하게 남아 있어야 한다.

최상옥 선생님의 조언

개성식 닭도리탕이라고 하셨다. 고춧가루를 넣지 않고 새우젓으로 간을 했기 때문에 개운한 맛이 특징이라고 하셨다. 토종닭이 아닌 양계닭은 퍼석퍼석하고 기름이 너무 많아 볶으면 금새 물러지므로 토막을 치기전에 기름기를 제거하라고 일러주셨다. 그래도 기름이 나오면 위에 뜬 기름을 걷어낸다.

2) 개성무찜

이 방법의 특이한 점은 닭고기, 돼지고기, 쇠고기를 고루 사용했으며 무를 넉넉히 넣고 찜을 한다. 닭고기가 들어갔기 때문에 닭찜에 분류한다.

■ 양념과 비율

- 소금 1
- 밤 1
- 은행 1
- 대추 2
- 표고버섯 3
- 불고기양념 20 (간장, 설탕, 다진마늘, 다진파, 후추)
- 쇠고기 60
- 돼지고기 60
- 닭고기 60
- 무 100

이렇게 만드세요

① 돼지갈비는 5cm 길이로, 닭과 사태살은 먹기 좋은 크기로 썰어서 불고기 양념에 주물러 놓는다.

② 무는 분필 굵기의 사각의 길이 6cm로 길게 썰어 소금에 심심하게 절여 1시간 정도 지난 후 찬물에 헹궈준다. 다시 약간의 간장과 동량의 설탕을 넣고 절인다.

③ 버섯, 밤, 대추, 은행을 손질하여 고기, 무와 같이 섞는다. 약 5~6시간 재운 후 약간의 육수 또는 물을 붓고 은근한 불에서 익힌다.

최상옥 선생님의 가르침

① 무를 소금에 절이는 것은 오랜 시간 찜을 하면서 무가 부숴지는 것을 방지하기 위함이다. 또한 썰을 때에도 결대로 썰어야 한다.

② 선생님께서는 우거지탕을 끓일 때도 소금에 절였다가 간을 제거한 후 끓이면 오랫동안 끓여도 모양이 흐트러지지 않는다고 말씀하셨다.

제 4 절 어패류를 이용한 찜

▶ 생선찜은 양념법이 크게 몇 가지로 나뉜다.

- 생선자체의 맛을 순수하게 느낄 수 있도록 슴슴하게 소금, 또는 옅은 간장으로 간을 하여 찜하는 법 (예 : 새우찜류, 게찜류, 조개찜)
- 슴슴한 간장과 약간의 고춧가루, 향재료를 넣고 최대한 생선육질 자체의 맛을 느낄 수 있도록 찜하는 법(예 : 자반류찜, 홍어, 가오리찜)
- 간장불고기양념에 약간의 고춧가루와 향재료를 넣고 깔끔한 맛을 내는 찜 (예 : 북어찜, 코다리찜(중간 말린 북어), 말린 생선 찜류)
- 고추장, 고춧가루, 간장, 물엿, 대두콩 간 것, 향재료를 듬뿍 넣고 찜하는 법 (예 : 민물생선류, 비린 냄새가 강한 생선)
- 색다른 생선찜 : 생선을 굽거나 양념하여 지진 후 찜하는 법

1. 생선자체의 맛을 순수하게 느낄 수 있도록 옅은 소금·간장으로 찜하는 법

1) 새우찜류

(1) 새롭게 만들어 보는 새우찜

새우찜은 두 가지 방법이 있다. 새우 자체만으로 찜을 하는 방법과 쇠고기 또는 다른 육류를 다져서 가운데에 채워주고 찜하는 법이 있다. 흔히 고명으로 청색(청피망), 붉은색(당근, 대추), 황지단, 백지단, 검은색(석이)으로 띠를 두르듯 가지런히 놓고 찜을 하지만, 사실 보기좋은 고명이 중요한 것이 아니라 새우찜을 알맞게 해야 새우자체의 즙을 보존하고 모양도 통통하여 먹음직스럽다. 또 다른 방법으로(전통적인 방법) 새우 중심부위에 쇠고기를 다져 양념하여 넣어 찜을 하는데, 쇠고기가 귀했던 과거 이야기지 현대에 와서는 차라리 쇠고기대신 잔새우살 또는 게살을 다져서 소금, 후추, 약간의 혼다시 또는 미원으로 간을 하여 새우를 편 가운데에 넣고 모양을 낸 후 찜을 하는 것이 훨씬 실용적이고 먹음직스럽다. 한국요리는 이러한 방향으로 변해야 하지 않을까? 한국요리도 세계요리에 견주어 경쟁력을 가져야 하기 때문이다.

■ 재료 및 비율

재료	비율
소금	약간
후추	약간
참기름	약간
생강즙	약간
다진마늘(10g)	1
실파(30g)	3
당근(50g)	5
양파(50g)	5
계란2개(120g)	12
작은새우살(400g)	40
새우10마리(1kg)	100

이렇게 만드세요

① 큰 새우를 머리와 몸통 사이에 내장 부위를 흐르는 물에 손가락을 넣어 씻어 낸다. 수염과 다리는 짧게 자르고 배쪽에 칼집을 3~4회 넣은 후 등쪽으로 칼집을 넣어 살을 편다.
② 머리와 몸통이 떨어지지 않게 살을 발라낸 후에 잔새우와 함께 다진다.
③ 파, 마늘, 양파도 곱게 다져 놓는다.
④ 다져놓은 새우살에 ③을 넣고 소금, 후추, 참기름을 넣고 고루 무친다.
⑤ 양념한 살을 담아 다시 새우 모양을 만든다.
⑥ 찜통에 대발을 펴고 새우를 얹어 찐다.

(2) 작은 새우살찜

■ 다진 새우살로 찜하는 법

재료	비율
미원(2g)	0.2
흰후추(5g)	0.5
소금(20g)	2
전분(30g)	3
계란흰자(200g)	20
삶은큰새우(1000g)	100
큰생새우(1000g)	100

※생새우살만 말이를 하여 찌면 잘 되지 않는다. 데쳐낸 새우살은 관자 등 다른 조개류로 대신 해도 좋다.

이렇게 만드세요

① 새우 절반은 내장(머리쪽, 등쪽)을 제거하고 소금물에 삶거나 쪄내어 거칠게 다진다.
② 나머지 새우 절반은 생새우살로 하여 곱게 다지고 계란흰자와 녹말로 밑간을 한다.
③ 랩에 직경 4cm 되게 소시지형으로 둥글게 말고 양쪽 끝을 동여맨다.
④ 이것을 찜통에 쪄 식힌 후 0.5cm로 썰어 내어 방법 (1)의 대하찜과 곁들여 제공한다.

(3) 장어찜

■ 다진 새우살로 찜하는 법

재료	비율
미원(2.5g)	0.5
생강즙(5g)	1
다진마늘(15g)	3
다진파(15g)	3
진간장(15g)	3
고추장(25g)	5
장어(500g)	100

이렇게 만드세요

장어를 손질하여 정종을 발라주고 잠시 1시간 정도 둔 다음 살짝 찌고 양념장에 재워 다시 1시간 정도 그대로 둔다.
① 파, 마늘은 갈지 말고 다진다.
② 양념장(고추장, 간장+②)를 혼합하여 찜통에 찐다.

2) 게찜류

(1) 방법 1 : 게 껍데기에 게살을 채워주고 찜하는 법

■ 재료 및 비율

재료	비율
생강즙(2g)	0.2
흰후추(2g)	0.2
조미료(2g)	0.2
소금(20g)	2
다진양파(20g)	2
전분(50g)	5
흰자(50g)	5
게살(1000g)	100

※작은 게껍질에 게살을 소복히 담기 위해서는 채우고자 하는 게살을 양념하여 일단 냉동시켜야 한다.

※냉동된 것을 숟가락으로 긁어 게껍데기에 소복히 쌓아주고 녹기 전에 얼른 냉동실에 차곡차곡 쌓아 놓아 손님의 주문을 기다린다.

이렇게 만드세요

① 게는 잔잔한 것(길이 10cm, 넓이 4cm)으로 골라 껍질을 벗겨 내부를 깨끗이 씻는다.
② 몸통의 살을 발라낸다.
※게살 발라내는 방법 : 껍질 제거 후 몸통을 잘라 2쪽을 만든 후, 양손의 엄지를 이용하여 게 껍질을 힘껏 눌러 게살을 발라낸다.
③ 발라놓은 게살에 다진 양파, 계란흰자, 전분을 약간 섞어 기본간을 한 다음 냉동고에 얼린다.
④ 껍질도 얼려서 냉각시킨다.
⑤ 냉동고에서 꺼내어 게껍질에 게살을 소복히 채워 놓고 표면을 매끄럽게 한다.
⑥ 채워놓은 게살 위에 송송 썬 파, 둥글썰기한 홍고추 2~3개를 고명으로 하고 가지런히 놓고 냉동시킨다.
⑦ 주문이 들어오면 찜통에 온도가 높은 상태에서 냉동실에서 준비된 게를 냉동된 상태로 꺼내어 찐다.
※게살만으로 속을 채우기가 어려우므로 새우살, 패주 등의 살을 다져서 넣어주면 씹히는 맛을 즐길 수 있으며 일손을 절감시킬 수 있다.

(2) 방법 2 : 게 껍데기에 두부와 쇠고기를 다져 채운 후 찜하는 법

■ 재료 및 비율

재료	비율
후춧가루	약간
실고추	약간
미원	약간
생강즙(5g)	0.5
깨소금(10g)	1
다진마늘(10g)	1
참기름(20g)	2
다진파(30g)	3
간장(40g)	4
계란(100g)	10
두부(150g)	15
쇠고기(150g)	15
꽃게(1000g)	100

이렇게 만드세요

① 게는 게딱지를 제거하고, 딱지 안을 손질한다. 딱지 안의 알은 떼어놓는다.
② 몸통이 손질되면, 다리 끝은 잘라내고(2개씩 붙게 자름) 떼어놓은 알은 잘 손질해 으깨어 놓는다.
③ 고기는 다지고, 두부는 물을 짜서 으깨 놓는다.
④ 으깨놓은 알에 다진 고기와, 두부, 풀어놓은 계란물을 한데 섞어 갖은 양념을 하여 버무린다.
⑤ 양념을 게딱지에 꼭꼭 다져 넣는다.
⑥ 냄비에 게다리를 깔고 그 위에 게딱지를 올려놓고 양념장을 얹는다.
⑦ 30분 정도 끓이다가 게딱지 살이 익으면 국물을 숟가락으로 얹어주고 실고추와 실파를 놓아 다시 뚜껑을 덮고 한 김 올린다.
⑧ 제공할 때는 게다리를 접시에 깔고 한가운데에 속을 채운 게딱지를 놓는다.

(3) 방법 3 : 뷔페식으로 게를 먹기 좋은 크기로 잘라서 찜하는 법

■ 재료 및 비율

재료	비율
미원(5g)	0.5
흰후추(10g)	1
소금(20g)	2
생강즙(50g)	5
물(1000g)	100

이렇게 만드세요

① 손질한 게를 먹기 좋은 크기로 토막을 낸다.
② 게딱지 앞은 잘 손질하여 그대로 둔다.
③ 게를 제외한 재료를 만들어 살짝 뿌려준 후 찜을 한다.

봉주방장 해법

- 홍콩의 큰 식당에서 근무할 때, 게찜요리를 홍콩요리전문점에서 먹은 적이 있는데 민물게로서 어른 주먹보다 약간 적은 몸체로 한 마리에 6~7만원 정도였다. 게찜요리는 한국의 게찜요리와 같이 별방법이 아닌 약간의 향재료와 슴슴한 간이 되어 있었다.
- 민물게의 산지는 중국 상하이로 상하이게라고 불리고 볏짚으로 다리를 꼼짝못하게 묶어 놓은 것이 특이했다.

(4) 방법 4 : 아구찜처럼 요리하는 방법이 있다.

3) 대합조개찜

(1) 대합찜

여러 가지 재료를 혼합하여 조개껍데기에 채운 후 찜하는 법(전통방법이 아님)이다. 대합은 개조개를 이용하는데, 개조개는 시장에서 대합으로 불리며 가장 크고 비교적 값이 싸게 유통된다.

■ 재료비율

재료	비율
밀가루	적량
흰자	적량
흰후추	0.5
쇠고기다시다	2
혼다시다	2
갑오징어살	100
잔새우살	100
바지락조개살	100
패주살	100
냉동게살	100
개조개살	100

※재료가 고급스럽고 한정식의 코스요리에 적합하다. 재료를 생으로 갈아낸 것은 접착제 역할을 하며, 데쳐내거나 거칠게 다진 것은 씹히는 맛 때문이다.

※손질하면서 조개의 진국물이 흘러나오는 것은 끓여서 간을 하여 찜을 제공할 때 조금씩 넣어준다.

이렇게 만드세요

① 개조개는 작은칼(뼈칼 : 갈비칼)로 껍데기선을 따라 조갯살을 떼어낸다. 떼어낸 조갯살의 검은 부위(내장)는 손으로 떼어내고 굵은 소금물에 주물러 해감시킨 후 찬물에 씻어내어 거칠게 갈거나 다진다.
② 냉동게살은(게맛살이 아님) 주로 수입품으로, 게다리에서 원형대로 발라낸 것을 1kg단위로 판매를 한다. 한번 쪄내어 살균을 시킨다.
③ 패주(가이바시 : scallap)살은 그대로 칼등으로 으깨어 놓는다.
④ 바지락 조갯살은 일일이 한 개씩 내장의 검은 부위를 제거하고 데쳐낸다.
⑤ 손질된 갑오징어살을 곱게 갈아낸다.
⑥ 잔새우살도 거칠게 다지거나 갈아낸다.
⑦ 모든 재료를 양념한다(혼다시, 쇠고기 다시다, 후추). 소금, 마늘 등은 일절 넣지 않는다(자체에 간이 있음).
⑧ 조개껍데기에 소담스럽게 알맞게 담아 주고 씨팬에(찜통에 들어가는 쟁반) 가지런히 진열하는데, 조개 앞쪽이 밑으로 향하면 국물이 흐르므로 수평이 이뤄지게 차곡차곡 진열한다.
⑨ 체에 밀가루를 넣고 톡톡톡 가볍게 표면에 뿌려준다.
⑩ 잘 풀어준 계란 흰자를 붓으로 밀가루 뿌린 표면을 발라준 다음 찜을 한 후 포장을 하여 중간 냉동시켰다가 필요시 꺼내어 사용한다.

봉주방장 해법

① 찜으로 드릴 때 : 조개가 들어갈 수 있는 작은 탕기에 찜 해 놓은 조개를 넣고 조개국물은 자작하게 부어주고 찜통에 넣어 뜨겁게 데워 나간다.
② 탕으로 드릴 때 : 고명으로 미나리를 5cm로 잘라 몇 개 넣어줄 수 있고, 연두부를 작은 4각으로 납작하게 썰어 2~3쪽 넣어주면 좋다.

(2) 전복찜

전복은 가격이 비싼편에 비하여 전복죽을 제외한 한국요리로서는 지금까지의 요리법 중에 권장할 만한 요리법이 없다. 전복요리의 단점으로 보면, 전복초는 데린 간장에 윤기나게 조림하는 것으로 생전복의 부드러운 맛이 없고, 전복찜은 찜통에 쪄내거나 삶아내는데 방법이 너무 단조롭다.

■ 전복소스비율

- 혼다시 1
- 굴소스 2
- 감자전분 5
- 다시마차 10
- 미림 20
- 물/조개탕육수 100

■ 전복찜의 부재료 비율

- 은행 2개
- 버섯 4~5쪽
- 청경채 잎4~5장
- 전복 1개

※전복찜 요리가 많이 나갈 때에는 미리 조개탕 육수에 감자전분으로 걸쭉하게 해놓고 굴소스와 혼다시로 간을 해준다. 시간을 절약할 수 있다.

이렇게 만드세요

① 생전복은 수세미로 가장자리의 검은 부위를 닦아내고(익은 상태에서는 살이 다치므로) 끓는 물에 잠깐 데친다.
② 껍질을 떼고 내장을 터지지 않게 떼어낸 후, 전복 뒤쪽으로 어슷하게 그물모양의 칼집을 넣어 칼집 넣은 선을 따라 어슷하게 2~3등분한다.
③ 청경채는 2~3등분하여 줄기부위는 세로로 한 번 더 잘라 주고 송이버섯 또는 새송이버섯은 납작하게 썰어 놓는다.
④ 식용유를 넣고 센불에 청경채, 버섯, 은행을 잠깐 볶다가 다진마늘, 전복을 넣고 잠깐 볶은 후 굴소스와 혼다시 약간, 흰후추 약간을 넣고 볶아주고 다른 그릇에 담는다. 이때 남아있는 국물에 감자전분을 물에 타서 아주 조금 넣어 연한 걸쭉한 상태의 소스를 만든다. 국물이 부족할 때에는 조개탕 육수 또는 맹물을 이용한다.
⑤ 전복 껍질에 청경채, 버섯을 조금 깔아주고 전복살을 놓아준 후 은행을 얹는다.
⑥ 개인접시에 남은 야채와 버섯을 담고 그 위에 준비된 전복을 얹는다. 찜통에 접시까지 뜨겁게 한 후 만들어 놓은 소스를 얹어 드린다.

2. 슴슴한 간을 간장과 약간의 고춧가루, 향재료를 넣고 최대한 생선육질 자체의 맛을 느낄 수 있도록 찜하는 법

(1) 홍어 · 가오리찜

홍어와 가오리는 다른 생선과 달리 육류고기처럼 실온에 놓아두어도 부패보다는 발효가 먼저 된다. 발효가 되면 독한(톡 쏘는 듯한) 암모니아 냄새가 나는데, 이는 요소성분이 발효가 되기 때문이다. 이런 꼴꼴한 암모니아 냄새와 혀를 톡 쏘는 맛이야말로 홍어의 별미라고 할 수 있다. 이런 특징으로 구매과정에서 싱싱한 홍어를 찾는 것은 홍어의 특징을 잘 모르는 결과이다. 그러나 외국 손님들 중에는 홍어 자체를 싫어하는 경우가 있으니 피해야 한다. 홍어 또는 가오리는 찜을 하여 살을 젓가락으로 당기면 실이 한 올 한 올 일어나듯 가지런하게 집어지는 것이 재미있다.

홍어와 가오리의 구별법은 이론편에 제시하였다.

※ 홍탁이 삼합으로 궁합이 맞는다는 뜻은? 홍어와 탁주를 일컫는데 홍어의 암모니아와 탁주의 유기산이 어우러져 궁합이 맞는다는 의미이다.

■ 재료와 비율

• 주재료

재료	비율
숙주(1500g)	30
부추(미나리)(1500g)	30
홍어(5000g)	100

• 양념장재료 비율

재료	비율
후추	0.5
깨소금	0.5
조미료	0.5
정종	10
소금	10
다진파	20
간마늘	20
진간장	20
굵은고춧가루	40
육수	100

이렇게 만드세요

① 홍어 또는 가오리의 몸통 살은 큼직하게 한 접시 크기 300~400g으로 잘라서 찜으로 사용하고, 뼈와 꼬리부위는 잘게 썰어 홍어무침요리에 사용한다.
② 소금을 약간 뿌려 1회 주문시 나갈 양만큼 잘라 놓는다. 자른 홍어 또는 가오리는 마분지에 싸놓고 수시로 바꿔준다.
③ 실온에 놓아 발효시키거나 막걸리에 한 번 버무려 놓으면 발효속도가 빨라진다.
④ 3~4일이 되면 꼴꼴한 냄새가 나는 발효가 된다. 만약 막걸리에 버무렸다면 발효속도가 빨라지는데, 적당한 시기에(3~4일 후) 마분지(누런 종이) 또는 신문지에 싸서 냉장보관한다.
⑤ 홍어를 깨끗한 헝겊 위에 올려 놓고 찜통에 찐다. 찜이 완료되면 살이 깨지지 않게 헝겊을 들어낸다.
⑥ 곁들이는 야채로 미나리나 부추를 10cm 크기로 잘라 데쳐내고 숙주도 데쳐 내어 홍어 옆에 색스럽게 놓아주고 손님께 드리는데, 양념장을 얹어줄 수도 있으며 따로 내어드려도 좋다.

(2) 복찜 · 아구찜 · 미더덕찜 · 게찜 : 양념법이 같으므로 함께 기술한다.

■ 주재료 및 부재료 비율

재료	비율
홍고추	15
풋고추	15
미나리	15
미더덕	30
아구	70
콩나물	100

■ 양념비율

재료	비율
설탕(1/2t)	약간
미원(1t)	약간
간마늘(1국자)	35
찹쌀또는감자전분(1국자)	35
참기름(1국자)	35
조개다시다(1국자)	35
굵은고춧가루	3국자 소복히 100

※ 찹쌀 또는 감자전분과 굵은고추가루는 효합해놓고 사용할 수도 있다.
※ 들깨가루도 넣어주면 좋다

이렇게 만드세요

① 아구는 생긴 것은 못생겼지만 쫀득쫀득한 육질로 살이 흩어지지도 않을 뿐더러 감칠맛이 있어 좋다. 껍질은 미끈거리고 두꺼워서 써는 방법보다는 대바칼로 내리쳐서 끊는 것이 좋다. 뼈가 많은 부분은 칼집을 넣어 자른다. 다른 아구와 미더덕은 잘씻어 건져낸다.
② 손질한 아구를 중간삶기하여 찬물에 헹굼한 후 냉동이 아닌 냉장보관한다.
③ 주문이 들어오면 아구와 미더덕을 물(육수 : 조개물)에 자작하게 넣고 익힌다. 국물을 적당히 남기고는 나머지는 버린다.
④ 양파채친 것과 콩나물을 넣고 볶는다.
⑤ 양념장을 넣고 볶는다.
⑥ 녹말(감자가루)과 찹쌀가루를 넣고 잘 어우러지게 한다. 통깨를 뿌려준다.

천영애 여사의 해법

- 아구는 슬쩍 삶아놓고 냉장보관하여 영업준비를 한다. 절대로 얼리면 안된다.
- 간은 일부러 안해도 미더덕, 다시다의 간으로도 충분하다.

김정숙여사님의 아구찜 만들기 방법입니다.

■ 재료 및 비율

재료	비율
후추	5
설탕	10
된장	10
참기름	20
물엿	20
들깨가루	30
고추가루	50
간장	100

조미료 약간
생강 약간

※특징 : 간장을 먼저 넣어준다 후에 된장을 걸러 준다. 전체적으로 되직해야 한다.

이렇게 만드세요

① 아구를 데친다(냄새와 점액질 제거)
② 콩나물을 데친다.(따로 보관해 둔다)
③ 아구에 양념을 한다.(고추가루, 미원, 설탕, 소금, 마늘)
④ 콩나물과 아구양념한 것을 버무린다.
⑤ 약간의 육수를 넣는다.
⑥ 끓여낸 후 전분으로 농도를 맞춘다.

※전분말고도 땅콩가루, 콩가루, 콩물을 이용해서 맞출수도 있다. 생강을 약간 넣어줘도 좋다.

3. 간장 불고기 양념에 약간의 고춧가루와 향재료를 넣고 깔끔한 맛을 내는 찜

1) 황태, 코다리북어, 북어찜 공통

북어는 겨울에 기온의 차에 의한 동결과 해동이 반복되면서 폭신폭신하게 말려진 것으로, 노르스름한 노랑태가 좋은 것이다. 코다리는 겨울의 추운 날씨에서 완전 건조된 것이 아닌 평날씨에 중간정도 건조시켜 냉동시킨 것이다.

북어는 촉촉하게 물을 적셔줘야 하고 코다리는 배쪽에서 꼬리부위까지 칼을 대어 펴주고 뼈를 발라내든지 그대로 놔두든지 하여 체반에 꾸덕꾸덕하게 2~3일 건조시킨 후 요리를 해야 한다. 코다리 말리기는 5월 초까지 말려야 파리의 접근을 막을 수 있다. 가격이 쌀 때 구매하여 손질하고 냉동시켜 놓은 후 필요할 때 사용한다.

■ 재료비율 A 방법

재료	비율
미원	약간
실고추	약간
후추	약간
깨소금	5
간마늘	10
다진파	10
참기름	10

이렇게 만드세요

① 북어는 물에 적셔준 후에 손질(지느러미, 머리, 꼬리 제거)하여 사용하고 물기가 있는 코다리는 그대로 사용한다. 머리, 뼈는 제거하고 전체를 양념하기도 하고 2~3토막으로 잘라서 양념을 해도 좋다.
② 물, 간장과 모든 재료를 비율대로 혼합해주고 팬에 넣고 은근히 끓이듯이 졸여 주든가, 찜통에 쪄서 고명을 한 후 내어 드린다.

※참고 : 황태북어구이 양념법은 구이류에 기술하였다.

재료	비율
진간장	10
미림	20
물	20 또는 육수
코다리북어	100

※파는 요리직전에 넣어준다. 굵은고춧가루, 설탕을 조금 넣어줄 수도 있다.

■ 재료비율 B 방법

재료	비율
미원	약간
간생강	1
미림	5
간마늘	5
고운고춧가루	6
설탕	8
간장	20
물	100

봉주방장 해법 : 아구찜과 같이 찹쌀풀에 어우러지게 하는 방법

양념법은 아구찜을 참고하고 방법은 손질하여 토막친 아구를 후라이팬에 물을 자작하게 붓고 꾸득꾸득 부드러워지면 콩나물, 미나리를 듬뿍 넣고 양념을 한다. 뚜껑을 덮고 지지다가 찹쌀풀을 넣어 엉기게 하고 깨소금을 뿌려낸다.

서여사님에 장굴비, 북어양념구이 방법이다.

1) 장굴비 : 물엿, 고운고추가루, 국간장7:집된장3, 다진양파, 마늘, 다진파, 미원, 후추

2) 북어양념 : 파, 마늘, 고추장, 고운고추가루, 설탕, 물엿, 다진양파, 미원, 후추

※비법 : 케찹은 조금 넣는다.

4. 민물생선찜하는 법

■ 재료 및 비율

재료	비율
미원	약간
후추	약간
생강	2
식초	3
정종	5
대파	5
고춧가루	5
설탕	10
간마늘	20
고추장	30
진간장	100

이렇게 만드세요

① 무를 손질하여 4×2×1로 납작하게 썰어 얹힐 냄비 바닥에 깔고, 그 위에 붕어를 깐다.

② 붕어 사이 사이에는 고춧가루를 뿌려주면서 얹힐 냄비 바닥에 차곡차곡 재운다.

③ 고춧가루를 뿌려 주는 이유는, 붕어가 늘어붙지 않게 하기 위함이다.

④ 약 15분간 부글부글 끓이고 약한 불에서 서서히 졸인다.

▶ 방법 1 : 비린 냄새를 제거하기 위하여 흰콩을 불려서 갈아 양념하는 법

■ 재료 및 비율

재료	비율
식초	약간
후추	약간
미원	약간
소금	2
통깨	5
간생강	10
참기름	25
소주/정종	25
다진파	25
대두콩	25
진간장	25
물엿	25
간마늘	50
마른고추	100
고추장	100

이렇게 만드세요

① 건고추는 씨를 빼고 불려서 곱게 갈아주고, 대두콩 또한 불려서 곱게 갈아준다. 모든 재료를 비율대로 혼합해준다.
② 민물생선(잉어, 붕어, 향어)은 비늘과 내장을 제거하고 칼집을 넣는다.
③ 뜨거운 후라이팬에 식용유와 참기름을 넣고 손질한 민물생선을 앞뒤로 지져준다. 불꽃이 일어나도록 센불이면 좋다. 불꽃이 일어날 때 소주를 뿌려주고 식초를 몇 방울 떨어뜨려 준다. 또는 소주에 식초를 희석해 놔도 좋다.
④ 적당한 크기의 그릇에 생선을 옮기고 ①의 양념을 듬뿍 발라 찜통에 쪄낸다.

※생선비린내 제거는 날콩을 갈아넣는 것이 좋다.

▶ 방법 2 : 뱃속에 돼지고기살을 다져 갖은 양념을 한 후 채워주고 양념간장에 무와 함께 찜하는 법으로 주로 붕어찜에 이용한다(전라도식 : 박매자님)

■ 재료 및 비율

재료	비율
후추	1
미원	2
간생강	10
물엿	25
소주	25
송송썬파	50
굵은고춧가루	50
간마늘	50
매운고춧가루	100
고추장	100
진간장	50

이렇게 만드세요

① 붕어는 손바닥 크기만한 것이 좋다.
② 내장을 제거하고 비늘은 그대로 놔둔다. 돼지고기를 거칠게 갈아서 마늘, 후추, 조미료에 간을 하여 채워놓는다.
③ 무를 큼직하게 납작썰기하여 바닥에 깔아주고 속을 채운 붕어를 차곡차곡 놓는다.
④ 은근한 불에 졸이는데 약 1시간 30분~2시간 졸인다.

박매자(전라도 붕어찜 전문가)님의 조언

붕어찜은 비늘을 긁지 않는데, 그 이유로는 비늘을 벗겨내면 비린 냄새가 더욱 심하기 때문이며, 또 다른 이유로는 약 1시간 30분~2시간 정도 졸이면 비늘을 부드러워져 먹어도 상관이 없다고 조언한다.

봉주방장 해법

① 씨래기를 삶아서 물에 불린 후 알맞게 자른다.
② 양념을 씨래기와 무를 도톰하게 썰어 넣고 끓이다가 붕어를 안친 후에 양념을 육수와 함께 혼합하여 묽게 한 후 붕어가 겨우 잠길 정도로 하여 끓인다. 졸여지면서 붕어에 간이 배이면 붕어 살 위에 고운 고춧가루를 더 뿌려 주고, 고명 실고추, 통깨 등을 올린 후 끝낸다.

5. 색다른 방법의 생선찜

(1) 방법 1 : 생선을 구운 후 찜하는 법

■ 재료 및 비율

재료	비율
지단채(10g)	1
석이버섯(10g)	1
표고버섯(20g)	2
풋완두콩(50g)	5
은행(50g)	5
쑥갓(100g)	10
당근(100g)	10
잔새우(200g)	20
메추리알(200g)	20
중합조개(800g)	80
흰살생선(1000g)	100

■ 양념 : 흰살생선 1000g 기준

재료	비율
후추(3g)	0.3
생강(3g)	0.3
미림(5g)	0.5
마늘(10g)	1
참기름(10g)	1
소금(10g)	1
식용유(15g)	1.5
간장(15g)	1.5

이렇게 만드세요

① 흰살생선(도미, 대구)을 통째로 잘 손질한다(비늘, 내장을 제거한다).
② 생선에 칼집을 주고 간장, 생강즙, 다진마늘, 미림에 2~3시간 재운 후 석쇠에 놓고 노릇하게 굽는다.
③ 중합은 살짝 데쳐 입을 벌리면 한쪽 뚜껑을 떼 내고 잔새우도 껍질을 벗겨 놓는다.
④ 메추리알은 삶아서 까놓고 풋완두콩은 파랗게 데쳐놓고 은행은 속껍질을 벗겨 놓는다.
⑤ 당근, 석이버섯은 가늘게 채쳐 볶아놓고 계란은 지단채로 만들어 놓는다.
⑥ 구운 도미를 접시에 담고 고명을 두른다. 당근채, 석이채, 지단은 한쪽 면을 도미몸통에 색색이 놓고 접시 둘레에 중합, 잔새우, 메추리알, 풋완두콩, 은행을 색깔을 맞춰 담는다.
⑦ 육수에 미림, 참기름, 후춧가루, 소금, 생강즙, 마늘, 다진파를 넣고 끓이다가 감자녹말을 넣고 즙을 만들어 생선 위에 뿌린다.

(2) 방법 2 : 생선을 양념에 재워 계란을 입혀 지진 다음 매운양념에 찜하는 법

■ 재료 및 비율

재료	비율
생강즙(10g)	0.2
석이버섯(50g)	1
간마늘(150g)	3
홍고추(250g)	5
파(250g)	5
식용유(500g)	10
밀가루(500g)	10
부추(500g)	10
고추장(750g)	15
애호박(1000g)	20
계란(1250g)	25
당근(2000g)	40
흰살생선(5000g)	100

이렇게 만드세요

① 생선을 통째로 깨끗이 손질한 다음 2cm 간격으로 토막을 낸다.
② 간장, 생감즙에 재웠다가 밀가루를 묻히고 계란물을 입혀 대강 지져 놓는다.
③ 무와 애호박은 도톰하게 나박썰고, 홍고추는 어슷썰기하고 부추, 파는 송송썰기한다.
④ 석이버섯도 채를 쳐 놓는다.
⑤ 번철에 기름을 두르고 무와 애호박을 볶다가 고추, 고추장, 부추, 파를 넣고 육수(물)를 붓는다.
⑥ 지져낸 생선을 그 위에 올리고 은근히 조린다.
⑦ 양념장을 간혹 얹어주고 접시에 낼 때 살이 부서지지 않게 가만히 들어 낸다.
⑧ 지단, 석이채 등으로 고명을 올린다.

정난이 선생님의 간고등어찜 방법입니다.

■ 양념
고추가루, 파, 마늘, 청양고추를 다지고 물에 타서 고등어 위에 뿌려준다.

■ 응용
고등어 된장 양념구이
된장 1kg, 설탕 300g, 정종 360cc 레몬 1개

이렇게 만드세요

① 쌀 뜬 물에 알맞게 자른 고등어 자반을 식초 1~2방울 넣고 씻어낸다.
② 찜통에 양배추를 깔고 씻은 고등어 자반을 그 위에 올린다.

제 5 절 채소를 이용한 찜

(1) 애호박선(애호박찜)

■ 재료 및 비율

재료	비율
후추(2g)	0.2
미원(3g)	0.3
참기름(10g)	1
마늘(10g)	1
간장(10g)	1
소금(10g)	1
다진파(10g)	1
전분(10g)	1
완두콩(50g)	5
다진새우(50g)	5
다진쇠고기(50g)	5
계란(100g)	10
두부(100g)	10
애호박(1000g)	100

이렇게 만드세요

① 애호박의 위 · 아래 꼭지를 도려내고 길이 3~4cm로 자른다.
② 자른 호박 한쪽 면을 숟가락으로 깊이 1.5cm 정도 자연스럽게 속을 파내면서 도려낸 후 끓는 물에 소금을 약간 넣고 살짝 익을 때까지 데쳐낸다.
③ 다진 쇠고기에 파, 마늘, 소금, 간장, 후춧가루로 양념하여 볶고, 두부는 물기를 꼭 짜서 으깬다.
④ 삶은 완두콩, 다진 버섯, 계란흰자, 전분 약간을 함께 섞어 갖은 양념을 하여 호박 도려낸 곳의 안쪽에 밀가루를 바르고 볼록하게 나올 정도로 채워준다.
⑤ 찜솥에 김이 오를 때 앉히고 15~20분간 찐다.
⑥ 너무 오래 찌면 색이 변하고 물렁하게 되므로 살짝 쪄낸다.

(2) 가지선(가지찜)

■ 재료 및 비율

이렇게 만드세요

① 연한 애가지를 고르는데, 가지가 크면 반으로 자른다.
② 가지의 꼭지쪽으로 2cm 남겨주고, 가지살을 네 갈래로 가른다.
③ 쇠고기 또는 돼지고기를 잘게 다져서 갖은 양념을 하여 재운다.
넣는 방법
- 오이선과 같이 고기소를 넣는 방법
- 가지를 네갈래로 쪼개어 고기소를 넣기도 한다.

④ 냄비에 고기국물과 남은 양념을 넣고 끓이다가 가지를 가지런히 안친 다음 끓인다.
⑤ 가지가 거의 익었을 때 녹말을 물에 풀어 국물을 걸죽하게 한 다음 간장, 조미료로 간을 맞춘다.

(3) 여러 가지 말이하는 찜

■ 여러 가지 속재료 만들기

만두속 재료와 같이 여러 가지 재료를 혼합하는데 어떤 기준이 있을 수 없다.

■ 예

① 쇠고기, 돼지고기만을 양념하면 퍽퍽한 느낌이 있으므로 두부를 넣어주고, 김치를 넣어줄 수도 있다.
② 해물류(새우, 갑오징어살, 모시조개살) 등을 이용하여 소를 만드는데, 재료의 반은 곱게 생것으로 갈아서 접착제 역할을 하고 재료의 반은 씹히는 맛을 내기 위하여 익혀서 데쳐서 작게 썰어서 두부, 김치를 혼합하고 양념을 하여 소를 만들어 놓는다.

이렇게 만드세요

① 쌈에 이용할 수 있는 여러 가지 보
- 직접 보로 쌈을 할 수 있는 김치 : 포기김치 일부 앞부분으로 쌈을 할 수도 있다.
- 데쳐낸 후 사용하는 보 재료 : 호박잎, 깻잎, 양배추겉잎, 통배추 잎부분, 곰취나물의 큰잎을 데쳐가지고 쌈을 할 수도 있다.

※곰취나물은 4~5월 한철 나오는 나물로 얇고 손바닥크기로 커서 쌈을 하기가 좋고 입맛을 돋우는 나물이다.

② 속재료를 선택한 보에 길이 5cm, 두께 가는 오이만큼 넣어 싸주고 미나리 또는 실파를 데쳐서 묶어준다.
③ 말이를 한 것은 찜을 하는데, 육수를 넣고 은근히 끓이는 방법과 찜통에 쪄내는 방법이 있다.

※곁들이는 소스는 초간장이 좋다.

7. 편육과 순대

제 1 절 편 육(片肉)

한국음식의 육류요리의 특징 중 하나는 요리하기 어려운 부위(동물의 머리, 족 등)의 살을 푹 삶아 보자기에 싸서 살을 성형하여 썰어서 편육으로 만들거나, 그대로 삶아 얇게 썰어 편육으로 만들어 순수한 고기맛을 낼 수 있도록 하는 것이며, 이는 고기를 분쇄해서 향신료를 넣고 만든 서양의 햄요리와 소세지와는 구별된다. 편육(片肉)을 만드는데 있어서는 두 가지로 분류할 수 있다. 삶아서 썰은 편육(片肉)과 삶은 고기를 뼈를 추수려서 다시 성형하여 만드는 보쌈편육으로 분류되는데 이러한 분류는 저자가 임의로 정의한다.

그러나 고기를 증기에 찐 편육은 증육(甑肉)으로 해석하기 어렵기 때문에 수육(獸肉)으로 해석하여야 할 것인데 한국요리의 조리용어조차 통일되어 있지 않은 현실에서 이러한 안타까움은 어쩔 수 없는 답답함이 있다.

▶ 보쌈편육

보쌈이라는 말은 보자기에 쌌다는 의미로서, 요리하는 방법으로도 보쌈이라는 말이 사용되며(예 : 보쌈김치, 보쌈편육) 먹는 방법에 의하여 보쌈 또는 쌈이라는 표현을 많이 한다(예 : 상추쌈, 쌈밥정식, 제육보쌈 등).

보쌈편육은 두 가지 방법이 있다. 성형(뼈를 추수려내고 살을 굳힌 것)하지는 않았지만 삶은 고기를 보자기에 싸서 무거운 것으로 눌러서 식힌 다음에 차가울 때 썰어주는 방법이 있다. 이 방법은 편육으로 썰을 때 탄력이 있고 쫀득쫀득하다. 다른 방법으로는, 그대로는 요리가 안되거나 먹기가 곤란한 부위를 삶아서 뼈를 제거하고 가죽, 근육, 힘줄부위 단백질의 일종인 저열량의 콜라겐이 뜨거운 상태에서 녹아있을 때 보자기에 싸서 성형하여 눌러 식힌 후 썬 고기를 말한다. 많이 사용하는 부위는 머리부위, 족발부위이다(예 : 돼지머리 편육, 소머리편육, 족발편육 등).

▶ 수육편육(水肉片肉)

본래 수육의 의미는 수육(獸肉), 네 발 달린 짐승(개, 돼지, 말, 양 등)을 일컫는데 그 범위가 식용으로 사용되는 짐승 외의 모두를 포함시키기는 어렵기 때문에 수육(水肉)으로 해석하여 삶은 고기로 해석한다. 여기에서 기술하는 수육은 삶은 고기를 성형하지 않고 또한 보자기에 싸서 무거운 것으로 눌러주지도 않고 뜨겁게 또는 차갑게 하여 그대로 얇게 썰은 고기를 뜻한다(예 : 우설편육, 양지편육, 사태편육, 족발편육 등).

1. 보쌈편육

보쌈할 편육재료는 콜라겐(collagen) 성분이 많은 껍질, 발, 귀, 머리 부위가 좋으며 경우에 따라서는 껍질부위 또는 첨가물인 젤라틴 또한 한천을 첨가하여 접착력을 높이기도 한다. 젤라틴을 넣을 때는 미지근한 물에 젤라틴 가루를 넣고 저어주어 완전히 풀리게 하는데 비율은 물 : 젤라틴=3 : 1 정도 이다.

완성시간 : 소머리편육 4시간 이상, 돼지머리 편육 : 2시간 30분, 돼지족발 : 1시간 30분

※젤라틴 사용방법 : 찬물에 젤라틴을 20 : 1로 넣어 저어주면서 미지근하게 데운다. 완전히 녹으면 편육 만드는 곳에 넣고 졸여준다.

※한천을 찬물에 녹여서 같은 양의 물을 넣고 은근한 불에 완전히 녹여 넣고 졸여준다.

■1차 : 된장물에 삶기	
된장	5
물	100
■ 2차	
월계수잎	0.1 이하 약간
건고추	0.1 이하 약간
통후추	0.1 이하 약간
감초	0.1 이하 약간
새우젓	1
생강	2
설탕	2
간장	2
대파	3
양파	3
소주	5
된장	5
물	100
■3차 양념하기 : 푹 삶은 고기를 양념한다	
미원	0.2 약간씩
다진파	0.2 약간씩
후추	0.2 약간씩
간마늘	0.2 약간씩
푹삶은고기	100

이렇게 만드세요(공통)

1차 된장물에 삶기 : 냄새를 없애는 것이 제일 중요

① 편육이 될만한 재료는 발, 귓속 등으로 털이 숨겨져 있으므로 불에 그슬려 주고 경우에 따라서는 수세미로 귀 등을 닦아준다.
② 흐르는 찬물에 3시간 이상 담가 핏물과 잡냄새를 없애준다.
③ 재료가 충분히 잠길만큼의 물과 약간의 된장을 넣어 끓는 상태에서 약 10분 정도 삶아내고 삶았던 물은 버리고 2차로 다시 향재료를 넣은 끓는 물에 푹 삶는다.

2차 삶기방법 : 2차 삶기에서 제일 중요한 점은 고기가 잡냄새가 없어야 하고 양념의 맛이 고기에 스며 슴슴하게 간이 되어야 하는 것이며, 알맞게 잘 삶아야 한다.

① 편육 만드는 재료가 충분히 잠길 정도의 물을 넣은 후 된장, 간장, 소주를 넣고 건고추는 잘라서, 생강은 저며 썰어서, 손질된 양파는 통으로, 그리고 대파는 꺾어 넣는다.
② 푹 삶아져 뼈가 빠질 정도가 되면 뜨거워졌을 때 재빨리 뼈를 추려낸 다음 껍질을 제외하고 살단 후추, 다진파, 미원을 조금 넣고 양념을 하고 적당한 크기로 잘라준다.
③ 보자기를 사각 또는 둥근 틀에 깔아주고 비닐을 바닥과 옆면까지 올라올 정도까지 깔아준 다음 껍질을 편편히 한 후 양념한 살을 가운데에 고기결을 살려서 고루 펴준다. 위에는 바닥에 깔아주었던 것처럼 껍질을 덮어주고 보자기를 편편히 아무려 준다.
④ 무거운 것으로 눌러놓아 식힌다.

봉주방장 해법 : 껍질을 첨가해서 만드세요

보쌈편육은 두부판처럼 널찍하게 만들어야 하고, 껍질을 앞면과 뒷면에 깔아 줘야 하는데 껍질이 부족하다. 그럴 때에는 껍질을 별도로 구매하여 넣어주고 때로는 젤라틴을 넣어주면 보쌈편육이 흐트러지지 않고 잘된다. 한천을 물에 불려서 젤라틴 대신에 넣어줘도 좋다.

※보쌈편육은 냉동고에 넣지 말고 냉장고에 보관해야 한다. 보쌈편육이 되는 원리는 저열량의 단백질인 콜라겐이 젤라틴화되어 접착력이 생기는 것인데, 만들어 놓은 편육을 뜨겁게 하거나, 냉동시키면 성형된 보쌈편육이 분리가 되므로 조심해야 한다. 물론 썰어 놓은 보쌈편육도 냉동시키면 해동시킬 때에 분리되므로 주의해야 한다.

※보쌈편육을 할 때에는 접착력(젤라틴의 고농축)이 강해야 한다. 그러므로 물을 많이 넣고 끓이지 않는 것이 좋다. 한천 및 젤라틴을 첨가하고 만든다. 한천은 물에 적셔 넣으면 되고 젤라틴은 미지근한 물을 젤라틴의 양에 20배의 양에 녹여 중탕한다.

각각의 보쌈편육 만들기의 유의점

① 돼지머리 편육 : 돼지껍질을 첨가해 주고, 주의할 것은 삶아서 뼈를 발라낼 때 혐오감을 줄 수 있는 눈알은 제거한다.

② 쇠머리 보쌈편육

- 스텐레스통을 같은 크기를 두 개를 선택하여 한 개는 고기를 담고 또 다른 한 개는 눌러주는데 사용하면 잘된다.
- 양지머리나 사태 편육을 함께 삶아 살을 보완해 줄 수 있다.
- 우설이 붙어있는 것을 구매할 경우, 푹 삶은 소혀를 빼내어 겉껍질을 제거 후 성형한다. 돼지머리와 마찬가지로 눈 부위는 제거한다.

③ 우족보쌈편육 : 우족은 껍질부위 보다는 힘줄(스지)이 많아서 껍질을 겉으로 하여 만들기는 어렵다. 차라리, 뼈를 제거한 후 바닥이 눌지 않게 주걱으로 저으면서 오래 끓여 고농축시킨 다음(약 6~8시간) 쟁반에 넓게 쏟아 묵처럼 식히거나 보자기에 싸서 눌러 식힌다.

④ 돼지족 보쌈편육 : 돼지족은 일반적으로 생긴 그대로 썰어 놓은 수육편육을 많이 하지만, 뼈를 제거하고 껍질을 겉으로 하여 비닐에 놓고 힘을 주어 돌돌 말아서 양쪽 끝을 묶어 준 후에 눌러 식혀서 썰어놓는 보쌈편육이 있다. 이 방법은 뷔페에 내어놓을 때 많이 사용하는 방법이다.

봉주방장 해법 : 김치 편육 만들기

① 돼지껍질이나 소힘줄(스지) 등을 이용하여 김치를 다져 넣어 편육을 만들면 일품이다.

② 방법 : 돼지껍질 또는 소힘줄을 1시간 정도 끓여 뜨거워졌을 때 갈아낸다. 갈아낸 고기는 삶았던 국물을 자작하게 붓고 농축시킨다. 주걱으로 저어주면서 되직하게 되면(끓을 때 펄떡펄떡 고농축된 것이 튀어 오를 정도로), 썰어 놓은 김치와 양념을 넣고 잘 혼합시켜준 다음 식힌 후 썰어낸다.

③ 한천 및 젤라틴을 첨가해 주면 훨씬 잘 굳힐 수 있다. 한천을 찬물에 불려서 넣고 젤라틴은 미지근한 물에 녹여준 후 넣는다.

봉주방장 경험

우설(소혀)는 소머리에 붙어 있는 털을 제거하는데 탁월하다. 소머리를 구매하면 우설이 있는데 우설을 잘라서 소머리에 붙어있는 잔털이 많이 붙어 있는 곳에 가볍게 문지르면 잔털이 신기하게도 최대 접착되어 있다. 소혀의 안쪽은 가시같은 돌기물이 밖에서는 먹이가 들어와도 밖으로는 나가기 어렵게 되어 있기 때문이다. 즉, 낚시바늘을 연상하면 된다.

(1) 닭고기 보쌈편육

■ 재료 및 비율

재료	비율
조미료	0.2
생강즙	0.5
다진마늘	1
다진파	1
소금	1
닭	100

이렇게 만드세요

① 닭고기의 목을 자르고 등쪽의 뼈부위에 칼을 넣어 뼈를 발라낸다.

② 뼈에서 분리된 살을 곱게 갈아 양념한다.

③ 닭고기 껍질을 헝겁 또는 알미늄 호일을 바닥에 깔고 그 위로 오게 한다.

④ 껍질 안쪽으로 양념된 갈은 닭고기를 넣어 말아준다.

⑤ 양끝 쪽을 묶어준다.

⑥ 찜통에 삶아내거나, 삶는다.

※양식에서는 이와 유사한 방법의 '테린' 이라는 요리가 있다.

2. 수육편육(삶은 고기)

수육의 의미를 두 가지로 나누어 생각해 볼 수 있다. 수육편육은 삶은 고기를 뜨거울 때 썰어 손님께 드리는 방법과 식힌 다음 썰어 주는 방법이 있다. 이와 같이 방법을 달리하면 같은 부위의 고기라도 새롭게 느껴진다.

■ 공통재료비율

재료	비율
미원	약간씩
통후추	약간씩
월계수잎	약간씩
소금	약간씩
생강	1
마늘	1
간장	3
소주	3
대파	3
물엿	5
된장	5
물	100

이렇게 만드세요(공통)

① 생강은 저며 썰기하고 대파는 꺽어 넣고 나머지 재료도 비율대로 넣는다.

※재료는 다른 것으로 대체해도 된다(미삼, 계피, 감초, 간장 등)

② 고기가 다 익으면 삶았던 국물에 잠시 그대로 놔두어 간이 배이게 한다.

(1) 우설편육

이렇게 만드세요

우설편육은 끓는 물에 된장을 슴슴하게 넣고(물양의 50%) 약 40분 정도 삶아서 껍질을 벗겨낸 후 2차로 삶기 하는데 약 1시간 30분 삶는다.

봉주방장 해법 : 소혀껍질 벗기는 두 가지 방법

① 우설껍질 벗기는 방법은 두 가지가 있는데 푹끓여서 껍질을 벗기는 방법과, 약 5분 정도 뜨거운 물에 담갔다가 껍질벗기는 방법이 있다.

② 식은 다음 P.P랩에 힘을 주어 싸서 냉장고에 보관하면서 사용한다.

(2) 사태편육

이렇게 만드세요

① 사태고기는 덩어리째 구매가 되는데, 결대로 잘 떼어내서 핏물을 제거하고 삶는다.

② 젓가락으로 찔러보아 푹 들어가면 불을 끄고 약 30분 정도는 그대로 둔다. 건져서 식힌 다음 얇게 썰어낸다.

봉주방장 해법

① 사태는 뭉치사태와 아롱사태가 있는데 아롱사태는 고명으로 사용하는 편육에 좋으며 뭉치사태는 찜, 탕, 조림, 고명에 좋다.

② 건져낸 사태는 P.P랩으로 꼭꼭 싸서 냉장고에 보관한다.

(3) 차돌양지편육

이렇게 만드세요

① 차돌 양지는 핏물을 제거하고 끓는 물에 넣고 약 30분~1시간 삶고 나머지 1시간은 끓는 국물에서 삶는다.
② 삶은 양지는 찬물에 한 번 씻어준 후에 보자기에 싸서 무거운 것으로 눌러 놓는다.
③ 사용할 때에는 기름을 적당히 제거하고 썰어낸다.

봉주방장 해법

차돌양지는 육수가 진하게 나오므로 약 30분~1시간 정도는 육수를 만드는데 이용하고 건져내어 나머지 한시간은 정해진 국물에 삶는다. 주의해야 할 점은 차돌양지부위는 두껍기 때문에 적당한 두께로 잘라 삶는다. 단, 너무 얇게 자르면 맛있는 고기즙이 많이 유출되어 국물은 진하겠지만 고기맛이 없다.

(4) 돼지삼겹살편육

이렇게 만드세요

돼지고기는 껍질이 있는 것이 좋다. 껍질은 쫀득쫀득한 감촉이 부드러움을 더한다. 제공방법은 2가지이다. 뜨겁게 제공하는 방법과 차갑게 제공하는 법이 있다.

뜨겁게 제공하는 법

① 돼지고기를 통(껍질을 벗기지 않은 상태), 판으로 구매한 것을 폭 6cm 정도로 길게 자른다.
② 흐르는 물에 3~4시간 담궈놓아 돼지 특유의 냄새를 없앤다.
③ 끓는 국물에 고기를 넣고 정확히 50분 지난 후 꺼낸다. 비닐봉지에 넣고 작은 스치로폴 박스에 담아놓고 썰어낸다. 식었을 경우에는 찜통에 다시 뜨겁게 해서 썰어낸다.

차갑게 제공할 때에는

비율대로의 국물에 정확히 50분 삶아서 고기가 식기 전에 거즈천에 물을 적셔 싸주고 무거운 것으로 눌러놓고 식힌다. 쌌던 천은 제거하고 P.P비닐에 다시 싸서 냉장 보관 후 필요할 때 썰어낸다.

봉주방장 해법

① 껍질이 있는 삼겹살 부위는 일명 오겹살이라고도 하며 무박 삼겹살이라고도 불린다. 또는 껍질이 있는 것은 국내산이며, 수입산은 박피(껍질제거)한 것이다.
② 돼지고기 특유의 냄새제거는 흐르는 물에 충분히 씻어 내는 것이며, 이는 냄새 성분이 수용성으로 물에 잘 녹아 내리기 때문이다. 그러나 주의할 것은 물에 잠긴 시간이 너무 길면 맛에는 이상없지만 고기색이 붉어질 수 있다.
③ 삶은 돼지고기는 동결시켜 사용하면 맛이 크게 떨어진다.

봉주방장 경험

- 폭을 6~7cm로 길게 잘라서 삶았을 때와 삼겹살을 자르지 않고 넓은판으로 삶았을 때의 시간차이는 크다. 잘랐을 경우는 45분 정도이며, 자르지 않고 통판으로 삶는 경우에는 1시간 30분 정도이다.
- 통판으로 삶는 경우에는 차갑게 제공하는 경우로서 넓은 면 그대로 삶아 보자기에 싸서 무거운 것을 올려 놓고 식혀서 고기에 쫀득쫀득한 탄력을 주기 위함이다.

(5) 개고기 편육

이렇게 만드세요

개고기도 돼지 삼겹살 편육처럼 두 가지 방법으로 제공한다(차갑게 또는 뜨겁게). 개고기는 돼지삼겹살 보다는 시간이 더 소요되는데 보통 2시간 정도 끓여야 한다. 갈비뼈가 자연스럽게 빠져나오도록 삶는다. 삶을 때에는 대파, 마늘, 된장, 간장, 생강, 소주, 약간의 겨자, 식초를 넣고 삶아 낸다. 자세한 것은 탕요리의 개고기 삶는 법에 소개했다.

※손님 옆에서 작은 도마와 뜨겁게 잘 삶아진 개고기 덩어리를 직접 썰어주기도 하고 부추 또는 미나리를 6~7cm로 잘라 데쳐서 접시 한쪽에 놓고 한 쪽에는 저며 썰은 개고기를 놓는다.

봉주방장 해법
① 개고기는 뱃살부위(배바지살)가 제일 맛이 있다. 껍질의 쫄깃한 맛과 적당한 기름이 있기 때문이다.
② 개고기 양념장 : 전골의 보신탕 양념장에 소개했음

(6) 돼지족발편육

돼지족발은 많은 사람이 애호하는 요리이므로 별도로 상세히 기술한다.

❶ 돼지족발 선택과 찜을 하기전 유의 사항

돼지족발은 짧은 단족과 장족이 있다. 짧은 단족은 발목에서 바로 위관절까지이며, 장족은 그 다음 관절까지이다. 또한 앞다리족과 뒷다리족은 차이가 있다. 맛의 차이는 없지만 살이 많고 썰기가 무난한 앞다리족을 많이 선호한다.

돼지족발 전문점에서는 족발찜을 계속 생산하는데, 생성된 국물을 재사용하기 때문에 돼지족발에 함유되어 있는 풍부한 젤라틴 성분이 진하게 농축되어 있어 만들때마다 족발찜이 윤기가 난다. 어쩌다 한 번 생산하는 족발찜의 윤기를 내기 위해서는 돼지껍질 또는 젤라틴을 양념비율(뒷장에 기술)에 다른 재료와 다른 향재료(샐러리 뒷부분, 대파, 월계수잎 등)를 넣고 4시간 정도 은근히 농축시킨 후 충분히 우려낸 향재료를 국물을 꼭 짜내고 건져낸 후 손질된 족발을 넣고 약 2시간 정도 찜을 하여 완성한다. 돼지족발찜을 1차로 완성하고 남은 찜국물을 2~3회 더 사용할 수가 있다. 물론 모든 재료(물, 향재료 등)는 사용할 때마다 더 사용해 주어야 한다.

❷ 돼지족발 편육찜을 오랫동안 맛의 변화없이 보관하는 방법

돼지족발찜이 전문화되고 대형식품회사에서도 훈제족발을 생산하여, 유통기한이 길어 국내에서는 족발을 주문하여 먹는 것은 어렵지 않은 일이다. 그러나 외국으로 취업나가는 후배 또는 식당업을 하시는 분의 참고가 되기 위하여 기술한다.

- 돼지족발이 완성되기 위해서는 1시간 40분 정도 있어야 하는데, 완료된 후 바로 건지면 족발의 육질부위가 검게 되어 보기 흉하다. 이를 방지하기 위해서는 1시간 20분쯤(돼지족발이 완료되기 전)에 불을 끄고 30분 정도 식힌 다음, 건져내고 참기름을 발라준다.
- 건져낸 족발은 삶았던 소스를 약간 넣어 주고, 비닐포장을 하여 중간냉동(sub freezing)한다. 이때에 주의할 것은 돼지족발 윗부분의 뼈가 날카로워 비닐로 팩한 것이 찢어질 수가 있으니 유의해야 한다. 여건이 허락되면 진공팩을 해두면 좋다. 완전 냉동하면 맛이 없으며 손님께 드릴 때는 전자렌지에서 해동시킨다.

❸ 돼지족발찜에 곁들이는 2가지 양념장

다음의 비율대로 만드는데, 새우젓은 작은 양념장 그릇에, 그리고 된장양념무침은 그대로 돼지족발 찜 옆에 놔둔다.

■ 새우젓 양념

재료	비율
미원	2
굵은고춧가루	10
물	50
새우젓	100

■ 된장 양념

재료	비율
미원	2
굵은고춧가루	5
참기름	10
마늘편	20
홍고추	20
풋고추	20
양파	50
된장	100

이렇게 만드세요

① 양파는 깍뚝썰기한다.
② 풋고추, 홍고추는 1cm 정도로 둥글썰기한다.
③ 마늘은 편으로 썬다.
④ 모든 재료를 된장에 버무려서 드린다.

❹ 돼지족발찜하기

▶ 1차 : 찜하기전 손질하는 법

■ 양념비율

재료	비율
미원(90g)	3
생강(300g)	10
된장(450g)	15
돼지족(3000g)	100
물(3000g)	100

이렇게 만드세요

① 돈족은 1차적인 손질(발톱, 털 제거)이 된 상태로 구매되지만 털이 부분적으로 남아 있어 불에 그을려 준다.
② 준비된 끓는 물에 20분 정도 삶고 건져낸다. 삶았던 물은 재사용하면 좋지만 매일 생산하지 않는다면 삶았던 물은 버린다.

※물은 족발이 잠길 정도로 넣어준다. 그러기 위해서는 폭이 좁고 깊은 왕기(통)을 준비한다.

▶ 2차 : 양념에 찜하기

■ 방법 1

재료	비율
미원	1
월계수잎	1
술	2
겨자	2
마른고추	3
대파	5
양파	5
칡뿌리	5
저민생강	5
통마늘	5
된장	10
물엿	20
간장	20
족발	100
물	100

※위의 재료에 다시마, 국멸치, 대두콩(메주콩) 불린 것을 약 각각 2% 내외로 넣어주면 더욱 좋다.

■ 방법 2 : 응용요리(한방족발)

오향(0.3g), 당귀(0.6g), 황귀(0.6g), 통후추(0.9g), 감초(1.5g), 대추(6g), 계피(6g), 칡뿌리

※다른 요리를 만들다 버려지는 파잎, 파뿌리, 샐러리뿌리, 샐러리 잎 등 족발을 부재료로 사용하면 더욱 좋다.

이렇게 만드세요

방법 1 : 이 비율로 끓여 놓았다가 1차로 삶아 건져 낸 족발을 넣고 은근히 1시간 정도 삶아주면 된다.

참고

① 시간이 충분하다면 부재료를 넣은 물을 충분히 1시간 정도 끓인 다음 부재료의 향신료를 추출하여 깨끗이 건져 낸 후 족발을 넣으면 더욱 좋다.
② 찜을 하고 나면 소스가 남는데 이것은 다시 재사용한다. 재사용 할 때는 모든 재료를 가감하면 된다.
③ 경우에 따라 캐러멜을 사용하는 이도 있다.

방법 2 : 1차 양념법에 왼쪽의 재료를 첨가하면 한방 족발이 된다.

뷔페에 제공할 때에는

① 족발의 뼈를 발라내고 살을 거즈에 싼다(거즈 밑에 족발이 감아질 만큼 비닐을 펴고 힘을 주어 둥글게 만다).
② 냉장고에 보관하여 굳힌 다음 썰어주면 된다.

제2절 순대 만들기

순대창은 돼지소창을 많이 사용하고 소의 소창과 곱창도 사용할 수 있지만, 대창은 너무 굵어 순대를 하더라도 내용물이 빠져 나올 수 있다. 국내에서는 순대가 어느 정도 손질이 되어 유통되고 있다.

■ 만드는 방법 1

■ 만드는 방법 2

이렇게 만드세요

만드는 방법 1

① 돼지소창에 굵은 소금과 밀가루를 듬뿍 뿌려 주물러서 미끈미끈한 것이 훑어 버린다.
② 소창 한쪽을 맑은 물이 나올 때까지 말끔히 씻은 다음 수돗물을 이용해 뒤집어 준다. 다시 같은 방법으로 깨끗이 씻어 물기를 없앤다.
③ 돼지고기와 배추김치, 마늘, 생강을 다진다.
④ 흰쌀은 씻어 물에 불린다.
⑤ 두부는 물기를 꼭 짠 후 으깨 놓는다.
⑥ 돼지피는 덩어리가 없게 체에 걸러 내리면 곱게 부수어진다.
⑦ 모든 재료를 잘 섞어 놓는다.
⑧ 순대창에 넣는 방법은 생수병을 중간부위를 잘라 밑부분은 버리고 깔데기 모양처럼 만들어 재료를 뒤에서 밀어 넣는다.
⑨ 길이는 40~50cm로 하여 양쪽 끝 10cm는 넣지 말고 잘라 그대로 둔다. 익으면서 수축이 되면 자연적으로 압력이 빠져나간다.
⑩ 30분 정도 푹 삶은 후 건져내어 두부판에 차곡차곡 정열해 놓고 냉동시킨다. 필요할 때 꺼내어 찜통에 약 20분 정도 쪄서 썰어준다.
⑪ 순대를 건져 식힌 후 1cm 두께로 썬다.

참고

① 대량으로 할 때는 기계를 사용하는 것이 좋다.
② 기계구입처 : 동대문 흥인시장 동방기계상사에서 50~120만원에 주문 제작 가능 (☎ 2266 - 5562).

저자가 아는 곳이지만 여러 주방기구점에 있다.

만드는 방법 2

① 숙주, 배추, 양배추를 데친다.
② 식힌 배추, 양배추는 칼로 다지거나 기계에 갈아준다.
③ 양파, 대파, 부추, 데친 숙주는 칼로 다져준다.
④ ②와 ③의 야채들을 갈아 놓은 돼지고기에 정종, 마늘, 생강, 새우젓, 참기름, 식용유, 다시다, 미원, 후추를 넣고 잘 버무려준다.
⑤ 선지는 체에 받쳐 잘 으깨어 ④에 넣고 두부 함께 넣은 후 잘 버무려 준다.
⑥ 순대창(돼지소창)은 소금을 넣고 비벼 씻은 후 130cm 길이로 자른다.
⑦ 순대창에 속을 생수병을 1/2로 잘라 깔데기 모양으로 하여 왼손으로 잡고 오른손으로 밀어 넣어 끓는 물에 10분간 삶아 식힌 후 정리하여 냉동보관한다.
⑧ 필요할 때 꺼내어 약 30분 이상 은근히 찜통을 이용하여 찜을 하면서 손님께 제공시기 직전에 약 1.5cm로 썰어 드린다.

※돼지고기와 쇠고기를 반반씩 혼합해 줄 수도 있으며 또한 고기는 요리하고 남은 재료(썰었던 근조육, 자투리 고기 등)를 냉동보관하였다가 갈아서 사용한다.

주영미님의 오징어순대 만드는 법이다.

■ 순대속 재료
양파 4kg, 숙주 500g, 당근 400g,
풋고추 400g, 느타리버섯 500g, 파 400g,
소금 200g, 후추 20g, 깨소금 80g,
간마늘 40g, 계란4개, 참기름 50g, 미원 20g
쇠고기 400g(양념이다)

■ 오징어 순대장
① 물 600g
② 진간장(몽고) 600g
③ 식초(환만) or 사과식초 400g
④ 혼합한 후 와사비를 개어 조금 넣어준다.

이렇게 만드세요
① 양파, 대파, 숙주, 느타리, 당근, 풋고추를 컷터기를 이용해 간다.
② 컷터기에 간 것을 소금을 넣고 30분간 절인 후 1회 물에 헹궈준 후 탈수기에 5분씩 3회를 돌려준다.
③ 양재기에 쏟아내고 쇠고기 만찌, 계란, 후추, 참기름, 통깨, 미원을 넣고 버무린다.
④ 통에 넣고 냉장보관한다. 냉장고에서 3~4일 냉동보관도 가능하다.
⑤ 사용할 때는 순대속 1kg에 찹쌀 200g 섞어서 사용한다. (찹쌀은 고득하게 쪄서 사용한다.)
⑥ 속재료를 오징어에 채우는데 ½만 채운다.
⑦ 찜통에 25~30분간 찐다. (수축하면 탱탱해진다.)
※ 찹쌀밥은 냉동보관 해야 한다.
※ 찜통에서 순대를 옮길때는 살살 들어낸다.
※ 순대는 식은 다음 만지고, 썬다.
※ 찹쌀을 이용할 때는 불려서 쪄서 식힌 후 혼합한다.

오징어 손질법
① 오징어는 1Box 30미 냉동사용 또는 생물 모두 좋다.
② 배쪽을 긁어낼 때는 수저를 이용하면 편하다.
③ 보관할 때는 네모난 소쿠리에 1줄에 5개씩 올리고 위를 덮은 후 봉지에 넣어 냉장보관한다.
④ 오징어 뼈, 내장을 제거한 후 깨끗이 씻어서 물기를 빼준다.

8. 전골·찌개

한국인 식문화의 특징 중 전골 및 찌개뿐만 아니라 국물있는 음식은 한국인의 정서에 가장 잘 맞는 음식이다. 국물있는 음식의 장점은 2~3인이 먹다가 한 두 사람이 추가되어도 덜어 먹을 그릇과 수저만 있으면 모든 사람들과 충분히 식사를 즐길 수 있다는 점이다. 또한 전골은 재료의 제한을 받지 않는다. 육류, 해조류 각각의 단일재료도 좋으며 혼합재료를 사용해도 좋다.

국물이 부족하면 물을 붓고, 간이 싱거우면 고추장을 더 넣으며, 진국물의 맛이 아쉬우면 남은 밥이라도 넣고 비비고, 그것도 서운하면 김치를 썰어 넣고 들기름·참기름 등을 넣고 비벼서 먹는 멋은 전쟁을 많이 겪은 우리민족의 공동체적 삶에서 발전된 식문화라고 볼 수 있다.

그러나 전골과 찌개의 구분은 아직까지도 모호하고 찌개를 '조치'라고도 표현하니 어떻게 정리가 되어야 하는지는 저자도 혼란스럽다. 분명한 것은 '조치'라는 용어는 궁중요리 중 찌개를 일컫는 것인데, 궁중의 용어를 오늘날까지 요리의 표준어로 정착시키기에는 무리가 있다고 보기 때문이다.

궁중음식의 대가이신 황혜성 선생님께서는 전골을 즉석(손님앞)에서 볶음하는 것을 전골이라고 하셨으며, 같은 재료라도 주방에서 볶음하여 손님께 내어드리면 볶음이라고 구분하셨다.

그러한 기준이라면 요즘 인기가 있는 철판요리가 전골이라고 볼 수 있겠는데, 현실적으로 일반인의 통념적 인식을 바꾸기에는 어려운 일이다.

그러나 근거가 되는 것은 「한국요리문화사」(이성우 저)를 보면 옛날 상고시대에 진중(陣中)에 있는 군사들이 머리에 썼던 철로된 벙거지(모자)에 고기와 채소 등을 넣고 끓여 먹었던 것이 전례라는 설도 있다.

분명한 것은 전골이 찌개와 구분되는 것은 우선 음식명부터 차이가 있다. 전골은 '낙지전골, 버섯전골…'과 같이 주재료 중심이며, 색스럽게 돌려 담은 재료들이 눈을 즐겁게 해서 시각적인 효과도 빼놓을 수 없다. 찌개는 ○○된장찌개, ○○고추장찌개, ○○새우젓국 찌개 등과 같이 간을 맞추는 장류와 젓갈에 초점이 맞춰진다.

제 1 절 전 골

▶ 전골맛을 잘 내려면

- 천천히 익는 것은 한 번 익혀서 넣는다(예 : 죽순, 무, 감자, 편육, 우동국수, 떡볶기떡 등).
- 두부는 소금을 약간 뿌리고 노릇노릇하게 지져서 넣어야 모양도 흐트러지지 않고 맛도 있다.
- 맑은 육수로 끓이는 전골인 샤브샤브, 국수전골 외의 전골에 들어가는 주재료인 쇠고기, 해물류, 건표고버섯은 양념을 한 다음 앉혀야 한다.
- 육수를 잘 끓여야 한다.
  - · 깔끔한 맛의 전골은 멸치 다시마 육수로…
  - · 깊고 개운한 맛은 잡뼈와 양지머리 육수로…
  - · 얼큰하게 끓이는 전골은 소뼈곰 육수로…
  - · 해물전골류는 조개육수와 맑은 쇠고기 육수를 혼합한 것으로…

▶ 전골을 먹고 난 뒤 밥볶음 재료

- 김가루, 다진마늘, 다진파
- 송송 썰은 김치 : 참기름, 다시다로 양념한다.
- 당근, 깻잎, 상추, 오이 : 다진다.
- 고추장, 참기름 : 약간
- 볶은 돼지고기 또는 쇠고기

1. 한국 외식산업의 가장 비중있는 전골

1) 진기스칸(일식 : 샤브샤브)

(1) 진기스칸의 유래

진기스칸은 일본요리인 샤브샤브와 동일하다고 생각되나 대선배(최초 진기스칸 개발자)이신 김○○는 일본의 샤브샤브에서 유래는 되었지만 분명히 한국식 전골로써 정착했다고 한다. 진기스칸은 역사속의 왕이름이 아니라 珍(보배 진)과 奇(기이할 기)가 합쳐져 "진기"였으나 뒤의 발음을 자연스럽게 하기 위해 진기스칸이라 했다고 한다.

(2) 진기스칸의 요리

맑은 육수를 끓이는 상태에서 주재료인 쇠고기등심 부위를 얇게 1mm 두께로 넓이 4~5cm, 길이 7~8cm의 크기로 썰어 준비된 부재료와 함께 조금씩 넣어 데쳐서 양념에 찍어 먹는 것이다.

본래 진기스칸은 일본의 샤브샤브에서 온 것으로, 국내방법으로 정착되었으며 외국에서 인기있는 대표적인 현대 한국요리중 하나이다.

중국에는 사천(四川)요리가 있는데, 진기스칸 요리와 비슷하나 그들은 냄비 중간에 가로막이 칸이 있어 한 쪽에는 매콤하고 독특한 향기가 나고, 다른 한 쪽은 맑은 육수가 있어 특징에 따라 즐길 수 있다. 한국 또는 일본식은 쇠고기 등심이 주재료이지만 그들은 민물생선, 돼지피 굳힌 것, 쇠고기, 양고기, 야채 등 모든 재료를 넣어가면서 즐기는 것에 차이가 있다. 특이한 것은 상추가 우리 상식으로는 생야채로 쌈을 주로 먹는 채소로 인식되어 있지만 그들은 끓는 국물에 데쳐 먹는 것으로 선호도가 높은 야채이다.

한국식

중국식(사천요리)

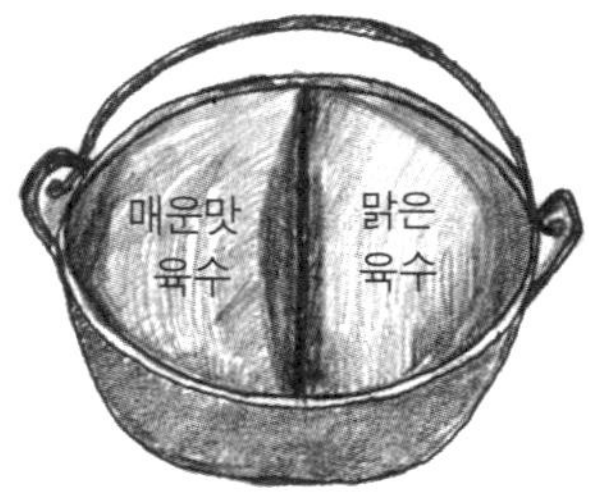

(3) 진기스칸(샤브샤브) 육수 끓이는 두 가지 방법

❶ 멸치와 다시마로 끓이는 법(이 방법은 본인이 근무했던 한 외식산업체의 노하우로서 외국인에게 인기가 높은 요리이다)

■ 1차 육수 끓이기

- 국물용멸치(200g) 2
- 다시마(500g) 5
- 물(1000g) 100

■ 2차 양념하기

- 쇠고기다시다(20g) 약간
- 혼다시(30g) 약간
- 미원(30g) 약간
- 1차끓인다시물(10000g) 100

■ 실제예

삼양콩간장 9ℓ + 정종 1.8ℓ + 설탕 3kg을 녹인 후 식힌다.
미원, 소금을 약간 넣어 간을 맞춘다.

이렇게 만드세요

① 찬물에 굵은 멸치와 다시마를 넣고 끓인다.
② 끓으면 5분 후에 불을 끄고 멸치와 다시마를 건져낸다. 2차 양념을 한다.
③ 2차 양념하기 : 혼다시(일본요리에 사용하는 해물맛 조미료) 미원, 설탕, 쇠고기다시다를 넣어 양념한 후 냉장보관하여 사용하는데 육수는 2일 이상은 넘기지 않는 것이 좋다. 제일 좋은 방법은 일일생산한 육수는 일일 소비하는 것이 가장 좋다.

❷ 멸치를 주재료로 육수 끓이는 법(A호텔 양념법)

■ 재료 및 비율

재료	비율
굵은멸치	1
대파	2
무	2
양파	5
물	100

■ 양념

재료	비율
미원	약간
소금	약간
간마늘	0.5
혼다시	1
진간장	11.5
1차끓인다시물	100

이렇게 만드세요

① 준비된 재료를 물에 넣고 1시간 정도 끓인후 멸치와 부재료를 건져내고 식힌다.

② 식힌 육수에 양념으로 간을 한다.

※간은 조금 약하게 하는데 이는 육수를 끓이다 보면 졸아서 짜지기 때문이다.

(4) 진기스칸 요리에 곁들이는 열 한 가지 양념장 만드는 법

①번 소스 1가지만을 내어 주거나 선택하여 1~2가지 더 내어 줄 수 있다.

❶ 무즙간장소스(이 방법은 유명 외식업체 진기(진기스칸의 약어)요리의 곁들이는 양념장이다)

가장 많이 사용하는 요리이기도 하다(곁들이는 양념초 소스 및 고명은 주방에서 준비하고 영업부에서는 영업 시작 하기 전에 양념그릇에 준비하여 놓는다).

1차 : 양념의 기초가 되는 국물 만들기

■ 재료 및 비율

재료	비율
가쓰오부시	0.5
다시마	1
설탕	1
물	100

2차 : 진기스칸 양념 완성하기

■ 진기스칸 양념초 비율

재료	비율
미원(10g)	0.36
레몬(252g)	7
미림(500g)	14
정종(1000g)	28
기꼬망간장(1600g)	44 (일본간장)
진간장(2000g)	56
식초(3600g)	100

■ 곁들이 고명

참깨, 참기름, 겨자, 고운고춧가루, 쪽파, 레몬(1쪽), 무

이렇게 만드세요

① 물에 가쓰오부시, 다시마(사방 20cm)를 넣고 끓인다.

② 다시마 육수 양념초 재료를 넣고 섞어 주전자 등에 넣고 냉장 보관한다.

봉주방장 해법 : 제공하는 법과 준비법

① 강판에 간 무를 찬물에 살짝 헹굼하여 가볍게 짜서 고운 고춧가루를 발그스럼하게 섞어 놓는다.

② 레몬은 얇게 ½쪽으로 슬라이스 한다.

③ 양념초 나갈 그릇은 물김치그릇 크기가 적당하다.

④ 양념초 그릇에 고춧가루에 버무린 무즙을 땅콩크기만큼 넣어주고 겨자 묽게 갠 것 약간. 레몬 한 조각, 깨소금, 참기름 3~4방울, 송송 썬은 쪽파를 양념초 그릇에 담아 차곡차곡 쌓아 놓는다.

⑤ 손님이 오시면 만들어 놓은 양념초를 그릇의 약 절반 정도 부어주고 제공한다.

❷ 참깨소스

■ 재료 및 비율

재료	비율
오이	1.5
당근	2.5
고운고춧가루	6
토마토케첩	6
땅콩	10
마요네즈	12
사과	12
배	13
참깨	20
미림	50
식초	100

이렇게 만드세요

준비된 재료를 모두 갈아서 냉장보관한다.

봉주방장 해법
땅콩버터를 넣고 갈아주면 더욱 맛이 좋다.

❸ 깨소스

■ 재료 및 비율

재료	비율
설탕(75cc)	50
간장(120cc)	80
깨(150cc)	100
다시국물(150cc) (샤브샤브 기본국물)	100

이렇게 만드세요

믹서에 깨, 설탕, 간장, 다시국물을 넣고 곱게 간다.
제공할 때에는 레몬, 실파를 송송 썰어 넣어준다.

❹ 폰즈소스 : 폰즈소스는 일본의 초간장으로 시중에서 완성된 것을 구매할 수 있다. 그러나 아래와 같은 비율로 끓이면 쉽게 쉬게 해결할 수 있다.

■ 재료 및 비율

재료	비율
다시마(5cm)	
레몬즙(100cc)	50
식초(100cc)	50
간장(200cc)	100

이렇게 만드세요

간장을 약간 뜨겁게 하여 다시마를 넣어 하룻밤 정도 두어 우린 다음 다시마는 건져내고 식초와 레몬즙을 섞는다.
제공할 때에는 레몬 한 쪽과 실파를 송송썰어 넣어준다.
주로 복사시미회 등에 사용된다.

❺ 생강간장소스

■ 재료 및 비율

재료	비율
설탕5(5g)	
가다랭이(10g)	10
생강(50g)	50
간장(100g)	100

이렇게 만드세요.

생강은 껍질을 벗기고 강판에 간다. 그릇에 생강즙을 담고 간장을 부운 후 가다랭이포를 뿌린다.

❻ 유자소스

■ 재료 및 비율

재료	비율
유자(100g)	100
간장(100g)	100

이렇게 만드세요

① 유자는 소금으로 문질러 씻은 후 끓는 물을 끼얹어 소독을 한다.
② 껍질을 얇게 벗겨서 채썰고 속은 즙을 짠다.
③ 간장에 유자즙을 섞고 유자껍질을 채쳐서 띄운다.

❼ 사과소스

■ 재료 및 비율

재료	비율
마늘	약간
생강	약간
미림(100g)	50
간장(100g)	50
사과(200g)	100

이렇게 만드세요

① 사과를 적당한 크기로 썰어서 믹서에 넣고 미림, 마늘, 생강과 함께 간다.
② ①에 실파 송송 썬 것과 고춧가루를 섞는다.

❽ 된장소스

■ 재료 및 비율

재료	비율
고춧가루(2g)	2
소금(2g)	2
참기름(5g)	5
설탕(5g)	5
간장(5g)	5
양조된장(5g)	5
식초(10g)	10
미림(15g)	15
땅콩버터(50g)	50
통깨(60g)	60
다시물(100g)	100

이렇게 만드세요

① 믹서기에 먼저 땅콩버터, 통깨, 된장, 고춧가루를 넣고 간다.
② ①에 간장, 다시물, 설탕, 식초, 참기름을 넣고 갈아서 소금으로 간을 맞춘다.

❾ 땅콩소스

■ 방법 1

재료	비율
고춧가루(1g)	1
소금(2g)	2
설탕(2g)	2
참기름(5g)	5
간장(5g)	5
식초(10g)	10
미림(15g)	15
통깨(60g)	60
다시물(100g)	100
땅콩버터(100g)	100

이렇게 만드세요

방법 1

① 믹서기에 땅콩버터, 통깨, 고춧가루를 넣고 2분 정도 간다.
② ①에 간장, 다시물, 맛술, 설탕, 식초, 소금, 참기름을 넣고 다시 1분 정도 간다.
③ 맨 나중에 소금으로 다시 간을 맞춘다.

방법 2

① 믹서기에 마요네즈, 땅콩버터, 된장을 넣고 회전을 시킨다.
② 된장의 메주콩이 곱게 갈아지도록 회전시키는데, 되직하면 육수 또는 물을 약간 넣어준다.

■ 방법 2

육수 10

된장 60

마요네즈 80

땅콩버터 100

■ 방법 3 : 땅콩소스 만들기

당근 2개, 양파 2개, 양조식초 1국자

지리초/바가지(1.5ℓ, 2ℓ)

땅콩 두 손으로 2개, 참깨 한 손으로 1개

상황에 따라 마요네즈 추가

※지리초란 멸치 다시마 국물을 뜻한다.

⑩ 앤초비 소스

■ 재료 및 비율

설탕 2

식초 10

앤초비 100(양식멸치젓)

다시물 100

이렇게 만드세요

다시물에 양식에서 사용하는 앤초비(멸치젓)를 곱게 갈아서 식초로 새콤하게 한 후, 설탕은 단맛이 들어나지 않을 정도로 약간만 넣는다.

※다시물은 다시마와 멸치, 마른 다랑어를 넣고 우려낸 국물이다.

※❸~⑩의 식초, 설탕은 상황에 따라 가감할 수 있다.

⑪ 유명 진기스칸 요리 전문가 장세연 님의 양념초 만들기

■ 재료 및 비율

미원 약간

레몬즙 15

설탕 25

미림 50

물 80

진간장 80

양조식초 100

■ 실제 예

화영 식초 1.8ℓ×2병, 진간장 냉면 삭구 2개

물 냉면 삭구 2개, 미림 1.8ℓ×1병,

설탕 큰 국자 2개, 레몬 8개 즙짜서, 미원 50g

이렇게 만드세요

비율대로 혼합한다.

이렇게 제공하세요

① 양념 종지에 산초가루 약간, 후추 약간 넣는다.
② 간마늘 1/2t 정도 넣고 들깻가루를 넣는다.
③ 무 간 것을 즙을 짜내고(무오로시) 조금 넣는다.
④ 참기름 조금 넣고 실파 송송 썬 것을 넣어 준비한 다음 위의 양념초를 부어 제공한다.

응용 : 땅콩 진기스칸 양념초 만들기

위 양념에 땅콩버터를 녹여서 넣어주면 된다.

(5) 진기스칸 야채 및 고기손질법

❶ 야채손질법

- 느타리버섯 : 굵게 찢는다.
- 깻잎 : 길이로 중앙을 자른다.
- 당근 : 예쁘게 나뭇잎 모양으로 썰어준다.

- 목이버섯 · 미나리 · 생표고버섯 · 곤약(어묵종류) : 6~7cm 정도로 썬다.
- 배추 : 겉잎을 떼낸 후 길이로 1/2을 잘라 중국칼 중 넓적한 대바칼을 이용해서 배추 꼭지를 떼내지 말고 그대로 배추 생긴 원을 그리면서 썰면 가지런히 썰 수 있다. 진기스칸, 국수전골에 사용하고 곱창전골에는 잎부위를 큼직하게 썰어 넣는다.

❷ 진기스칸 고기손질법

- 채끝 한채 : 약 4kg의 고기덩어리로 길이는 약 40cm, 두께는 6~10cm이다.
- 등심은 앞쪽이 두꺼우며 뒤쪽은 얇다. 또한 앞부위는 두툼한 떡심(힘줄)이 있기 때문에 등심중간 또는 끝부위를 사용한다. 이것을 진기스칸용으로 손질하려면 힘줄 및 기름층을 모두 제거하고 일정하게 두께 5~6cm로 평평하게 손질하여 랩 또는 비닐로 탄력있고 모양있게 포장하여 얼린다.
- −20℃ 급냉을 하여 얼려 놓아야 선도가 좋다. 판매가 될 충분한 양을 약 2주일분을 확보하고 사용할 때는 보통 −5~−4℃의 중간 냉동을 시키고 주문이 들어오면 슬라이서에 똑바로 세운 후 약 1mm두께로 썰어 넓은 접시에 가지런히 펴놓는다.

봉주방장 해법

① 여름철에는 접시에 썰어 놓으면 곧 해동이 되어 볼품이 없고 핏물도 고여 좋지 않다. 그러므로 사용할 접시는 미리 냉동고에 보관하였다가 사용하면 좋다.
② 진기스칸용으로 고기를 사용하기 위해서 기름과 힘줄을 제거할 때나 모양을 일정하게 잡기 위해서는 살코기가 떨어져 나간다. 손질하면서 나온 고기중 살코기만을 별도로 손질하여 진기스칸용의 고기처럼 비닐을 깔고 결대로 가지런히 하여 단면의 높이(두께) 5~6cm, 길이 10cm로 하여 전체길이를 30~40cm로 성형한다. 성형된 것은 빈 공간 없이 꼭꼭 눌러 급냉을 시킨다. −5℃에 두어 국수전골 또는 버섯전골용으로 사용한다.
③ 전체적인 모양은 진기스칸용과 비슷하지만 고기조각으로 성형되었기 때문에 냉동상태에서 썰었을 경우는 둥글게 썰 수 있지만 해동이 되었을 때는 여러 조각으로 나뉘어져 국수전골이나 버섯전골용으로만 사용할 수 있다.
④ sub freeging
온도 : 썰기 좋은 냉동상태이다. 이 온도에서는 이틀을 넘기면 색깔이 선홍색 핏빛이 검정색으로 바뀐다. 사용당일날 냉장으로 옮기는 것이 좋다.

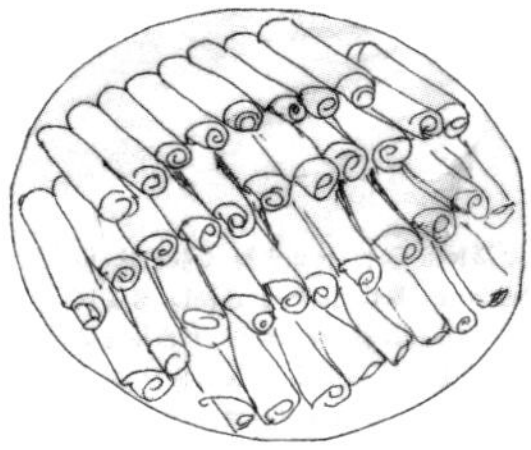

고기담는 법

① 약 30~40cm의 접시를 준비한다.
② 0.7~0.8mm 두께로 슬라이서를 이용하여 얼었을 때 빠르게 썰어 돌려 담는다. 진기국수, 국수전골보다는 면발이 가늘다.

2) 국수전골

국수전골은 근 몇년 내에 생겨난 음식명으로, 진기스칸(샤브샤브) 요리와 비슷하다. 진기스칸이 잘 정리된 등심살을 이용한다면 국수전골은 진기스칸용 고기를 만들 때 나오는 조각고기를 힘줄과 기름을 제거하고 진기스칸 고기처럼 비닐에 싸서 성형하여 이용한다. 국수발이 진기스칸 국수보다는 약 1.5

배 굵은 것이 특징이다. 손님의 취향에 따라 고춧가루, 마늘, 후추, 통깨를 넣어 끓여준다. 국수전골은 외국사람들도 좋아하고 외국에서도 대표적인 한국음식으로 자리하고 있으며 국수만드는 법과 양념소스만드는 비결이 맛을 좌우한다. 경우에 따라서는 김치 송송 썰은 것을 넣어 줄 수도 있다.

(1) 국수전골의 육수만드는 비결

육수의 간은 소금으로 하지만 향미와 깊은 맛을 내기 위하여 특별히 만든 조미간장을 이용한다.

▶ 국수전골용 향미간장 만들기

향미간장이란 여러 가지 향신재료를 넣고 끓여서 체에 걸러서 만들어 놓은 것으로 국물에 간을 맞출 때 사용한다.

■ 재료 및 비율

재료	비율
저민생강(120g)	0.3
으깬마늘(220g)	0.6
가스오부시(400g)	1.1
물엿(1500g)	4.2
고운소금(2000g)	5.6
정종(360cc)	10
삼양콩간장(3600g)	100

※가스오부시 : 다랑어 건가루(참치 말린가루)

이렇게 만드세요

① 큰 통에 정종을 넣고 끓으면 불을 붙여 알코올을 날리는데 불이 꺼지면 간장을 넣고 나머지 모든 재료를 넣고 약 10분간 은근히 끓인 후 식힌다.

② 고운 체에 걸러서 냉장보관하고 조미할 때 사용한다.

※국수전골 육수끓이는 방법은 앞의 진기스칸 요리에서 기술하였으므로(멸치, 다시마 육수) 참고한다.

③ 향미간장과 몽고순간장을 1 : 1로 넣어 색을 맞춘 후 소금으로 간을 맞춘다.

(2) 야채담기와 국수담기, 양념세트

야채담기

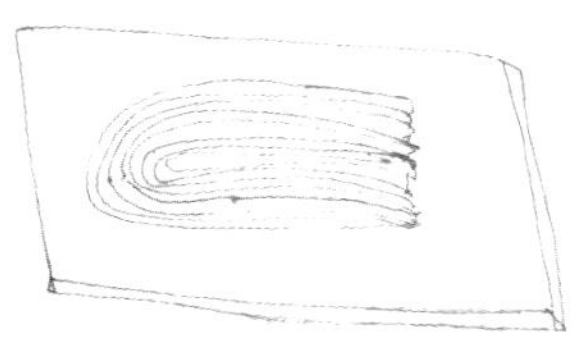

국수담기

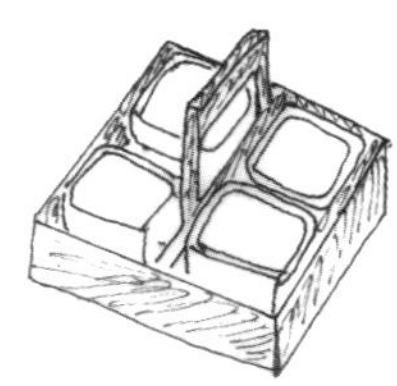

양념셋트

(3) 국수전골을 손님께 드리는 방법

영업부 직원의 국수전골 및 진기서브방법

- 전골냄비에 육수를 부어 손님 앞의 불 위에 올려 놓는다(양념세트 관리는 영업부에서 한다. 파, 마늘은 매일 신선한 것으로 교체해 주어야 하는데 영업부 직원의 요청시 신속히 내어준다).
- 야채와 고기를 함께 담은 접시에서 고기를 먼저 냄비에 넣고 국수를 넣어 끓여준다. 약 3분 정도 끓인 후 야채를 넣고 2분 정도 더 끓여준다.

• 손님의 의견에 따라 간마늘, 다진파, 고춧가루, 소금으로 간을 하여 한소끔 끓인 후 개개인의 그릇에 덜어낸다.

3) 곱창전골

대중적인 비법도 여러 가지일 뿐만 아니라 외식산업에 큰 비중을 차지하는 메뉴이기 때문에 자세히 언급한다. 곱창은 소곱창을 사용한다. 곱창은 다른 내장과 달리 곱창내에 노란색액이 들어 있다. 이 액은 소가 섭취한 먹이가 소화과정을 거쳐 찌꺼기는 대장으로 내려가고 농축된 영양소, 특히 단백질의 아미노산이 많이 들어 있어 씹을수록 고소하고 깊은 맛이 난다.

곱창의 질은 수입된 곱창(항생제 등 약제주사를 많이 맞은 젖소)보다는 식육생산을 목적으로 한 한우 곱창이 가장 맛이 좋다. 곱창전골은 양과 함께 삶아 곱창 : 양의 비율을 2 : 1로 한다.

(1) 곱창 또는 양 삶는 방법과 보관방법

❶ 삶는 시간 : 곱창(1시간 30분~2시간), 양(2시간)

❷ 곱창이나 양 삶는 방법 : 곱창이 너무 길어도 그대로 삶아야 한다. 짧게 잘라서 삶으면 맛있는 내용물(곱)이 나오기 때문이다. 그런 이유로 곱창을 구매할 때는 잘 선별해야 한다. 곱창과 양은 처음부터 찬물과 함께 삶아 끓기 시작하면 약 10분 정도 끓인 후 물을 버린다. 다시 찬물을 넣은 후 끓기 시작하면 1시간 30분 후에 곱창을 조금 꺼내 손으로 눌러보고 손가락이 들어가면 두르게 익은 것이다. 이때 건져내어 식히는데, 식힐 때에는 얇게 펴서 식히는 것이 좋다. 양은 곱창보다는 20~30분 늦게 건져야 한다. 삶을 때 위에 떠 있는 맑고 노란 소기름은 물이 들어가지 않게 다른 그릇에 가만히 떠놓는다. 이 기름은 곱창을 볶을 때 사용한다. 삶은 곱창과 양은 건져내어 식힌 후 곱창과 양은 4~5cm 길이로 썰어 어슷하게 저며 썬다.

❸ 보관방법

▶ 방법 1 : 양념을 하여 보관하는 법

썰어 놓은 곱창과 양은 곱창전골 양념에 버무려 2인분 80~100g을 기준으로 3~4인분씩 랩으로 포장하여 냉동실에 보관하였다가 주문이 들어오면 꺼내 전자렌지를 이용하여 해동시킨 후 냄비에 소스를 넣고 볶아준 다음, 육수를 붓고 야채 및 떡을 넣고 끓인다.

▶ 방법 2 : 양념을 안하고 보관하는 법(즉석에서 볶음 하면서 육수를 부어준다)

곱창과 양을 손질하여 1인분(80~100g)을 기준으로 2~3인분씩 랩으로 포장한다. 주문이 들어오면 곱창 삶을 때 모아 놓은 소기름(18g)을 넣고 간마늘을 넣어 포장한 곱창을 넣은 후 볶아준다. 곱창이 얼었을 때는 육수를 약간 넣어 볶아준다. 쇠고기를 약간 썰어 넣거나 자투리 고기(샤브샤브 고기)를 넣으면 더욱 좋다.

(2) 곱창전골 양념장 만들기(이 방법은 곱창전골 전문가 이문영씨 양념법임)

곱창전골은 의외로 외국인들도 즐기는 한국음식이다.

■ 재료 및 비율

재료	비율
후추(50g)	1.3
생강(100g)	3
정종(100g)	3
미원(200g)	5
소금(200g)	5g
황설탕(700g)	20
고운고춧가루(800g)	22
진간장(3.6ℓ)	100

■ 야채재료 담는 법

이렇게 만드세요

양념만들기

① 간장과 설탕을 물에 녹이면서 생강을 넣고 소금, 정종, 참기름, 미원, 후추를 넣어 끓인 후 불을 끄고 고춧가루를 넣은 후 저어준다.

② 식으면 냉장보관하고 사용할 때에는 일부 그릇에 담아 곱창을 볶아 주는 가까운 위치에 놓고 사용한다. 실온에 놓아도 일정기간 상하지는 않지만 지나치게 건조되는 수가 있다.

야채부재료 준비

- 배추 : 잎 부위는 큼직하게 속대는 1×7cm 정도로 잘라 놓는다.
- 쑥갓 : 줄기부위는 6~7cm정도로 잘라 미리 넣고 잎 부위는 제공하기 직전에 가지런히 놓는다.
- 대파 : 큼직하게 어슷썰기한다.
- 양파 : 0.5cm 정도로 채쳐서 넣는다.
- 느타리버섯 : 손으로 결대로 찢어 준비한다.
- 표고버섯 : 채썰어준다.
- 기타 : 곤약, 팽이버섯, 청경재 등을 적당한 크기로 자르거나 썰어 넣어준다.
- 두부 : 나박썰기한다.
- 흰떡쪽 : 찬물에 담갔다가 넣어준다.
- 우동국수 : 약 15분 삶아 식힌 후 서로 붙지 않게 식용유를 약간 발라준 후에 150~200g씩 포장해 냉동고에 보관하였다가 하루 사용할 분량만큼만 냉장고에 옮겨 놓고 손님께 제공하기 직전에 전골냄비의 한쪽에 넣고 한 번 끓여 제공한다(스파게티를 삶아 놓았다가 넣어줄 수도 있다).

※육수를 끓이거나 곱창을 삶을 때 떠오르는 쇠기름을 걷어 낼 때에는 육수가 섞이지 않도록 해야한다. 쇠기름만은 실온에 오래두어도 변질되지 않지만 자칫 육수가 함유되어 있으면 변질되어 고약한 냄새가 난다.

봉주방장 해법 : 곱창전골 주문이 들어오면,

① 두툼한 쇠 전골냄비를 불 위에 올려놓는다.

② 쇠기름(곱창 삶을 때 노랗게 뜬 기름을 걷어놓은 것 또는 일반 쇠고기 기름 육수 끓일 때에 나오는 쇠기름을 모아 놓은 것)을 국자로 약 2T 분량을 넣고 간마늘을 1T 정도 넣은 후 준비된 곱창과 양을 볶아준다.

③ 곰육수를 약간(약 5T 정도) 넣고 전골 양념을 3~4T정도 넣은 후 양파를 굵게 채친 것과 함께 ②를 계속 볶아 준다.

④ 미리 준비된 야채(배추, 청경채, 느타리버섯, 표고버섯, 쑥갓, 두부, 떡국)를 예쁘게 고루 돌려 담은 접시를 전골냄비에 장식하고 육수를 넣고 우동사리를 넣은 후 내어 드린다.

4) 보신탕(개고기를 북한식 표현으로 단고기라 한다)

한국의 개고기 취식에 대한 여론은 부정적인 면과 긍정적인 면이 있다. 개는 다른 짐승과는 달리 주인을 알아보며 충성을 다하는 동물이라 동물애호가 및 서방국가 등에서는 개고기 취식에 대해 부정적인 나라가 많다. 그래서 우리는 흔히 집에서 기르는 애완견과 식용견(食用犬)을 구별해야 할 것이며 개고기 취식은 한국뿐만 아니라 아시아권(중국, 몽고, 베트남…)의 여러 나라에서도 전통적으로 식용으로 취식되어져 왔던 동물이다.

성경에서는 '너희가 무엇을 먹든지 마시든지…… 하나님께 영광을 위하여……' 라고 되어 있다. 이는 우주만물을 창조하신 신의 허락으로 받아들여야 할 부분이라 생각한다.

한나라의 식문화는 종교적 관습에 크게 영향을 받으며 식문화가 정착되었지만 객관적으로 인간의 격(格)과 동물의 격이 수평적일 수는 없는 것이기에 그로 인하여 비판을 할 이유도 받을 이유도 없는 것이다. 그러나 국내보다는 국제적 여론의 이유가 커 개고기를 식품으로 규정화하기가 어려워 식품위생의 규제가 되지 않는 정상적인 유통이 이루어지지 않는 것이 현실이다. 조속히 시정이 되어야 할 부분이다. 개의 특징은 털이 많고 더운 날씨에도 땀을 흘리지 않아 항상 입을 벌리고 헐떡거리며 체온조절하는 것이 특징으로 한방적으로는 열이 많다 하여 보양식으로 이용된다.

개고기의 특징은 껍질과 육질사이의 기름층이 거의 없는 고단백 저열량 식품의 이유로 선호층이 넓다. 삶은 고기는 어느 부위든지 거의 결이 있어 소의 양지고기처럼 쭉쭉 찢을 수가 있으며 요리방법도 편육을 제외한 전골, 탕, 무침도 결대로 찢어낸 고기를 이용해서 요리한다.

(1) 개고기 선별법

식용 개고기는 몸집이 적당하고 살이 있는 누런개(黃犬)를 으뜸으로 치며 맛이 좋은 부위로는 뱃살과 다리살이 일품이다. 개의 내장은 애호가들이 선호하지 않아 판매보다는 요구하여 얻을 수 있다. 단골 손님한테는 손질한 삶은 내장부위 고기 한 접시를 내드리기도 한다.

이영란님의 해법 :
탕은 집된장+고추장+들깨가루로 간을 한다.

(2) 보신탕 끓이는 법

❶ 개고기 삶는 법

■ 재료 및 비율

재료	비율
미원(2g)	약간
식초(1T)	0.2
소금(15g)	0.5
겨자	0.5
생강(15g)	0.5
소주(30cc)	1
대파(150g)	5
집된장	5
개고기(600g)	20
물(3ℓ)	100

봉주방장 해법 : 식초는 잡냄새 제거하는 훌륭한 조미료이다. 신맛이 느껴지지 않도록 조금 넣어준다.

부위별로 익는 순서 : 가슴·배닫이(2시간 30분), 다리·목살(2시간 40분~3시간), 머리(3시간~20분)

이렇게 만드세요

① 개고기는 흐르는 물에 깨끗이 씻는다. 칼로 그슬린 자국을 긁어내려면 불냄새가 없어해야 한다. 끓는 물에 고기를 넣고 끓으면 버리고 새 물을 고기양의 5배 정도 넣는다. 전날 남은 뼈다귀를 넣고 함께 끓인다.
② 국물의 1/100의 소금을 심심하게 넣는다.
③ 생강편을 소금의 양만큼 썰어 넣는다.
④ 대파는 20cm로 잘라 3~4개 준비한다.
⑤ 조미료(미원)를 소금양의 1/4을 넣고 삶아준다.
⑥ 소주를 소금양의 2배를 넣고 식초는 약간만 넣는다.
2시간 정도 삶은 후 된장을 넣는다.
⑦ 2시간 30분~3시간 30분 정도 적당히 물러질 때까지 삶아준다. 처음에는 센불에서 끓이다가 점차 약한 불에 서서히 끓이면서 거품을 걷어낸다.
⑧ 고기를 건져내고 식으면 뼈를 중심으로 져며 썰거나 살을 손으로 찢어놓고 껍질부위는 썰어 놓는다.
⑨ 국물은 식혀 놓고 삶을 때 넣었던 야채 및 부재료는 건져내고 사용한다.

❷ 부재료 넣고 끓이는 법

■ 재료 및 비율

재료	비율
된장(20g)	2
양념(50g)	5
버섯류(50g)	5
미나리(50g)	5
부추(50g)	5
대파(100g)	10
들깻잎(150g)	15
개고기(250g)	25
육수(1000g)	100

이렇게 만드세요

① 대파는 어슷썰기한다.
② 들깻잎은 적당히 잘라준다(4등분).
③ 개고기 삶은 국물을 앉히고 손질해 놓은 살과 껍질부위를 넣은 후 보신탕 양념법의 장을 넣고 된장을 첨가하여 넣어준 후 끓인다.
④ 연한 야채(부추, 미나리, 버섯류)는 나중에 넣는다.

❸ 보신탕 양념법

■ 재료 및 비율

재료	비율
후추(16g)	7
다진생강(24g)	11
미원(40g)	18
식초(45g)	20.5
소금(60g)	27
들깨가루(60g)	27
참기름(78g)	35.5
고춧가루(80g)	36.4
다진양파(220g)	100
다진마늘(220g)	100

■ 개고기 무침요리

재료	비율
양념(200g)	20
양파채(500g)	50
부추(500g)	50
개고기(1000g)	100

※전골 끓일 때 5~6T 정도 넣어준다.
※무침할 때는 갠 겨자와 들기름을 첨가하여 무침한다.

이렇게 만드세요

• 모두 혼합해준다.
• 다진 생강 대신 생강가루를 사용해도 좋다.

봉주방장 해법

보신탕이 대중적인 음식은 아니지만 즐기는 사람은 대단히 좋아하므로 한식요리사로서 보신탕 양념을 모른다는 것이 자격지심이 되었다. 그렇다고 양념법을 경험하기 위하여 보신탕 집에 취업하기는 어려운 일이고 해서, 생각 끝에 보신탕 집을 운영하시는 아주머니를 하루 일당치고는 큰 돈을 주고 바로 옆에서 꼼꼼하게 메모하여 배운 방법이다.

개고기 무침요리

① 양파는 링으로 썰거나 채친다.
② 부추는 6~7cm로 자른다. 부추 대신 미나리를 사용해도 좋고 채친 깻잎을 넣어도 좋다.
③ 보신탕 양념(파, 겨자, 들기름)을 넣고 버무린다.

2. 대중적인 전골과 신선로

▶ 전골의 부재료인 야채취급법

• 버섯류

· 느타리 : 삶지 말고 물에 씻지도 말고 손으로 찢는다.
· 생표고 : 얌전히 종이상자에 담아진 것은 물에 씻을 필요가 없고 그렇지 않은 것은 꼭지를 떼어낸 후 버섯 머리부위를 찬물에 헹구어서 두 손을 이용하여 압착해서 물기를 제거후 두께 0.6cm로 채쳐 놓는다.
· 팽이 : 제공하기 전에 위에 듬뿍 올려준다.

· 새송이 : 양송이와 느타리버섯을 합성시켜 만든 버섯으로 송이버섯과 같이 기둥이 굵고 갓이 작다.

• 야채류 : 산적용으로도 좋고 구절판에 채썰어 사용할 수도 있고 튀김으로 해도 좋다.

· 미나리 : 미나리는 손질하여 6~7cm로 잘라 넣지만 미나리초대(가지런히 하여 계란을 입혀 지짐한 것)를 신선로 재료와 같은 크기로 하여 넣어주면 더 좋다.

· 호박 : 앞뒤를 자르고 길이로 3~4쪽으로 잘라 굵은씨 부위만 빼낸다. 두께 0.2mm, 길이 5~6cm, 넓이 1cm로 납작썰기한다.

· 홍고추 · 풋고추 : 어슷썰기 한 후 찬물에 헹궈 씨를 제거하고 조금만 넣는다.

· 대파 : 길이 6~7cm로 쪼개 썰어 넣는 것이 얌전하다. 시간이 지나면 돌돌 말리기 때문에 어슷썰기하여 넣기도 한다.

· 쑥갓 : 쑥갓은 색이 너무 검어지기 때문에 넣지 않는 것이 좋으며, 넣는다면 줄기를 미리 넣고 잎 부위는 제공하기 직전에 넣는다.

· 당근 : 넣지 않는 것이 좋다. 굳이 넣는다면 규격에 맞게 길이 6~7cm, 두께 0.2mm, 넓이 1.5cm로 하여 소금물에 살짝 데쳐낸 후 넣기도 하고 가지런히 썰어 넣기도 한다.

▶ 부재료로 넣어주면 좋은 재료

· 두부부침 : 두부를 넣어주는 것도 좋지만 두부선택을 잘 해야 한다. 일반 두부보다는 손두부가 콩의 구수한 맛이 진하여 향이 좋다.

· 곤약 또는 어묵

· 흰떡, 조랭이떡, 떡볶이떡

· 김치고기만두 : 전통 또는 재래식

· 김치 : 어느 전골이든 잘 어울리고 특히, 고춧가루나 고추장이 들어가는 국물은 더 좋다.

· 쇠고기 완자 : 쇠고기가 들어가지 않는 전골은 쇠고기 완자를 넣어준다. 쇠고기 완자는 다진 쇠고기, 다진 두부, 파, 마늘, 소금, 후추를 넣고 완자를 빚어 밀가루에 굴려 계란옷을 입혀 팬에 지져 넣어주면 한결 품위가 있다.

1) 모듬버섯전골

여러 가지 버섯(느타리, 표고, 새송이, 팽이, 양송이…)을 다섯 종류 이상 선택하여 넣고, 부재료인 야채와 쇠고기 얇게 썬 것을 얼큰하게 끓이는 것으로 전골양념(다데기) 만들기가 중요하다.

■ 양념(다데기) 만드는 재료비율

재료	비율
소금(20g)	0.5
미원(20g)	0.5
쇠고기감치미(40g)	1
쇠고기다시다(80g)	2
백설탕(180g)	4.5
다진파(400g)	10
간마늘(400g)	10
불린건표고다진 것(720g)	18
다진양파(720g)	18
굵은고춧가루(4kg)	100
사골육수(4ℓ)	100

이렇게 만드세요

사골육수와 고춧가루를 1 : 1로 혼합한 후 모든 재료를 혼합하여 냉장보관한다.

※다진마늘은 양념(다데기)과는 별도로 양념의 1/5 정도는 더 넣어준다.
※전골냄비에 다섯 종류 이상의 버섯과 꾸미(두부, 쇠고기, 미나리, 대파 어슷썰기, 홍고추 어슷썰기…) 등으로 모양있게 담고 심심하게 간이 된 육수를 부어준 후 양념해놓은 장을 3~4수저 얹어 놓는다.

2) 김치만두전골

겨우내 먹고 약간 시어 반찬으로 먹기에는 부담이 되는 신김치를 사용한다. 신김치는 속을 약간 털어내고 2~3cm로 송송썬다. 돼지고기는 납작썰기, 실파는 1cm크기로 썰어 준비한다.

■ 만두소 만들기

재료	비율
후추(10g)	1
참기름(40g)	4
마늘(100g)	10
다진파(200g)	20
부추(300g)	30
두부(500g)	50
데친배추(700g)	70
돼지고기(1000g)	100
김치(1000g)	100

봉주방장 경험

- 두부가 들어가는 음식은 두부선택을 잘 해야 한다. 반드시 아침 일찍 만든 부드럽고 구수한 손두부를 구매한다.
- 만두에 새우젓을 넣어 간을 맞추는 방법은 스승인 최상옥 선생님한테 배운것이다.
- 김치는 상황(익은정도)에 따라 가감할 수 있으며 물에 헹굼하여 물기를 짜내고 다진다. 만두소에 들어가는 김치는 손님상에 제공되었다가 남은 김치를 별도의 단지에 담아 놓고 헹굼하여 사용한다.

이렇게 만드세요

① 김치는 헹굼하여 송송 잘게 다진다. 김치만 넣으면 간이 너무 세거나 김치맛이 강하기 때문에 배추를 데친 후 다져 놓는다.
② 돼지고기는 곱게 갈아낸 다음 간마늘, 다진파, 참기름, 미원을 넣고 조물조물 무침한 후 넣어준다.
③ 숙주는 데쳐 2~3cm로 자른다.
④ 대파는 다져 넣는다.
⑤ 두부는 으깨 놓는다.
⑥ 모든 재료를 혼합하고 간은 다진 새우를 넣어 맞춘다.

봉주방장 해법

- 고전적인(향토적인) 맛으로 메밀가루와 밀가루(중력분)를 1 : 1로 하여 만들면 좋다.
- 양념한 김치와 돼지고기를 전골냄비 가장자리에 둥글게 돌려 담고 가운데는 모양을 내어 빚은 만두를 얹어준다. 슴슴하게 간을 한 육수를 넣고 끓여준다. 여기에 김치국물을 조금 넣어주면 더욱 좋다.
- 김치는 발효가 되면 산도와 pH의 변화가 일어나는데 익은 김치에는 유해한 미생물이 존재하기 어렵다는 것이 연구자료에 근거되어 있다. 이러한 이유로 먹다남은 김치라도 재활용할 수 있으며 또 그렇게 해야 한다.

3) 수육(삶은 쇠고기 편육)전골

스승이신 최상옥 선생님께서 영업이 잘 되는 소공동에 있는 한식당의 수육전골을 시식하러 가자고 하셨다. 선생님께서는 칠순이 훨씬 넘으셨는데도 불구하시고 맛에 대한 연구와 감각은 지금도 대단한 감각을 가지고 계시다.

■ 수육전골 재료와 비율

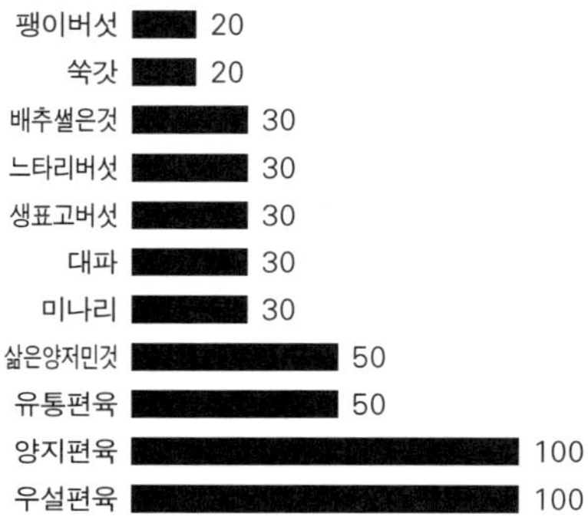

봉주방장 경험

① 육수는 이북식 육수(돼지, 소)를 끓인 것으로, 담백한 맛의 간을 한다.
② 편육이 익었기 때문에 끓으면 바로 먹을 수가 있었다.
③ 삶은 계란은 1/2로 잘라 한 사람씩 넣어주어 어북쟁반과 같은 느낌을 받았다.
④ 서브직원이 옆에 앉아 양념세트(고추분, 간마늘, 소금, 다진파)를 손님이 원하는 대로 간을 해주었다.
⑤ 건지를 다 먹을 때쯤 면을 드시겠습니까, 밥을 드시겠습니까. 질문하면서 원하는 대로 갖다주어 국물을 이용해 면사리(냉면면발)를 넣어 먹었다.
⑥ 전골을 끓이는 화력은 스텐그릇에 액체 알코올 1/3 정도 부어 끓였으며, 다 소모되면 저절로 불이 꺼졌다(물론 식사시간 완료 직전까지). 주의할 점은 불빛이 있는데도 불구하고 알코올을 넣으면 큰일이다.

이렇게 만드세요

야채 재료

① 배추 속대는 좁고 잎부위는 넓게 어슷썬다.
② 느타리버섯은 데치지 않고 찢어 놓았다.
③ 생표고버섯은 도톰하게 채썰어 놓는다.
④ 대파는 어슷썰기한다.
⑤ 미나리는 5~6cm 자른다.

고기 재료

① 우설과 유통은 깨끗이 손질하여 삶아 편육으로 썰었다.
② 소 양지머리부위 편육으로 썰었다.
③ 힘줄(알스지)은 푹 익혀 썰어 놓았다.
④ 손질된 양은 손질하여 어슷썰기한다.

육수

맑은 육수이고 담백한 평양식 냉면 끓일 때처럼 돼지고기, 쇠고기 육수였다. 부재료는 마늘만 넣고 끓이고 후추, 미원을 넣어준 다음, 자작하게 부어준다.

※고기는 미리 썰어놓지 말고 영업시작 직전에 써는 것이 중요하고, 떡쪽이나 조랭이떡 또는 면사리를 넣어주면 더욱 좋다.

※제공할 때
① 야채재료를 팽이버섯과 쑥갓을 제외한 냄비에 앉히고
② 고기를 얇게 저며 썰은 것을 고루 펴준다.
③ 맨 위에 팽이버섯, 쑥갓을 놓는다.

4) 낙지전골(쇠고기+낙지)

(1) 낙지손질법

눈알을 가위로 제거하고 머리에 칼로 선을 그은 후 내장을 제거한다. 다른 방법으로는 손가락을 머리부위 안쪽에 넣어 머리부위를 뒤집어 내장을 제거한다. 다리가 굵은 것은 반으로 쪼개 크기도 적당히 자르고 왕소금으로 문지르고 물에 헹군다.

(2) 낙지보관법

전골 한 틀에 2~3인분씩 약 150~200g정도 적량을 정하여 비닐봉지에 넣는다. 비닐봉지는 공기를 빼내고 봉지 윗부분 10~15cm 위에서 묶어주고 손바닥으로 편편히 얇게 하여 얼려줘야 한다. 얼린 낙지는 전골이나 볶음용으로 사용한다. 메뉴차림이 많을 때는 냉동할 수밖에 없지만 냉동하지 않으면 낙지의 질김이 덜하고 낙지의 풍미를 살릴 수 있다.

■ 주재료 비율

불고기양념 앞장의 불고기 양념법 참조

재료	비율
팽이버섯	100
애호박	100
쇠고기	100
낙지	100

※최상옥 선생님께서는 전골이란 본래 불판 위에 냄비를 올리고 고기를 볶으면서 남은 자작한 국물에 야채를 볶아 지금의 전골은 찌개에 포함시켜야 한다고 지적하셨다.

이렇게 만드세요

① 낙지는 손질하여 알맞은 크기로 잘라 놓는다.
② 쇠고기는 등심부위로 불고기 규격으로 얇게 썰어 놓는다.
③ 낙지와 쇠고기를 각각 따로 불고기 양념을 하여 놓는다.
④ 애호박은 속심지가 안들어가게 겉부위만 채칼의 중간날로 채쳐 놓는다. 또는 애호박을 속심지 안들어가게 3장으로 떠서 어슷하게 얇게 썰어 놓는다.

손님께 드리는 방법

① 서브하는 직원은 한 접시에는 쇠고기(불고기)와 낙지불고기 양념한 것을 반반씩 담고, 다른 접시에는 호박채와 팽이버섯을 담는다.
② 전골판에 식용유를 두르고 쇠고기를 먼저 볶은 후 한쪽으로 밀어 놓고 낙지를 살짝 식용유를 두르고 볶는다. 양념 국물이 스며 나오면 호박을 넣고 한데 볶는다. 양념이 고루 배이고 팽이버섯을 넣고 잘 볶는다.
③ 국물이 적으면 육수를 조금 넣어가면서 볶으면서 손님이 드시게 한다.

5) 해물전골에 관계되는 전골

싱싱한 갖가지 해물과 채소의 맛이 어우러져 시원하고 얼큰한 맛이 절로 식욕을 돋게 한다.

(1) 해물종류

해물종류는 조금씩 10여 가지 이상이 좋고 연체류, 생선류, 조개류, 생선알류를 고루 넣어주는 것이 좋다. 해물류는 적당량을 봉지에 담아 얇게 펴주고 중간냉동(sub freezing) 보관한다. 흔히 사용하는 해물의 종류는 다음과 같다.

- 대구(생대구를 손질하여 내장, 알 등을 고루 배분하여 사용한다)
- 생선알
- 고니(생선 내장류)
- 낙지
- 갈매기살(조개류)
- 잔새우
- 홍합살
- 모시조개
- 대합 또는 중합

(2) 육 수

해물전골류는 조개탕 국물, 모시조개 국물이 좋다. 그러나 원가는 바지락보다 3~4배의 고가이기 때문에 바지락을 잘 해감(개흙, 모래 등을 토해내게 하는 것)시켜 사용하는 것이 좋다. 또는 양지육수나 잡뼈 국물도 좋다.

(3) 해물전골, 해물탕 등의 생선찌개 맛내는 양념장(다데기)

■ 재료 및 비율

재료	비율
미원	5
혼다시	5
소금	10
정종	10
간생강	10
고추장	20
간마늘	30
간새우살	30
간쇠고기	30
건고추간 것	100
멸치/다시마국물	100

봉주방장 경험 : 생선의 잡냄새는 잘 씻어 줘야 하고 끓이는 중간에 식초를 1~2방울 아주 조금 넣어준다. 절대로 신 맛이 느껴지지 않을 정도로…

이렇게 만드세요

① 해물매운탕 양념장은 끓이는 이에 따라 여러 가지 양념법이 있다.
② 주양념은 고추장과 고춧가루인데 장·단점이 있다. 고추장이 많이 들어가면 텁텁하고 깊은 맛이 나고, 고춧가루가 많이 들어가면 깔끔하고 맛이 얕다.
③ 고추장도 시중 유통되는 고추장은 지나치게 갈아서 집에서 만든 고추장을 1/2씩 혼합해 주면 더욱 좋다.
④ 굵은 고춧가루의 1/2의 양은 마른고추를 씨를 제거하거나 홍고추씨를 제거하여 곱게 갈아서 넣어주면 더욱 깔끔한 맛을 낼 수 있다.
⑤ 좌의 비율대로 혼합해주고 1~2일 지난 후에 사용하는 것이 깊은 맛을 낼 수 있다.
⑥ 매운탕, 해물전골 끓일 때 위 양념을 넣어 색을 예쁘게 나게 하고 소금으로 간을 한다.
⑦ 약간의 술(소주, 정종)과 간마늘을 끓이면서 첨가해 준다.

봉주방장 조언

해물전골, 해물탕 등의 생선찌개의 부재료로서 여러 가지 야채를 넣어주는데, 신선로에 사용되는 미나리초대, 생선전으로 부침하여 넣어도 좋고, 조개, 대합 또는 중합이 가격이 비싸므로 살짝 데쳐내어 살을 발라서 바지락살, 선도가 좋은 흰살생선을 쪄서 다진 다음, 다시 속을 채우고 밀가루를 바르고 계란물을 바른 후 표면을 지짐하거나 쪄서 한 개씩 넣어주면 품위도 있고 성의가 있어 보인다. 가격(원가)도 절감될 수 있다.

6) 신선로

신선로는 오랜 역사를 가지고 있는 대표적인 조선의 궁중요리이다. 신선로는 입을 기쁘게 한다는 뜻에서 열구자, 구자탕, 탕구자, 열구자탕 등으로 부르기도 한다. 또한 신선로는 쇠고기류, 닭고기류, 어패류, 야채류, 버섯류, 견과류 등 모든 재료를 색스럽게 담아 끓인 전골류이다.

봉주방장 해법

- 신선로 요리만큼은 복잡하고 어렵지만 실제로 먹으면 맛이 별로 없다는 것이 손님들의 평이다. 보기에는 좋지만 넣지 않는 것이 좋은 당근, 홍고추, 황·백지단, 피망 등이다.
- 신선로에 재료는 전을 부친 다음 재단하여 담는 것이기 때문에 굳이 황·백지단을 넣지 않는 것이 좋다.

  당근, 홍고추, 피망 등도 맑은 장국에는 어울리지 않는다. 무엇보다도 국물(육수)를 맛있게 해야 하는데 조갯국물과 쇠고기 육수를 혼합하는 것이 좋다.

▶ 재료 및 만드는 방법(재료와 만드는 방법이 많아 종류별로 구분하였다)

■ 육류(양지머리 300g을 기준)

재료	비율
소간(50g)	16
소천엽(50g)	16
소양(50g)	16
등골(80g)	27
소곤자소니(100g)	33
쇠고기(100g)	33
닭고기(200g)	67
소양지머리(300g)	100

■ 어패류

재료	비율
불린마른해삼(50g)	16
왕새우(50g)	16
전복100g)	33(

■ 채소, 견과류

재료	비율
잣(10g)	4
은행(20g)	7
미나리(50g)	16
송이/표고버섯(50g)	16
당근(50g)	16

■ 공통재료

재료	비율
미원(5g)	2
후추(5g)	2
간마늘(10g)	4
밀가루(30g)	10
계란(60g)	20
대파(60g)	20
육수(300g)	100

(조개육수 150+고기육수 150 혼합)

이렇게 만드세요

육수만드는 방법

신선로 육수는 고기육수와 조개탕 육수를 2 : 1 또는 1 : 1로 혼합하여 사용하면 좋다.

육전만드는 방법

• *첫번째 만드는 방법*

① 쇠고기는 방심(우둔 부위) 부위를 선택하여 고기결을 살려서 큰 덩어리로 찬물에 담가 핏물을 제거한다.
② 사골육수를 끓이거나, 맑은 육수를 끓일때 함께 넣고 약 1시간~1시간 30분 정도 끓인다.
③ 고기가 속까지 어느 정도 익으면 꺼내어 식힌 후 냉동고에 살짝 얼리거나 아니면 그대로 식혀서 1~2mm 두께로 얇게 썬다.
④ 한 장 한 장 용기에 펴 담고 맛소금, 후추를 살짝 뿌린다(정종을 분무기에 넣고 밀가루, 계란물을 입혀 주면 좋다).
⑤ 전을 부칠 때는 한 장 한 장 부침하지 말고 밀가루, 계란물을 입혀 조각조각을 이어서 전판 전체를 이용하여 부친다.
⑥ 익어서 응고력이 있어 보이면 4~6등분하여 뒤집는다.

• *두 번째 방법*

① 고기를 곱게 갈아 맛소금, 후추, 간마늘, 다진파로 양념을 하여 주먹 크기의 1.5배 정도로 한다.
② 비닐 식품 포장지나 비닐 봉투 등을 이용하여 다진 고기를 비닐봉투에 넣는다.
③ 손바닥으로 대강 고기를 눌러서 펴준다.
④ 전판에 부친다.

※갈은 고기의 일부를 남겨 놓았다가, 완자를 빚을 때 두부와 함께 만든다.

닭살전만드는 방법

닭안심살을 곱게 갈아 위의 두 번째 방법과 같이 전을 부친다.

생선전만드는 방법

흰살생선(대구포, 동태포 등)을 손 또는 기계를 이용하여 얇게 자른다. 용기에 담아 소금·후추를 뿌려 간하고 냉장고에 넣어 물기를 뺀 후 밀가루, 계란을 묻혀 전을 한다. 위의 첫 번째 방법으로 한다.

홍합전

홍합은 수초를 딴 후 소금으로 씻고 밀가루 , 계란물을 입혀서 전을 한다. 신선로 1개당 4개가 올라간다.

소천엽전

소금, 밀가루를 사용하여 깨끗이 씻어 잡냄새를 없애고, 칼집을 촘촘히 넣어 바구니에 담아 냉장고에 넣었다가 물기를 빼내고 소금, 후춧가루를 뿌렸다가 전을 지진다.

소간전

① 끓는 물에 1/2 정도 익을 때까지 데쳐내어 얼린다(쇠간이 클 때는 적당한 크기로 잘라서 데친다).
② 슬라이스 기계 또는 칼로 얇게 썬다.
③ 썰어진 간은 맛소금, 후추, 마늘즙과 정종을 발라주고 밀가루를 묻히고, 계란물을 입혀 지진다.

봉주방장 경험과 조언

① 일반적으로 쇠고기 간 것에 두부, 계란, 일반 양념을 한 후 1.5~2cm의 완자를 빚고 밀가루, 계란물을 묻혀 완자전을 지진다. 그냥 완자를 만들어 냉동시킨 후(대량시) 익히지 않은 상태에서 신선로를 끓이면 완자에서 육즙이 나오므로 더욱 진한 육수를 맛볼 수 있다. 또한 시간을 절약할 수 있다.

② 완자를 많이 빚으려면 상당한 시간이 걸린다. 조랭이떡 기계(33만원)를 사서 반죽한 쇠고기를 기계에 내린다. 도마에 가지런히 놓고 칼로 완자 크기로 자른다. 쟁반에 밀가루를 뿌리고 빚은 완자를 넣고 같은 크기의 쟁반을 덮은 후 앞뒤로 흔들어 주면 모서리가 둥글게 된다.

③ 신선로에는 흔히 황백지단을 넣는데 신선로에 들어가는 것은 계란에 부침하는 것이 많기 때문에 피하는 것이 좋다(단, 기능장 시험에서는 시중 책의 지침대로 꼭 넣어야 한다).

④ 신선로의 데우기는 숯 또는 알코올인데 알코올의 장단점을 기술한다.

- 숯 : 가공숯을 사용하는데 화력이 지속적이고 오래간다. 단점은 숯불관리가 어렵고 재로 인하여 음식에 영향을 줄 수 있다.
- 고체알코올 : 화력이 약하고 알코올이 끝까지 타지않는다. 찌꺼기가 있다. 그러나 관리하는데는 비교적 안전하다.
- 젤리알코올 : 일부 특급호텔 등에서 사용하고 있으며 제품의 편리함에도 불구하고 널리 알려져 있지 않다. 장점으로는 화력도 좋고 그으름이 없으며 거의 냄새도 나지를 않기 때문에 권장할만하다.
  저자가 알고 있는 판매점은 젤리알코올 판매점 : 안진통상 677-0574

⑤ 액체알코올과 젤리알코올은 화력이 좋지만 낮에는 겨우 불꽃이 보이지를 않아 위험할 수 있다. 소금을 조금 넣어보면 약간 붉은 불꽃이 올라온다. 불꽃이 보이므로 실수를 방지할 수 있다.

봉주방장 조언 : 신선로 용기는 놋그릇과 은도금한 것, 스텐레스가 있다. 놋그릇은 튼튼하고 숯불을 사용할 때에는 좋다. 한 가지 유의할 점은 재료를 담게 되면 재료의 소금기와 물기로 인하여 녹변이 일어난다. 이 점을 방지하기 위하여 재료중 전유어(굴, 홍합, 조개)를 먼저 바닥에 고루 펴주고 물기있는 부위는 그 위에 놓는다.
은도금한 것은 숯불을 이용할 수 없고 사용하기가 조심스럽다. 스텐레스는 격이 떨어지는 것이 흠이다.

소허파전

① 잘 손질하여 끓는 물에 40분 정도 뒤집으면서 삶아 냉동시킨 후 얇게 자른다.

② 위의 소간과 같은 방법으로 양념하고 지진다.

미나리초대전

미나리는 남향으로 기둥이 기울어져 있기 때문에 같은 방향으로 가지런히 하여 대나무 꼬챙이로 꽂는다.

※일반적으로 미나리를 위아래로 교차하여 꽂는데 이 경우 낭비가 많고, 시간이 많이 걸려 바람직하지 않다. 숙련된 요리사가 많은 양을 할 때에는 꼬챙이에 꿰지 않고 그대로 부치기도 한다.

소양편육

① 굵은 소금으로 깨끗이 문질러서 냄새나지 않게 한다.

② 삶은 후 썰어서 소금·후추로 양념을 한다.

버섯류

송이버섯, 표고버섯 등은 가지런히 알맞게 썰어서 사용한다.

어패류

① 굴이나 홍합 또는 조개살은 맛소금, 후추 등을 뿌려서 밀가루와 계란을 입혀서 지짐한다.

② 전복 또는 소라살은 살짝 데쳐서 손질한 후 얇게 썰어 기본간을 한다.

※전복, 소라살, 건해삼 불린 것은 맛소금, 후추, 간마늘, 참기름, 설탕가루를 약간 넣고 무쳐서 볶아 밑에 깔아준다.

무(무는 밑에 깔 재료이다.)

① 무를 나박나박하게 썰거나, 작은 4각 기둥모양으로 길이 2cm 정도로 썰어 육수에 삶아 내어 건져 식힌다.

② 식힌 무 재료에 참기름, 간마늘, 후추, 맛소금으로 밑간을 한다.

당근 : 되도록이면 넣지 않는 것이 좋다.

골패 모양으로 씻어서 소금물에 살짝 데친다. 또는 당근을 그대로 끓는 물에 넣고 설컹하게 익으면 꺼내어 규격에 맞게 썰기한다.

모든 재료를 이용하여 만드는 방법

① 위의 준비된 재료를 신선로 그릇에 담는다.

② 밑에 무를 깔고 그 위에 3~4가지 재료를 얹혀주고, 또 그 위에 7~8가지 재료를 포개어 얹혀주고, 맨 위에 고명과 견과류를 얹어 장식한다.

※기존의 한식책에는 얹히는 순서가 있지만 여기서는 만드는 사람의 취향과 모양, 색에 맞추어 얹어주어도 좋다.

③ 조개, 고기육수를 붓고 뚜껑을 덮은 다음 숯이나 알콜(30분 분량) 등을 넣고 끓여서 제공한다.

봉주방장 해법

- 신선로 재료들을 신선로에만 사용할 것이 아니라 일반전골, 미나리가 들어가는 매운탕, 수육전골, 생선전은 해물탕에 어울리고, 완자 고기전은 수육전골에 넣으면 훨씬 좋다.
- 즉, 신선로 재료를 만들어 놓고 너무 오래 보관하는 것보다는 소비를 자주해야 한다.

7) 면신선로

일반 신선로와 달리 고급 우동면이 들어간 것으로 육수도 달리 뽑는다. 육수는 무, 대파, 양파, 다시마를 넣어 우린 후 소금, 미원, 감치미(조미료 이용)로 간을 맞춘다. 끝에 생강, 마늘, 정종, 후추를 넣어 준다.

야채는 쑥갓, 미나리를 3cm로 당근, 생선전을 직사각형 모양으로, 홍고추는 어슷하게 썰어놓는다. 다시마와 볶은 무, 팽이버섯, 양송이버섯을 준비한다.

해물은 4등분한 꽃게, 모시조개, 바지락을 준비해 놓고 신선로에 꽃게, 바지락, 무를 안친다. 삶은 우동면을 양쪽에 넣고 위에 쑥갓을 놓고 당근, 미나리를 넣어 한 번 끓인 후 숯을 넣고 홍고추, 다시마, 팽이버섯, 양송이버섯을 넣어 나간다.

제 2 절 찌개류

찌개는 궁중용어로 '조치'라고 한다고 하며, 조치란 탕보다 국물이 적고 건더기와 국물이 반반 정도로서 뚝배기에 끓인다 하였다. 지짐이는 궁중에서 감정이라 하고, 찌개보다 국물이 적은 것이라고 황혜성 선생님은 지적하였다.

찌개는 국보다 건더기가 많고 간(염도)도 국보다는 진하게 끓인다. 찌개는 음식명칭 앞에 해당되는 장류 및 젓국 이름을 연결하여 불려진다. 찌개는 국물에 초점이 있다. 예를 들어 ○○된장찌개, ○○고추장찌개, ○○새우젓국찌개…… 등이 있다.

찌개맛을 잘 내려면

▶ 제철의 재료를 이용하여 궁합을 잘 맞춰야 한다.

- 된장찌개류에 잘 어울리는 재료는 달래, 냉이, 조개류, 버섯류, 풋고추 등
- 고추장찌개류에 잘 어울리는 재료는 생선류(숭어, 생태, 붕어, 메기 등), 애호박, 양파, 버섯류
- 새우젓국찌개에 잘 어울리는 재료는 생선알, 애호박, 닭고기, 돼지고기, 김치 새우 등의 갑각류

▶ 찌개는 국물맛이 중요

- 주재료에 따라 선택하여 국물을 사용해야 한다.
- 흔히 사용하는 국물은 쌀뜨물, 잡뼈육수, 조개탕육수, 게 또는 즙국물

예 1 맛있는 찌개국물 만들기 (스승이신 최상옥 선생님께서 가르쳐주신 찌개 국물)

■ 재료 및 비율

봉주방장 경험 : 게즙 육수와 흰살 생선뼈를 푹 곤 육수를 사용하면 훨씬 맛이 좋다. 또한 바지락 등의 조개육수와 잡뼈육수, 쇠고기 맑은 육수 등을 혼합하면 더욱 좋다.

이렇게 만드세요

① 게는 배꼽 딱지를 떼고 뚜껑을 젖혀서 아가미 등 내장을 따로 떼어내고 씻어 놓는다.

② 생게살 몸통을 절구에 빻는다. 물에 잘 헹굼하여 체에 받치고 그 물은 ③에 사용한다.

③ 껍질, 내장, 찌꺼기, 몸통은 다시 삶아서 체에 국물을 바치고 찌꺼기는 버린다. ②와 함께 혼합하고 다시 끓여 찌개 국물로 사용한다. 때로는 맑고 개운하게 때로는 얼큰하고 개운하게 한다.

▶ 찌개재료는 익는 순서에 따라 넣는다.

▶ 민물찌개는 수제비 또는 밀가루를 약간 넣어야 한다.

▶ 생선살은 끓은 다음에 넣고 생선머리, 뼈는 처음부터 끓인다.

▶ 파, 마늘, 술은 마무리 할 때(거의 다 끓을 때) 넣는다.

국이나 찌개 요리시 장류 및 소금과 물 또는 육수의 알맞은 간의 비율

국의 경우

	양념 및 장류의 비율	육수(물)의 비율
고운소금	1	50
굵은소금	1	40
간 장	1	10
고 추 장	1	10
가른된장	1	10
거른된장	1	6
새 우 젓	1	10
김치국물	1	4

(단, 부재료 없이 육수(물)를 100%기준으로 할 경우)

찌개의 경우

	양념 및 장류의 비율	육수(물)의 비율
고운소금	1	40
굵은소금	1	32
간 장	1	8
고 추 장	1	8
갈은된장	1	5
걸른된장	1	8
새 우 젓	1	6
김치국물	1	3.2

(단, 부재료 없이 육수(물)를 100%기준으로 할 경우)

※갈은 된장 : 된장을 곱게 갈아낸 것(된장의 낭비가 없어 좋은 방법이다)
거른 된장 : 된장을 국물에 체에 받쳐 건지는 버린 것)

봉주방장 해법

손맛이 있다는 말은 간을 잘 본다는 뜻이다. 간을 잘 알아야 넣는 양을 아는 것이다.
천부적 요리사의 감각은 기능이라기보다는 간의 기준을 정확히 알아야 하는 것이다.
세계의 어느 요리이건 간은 요리의 생명이다.

찌개국물을 양념하는 원리해법

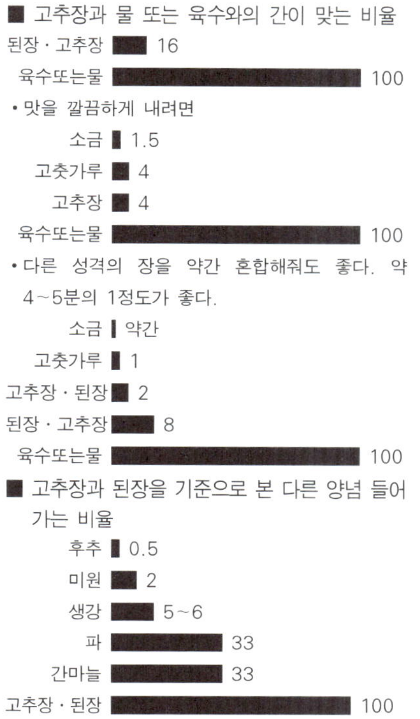

이렇게 만드세요

봉주방장 해법

① 된장 또는 고추장이 많이 들어가면 깊은 맛은 낼 수 있지만 텁텁하다.

② 고추장을 1/2로 줄이고 소금으로 간을 하려면 소금과 물의 알맞은 비율은 1 : 50이므로 고추장의 간을 염두해 두고 소금을 약간 넣어 간을 맞추고 고춧가루의 매콤하고 산뜻한 맛을 유도한다.

③ 고추장찌개라 할지라도 된장을 약간 혼합해주면, 특히 생선찌개에 효과가 탁월하다.

④ 한국음식에서 다진 마늘은 주양념인 고추장, 된장, 간장 다음으로 가장 많이 들어가는데, 장 : 마늘=3 : 1이다. 마늘이 들어가면 파도 넣는데 대체로 파는 마늘과 동량을 넣는다. 그러나 파는 어슷썰기하여 넣기 때문에 양념보다는 부재료로 분류된다. 혹은 파를 다져 넣기 한다 하더라도 맛을 내는 요리사가 다진파를 더 넣든 다진마늘을 더 넣든 어느 것이 맞다, 틀리다 라는 기준으로 볼 수는 없다.

봉주방장 해법

마늘이 가장 많이 들어간다. 생강은 마늘의 1/5정도가 적당하다. 경우에 따라 참기름, 미림, 술, 간장, 참깨 등이 소량 넣어 맛의 상승효과를 낼 수 있다.

1. 대중적인 찌개

1) 김치찌개

「한국요리문화사」(이성우 저)에서는 김치찌개는 본래 김치를 가볍게 헹굼하여 알맞게 짠맛과 매운맛을 우려내야 한다고 하는데, 고기도 기름이 없어야 좋다고 한다. 그러나 본서에서는 일반적으로 김치찌개를 전문적으로 만드는 곳과 경험을 토대로 기록하고자 한다.

김치나 김칫국물은 어느 찌개든 잘 어울리는 맛내기 재료로 으뜸이다. 김치는 최대 30여종 이상의 재료가 복합적으로 어울려서 발효된 것이기 때문에 김치의 신맛은 비린 생선찌개에 잘 어울리고, 김칫국물은 개운한 맛을 주고 속이 풀어지는 해장국물맛에 도움을 준다. 양념을 털어내고 송송 썰어 넣으면 두부찌개든 비지찌개든 잘 어울린다. 이러한 이유로 김치는 대중적이면서도 기호층이 넓다. 외식산업에 있어 큰 비중을 차지하기에 여러 가지 방법을 제시해 본다.

※조치의 또다른 의미는 요리한다의 cooking을 조치(調治)라고도 한다.

(1) 김치찌개 양념법 1(시간이 충분할 때 적용되는 법)

■ 재료 및 비율

재료	비율
후추	약간
쇠고기다시다	약간
미원	약간
참기름	약간
소금	약간
간마늘	2
고춧가루	2
버섯	5
대파	5
떡쪽	10
돼지고기	20
김치	50
육수	100

이렇게 만드세요

① 찌개는 국물과 주재료·부재료의 비율이 거의 1 : 1이 맞다.
② 찌개를 끓일 냄비에 국물을 앉히고 끓인다.
③ 김치는 속을 털어내고 알맞은 크기로 송송 썰어 놓는다.
④ 비계있는 돼지고기를 후라이팬에 그대로 볶다가 간마늘을 넣고 김치를 넣고 볶아준다.
⑤ 끓이고자 하는 냄비 또는 뚝배기에 넣어준다.

봉주방장 해법

떡쪽은 얇아서 끓는 찌개에 그대로 넣어도 금새 부드러워질 것 같아도 절대 그렇지 않다. 반드시 찬물에 6시간 이상 담궈 둬야 한다. 물론 시간이 없을 때는 끓는 물에 넣어 부드러워지면 넣는다.

봉주방장 해법 : 김치찌개를 빨리 하는 방법

외국에서 일하게 되면 거의 모든 한국식당에서는 많은 한국요리 차림에 놀란다. 많은 음식 차림이 있다는 것은 그만큼 준비를 해 놓아야 하는데, 맛을 유지하면서 준비한다는 것은 매우 어렵지만 이렇게 한다. 김치의 속대부위를 먼저 마늘, 참기름 약간, 후추, 약간의 설탕을 넣고 볶아준 후에 1~2일분씩 포장해 놓고 중간냉동 또는 냉장하여 사용한다.

(2) 김치찌개 양념법 2(김치찌개를 전문으로 대량으로 할 때)

■ 양념비율

재료	비율
미원(5g)	0.5
다시다(10g)	1
후추(10g)	1
생강(20g)	2
소금(100g)	10
간마늘(100g)	10
고추장(100g)	10
고춧가루(1000g)	100

■ 주재료비율

재료	비율
새우젓	1
참기름	2
대파	3
떡쪽	5
양념	6
늙은호박	10
북어포	15
김치	50
육수 (잡뼈국물)	100

이렇게 만드세요

① 양념을 비율대로 3~4일 사용할 분량만 만들어 놓는다.
② 늙은 호박은 한 두 입 크기로 중간 삶기하고 북어포는 손질하여 알맞은 크기로 자른다.
③ 김치는 속을 털고 줄기는 작게, 잎부위는 약간 크게 썰기한다.
④ 떡쪽은 찬물에 불려 놓는다.
⑤ 냄비에 김치는 새우젓으로 주물러 넣고, 북어포, 늙은 호박, 대파 어슷썰기 하여 넣고 양념을 두 수저 넣는다. 육수를 붓고 끓인다.

봉주방장 해법 : 신김치를 덜 시게 하는 법

최상옥 선생님께서 가르쳐 주신 개성식 방법이다. 새우젓을 조금 넣어주면 신기하게도 신맛이 덜하고 개운하다. 선생님께서는 또한 돼지고기보다는 북어포를 넣어 끓이는 것을 좋아하신다.

(3) 김치찌개 양념법 3(맛있는 김치와 사골육수로 진한 국물을 내어 깊은 맛을 얻을 수 있다)

■ 양념고춧가루 만드는 법

- 다진생강(40g) 4
- 다진마늘(80g) 8
- 굵은고춧가루(1000g) 100

※양념고춧가루는 찬물로 개어 놓고 사용한다.

■ 재료 및 김치찌개재료 및 비율

- 다진마늘(6g) 0.8
- 미원(12g) 1.5
- 참기름(13g) 1.6
- 양념고춧가루(16g) 2
- 대파(60g) 7.5
- 흰떡(120g) 15
- 돼지고기(120g) 15
- 김치(500g) 62.5
- 육수(800g) 100

이렇게 만드세요

① 약간 신김치를 준비한다. 김치 속이 너무 많을 때는 찌개가 지저분하므로 속을 약간 털어내고 사용한다.
② 돼지고기는 껍질 있는 것으로 준비하여 한 입 크기로 썬다.
③ 흰떡은 찬물에 담갔다가 사용하거나 너무 딱딱한 것은 뜨거운 물에 불렸다가 사용한다. 흰떡대신 두부나 만두를 사용해도 좋다.
④ 굵은 파는 길이로 4~5cm 자른다.
⑤ 김치를 깔고 양념고춧가루를 넣고 그 위에 돼지고기를 놓고 육수를 흥건히 붓는다.
⑥ 김치가 물러지면 흰떡(조랑떡)을 넣고 중불에서 서서히 끓인다.

※양념고춧가루는 찬물에 개어놓고 사용한다.

봉주방장해법
김치찌개에 설탕대신 꿀을 넣으면 깊은 맛이 나고 굴소스를 넣으면 더욱 담백해진다.

2) 된장찌개

외국인들이 맛좋은 한국음식을 꼽을 때는 불고기, 냉면, 신선로, 김치 등을 들고 있다. 그러나 한국 사람 자신이 우리 음식의 참맛을 꼽을 때는 향수의 된장찌개 맛을 들지 않을 수 없다.

뚝배기에 보글보글 끓여 먹는 구수한 맛의 된장찌개는 재료의 변화에 따라 맛도 여러 가지이다. 흔히 누구나 쉽게 끓일 수 있는 것으로 알고 있으나 같은 재료라도 그 방법에 따라 많은 차이가 있을 수 있다. 따라서 몇 가지 방법을 제시해 본다.

■ 된장찌개의 국물과 재료비율

- 미원 1
- 참기름 1
- 굵은고춧가루 1
- 다진마늘 6
- 된장 30
- 건지찌개재료 70
- 육수 100

봉주방장 조언
※재료준비 : 된장찌개 재료는 1인분일지라도 재료가 10여 가지 이상 되기 때문에 준비를 해 놓아야 한다. 계절에 따라 달래, 냉이, 팽이버섯 등의 재료를 사용하면 좋다.

이렇게 만드세요

■ **건지찌개재료**

- 호박 : 씨를 빼고 사방 1cm로 썬다(빨리 끓여야 할 때는 얇게 썬다).
- 양파 : 사방 1cm로 썬다.
- 감자 : 잘 익지 않으므로 살짝 익혀 찬물에 담궈 놓는다(시간을 단축해야 할 때는 얇게 썬다).
- 대파 : 두께 1cm로 둥글게 썬다.
- 홍고추・청고추 : 사방 1cm로 썰어 씨를 털어낸다.
- 두부 : 같은 모양으로 썰어 찬물에 담궈 놓는다(나중에 넣는다).
- 쇠고기 : 갈비나 등심을 손질할 때 나오는 것을 잘게 썰어 놓는다.
- 모시조개 : 해감시켜 물을 배로 넣고 끓여 놓는다.

※기물준비 : 10여가지 재료를 준비해 놓았다고 하더라도 산만하게 널려 있으면 안 된다. 기물을 약 8간의 스텐레스통을 제작하는 것이 제일 좋고(①) 없을 경우에는 4각 프라스틱통 작은 것을 8개 준비하는 것이 좋다(②). 그것도 준비 안되면 알루미늄 쿠킹호일을 이용하여 8칸을 만들어 임시로 사용한다. 일식도시락을 이용할 수도 있다.

- 국멸치 : 멸치는 머리까지 사용하는 것이 좋다. 내장에서 쓴 물이 나온다고 하여 제거하는 경우가 있는데, 쓴 물이 나올 정도로 푹 끓이지 않기 때문에 제거하지 않아도 좋다.
- 마른새우가루 : 말린 새우도 블렌더에 갈아서 천연 조미료로 사용하면 좋다.
- 된장 : 집된장과 구매된장을 1/2씩 사용한다. 그러기 위하여 혼합해 놓으면 더욱 좋다. 또한 된장은 아미체에 걸러서 사용하는데, 그렇게 하면 낭비가 크다. 갈아서 사용하는 것이 좋다.
- 육수 : 고기육수와 조개육수로 1/2씩 혼합해 사용하는 것이 개운하고 깊은 맛을 낸다.

■ **방법 A**

- 특징 : 약간의 조개육수, 참기름을 넣고 된장과 자글자글 볶다가 끓이는 법(H호텔법)

① 돌뚝배기나 토기뚝배기를 불 위에 올려놓은 후 롱스푼 크기의 작은 국자로 한 국자의 조개국물을 넣고 된장을 30g (스푼으로 1번 소복히) 넣으면 된다.
② 참기름 1/2T를 넣는다.
③ 간마늘 1/3T를 넣은 후 굵은 멸치(국멸치) 3~4개를 넣고 잘 끓여준다.
④ 쇠고기를 넣고 자글자글 끓으면 잘 안익는 순서대로 넣고, 끝으로 호박을 넣고 다시 자글자글 끓인다. 재료가 익으면 맑은 육수를 붓고 두부를 넣어 끓인다(이 때 굵은 고춧가루를 약간 넣어도 좋다).
⑤ 마지막으로 달래, 팽이버섯 등을 넣어 제공한다.

※즉석에서 끓이기 때문에 향이 좋으며, 참기름을 넣어 구수함이 더하다.

■ **방법 C**

- 특징 : 된장국물을 먼저 끓여 놓고 재료는 얇게 썰어 놓는 방법으로 야채를 신선한 상태에서 즉석에서 끓이는 것이라서 좋다.
- 된장+육수에 멸치, 콩나물, 대파, 양파, 다시마를 넣고 끓은 후 약 15분 후에 건져낸다. 간마늘, 고춧가루, 조미료를 넣고 간을 맞춰 놓는다.

■ **방법 B**

- 특징 : 하루에 나갈 수 있는 예상 분량을 능가할 때 단체주문이 있을 경우 빨리 제공할 수 있어 좋다.

손님이 많고 일손이 모자랄 경우에 된장찌개 끓이는 법

① 된장에 굵은 고춧가루를 된장의 1/20정도 넣어준다.
② 간마늘을 조금 넣고, 소고기를 넣은 후 조개국물을 조금 넣고 자글자글 끓인다.
③ 호박, 감자를 넣어 설컹하게 끓여 놓고 육수를 부어 농도를 맞춘 후 불을 끈다. 바로 찬물에 식혀 놓는다.
④ 주문이 들어오면 뚝배기에 조개, 두부, 달래, 팽이버섯을 넣고 끓으면 제공한다.

■ **방법 D**

① 집메주 10kg
② 청국장 4kg(갈아서 준비)
③ 계량메주 6kg
④ 보리쌀 삶아서 1말
⑤ 고추가루 씨 갈아서 4kg 재료를 버무린다.

※냄비에 생배추, 두부, 호박, 된장 140g 고춧가루 고추 넣어주고, 쑥갓 얹어준다.
※마늘을 넣지 않는 것이 특징이다.

정난선생님의 방법입니다.

이렇게 만드세요

① 멸치, 다시마, 무를 넣고 육수를 뺀 후 건진다.
② 된장을 풀어서 건진다.
③ 설탕 1t정도 넣어 맛을 숨긴다.
④ 토막게, 미더덕, 홍합살, 새우, 오징어를 넣고 끓인다.
⑤ 호박, 청양고추를 넣는다.
⑥ 마늘, 파를 넣고 부추는 마지막에 넣는다.

(1) 풋고추 · 쇠고기박이 된장찌개

■ 재료 및 비율

재료	비율
미원	약간
소금	약간
마늘	2
참기름	3
국물멸치	5
파	16
된장	20
풋고추	100

봉주방장 조언 : 이 방법은 재래식 된장이 좋다. 대파 대신 풋마늘대를 쪼개어 썰어 넣어주면 더욱 좋으며, 호박잎순을 넣어주면 금상첨화이다.

이렇게 만드세요

① 풋고추는 맵지 않은 것으로 골라 꼭지를 따고 대나무 꼬치를 사용하여 꼬챙이를 돌려 고추의 몸통이 다치지 않게 속의 씨를 빼낸다.
② 쇠고기, 다진파, 간마늘, 참기름으로 양념하여 풋고추 속에 넣는다.
③ 대파는 쪼개 썬다.
④ 육수 또는 쌀뜨물로 걸쭉하게 농도를 맞춘 집된장을 냄비에 넣은 후, 준비된 풋고추와 대파를 넣고 끓인다. 풋고추가 길면 잘라 넣는다.

(2) 쌈밥된장찌개

■ 재료 및 비율

재료	비율
조미료(2g)	0.2
참기름(20g)	2
풋고추(100g)	10
간마늘(100g)	10
마른표고(100g)	10
쇠고기(200g)	20
된장(400g)	40
육수(1000g)	100

이렇게 만드세요

① 물을 제외하고 재료를 재래 된장에 고르게 갠다.
② 주문이 오면 뚝배기에 물을 붓고 재료를 갠 된장을 넣는다.
③ 된장은 풀지 않아도 서서히 끓으면 풀어진다.
④ 바닥이 눌지 않도록 저어준다.

봉주방장 조언

① 풋고추, 마른표고, 쇠고기는 다져서 준비한다. 육수대신 멸치국물을 이용해도 좋다. 쇠고기 대신 논우렁이를 다져 넣어도 좋다.
② 된장을 집된장, 구매한 된장을 적당히 혼합하여 넣어주면 좋다.

(3) 해물된장찌개

■ 재료 및 비율

재료	비율
조미료(5g)	1
풋고추(30g)	6
대파(50g)	10
된장(75g)	15
해물(300g)	60
물(500g)	100

※해물은 썬 후에 씻으면 안된다. 항상 깨끗이 씻은 후 썰고, 썬 것은 그대로 사용하도록 한다.

이렇게 만드세요

① 조갯살, 소라살을 얇게 썬다. 마른해삼을 불려 내장을 제거한 후 송송 썬다. 굵은파, 풋고추는 둥글썰기 한다.
② 뚝배기에 해물을 넣고 2/3정도 물을 붓고 끓인다.
③ 양념재료(파, 풋고추, 조미료)를 넣고 맛을 낸다.
④ 굵은 고춧가루를 조금 넣고 마무리한다.

※주의 : 해물을 손질할 때는 굵은 소금물로 씻는다.

(4) 강된장찌개

강된장찌개는 옛날에 가난한 집에서 건더기 넣을 재료가 적어 된장을 진하게 넣어 끓인 것이 유래가 되었다. 된장과 고추장을 되직하게 풀고 쇠고기, 풋고추, 설탕 또는 꿀을 조금 섞어 끓인 것으로, 되직하게 끓여야하며 야채와 함께 쌈을 먹는 쌈밥장으로 즐기는 찌개이다.

■ 재료 및 비율

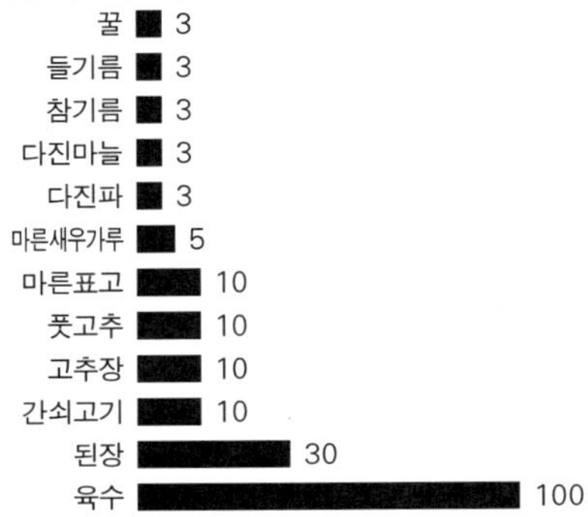

※들기름을 가장자리에 돌려줄 때에는 튜브형 용기에 넣고 주둥이를 뚝배기 가장자리에 깊이 넣고 돌려준다.

이렇게 만드세요

① 마른표고버섯을 물에 불려 가늘게 채치거나 다지고 풋고추는 송송 써는데, 이때 씻지 말고 씨까지 다 사용한다.

② 다진 쇠고기는 기름이 약간 붙어 있는 것이 좋은데, 다져서 파, 마늘, 참기름으로 양념하고 된장, 고추장을 섞어 뚝배기에 육수를 넣고 끓인다.

③ 대량으로 할 때에는 소스팬에 ②단계까지 끓여 놓은 후 주문이 들어오면 뚝배기에 덜어서 올리고 풋고추 썰은 것을 한번 돌려주고 손님께 드린다.

윤서석의 수필 한 구절

젊어서 방탕하던 사람도 늙으면 고향을 찾듯이 사람의 기호도 나이가 들면서 향수를 그리듯 옛맛을 찾아드는 모양이다. 김치의 맛에서도, 찌개의 맛에서도 옛날의 어머니 솜씨가 그리워지지만 흉내는 낼길 없고 어디에 가서 찾을 길도 없다.
더욱이 복중 더위의 여름철 기름기 고기를 꾸미로 넣고 서리던 된장찌개는 어느 육미 찬물보다도 입맛을 돋우는 것이다.

3) 순두부찌개

이렇게 만드세요

① 소기름(비계) 녹인 기름과
② 우민찌는 갈아놓고 표고를 슬라이서한다(생표고/건표고 모두 괜찮다)
③ 양파를 찹썰기 한다.
④ 고은 고춧가루, 참기름, 설탕, 소금, 미원, 흰 후추, 소금, 쇠고기다시다, 간마늘, 정종을 넣은 후 ①, ②, ③을 섞어 육개장 다데기처럼 볶는다.
※간은 조금 세게 한다.
⑤ 해물은 오징어, 새우, 바지락을 넣는다.
⑥ 제공방법은 뚝배기에 해물, 야채, 순두부 2/3정도 부어준다.
※야채(대파, 고추, 호박)썬 것
⑦ 물을 조금 넣어준 후 볶은 다데기를 넣고 새우젓으로 간을 해 준다.
※어느 사람은 맹물대신 해물육수나 재첩육수를 이용하면 시원하다고 했다.

해외에서 한국식 두부가 없더라도 두부를 직접 만들어서 훌륭히 한국요리를 만들어 낼 수 있도록 기술하고자 한다. 참고로 순두부는 두부를 최종적으로 만드는 과정에 두부가 엉겨지는 것을 약하게 하고 배보자기에 넣어 압착시키지 않은 것을 순두부라 한다.

▶ 순두부 직접만들기 : 이 방법은 저자가 외국에서 실수하면서 만들던 경험을 기록한 것으로 자세한 두부만들기는 전채요리부분의 두부만들기를 참고한다. 차이가 있을 수 있다.

① 흰콩을 하루동안 불린다.

② 불린 콩을 믹서에 갈아낸다.

③ 믹서에 간 콩을 은근한 뜨거운 물에 넣는다. 끓으면 불을 끄고 자루에 넣고 물을 부어가면서 두 번 정도 꼭 짜낸다.

④ 짜낸 후 찌꺼기는 찌개를 끓여 손님에게 제공한다.

⑤ 짜낸 콩물을 은근한 불에 끓인다. 바닥이 눌지 않도록 잘 저어준다(회전방향으로).

⑥ 끓기 시작하면 불을 줄이고 간수를 조금씩 넣으면 뭉글하게 엉겨진다. 간수를 아주 약하게 넣으면 부드러운 순두부, 좀 더 넣으면 일반 두부가 된다.

봉주방장 해법

① 자루에 넣고 짜내면 시간이 많이 걸리므로 고운 체에 대강 콩물을 흘린 후 베보자기 자루에 넣고 힘을 가하여 짜내면 공정이 빨라진다.

② 간수가 없을 때는 굵은 소금을 물에 타서 개흙을 가라앉힌 후 그 물을 조금씩 붓는다. 서서히 몽글몽글 뭉쳐지기 시작하면 간수 붓는 것을 중지해야 한다. 고운 소금은 사용하지 않는다.

※간수 : 굵은 소금자루를 고무 함지박 안에 놓고 함지박을 기울여 놓으면 소금자루 속의 소금과 공기중 수분의 접촉으로 떨어지는 물을 모아 놓은 것을 말한다. 맛이 떫고 씁쓸하다. 경험있는 주방장은 간수를 냉면의 소다 대신 0.05~0.1%로 넣고 냉면반죽을 한다. 굵은 소금자루를 그대로 방치하면 흘러나오는 간수로 인하여 바닥이 지저분해지므로 간수를 받아내어 평양냉면에 사용한다.

※두부 : 간수를 넣어 엉겨지면서 뭉글뭉글해진 순두부를 보자기와 틀에 성형하여 눌러주면 두부가 된다.

■ 재료 및 비율

재료	비율
정종	약간
미원(4g)	3
돼지비계(5g)	4
참기름(8g)	6
조갯살(10g)	7.7
양념장(10g)	7.7
굵은파(20g)	15
계란(55g)	42
순두부(130g)	100

■ 양념장

재료	비율
소금(100g)	10
간마늘(300g)	30
고운고춧가루(1000g)	100

※조갯살 대신 돼지고기나 쇠고기를 넣을 수 있다.

이렇게 만드세요

① 뚝배기에 돼지비계 녹인 기름을 조금 넣는다.

② 순두부는 뚝배기의 60% 정도 넣는다. 뚝배기 물은 순두부 자체의 물로 자작하게 넣는다.

③ 조갯살을 넣는다.

④ 뚝배기를 센불에 올려 끓인다.

⑤ 가장자리가 타지 않게 숟가락으로 가끔 돌려 준다.

⑥ 양념장을 넣는다.

⑦ 조갯살이 익으면 참기름, 썰은 파, 약간의 미원으로 맛을 낸다.

⑧ 뚝배기를 불에서 내린 후 계란을 깨서 넣고 계란을 익기 전에 제공한다. 계란을 다른 접시에 제공해도 좋다..

봉주방장 조언

•양념장은 찬물에 묽게 개어 놓고 사용한다

•소금과 새우젓을 혼합하여 간을 해도 좋다. 이때 새우젓을 미리 넣으면 순두부가 부드럽지 않으므로 제공하기 전에 넣는다. 새우젓 대신 명란젓도 사용가능하다.

4) 콩비지찌개

콩비지찌개 한 가지만이라도 맛있게 끓인다면 조그만 식당을 운영한다 해도 성공은 보장될 것이다. 콩비지는 원래 두부 또는 콩국수물을 만들고 난 건더기(찌꺼기)로 끓이는 것이었으나 손님의 기호에 따라 불린 콩을 껍질 벗긴 후 갈아서 그대로 끓여 이용한다. 두 가지 방법을 소개해 본다.

■ 방법 1. 콩을 직접 갈아서 만드는 법

재료	비율
조미료	약간
간마늘(6g)	3
참기름(13g)	6.5
파(15g)	7.5
새우젓(18g)	9
돼지고기(40g)	20
김치(50g)	25
잡뼈육수(100g)	50
콩비지(200g)	100

■ 방법 2. 두부 만들고 남은 비지로 찌개하는 법

재료	비율
고춧가루	약간
간마늘	0.8
참기름	0.8
식용유	0.8
새우젓	2
대파	4.5
돼지고기	15
김치	15
콩비지	10

■ 방법 3. 중국에서 근무할 때 배운 북한식 콩비지찌개

재료	비율
굵은고춧가루(5g)	0.5
간마늘(10g)	1
참기름(10g)	1
식용유(10g)	1
대파(50g)	5
김치(150g)	15
돼지고기(150g)	15
콩비지(1kg)	100

이렇게 만드세요

방법 1

① 흰콩을 하루 물에 불려 물을 적게 한 후 팍팍 문지른다. 껍질은 물을 다시 넣고 따라내 흘려 버린다. 이 과정을 반복하여 깨끗이 한 후 커터기 또는 믹서기에 되직하게 갈아낸다.

② 김치는 속을 털어 내고 송송 썰거나 제공하였던 김치를 헹궈서 썬다. 어느 정도 물러지면 물기를 짜내고 마늘, 파, 참기름을 넣고 무친다. 양념한 우거지를 냄비에 깔고 콩비지를 약한 불에서 끓여 식힌다.

③ 손님께 제공할 때는 뚝배기에 돼지뼈 국물 또는 소잡뼈 국물을 한 국자 넣고 끓여 놓은 콩비지우거지를 넣고 끓여 나간다.

방법 2

① 돼지고기는 비계가 있는 것이 좋다. 잘게 썰고 대파는 송송 썰기한다.

② 김치는 잘게 채친다.

③ 냄비에 식용유를 두르고 돼지고기를 볶다가 김치를 넣고 볶아준다. 비지를 넣고 육수를 넣은 후 남은 양념을 넣고 끓인다.

봉주방장 조언

비지찌개를 끓일 때에는 두부를 으깨어 넣거나 연두부를 함께 넣어주면 금상첨화이다.

봉주방장 경험

콩을 갈아놓고 시간을 지체하면 찌개가 쓴맛이 난다. 주문이 오는 대로 불려 놓은 콩을 즉석에서 분량대로 갈아서 사용한다.

방법 3

① 비계가 있는 돼지고기를 잘게 썰고 대파는 잘게 송송썰고 김치는 채썬다(속은 털어내고).

② 냄비에 식용유를 두르고 돼지고기를 볶다가 파, 김치를 넣고 그 위에 콩비지를 넣고 끓인다.

③ 육수를 적량 넣어준다(콩비지 상태가 어떨지 몰라서 육수량은 비율에 넣지 않았다).

④ 새우젓으로 간을 맞춘다.

⑤ 참기름, 간마늘로 간을 맞춘다. 두부를 조금 부셔 넣어도 좋다. 돼지고기 대신에 기름기많은 양지고기를 넣어도 좋다.

봉주방장 해법 : 저자의 스승이신 최상옥 선생님의 가르침은…

① *뼈국물에 콩비지를 직접 넣고 끓이면 콩비지가 삭아서 사용하지 못한다. 콩비지는 콩비지대로 끓이고 등뼈(육수)는 육수대로 끓여야 한다.*

② *위에 소개한 방법은 양쪽을 따로 끓여 놓고 혼합하였지만 콩비지와 양념한 우거지를 뚝배기에 앉혀 은근히 끓이다가 육수를 넣고 끓여도 된다.*

③ *콩비지만 되직히 끓여 놓고 우거지를 돼지고기와 함께 양념하여 볶듯이 익혀 놓는다. 그리고 주문이 들어오면 끓여 놓은 콩비지와 양념된 우거지에 육수를 넣고 그대로 빨리 제공할 수 있다.*

5) 두부 새우젓찌개

새우젓은 간을 할 때에 자주 사용하는데 개운한 맛과 깊은 맛을 낼 수 있다.

■ 재료와 비율

재료	비율
혼다시	약간
깨소금	1
다진마늘	3
무	5
쪽파또는대파	5
버섯	5
새우젓	10
쇠고기	10
애호박	20
두부	50
조개탕육수	100

또는 쇠고기 맑은 육수

■ 응용 : 두부고추장 · 된장찌개

재료	비율
참깨	약간
후추	약간
미원	약간
마늘	1
버섯	3
파	3
고추장 또는 된장	4
쇠고기	5
두부	80
쌀뜨물	100

이렇게 만드세요

① 쇠고기는 다지거나 잘게 썬다.
② 대파는 어슷썰기 또는 쪽파는 3~4cm로 자른다.
③ 두부는 알맞은 두께로 썬다.
④ 무는 얇게 길이 4~5cm, 너비 2cm로 썰어 놓는다.
⑤ 쇠고기와 무를 새우젓으로 간을 하고 참기름, 마늘, 혼다시 또는 미원을 넣고 양념을 해 놓는다.
⑥ 육수를 붓고 끓인다. 끓을 때 두부, 파(느타리 또는 팽이 버섯)를 넣고 완성시킨다.

봉주방장 해법 : 새우젓의 놀라운 맛내기

해물찌개류, 명란찌개류에 어울리고 김치찌개에 새우젓을 넣으면 신맛이 덜어지고 동치미 국물을 넣을 때 새우젓을 넣는 것이 개운하며, 만두소를 넣을 때도 새우젓으로 간을 하면 소금간보다는 깊은 맛이 난다.

2. 채소류 찌개

(1) 감자찌개

■ 재료 및 비율

재료	비율
식용유(20g)	4
간마늘(20g)	4
풋고추(30g)	6
대파(50g)	10
된장(80g)	16
돼지고기(100g)	20
감자(500g)	100
쌀뜨물(0.5ℓ)	100

이렇게 만드세요

① 썰기작업
  · 감자는 채치거나 얇게 반달모양으로 썬다.
  · 풋고추씨를 포함하여 둥글게 썬다.
  · 대파는 어슷하게 썬다.
  · 돼지고기는 큰 콩 크기로 썬다.
② 팬에 식용유를 두르고 고기를 볶다가 감자와 풋고추를 넣고 볶는다.
③ 감자가 절반 익으면 건더기가 잠길 정도로 쌀뜨물을 넣고 된장을 넣은 후 끓인다.

(2) 무젓국찌개

■ 재료 및 비율

재료	비율
고춧가루	약간
깨소금	약간
마늘(10g)	2
식용유(20g)	4
파(50g)	10
새우젓국(100g)	20
무(500g)	100
쌀뜨물(0.5ℓ)	100

※굴을 넣어 주면 더욱 좋다.

이렇게 만드세요

① 무는 나박썰기한다.
② 냄비에 식용유를 두르고 볶는다.
③ 새우젓국을 조금 넣고 끓인다.
④ 쌀뜨물은 건더기가 잠길 정도로 넣고 푹 끓인다.
⑤ 간이 싱거우면 새우젓을 더 넣는다.
⑥ 무가 익으면 대파는 어슷썰고 쪽파는 4~5cm로 잘라서 넣고 남은 재료로 양념을 한 후 끓여 낸다.

(3) 배추찌개

■ 재료 및 비율

재료	비율
후추·미원	약간
마늘(10g)	1.2
파(20g)	2.5
식용유(20g)	2.5
된장(30g)	3.5
풋고추(40g)	4.5
돼지고기(50g)	5.5
풋배추(200g)	23
육수(0.9ℓ)	100

이렇게 만드세요

① 얼가리 배추, 봄동 배추 또는 일반 어린 배추를 손질하여 끓는 물에 데치고 찬물에 식힌 다음, 꼭 짜서 짧게 약 3cm로 썬다.
② 냄비에 기름을 두르고 돼지고기와 된장을 볶다가 고기육수를 넣은 후 끓인다.
③ 남은 재료를 넣고 양념을 한다.

(4) 버섯찌개

■ 재료 및 비율

재료	비율
참기름	약간
미원	약간
후추	약간
깨소금	약간
소금	약간
간장(10g)	1
된장(10g)	1
쪽파(20g)	2
고추장(20g)	2
마늘(30g)	3
송송썬대파(50g)	5
닭고기(200g)	20
송이버섯(400g)	40
육수(1ℓ)	100

※사용할 수 있는 버섯 : 송이, 느타리, 새송이, 표고버섯 등

이렇게 만드세요

① 버섯은 1종을 택하거나 2~3종을 더 택하여 얇게 썰어 심심한 소금물에 담근다.
② 대파는 송송 썰고 쪽파는 5~6cm로 썬다.
③ 닭고기는 안심살(가슴살)을 곱게 채썰기 한다.
④ 냄비에 참기름을 두르고 닭고기를 볶다가 소금, 된장, 고추장, 버섯을 넣은 후 육수를 붓고 끓인다.
⑤ 남은 재료를 넣고 끓인다.

3. 해산물 찌개

(1) 조개찌개

■ 재료 및 비율

재료	비율
참깨	약간
미원	약간
파	3
마늘	3
풋고추	5
고추장	5
두부	10
호박	15
조개살	30
쌀뜨물	100

이렇게 만드세요

① 좀 큰 조개는 껍질있는 것을 해감시켜도 좋고, 작은 조개(바지락) 등은 껍질을 제거한 조갯살이 좋다.
② 두부, 호박, 풋고추, 파는 납작썰기, 반달썰기, 어슷썰기하여 건지로서 시각적으로 돋보이도록 모양있게 썬다.
③ 냄비에 식용유를 약간 두르고 조갯살을 볶는다. 쌀뜨물에 고추장을 풀어 넣고 남은 재료와 양념을 한 후 끓여준다.

(2) 명란젓 찌개

■ 재료 및 비율

재료	비율
미원또는혼다시	0.5
참기름	2
다진마늘	2
새우젓	3~4
대파	10
쇠고기	10
연두부	20
명란젓	30
조개육수 또는 맑은 고기육수	100

이렇게 만드세요

새우젓, 명란젓의 찌개는 궁합이 잘 어울리고 연두부를 약간 넣어 부드럽게 먹을 수 있는 찌개이다.
① 쇠고기를 다진 다음, 대파를 어슷썰기하거나 길이로 쪼개 썬다.
② 새우젓은 다진다.
③ 쇠고기에 새우젓, 참기름 마늘 다진 것에 무치고 육수를 넣어 끓이고 끓으면 대파, 연두부를 넣고 끓여 나간다.
※버섯류(팽이, 느타리)를 넣어줘도 좋다.

(3) 더덕북어찌개

■ 재료 및 비율

재료	비율
미원	약간
후춧가루	약간
마늘	5
식용유	15
파	15
고추장	15
풋고추	20
더덕	90
마른명태 (북어 한마리 정도)	100

이렇게 만드세요

① 북어는 통북어를 두들겨 손질하든, 손질된 북어포를 사용하든 뼈와 껍질을 제거하여 길이 4~5cm, 너비 2~3cm로 자른다.
② 이것을 물에 5분 정도 불려서 물기를 짜낸다.
③ 더덕은 손질된 것을 방망이로 두들겨 찢어 물에 1시간 정도 우려낸 후 물기를 제거한다.
④ 파는 4cm로 자르고 풋고추는 어슷썰기한다.
⑤ 냄비에 식용유를 두르고 더덕과 북어를 볶다가 육수에 고추장을 풀어서 붓고 끓인다.
⑥ 끓이면서 일어나는 거품은 걷어내고 남은 재료와 양념을 넣고 끓여낸다.

(4) 동태김치찌개

■ 재료 및 비율

재료	비율
마늘	약간
미원	약간
생강	약간
간장(20g)	2
파(20g)	2
식용유(20g)	2
된장(30g)	3
두부(50g)	5
명태(100g)	10
배추김치(300g)	30
육수(1ℓ)	100

※고춧가루, 버섯, 호박을 더 넣어줄 수 있다.

이렇게 만드세요

① 동태 손질하기 : 동태는 머리, 지느러미 제거하고 내장을 빼내어 먹을 수 있는 부위(알, 고니 등)를 따로 두고 살은 뼈중심으로 3장뜨기 하여 뼈는 제거하고 껍질이 붙은 채로 4~5cm 되게 썬다.
② 김치는 송송썰고 냄비에 기름을 두르고 볶는다.
③ 국간장과 고추장을 넣고 육수도 넣은 후 끓인다.
④ 끓으면 손질해 놓은 내장, 동태살을 넣고 끓인다.
⑤ 남은 재료로 간을 하고 끝낸다.

※육수는 잡뼈육수, 생선뼈육수, 조개탕육수 등 어느 육수와도 좋다.

(4) 고등어미나리찌개

■ 재료 및 비율

재료	비율
실고추	약간
미원	0.5(약간)
식초	0.6
고춧가루	0.6
간마늘	5
고추장	6
대파	6
간장	6
무채	30
미나리	50
고등어	100

봉주방장 조언 : 무와 미나리만 듬뿍 넣어도 된다. 갈치를 같은 방법으로 하여 갈치찌개를 해도 좋다.

이렇게 만드세요

① 고등어는 깨끗이 손질하여 길이 5~6cm되게 토막을 낸다.
② 끓는 물에 미나리를 살짝 데쳐내어 찬물에 헹굼하여 길이 3~4cm되게 썬다.
③ 무는 굵게 채썰어 냄비 바닥에 깔고, 그 위에 미나리는 고추장에 무쳐서 깔아준 다음 고등어를 펼쳐 깐다.
④ 간장에 고춧가루, 다진마늘을 섞어 고등어 토막위에 얹힌 다음 물을 조금 넣고 약 5분 끓인다.
⑤ 식초 몇 방울 넣고 물이 부족하면 조금 더 가장자리에 돌려 뿌려주고 굵게 채친 파를 넣고 실고추 넣은후 뚜껑 덮고 고등어가 무르익게 은근히 끓인다.
⑥ 접시에 고등어를 담고 그 옆에 무와 미나리를 담아낸다.

(5) 민어, 대구, 숭어, 조기, 농어, 쏘가리 등의 찌개

■ 재료 및 비율

재료	비율
참깨	약간
참기름	약간
미원	1
간생강	1
다진파	2.5
쇠고기	4
쑥갓	5
깻잎	5
간마늘	5
고추장	5
고추	5
고춧가루	5
느타리버섯	15
미나리	15
민어	65
육수	100

이렇게 만드세요

① 생선을 손질하여 3~4cm로 토막을 친다.
② 쇠고기는 잘게 썰기하고 참기름, 파, 마늘에 재워두고 버섯은 찢어 놓는다.
③ 미나리, 파는 손질하여 5cm 정도로 썰어 놓는다. 풋고추는 어슷썰기 한다.
④ 냄비에 쇠고기를 깔고 그 위에 생선토막을 놓은 다음 남은 재료를 모양 있게 돌려 담은 후, 양념을 하고 육수국물에 고추장을 풀어서 넣어주고 끓여낸다(양념은 앞에서 소개한 해물탕 양념을 이용하면 좋다).

※봄 한철에 많이 나오는 풋마늘 대를 길이로 쪼개 썰어 넣으면 더욱 좋다.

9. 국수(면)와 떡국

국수(면)는 점심식사 대용으로 또는 별식으로 가끔 접하게 되지만, 외식산업의 분야로서 냉면과 국수전골 등은 큰 비중을 차지하고 있다.

국수는 면을 만드는데 사용하는 가루의 배합에 따라 메밀국수, 녹말국수, 밀국수 등으로 나누며 특수향(쑥, 칡)을 넣은 것으로 소분할 수도 있다. 또 국수를 마는 방법에 따라 따뜻한 육수의 온면, 찬육수의 냉면이 있으며 육수를 별도로 하여 비비는 비빔면, 회국수로 구분한다. 국수전골, 진기스칸(샤브샤브)에 넣는 면은 오랫동안 끓여도 퍼지지 않고 쫄깃한 상태로 있어야 하기 때문에 특별한 비법이 있다. 면의 질김과 맛은 가루를 섞는 비율과 물 넣는 양, 반죽, 온도 등을 잘 맞추는 것이다. 주방장이 경험하고 아끼던 비법을 소개한다.

봉주방장 해법 : 여기에서 중점있게 보아야 할 부분은,

- 면류를 만드는데는 물 넣는 양이 가루의 35~40%와 익반죽 할 때의 물의 온도이다.
- 질김의 정도는 전분 밀가루의 양이 얼만큼 들어가느냐이고 면발의 색과 향미를 높이기 위하여 평양식과 중국식 면은 소다(대부분 소다를 넣는다)와 함흥냉면식은 명반(백반)의 양이다.

1. 면을 만들기 전에

1) 면에 사용되는 재료(면가루)와 첨가제

(1) 국수(면)가루

❶ 전분

전분의 질은 면발의 질김과 투명성, 호화상태(α화)가 유지되는 시간 등으로 판단한다. 면을 만들 때는 감자전분과 고구마전분을 많이 사용한다. 그러나 고가품이기 때문에 가격이 싼 옥수수전분 또는 밀가루를 많이 혼합하여 시중에 유통되는 경우가 많다. 때문에 배합성분과 제조회사를 잘 살펴야 한다. 시중의 함흥냉면전분과 평양냉면전분은 가격을 낮추기 위하여 값이 싼 옥수수전분과 밀가루 등을 혼합시켰는데 일반냉면 취급업소에서 많이 사용한다.

시중에 유통되고 있는 전분의 종류로는 함흥냉면전분, 평양냉면전분, 감자전분, 고구마전분, 도토리

전분, 옥수수전분 등이 있다.

> **봉주방장 해법 : 감자전분 만들기**
> 외국에서 감자전분을 구하기 어려워 감자를 갈아서 직접 전분을 만들어 면반죽을 하여 사용한 때가 있었다. 전분 만드는 방법은 간단하다. 충분한 물을 넣고 갈아, 자루에 넣는다. 자루를 짜면 순수한 전분은 물과 함께 침출되고 찌꺼기는 버린다. 몇 차례 물을 교환해 준다. 전분은 물보다 무겁다는 것을 이용한 것이다. 녹두전분은 전체 무게의 약 12% 나온다. 그러나 감자전분은 7% 정도이다.

❷ 메밀가루

메밀가루는 고가품이기 때문에 시중에 유통되는 메밀가루 중 상당수 제품이 보리쌀 또는 보리차 재료를 적당히 태워 갈아서 넣거나 심한 경우에는 커피를 넣어 메밀가루와 유사하게 만들어 구분하기 어려우므로 주의해야 한다. 국내의 몇몇 평양냉면 전문업소에서는 직접 가루를 만들어 사용하기도 한다.

❸ 밀가루

국수전골, 칼국수는 강력분을 사용한다. 수제비는 중력분을 사용한다. 경우에 따라 냉면가루 배합에 밀가루를 5~10% 정도 혼합해 주기도 한다.

❹ 글루텐

밀가루와 비슷하고 오래 끓여도 잘 풀어지지 않고 쫄깃한 면발을 만들 수 있다. 바로 글루텐을 넣었기 때문이다. 값이 비싼 것이 흠이며 밀가루의 양에 글루텐을 약 10% 정도 넣는다. 저자가 근무했던 국내외 체인점을 보유한 유명식당의 국수전골, 진기스칸의 면사리에 들어가는 성분이다. 일반적으로 잘 알려져 있지 않은 비법이다. 국내에서 생산되는 제품은 없으며 미국산으로, 판매처도 제한되어 있다(서울 신사동 영림화학(주) 02-542-6998).

(2) 부재료 및 첨가제

❶ 소다(중조, 알카리성)

소다는 가루소다와 냉소다 2종류가 있으며 보통 반죽하는 재료(전분, 밀가루 등)의 0.1~0.2% 정도 약간 넣어준다. 가루소다는 미리 넣어 사용 할 수 있으며 냉소다는 얼음같이 생겨 5배의 물에 녹여 사용하기 때문에 반죽하는 물대신 넣고 반죽을 한다. 소다는 냉면 면발을 곱게 하고 면을 황갈색이 나게 하고 탄력을 주는 역할을 한다. 하지만 지나치면 면발이 검어지며 냄새가 좋지 않다. 소다는 소화를 촉진시키지만 소다를 넣고 반죽한 것을 오래 두면 삭아서 면발이 약해져 사용할 수 없다.

4인분을 기준으로 했을 때 가루소다는 1/2t, 냉소다 녹인물은 1T가 적당하다.

참고로 병소다를 물에 희석하지 않고 그대로 뜨거운 물에 중탕하면 녹는데, 이렇게 사용하는 곳은 유명 평양식 냉면 전문식당인 "○○옥"에서 사용하는 방법이다.

❷ 명반

명반은 백반이라고도 불리우며 곱게 가루를 내어 유통된다. 얼음같이 생긴 냉소다와 비슷하게 생겼지만 지독히도 시다. 물에 녹여 사용하는데 함흥식냉면을 반죽할 때 0.1~0.2% 정도 넣고 반죽을 한다. 면발의 질김을 더하고 탄력을 준다. 또한 오돌돌한 씹는 맛과 색을 희게 한다. 그 이유는 연구해야 할 과제이나 옛날 어린 시절에 손톱에 봉숭아꽃 물들일 때 약간의 명반을 사용한 이유로서 표백역할(?)과 관련있지 않나 한다. 4인분에 1t 넣는 것을 기준으로 한다.

❸ 간수

평양냉면에는 소다 또는 명반을 넣지 않고 간수를 넣거나 또는 넣지 않고 그대로 면을 뽑는다.

※냉면 반죽할 때에도 흔히 소다(중조)를 넣었지만 간수를 넣는 방법을 권하고 싶다.

봉주방장 해법 : 간수만들기(받아내기)

간수는 굵은 소금자루를 항지박에 오랫동안 놓아두면 생겨지는 소금물인데, 맛이 톡 쏘면서 씁쓸하고 짜다. 두부를 응고시키는 것도 간수를 넣어 응고가 되는 것인데, 바로 간수가 냉면 면발의 쫄깃함을 더하는 것 같다.

❹ 날콩가루(시중에서 500g, 1kg 단위로 판매를 한다)

칼국수, 수제비 반죽을 할 때에는 3% 정도 넣고 반죽을 하면 쫄깃하고 구수함이 있다.

※반드시 날콩가루여야 하며 볶은 콩가루 등은 안 된다. 날콩가루는 시중에서 봉지로 유통된다.

❺ 멸치가루 · 새우가루

해물 칼국수, 수제비 반죽 등에 약 2% 정도 넣고 반죽을 하면 깊은 맛을 즐길 수 있다.

❻ 계란

칼국수나 수제비에 약간 넣어주면 깊은 맛을 낼 수 있다(5인분 기준 노른자 1개).

❼ 기타

쑥즙 또는 쑥가루, 인삼가루 또는 즙, 선인장꽃즙(일명 백년초라고도 불리워지며, 색이 무척 붉고 곱다)을 넣으면 환상적인 색깔을 낼 수 있다. 즙을 내는 것은 번거로운 작업이 될 수 있으므로 한번에 많은 양을 녹즙기를 이용하여 짜 놓은 후 적당한 용기에 담아 냉동고에 보관하면서 사용한다.

오미자는 너무 맛이 강하므로(떫고 시다) 사용하지 않는다. 만들고자하는 요리사의 의지에 따라 여러 가지 독특한 면을 만들 수 있다.

2) 냉면, 국수전골면, 진기스칸면, 쫄면의 가루배합

익반죽할수록 삶는 시간이 단축되며, 또한 전분이 많이 들어갈수록 시간이 짧으며 밀가루 외의 성분이 많이 들어가거나 면발이 굵으면 시간이 지연된다. 또한 화력에도 영향을 받는다. 면삶기의 가장 좋은 상태는 완전히 면발이 투명해 지도록 삶기 보다는 가운데에 아주 가는 부분이 남아 있게 삶는 것이 잘 삶은 것이다.

종 류	혼 합 비 율	주 방 장 해 법
함흥식 냉면 (냉면면발 굵기 0.6~0.8mm 이하로 가늘게 한다)	명반 0.05 전분 100 ※삶는 시간은 6초 내	100의 전분으로 면을 뽑으면 질김이 대단하여 고무줄 같은 탄력을 얻는다.
	명반 0.05 메밀가루 30 전분 100 ※삶은 시간은 15초 내	면발의 질김이 크며 메밀의 향이 구수하다.
	명반 0.05 강력밀가루 5 메밀가루 20 전분 100 ※삶는 시간은 25초 내	고무줄 같이 늘어나는 정도가 100% 전분을 사용하는 A보다는 덜 하며 비빔냉면 사리에 좋다.
평양식 냉면 (냉면면발 굵기 1.0~1.2mm로 함흥면보다는 굵다)	소다 0.1 메밀가루 100 전분 100 ※삶는 시간은 20초 내	전분과 메밀가루 1:1 비율은 일반적으로 평양식 냉면의 비율이다. 질김 정도가 함흥냉면에 비하여 덜하지만 메밀의 구수함을 느낄수 있다.
	소다 0.1 밀가루 50 메밀가루 50 전분 100 ※삶는 시간은 30초 내	전통적인 평양식냉면 배합비율로서 면의 질김과 메밀의 향, 촉감을 느끼게 하는 비율로서 온면 사리로도 좋다(분창 굵기 3호는 1분 30초, 분창 굵기 2호는 1분).
메밀냉면	소다 0.1 밀가루 50 전분 50 메밀가루 100 ※삶는 시간은 1분 30초 내	메밀냉면의 배합비율이다. 면발의 질김은 부족하지만 부드럽고 메밀의 향이 좋다. 어르신들 특히 고향이 북녘이신 분들이 좋아하는 비율이다(분창 굵기 3호).
국수전골 진기스칸 (샤브샤브) 의 면	**제1방법** 소금 0.5 식용유 0.7 전분 1 글루텐 2 온수 20 강력밀가루 100 ※온수는 끓는 물을 즉시 사용해야 한다. 끓는 물이 아니면 반죽이 되지 않는다. ※삶는 시간 : 진기면(샤브샤브면)은 3분 이내, 국수전골면(우동)은 생면일 경우 7분 이내, 건면일 경우 15분이다.	일반적으로 밀가루 반죽하기 위한 물의 비율은 40% 이다. 여기서는 20% 이내의 아주 된 반죽이 특징이다. 글루텐이 함유되어 쫄깃함이 상승되고, 식용유가 들어가 오래 끓여도 잘 퍼지지 않는다. 기계를 이용하여 사리를 만들면 전분가루를 약간 뿌려놓고, 약 40cm 크기로 잘라 나무상자에 차곡차곡 넣어 놓고 헝겊으로 덮은 후 냉장보관하며 사용한다. 강조컨데 국수보관은 나무상자가 좋다. ※글루텐은 밀단백질로서 한국제품은 없다. 요즘 한참 유행하는 밀고기의 원료이다.

국수전골 진기스칸 (샤브샤브) 의 면	**제2방법** 실제 예 : 강력분 19kg, 중력분 3kg, 식용유 1C, 글루텐 1/2C, 소금 1/2C, 자루 바가지 2개 1/2의 온수를 넣는다. 너무 뜨거우면 반죽이 딱딱하다(온수온도는 60~70℃). 기계반죽 · 손반죽을 한다.	
칼국수 (제○제○) 밀가루 사용	① 밀가루 20kg ② 소금 200g ③ 물 6.1kg 겨울에는 점점 늘어서 6.7kg까지 넣는다. 겨울에서 여름에는 점점 줄여서 6.1kg까지 줄인다.	중력밀가루 20~22kg 약 ½포대에 소금 넣고 반죽한다. 1인분(220g)씩 봉지에 담는다. ※바지락은 해감시켜서 하루전에 골라낸다. 입 벌린 바지락만 골라서 사용한다.
쫄면 (면 굵기는 1~1.2㎜가 좋다)	밀가루 25 메밀가루 25 전분 100 ※삶는 시간은 1분 이내	면이 질기며 잘 풀어지지 않는다. 숙면으로 되어 건조되어지기 때문에 냉장고에 보관해 놓고 사용할 수 있다. 쫄면기계는 냉면기계와는 달리 반죽이 좁은 구멍으로 익혀서 나온다. 익혀지는 원리는 면이 나올 때 마찰열이 생겨, 면이 나오는 입구가 뜨거워져 익혀지는 단순한 기계이다. 처음 나오는 면은 숙면(익은면)이 아니기 때문에 재차 면을 뽑아낸다. 주방기계 판매 전문점에서 50~70만원이면 살 수 있다. 분창구멍 크기에 따라 우동면 굵기도 가능하다.

3) 국수 누르기

(1) 국수(면) 반죽작업대

- 겨울에는 반죽 통을 뜨거운 물로 닦아주어야 익반죽하는 데 도움이 된다.
- 냉소다는 토기그릇 또는 사기그릇에 뜨거운 물을 부어 녹여 놓는다. 그러나 수분이 증발되면 농도가 진하므로 잘 살펴야 한다. 100% 냉소다만을 뜨거운 곳에 놓아 녹여 사용할 수 있고, 이러한 경우 식으면 다시 결정체로 변한다.

봉주방장 경험

정해진 비율대로 가루배합을 하였다 하더라도 손님께서 질긴 면사리 또는 메밀이 많이 들어간 면사리를 원하실 때는, 반죽 할 때에 해당되는 손님기호에 맞춰 비율을 조절한다. 또한 손님이 원하시는 굵기대로 분창을 바꿔 만들어 드린다.

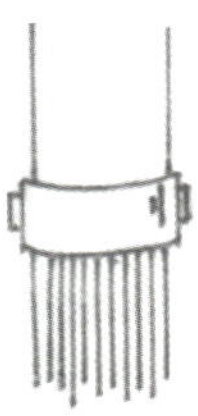

국수내리기

분창모양

반죽통모양

봉주방장 경험 : 반죽을 관리하는 방법

- 사용하고 남은 반죽은 비닐봉지에 넣어 마르지 않게 한다.
- 소다가 들어간 반죽의 경우 시간이 오래 지체되면 면 반죽이 삭아서 면발의 질김에 영향을 주므로 1시간 이내에 사용하는 것이 좋다.
- 반죽기계에 반죽을 넣어 놓고 사용하기보다는 주문이 들어올 때마다 반죽을 넣고 면을 뽑아내는 것이 좋다. 이유로는 기계에 넣고 대기상태에서 오래 있게 되면 끓고 있는 가마솥의 열기를 받아 반죽이 삭아 면발이 힘이 없게 된다.

봉주방장 경험 : 분창굵기의 크기

- 함흥냉면 : 0.6mm • 중간굵기 : 0.8~0.9mm(평양냉면) • 굵은면발 : 1.2~1.4mm(쫄면)

봉주방장 경험 : 면을 누를 때에 기계음으로 면발의 상태와 사후조치 판단하는 법

가장 많이 사용하는 분창은 2개 이상 있어야 하며 사용한 후(영업 종료 후)에는 분창을 분리하여 반드시 찬물에 불려 놓아야 다음날 세척하여 사용할 수 있다. 면이 익반죽이 아니고 수분 함량이 부족할 때에는 기계 소리가 요란히 크고 내려오는 면발도 푸석푸석 하게 매끄럽지 못하며 쉽게 끊어진다. 이럴 때는 끓는 물에 삶아도 원하는 면발을 얻을 수 없으므로 물기 없는 바가지를 이용하여 내려오는 면발을 받아 다음 반죽할 때 조금씩 넣어 사용한다. 반대로 반죽이 너무 질어 기계소리가 힘들리지 않는 소리를 내며 면이 쉽게 내려질 때에도 앞의 경우와 마찬가지로 다음 반죽을 할 때 반죽을 조금 되직하게 하고 질었던 반죽을 조금씩 넣어 혼합한 후 사용한다. 그러나 익반죽 상태가 제대로 되고 반죽이 질 때는 삶는 시간을 짧게 해서 건져낸다.

(2) 국수(면) 삶기

국수(면)를 삶을 때 물은 끓는 상태여야 하며, 물의 양은 삶는 면의 100배는 되어야 한다. 면을 기계로 내리면 나무 젓가락, 나무칼 또는 손으로 분창 밑을 끊어주게 되는데 서로 사리가 붙지 않도록 살며시 잘라주고, 많은 양을 삶을 때는 서로 붙지 않게 조심스럽게 저어 주어야 한다. 국수별 익는 시간은 가루배합, 수분농도, 면의 굵기, 익반죽 상태에 따라 각각 다르다. 마른국수 중 잔치국수(가는 국수)는 5~6분이며, 우동국수(굵은 국수)는 15분이다.

(3) 국수 면씻기와 사리기

국수(냉면, 온면) 기계 옆에는 씻어 낼 수 있는 싱크대가 2구 짜리는 있어야 한다. 한 곳은 삶은 면을 바로 건져 찬물에 씻어내도록 하며, 다른 한곳은 얼음물이 있어 면사리기를 해야 한다. 물론 얼음제조기가 옆에 있다면 금상 첨화이다. 찬물에 옮긴 국수사리는 밑에 소쿠리를 바친 후 빨래를 하듯 비벼서 겉의 미끈거림이 없게 하고 바로 옆의 얼음물이 준비된 싱크대로 면을 옮긴 다음 사리기를 한다.

봉주방장 해법

- 면을 가지고 출장을 가거나 장시간을 대기해야 하는 경우는 전분만을 사용하는 것이 좋으며, 면을 잘 씻은 후 소쿠리에 바쳐 소쿠리를 털어내듯 하여 물기를 뺀다. 식용유를 충분히 넣고 손으로 문지른 후에 1인분 사리를 쳐놓는다. 몇 시간이 지나도 상태가 일정하다. 반대로 식용유를 바르지 않으면 20분 이내에 서로 엉겨 붙어 사용하지 못한다. 냉면사리에는 어렵고 온면사리로 사용하기에는 좋다.
- 덜 익은 면은 투명하지 않고 중심부위가 허연 느낌을 주며 면발이 뻐뻐하다. 반면 지나치게 익은 면은 사리가 힘이 없다. 잘못 삶은 면은 다시 삶아도 회복되지 않기 때문에 주의해야 한다. 단, 순수한 전분면(함흥식면)일 경우에는 삶아져서 남았더라도 새롭게 반죽을 할 때 조금씩 혼합하여 사용한다.

2. 냉 면

본 서문의 내용은 저자의 석사논문 「냉면육수의 미생물 위해요소 분석」을 요약한 것이며, 저자가 연구한 취지는 냉면육수의 당국의 대장균 기준에 대한 나름대로의 가슴앓이를 하고 있는 저자 뿐만 아니라 한식 요리사, 나아가 냉면을 취급하는 식당업주를 대표하여 전통음식의 냉면이 식중독 사례가 거의 발생하지 않은데도 불구하고 해마다 언론에 공표되고 혐오식품으로 취급되는데에 나름대로의 해명이 필요한 것이 절실해 졌기 때문이다.

결국 본 논문의 영향으로 2000년 5월에 국회에 냉면육수의 기준 및 규격이 “현행 : 대장균 반응이 음성이어야 한다”에서 “개정 : 대장균 반응이 0-157이 검출되지 않아야 한다”로 개정하게 되었고, 5개월의 유예기간을 거쳐 개정된 법으로 효력을 보게 되었다.

냉면은 국수의 일종으로 언제부터 유래가 되었는지는 명확히 알 수가 없으나 14세기 이후에 민족음식(지방음식)으로 이어져 왔으며, 동국세기에는 메밀국수를 배추김치에 말고 무, 김치, 돼지고기, 쇠고기를 넣은 것이 소개되어 이것이 냉면의 시초로 보인다.

냉면의 특징과 분류상으로는 평양냉면과 함흥냉면으로 구분되어 지지만 중국 북경에 소재한 북한음식 전문점인 옥류관과 중국 심양에 몇 군데 있는 북한음식전문점 또한 북한요리전문책에서도 함흥냉면은 소개되어 있지 않아 함흥식 냉면은 한국에서 평양냉면과 차별화하기 위한 지명을 사용한 것으로 생각되어 진다. 함흥식냉면의 음식명은 없어도 순 녹말로만 사용한 녹말국수가 있어 면에 대하여는 유사점이 있다.

냉면은 우리나라뿐만 아니라 각국의 음식문화의 특징에 걸맞는 나름대로의 냉면이 있다. 중국식 냉면의 특징은 닭고기 육수를 차갑게 하여 식초, 설탕, 땅콩가루로 맛을 내는 반면, 일본식 냉면은 해양으로 둘러싸인 지형적 영향을 받아 가쓰오부시(건다랑어)로 육수를 내어 술 또는 술을 끓인 미림으로 독특한 향을 내서 차갑게 육수를 만든다. 이러한 것을 고려해 볼 때 동치미 국물을 이용한 냉면육수는 우리나라의 전통성이 분명하다고 볼 수 있다. 단지 함흥식 냉면육수는 술을 넣고 끓이는데, 평양냉면육수의 전통적 방법에 소비층의 기호를 쫓아 자연적으로 파생되어 자리가 굳혀진 육수끓이는 법으로 생각되어진다. 동치미로 국물을 끓이는 비율은 북한음식 전문식당의 냉면 맛이나, 북한요리전문서적에도 동치미 국물은 함유하거나, 함유하지 않는다는 자료는 없다. 일반적으로 육수와 동치미 국물의 비율은 1 : 1, 2 : 1 … 5 : 1 … 또는 조금 넣거나 아예 넣지 않고 동치미 국물을 별도로 내어 주거나 반대로 동치미 냉면이나 열무김치냉면일 때에는 육수가 전혀 들어가지 않을 수도 있으며, 들어간다고 해도 적게 들어간다(약, 육수 15 : 동치미 국물 1).

▶ 국내 외식인들에게 비중이 높은 한국 전통음식인 냉면의 식품안전성에 대한 바른 이해의 필요

우리 음식의 현실성에 맞는 식품위생기준 및 규격의 필요성

우리 음식의 특징은 미생물에 의한 발효음식문화라고 말할 수 있다.

일반 대장균은 우리 음식문화의 특징인 발효음식문화에 있을 수 있는 균으로서, 식중독을 일으키는 균, 즉 병원성 대장균(살모렐라균, 포도상구균, 보툴리스균 등)과는 별개의 문제이며 일반 대장균과는 당연히 구분되어져야 할 것이다. 우리가 즐겨 먹는 겉절이 무침, 각종 김치류, 젓갈류를 담그는 과정과 생야채를 즐겨 먹는 우리 민족적 음식문화(발효음식문화)에 과연 일반 대장균이 검출되지 않도록 만들 수 있는 방법을 제시한다는 것은 대단히 어려운 일이다.

발효음식은 미생물에 의한 것이며 대표적 한국음식문화의 특징으로서 발효음식이라는 점에서 볼 때에 우리나라 식품위생법의 방향이 재정비되어야 할 것이며, 이로써 냉면을 포함한 한국음식의 전통적 식문화가 세계 식문화에 크게 자리를 할 것이다. 일반 대장균, 발효시키는 유산균 등과 같은 균들이 존재할 수 없는 인위적이고도 물리적 환경에 의한 인간의 체내에 만성적으로 나타날 수 있는 장해가 더 염려된다. 식품위생에 관한 기준 및 규격이 우리 음식문화의 세계화에 스스로 저해적 요인으로 남아있지는 않은지 고려한 다음 현실성 있는 기준 및 규격으로 재정비 되어져야 할 것이다.

냉면육수의 일반 대장균 양성반응이 검출될 수 있는 요소

냉면을 즐기는 폭넓은 외식층이 있음에도 불구하고 해마다 문제되는 것은 기존의 식품위생법의 냉면육수기준 및 규격인데, 냉면육수에서는 대장균 반응이 음성이어야 한다는 기준으로 제재받는 업소가 매년 수 백 건씩 된다. 이러한 결과가 언론화되는 사례가 비일비재하다. 그렇기 때문에 소비층에서는 비위생적인 식품으로 인식되어져 왔다. 그러나 단속되는 사례는 많아도 냉면육수로 인한 과거 10여 년의 식중독 사례를 조사해 보지만, 단 한 번도 기록된 것이 없었다.

필자는 냉면육수 제조공정 중 대장균 양성반응이 나타나는 대표적인 요소를 알아보기 위해서 시판제품 11개 시료에 대한 미생물 분포 및 pH, 산도를 조사하였으며, 또한 냉면육수 제조단계별 식품원료에서부터 제조·가공, 보존 및 사용기구·용기 등의 미생물 분포와 공중낙하균을 조사, 분석하여 이 제품에 대한 위해요인 및 중요 관리점을 결정하였다.

- 유명 호텔 및 냉면전문점의 시료에 대한 대장균 조사 : 시판되는 냉면육수 중의 총균수와 젖산균수는 비슷한 분포를 보였으며 대장균군은 모든 시료(11개 중 5개 제품)에서 검출되었다. pH는 4.1～6.3, 산도는 0.07～0.19의 범위를 나타내었다.
- 동치미 숙성과정에서 본 대장균 분석 : 동치미는 25℃에서 발효가 진행됨에 따라 pH는 점점 낮아졌고 산도는 증가하는 경향을 보였으며, 숙성적기의 pH와 산도에 도달하는 시간은 2일로 나타났다. 발효가 진행됨에 따라 총균수와 젖산균수의 경우 그 변화양상은 비슷하여 숙성 1일에 108CFU/㎖로 증가하여 그 이후 비슷한 수준을 유지하였고, 대장균군의 경우 점점 감소하였다. 대장균은 pH가 4.04 이하로 된 숙성 2일째에는 검출되지 않았다.
- 조리기구의 대장균 분포조사 : 냉면육수 제조시 사용하는 기구·용기의 대장균군수는 나무도마와

플라스틱도마가 104CFU/mℓ, 육수통 102CFU/mℓ, 소쿠리, 바가지, 포크, 국자, 거즈 등이 101CFU/mℓ로 나타났으며, 칼에서는 검출되지 않았다. 대장균 검출에 대한 중요도는 나무도마, 플라스틱도마, 소쿠리, 육수통, 거즈 순이고 그 외에 칼, 바가지, 포크, 국자는 중요도가 크지 않은 것으로 나타났다.

- **육수를 끓여 냉각시키는 과정에서의 대장균 오염가능성에 대한 조사** : 냉면육수 제조시 육수냉각 과정이 이루어지는 조리장과 냉동고의 공중낙하균을 조사해보면, 조리장의 경우 총균수 101CFU/mℓ, 대장균군 101CFU/mℓ, 냉동고의 경우 총균수 101CFU/mℓ, 대장균군 100CFU/mℓ로 나타났다.
- 요약 및 결론 : 대장균이 오염되는 과정을 요약하면,

① 육수를 식히는 과정에서 공중으로부터 낙하되는 균(주방 안과 냉장고의 냉각팬에 의한 낙하)

② 육수를 식힌 후 거르는 과정에 있어서 사용하는 천(베보자기, 거즈 등)에서의 균(주방세제로 깨끗이 세탁 후 건조시켜도 양성반응이 됨)

③ 맛과 색감을 내기 위하여 마늘즙, 홍고추즙 등의 생즙을 넣을 때

④ 혼합하는 동치미 국물이 완전히 숙성되지 않을 때 등

⑤ 기타 조리원의 개인 위생문제로 2차 오염이 있을 수 있다. 결론적으로 현행 식품위생법 기준 및 규격에서 냉면육수는 대장균 반응검사에서 음성이어야 한다라는 법규는 현실적으로 불가능하다라고 단언할 수 있다. 또한 냉면육수는 0℃ 이하에서 보관되고 제조 완료 후 1~2일에 소비되는 것이기 때문에 식품안전성에서도 다른 식품에 비하여 높다고 볼 수 있다.

> **봉주방장 조언**
> 2001년 봄 어느 유명 월간 외식지에 냉면육수 맛있게 하는 비법과 냉면육수에 대장균이 안 나오게 하는 비결을 모 호텔에서 강연을 하니. 뜻있는 요리사. 식당업주는 기십만원을 입금하라는 광고였다.
> 저자는 기록된 전화번호에 전화를 걸어 대장균이 안나오게 하는 방법과 법이 바뀐 사실을 알고 있는지를 확인하니 별다른 식견도 없고 냉면육수에 대한 식품위생법이 개정된 사실도 모르고. 더욱이 가관인 것은 협찬이 그 유명 외식지 였으니… 한심스러움을 금할 수 없었다. 분명히 밝혀두는 것은 냉면육수의 기준 및 규격이 바뀌게 되기 까지 봉 주방장은 대학원의 강사로 나오시는 당국의 관계자 분께 지속적인 이유와 정당성을 설명하고 연구한 결과 학위논문을 제출하여 개정하게 되었음을 밝혀둔다.

1) 냉면고명 및 관리방법

면의 고명으로 고기편육, 얇게 저며 썬 무로 만든 냉면김치, 오이, 삶은 계란, 실파 등을 사용한다. 중국에서 먹어본 전통식 평양냉면에는 실고추, 지단채, 냉면김치로서는 양배추김치, 고춧가루를 얹어 주었다.

▶ 냉면의 고명기물은 통일이 되게 해야 한다.

냉면고명은 고기편육, 삶은 계란, 오이나물, 냉면김치, 배 슬라이스, 겨자, 함흥냉면에는 홍어회, 비빔냉면 양념장, 물냉면 양념(고운 고춧가루를 냉면육수에 개어 놓은 것), 참기름 등의 재료가 준비되어야 하기 때문에 작은 플라스틱 찬합 또는 일식도시락을 이용해서 한곳에 준비가 되어야 한다.

▶ 예약이 많을 경우

고명을 미리 넓은 쟁반에 꾸미하여 놓고 신속히 제공할 수 있게 준비한다.

▶ 고명 얹는 두 가지 방법

첫째, 1인분 사리를 하나로 하지 않고, 조그맣게 3등분으로 사린후에 각각의 면 사리위에 오이나물, 겉절이 김치, 무김치를 놓고 중앙에는 고기편육, 배, 삶은 계란 또는 메추리알을 넣는다.

둘째, 일반적인 냉면고명으로 사리 위에 차곡차곡 무냉면 김치, 오이나물, 배, 편육, 계란의 순으로 올리는 법이다.

❶ 고기편육

■ 재료 및 비율

- 고기 20
- 물 100

※고기편육 익는 시간
쇠고기 편육 : 1시간 40분
닭고기 편육 : 1시간
돼지고기 편육 : 50분

※편육용으로 말고 국물(육수)용으로 고기를 삶을 때에는 잘게 썰어 넣는다.

이렇게 만드세요

고기편육은 양지머리가 가장 좋으며 경우에 따라 치마살, 양지, 사태고기 등의 부위를 이용한다. 평양식 냉면은 돼지고기 편육(비계층 제외)과 닭고기 살을 얹기도 한다. 꿩냉면은 삶은 꿩고기 살을 얹거나 꿩고기 살을 곱게 다져 완자를 빚은 후 넣어 주기도 한다.

봉주방장 경험

① 편육을 대량으로 소비할 때는 썰어 놓아도 되지만, 소량으로 소비될 때는 썰어놓지 않는 것이 좋다. 썰어 놓은 고기가 공기와 접촉하게 되면 퇴색되고 고기의 향도 좋지 않다.
② 쇠고기, 닭고기는 편육으로 썰어 얹지만 닭고기, 꿩고기는 찢어서 기본간을 하여 올려기도 하고, 고기는 모두 곱게 다져 양념하여 볶거나 완자를 빚어 삶아 넣을 수도 있다.

❷ 오이고명

■ 재료 및 비율

- 조미료 약간
- 감미료(뉴수가) 달달하게
- 소금 1
- 간마늘 1.5
- 청오이 100

※많은 양의 절여진 오이를 짜낼 때에는 거즈 또는 넓은 천에 넣고 빨래 짜듯 가볍게 짜낸다.

이렇게 만드세요

함흥식 : 오이를 어슷썰기하여 채를 쳐서 생것을 그대로 얹어 준다.

일반식 또는 평양식

① 오이를 3~4쪽으로 길이로 잘라 속을 제거하고 어슷썰기하여 소금으로 심심히 절인 다음 깨끗한 행주로 물기를 제거하여 사용한다.
② ①에 간마늘, 조미료를 약간 넣어 잘 버무려 사용한다.

봉주방장 경험

소금에 살짝 절인 오이를 너무 쥐어짜면 컴컴하게 되어 보기가 좋지 않다. 자연스럽게 힘을 가하여 수분을 제거한 후 양념을 한다. 오이를 짜게 절여 물에 헹구어 사용하는 경우가 있는데, 오이의 향이 유실되어 좋지 않으므로 이런 방법은 삼가한다.

❸ 계란

이렇게 만드세요

계란을 삶아 1/2로 잘라 주거나 메추리알을 2개 넣어준다. 너무 오래 삶아 청록현상이 일어나지 않도록 한다. 정확히 끓는 상태에서 15분을 넘기지 않아야 한다. 메추리알은 3분을 넘기지 않는다. 메추리알은 P.P.케이스와 함께 삶는 것이 시간이 절약된다.

❹ 배 얹기

이렇게 만드세요

배는 채썰거나 얇게 저며 썰어 설탕에 살짝 절여 찬물에 담가 놓는다. 제일 좋은 방법은 즉시 채썰어 얹는 방법이다.

❺ 냉면김치(동치미 김치를 채썰어 담그는 방법이 아닌 직접 담그는 세 가지 방법)

▶ 무김치

■ 재료 및 비율

재료	비율
조미료	약간
감미료	약간(뉴슈가, 신화당)
간생강	약간
소금	1
고운고춧가루	1
간마늘	2
무	100

※무 대신 동치미에 담궜던 무를 무침해도 좋다. 이때에는 동치미 무의 껍질 안쪽은 물러질 수 있으므로 이 부분을 제거한 후 사용한다. 무를 굵게 채썰어 담글 수도 있다.

이렇게 만드세요

무 또는 동치미 김치무를 이용한 냉면김치

① 무를 폭 2cm, 길이 6~7cm로 얇고 납작하게 썬다.
② 소금에 1시간쯤 절인 후 고운 고춧가루를 약간 넣고 연한 붉은색이 되도록 한다.
③ 남은 재료를 넣고 버무려서 꼭꼭 눌러 익힌다. 실온에서는 24시간 후면 냉면김치로 낼 수 있으며, 버무린 후 3~4시간이 지나서 냉장고에 넣어 숙성시켜 2주일 후에 사용하면 더욱 좋다.

봉주방장 해법

단맛은 약간 달달하게 한다(신화당, 뉴슈가의 단맛은 매우 강하므로 주의한다). 설탕으로 단맛을 내면 쉽게 무김치가 물컹거려서 좋지 않다. 배추속대의 노란 부분은 어슷썰기하여 함께 담궈도 좋다.

▶ 배추무김치

■ 재료 및 비율

재료	비율
조미료(50g)	0.1
뉴슈가(70g)	0.15
다진생강(250g)	0.5
고운고춧가루(250g)	0.5
다진마늘(550g)	1
소금(2kg)	4
냉면육수(4ℓ)	8
무(40kg)	80
배추(50kg)	100

이렇게 만드세요

① 무, 배추를 폭 2cm, 길이 6~7cm로 납작하게 써는데, 배추 겉잎과 잎부위는 사용안한다.
② 소금에 3시간 정도 절이고 물을 따라낸다.
③ 냉면육수와 마늘, 고춧가루, 생강 등을 넣고 잘 버무려 담는다.

▶ 겉절이 냉면김치

■ 재료 및 비율	이렇게 만드세요
조미료 약간 생강즙 약간 소금 2 설탕 3 멸치액젓 3 간마늘 5 대파 5 굵은고춧가루 10 김치재료 100 얼가리배추	① 배추속대는 어슷썰기하고, 얼가리 배추는 어린 것으로 손질하여 5~6cm 길이로 자른다. ② 소금에 절여 1시간 후에 재료를 넣고 버무려 사용한다. ③ 사용한 무김치와 풋풋한 겉절이 김치가 손님을 감동시킨다. 바로 사용한다. ※잘 익은 열무김치를 얹어 주면 더욱 좋다.

▶ 바지락 칼국수

■ 재료	이렇게 만드세요
바지락 250g 반죽 220g 다시다 5g 탈수 소금 5g 호박 20g 대파 20g 부추 20g 물 2ℓ ┌ 밀가루(반죽) 10.2kg └ 물 4.2kg ※ 바지락 전문점을 운영하신다면	① 밀가루 10.2kg에 물 4.2kg 넣고 20분간 기계반죽을 한다. 반죽을 비닐봉지에 넣고 5분간 주물러 놓는다. ② 몇시간 정도 휴지시킨 후에 220g씩 저울에 달아 충분히 주물러 모양을 잡는다. ③ 호박을 어슷하게 막대 썰기하고 대파도 어슷하게 썬다. 부추도 5~6cm 길이로 썰어 놓는다. ④ 뜨거운 물 2ℓ에 바지락을 넣는다. ⑤ 물이 끓어오르면 면을 넣어준다. ⑥ 거품이 가득 차오르면 거품을 걷어내고 호박과 대파 양념을 넣는다. 다시 거품이 올라오면 거품을 걷어내고 불을 줄인다. ⑦ 5분간 끓이고 불을 끈 후 부추를 세게 던져 넣는다. ⑧ 삭힌 고추를 곱게 썰어 곁들여 낸다. 김치는 매일 아침 겉절이를 담아낸다. ※면발의 굵기에 따라 끓이는 시간은 달라진다. 물의 양도 인분수가 많아 질수록 양이 적어진다. 면은 냉장고에 보관한다.

2) 냉면에 사용하는 여러 가지 동치미 담그는 법

냉면 동치미는 냉면육수를 맛내는데 있어서 매우 중요하다. 동치미 담그는 방법은 업소마다 특징이 있으며 냉면 종류에 따라 다르게 담기도 한다.

▶ 냉면용 동치미의 여러 가지 다른 방법과 비법

- 사골뼈 동치미 : 서울의 지명으로 유명한 ○장동 냉면육수용 동치미이다.
- 새우젓 또는 까나리 액젓 동치미 : 평양식 냉면육수용 동치미로서 맛이 개운하고 깔끔하다.

- 과일즙과 마른 홍고추물 동치미 : 함흥식 냉면육수용으로써 달달하고 약간 매콤하며 시원하다.

▶ 동치미 담글때의 유의사항

- 무를 절임할 때 동치미 국물용 소금간보다는 간이 세게 절인다(약 3%).
- 동치미 국물간을 임의로 하지 말고 절여진 무의 간의 상태를 보고 국물의 간을 맞춘다. 방법은 단지에서 절여진 무를 넓은 그릇에 쏟아내고 무를 다른 부재료와 함께 고루 다시 단지에 담고 쏟아낼 때 생겨난 무 절인 물의 소금 농도에 따라 간을 맞추는 것이 제일 확실한 방법이다.
- 배는 많이 넣을수록 좋다. 그러나 시중에 유통되는 배즙음료는 국물이 개운하게 발효되지 않는다. 아마도 첨가물 때문인 것으로 생각된다.
- 소금물로 간을 맞출때는 뜨거운 소금물을 부어 3시간 정도 지난 후 냉장고에 넣는 것이 가장 좋은 방법이라고 조언한다(주금이 여사).
- 동치미를 담근 후 마지막에 소주를 조금 넣어주면 개운한 맛과 방부제 역할에 좋다.
- 동치미 물에 사용되는 물은 수돗물이 아닌 생수가 가장 좋다.

(1) 과일즙을 이용한 냉면육수용 동치미 국물만들기

이 방법은 선홍색이 나며 과일즙이 많이 들어가 새콤하고, 시원하며 달달한 맛이 특징인데, 함흥냉면 동치미에 알맞다.

※이 방법은 저자의 선배이신 김해식 님에게 배운 것을 응용한 것이다.

■ 국물만들기 재료 및 비율

봉주방장 해법 : 동치미 무가 익었을 때쯤에 무의 쪼갠 단면의 부위는 물러져 있다. 손질을 잘하여 곱게 납작썰기하여 신화당(감미료), 마늘을 약간씩 넣고 적당한 국물에 눌러 놓고 사용한다.

이렇게 만드세요

① 무, 양파를 곱게 갈고 헝겊 자루에 넣어 동치미 국물 속에 넣고 사과, 배를 얇게 썰어 넣는다.
② 체에 내릴 때는 다시 베보자기를 이용하여 곱게 걸러준다.
③ 소금으로 간을 하고 포도당과 뉴슈가 또는 신화당으로 단맛을 낸다.
④ 냉면용 동치미 무는 알맞은 두께로 잘라서 굵은 소금으로 12시간 이상 절인 후에 물을 넣는다.
⑤ 실온에서 여름에는 2~3일, 겨울에는 따뜻한 주방 내에서 약 7일 이상 두었다가 냉장보관한다.

봉주방장 해법
갈비, 불고기 등 구이류를 먹고난 후 육수냉면국물보다는 위의 방법으로 하면 환상적인 새콤한 맛과 국물이 분홍색으로 진하게 보이며, 흉내낼 수 없는 맛이 나온다. 분홍색은 빨간 마른홍고추물이 숙성됨에 따라 분홍색이 되는 것이므로 생홍고추 즙을 넣는 것보다는 훨씬 맛이 좋다. 잘 숙성되면 구연산 또는 식초를 넣지 않아도 된다.

(2) 일반적인 동치미

■ 재료 및 비율

재료	비율
뉴슈가	약간(달달하게 한다)
생강	2
소금	3
삭힌고추	5
깐마늘	5
대파	10
양파	10
배	10
물	100
굵은소금	2 (1차 절임)
동치미무	80 (1차 절임)

이렇게 만드세요

① 동치미 무를 굵은 소금과 뉴슈가에 6~12시간 절인다.
② 사과, 배, 양파는 크게 4~5등분하고, 마늘, 생강은 편으로 썰어 삭힌 고추와 함께 베보자기에 싼다.
③ 절인 무에 분량의 소금을 넣고 슴슴하게 간을 맞춰 베보자기에 싼 양념을 넣은 후 익힌다.

(3) 새우젓을 넣고 맛내는 방법(이 방법은 원로 조리사이며 대선배이신 김수인님의 가르침을 기술한 것이다)

이 방법은 한국 조리업계의 대가이신 김수인 선생님께 전수받은 것을 저자가 응용하여 연구한 자료이다.

■ 재료 및 비율

재료	비율
소주(2홉)	작은 것 1병
감미료(2봉지)	달달하게
새우젓(200g)	0.33
생강(600g)	1
대파(1.2kg)	2
마늘(1.2kg)	2
사과(1.8kg)	3
굵은소금(2.4kg)	4
양파(3kg)	5
배(3kg)	5
무(18kg)	30
물(60ℓ)	100

※**양파와 배를 넣고 담그는 법**
특징 : 동치미 국물이 시원하고 풋냄새가 없다.

이렇게 만드세요

① 동치미 무를 뉴슈가, 소금에 12~24시간 절인다.
② 절일 때에 사과, 배, 양파, 마늘, 생강, 대파를 중간 중간에 함께 넣고 주어진 소금 분량의 1/2를 사용한다.
③ 절인 시간이 지난 후 새우젓을 끓여서 식힌 후 넣어도 좋고 그대로 넣어도 좋다. 물을 채우고 나머지 소금을 넣고 휘저어 소금간을 확인하고 소주를 부어주고 완성한다.
④ 무, 양파 일부를 기계에 갈아서 양파자루에 넣어 동치미 단지에 넣어주면 더욱 맛이 개운하다.

봉주방장 경험

- 새우젓 때문에 비린내가 나지 않을까 생각했으나 한번 끓여서인지 전혀 냄새가 나지 않았고 동치미 국물맛은 실제로 개운했다.
- 유명 한식당 한우○의 전금이 여사님(김치경력 20년)께서는 까나리 액젓을 동치미 국물에 넣으면 좋다고 하셨고, 덧붙여 마지막에 소주를 넣으면 군내가 나지 않는다고 하셨다.

김수인 원로 선배님의 말씀 : 옛날에는 냉면육수 동치미는 국물에 소금을 넣지 않고 새우젓을 넣고 끓여서 식힌 것을 체에 걸러 넣었다고 한다. 동치미가 숙성되면 말 그대로 사이다 맛이 난다고 하셨다. 실제로 끓여 넣기도 하고 생새우젓을 그대로 넣고 해보니 비린내가 전혀 나지 않고 개운하고 웬지 모르는 깊은 맛이 난다.

※김수인 원로 선생님을 문위드리기
어려운 병중안이라서 재연하기가 힘들어 구체적인 량은 힘들었다.

3) 냉면양념

냉면양념에는 겨자, 식초, 설탕, 물냉면 양념, 비빔냉면 양념이 있다. 특히 중요한 양념은 비빔냉면 양념이다. 또한 함흥식 비빔냉면에 홍어회 무침도 빼놓을 수 없다.

(1) 물냉면양념

■ 재료 및 비율

재료	비율
소금	1
간장	3
고운고춧가루	100
냉면육수	100

※마늘, 파 등은 넣지 않는 것이 좋다.

이렇게 만드세요

물냉면은 개운한 육수맛을 즐기는 것이지만 손님 중에는 간혹 물냉면 양념을 찾는 경우가 있다. 이러한 경우를 위하여 준비해 놓아야 한다.
원하는 경우에만 드리고 평소에는 제공치 않는 것이 불필요한 낭비를 없앨 수 있다.

(2) 비빔냉면양념 A~E

❶ 비빔냉면양념 A

■ 재료 및 비율

재료	비율
간생강(150g)	0.5
깻잎(150g)	0.5
후추(200g)	0.7
미원(500g)	2
참깨(500g)	2
참기름(1병)	6
고운고춧가루(6kg)	22
굵은고춧가루(6kg)	22
간마늘(8kg)	30
통고추(12kg)	44.5
오이(16kg)	60
양파(16kg)	60
간장(1½통)	70
설탕(27kg)	100

이렇게 만드세요_방법 A

① 통고추는 씨를 제거하고 곱게 갈아낸다.
② 양파는 곱게 다진다.
③ 오이는 씨를 제거하고 다지고 깻잎 또한 곱게 다진다.
④ 모든 재료를 혼합하고 사용하는데, 오이 다진 것과 깻잎 다진 것은 당일 사용직전에 넣어 신선함을 준다.

이렇게 만드세요_방법 B(봉주방장이 2013년 개발)

① 우민찌 6g에 사골국수 16L와 진간장 10L를 약 30분간 끓인다.
② 우민찌의 기름은 제거하려하지말고 식히면 기름이 위에 굳어 있으니 그때에 제거한다. 사과와 배를 합해서 20~30개 분량을 과육만 갈아준다.
③ 마늘 간 것 2kg, 청양고추 간 것 2kg, 간 생강 300g, 잎을 제거한 대파 3단, 양파 간 것 10개를 혼합하고 고운고춧가루 5kg과 굵은고추가루 3kg을 넣고 혼합한다.
④ 황백물엿으로 농도를 맞추고 고운소금으로 간을 맞춘다.

❷ 비빔냉면양념 B : 유명호텔 양념법으로 저저가 응용하여 재정리한 것이다.

생강, 간장을 끓여 자극적인 향을 피하고 순하면서도 깊은 맛이 난다. 권장할 만한 양념법이다.

■ 1차 양념 : 끓이기

재료	비율
생강편(100g)	50
간장(500cc)	100
물(500cc)	100

■ 2차 양념 : 배합하기

재료	비율
후추(5g)	1
통깨(50g)	10
조미료(150g)	30
송송썬은실파(150g)	30
참기름(250cc)	50
다진양파(250g)	50
설탕(250g)	50
다진배(500g)	100
고춧가루(500g)	굵은것 80 고운것20 100
물엿(500g)	100
1차양념(500cc)	100

※1인분의 양념은 5T 정도이다.

■실제 예

간장 300g, 고춧가루 300g, 물 200g, 설탕 200g, 물엿 300g, 참기름 150g, 마늘 200g, 미원 80g, 참깨 80g, 대파 80g, 실파 150g, 양파 1개, 배 1/2개, 생강 1개, 후추 약간, 간장 + 물 = 끓인다.

이렇게 만드세요

① 간장과 물을 1 : 1로 하여 생강편과 대파를 넣고 은근히 1/2로 졸인다(물의 양만큼을 증발시킨다).
② 생강편과 대파를 체에 걸러낸 후 식힌다.
③ 모든 재료를 넣고 잘 혼합해 준다(간장이 들어가 거무스름한 윤기가 나고 색이 짙다).

봉주방장 해법

- 와사비 20을 넣어주면 직접적인 와사비 맛을 느낄 수 없으면서도 독특한 맛을 낼 수 있다.
- 참기름은 제공할 때 양념 위에 뿌려준다.
- 실파를 미리 혼합하고 오래 지체하면 신선한 느낌을 받을 수 없으므로 제공할 때 혼합해 주면 좋다.
- 배는 갈지 않고 칼로 다져 넣으면 씹히는 맛이 좋다.

❸ 비빔냉면양념 C : 유명 냉면 전문식당 방법이다.

과실의 맛과 식초로 인해 맛이 상큼하다. 과실이 많이 들어가 물기가 많으므로 빙초산을 넣어 물기를 줄인다.

■ 재료 및 비율

재료	비율
후추	약간
뉴슈가(1/2봉)	0.4
빙초산(1병)	1
생강(200g)	4
파(5개)	8
미원(600g)	10
쇠고기다시다(600g)	10
간마늘(1kg)	20
식초(1.8ℓ)	35
사과(5개)	40
양파(10개)	40
설탕(3kg)	60

이렇게 만드세요

① 생강을 갈아낸다.
② 배, 양파, 사과는 칼로 다져 넣는 것이 좋다.
③ 모든 것을 혼합한다.

※1말은 18ℓ를 뜻한다.

재료	비율
배(5개)	60
사이다(2병)	70
백물엿(1/3말)	95
진간장(⅓말)	95
굵은고춧가루(5.2kg)	100

❹ 비빔냉면양념 D

소금으로 간을 하고, 간장을 적게 사용했기 때문에 양념색이 밝다.

■ 1차

재료	비율
생강편	15
간장	15
소금	15
물	100

■ 2차

재료	비율
통깨	20
조미료	20
미림	30
참기름	30
배즙	50
다진양파	50
설탕	50
백물엿	100
굵은고춧가루	100
1차양념	100

※1인분의 양념은 5T이다.

이렇게 만드세요

① 1차로 10분 정도 은근히 끓인 후 생강편을 건져낸다.
② 모든 재료를 넣고 혼합해 준다.
③ 간 생강즙을 5% 정도 넣어 줄 수 있다.
④ 굵은 고춧가루를 줄이고 줄인 만큼 고운 고춧가루를 넣어 줄 수 있다 (너무 지나치면 텁텁할 수 있다).
⑤ 배를 다져 넣거나 실파를 송송 썰어 넣으면 더욱 좋다.

❺ 비빔냉면양념 E : 돼지고기 삶은 것을 갈아서 넣어 구수하고 씹히는 맛이 좋다. 유명 평양냉면 전문식당의 양념법임.

■ 재료 및 비율

재료	비율
미원	약간
통깨	약간
간생강	5
돼지고기	30
고운고춧가루	40
갈은마른고추	40
간마늘	40
간양파	40
설탕	60
갈은배	60
진간장	100
물또는육수	100

이렇게 만드세요

① 옆의 재료를 모두 잘 섞어준다.
② 돼지고기 갈아서 볶은 것을 바로 넣어 준다.
③ 마른고추는 씨를 제거 후 갈아서 사용한다.

❺ 비빔냉면양념 F 다데기 : 박명주님 비법입니다.

■ 1차 재료명	■ 2차 재료명	
물 12	간마늘 1kg	간장 0.5ℓ
간장 2	간생강 300g	배 3개
대파잎 5	백후추 1Ts	양파 4개
양파 2	물엿 1ℓ	고춧가루 적당량
통마늘 15톨	황설탕 1kg	
통생강 5톨	환만식초 0.8ℓ	
감초 5	빙초산 1Ts	

※ 1차 재료를 끓여서 식힌다.
※ 2차 재료들을 섞은 후 고춧가루로 농도를 맞춘다.
※ 특징 : 부재료 발효에 영향을 덜 받아서 변질 염려가 적다.

(3) 함흥냉면 홍어회 양념비법

함흥냉면은 물냉면보다는 비빔냉면이 일품인데 그 위에 새콤달콤하고 얼큰하게 홍어회를 무침하여 고명으로 얹는 것이 특징이다. 냉면고명뿐만 아니라 일반적인 입맛돋우는 회무침으로도 내어 줄 수 있다. 비린 냄새도 전혀 없으며 강한 신맛으로 인하여 멸균이 되어 위생적으로도 안심할 수 있다.

■ 양념 1차재료 및 비율

- 빙초산 약간
- 소금 0.5
- 양조식초 2.5 (오미자/감식초를 넣을수도 있다.)
- 국간장 6
- 손질한홍어 100

■ 양념 2차재료 및 비율

- 빙초산 약간
- 후추 약간
- 통깨 2
- 양조식초 2.5 (오미자/감식초를 넣을수도 있다.)
- 국간장 2.5
- 참기름 4
- 흰설탕 6
- 흑설탕 12
- 고운고춧가루 12
- 1차양념한홍어 100

■ 3차 야채에 버무리는 비율

- 대파 15
- 미나리 15
- 무 15
- 오이 30
- 2차양념한홍어 100

이렇게 만드세요

① 홍어회는 손질하여 알맞게 썰은 것을 비율대로 잘 혼합해 주고 약 30분간 절임한 후 소쿠리에 받쳐 물기를 빼준다.
〈실제예〉 홍어 20kg, 삼화국간장 1.2ℓ, 화영식초 500cc, 소금 75g, 빙초산 20g

※본양념을 하기 전에 가볍게 맛내기하는 것으로 보면된다.

② 1차 양념한 것을 어느 정도 물기를 제거한 후 2차 본양념에서 비율대로 버무려 냉장고에 보관한 후 마지막으로 야채와 버무린다.
〈실제예〉 1차 양념 홍어 20kg, 흑설탕 2.4kg, 고운고춧가루 2.4kg, 흰설탕 1.2kg, 참기름 750g, 삼화국간장 500g, 화영식초 500g, 통깨 400g, 후추 30g, 빙초산 20g

※양념에 3일간 절여진 홍어와 야채를 넣고 버무려 냉면고명으로 얹는다.

③ 오이는 6~7cm 자르고 미나리는 손질하여 5~6cm로 자른다. 대파는 길이로 반쪼개어 5~6cm로 자른다.

④ 살짝 소금, 설탕을 뿌려 물기를 조금 뺀 후에 홍어와 절인다.
〈실제예〉 오이 1.5kg, 미나리 400g, 대파 400g, 소금, 설탕 약간

야채 손질하기

오이는 씨빼고 7~8cm로 썰고, 무도 같은 크기와 납작썰기로 준비하고, 미나리, 대파도 같은 크기로 썰기한다.

(4) 비빔냉면 동태포 무침

저자가 어려운 과정의 인맥을 통해서 배운 신기한 양념법이다. 강릉의 유명냉면 전문점인데 아쉽게도 전화번호가 지워져 사전양해가 어렵지만 소중한 비법이라서 공개한다.

❶ 동태포 6짝(60kg) 분량을 결을 세로로 채썰기 한다.

❷ 소금 25kg을 들이붓고 버무린다. 소금이 서걱서걱 잘 녹지 않는 분량이다(의심하지 말 것).

그리고 10시간 후에 빙초산을 2.5L 붓고 버무린 다음 8시간 절군다. 빙초산이 들어가면 하얀 색으로 변하고 부드러운 동태살이 녹는 것은 녹아 후에는 빳빳한 느낌이다.

❸ 헹굼한다. 주의할 것은 흐르는 물을 충분히 담가서 천천히 25분 작업동작으로 건져낸다.

빨리 건지면 너무 짜고 시기 때문에 천천히 작업을 하는데 이 레시피를 만드셨던 분은 무릎을 꿇고 헹구면서 건져내셨다. 그렇다고 지나치게 천천히 건지면 살이 풀어진다. 소쿠리에 건져놓고 물기가 빠지는 동안 주변정리를 한다(약 15분 소요).

❹ 설탕 16.5kg, 간마늘 3kg, 간생강 1kg, 참기름 300cc, 겨자 1봉지(200g), 후추 40g을 넣고 버무린다.

❺ 5시간 후에 고운 고춧가루 4.2kg을 넣고 버무리고 물엿 2통에 완성한다.

4) 냉면육수

냉면육수 제조방법에는 여러 가지가 있으나 전통적인 방법으로는 고기 육수와 동치미 국물을 1 : 1로 혼합하여 사용한다. 그러나 경우에 따라 육수의 비율을 크게 하든, 동치미 국물의 비율을 크게 하든 그것은 조리사의 선택이다. 물론 동치미 국물을 사용하지 않고 식초, 사이다, 구연산, 포도당 등을 사용하여 육수와 혼합한 후 새콤달콤하게 육수를 만드는데 주로 함흥식 냉면육수에 사용한다. 발그스름한 색을 내기 위해 생홍고추를 갈아 거즈에 걸러 사용하기도 하며, 동치미를 담글 때는 마른 홍고추를 갈아서 고추물을 들여 담그기도 한다.

(1) 일반 냉면육수 (새콤달콤한 맛의 육수, 일종의 함흥식 냉면육수)

■ 1차 : 고기와 기본간을 한 후 끓이기

재료	비율
굵은소금(750g)	0.2
혼다시(25g)	0.5
소주 약 ½병 추가	
진간장(750cc)	1.5
돼지고기, 닭(2.5kg)	5(꿩고기, 돼지고기)
양지(10kg)	20
물(50ℓ)	100

■ 2차 : 물보충하고 야채넣고 끓이기

재료	비율
생강(300g)	0.5
양파(4개)	2
마늘(1.2kg)	1.7
무(1.8kg)	2.5
육수(18바가지)	100

이렇게 만드세요

1차

① 24시간 핏물을 뺀다. 고기가 너무 덩어리가 크면 잘라서 준비한다.
② 물이 끓는 상태에서 고기재료를 넣는다.
③ 굵은 소금, 소주, 진간장, 혼다시를 분량대로 넣고 2시간 끓인다.

2차

① 1차의 고기를 건져 쟁반에 놓고 고기가 갈변되는 것을 막기 위하여 젖은 수건을 덮어놓는다.
② 고기를 건지면 육수통의 육수가 고기양만큼 줄어드는데 통의 손잡이 부분까지 물을 채운다.
③ 무는 토막치고 양파는 1/2로 자르고 마늘은 깨뜨리고 생강 또한 깨뜨리고 대파는 꺾어 넣는다.
④ 정확히 30분 후에 야채를 건져낸다.

■ 3차 : 양념하기

재료	비율
구연산(30g)	0.1
미원(40g)	0.13
포도당(3kg)	10(2바가지)
동치미(4ℓ)	13(2바가지)
육수(30ℓ)	100(15바가지)

※자루바가지로 2ℓ짜리 기준으로 표시한 것임
※포도당은 의외로 녹지 않으므로 희석한 후 고운 채에 내린다.

⑤ 흐르는 찬물에 육수통을 식힌다.
⑥ 식혀진 육수를 냉동고에 3~4시간 보관하거나 냉장고에 6~12시간 보관하여 기름을 응고시킨 후 고운 체 또는 거즈를 이용하여 맑게 거른다.
⑦ 잘 익은 동치미와 혼합하는데 육수 7~8 : 동치미 1이다.

3차 : 양념하기

① 육수가 60ℓ정도되면 하루 소비량이 30ℓ라면 30ℓ만 동치미 및 양념을 한다. 여기의 비율은 30ℓ로 했다.
② 동치미는 걸러서 넣는다.
③ 구연산은 밥숟가락으로 수북히 3개를 넣는다.
④ 미원은 정확히 40g을 넣는다.

봉주방장 해법

① 애채를 넣고 끓일 때에 고추씨 또는 마른고추를 넣을 수 있다.
② 육수를 끓여 동치미를 혼합하고 양념을 하면 2일 이상 지나면 본래의 맛을 유지할 수 없기 때문에 한꺼번에 많은 양을 만들지 않아야 한다.

(2) 함흥식 냉면육수(유명냉면집)

■ 1차 끓이기

재료	비율
간생강(100g)	0.2
대파(300g)	0.6
간마늘(500g)	1
양파(1kg)	2
무(1kg)	2
소주(1ℓ)	10
설깃(5kg)	10
양지(15kg)	30
물(50ℓ)	100

■ 양념 2차 재료비율

재료	비율
미원(250g)	0.5
쇠고기다시다(250g)	0.5
굵은소금(750g)	1.5
국간장(1.5ℓ)	3

■ 양념 3차 동치미 혼합비율과 재료

재료	비율
드링크제	약간(박카스, 구론산 등)
사이다(250cc)	0.5
포도당(1kg)	2
동치미(10ℓ)	20

이렇게 만드세요

① 고기를 하루 이상 충분히 핏물을 빼고 끓는 물에 고기와 야채를 모두 넣는다.
② 야채는 1시간 후에 건지고 좀더 끓여 30분 후에 2차 양념을 하고 30분 후, 즉 처음 끓이기 시작하여 2시간 후에 고기를 건진 후에 최초 분량의 물을 채워준다(50ℓ).
③ 다 끓여진 냉면육수는 기름기 없이 깨끗하게 거르는 것이 좋다. 냉동 또는 냉장고에 보관하여 기름을 굳힌 후 천에 걸러낸다.
④ 동치미를 혼합하는데 육수 : 동치미 = 5 : 1로 하고 3차 양념비율대로 혼합한다.

봉주방장의 하소연

식품위생법규중 냉면에 대한 규정은 바뀌어야 한다. 냉면육수는 순수한 고기육수에 동치미를 적당히 혼합하여 시원하게 만드는 것이 원칙이다. 맛을 좋게 만드는 것도 좋지만 청량음료, 구연산, 드링크제 또는 잠탕육수라 하여 사카린으로 단맛을 내는 경우도 있다. 요리는 보이지 않는 곳에서 만드는 것이지만 윤리적으로도 잘 부합되어야 하고, 식품위생법규중 냉면육수의 대장균 반응이 음성이어야 한다는 규정도 개정되어야 우리 음식문화가 세계적 외식시장에 크게 자리할 것이다.

(3) 평양식 냉면육수

■ 재료 및 비율

재료	비율
미원(150g)	0.5
국간장(1 ℓ)	2
굵은소금(1kg)	2
닭고기(2kg)	4
돼지고기(5kg)	10
갈비기름(15kg)	30
양지(15kg)	30
물(50 ℓ)	100

봉주방장 조언 : 평양식 냉면육수는 젊은 층에게는 별맛을 못느끼는 듯 하다. 순수한 육수맛이기 때문이다. 나이드신 어른들이 좋아하는 육수이며 몇 번 맛을 보면 새콤달콤한 함흥식 육수보다 더 좋아할 수도 있다.

맛나니 만드는 법 : 민찌+계란+두부+소금+참기름+마늘 간 것으로 찰지게 반죽하여 끓는 육수에 수제비하듯 떼어 넣어 건져낸다. 그리하면 육수의 맛도 한결 고소하다.

이렇게 만드세요

① 핏물을 뺀 고기(양지, 돼지고기, 닭고기)를 끓는 물에 넣고 갈비기름도 넣는데 갈비기름이란 갈비손질할 때 나오는 것을 말한다. 기름기에서도 구수한 맛이 우러나온다. 비율대로 재료를 넣는다.

② 돼지고기 편육을 고명으로 사용하는 것이 전문 평양식당의 육수만드는 법이다. 돼지고기를 고명으로 사용하려면 1시간 이내에 건지고 닭고기 역시 그렇게 한다.

③ 끓이기 시작하여 2시간 되면 불을 끄고 식힌다.

④ 기름을 응고시켜 깨끗이 걸러내고 제공한다.

평양냉면 전문식당에서는 이렇게 제공합니다.

① 면삶은 국물을 한 컵 제공한다. 편육(수육)메뉴가 항상 있는데 고기(돼지고기, 양지고기)를 많이 넣고 삶기 때문이다.

② 평양냉면발은 함흥식보다는 메밀을 훨씬 많이 넣고 면발굵기도 굵고, 메밀순도를 높이기 위하여 메밀을 직접 빻기도 한다.

봉주방장 해법 : ○○칡냉면 육수에 대하여…

한때 ○○칡냉면은 대단한 인기가 있었다. 지금도 인기를 누리는 곳이 있다. 육수가 아닌 맹물(생수)에다가 쇠고기다시다, 구연산, 포도당 등으로만 육수를 만들어 느끼하지 않고 깔끔한 냉면육수를 만들어 인기가 대단했다. 봉주방장은 이러한 육수맛은 아무리 맛이 있다하더라도 고객에게는 장기적인 인기를 못얻는다고 생각한다. 또한 이러한 육수를 만들어서도 안된다. 면 생산업자가 그네들은 면을 납품하고 육수만드는 비법이라 하여 가르침을 주는데, 글쎄! 손님의 입맛에 감동을 줄 수는 없는 것이다.

(4) 냉면육수(짠육수)

서울 ○○동 냉면육수비법으로 육수끓일 때에는 짜게 끓인 후, 사용할 때 간을 맞춘다. 맛이 새콤달콤하여 젊은이들의 입맛에 잘 어울린다.

■ 육수끓이기 재료 및 비율

재료	비율	단계
굵은소금(1.2kg)	1.2	3차
국간장(1.8kg)	1.8	3차
고추씨(200~400g)	20~40	2차
양파(5개)	1	2차
대파(1.5뿌리)	1	2차
무(중간크기 1개)	1	2차
쇠고기(40~45kg)	40~45	1차
물(40~50바가지) (100 ℓ)	100	1차

봉주방장 해법 : 소금을 넣고 오래 끓이는 이유

굵은 소금(천일염)을 넣고 오래 끓이면 소금 짠맛의 외적인 맛(떫고, 씁쓸한 맛)이 점차 순화되고 육수 안에 있었던 불순물이 떠오르게 된다. 자주 불순물을 제거해 주고 가끔 맛을 음미해 보면 점차 깊은 맛을 느낄 수 있다.

이렇게 만드세요

육수끓이기

1차 육수끓이기 : 고기를 먼저 넣고 끓이기

① 양지는 육수로 끓이고 난 후에 냉면 고명으로 사용할 것이기 때문에 분량을 맞춘다.

② 잡고기는 구이류 등을 손질하고 남은 고기를 사용한다. 고기는 핏물을 충분히 제거하고 끓는 물에 넣는다. 약 1시간 30분~2시간 정도 끓이고 고기는 건져낸다.

2차 야채와 고추씨 넣고 끓이기

① 무는 크게 토막을 내어 넣고 대파는 꺽어 넣고 고추씨는 가벼우므로 저울을 이용하거나 컵으로 4컵 정도 넣는다.

3차 소금과 간장 넣고 끓이기

① 소금은 반드시 굵은 소금을 넣고 국간장은 시중 구매간장을 이용한다.

② 은근한 불에 6시간 정도 끓인다. 물이 줄면 최초 양만큼 계속 채워주면서 끓여주고 불순물은 자주 걷어낸다.

③ 끓이기가 완성되면 완전히 식힌 후에 보자기에 걸러 내고 보관한 후 필요시 일정량(하루 사용할 양만큼)을 덜어서 사용한다.

■ 4차 육수완성 양념하기 재료 및 비율

재료	비율	
오이(즙을 내어서)	3EA	
레몬(즙을 내어서)	2EA	
배(즙을 내어서)	3EA	
식초(100cc)	0.5	1차
소주(100cc)	0.5	1차
소금(150g)	간을 보아서	1차
백설탕(200g)	1	1차
포도당(1.3kg)	6.5	1차
동치미(3바가지)	30	1차
냉면원액(10바가지)	100	1차

※바가지는 2*l* 짜리 기준으로 표시한 것임

4차 육수 완성하기

① 육수끓여 놓은 것을 1일 관매가 가능할 만큼 양념을 한다.
② 1차로 동치미를 넣고 비율대로 모두 넣고 달고 시게 간을 맞춘다.
③ 2차로 배, 레몬, 오이를 즙을 내어서 간을 맞춘다.
※소주는 육수끓일 때 넣고 끓일 수도 있는데 이럴 때에는 소주량을 5배까지 늘린다.

3. 온 면

냉면과는 반대로 뜨거운 국수를 말하는데 냉면육수와 같이 새콤달콤하거나 동치미 국물에 넣어 줄 수는 없다. 면은 냉면 면사리, 가는 국수, 도토리 국수, 콩면 어느 것이든 좋다.

앞장의 국물(육수) 끓이기에 있는 쇠고기 맑은 육수 또는 양지더리와 돼지고기를 넣은 육수가 적당하다. 삶아 놓은 면을 찬물에 헹굼하여 잠시 후에 드릴 때는 채반에 받쳐 물기를 빼고, 드릴 때는 뜨거운 국물에 다시 아미로 데쳐내어 그릇에 담근 후 고명을 얹고 국물을 부어 대접해 드린다.

1) 온면의 고명

(1) 양지고기채

■ 재료 및 비율

재료	비율
후추	약간
간마늘	1
소금	1
양지고기	100

이렇게 만드세요

① 5~6시간 온면 국물을 내기 위해 끓이면 양지고기가 흐물흐물해진다.
② 꺼내어 식힌 후, 결대로 얇게 쪽쪽 찢어 4~5cm로 자르고 양념을 한다.
③ 소금, 후추, 간마늘을 적량 넣고 무침하여 사용한다.
※찢은 고기 보관요령 : 봉지에 3일 정도 사용할 만큼 넣어 냉동시킨 후 꺼내어 필요시 사용한다.

(2) 호박채1

■ 재료 및 비율

재료	비율
간마늘	1
소금	2
식용류	5
호박채	100

이렇게 만드세요

① 애호박을 채칼의 중간 굵기로 채쳐서 심심하게 2~3시간 소금 절임한다.
② 저녁에 작업을 하면 소금 절임하여 다음날 볶아도 된다.
③ 식용유를 적게 넣고 볶아서 쟁반에 펼쳐 식힌 후 물기를 짜낸다.
④ 봉지에 담아 3~4일 사용할 만큼 약냉동시킨다.

(3) 계란지단채

계란은 얇게 여러 장을 부쳐 그 중 1장은 그대로 놔두고 나머지 지단은 폭을 5~6cm로 길게 잘라서 남긴 한 장에 돌돌말아서 냉동시킨다. 필요시 곱게 채썰기하여 사용한다.

4. 만 두

만두는 지역적으로 볼 때 북쪽 지방에서 먼저 보급이 되고, 북쪽 지방은 중국의 영향을 받은 것으로 생각된다. 저자가 홍콩과 중국에서 근무하였던 2년 동안 느낀 것 중 하나가, 그 나라의 사람들이 만두 빚는 것을 보면 우리가 송편 빚는 것처럼 자연스럽고 또한 주식으로도 즐긴다. 또 홍콩(광동)요리 중 딤섬(만두류)의 여러 모양과 속재료(소)의 다양함은 우리 음식에도 응용해 볼만하다.

한국의 만두는 기능적인 측면과 소비층의 단순함에도 불구하고 꽤나 어렵게 분류되어있고, 불리고 있다. 예를 들면 규아상, 병시, 수각, 수교의 보찜만두, 탕로자, 재강만두, 편수 등으로 불리운다. 전통적인 것을 계승하여 오늘의 우리음식을 발전시킨다는 뜻에서 보면 잘 알아야 하겠지만 한글문화에 맞게 정리되거나 분류상의 기준이 있었으면 하는 아쉬움이 있다.

▶ 만두피는 다음과 같은 재료를 혼합하여 만들 수 있다.

기본 : 중력분

응용 : 중력분+기타
(60~70%) (30~40%)

- 메밀가루 : 맛이 구수하고 10% 이상 넣으면 뻣뻣하다.
- 전분 : 피가 쫄깃하고 투명한 감이 있다. 전분이 들어 갈 때에는 전분을 먼저 뜨거운 물로 자연스럽게 혼합한 후 밀가루를 넣고 반죽을 한다.
- 날콩가루 : 쫄깃하고 구수함을 상승시킨다. 그러나 5%를 넘기지 않는 것이 좋다.
- 쑥가루 : 쑥향이 은은하고, 많이 넣으면 검어진다.

기타 : 생선포(어만두) - 만두속은 김치, 고기, 야채 등을 비중 있게 넣어 특색있게 만들 수 있다. 만두 빚는 모양에 따라 편수와 송편처럼 속을 파서 빚거나, 반죽을 밀대로 밀어서 하는 경우가 있다. 국수기계를 이용하여 평판을 밀고 직경 6~7cm의 둥근 스텐레스 그릇이나 제과용 몰드를 사용하면 좋다.

(1) 김치만두

■ 재료 및 비율

재료	비율
후추	약간
미원	1
소금	1
쇠고기다시다	3
참기름	3
마늘	5 다진것
버섯	10 다진것
대파	10 또는 쪽파
숙주나물	20
돼지고기	20 또는 쇠고기
두부	30 으깬 두부
다진김치	30
삶은배추다진것	100

※소금에 살짝 절여 물기를 제거한 후에 호박채를 넣어 줄 수도 있다.
※두부는 반드시 구수한 콩냄새(향)가 나는 두부를 사용하세요.

이렇게 만드세요

① 김치의 속을 털어내고 송송 썬다.
② 두부를 으깨고, 마늘을 다진다.
③ 버섯은 잘 다듬어서 다지고, 대파를 송송 썬다.
④ 고기는 다져서 갖은 양념을 하고, 숙주는 삶아 송송 썰어서 물기를 뺀 후 양념을 한다.
⑤ 배추는 데쳐서 다진다.
⑥ 위의 재료를 넣고 버무려 만두속을 만든다.

반죽만드는 법

① 밀가루(중력)에 가루량의 45% 정도 뜨거운 물은 넣고 반죽을 한다. 메밀가루 약 30% 정도 넣어주면 더욱 좋다.
② 중국식 만두 빗듯이 10g 정도 떼어 직경이 7~8cm 되게 얇게 민다. 소를 20g 정도 넣고 반달모양으로 붙이고 양끝을 오무린다.

봉주방장 해법

① 김치가 시어졌을 때는 김치를 사용하지 말고, 배추를 데쳐 삶아서 물기를 뺀 후 다져 사용한다. 또는 혼합하여 사용한다.
② 소금으로만 간을 하지 말고 새우젓을 다져 넣어도 좋다(김치의 신맛과 잘 어울린다).
③ 숙주나물은 데쳐서 대강 썰어 물기를 뺀 후 사용한다.
④ 돼지고기는 살과 비계층이 4 : 1 정도로 하여 삶은 후에 갈아내거나, 볶은 후에 소금, 후추간을 하여 혼합한다(돼지고기로 할 때에는 약간의 생강을 필요로 한다).
⑤ 두부는 손두부(콩냄새가 물씬 나는 것)를 사용하는 것이 좋다. 곱게 으깬다. 껍질은 질기므로 제거하면 좋다.
⑥ 맛있는 만두는 당일 만들어 당일 소비하는 것이 제일 맛있다.

봉주방장 해법 : 김치 시어지는 것을 더디게 하는 방법

물푸레 나무(알칼리성 물질 다량 함유)는 위산과다 위장병 환자에게도 좋다.
물푸레 나무를 김치 담그는 중간 중간에 넣어주면 시어지는 것을 더디게 할 수 있다.

(2) 편 수

여름만두라 불려지는데 오이채, 호박채, 표고버섯채, 고기채를 볶아서 양념을 하여 넣는다. 쪄낸 만두를 뜨거울 때 내도 좋으며 식혀서 내도 좋다.

■ 재료 및 비율

재료	비율
조미료	약간
후추	약간
소금	2
다진마늘	5
다진파	10
다진고기	20
표고버섯	30
오이채	50
호박채	100

이렇게 만드세요

① 만두피는 얇게 밀어 반죽을 사방 8cm 내외의 정사각형으로 자른다.
② 만두소를 넣고 피라미드형으로 만든다.
③ 오이채, 호박채는 소금에 살짝 절여 물기 제거 후 볶아주고 표고버섯채는 생표고를 얇게 썰어 데쳐서 사용한다.

(3) 어만두

■ 속재료	**이렇게 만드세요**

■ 속재료

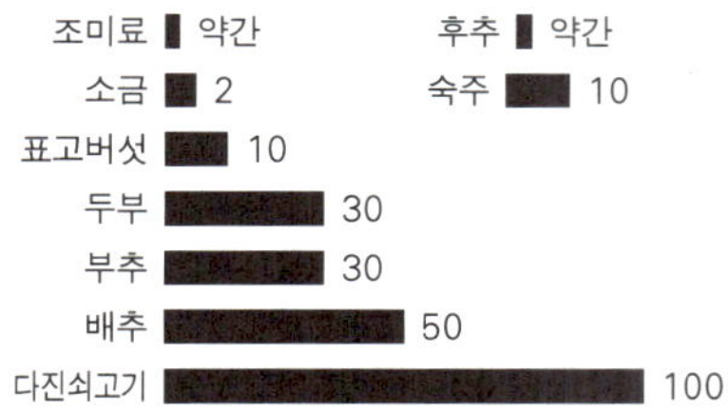

이렇게 만드세요

① 광어살 또는 대구살을 얇게 포를 떠서 맛소금, 후추를 뿌린다.
② 속재료(소)를 넣고 이불을 개듯 접는다.
③ 이음새는 밑으로 하여 전분가루를 묻혀 찐다.

속재료 ※속재료는 여러 가지 응용할 수 있다.

① 핏물을 뺀 쇠고기를 곱게 다지고, 소금, 후추로 밑간을 한다.
② 배추는 데쳐서 물기를 꼭 짜내고 부추는 짧게 자른다.
③ 숙주는 데쳐서 3cm로 자른다.
④ 표고버섯은 잘게 다지고 모든 재료를 버무린다.

봉주방장만두

■ 부재료

돼지고기민찌 3kg	지방 1.5kg
배추 2.5kg	양파 5~6개
숙주 1.5kg	두부 1.5kg
애호박 5개	부추 3단
건표고 40g	무말랭이

■ 양념

간마늘 230g	생강기름 200cc
쇠고기다시다 125g	참기름 200g
후추 60g	미원 15g

이렇게 만드세요

돼지고기민찌 3kg, 지방 1.5kg, 배추 1통(약 2.5kg)을 삶아서 다진다. 양파 5~6개를 썰어서 숙주 1.5kg, 두부 1.5kg, 애호박 5개를 채쳐서 다지고 부추 3단을 2cm 크기로 자르고 무말랭이 410g을 삶아 물에 담가 쓴물을 제거한 후 건표고 40g을 물에 담가서 다진다.

※모든 재료는 물기를 제거하고 혼합한다.

-만두간장-

조선간장 30%와 진간장 70%를 혼합하여 그 양의 1/2의 물을 넣고, 적량의 통마늘, 양파, 생강, 가쓰오부시를 넣고 10분 정도 끓인다. 건지는 건져 버리고 식혀서 그 양의 1/3의 식초를 넣는다. 제공할 때는 굵은 고춧가루를 약간 넣고 제공한다.

-어복간장(수육간장)-

만두간장 3 : 초마늘(숙성 시킨 것) 1을 혼합하고 마늘, 대파, 생강, 청양고추를 썰어 병에 넣은 후 제공할 때는 건지는 사용하지 않는다.

성순옥님의 대○림 칼국수 만두비법

■ 만두속재료

돼지고기 3kg	들기름 250g
두부 4.5kg	참기름 250g
대파 3kg	다시다 300g
양파 4.5kg	진간장 130g
부추 2kg	미원 70g
우거지 1kg	소금 40g
호박 1kg	후추 9g
마늘 간 것 1kg	생강분 적당히

이렇게 만드세요

① 돼지고기는 핏물을 뺀다.
② 두부는 물을 짜낸다.
③ 대파는 기계에 갈아 놓는다.
④ 양파는 갈아서 바구니에 밭쳐 물을 뺀다.
⑤ 부추는 깨끗이 씻어 물기를 빼고 1cm로 썰어 놓는다.
⑥ 숙주는 데쳐 잘게 자른다.
⑦ 우거지는 데쳐 물에 식혀 다져서 탈수 시킨다.
⑧ 호박은 소금을 약간씩 넣어 기계에 갈아낸다.
그리고 약간 절궈지면 망에 넣어 탈수시킨다.

※ 삼포 냉 만두피 작은 것을 사용한다.

5. 떡 국

떡국은 멥쌀가루를 쪄서 충분한 타격을 가하여 기계에 내려 떡을 뽑는데, 떡이 만들어져 나올 때 찬물에 담겨져 있어야 서로 붙지 않는다. 굵기에 따라 떡국용(굵기 2.5cm), 떡볶이용(굵기 1.4cm), 조랑떡용(굵기 0.8cm)으로 세분화되어 있는데, 일반적인 떡은 흔하게 접할 수 있으므로 생략하기로 하겠다.

봉주방장 해법 : 떡국을 끓일 때 주의할 점

① 떡쪽 또는 조랑떡은 사용하기 12시간 전에 찬물에 담가놓아야 빨리 제공할 수 있다.
② 떡이 다 익으면 물위로 동동뜨는데 이 때가 제공할 시기이다.
③ 질좋은 떡국용 떡쪽은 끓는 상태에서도 잘 풀어지지 않는 것이다.

(1) 조랑떡

조랑떡에 대하여 개성음식 대가이신 최상옥 선생님께서는 작은 것을 일컫는 "졸랑졸랑"이라는 말에서 온 뜻이며, 나무칼로 눈사람 모양(◯◯)으로 앞뒤로는 자르고 가운데는 나무칼로 떡을 굴리면서 자국을 내어 움푹 들어가게 하는 것은 개성이 도읍지였던 고려 왕조를 멸망케 한 이성계에 대한 원한이 당시 고려 왕조의 수도였던 개성 사람들에게는 사무침이 되어 조랑떡을 자르면서 이성계의 목을 자르는 것을 표현했다는 설도 있다.

■ 재료 및 비율

재료	비율
소금	0.3
감자	0.5
전분	0.5
찹쌀가루	5
멥쌀가루	100

이렇게 만드세요

① 조랑떡은 기계작업과 수작업을 병행하는데 가루를 찔 때에는 보통 가래떡보다는 약간 질게 한다(절편의 수분과 같다).
② 충분히 쪄지면 기계 또는 절구를 사용해서 충분한 타격을 가한다.
③ 나무도마에 기름(참기름 1/3 + 식용유 2/3)을 바르고 손에도 기름칠을 한 후 나무칼로 가늘게(지름 0.8cm) 가래떡을 만든다.
④ 나무칼로 작은 도토리 크기로 자르고 가운데를 나무칼로 들어가게 하여 만든다.

※기계를 사용할 때에는 특별히 제작해야 하는데 그렇게 어렵지 않다. 가격은 35만원 정도로서, 국산 마늘 가는 기계에 가는 떡이 나오게끔 제작한 것이다.

▶ 조랑이떡 만드는 법

① 반죽한 것(쪄서)을 보온밥통에 넣어 식지 않게 한다.
② 반죽을 적당히 넣어 가래떡이 약 30cm 정도 나오면, 손끝으로 가래떡이 나오는 곳에 붙여 자른다.
③ 참기름과 식용유를 1 : 5로 섞어 도마 위에 바르고 조랭이떡을 올려 놓는다.
④ 굵기를 손으로 눌러 조절한 후 나무칼로 중간을 자국내고 자른다.

① 절편 반죽의 멥쌀가루 반죽을 기계로 가늘게 (지름 8mm 정도) 뽑아낸다.

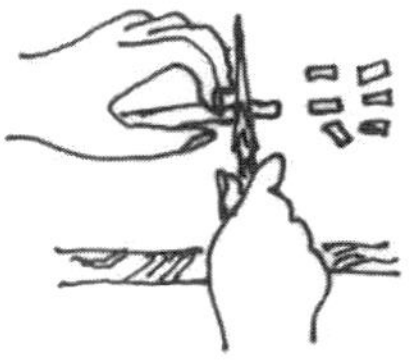

② 두부판 위에 두부판보다 폭이 좁은 도마를 올리고 나무칼로 약 1cm로 자른다.

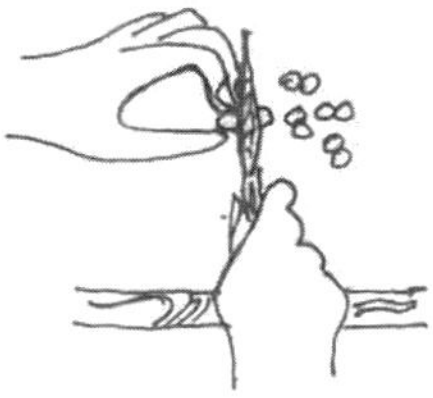

③ 떡을 1cm 정도 자른 것을 다시 반대로 돌려 잡아 ∞모양으로 자국을 낸다.

④ 조랑떡칼이 나무칼이고 두툼한 이유는 자국을 낸 후 잘라야 하기 때문이다. 나무칼은 판매하지 않고 사용자가 만들어야 한다.

10. 밥

주방일에 입문한지 30여년 동안 가장 어렵고, 당황되기도 했던 것이 밥짓기이다. 아무리 유능한 요리사나 급한 상황이더라도 밥만큼은 절차와 시간을 요구한다. 밥은 우리 민족의 식생활에 있어 가장 중요한 자리를 차지해 왔는데 3,000년 동안 농업국의 영향을 받아 왔기 때문이다.

오늘날 밥이 외식업의 주된 요리가 되기는 힘들지만, 우리나라는 오곡이 고루 들어가고 윤기 흐르는 밥 한 그릇이라면 고추장 또는 간장에 비벼 먹어도 김치 한 가지만 있어도 한 끼 식사로 충분한 시절이 있었다. 때문에 아직까지도 밥은 기본이 되면서도 중요한 분야임에는 틀림이 없다. 또한 밥은 나라마다 조금씩 차이가 나는데 우리나라와 일본은 윤기가 나고 찰진 반면, 동남아 국가의 밥은 가볍고, 꼬들꼬들하며 찰기가 없다. 문화와 습관의 차이도 있겠지만 찰기 없고 푸석푸석하여도 그네들로는 그러한 밥을 더 선호한다(중국, 인도, 태국, 홍콩 등).

밥짓는 솥은 돌솥이나 무쇠솥으로 적당히 누룽지가 생기는 밥이 제일 맛있다. 일인분씩 정성스럽게 앉혀서 밥을 지어주고, 누룽지를 끓여준다면 손님들에게 감동을 주기에 충분할 것이다. 그러나 밥을 대량으로 지을 때는 가스불에 하게 되는데, 양식주방에서 사용하는 컨벡션오븐(convection oven : 다용도 조리기)을 사용하면 밥, 구이, 찜, 식혜 등을 할 수 있어 좋다. 가격이 비싼 것이 흠이며, 한식주방에서는 습관이 되지 않은 기기라서 사용을 기피하는 경우가 있다. 인건비 절감, 주방환경개선에 있어서 도입해 볼만하다.

밥을 짓는 것 또한 햅쌀과 묵은쌀의 물 비율이 다르고 불린 쌀과 불리지 않은 쌀 비율이 다르며 압력솥의 물 양이 다르므로 경험이 필요하다.

▶ 쌀 이야기

- 쌀을 불리는 시간은 2시간 남짓 걸린다. 상황에 따라 즉석에서 불리지 않고 밥을 할 수도 있다. 이럴 때에는 물의 양을 조금 더 보충하고 시간이 없을 때는 끓는 물 또는 뜨거운 물로 밥을 지으면 시간을 단축할 수 있다. 뚜껑없는 용기에 밥을 지을 때는 비닐을 용기 안쪽의 지름보다 크게 잘라서 용기 안쪽에 넣고 끓이면 훌륭한 뚜껑이된다.
- 쌀은 자체질량의 30%까지 수분을 흡수한다.
- 불린 쌀의 경우 물의 양은 햅쌀의 0.9배, 묵은 쌀은 1배 정도 되게 조절한다. 일반적으로 감각으로 하는 방법은 불린 쌀일 경우 적당한 물의 양은 손등까지 물을 잠기게 한다. 다른 방법으로는 국자(큰 국자)로 대중할 수도 있다. 국자 둥근면과 수평으로 물을 맞추면 대체로 일치한다.
- 압력솥은 일반적인 밥짓는 양보다는 물이 적어야 하는데 불린 쌀은 쌀을 앉힌 높이보다 2cm 정도 물이 올라오게 한다.

▶ 밥맛을 좋게 하려면

- 찹쌀을 약 1/7～1/10을 넣어준다.
- 처음에는 센불에서 끓이다가 나중에는 은근한 불에 끓인다.
- 약간의 소금(0.2% 정도)을 넣어준다.

(1) 잡곡밥

■ 재료 및 비율

재료	비율
소금(15g)	1.5
설탕(27g)	2.7
참기름(39g)	3.9
대추(150g)	15
삶은팥(150g)	15
밤(30g)	30
찹쌀(70g)	70
물(1kg)	100

이렇게 만드세요

① 찰밥은 일반적으로 다른 부재료를 많이 섞어주는데 삶은 팥, 대추, 밤 등을 섞어 소금을 0.2% 가미한다.
(찹쌀은 끓이는 방법보다는 찜통에 보자기를 깔고 찌는 방법이 좋다)

② 팥은 약 15분 정도 삶은 후 넣어주고 대추는 씨를 빼고 넣어주며 밤을 알맞게 잘라서 넣는다.

※찹쌀의 찰기 성분은 아밀로펙틴으로 되어 있어 식은 후에도(냉장고에 보관하였다가) 찌면 다시 먹을 수 있다(찔 때 설탕과 참기름을 넣어줄 수 있다).

(2) 오곡밥

오곡밥은 음력 1월 15일(정월 대보름)날 쌀, 팥, 콩, 수수, 조 등의 오곡과 찹쌀, 밤 등을 넣고 지은 것으로 5가지 나물을 곁들여 먹어 겨울철의 균형있는 영양을 공급하였던 선조들의 지혜가 엿보인다.

■ 재료 및 비율

재료	비율
조(100g)	8.35
팥(100g)	8.35
콩(100g)	8.35
수수(100g)	8.35
찹쌀(100g)	8.35
쌀(1kg)	83.5
물(1.2kg)	100

이렇게 만드세요

팥과 콩을 불려서 살짝 삶아 넣고 나머지 재료는 쌀과 같이 지으면 된다.
※밤, 보리 등은 섞어 주어도 좋다.

(3) 생굴밥

■ 재료 및 비율

재료	비율
소금(15g)	1.5
간장(15g)	1.5
미역(50g)	10 또는 다시마
무(200g)	20 콩나물과 곁들여도 좋다
굴(200g)	20
쌀(700g)	70
육수(1kg)	100

이렇게 만드세요

① 무는 굵게 채치고 미역 또는 다시마는 불려서 잘게 썰어놓고 굴은 깨끗이 씻어 놓는다.

② 불린 쌀을 먼저 한 켜 깔고 무, 굴, 다시마 또는 미역을 깔아주는 것을 3회 반복한다.

③ 물(육수)이 평소보다 적게 들어가는 이유로는 굴, 무에서 수분이 나오기 때문이다.

※굴, 또는 조갯살과 미역을 참기름, 간장 약간을 넣고 살짝 볶다가 쌀을 앉히면 좋다.

(4) 돼지고기 김치밥

■ 재료 및 비율

재료	비율
식용유(10g)	1
마늘(20g)	2
간장(50g)	5
파(150g)	15
돼지고기(300g)	30 기름 있는 것
배추김치(700g)	70 송송썬 것
쌀(1kg)	100
물(1kg)	100

이렇게 만드세요

① 솥에 약간의 식용유를 넣고 돼지고기를 볶다가 김치를 볶는다.
② 불린 쌀을 앉히고 ①을 넣는다. 물을 쌀 양만큼 붓는다.
③ 처음엔 센불에서 끓이다가 끓으면 중불에서 약 5분 정도 끓이고 뜸을 들일 때는 은근한 불에서 한다.

(5) 개성식 비빔밥

녹두전과 돼지고기전을 부침하여 곱게 채썰어 넣어 준 것이 특징이다.

■ 재료 및 비율

재료	비율
참기름	5
더덕생채	5
돗나물	5
비빔고추장	10
돼지고기전	10 채친다
녹두부침	10 얇게한 후 채친다
표고버섯	10 또는 송이버섯
고사리	10
콩나물	10
시금치	10
도라지	10
쇠고기	10
쇠고기채	10
흰밥	100

이렇게 만드세요

- **돼지고기전** : 돼지고기를 얇게 저며 썰기하여 밀가루 반죽 위에 올려 주고 전을 부쳐 곱게 채썬다.
- **더덕고추장무침**(볶음고추장도 좋지만 일반고추장도 괜찮다)
- **표고버섯볶음** : 채를 썰거나 손으로 찢어 데쳐낸 후 물기를 제거하고 양념하여 볶아준다.
- **도라지** : 채썰어 찬물에 쓴물을 우려낸 후 기본양념을 하여 볶는다(색이 변하므로 볶은후 참기름을 사용하지 않는다).
- **시금치** : 데쳐서 물기를 짜낸 후 양념을 한다.
- **고사리** : 손질하여 5~6cm 자르고 육수를 자작하게 부은 다음 들깨가루를 넣고 밑간을 한 다음 끓인 후에 수분이 증발되면 식용유를 넣고 볶는다(들깨향을 살리기 위해 참기름을 넣지 않는다).
- **쇠고기채 볶음**
- **콩나물** : 데쳐서 물기를 없앤 후 양념을 한다.
- **녹두전** : 녹두를 갈아서 밀가루를 조금 넣고 다진파, 간마늘, 참기름, 조미료를 넣고 넓게 부침하여 식은 다음에 알맞게 채썰어 놓는다.
- **비빔 고추장** : 볶은 고추장도 좋지만 일반 고추장도 괜찮다.

(6) 돌솥비빔밥

돌솥비빔밥은 외국에서도 인기가 있으며 돌솥밑바닥에서 밥이 누른 소리나 짜작짜작 나면서 계란에 비벼먹는 재미를 외국인들이 즐기기 때문이다. 돌솥비빔밥을 만들 때 쌀밥을 돌솥 가운데에 넣고 각종 나물을 돌려 담는 것보다는 다음과 같은 방법으로 담는 것을 권하고 싶다.

▶ 돌솥밥을 짓는 법

돌솥은 새것으로 구매하였을 경우에는 씻어서 그대로 사용하면 돌솥이 거의 모두가 금이 가서 아깝게 버리는 경우가 종종 있다.

• 돌솥 길들이는 법

① 끓는 물에 빈 돌솥을 1시간 정도 끓인다.

② 약 1시간 정도 끓인 후 마른 수건에 식용유를 적셔 발라준다.

③ 약한 불, 즉 은근한 불 위에 약 10분간 굽는다.

④ 다시 식용유를 발라주고 약 10분 정도 굽는다.

⑤ 비눗물로 닦아놓고 엎어서 진열시켜 놓는다.

• 사용되는 요리 : 돌솥을 이용하는 모든 요리, 솥밥, 탕, 전골 등에 이용한다. 돌솥비빔밥으로 이용할 때에는 식용유를 약간 발라준다(참기름은 타기 때문에 나중에 넣는다).

• 밥짓는 순서 : 일반적인 밥짓는 순서와 같다. 그러나 넣는 부재료를 알아야 한다.

· 콩류 : 햇콩은 그대로 넣는다. 묵은 콩일 경우 불려서 설컹하게 익힌 것을 넣는다.

· 밤 : 1/4 정도로 잘라서 설컹하게 익혀서 넣어주거나 그대로 넣는다.

· 대추 : 돌려깍기하여 씨를 빼고 1/4로 잘라 넣는다.

· 은행 : 볶아서 껍질을 벗겨 넣어준다.

※해물돌솥밥 등은 일반적인 밥짓기보다 물양을 적게 한다.

• 양념간장에 비빔하는 방법 : 쌀밥에 갖은 양념을 한 간장(달래간장)을 넣는데 간장은 적게 넣고 달래를 듬뿍 넣은 양념간장을 넣는다. 참기름을 넣은 후 비벼준다(양념간장을 적게 넣고 싱겁게 한다). 양념간장 비빔밥을 가운데에 넣고 각종 나물을 돌려주는 방법이다.

• 밥을 볶는 방법(각종 야채를 넣고) : 각종 야채와 나물류를 넣고, 가운데 계란 노른자 1개를 넣고 뜨겁게 소리가 날 때 대접한다.

봉주방장 해법

① 맨 윗 고명으로는 무순, 돗나물 등을 올려주면 좋다.
② 쇠고기채 볶은 것을 올려 주는 것도 좋지만 새우, 문어채를 곱게 하여 볶아서 넣어주어도 좋다.
③ 비빔밥 재료 또한 8~12가지 재료가 있어야 하므로 산만하게 냉장고 여기저기에 놓지 말고 작은 찬합 또는 쿠킹호일에 모듬모듬하여 알맞은 팬에 놓고 냉장고에 보관해야 한다. 푸른나물 등은 매일 준비한다.

봉주방장 해법 : 무순기르기

외국의 한식당에서 근무하였을 때이다. 비빔밥에 무순을 올려주고 싶은데 방법이 없어 고심 끝에 종이를 태워 접시에 약 3~4mm 정도 덮고 물을 촉촉히 뿌려준 후에 두루말이 휴지를 4겹 깔아주었다. 무 씨를 고루 뿌린 후 물을 촉촉히 주고 P.P 랩을 씌운 다음 볼펜으로 몇 군데 구멍을 뚫어주고 실온에 놓았더니 조금씩 싹이 나왔다. 6~10일 후에는 작은 콩나물처럼 보기 좋게 자라므로 무순을 사용할 때마다 잘라서 사용하면 된다. 종이를 태우기가 어려우면 숯을 사용하고 남은 재를 이용해도 좋다.

(7) 육회초밥

일본이 그 나라의 지역적 특성으로 생선요리가 발달된 것처럼 우리나라 역시 지역적·기후적 특성으로 고기요리가 발달되었다. 실례로 일본은 생선회·생선초밥, 한국은 육회·육회초밥을 즐길 수 있다. 육회 및 육회초밥은 쇠고기의 신선도가 중요하며 도살 전 상태의 과정 또한 중요하다. 특히 물을 먹인 소고기는 밥알과 밀착이 되지 않는다. 참고로 물 먹인 쇠고기는 선홍색의 빛깔을 띠며, 물을 먹이지 않은 고기는 약간 밝은 자주색을 띤다.

■ 초대리 재료

식초(환만) 1.8ℓ(5ℓ 1EA)

소금 1: 설탕 3

이렇게 만드세요

① 식초에 불을 올린 후 소금을 완전히 녹인다.
② 설탕을 넣고 완전히 녹인다.
③ 끓을려고 하면 불을 끈다.
④ 레몬 ½EA을 꼭 짜서 즙을 넣어준다.

■ 초밥초 재료비율

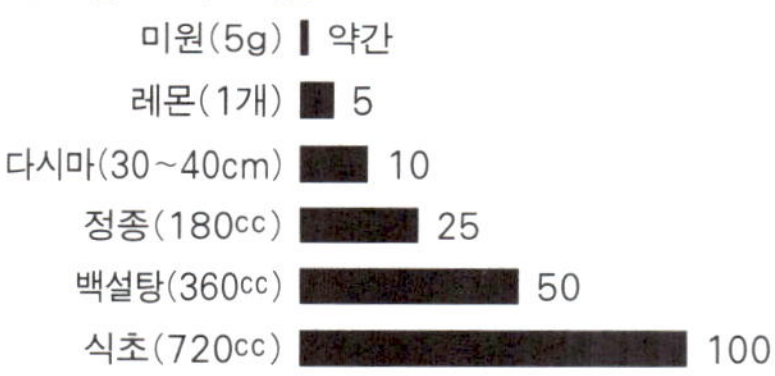

※생고기를 생선초밥용 생선살 크기로 포를 떠 놓는다.
※이후에 과정은 생선초밥 만드는 것과 같다.
※무순, 돗나물은 밥위에 덮어 생고기 저민 것을 덮어도 되며, 덮은 것을 가늘게 김을 잘라서 한 바퀴 돌려 줘도 좋다.

이렇게 만드세요

① 냄비에 다시마, 레몬을 제외하고 분량대로 넣은 후 은근히 끓여준다.
② 끓이는 시간은 재료가 모두 천천히 녹을 때까지 끓인다.
③ 다시마를 씻어 넣고 1분 정도 있다가 불을 끄고 레몬을 짜주고 레몬 자체도 넣고 식힌다. 냉장보관 후 필요할 때마다 사용한다.

밥과 초밥초 사용은 이렇게 하세요

① 밥을 고슬고슬하게 지어 놓는다 초밥초를 약 5~6% 정도 넣고 섞어준다.
② 뒤적여가면서 부채로 식힌다. 온도는 사람의 체온 정도가 가장 좋다. 그래야만 육회초밥, 생선초밥, 김초밥의 모양내기가 좋다.

육회고기는 이러한 부위를 사용하세요

① 쇠고기 꾸리살 : 앞다리 위쪽 살로, 육회용으로는 최고이다.
② 홍두깨, 우둔, 채끝 등의 부위로 어느 부위든 기름층이 적고 힘줄 부위가 적은 부위라면 어느 부위든 좋다.
③ 육회용 고기는 물기가 많으면 안되고, 더욱이 핏물이 비춰서는 안된다.

봉주방장 해법

① 육회초밥은 생선초밥과 같은 모양내기와 양념장이 나간다.
② 상자초밥을 만들때는 슬라이서 기계로 고기를 얇고 넓게 썰어서 이용하고, 이때의 밥은 깻잎을 곱게 다진 후 혼합하여 사용한다.

(8) 대나무밥

대나무에 불린 쌀과 여러 가지 부재료를 넣고 한지로 덮은 후 찜통에 찌거나 찰흙으로 대나무통을 싼 후 불에 굽는 법으로 나뉘는데 저자가 해본 찜통에 찌는 방법을 소개한다.

■ 재료 및 비율

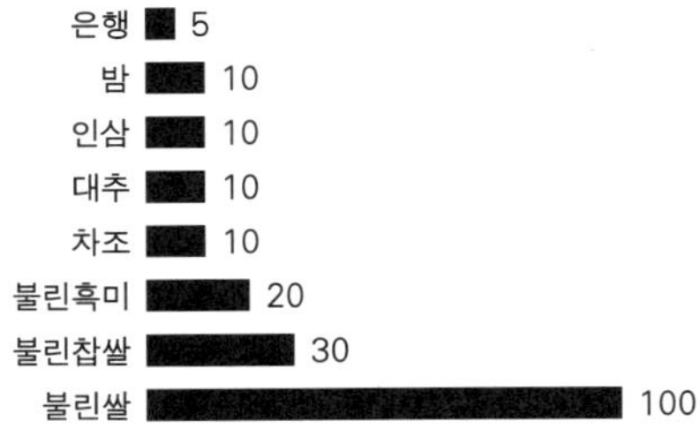

이렇게 만드세요.

① 쌀, 찹쌀, 흑미, 조는 충분히 불려 씻은 후 대나무 통안에 50% 정도를 넣는다.
② 부재료인 대추, 은행, 인삼, 밤 등을 위에 올리고 물을 부어준다.
③ 물은 밥을 짓기 위한 재료로 거의 수평이 조금 더 넘게 넣는다(쌀보다 약 1cm 정도 높게).
④ 한지를 2겹 정도로 하여 대나무통 위에 덮고 노끈으로 묶어준다.
⑤ 찜통에 가지런히 놓고 약 1시간 정도 찐다.

※대나무통의 높이는 12cm 정도인데 높이는 주문에 의해 조절이 가능하다(가격은 높이에 상관없이 동일) 높이는 8~10cm가 적당하다. 통의 굵기는 안지름 6.8cm(大), 5.2cm(小) 정도이며 통의 두께는 1.2cm 정도이다.

봉주방장 해법 : 대나무통 생산하는 곳

여러 군데가 있는지는 모르지만 저자가 알고 있는 생산지는,
주소 : 담양군 담양읍 쌍죽 대자리(쌍죽공예)
전화 : 0684-381-3668 (허락을 받지 않고 기재합니다.)
공장장 : 011-613-3668

참고

- 수수를 넣어줄 수 있는데 수수는 잘 불지 않고 쉰냄새가 날 수 있으니 혼합하지 말고 별도 보관한다.
- 찹쌀과 멥쌀을 넣을 경우 멥쌀1:찹쌀1로 만들어준다.
- 대나무에서 나온물을 가지고 밥물을 이용하면 좋다. 칡잎사귀를 넣어 준다.
- 재료가 다 들어 갔으면 물을 수평으로 잡아준다.

(9) 단체급식에서 또는 큰 호텔 등의 연회에서

많은 양의 밥을 지을 때

① 큰 연회주방(banquet kitchen)은 대형 컨벡션 오븐(convection oven)이 있다. 이 기기는 건열, 스팀열이 자유롭게 사용할 수 있기 때문에 이 기기를 이용하면 되고, 기기에 맞는 스텐레스 밥통에 불린 쌀을 넣고 물을 수평보다 약간 많게 물을 채운다.
② 스팀으로 조절하고 타이머는 20분으로 맞추고 꺼내기는 10분 후에 꺼낸다. 한 개의 밥통에 70~80분 이상이 생산되므로 계산하여 넣는다.

많은 양의 김밥을 할 때나 도시락을 싸야 하는 경우

① 뜨거웠을 때 씨팬(sheet pan)에 넓게 헤쳐 놓아 선풍기를 틀고 식힌다. 급하면 씨팬 한 장을 부채삼아 바람을 일으켜 식히기도 한다.
② 식은 밥으로 김밥을 만들 경우 참기름, 소금, 깨소금으로 간을 하고 일회용 비닐장갑을 끼고 1인분씩 두 손으로 움켜 잡고 담아낸다. 일회용 위생장갑을 끼는 이유는 위생적으로 하려는 것보다는 밥알이 손에 붙지 않게 하기 위함이다.

11. 탕 과 국

제 1 절 탕

1. 맑게 끓이는 탕

1) 곰 탕

곰탕은 끓이는 것이 아니라 은근한 불에 오래도록 곤다해서 곰탕이다. 곰탕은 양, 힘줄, 곤자소니, 양지머리 등을 은근히 끓이는 것이다.

▶ 곰육수를 맛있게 끓이는 법

한우 사골 20kg, 한우 잡뼈 10kg을 찬물에 하루정도 담가놓았다가 끓는 물에 약 10분 정도 데쳐내고 나서 찬물에 이틀 정도 끓이면 된다. 처음에는 센불에서 2시간 정도 끓이다가 2시간 후부터는 중간불에서 끓인다. 3시간 후에는 아주 약한 불에 끓이면 아주 고운 색의 사골육수가 나온다. 사골육수를 끓일 때 주의사항으로 국자는 마지막까지 사용하여야 한다. 잘못하면 사골육수가 맛이 변할 수 있기 때문이다. 도가니탕, 곰탕, 설렁탕을 맛있게 끓이는 법은 무엇보다도 사골육수를 잘 끓이는 것으로 음식의 맛과 질의 80% 정도 좌우한다.

봉주방장 해법

- 설렁탕고기, 육개장고기, 도가니탕고기 등을 삶을 때는 핏물제거를 잘하고 약 5~10분 정도 데쳐낸 후 주방에서 항시 끓이고 있는 곰육수에 넣고 삶으면 고기도 맛이 있을 뿐만 아니라 육수 또한 구수하다.
- 곰육수는 뽀얀 곰육수를 사용하는 탕에 모두 사용되며, 때로는 미역국 · 추어탕 · 육개장 · 해물매운탕 국물에도 부분적으로 일정비율 혼합하여 사용한다.
- 한우뼈국물 맛있는 정도순은 "황소뼈/거세뼈/암소뼈/육우뼈"이며 황소뼈는 대체적으로 전문설렁탕업소에 독점유통된다.

■ 곰탕재료

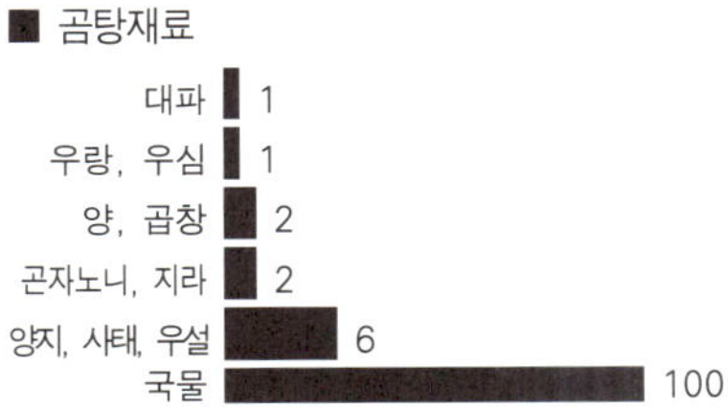

이렇게 만드세요

① 소내장류(양, 곱창, 지라, 곤자소니)는 굵은 소금을 뿌려 박박 주물러서 깨끗이 씻는다. 양은 끓는 물에 잠깐 데쳐내어 검은 막을 국자, 스텐 밥그릇 뚜껑 등으로 깨끗이 긁고 안쪽의 막과 기름덩이를 떼낸다.

② 사태와 양지는 찬물에 담가 핏물을 뺀 후 물을 펄펄 끓이다가 고기를 넣고 센불에 끓여 갈색 거품을 걷어낸다.

※곰탕재료는 푹 무르익게 하여 저며 썰은 후 중간 냉동보관하였다가 알맞은 양을 꺼내어 사용한다.

※곰탕재료는 특별히 비율이 있는 것이 아니라 골고루 재료를 넣고 푹 고는 것이다.

③ 불을 줄여 어느 정도 고아지면 무, 파, 미삼뿌리, 마늘을 넣고 위에 뜨는 거품을 간단히 걷어낸다. 2~3시간 끓이다가 고기와 무가 완전히 물러지면 건져 납작썰기하여 청장, 다진파, 다진마늘, 생강즙, 참기름, 소금, 후추로 무쳐 맛을 낸다.

④ 곰탕 국물은 체에 걸러내어 맑게 한다.

⑤ 탕기에 여러 가지 고기재료를 무침한 ③을 넣고 국물을 부워준 후 계란 지단채를 얹고 송송 썬 굵은 파를 얹어준다. 양념간장과 소금, 후추를 곁드린다.

봉주방장 해법

- 곰탕재료 고기를 삶는데 익는 정도가 틀리므로 유의해야 한다. 대체적으로 도가니+스지(힘줄)는 3시간 이상, 곤자소니+양+곱창은 2시간 30분, 양지+사태는 1시간 30분 정도이다.
- 양념간장 : 양념간장으로 간장에 고추냉이(와사비)를 넣어주는 곳이 있는데 전혀 한국요리와는 어울리지 않는다(양념간장 만드는 법은 이론편에 있다).

2) 갈비탕

■ 육수와 향재료 비율

- 미원 약간
- 후추 약간
- 생강편 약간
- 국간장 1
- 소금 1
- 통마늘 2
- 양파 3
- 대파 3
- 무 5
- 육수 100

■ 갈비를 뜨겁게 재우는 방법

- 미원 약간
- 설탕 약간
- 후추 0.5
- 참기름 1
- 간마늘 1
- 갈비 100
- 육수 100

■ 손님께 드릴 때는

- 지단 2
- 대파 5
- 편육 5
- 갈비 20
- 육수 100

이렇게 만드세요

① 갈비와 양지는 찬물에 하루 저녁 담가 놓았다가 핏물을 뺀 뒤, 갈비는 끓는 물에 넣고 약 4~5분 후 건저 내어 기름을 제거한다.

② 다시 물을 끓여 손질한 갈비와 양지를 넣고 중불에서 갈비는 1시간 가량 끓인 후 건지고, 양지는 두꺼운 부위에 칼집을 넣고 상황에 따라 1시간 20분~1시간 40분에 건진다.

③ 갈비와 양지를 건져내면 육수물이 상당히 적을 수 있다. 다시 새물을 보충해주고 향재료(파 · 무 · 양파 · 통마늘 · 생강편)를 넣은 후 국간장으로 색을 맞추고 소금, 미원 등으로 간을 한다.

④ 거즈에 깨끗이 걸러 주면 탕육수가 완성된다.

⑤ 양지는 편으로 썰어 4~5점을 넣어주고 건져낸 갈비는 육수에 참기름, 설탕 약간, 간마늘, 후추를 넣고 뜨겁게 놓는다.

⑥ 고명으로는 대파 쪼갠 것을 7~8cm로 썰어 넣고, 계란은 수란으로 넣어줘도 되지만 왠지 격이 떨어지므로 지단채를 넣어준다.

3) 설렁탕

뼈국물과 쫀득쫀득한 고기부위, 머리고기, 도가니, (힘줄), 족, 양지를 함께 삶은 것이다.

■ 재료 및 비율

재료	비율
손질한파	20
소족	50
사골	50
도가니	50
양지	50
소머리	100

이렇게 만드세요

① 뼈는 모두 토막을 낸 후 찬물에 담가 핏물을 뺀 뒤 큰솥이나 냄비에 넣고 5~6시간 끓인다.
② 국물이 뽀얗게 우러나기 시작하면 고기도 함께 넣어 끓이다가 거품을 걷어낸다. 중간불에 3~4시간 끓인다. 고기는 익으면 건져 납작납작 썰어 밥 위에 얹어내기도 하며 따로 내기도 한다.
※양, 곤자소니, 지라 등의 내장류를 넣어주면 한결 좋다.

4) 도가니탕 · 우족탕

■ 재료 및 비율

재료	비율
후추	약간
미원	약간
간마늘	0.5
대파	3
알스지	15
우족 · 도가니	15
곰육수	100

이렇게 만드세요

① 도가니, 우족, 알스지 삶는 방법은 이론편에 소개하였다.
② 끓는 곰육수에 1인분씩 포장해 놓은 재료를 아미(체)에 넣고 뜨거운 육수에 넣고 충분히 부드러워지면 다진 마늘, 미원, 후추를 약간씩 넣은 후 내어드린다.
③ 곁들이는 양념재료는 소금과 송송 썬 대파를 양념그릇에 드린다.

5) 쇠꼬리곰탕

■ 재료 및 비율

재료	비율
미원	약간
후추	약간
간마늘	1
쇠꼬리	25
곰육수	100

※꼬리를 삶은 육수는 뽀얀 국물이 나오질 않으므로 사골 곰육수와 1/2씩 혼합하여 사용하면 좋다.

이렇게 만드세요

① 하루저녁 충분히 핏물을 뺀 쇠꼬리를 끓는 물에 넣고 10분 정도 있다가 다시 건져 끓는 물에 넣고 약 2시간 정도 은근히 끓인다.
② 2시간 정도면 꼬리뼈와 살코기가 잘 떨어질 수 있도록 충분히 삶아진다. 이때 건져내어 식혀서 중간냉동(subfreezing) 시켜놓은 후 필요할 때마다 간이 된 뜨거운 육수(맑은 육수)에 담가놓고 주문이 들어오면 끓는 곰육수에 꼬리 4~5개를 넣고 후추, 간마늘을 넣어준 후 내어드린다.
③ 양념은 송송 썰은 파와 고운 소금을 종지에 담아낸다.

봉주방장 해법 : 곰탕류에 곁들이는 양념장(실예)

겨자 양념장 : 겨자 1봉지, 진간장은 겨자의 1/5, 식초 1/5, 간마늘 1/5, 미원 약간
준비된 재료를 개어서 내어드리는 방법이 있다. 참고는 기본양념장류 소개에 있다.

6) 조개탕

■ 방법 1 : 대합껍질을 이용하여 조갯살을 담아 끓이는 법

- 홍고추 : 고명 : 둥글썰기
- 미나리 : 고명 : 4~5cm로 자르기
- 혼다시 : 약간 : 육수 끓일 때
- 굵은소금 : 1 : 육수 끓일 때, 개운한 소금간
- 대파 : 2 : 육수 끓일 때
- 통마늘 : 2 : 육수 끓일 때
- 바지락/모시 : 30 : 육수 끓일 때
- 대합조개 : 개조개 직경 10cm : 100

※조갯살을 발라낼 때 흘러나오는 조개육즙과 조개내장(검은부위) 떼어낸 것, 조개껍질은 조개의 시원하고 개운한 본래의 맛을 많이 함유하고 있으므로 함께 넣고 끓이면 진국의 조개 국물을 만들 수 있다. 더욱 맛있게 끓이려면 민물조개인 재첩, 바지락 등의 조개류를 혼합하여 끓이면 더욱 맛있는 국물을 낼 수 있다.

■ 방법 2 : 조개껍질 속에 여러 가지 조갯살을 채워 넣고 찜을 한 후에 국물과 함께 곁들이는 방법

- 후추 : 약간
- 정종 : 약간
- 소금 : 약간
- 계란흰자 : 약간
- 밀가루 : 약간
- 홍합살 : 10
- 꽃게 : 10
- 게다리살 : 20(냉동게살)
- 바지락살 : 20
- 모시조개 : 20
- 패주(가리비) : 20

※위에 내용대로 만들어 껍데기에 속을 채우고 보관 후 손님께 드릴 때는 국물을 전골판에 넣은 후 만들어 넣은 조개를 넣고 연두부를 썰어 넣은 후 미나리 팽이버섯을 넣고 끓여 손님께 드린다.

※장기 보관할 경우에는 1개씩 P.P랩 포장을 한다. 위생적으로 포장할 경우에는 찜을 한 후에 보관하여도 된다.

- 연두부 : 5
- 조개 : 10
- 조개육수 : 100

이렇게 만드세요

방법 A

• *조갯살 준비하기*

① 대합조개 또는 개조개를 국그릇에 들어가는 넓은 직경 8cm 정도의 크기로 구매하여 뼈칼(갈비칼)을 이용, 조개의 입 중앙에 칼을 넣어 왼쪽, 오른쪽에 한 번씩 힘을 가하면 조갯살이 다치지 않고 입을 벌리고 살을 발라 낼 수 있다.

② 내장은 손을 이용하여 제거한다.

③ 모시조개, 조개껍데기는 약 6배의 물을 넣고 끓여 육수를 만든다.

④ 육수를 끓일 때는 대파, 마늘, 소금, 다시마를 넣고 2시간 정도 끓이는데 넣었던 부재료는 1시간 이내에 제거한다.

⑤ ①의 조갯살은 굵은 소금으로 조물조물 주물러 해감시키고 씻어 모시조개살 크기로 잘라 준다.

⑥ 조개껍데기는 반으로 갈라 안쪽의 조개힘줄은 모시조개 껍질 또는 다른 조개껍질로 문질러 떼어낸다. 겉껍질의 검은 힘줄은 가위로 떼어낸다. 표면은 수세미로 문질러 깨끗이 닦는다.

• *만들기와 보관하기*

① 조개껍데기에 손질한 조갓살을 넣고 모시조개살을 한 두 개 넣는다.

② 두부판에 가지런히 만든 조개를 정렬하여 놓고 비닐을 가지런히 층층이 만들어 쌓고 냉동시킨다.

※손님께 드릴때는 영업을 할 때에는 찜통을 준비하고 손님이 오시면 국그릇에 냉동시켜 놓았던 조개를 탕그릇에 한 개 넣고 조개 육수를 넣은 후 5분 정도 찌면 조개가 익으면서 뽀얀 국물이 우러 나온다. 돌솥 집는 집게로 집어 밑받침에 바치고, 고명은 미나리 약 3cm 자른 것을 몇 개 넣어준 후 홍고추 둥글게 썰어 놓은 것을 1개 넣어 드린다.

방법 B

① 조개껍질은 깨끗이 손질하여 준비한다.

② 가리비(키조갯살)의 날개부위는 다른 용도에 사용하고 알가리비살만 이용한다. 손바닥으로 눌러 조갯살을 적당히 으깨고 거칠게 다진다.

③ 모시조개, 바지락, 홍합은 데쳐서 살을 발라낸다. 홍합살은 검은 부위를 떼어냄이 좋다. 게다리살은 냉동되어 판매하는 것이 있으니 해동시켜 약 2cm 정도로 잘라준다.

④ 데치거나 삶았을 때 나오는 국물은 조개탕 육수에 혼합한다.

⑤ 양념을 약간의 소금과 후추, 정종을 약간씩 넣고 조개껍데기에 8부정도 채워준 후 쟁반에 가지런히 진열하고 밀가루를 자루체를 이용하여 솔솔 뿌려준다.

⑥ 계란흰자를 고루 쳐주고 거품을 제거 후 붓으로 표면을 바르고 찜통에 쪄서 냉동보관 후 필요시 사용한다.

※만들어 놓은 조개를 찜통에 찌는 이유는 위생적으로 관리를 하기 위해서인데, 변질에 대한 철저한 대비가 준비되어서 생것으로 보관하면 조개 자체의 국물을 개운하게 할 수 있다.

2. 얼큰하게 끓이는 탕

1) 추어탕

미꾸라지는 자연산은 보기 힘들고 양식 미꾸라지가 대부분 유통되고 있다. 자연산과 양식의 구분은 아래와 같다(너무 큰 미꾸라지는 가시가 억세므로 추어탕에는 작은 것을 사용한다).

- 자연산 미꾸라지 : 배나 등이 노르스름하다.
- 양식 미꾸라지 : 배가 하얗고 등은 노란색보다는 검고 자연산보다 크다.

▶ 미꾸라지 취급법

- 방법 A
  - · 미꾸라지만 건져 식힌 후 엄지, 검지 손가락을 이용하여 살을 발라낸다.
  - · 뼈와 머리는 곱게 갈아 체에 바치고 육수는 남기고 뼈는 버린다.
  - · 장점 : 미꾸라지 살이 시각적으로 보여서 좋다(살의 낭비가 없다).
  - · 단점 : 시간이 오래 걸린다.

산초열매그림
(추어탕에 필수적인 향재료)

- 방법 B
  - · 식힌 미꾸라지와 국물을 기계용량에 따라 소량씩 곱게 갈아낸다.
  - · 굵은 체를 이용하여 미꾸라지 국물을 거른다. 소쿠리를 이용해도 좋다. 이때 미꾸라지 살의 낭비가 있으므로 소량씩 몇 번을 반복한다. 미꾸라지 삶은 겉물로 살을 내리고 뼈는 버린다.

▶ 미꾸라지 재료보관방법

- · 미꾸라지 살과 육즙을 따로 보관할 수도 있고 함께 보관할 수도 있다.
- · 통비닐을 2겹 이상으로 하여 영업 상태에 따라 알맞은 양을 넣고 묶어 냉동보관한다.

- 방법 A
  - · 너무 두껍게 얼리지 말고 얇게 얼린다.
  - · 녹일 때 급하게 봉지를 잡아당기면 비닐이 탕에 들어갈 수 있으므로 주의한다.
- 방법 B
  - · 추어탕의 각 그릇 위에 올려지는 고명으로 사용되는 미꾸라지 살만을 손으로 발라 놓고 나머지는 컷터나 블렌더에 갈아서 사용할 수도 있다. 이 방법은 추어탕의 메뉴상에 있지만 손님이 드물게 찾을 때 사용하면 좋다.
  - · 미꾸라지만을 사용할 수도 있지만 메기 등을 미꾸라지의 1/10 정도로 함께 갈아도 좋다.

▶ 손님께 곁들이는 요리와 양념

- 추어탕을 제공하기 전에 전채요리로 빙어 튀김 또는 미꾸라지 튀김을 제공해도 좋다.
- 추어탕에 곁들이는 양념 : 풋고추 · 홍고추 다진 것, 산초가루, 간 마늘

■ 양념

재료	비율
간생강	0.5
미원	0.5
후추	1
소금	2
간마늘	8
들깻가루	10
홍고추	20
된장	20
육수	100

■ 재료 및 비율

재료	비율
불린토란대	10
느타리버섯	10
미나리	10
대파	20
깻잎	20
미꾸라지	100
육수	100

이렇게 만드세요

① 불린 토란대는 3cm, 미나리는 6~7cm, 대파는 10cm로 썰고 깻잎은 2~3등분으로 자른다.
② 느타리버섯은 찢어서 데친다.
③ 구매한 미꾸라지는 넉넉한 그릇에 물을 넉넉히 넣고 24시간 정도 보관하면서 물을 2~3차례 바꿔준다(시간이 없을 때는 그대로 소금을 뿌려준다).
④ 여유있는 소쿠리에 물을 따라내고 굵은 소금을 넉넉히 빨리 뿌린 후 뚜껑을 덮는다. 3분 정도 지나면 미꾸라지의 움직임이 둔해진다. 상태를 봐서 굵은 소금을 더 넣는다. 5~6분이 지나면 고무장갑을 끼고 주물러 주면서 거품이 깨끗이 빠질 때까지 씻어준다.
⑤ 씻어 놓은 미꾸라지는 식용유를 넣고 된장과 혼합하여 5~7분 정도 볶아준 후 참기름을 넣고 좀 더 볶는다.

※참기름이나 들기름을 처음부터 넣고 볶게 되면 기름이 쉽게 타버린다. 볶는 양이 많을 때는 나눠서 볶아주면 좋다.

⑥ 모든 재료를 넣고 끓여 주는데 깻잎, 대파, 미나리 등의 야채는 1/3을 남겨 추어탕이 거의 완성될 때 넣어주면 야채의 색을 살릴 수 있어 좋다. 데쳐 놓았다가 넣어줘도 좋다.

※육수는 사골육수와 맑은 육수를 50 : 50으로 사용한다.

2) 우거지 갈비탕

우거지탕에 갈비를 넣어주면 우거지 갈비탕, 꼬리를 넣어주면 우거지 꼬리탕… 등, 우거지탕에 넣는 재료에 따라 여러 가지 우거지탕을 끓일 수 있다.

우거지탕의 우거지 재료로는 얼갈이 배추, 통배추이지만 우거지탕 전문점에서는 실제로 배추 겉잎을 소금에 절여 놓아 우거지를 만들고 사용할 때 찬물에 담궈 놓아 적당히 간을 뺀 뒤 사용한다.

■ 재료 및 비율

• 주재료 및 부재료

재료	비율
대파	5
삶은갈비	15
우거지	20 또는 통배추
얼갈이배추	20
육수	100

• 양념

재료	비율
미원	0.5
후추	0.5
간마늘	3
육개장고추기름	3
고추장	5
된장	10

이렇게 만드세요

① 우거지는 얼갈이배추와 통배추를 1/2씩 혼합해주면 좋다. 얼갈이는 10cm 정도로 썰어서 데치고 통배추는 10cm 길이로 썰고 다시 좁게 썰어 데쳐서 물기를 제거한 후 한 번 끓일 만큼씩 중간냉동(subfreezing)하여 필요할 때마다 꺼내어 사용한다.
② 끓는 육수에 된장을 구매된장과 집된장을 1/2씩 갈아서 넣는다(한 번에 많은 양을 갈아놓으면 더욱 좋다). 간마늘, 후추, 대파, 육개장 고추기름(이론편 참고), 조미료를 넣고 끓인다.
③ 갈비는 갈비탕용 갈비를 넣는다.

※우거지탕 국물의 얼큰한 맛을 내기 위해서 고추기름과 고추장을 넣어주는데, 육개장에 사용하는 고추기름이 좋다. 이런 경우의 맛도 괜찮은 담백한 맛(구수한 맛)이 난다.

봉주방장 힌트 : 유명 우거지 전문식당에서는 우거지용 배추를 소금에 짜게 절여 말그대로 우거지가 되도록 삭힌 다음 물에 헹굼하여 넣는다. 또한 시래기를 가을에 새파랗게 말려서 냉동보관하였다가 넣는다. 이렇게 끓인 탕이야 말로 손님에게 감동을 줄 수 있다.

3) 육개장

육개장에서 제일 중요한 것을 고추기름이다. 고추기름은 식물성 고추기름을 선호하지만 맛의 구수함은 쇠기름으로 만든 고추기름이 가장 좋다(고추기름 만드는 법 참고).

■ 재료 및 비율

재료	비율
소금	1
국간장	3
고추기름	5
계란	5
숙주	5
고사리	10
대파	10
느타리	10
양지고기	20
육수	100

이렇게 만드세요

① 숙주는 데쳐 적당히 자른다.
② 고사리는 손질하여 6~7cm로 자르고 쇠고기 다시다, 간마늘, 약간의 국간장과 소금으로 간을 하여 식용유와 고추기름에 볶는다.
③ 느타리와 양지고기는 찢어서 준비하고 대파는 6~7cm로 자른다.
④ 육수는 사골육수와 맑은 육수를 혼합해도 좋고 어느 한 쪽을 선택하여도 좋다.
⑤ 계란은 풀어 나중에 줄알을 치게끔 놔둔다.
⑥ 계란을 제외한 모든 재료를 넣고 국간장과 소금으로 간하고 적량의 육개장 고추기름을 넣고 끓여 놓는다.

봉주방장 해법 : 육개장을 많은 인원이 식사해야 할 때

A. 잔치집 또는 상가집의 경우와 같이 꾸준하게 많은 인원을 접대해야 하는 경우
① 모든 재료(삶은 고기 찢어 놓은 것, 대파 데친 것, 고사리 또는 고비나물, 느타리)를 쇠고기 다시다, 간 마늘, 미원, 국간장, 고추기름을 넣고 버무려 놓는다.
② ①을 냉장고에 보관해 놓거나 또는 얼음 BOX에 넣어 놓는다.
③ 고기 삶은 국물에 고추기름 등 조미를 해 놓고 손님이 오시는 데로 끓는 국물에 육개장 재료를 넣고 뜨겁게 한 후 줄알을 친다.

B. ① 대파와 계란을 제외한 모든 재료를 넣고 끓인 육개장을 그릇에 담아 놓고,
② 대파는 알맞은 크기(7~8cm)로 쪼개 썰어 데쳐서 식힌다.
③ 계란은 소금을 조금 넣은 끓는 물에 줄알을 쳐서 떠오르면 찬물을 준비해 놓았다가 바로 건져내어 식힌다.
④ ②와 ③을 ①에 적당히 넣어 준다.
⑤ 준비된 탕그릇은 온장고 또는 따뜻한 곳에 놓고, 조미가 완료된 육개장 국물은 뜨겁게 끓이고 있다가 손님이 오시면 준비된 탕그릇에 부어 준다.

봉주방장 해법 : 육개장을 2~3일씩 두고 영업할 때

① 육개장을 매일 끓여야 맛이 있겠지만 2~3일씩 두고 영업을 할 때는 대파, 숙주, 계란은 넣지 않고 끓여 놓는다.
② 주문이 들어오면 끓여 놓은 육개장을 손님 수대로 덜어서 끓이는데 대파, 숙주는 데쳐 놓았던 것을 사용하고, 계란은 미리 풀어놓은 것을 더하여 제공한다.

4) 개성식 천렵국(川獵湯)

※개성음식의 대가이신 최상옥 선생님으로부터 배운 특이한 보양탕이다.

■ 재료 및 비율

재료	비율
미원(10g)	0.5
후추(10g)	0.5
육개장기름(20g)	1
간마늘(40g)	2

이렇게 만드세요

① 메기, 뱀장어, 민물고기는 내장을 빼내고 깨끗이 씻어 청주를 넣고 끓인다.
② 끓으면 건더기는 소쿠리에 바치고 국물을 따로 보관한다.

재료	비율
고추장(80g)	4
깻잎(100g)	5
대파(100g)	5
밀가루수제비(120g)	6
된장(120g)	6
닭고기(120g)	6
곱창/양(200g	10)
민물고기(200g)	10
양지고기(200g)	10
우거지(400g)	20
육수(2000g)	100

③ 고기살은 발라내고 가시와 머리만 다시 푹 곤다.
④ 고아지면 가시 등의 찌꺼기는 체에 거르고 먼저 삶은 국물과 곤 국물을 혼합해 준다.
⑤ 양지머리는 육수를 내고 고기는 찢어 놓는다.
⑥ 육수를 ④의 국물과 합친다.
⑦ 발라 둔 민물고기 살과 찢어 놓은 양지머리고기를 넣고 된장을 풀어준다.
⑧ 파, 마늘, 데친 우거지(열무), 송송 썬 깻잎을 넣고 푹 끓인다.
⑨ 수제비 반죽을 만들어 국물에 떠 넣는다.

최상옥 선생님의 천렵국에 대한 이야기

천렵(川獵)은 여름날에 냇가에서 잡은 민물고기, 쇠고기, 야채를 넣고 끓인 여름철 보신용 탕(湯)으로 우거지보다는 열무를 데쳐 넣어야 맛이 좋다고 하셨다.

5) 생선 매운탕과 지리탕

매운탕의 재료는 등푸른 생선으로 하는 것이 아니고 흰살 생선으로 하며, 모든 민물생선은 매운탕 재료가 될 수 있다.

▶ 매운탕 및 해물탕을 맛있게 끓이는 법

생선 매운탕은 무, 호박, 쑥갓, 배추 등의 야채를 넉넉히 넣고 푹 끓여야 시원한 맛이 우러난다. 반면, 해물 매운탕은 여러가지 해산물, 조개류 등에서 시원한 국물이 나오므로 야채를 적게 넣어 주고 오래 끓이지 않는다.

▶ 비린내를 없애는 방법

생선은 흐르는 물에 충분히 씻어줘야 한다. 그 이유는 생선 비린내가 수용성이므로 물에 잘 녹기 때문이다.

▶ 양념을 충분히 넣고 오래 끓인다.

1인분 냄비에 적당한 양념비율

■ 재료 및 비율

재료	비율
생강(10g)	33
마늘(10g)	33
청주(30g)	100

이렇게 만드세요

매운맛이 덜 날때는 고추장이 아니라 고춧가루로 매운맛을 낸다.
식초를 아주 조금 넣어 준다. 식초는 생선 비린내를 제거하는데 좋은 조미료이다.

▶ 끓이는 동안 생선살이 탄력있고 흩어지지 않게 하는 법

냉동되지 않은 신선한 생선은 살이 연하기 때문에 생선을 토막낸 후 소금을 약간 뿌려두면 훨씬 맛이 좋고 탄력이 있다.

▶ 국물에 사용하는 육수

• 잡뼈국물 : 깊은 맛이 나며 비린 냄새가 강한 생선 매운탕에 어울린다.

(양식숭어, 성어는 흙냄새가 지나쳐서 사용하지 않는 것이 좋다. 자연산 생선은 내장과 아가미를 제거한 모든 부위는 사용 가능하다.)

- 멸치, 다시마 국물 : 얕은 맛을 내지만, 개운한 맛의 매운탕에 어울린다.
- 맹물 : 지리탕(맑게 끓이는 탕)에 어울린다.
- 생선뼈국물 : 생선회를 사용하고 남은 뼈국물이 좋다.

▶ 매운맛의 다양한 선택

- 마른고추씨를 빼고 갈아서 사용 : 붉은 색이 곱고 맛이 맵고 깔끔하다. 매운탕 양념으로서는 씨를 제거한 마른고추를 갈아서 물에 불려 사용하는 것이 제일 좋다. 주의할 점은 말린고추를 너무 지나치게 불리면 갈아지지 않는다.
- 굵은 고춧가루 : 붉은 색이 마른고추보다는 어둡지만 일반적으로 사용하는 고춧가루이다.
- 고운 고춧가루 : 붉은 색이 강하고 맛은 텁텁하다.
- 고추장 : 생선 비린내가 나는 국물(민물생선)에는 고추장이 어울린다. 깊은 맛이 나며 텁텁하다. 그러나 구매한 고추장이 아닌 집고추장이 좋다.
- 홍고추 : 색은 맑고 개운하지만 풋냄새가 난다.

▶ 매운탕용 양념장

■ 재료 및 비율

• 방법 1

재료	비율
미원	2
후추	3
혼다시	5
고운고춧가루	5
생강	5
다시마가루	10
소금	20
소주	20
간마늘	20
고추장	20
간새우살	20
간쇠고기	20
굵은고춧가루	30
마른고추	100
다시마멸치육수	100

• 방법 2

재료	비율
검은후추(30g)	1
간생강(90g)	2.5
미원(90g)	2.5
정종(180cc)	5
사골육수(180cc)	5
진간장(180cc)	5
다진마늘(600g)	20
고운소금(1kg)	33
굵은고춧가루(1.5kg)	50
찹쌀고추장(3kg)	100

이렇게 만드세요

방법 1

① 마른고추는 가위로 잘라 물에 잠깐 헹굼하여 곱게 갈아낸 다음, 고추장과 고춧가루를 합하여 다시마 국물로 잘 개어 준다. 간 새우살과 쇠고기 살코기를 곱게 갈아 넣는다(넣지 않을 수도 있다).

② 소금, 청주, 다진마늘, 후추가루를 넣고 고루 섞이도록 저어 매운 맛이 잘 어우러지게 한다. 너무 뻑뻑하면 다시마국물을 조금 더 넣어준다.

③ 시중에 유통되는 고추장은 단맛이 강하므로 집고추장을 사용하거나 시중의 고추장이라도 태양초 고추장을 조금만 사용한다.

④ 모든 양념을 개어 냉장고에 2~3일 보관 후에 사용하는 것이 좋다.

방법 2

비율대로 혼합하여 넣고 사용한다.

방법 3

재료 : 삼화고추장 17kg, 고운고춧가루 2kg, 굵은고춧가루 3kg, 꽃소금 3kg, 다진마늘 반관, 정종 1.8ℓ, 미원 500g, 참기름 1홉, 소주 ½병, 물로 재료를 개어준다.

제공할 때 : 1인분 매운탕에 미원 1t 조개다시다 1t 얹고 조개 다시다 조금 넣은 후 쑥갓을 올린다.

방법 4

① 바구니에 데쳐낸 야채 3가지(무, 콩나물, 배추 데친 것)을 넣고 생선을 넣어주고 육수를 넣고 끓인다.

② 대파를 어슷하게 썰고, 애호박 얹고 다데기와 조미료를 약간 넣어준 후 끓으면 쑥갓을 얹어서 제공한다.

※매운탕 육수 끓이는 법
2말통에 맹물을 넣은 후 3주먹의 가쓰오부시를 넣어준 후 10분 동안 끓인 후 건져낸다.
※간은 소금간으로 하고 정종과 미원을 넣어 준다.

(1) 대구매운탕

대구는 버릴 것이 그리 많지 않고 1000g을 손질하면 약 900g을 사용 할 수 있다. 내장의 쓸개만 제외하고 간, 고니, 알 등은 전부 사용할 수 있고 아가미 쪽은 깨끗이 손질하여 소금에 절여 젓갈을 담아 먹어도 좋다.

▶ 대구 손질법

생선은 깨끗이 씻어 도마에 올려놓고 아가미 밑에서부터 배지느러미까지 칼로 자른 다음, 내장을 말끔히 떼어내어 소금물에 씻어 놓는다. 대구를 깨끗이 씻어 목 부분을 자르고 머리 부위는 알맞게 토막을 치고 몸통 또한 반으로 (길이) 갈라 알맞은 크기로 토막을 친다. 머리, 내장, 몸통 부위를 구분하여 고루 포장을 해 놓는다. 고니를 따로 구매할 때는 울퉁불퉁한 것이 분명하고 우윳빛이 도는 것을 택해야 한다.

■ 재료 및 비율

재료	비율
생표고버섯(6g)	1
대파(16g)	2.5
배추(16g)	2.5
쑥갓(16g)	2.5
양념장(30g)	5
대구곤이(50g)	8
무(50g)	8
생두부(80g)	13
대구살(180g)	30
육수(600g)	100

이렇게 만드세요

① 대구살은 토막낸다.
② 대구고니는 잘라 놓는다.
③ 생두부는 납작썰기한다.
④ 생표고버섯 1장을 생긴대로 도톰하게 0.5cm 썬다.
⑤ 배추를 길이 5cm, 폭 2cm로 썬다.
⑥ 무는 데쳐서 은행잎 모양으로 썬다.
⑦ 대파는 어슷썰기한다.
⑧ 쑥갓은 한줄기씩 끊어 놓는다.

봉주방장 해법

대구 수컷은 정액선인 고니가 있으며, 대구 암컷은 당연히 명란이 있다.

(2) 조개찜을 이용한 매운탕

■ 주재료 비율(4인 기준)

잔새우 8마리
꽃게 8쪽
두부부침 8쪽
미나리초대 8쪽
조갯살전 8개
중합찜 8개

■ 부재료 야채비율

미나리 적량
버섯 2종(표고, 느타리, 팽이 등) 적량
쑥갓, 홍고추 적량
어슷썬 대파 적량

이렇게 만드세요

① 새우는 지름이 5~6mm 크기로 1인에 2마리 정도 넣어준다.
② 꽃게는 한잎 크기로 1인에 2쪽 정도 넣어준다.
③ 두부는 손두부를 구매하여 약간의 소금, 후추를 뿌리고 노릇노릇하게 지져낸다.
④ 미나리 초대도 1인에 2개 정도 넣어준다.
⑤ 조갯살은 바지락살이 가장 좋으며 계란물에 담그었다가 지짐한다. 그 전에 밀가루를 입혀야 한다.
⑥ 중합은 해감시킨 후 삶아서 살을 발라 다음은 바지락살과 함께 거칠게 다진다. 대구살을 쪄서 함께 혼합하는데, 혼다시, 후추, 소금으로 간을 한 다음 조개껍데기에 담고 밀가루를 표면에 뿌린 후 계란물을 칠

■ 양념 매운탕양념	하고 찜통에 쪄서 식힌 후 냉동 또는 냉장보관하여 필요시 사용한다. ⑦ 육수는 조개탕 국물과 생선뼈(흰살생선뼈 : 은대구, 농어, 광어, 대구) 국물이 제일 좋다. 뼈육수 끓일 때는 마늘, 다시마, 소주, 생강 약간, 양파, 대파를 넣고 끓이는데, 다시마, 대파, 양파는 끓는 상태에서 20분만 끓인다(기본 육수편에 소개되어 있다). ※게껍질을 이용하여 게살, 조갯살, 흰살생선 찐 것을 마늘, 혼다시, 소금, 후추를 넣고 양념하여 속을 채운 후 계란물을 칠하고 쪄서 조개찜 대용으로 해도 좋다. 일종의 게강정이다.

(3) 생선지리탕 : 생선을 맑게 끓이는 탕

미○마에서 하는 매운탕 방법입니다.

이렇게 만드세요

복어지리

① 맹물을 이용하는 것이 좋다. 또는 가쓰오 약간 넣은 국물을 이용하는 것도 좋다.
② 야채(무, 콩나물, 배추)데친 후 불에 올린다.
③ 생선을 넣어주고 끓으면 대파, 미나리, 두부, 미원 1t 넣고 끓여서 나간다.

※ 간은 소금으로만 하고 정종 1t 넣는다.
※ 조개 다시다는 넣지 않는다.

생선지리탕은 맑게 끓이는 탕으로, 매운 맛을 피해 개운하며 시원한 맛을 원하는 손님이 주문하는 경우가 있어 알아두어야 한다. 그러나 한 식당에서 가끔 찾는 생선(대구, 도미 등) 지리탕을 위해 국물을 새롭게 끓일 수는 없다. 그래서 다음과 같은 방법을 제시해 본다.

■ 재료 및 비율

재료	비율
다시마	약간
레몬	약간
미원	0.5
소금	2
미나리	10
야채류	20 (1차 야채 : 데친 배추, 무, 콩나물) (2차 야채 : 대파, 미나리)
생선뼈	20

■ 육수

재료	비율
다시마	5
다시멸치	5
물	100

이렇게 만드세요

① 끓이고자 하는 냄비에 800g(4컵)의 물을 넣고 5~6마리의 국멸치와 작은 다시마 조각을 넣고 끓인다(1인 분량).
② 국물이 엷은 갈색이 되면 국멸치와 다시마를 건져낸다.
③ 손질된 토막생선과 뼈에 끓는 물을 한 번 끼얹어 주거나 데쳐 낸다.
④ 미나리를 제외한 야채(매운탕에 들어가는 야채와 같은 종류)를 냄비에 넣고 그 위에 생선을 놓는다.
⑤ 다시마 국물을 넣는다.
⑥ 소금으로 간을 하고 조미료를 조금 넣는다.
⑦ 마지막으로 미나리, 레몬 1조각을 넣어 지리초와 곁들여 낸다.

▶ 지리초(맑게 끓인 탕의 양념) 만들기

지리초(양념소스)는 맑게 끓인 생선을 찍어 먹기 위해 곁들이는 것이다. 만드는 법은 2가지가 있다.

■ 방법 A

재료	비율
실파	5
레몬조각	5
기꼬망간장	10
식초	50
멸치국물	100

■ 방법 B : 전통적인 일본식 지리초

재료	비율
정종	조금
미림	20
기꼬망간장	80
식초	100
다시마국물	100

이렇게 만드세요

방법 A

① 멸치국물에 식초, 진간장, 레몬 1조각을 넣고 섞는다.
② 실파는 송송 썰어 넣어준다.

방법 B

① 대체적으로 다시마국물 : 식초 : 진간장 = 1 : 1 : 1로 혼합한다.
② 지리초에는 레몬 1조각, 송송 썰은 파, 고춧가루 무침(무즙에 고운 고춧가루를 묻혀 둥글게 만든 것)을 함께 곁들인다.
설탕 약간, 조미료 약간 넣어 준다.

봉주방장 해법

간장의 종류에는 여러 가지가 있다. 샘표회사에서는,
① 진간장(일반적으로 사용하는 진간장)
② F-금산 : 진간장과 양조발효간장의 중간 맛으로 갈비직접양념할 때에 좋은 맛을 낸다.
③ 501 양조자연발효간장 : 일본의 기꼬망간장과 유사하며, 저자는 샘표501간장이 더 맛이 있는 것 같다. 501간장으로 게장을 담그거나 기꼬망간장으로 게장을 담그면 좋다.
삼양간장에서는 콩간장, 순간장, 진간장이 있는데 콩간장은 순간장보다 깊은 맛이 나므로 소스에 좋고, 순간장은 국수전골, 진기스칸 육수에 좋다.

▶ 게살탕 : 게살과 송이로 만든 탕은 어느 VIP에 접대하여도 최상의 탕일 것이다.

■ 방법 A

재료	비율
미원	약간
후추	약간
소금(5g)	1
식용유(10g)	2
풋고추(25g)	5
파(50g)	10
감자전분(50g)	10
두부(75g)	15
송이버섯(100g)	20
게살(500g)	100

이렇게 만드세요

① 게살은 영덕게살 등의 생것으로 살을 바른다.
② 감자녹말을 묻혀 끓는 물에 데친다.
③ 송이버섯은 채썬다.
④ 두부도 채썬다(약간 도톰하게).
⑤ 풋고추는 어슷썰기한다.
⑥ 냄비에 식용유를 두르고 파와 풋고추를 볶다가 버섯을 슬쩍 볶는다.
⑦ 조개육수를 넣고 끓인다.
⑧ 한소금 끓으면 데쳐낸 게살과 두부를 넣고 소금, 미원, 다진파, 마늘, 후추로 양념한다.

▶ 짬뽕

이렇게 만드세요

① 식용유에 마늘과 쪽파를 볶는다.
② 해물을 넣고 볶는다.
③ 고운고추가루(청양고추가루를 조금 넣어준다.)
④ 야채(배추), 시금치, 양파채, 버섯, 호박을 넣어준다.
⑤ 육수를 넣어준다(조개국물과 일반육수)
⑥ 소금, 미원, 국간장
⑦ 쇠고기다시다를 약간 넣어준다.

3. 닭육수로 끓이는 탕

1) 삼계탕

▶ 닭손질법: 삼계탕에 쓰는 닭은 450~500g이 좋다. 2개월 키운 닭을 구입하여 목 부위를 2~3cm 남기고 자르고 닭꽁지 부위의 기름을 제거하고 2cm 정도 자른다. 다리는 관절 중심으로 자르고 날개 끝도 잘라낸다.

▶ 닭육수를 진하게 하기 위해서는 가격이 저렴한 닭뼈/닭발의 핏줄을 제거하여 푹 끓여 사용한다.

▶ 닭육수를 맛있게 하려면 들깨가루, 살짝 볶은 흰콩가루, 곱게 빻은 참깨가루를 조금 넣어준다.

■ 재료 및 비율

삼계닭 1마리 불린 찹쌀 4~5 수저
인삼 1뿌리　대추 2개
통마늘 2개　생률 1개　은행 2개

■ 보관방법

맛있게 만들어 놓은 삼계탕은 언제 판매될지 모르기 때문에 보관방법이 무엇보다도 중요하다.

① 약간 두툼한 비닐을 사용하여 식은 닭육수를 한 국자 넣고, 건져 놓은 닭을 넣은 후 윗부분을 묶어서 봉한다..
② 봉한 후 얼음물에 넣으면 3일 정도는 사용할 수 있다. 냉동시에는 −4~−3℃에서 5일까지 사용이 가능하고 -10℃ 이하에서는 보름까지 사용 가능하지만 냉동보관방법은 피하는 것이 좋다.
③ 원칙적으로 삼계탕 요리로 완성된 닭을 냉동시키면 맛이 좋지 않다. 요리 즉시 제공되는 것이 맛이 최고 좋다. 부득이하면 식은 삼계탕을 비닐봉지에 유긋와 함께 담아 꼭 동여메고 얼음물에 넣고 냉장보관하면 3일까지는 사용할 수 있다.

이렇게 만드세요

① 찹쌀은 씻어 불린다.
② 마른대추도 씻어 놓는다.
③ 생율과 통마늘을 준비한다.
④ 인삼은 3년근으로 3등분 또는 2등분 한다.
⑤ 재료 넣는 순서는 대추 1개, 찹쌀 소복히 3큰술, 마늘 2개, 생율 1개, 미삼을 순서에 맞춰 넣는다.
⑥ 다리를 S자 모양으로 겹쳐 위쪽에 있는 다리는 반대쪽 다리 사이의 살가죽을 숟가락 뒤쪽으로 2cm 정도 찢어 끼워 넣는다. 이 방법은 숙련을 요구하므로 미숙할 때는 대꼬챙이로 꿰맨다.
⑦ 닭을 삶을 때 물은 닭의 1.5배 정도 넣어준다. 여기에 작업하고 남은 미삼, 마늘, 찹쌀을 넣고 끓인다. 끓기 시작하면 닭을 넣어 준다.
⑧ 30분 정도 끓이면 뱃속의 찹쌀이 익어 삼계닭이 통통해지는데 10분 정도 경과 후 불을 끄고 육즙이 함유되도록 뜸을 들인 뒤 건져낸다.

※다 익은 닭을 국에서 건져 장기간 방치하면 공기와 접촉되어 갈변이 된다. 갈변 방지를 위해 닭 위에 젖은 수건을 덮어 주면 좋다.
※곰탕육수를 섞어주면 좋다(1/2). 또는 진한 닭뼈육수를 혼합해 준다.
※썰은 파와 후추, 마늘, 조미료 등을 적량 넣는다.

봉주방장 해법

① 외국에서의 한식당은 보통 50~60가지의 메뉴차림은 보통이다. 아마도 한국음식의 백화점같은 차림을 하고 있으니 맛을 유지하기가 보통 곤욕스러운 것이 아니다. 부득이 만든 것을 언제 손님이 원할지 모르니 냉동보관해야 하는데 삶은 삼계탕을 목부위의 틈새와 뒷부분의 틈새를 비닐로 매듭을 지어 집어넣고 봉지에 담아 육수를 넣은 후 냉동시켰다.
② 드문일이지만 손님이 삼계탕을 주문하면 준비된 삼계탕용 닭의 봉지를 전자렌지에 돌려 매듭을 하였던 비닐을 당겨 뺀다. 돌그릇에 삼계탕용 닭을 넣고 곰탕육수를 채운 후 끓인다.
※매듭이 닭의 뱃속에 깊게 자리하였다가 빠졌으므로 뜨거운 육수가 신속히 안으로 진입되어 빨리 끓게 하기 위함이다.

중앙일보 6/13 토속촌에 관한 신문

① 2개월 키운 닭을 사용
② 눈에 보이는 재료 영계속에 찹쌀, 삼, 은행, 대추, 토종밤(껍질째)를 잘라 넣는다.(밤을 껍질째 넣으면 닭에 잡냄새를 제거할 수 있다.)
③ 고명으로 흑임자, 잣, 대파를 송송 썰어서 올렸다.

2) 초계탕

■ 특징	이렇게 만드세요
① 닭비린내가 없고 살코기가 연하고 부드럽다. ② 삼냄새가 나지 않아 아이들에게도 부담이 없다. ③ 국물이 미음처럼 걸죽하고 구수한 맛이 난다. ④ 닭 크기가 한 사람이 먹기 좋은 영계다.	**기본육수** ① 닭발, 잡뼈를 깨끗이 손질하여 1시간 정도 푹 끓인 뒤 건더기를 거른다. ② 우유에(찹쌀, 감자, 볶은참깨, 들깨볶은 것 약간, 날콩가루) 넣고 곱게 갈아 채에 거른다. ③ ①, ②를 혼합한다. **삼계준비하기** ① 찹쌀은 씻어서 물에 불려 놓고 방은 껍질을 까지 말고 반으로 가른다. ② 은행, 통마늘, 대추, 인삼은 찬물에 씻어 준비해 둔다. ③ 닭은 손을 갈비뼈까지 넣어 깨끗이 핏물을 제거하여 조리한다.

초계탕은 닭고기 살만을 곱게 찢고, 닭 육수는 차갑게 식혀 기름을 걷어낸 후 걸러주고, 볶은 통깨 간 것과 볶은 잣 간 것을 섞어 준다. 그리고 소금, 식초, 설탕으로 새콤달콤하게 간하고 다진 마늘, 후추를 혼합하여 양념한 고기(닭고기살)와 곁들인 야채에 부어주는 것이다.

■ 재료 및 비율	이렇게 만드세요
후추 조금 소금 조금 생강 2 마늘 2 미나리초대 5 배 5 참소라살 5 닭고기살 30 닭육수 100 대파 3 붉은고추 3 양배추 5 오이 5	① 양배추는 새콤달콤하게 절여 준비한다. ② 오이는 채 썰고 배는 편으로 썬다. ③ 닭은 깨끗이 손질하여 생강, 인삼뿌리, 대파, 붉은 고추, 마늘, 소금을 넣고 삶은 후 찢어 놓는다. ④ 찢은 고기는 마늘, 참기름, 소금, 후추로 밑간을 한다. ⑤ 소라살은 참소라살로 하여 데친 후 내장을 제거하고 저며 썬다. ⑥ 재료를 잘 돌려 담고 육수를 붓는다. ※소라살 대신 문어살, 갑오징어 등을 이용해도 좋다. ※육수를 맑게 할 수도 있다.

3) 누룽지백숙

이렇게 만드세요

①누룽지백숙 전용 코팅압력솥을 준비한다. ②토종닭은 2.5kg 정도로 기름을 철저히 제거하고 잘 씻어놓는다.

③부재료: 대추, 밤, 인삼, 은행을 준비한다.

④불린 쌀을 잘 씻어 찹쌀 3 : 멥쌀 1.5 : 녹두 0.5 비율로 섞어서 준비해놓았다가 닭 한 마리에 4C을 밑에 깔고 쌀뜨물로 손등 위로 잡고 그 위에 닭의 배 쪽이 위로 오게 하여 부재료를 넣고 불을 켠다.

⑤압력솥이 딸랑거리면 그때부터 7분 후에 불을 줄여 16분(오리는 22분) 후에 불을 끄고 압력을 뺀 다음 정해진 그릇에 밥솥을 엎어서 제공한다.

⑥대량으로 할 때는 압력솥이 딸랑거리고 7분이 지난 후에 불을 끄고 대기하고 30분~1시간 후에 다시 불을 중불로 하여 딸랑거리면 7분간 더 가열(오리는 8~9분)한 후 압력을 빼고 그릇에 엎어서 제공한다.

※누룽지백숙 전용 코팅압력솥을 준비한다.

4) 용봉탕

용봉탕이란 원래 용과 봉황을 가리키는 말이다. 그러나 잊혀져 가는 우리 전통 보양식인 용봉탕에서의 용이란 잉어, 봉을 닭은 말한다. 지방 또는 특정한 지역, 이것을 만드는 음식점에 따라 혹은 먹는 사람의 식성이나 비위, 약효 등을 고려하여 잉어대신 자라를 넣기도 하고 자라와 잉어 또는 자라와 닭을 함께 넣은 다음 갖가지 양념이나 인삼, 대추, 잣, 밤, 감초, 구기자, 계피, 당귀, 팔향각 등의 약재를 넣고 끓여서 만든 탕을 용봉탕이라 한다.

또 사람마다 다른 체질적 특성이나 건강상태, 질병의 종류, 나이, 남녀의 차이 등에 따라 적합한 재료들을 선택해서 넣어 만든 용봉탕을 먹는 것이 이롭다. 이를테면 출산 후의 부인이나 젖이 부족한 산모, 몸이 허약한 환자나 노인, 어린이 등에게는 잉어와 닭을 넣어 만든 용봉탕이 더 좋다. 또 정력이 부족한 남성이나 허약한 체질인 사람, 빈혈증세가 있는 사람에게는 자라와 잉어, 또는 자라와 닭을 넣은 용봉탕이 효과적이다.

잉어는 잉어과에 속하는 민물고기로 매우 숭엄하다고 알려져 있다. 잉어의 성분 중에는 소화흡수가 잘 되는 질좋은 단백질 성분이 많이 함유되어 있다. 신체가 허약한 사람, 병후 회복기의 환자, 임산부, 성장기 어린이들에게 매우 유익한 우리가 되찾아야 할 대표적인 우리 전통보양식이다.

■ 재료 및 비율

• 주재료 및 부재료

재료	비율
계란(고명)	5
대추(10개)	5
인삼(5뿌리)	10
표고버섯(5장)	10
영계닭(1마리)	50
잉어(1마리)	100

• 양념

재료	비율
간장	1
다진파	2
간마늘	2
참기름	5

※용봉탕은 맹물에 잉어를 넣고 끓여 국물을 우려내는 것보다 닭을 푹 곤 후 닭에서 우러난 국물에 잉어를 넣고 끓이는 것이 좋다. 이렇게 끓이면 한층 더 맛도 있고 영양가도 풍부하다.

이렇게 만드세요

① 살아 있는 잉어를 골라 입을 매달아 놓고, 꼬리에서 5cm 정도 올라간 곳의 양쪽에 칼집을 깊게 넣어 피를 뺀다.(동맥을 절단하여 혈액을 최대한 빼라는 의미) 비늘을 긁고 내장을 꺼내서 깨끗이 씻어 토막을 친다.
② 닭은 잘 손질하여 내장을 꺼내고 씻어서, 물을 넉넉히 붓고 삶는다. 닭이 거의 물렀을 때에는 잉어 토막을 넣어 충분히 익도록 끓인 다음 소금으로 간을 맞춰 식혀서 기름을 걷어 낸다.
③ 닭살은 건져 껍질을 벗기고, 살은 굵직하게 뜯어 양념한다.
④ 버섯과 인삼, 대추는 손질하여 골패 모양으로 썬 다음 참기름에 살짝 볶는다.
⑤ 양념한 닭살과 볶은 버섯 등을 잉어 국물에 넣고 함께 끓인다.
⑥ 대접에 잉어 토막을 담고 닭고기를 얹은 다음, 국물을 붓고 버섯과 황백 지단을 보기 좋게 얹은 다음, 손님 상에 낸다.

봉주방장의 고백

솔직히 용봉탕 음식은 안해봤습니다.
사실 자료를 기록하면서도 경험을 안해봤으니 현실감이 떨어집니다.

5) 오리탕 / 닭도리탕

이렇게 만드세요

① 깨끗이 씻은 오리와 닭은 토막을 낸다.
② 감자, 당근은 토막을 쳐서 준비해 놓는다.
③ 토막친 오리와 닭은 3~5분간 뜨거운 물에 넣고 데친다.
④ 다시 새물에 오리와 닭을 넣고 끓인다.
⑤ 된장으로 간을 맞춘 후 굵은 고춧가루, 후추, 간마늘, 간생강, 미원 조금을 넣는다. 어느정도 익으면 감자와 당근을 넣는다.
⑥ 제공할 때는 쑥, 갓, 미나리를 넣고 제공한다.

오리, 닭은 시내보다는 시왕에서 흔히 볼 수 있는 요리로서 의외로 즐기는 층이 많다. 평범한 것 같으면서도 나름대로의 비법들이 있다. 여기서는 봉주방장이 최근(2000년도)에 오리와 보신탕 전문점에서 근무할 당시 배우고 연구한 내용을 소개한다.

■ 재료 및 비율

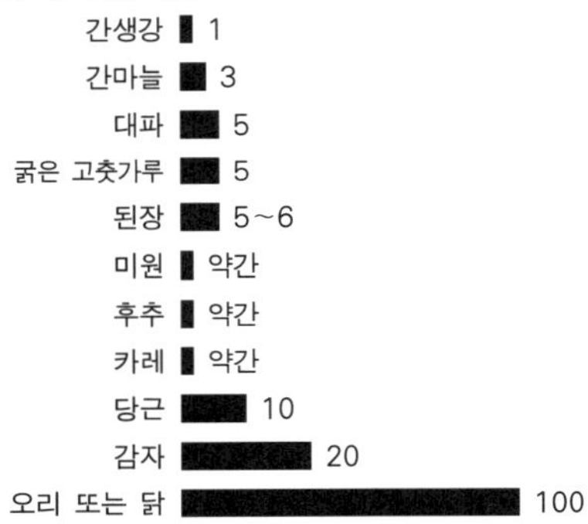

이렇게 만드세요

① 닭과 오리는 토막을 내어 3~5분 삶아낸다.
② 새물을 넣은 후 오리, 닭, 감자, 당근을 넣고 자작하게 끓인다.
③ 된장으로 간을 맞춘다.
④ 굵은 고춧가루, 후추, 간마늘, 간생간, 미원 넣고 간을 한다.
⑤ 압력 솥에서 약 20분, 일밤냄비에서 약 35~40분 후 완성하는데 고명으로 쑥갓, 미나리를 얹는다

봉주방장의 오리전골 양념장 비법

오리를 삶아서(2시간 정도 삶는다.) 살을 찢어 놓는다. 인분씩 육수를 보관해도 좋다.
양념장 : 고춧가루 100%, 된장 70%, 간마늘 25%, 참기름, 들기름 각각 15%, 간 생강 6~7% 후추3%, 소금 3%
사용량은 전골에는 작은국자로 1국자

제2절 국 류

우리 민족의 밥을 주식으로 하는 반상차림에는 국을 반드시 차림하여야 한다. 국은 탕(湯)으로 탕과 같은 내용이지만 구분하기로는 탕은 주식적인 개념이고 국은 반상차림에 곁드려지는 부식적인 개념으

로 인식되어져 있다. 그러한 이유로 여기서는 탕과 국을 구분하여 정리하였다.

▶ 국물의 기본으로는

- 쌀 씻은 물(쌀뜨물) : 과거에는 국을 끓일 때 쌀을 처음 씻은 물은 버리고 2~3번째 씻은 물을 이용했다. 쌀의 전분성의 농도가 국물에 진하고 부드러움을 주었다.
- 멸치 또는 조개국물 : 멸치국물은 반드시 국멸치(크고 황색의 멸치)를 사용하며 조개국물과 혼합해서도 사용한다. 조개국물은 모시조개국물이 으뜸이며 바지락조개도 국물이 매우 진하다.
- 쇠고기 육수 : 된장, 고추장을 넣어 탁한 국물을 끓이는데는 잡뼈를 푹 고은 육수나 양지육수가 으뜸인데, 양지 중에서도 양지머리 부위가 육수의 진한 맛은 최고이며 약간의 기름기는 깊은 맛을 더한다. 뼈육수와 맑은 육수는 혼합하여 사용하기도 한다.

이밖에 단순히 맹물로 육수를 대신하여 끓이기도 한다.

▶ 국물의 구분으로는

국의 구분으로는 맑은 국류, 토장국류, 냉국류로 구분하였고 한국음식의 국은 먹을 수 있는 거의 모든 재료를 국으로 사용될 수 있다. 그러나 상차림의 내용, 계절, 때(아침, 점심, 저녁)를 잘 고려하여 차림하여야 한다.

1. 맑은 국류

맑은 국은 여러 가지가 있겠다. 일반적으로 맑은 국은 쇠고기를 사용하지만 해산물로서는 조개를 많이 이용하면 건어물인 멸치, 다시마로 국물을 내어 콩나물을 끓이기도 한다. 국의 맛은 소금과 청장(국간장)을 사용하며 조개를 이용한 탕은 굵은 소금만으로 간을 하며 깔끔한 맛을 낸다.

봉주방장 해법
맑은 국물을 낼 때에는 시원한 맛을 강조하기 위하여 무를 넣지만 콩나물을 끓여 건져내고 육수를 사용하면 어느 국물이나 맑은 국에는 어울리며, 하물며 된장찌개에도 어울린다.

(1) 무 국

무국은 가장 기본적이면서도 끓이는 방법에 따라 맛의 차이가 크며 중요하기 때문에 자세히 언급한다.

무는 전분의 분해효소인 디아스타아제, 글리코시다제 등의 소화촉진제가 있으며 보리, 메밀의 특이 성분의 중화작용과 독소를 해독시키는 성분이 있어 일식 요리에는 소스에 많이 첨가하여 먹는다. 무는 혼자서 도드라지기보다는 다른 음식과 함께 먹으면 더욱 좋은 채소이다. *※좋은 생각 2001년 1월호*

❶ 무쇠고기다시마국

■ 재료 및 비율

재료	비율
조미료	약간
후추	약간
소금(½C)	1
국간장(½C)	1
마늘간것(200g)	2
다시마(30~40cm)	2
양지고기(1kg)	10
무(2kg)	20
물(10ℓ)	100

※무를 볶을 때 은근히 볶는 것이 비결. 무에서 뽀얀 국물이 나오도록 자주 뒤집어 주면서 설경하게 익히는 것이 비결임. 무를 볶을 때는 절대로 소금을 먼저 넣어 볶으면 안된다.

이렇게 만드세요

방법 1 : 국물에 무를 넣는 직접 끓이는 법(무 써는 방법은 나박썰기가 좋다)

① 양지고기덩이를 핏물을 빼고

② 끓는 물에 넣고 3시간정도 은근히 끓이는데 약간의 소금, 조미료, 후추를 넣고 끓인다. 미리 간을 해야 고기 맛도 좋다.

③ 다시마도 넣고 끓이는데, 끓기 시작하면 5분 후에 건져내어 골패모양 또는 마름모모양으로 썰어 놓는다.

④ 무는 나무 젓가락 굵기로 0.5cm 지름으로 약간 굵게 길이는 2.5cm로 썰거나, 나박썰기 해도 좋다.

⑤ 고기는 건져내어 기름을 제거한 후 납작썰기하여 무와 함께 넣고 다시마도 넣은 후 2차로 끓인다.

⑥ 무가 무를 때까지 마늘을 넣고 후추를 넣은 후 간을 맞춘다.

※양지 고깃덩이가 없고 손질하고 남은 고기를 이용할 때에는 기름과 막을 제거하고 송송썰기하여 찬물에 헹궈서 핏물을 제거 후, 기본간(참기름, 소금, 후추, 다진마늘)을 하여 볶아준 후에 썰어놓은 무를 넣고 몇 번 더 볶아준 다음 물을 붓고 끓인다.

※다진 마늘이 국물에 지저분하게 보여진다고 생각될 때에는 헝겊에 싸서 넣고 끓여주거나 멸치망에 넣고 넣어준다.

③ 반드시 국간장을 넣어야 한다.

방법 2 : 무채로 썰어 볶아서 끓이는 법

① 무를 길이가 6~7cm로 두께는 젓가락 끝부위 굵기로 썬다.

② 쇠고기도 채썬다.

③ 냄비에 약간의 식용유와 참기름을 반반씩 넣어 마늘과 쇠고기를 넣고 볶은 후 은근한 불에서 간마늘과 무채를 넣고 조물조물 반쯤쯤 익게 은근히 볶아준다.

④ 무가 절반쯤 익으면 물 또는 육수를 넣은 후 소금을 넣고 간을 다시 맞춘 후 끓여서 고명으로 파 등을 넣고 마무리한다.

❷ 무새우젓국 : 토속적인 옛날의 방법이다.

■ 재료 및 비율

재료	비율
흰후추	1
간마늘	3
새우젓	6
무채	40
물	100

이렇게 만드세요

① 무채썬 것을 간마늘을 넣은 후 숨이 약간 죽을 때까지 기름을 넣지 말고 그대로 볶아준다.

② 물을 붓고 새우젓, 후추로 맛을 낸다.

③ 굵은 고춧가루를 약간 넣을 수 있고, 두부, 굴을 넣고 실파를 송송썰어 고명을 한 후 끝낸다.

(2) 감자국

감자는 녹말성분이 많아 포만감이 부족할 때 어울리는 음식이다. 또한 감자는 각종 탕에 부재료로써 많이 사용된다.

■ 재료 및 비율

재료	비율
조미료	약간
후추	약간
소금	약간
참기름	1
다진마늘	1
국간장	3
실파	5
대파	5
쇠고기	15 (북한식으로는 돼지고기)
감자	30
쇠고기육수 또는 멸치 육수	100

이렇게 만드세요

① 감자는 손질하여 1/4의 은행잎 모양이나 젓가락 굵기로 채썰기한다.
② 쇠고기 또는 돼지고기를 가늘게 채썰어 마늘, 참기름, 간장에 볶아준다.
③ 찬물을 붓고 감자를 넣고 소금으로 간을 한 후 끓인다.
④ 국이 다 되면 국간장을 넣고 조미료를 넣은 후 파를 넣고 손님께 드린다.

(3) 토란국

한식요리 경험이 많은 분들도 토란은 취급하기 어려워 할 수 있다. 한방에서 토란은 열을 내리게 하고 위와 장의 운동을 원활하게 한다고 한다. 그러나 토란은 독성이 있어 취급에 주의를 요구한다. 또한 토란국은 추석전후의 가을에 이용되는 계절음식이다.

■ 재료 및 비율

재료	비율
미원(2g)	0.2
후추(5g)	0.5
소금(20g)	2
마늘(50g)	5
다시마(100g)	10
양지고기(150g)	15
무(300g)	30
토란(300g)	30
맑은육수(1000g)	100

※토란은 강알카리성으로 생토란의 액이 피부에 접촉되면 발열이 되며 통증을 느낀다.
※생토란을 먹게 되면 목젖이 붓고, 통증이 심하여 위험하므로 주의하도록 한다.
※토란은 봄, 여름에는 알카리성(독성)이 강하여 사용하지 않는 것이 좋으며 주로 가을, 겨울에 사용하면 무난하다.

이렇게 만드세요

① 토란은 겉껍질을 벗겨 손질하여 적당한 크기로 잘라 끓는 물에 살짝 삶는다(미끈거리는 것이 없어질 때까지 찬물에 씻어 놓는다).
② 육수는 맑은 육수(양지머리육수)로 하고, 무를 토란과 동량으로 깍둑썰기하여 다시마를 넣고 무가 살짝 익을 때까지 끓이고 다시마는 건져 직사각 모양으로 썬다.
③ 양지를 적당한 크기로 썰어 넣고 토란을 넣는다. 다시마를 넣은 후 국간장과 조미료를 약간 넣고 소금으로 간한다.

※토란국을 맛있게 끓였는데 영업시간 동안 계속 끓여 놓고 있으면 무와 토란이 풀어져 보기 좋지 않다. 또한 맛도 텁텁해진다. 이런 경우 무는 반드시 결대로 썰어야 풀어지지 않는다. 또한 건더기를 건져 마르지 않게 육수를 부어 따로 보관한다. 토란국 육수만 끓여 놓고 필요시 건더기를 넣어 뜨겁게 하여 손님께 드린다.
※고명으로 알지단을 넣을 수 있고 후춧가루를 조금 넣어도 좋다.
※구매한 토란은 손질하여 쌀뜨물에 담가 놓으면 토란의 알싸한 맛이 없어진다.

(4) 애탕국

봄에 나는 햇쑥과 쇠고기를 다지거나 생선살을 다져서 약간의 밀가루를 사용하여 완자를 빚어 계란물에 담갔다가 끓인 국이다.

■ 재료 및 비율

재료	비율
후추	0.2 약간
참기름	1 약간
파마늘 다진것	1
국간장	1
소금	2
계란	10
쑥	25
쇠고기/흰살생선	25
육수	100

이렇게 만드세요

① 쑥은 살짝 데쳐서 다지고 쇠고기 또는 생선살을 다져서 기본양념인 소금, 파, 마늘, 후추, 참기름으로 간을 맞춘 후 직경 1.5cm 정도의 완자를 빚는다.

② 쇠고기 완자로 끓일 때는 쇠고기 맑은 장국을 이용하고, 흰생선일 때는 조개탕 육수로 끓인다.

③ 끓는 육수에 빚어 놓은 완자를 밀가루를 묻힌 후 계란물에 적셔서 넣고 떠오르면 국물과 함께 손님께 드린다.

※완자를 직접 계란물에 담가 끓이면 계란물에 의하여 국물이 맑지 않다. 소금을 약간 넣은 물에 데쳐낸 후 찬물 또는 얼음물에 식혀 놓았다가 끓는 육수에 5~6개를 넣어 준다.

(5) 미역국

미역국 끓이는 법은 지역적 특성에 따라 여러 가지 방법이 있겠으나, 쇠고기 육수, 조개 육수, 멸치 액젓 육수로 끓이는 세 가지 방법이 있다.

봉주방장 해법

- 미역국을 장시간 계속 끓이게 되면 미역이 흐물흐물 풀어지거나 색이 좋지 않으므로 주의하도록 한다.
- 미역을 간장, 참기름에 볶아주고 육수만 따로 끓여 준비해 놓는다. 고명에 사용할 꾸미(쇠고기, 해물 등)는 익혀서 건져 놓았다가 필요시 적량을 넣고 끓이면 미역의 색도 좋고 탄력이 있어 촉감도 좋다.

▶ 방법 1. 육수로 끓이는 법

■ 재료 및 비율

재료	비율
쇠고기다시다(10g)	1
소금(20g)	2
조선간장(20g)	2
간마늘(30g)	3
참기름(50g)	5
양지고기(150g)	15
미역(500g)	50
육수(1000g)	100

이렇게 만드세요

① 불린 미역을 깨끗이 씻어 적당한 크기로 자른다.

② 미역에 다진마늘, 국간장, 다시마 가루를 넣고 참기름으로 볶은 후 육수를 붓고 끓인다.

※대량으로 할 때는 볶는 대신 양념을 미역과 함께 조물조물 무쳐 끓인다.
※소금으로 간을, 조선간장으로 색깔을 맞춘다.
※쇠고기는 처음부터 잘게 썬 고기를 넣을 수도 있으나 육수를 끓일 때 덩어리 고기로 크게 썰어 넣고 2시간 정도 끓인 후 알맞은 크기로 찢어 넣는 방법도 있다.

▶ 방법 2. 멸치액젓으로 끓이는 법(전라도식 미역국)

조개탕 국물 반과 고기육수 반을 섞은 후 끓이면 별미를 즐길 수 있다. 소금과 멸치액젓으로 간을 하면 개운한 미역국을 끓일 수 있으며 여기에는 해물인 굴, 홍합, 흰살 생선을 넣으면 더욱 좋다.

봉주방장 해법 : 미역냉국

① 불려 씻은 미역을 끓는 물에 살짝 데쳐 찬물에 씻은 후 먹기 좋게 썬다.

② 데쳐 낸 미역국물에 다시마가루(일제 : 玉露園 KON BUCHA), 다진마늘, 동글썰기한 파, 다져 볶은 고추, 국간장, 식초로 맛을 낸다.

※맛있는 냉국물은 다시마, 가쓰오부시(건다랑어)로 끓인 다시마국물이 더욱 좋다.

(6) 콩나물국

콩나물은 계절에 관계없이 우리 입맛에 항상 친근함을 주는 나물로서 국물 끓이는 방법 또한 다양하며, 가장 쉬우면서도 결코 쉽지 않은 요리이다.

▶ 기본 : 콩나물만 이용하여 끓이는 법

■ 재료 및 비율

재료	비율
다진마늘	2
소금	2
실파	5
콩나물	30
물	100

이렇게 만드세요

① 콩나물은 뿌리 부위만 자르고 약간의 소금과 찬물을 자작하게 붓고 뚜껑을 덮고 10분 정도 끓이다가 콩비린 냄새가 안나게 설컹하게 익으면 물을 콩나물 전체양의 3~4배를 더 붓고 10분 정도 끓인다.

② 소금과 마늘을 넣고 실파를 5~6cm로 썰어 넣은 후 한소큼 끓인 후 드린다.

※파를 송송 썰어 넣을 때는 손님께 드릴 때 약간 넣는다.

▶ 봉주방장의 여러 가지 콩나물 끓이는 방법

- 쇠고기를 넣을 때는 쇠고기를 채썰어 마늘, 소금, 간장을 넣어 양념하고 볶아준 다음, 콩나물을 넣고 물을 붓고 뚜껑을 덮고 한소큼 끓인 후 뚜껑을 열고 끓인다.
- 마른 북어채를 넣을 때는 북어채를 물에 얼른 헹굼하여 물을 꼭 짜내고 소금, 마늘, 참기름 적량, 계란을 풀어 혼합해 주고 콩나물국이 끓을 때 떼어 넣는다.
- 조개를 넣을 때는 주로 중간 크기의 중합, 바지락, 모시조개 등을 많이 사용하는데 구매를 하면 껍질부위의 개흙을 씻고 굵은 소금물을 바닷물 농도로 맞추고 하루를 놓아두면 개흙을 토해낸다. 그럼에도 불구하고 사용할 때에는 칼을 이용, 조개 입을 벌리고 가볍게 씻어 넣는다. 조개가 싱싱한 것은 두 개를 부딪쳐 보면 맑은 소리가 난다.
- 돼지고기를 넣을 때(개성식)는 돼지고기를 가늘게 채썰어 기름을 두르고 돼지고기를 볶다가 콩나물을 넣는다. 소금을 뿌리고 뚜껑을 덮어 콩비린내가 나지 않을 때까지 김을 올린 다음 물을 붓고 끓인다. 국이 다 되면 파를 어슷썰기하여 넣고 다진 마늘, 소금, 약간의 국간장을 넣고 끓인 다음 손님께 드린다.

(7) 생 버섯국

버섯국 재료로서는 느타리, 표고, 팽이버섯이 좋다. 또는 몇 가지를 혼합하면 더욱 좋다.

■ 재료 및 비율

재료	비율
조미료	약간
통깨	약간
후추	약간
참기름	1
소금	1
국간장	2
식용유	2
마늘	3
대파	5
버섯	10 생표고, 느타리, 팽이
닭	20
물	100

이렇게 만드세요

① 닭의 5~6배의 물을 넣고 끓여 대파와 통마늘을 넣고 약간의 소금을 넣고 약 1시간 30분 정도 끓인다.
② 삶아진 닭고기는 살을 찢어 놓고 닭육수는 소금과 국간장으로 간을 맞춘다.
③ 버섯은 생표고의 꼭지를 떼어내고 채친후 데쳐 내거나, 대여섯쪽 손으로 뜯어놓고 느타리는 데친 후에 찢는 것보다는 찢은 후에 데치는 것이 좋다.
④ 볶음팬에 식용유를 두르고 버섯을 볶다가 다진파와 마늘, 간장을 넣고 더 볶는다.
⑤ 찢어 놓은 닭고기와 버섯을 함께 버무리는데 후추, 통깨, 조미료, 약간의 소금으로 간을 한다.
⑥ 닭육수를 붓는다.

※버섯과 닭고기 육수에 넣고 오래 끓이면 신선한 느낌과 국물의 탁도가 좋지 않으므로 손님이 오시면 마무리한 닭고기와 버섯을 준비해 놓고, 재료를 구멍 뚫린 거름기 또는 아미체에 넣고 끓는 육수에 데쳐 뜨겁게 하고, 국그릇에 담은 후 육수를 부어 주면 신선함을 줄 수 있다.

(8) 생선맑은국(지리탕)

생선은 크게 비늘있는 생선과 비늘 없는 생선으로 나눌 수 있다. 비늘없는 생선은 탕 또는 국으로 사용할 수 없고, 비늘있는 생선은 대부분 흰살생선으로 지방이 적고 담백하므로 국이나 탕용으로 비늘있는 생선을 주로 이용한다. 생선맑은국이나 전을 부침할 때는 대부분 흰살생선을 이용한다. 흰살생선 중에서도 동태, 명태, 농어, 민어, 대구가 좋다.

■ 재료 및 비율

재료	비율
미원	약간
후추	약간
마른고추	1 어슷썰기
소금	1
마늘	1 다진다
정종/소주	2
국간장	2
대파	2 어슷썰기
미나리	3 5~6cm
무	5 나박썰기
생선토막	25 손질하여 토막친다
육수	쇠고기, 조개탕, 육수 100

※생선을 뼈와 껍질을 제거한 후 약 1cm 두께의 포를 떠서 소금, 후추를 약간 뿌려 간을 한다.
※밀가루를 묻힌 후 계란물을 씌워 번철에 지짐하여 준비해 놓고 위와 같은 방법으로 끓이는 방법이 있다.
※쑥갓을 2~3줄기 넣어 줄 수 있다.

이렇게 만드세요

① 쇠고기, 조개탕, 또는 멸치, 다시마 육수 끓이는 법은 앞장을 참고하여 끓인다.
② 육수가 끓을 때 생선토막을 넣고 5분 정도 끓이고 무를 넣은 후 5분 더 끓여주고 홍고추, 대파, 미나리, 마늘 등의 조미를 한 후 거품을 제거하고 잠시 끓인 후 제공한다.

※맑은 생선국은 고춧가루대신 어슷썰기한 붉은 고추를 넣는데, 생고추보다는 마른홍고추가 맛이 톡쏘는 깔끔한 맛을 낸다.
※생강은 비린내를 제거하는데 필요하지만 의외로 육수의 깊은 맛을 반감하므로 조금만 넣는다.
※생선토막의 비린 냄새 제거는 흐르는 물에 깨끗이 씻는 것이 비결이다.

(9) 재첩국

재첩은 직경이 1.5cm 내외의 민물에서 서식하는 토종 조개류로서, 조갯살은 별의미가 없고 국물의 개운한 맛을 즐긴다.

■ 재료 및 비율

재료	비율
굵은소금	2
다진마늘	2
대파	2
팽이버섯	5
재첩	20
물	100

※된장을 약간 풀어 넣어 끓일 수도 있다.
※재첩조개를 건져내고 연두부를 가볍게 썰어 넣고 미나리를 얹어 살짝 끓인 후 제공할 수도 있다.
※재첩 국물에 약간의 바지락조개를 넣고 국물을 진하게 끓일 수도 있다.

이렇게 만드세요

① 구매한 재첩은 고무장갑을 끼고 가볍게 비벼 물로 헹굼하고 깨끗한 물에 소금을 아주 조금만 넣고 물을 충분히 채워 놓는다.
② 하루정도 지나면 재첩 조개가 머금고 있었던 흙, 모래 등을 토해 낸다.
③ 물을 따라낸 후에 고무 장갑을 끼고 강하게 비벼 말끔히 씻는다.
④ 재첩을 앉힌 후 끓인다. 약 2시간 끓이면 뽀얀 국물이 우러나온다. 대파를 송송 썬 것과 팽이버섯을 얹어 제공한다.

봉주방장 해법 : 굴 해장국

배추를 길이 6~7cm, 너비 1.5cm로 썰어 놓는다. 쇠고기는 썰어 설탕을 제외하고 양념하여 볶아주듯 넣어 혼합해 준다. 콩나물도 함께 넣고 끓인다. 해장국이라고 맵게만 끓이는 것이 아니라 개운하게 끓이는 것으로도 시원함을 줄 수 있다. 굴 대신에 북어를 넣어줘도 좋다.

올갱이 들깨국밥

홍고추의 매콤한 맛 된장의 구수한 맛이 시골 밥상을 연상하게 한다.

■ 주재료
올갱이 300g, 부추 50g, 홍고추 2개, 밥 3공기
들깨가루 4큰술

■ 양념
고추장/된장 3큰술, 밀가루 2작은술, 다진파 1작은술, 다진마늘 1/2 작은술, 계란 2개, 소금 약간

이렇게 만드세요

① 올갱이를 소금물에 씻어 끓는물에 데쳐 밀가루, 달걀, 묻혀준다.
② 부추, 홍고추는 5cm 길이로 썬다. 홍고추는 찬물에 헹궈 씨를 뺀다.
③ 올갱이 데친물에 된장, 고추장을 풀고 끓인다.
④ 뚝배기에 밥을 담고 올갱이국을 끓인다. 부족한 간은 소금으로 한다.
⑤ 보글보글 끓이다가 마지막에 들깨가루를 얹는다.

※된장·고추장은 물을 약간 잡아 풀어 넣는 것이 멍우리가 없이 잘 풀어진다.

(10) 두부굴국

■ 재료 및 비율

재료	비율
혼다시	약간
후추	약간
굵은소금	2
홍고추	2 송송썰기하여 씨를 제거한 후 사용
다진마늘	3
쪽파	5
콩나물	10
두부	20
굴	20
물	100

이렇게 만드세요

① 국물은 물에 굴을 넣어 끓이게 되어 시원한 맛을 줄 수 있는데 조개육수가 별도로 있다면 사용하는 것이 좋다. 가격이 저렴한 홍합, 바지락조개를 이용하면 국물을 시원하게 깊은 맛을 낼 수 있다.
② 조개 국물에 두부와 굴을 넣고 콩나물, 쪽파를 넣는데(쪽파 대신 미나리도 괜찮다) 한소큼 끓여낸다.

봉주방장 해법
맛있는 조개탕 육수는 재첩과 바지락, 모시조개 국물로 끓인 것이 가장 맛있다.
물론 이러한 조개육수에 해산물요리에 관한 것을 데쳐서 볶음하거나 찜을 하면 더욱 맛이 있다.

(11) 김칫국

김칫국을 끓이기 위하여 알맞게 익은 김치를 이용해서 국을 끓이기보다는 맛은 덜하지만 손님께 차림하여 드리기가 어려운 시어진 김치를 활용하여 끓이는 것이 좋다. 김치는 어느 재료에도 어울리므로 고기류, 조개류 등을 교환하여 끓일 수 있다.

■ 재료 및 비율

재료	비율
미원	약간
후추	약간
참기름	2
새우젓	2
다진마늘	2
굵은고춧가루	2
대파	5
두부	10
돼지고기	10
배추김치	40
육수	100

이렇게 만드세요

① 배추 속을 털어 내고 1cm 폭으로 송송 썬다.
② 신김치는 물에 담궈 놓았다가 꼭 짜서 새우젓, 고춧가루, 마늘, 참기름, 미원, 후추를 넣고 무침하여 끓는 육수에 넣어준다.
③ 제공직전 두부, 대파를 넣고 끓어오르면 대접한다.

※쇠고기 또는 돼지고기를 김치크기로 썰어 고기를 볶다가 김치도 함께 볶아 넣어주면 된다.
※신김치에는 새우젓 국물과 국간장으로 간을 하면 덜 시며, 깊은 맛을 낼 수 있다.

2. 장국류

장국류는 된장, 고추장을 넣고 끓인 국과 소금, 간장으로 간을 하되 약간의 고춧가루를 넣고 끓이는 방법이 있다. 일반적으로 토장국이라 하여 된장을 넣고 끓인 국을 많이 애용하는데 된장의 맛에 의하여 국물 맛에 많은 차이가 있으므로 선택을 잘해야 한다. 또한 같은 재료라도 된장(토장)국은 중불에서 오래 끓여야 맛이 난다. 그러나 무난한 맛은 재래된장과 시중의 구매된장을 1/2씩 혼합하여 사용하면 토속적인 맛과 깊은 맛을 함께 얻을 수 있다. 고추장을 사용할 때에도 많은 종류의 고추장이 있는데 색상이 좋고 매운 맛이 나는 것이 좋다. 고추장 색상이 좋다는 것은 태양초를 사용한 것을 말한다. 시중의 고추장은 단맛이 강하여 사용하기에는 좋지 않다.

▶ 장(된장 또는 고추장) 넣는 양

된장을 사용할 때	
소금	약간
재래된장	2
구매된장	3
물또는육수	100

고추장을 사용할 때	
국간장	약간
굵은고춧가루	2
고추장	5
물또는육수	100

(1) 시금치국

■ 재료 및 비율

재료	비율
조미료	약간
굵은고춧가루	약간
다진마늘	2
대파또는실파	2
된장	8
모시조갯살	10
시금치	70
조개육수	100

이렇게 만드세요

① 시금치는 "단"으로 구매될 때에는 가지런히 뿌리부위를 자르고 크기에 따라 3~4등분하여 데쳐낸다.

※손질한 시금치를 데쳐낸 다음 잘라줄 수도 있지만 데쳐내기 전에 잘라내는 것이 정갈하다.

② 데쳐낸 시금치는 몇 번 헹굼하여 찬물 또는 얼음물에 보관하였다가 인원수에 맞게 준비된 육수에 넣고 모시조갯살도 고명으로 넣고 한소큼 끓여 대접에 담는다.

봉주방장 해법

조개국물을 기본으로 하여 된장 또는 고추장으로 국물을 할 때에는 먼저 맹물에 조개를 넣어 끓이고 조개를 건져내고 된장 또는 고추장을 넣어야 한다. 건져낸 조개는 살만을 떼어 손님께 끓여 내기 직전 넣어준다. 이때 조개에 모래가 있을 수 있으니 잘 씻어 슴슴한 소금물에 보관하고 사용한다. 냉장 또는 얼음물에 보관하면서 영업을 한다.

(2) 아욱국

아욱은 말린 보리새우가 어울리며 줄기가 굵어야 맛이 있다. 아욱은 수분함량이 크고 약간 싸한 쓴맛이 조금 나며 미끈거림이 있는 것이 특징이다. 줄기는 끝 부위를 조금 잘라 일부 위쪽으로 당기면 껍질이 벗겨진다.

■ 재료 및 비율

재료	비율
조미료(2g)	0.2
실파(10g)	2
다진마늘(20g)	2
새우(30g)	3
된장(150g)	15
아욱(700g)	70
물(1000g)	100

이렇게 만드세요

① 아욱은 잎을 따로 떼어 굵은 소금을 약간 넣고 으깨듯이 주무르고 찬물에 헹굼하여 아욱의 짙푸른 물을 찬물에 헹궈 제거한다.

② 말린 보리새우가 좋고 모시조갯살 또는 바지락살을 넣어준다. 마른새우는 커터기에 갈아 천연 조미료를 만들어 사용할 수도 있다.

※고추장이나 고춧가루를 약간 넣어도 좋다. 국물은 맹물보다는 조개국물과 고기육수를 적당히 혼합하여 넣게 되면 더욱 좋다.

봉주방장 해법

아욱은 별미이고 어른들이 좋아하시는 국이다. 반드시 주의할 것은 소금을 약간 넣고 약 2~3분있다가 으깨듯이 바락바락 주물러서 찬물에 헹궈 진녹색의 아욱 고유의 물을 제거해야만 국이 맑게 된다.

(3) 쑥 국

만드는 법은 "(2) 아욱국"과 비슷하다. 어린 쑥을 깨끗이 씻어 소금을 조금 넣고 주물러서 물에 헹굼하여 푸른 쑥물을 빼고 꼭 짠다. 쌀뜨물에 마른 조갯살, 새우 또는 멸치를 넣고 끓이다가 된장을 푼다. 쑥을 밀가루 또는 날콩가루에 버무려 국물에 띄우고 뚜껑을 덮어 한소끔 끓여낸다. 국간장을 약간 넣어 간을 한다.

(4) 배추된장국

■ 재료 및 비율

재료	비율
조미료(20g)	0.1
쇠고기다시다(100g)	0.5
간마늘(600g)	3
대파(1000g)	5
된장(2000g)	10
얼갈이배추(5000g)	25
육수(20000g)	100

※국물은 맹물보다는 쇠고기 건지가 들어가면 쇠고기 육수를 사용하고, 해조류를 건지로 사용할 때는 조개 육수가 좋다.

이렇게 만드세요

① 대파는 5~6cm로 자른다.

② 된장을 재래된장과 구매된장을 50 : 50으로 혼합하여 사용한다.

※야채류 중에서 엽(葉)채류는 끓는 물에 데치면 부피는 1/3이 줄고 1시간 끓이면 50%로 준다. 예를 들어 국 10 *l* 를 끓인다면 부피적으로 70%의 양을 넣으면 잘 맞는다.

※배추국을 배추 겉잎이나 우거지는 쓴물이 나오므로 피하도록 한다. 사용한다면 데쳐낸 후 쓴물을 우려내고 사용하면 좋다 대신 얼갈이 배추가 무난하고 달달하다.

※매번 계속 야채(우거지)를 사용하기 번거롭고 시간이 많이 소요되므로 데쳐낸 후 물기를 제거하고 비닐봉지에 넣어 냉동 후에 사용하면 좋다.

※취향에 따라 고춧가루를 약간 넣어도 좋다.

(5) 동태국

■ 재료 및 비율

재료	비율
후추	약간
소금	약간
고춧가루	1
다진마늘	2
고추장	5
두부	5
동태	20
물	100

이렇게 만드세요

① 동태는 내장을 걷어내고 깨끗이 씻어서 4~5cm의 토막으로 썬다. 내장은 잘 구분하여 손질해 놓고 두부는 납작썰기한다.

② 냄비에 물을 넣고 동태더리를 넣고 끓이다가 건져내고 그 국물에 무, 생선토막과 내장류를 집어넣고 간을 맞춘다. 손님께 드리기 전 두부와 대파를 넣는다.

※동태국이라해도 생선뼈 육수 또는 조개육수를 넣어준다.

(6) 우거지 콩가루국

우거지, 열무 등을 날 콩가루에 버무려 막장으로 끓이는 국으로 콩가루와 된장맛이 상승작용을 하여 구수한 국을 끓일 수 있다. 본래 우거지는 막장·된장·청국장과 잘 어울리는 국이다. 우거지는 본래 뜻은 김치할 때 위에 덮는 배추 겉잎 등을 뜻하지만 열무·무청 등의 시래기를 뜻하기도 하여 포괄적인 의미를 가진다.

가을에 김장할 때에 많이 나오는 무청을 새끼줄에 엮어놓으므로 약 보름간을 푸른색을 유지하면서 마르다가 점차 누렇게 된다. 이러한 시래기를 사용할 때에는 반드시 한참 무르게 삶은후 찬물에 씻어 놓고 하루 이상을 물에 담궈놓아 쓴맛을 우려낸 다음 탕에 넣어준다.

■ 재료 및 비율

- 후추 약간
- 조미료 약간
- 굵은고춧가루 1
- 대파 3 (1/3은 다져서, 2/3는 어슷썰기로)
- 다진마늘 3
- 된장또는막장 10
- 날콩가루 30
- 열무 · 우거지 50
- 육수 100

※김치를 속을 털어내고 송송 썰어 날 콩가루를 무침하여 넣어주면 더욱 좋다.

※쑥을 깨끗이 손질하여 찬물에 씻어 준 후에 그대로 쑥을 무친 후 사용한다. 모시조개를 넣어주면 더욱 좋다.

이렇게 만드세요

① 끓는 물에 우거지를 푹 무르게 삶아 찬물에 담가 우린다. 몇 번 물을 갈아준다. 한참을 우려 쓴맛이 없어지면 물기를 꼭 짜서 4~5cm로 자른다.

② 우거지 양념을 해야 하는데 파, 마늘, 막장 또는 된장을 참기름 넣고 조물조물 무침한다.

③ 날콩가루를 넣고 골고루 버무린다.

④ 육수에 남은 된장 또는 막장을 넣고 파, 마늘, 조미료, 후추, 굵은 고추를 약간 넣고 간을 맞춘다.

※날콩가루는 시중에서 판매하는 것을 사용하면 쉬우며 직접 만들어 사용한다면 살짝 볶아서 가루를 내어 사용하면 훨씬 좋다.

(7) 미역 유부 된장국

미역과 두부 또는 유부를 넣고 끓이는 된장국은 전형적으로 일본의 국으로 개운함과 구수함을 줄 수 있다. 육수는 일반 미역국의 고기육수를 사용하지만 여기서는 멸치육수를 사용한다.

■ 재료 및 비율

- 조미료 약간
- 실파 약간
- 유부 5
- 된장 10
- 연두부 20
- 미역 30
- 멸치육수 100

※생미역 자체는 갈색이지만 끓는 물에 넣으면 새파래진다. 바로 찬물에 헹굼하여 식혀 사용한다.

이렇게 만드세요

① 미역은 찬물에 담가 충분히 불린 다음 주물러서 미역을 부드럽게 해주고 미끄러움을 없애준다.

② 유부는 끓는 물에 얼른 씻어내듯이 하여 겉기름의 잡냄새를 제거하고 0.5cm 정도로 채 썬다.

③ 멸치국물에 된장을 걸러 넣고 미역을 넣은 후 유부, 연두부를 도톰하게 나박썰기하여 넣고 연두부가 끓어오르면 그릇에 담은 후 실파는 송송 썰어 넣는다.

※마른 미역은 물에 불리면 10배 정도로 불려지기 때문에 양 조절에 유의해야 한다. 마른 미역은 얇고 어린 미역은 가름하여 건조시켰기 때문에 국을 끓이기에는 마른미역이 좋으며 생미역은 미역쌈 초회에 좋다. 또한 생미역의 싱싱함과 푸르름을 이용해서 뷔페음식 등의 접시에 장식으로 이용한다.

봉주방장 해법 : 햇고사리국

햇고사리를 데쳐 하룻밤 우려낸 후 물기를 짜내고 파는 채쳐서 냄비에 식용유 약간을 두르고 볶은 후 육수를 넣는다. 다시 멸치(굵은 멸치)를 넣고 된장을 약간 넣은 후 3분 정도 푹 끓이다가 국간장으로 간을 맞춘다.

봉주방장 해법

육수(조개국물)보다는 쌀뜨물을 이용해도 좋다.

3. 냉국류

냉국은 여름철의 국으로서 국물은 쇠고기 또는 닭을 사용하여 진하게 끓인 육수를 차갑게하여 사용하기도 하며, 냉수에 간을 하여 만들기도 한다. 사용하는 재료로서는 다양하게 열무김치, 미역, 생오이, 오이지, 무짠지, 우묵, 가지 등이 있으며 향토음식으로서는 올창이묵, 김치말이 등이 있다.

▶ 냉국물 만드는 기본적 방법의 3가지(각종 김칫국물 남은 것을 활용하면 더욱 맛있겠다)

① 소금, 식초로 단순, 개운하게 간을 할 때에는…

■ 재료 및 비율	• 이용하는 냉국
소금 1 식초 5 냉수 100	무짠지 냉국, 오이짠지 냉국 ※짠지로 냉국을 할 때에는 반드시 채썰거나 얇게 썰어 간을 뺀 다음 사용한다.

② 간장, 식초로 간을 할 때에는

■ 재료 및 비율	• 이용하는 냉국
소금 1 간장 5 식초 5 육수 100 ※육수는 건다랑어(가쓰오부시), 다시마를 넣고 끓인 다시국물	생오이 냉국, 가지 냉국, 우무 냉국, 콩나물 냉국, 미역 냉국

③ 간장을 이용하여 새콤달콤하게 간을 할 때에는…

■ 재료 및 비율	• 이용하는 냉국
소금 1 설탕 5 국간장 5 식초 7 육수또는냉수 100	생오이 냉국, 가지 냉국 ※소금을 이용해서 새콤하게 간을 할 때에는 국간장을 제외하고 소금물을 2로 한다.

(1) 싱건지냉국

싱건지란 짠지를 심심하게 간을 빼낸 후 냉수에 개운하게 간을 하여 부어준 것을 말하는 것으로서 오이짠지와 무짠지를 이용한다. 오이짠지는 늦여름에 가격이 쌀 때에 진한 소금물을 끓여서, 무짠지는 가을에 소금물을 진하게 하여 고추씨와 함께 담가놓으면 몇 년이 지나도 변질되지 않고 사용할 수 있는데, 밑반찬으로 사용할 수도 있고 냉국으로 사용할 수 있다. 무척 짜기 때문에 곱게 채 썰어 찬물에 담가놓아 지나친 간을 제거한 후 사용한다. ** 장아찌와 짠지 담그는 비율은 반찬에 소개하였다.*

■ 재료 및 비율

- 고운고춧가루 약간
- 송송썬실파 1
- 다진마늘 1
- 무짠지 30 또는 짠지오이
- ①의냉국 100

이렇게 만드세요.

① 무 짠지나 오이 짠지는 곱게 채썰거나 얇게 동글 썰어 찬물에 헹굼하여 건져낸다.
② 다진 마늘과 고운 고춧가루에 무침하고 간을 맞춘 국물을 부어낸다.

(2) 미역냉국

■ 재료 및 비율

- 깨소금 약간
- 고운고춧가루 약간
- 소금 1
- 진간장 1
- 다진마늘 2
- 다진파 2
- 오이 20
- 불린미역 50
- ②의 냉국 100

이렇게 만드세요

① 불린 미역을 손으로 주물러 씻어 가위를 이용하여 잘라주고 끓는 물에 데쳐 내어 찬물에 헹굼하여 물기를 빼낸다.
② 큰 그릇에 오이를 제외하고 조물조물 양념하고 조미한 냉국을 부어주고 오이는 곱게 채썬다.

※김을 구워 부순 뒤 같은 방법으로 만들면 김냉국이 된다.

(3) 콩나물 냉국

■ 재료 및 비율

- 소금 약간
- 깨소금 약간
- 홍고추 약간
- 다진파 2
- 마늘 2
- 콩나물 50
- ②③의 냉국 100

이렇게 만드세요

① 콩나물은 꼬리를 떼고 깨끗이 다듬은 뒤, 소금물에 살짝 삶았다가 건져내어 그대로 식힌다.
② 콩나물에 파, 마늘, 소금을 약간 넣고 무침하여 그릇에 담은 후 홍고추를 썰어 고명으로 얹는다.
③ 냉국을 부은 후, 깨소금을 조금 넣어 손님께 드린다.

(4) 가지냉국

■ 재료 및 비율
- 깨소금 1
- 고운고춧가루 1
- 국간장 2
- 채썬파 2
- 다진마늘 2
- 가지 60
- ②의 냉국 100

이렇게 만드세요

① 가지는 꼭지를 떼고 씻은 뒤 반을 잘라 찜통에 넣고 살짝 쪄서 식힌다.
② 가지가 식으면 젓가락이나 대꼬치로 가늘게 쭉쭉 찢는다.
③ 찢은 가지는 파, 마늘, 국간장, 고춧가루, 깨소금을 넣고 조물조물 무침하여
④ 설탕, 국간장, 식초로 간을 한 냉국을 붓는다.

※앞에서 몇 가지 냉국만들기를 소개했으나 기본적인 냉국만들기는 물 : 간장 : 식초 : 설탕의 비율은 20 : 6 : 6 : 3 이다.

(5) 우무냉국

■ 재료 및 비율
- 깨소금 약간
- 고운고춧가루 5
- 다진마늘 10
- 실파 20
- 우무 30
- 냉국 100

■ 냉국만들기
- 소금 1
- 진간장 2
- 냉수또는조개탕육수 100

이렇게 만드세요

① 우무는 흐르는 찬물에 씻어 6cm 길이로 가늘게 채썰고 실파는 다듬어 씻어 다지듯이 송송 썬다.
② 채썬 우무에 송송 썬 실파, 다진마늘, 고춧가루, 소금을 넣고 가만히 섞어 잠시 놓아둔다.
③ 준비된 냉국을 부어준다.

(6) 오이냉국

■ 재료 및 비율
- 미원(15g) 3
- 소금(25g) 5
- 풋마늘(25g) 5
- 대파(25g) 5
- 식초(30g) 6
- 국간장(100g) 20
- 오이(500g) 100

이렇게 만드세요

① 오이를 채썰어 송송썬 풋마늘, 채친 파, 고춧가루, 식초에 버무려 놓는다.
② 다시물 육수를 차갑게 하여 부어준다. 간장, 미원, 식초로 다시 간을 보아 낸다.

12. 김 치

제 1 절 김치류

김치는 발효채소로서 젓갈류, 향신류, 양념 등이 많이 가미된 복합발효식품이다. 김치는 담근다고 표현하는데 소금에 절임과정이 담금, 즉 소금물에 오래 담궈 익힌다는 뜻을 갖고 있다. 일반적인 김치의 담금원리로는 조미료가 갖고 있는 삼투압에 의해 채소내의 수분이 교환, 배출되어 채소의 풋내를 제거하고 동시에 미생물에도 여러 가지 작용을 하여 김치가 숙성됨에 따라 pH 산도의 변화에 따른 유해균의 발육과 부패를 저해하고 억제한다. 즉, 우리가 알맞게 먹을 수 있는 산도 3.5 이하만 되어도 일반 대장균은 사멸한다. 또한 김치발효로 유산균(젖산균) 등은 김치의 각종 재료에 영향을 주어 맛을 향상시키는 것이다.

김치맛은 우리 민족의 음식으로 이어져 온 천년의 맛이라고 표현되어진다. 김치맛 하나로 그 집안의 살림과 인성(人性)차원까지 헤아려졌고 식생활의 지표로 김치맛과 장맛이 손끝으로 전해져 내려 왔다.

김치의 정확한 양목표(recipe)를 제시하기란 매우 어렵다. 계절의 온도차, 고춧가루의 매운맛 정도, 찹쌀풀과 설탕을 넣을 것인지 대신에 물엿을 넣을 것인지, 젓갈은 멸치젓, 까나리젓, 황세기젓 중에 어느 것을 얼만큼 넣을 것인지는 만든 이의 손맛에 의하여 천차만별임에는 틀림없다.

▶ 맛있는 김치를 만들려면

- 절임과정에 알맞게 잘 절여져야 한다.
- 속재료의 소금간과 단맛은 배추상태에 따라 다르지만, 전체적으로 약간 짜고 단것이 좋다.
- 물김치 외에는 반드시 윗부분을 눌러서 김칫국물 속에서 숙성이 되어야 한다.
- 숙성은 여름에는 실온에서 4~6시간 후, 겨울에는 따뜻한 주방실내에서 2~3일 후 냉장고 5℃에서 3~4일 숙성시키면 가장 알맞다.

▶ 봉주방장 해법 : 김치를 맛있게 하는 10가지

① 풀은 김치와 국물의 윤기를 내지만 발효가 촉진되어 빨리 시어지는 것이 단점이다.
② 설탕과 찹쌀·밀가루 대신에 물엿을 사용하여 단맛과 윤기내는 효과를 동시에 낼 수 있다. 그러나 오래두면 물러진다. 그러기 때문에 풀과 설탕, 물엿과 뉴슈가 등을 조화롭게 해야 한다.

③ 쪽파가 부족하거나 없을 경우, 대파를 어슷썰기하거나 부추를 대신 사용하기도 한다.

④ 배추가 짜게 절여졌거나 속재료 양념에서 쓴맛이 날 때는 양파를 갈거나 곱게 채썰어 넣어준다.

⑤ 배를 많이 넣는다(채썰거나 갈아서). 배가 없을 경우 사과를 채썰거나 갈아서 넣어도 짠맛과 쓴맛에 좋다. 또는 배와 사과를 혼합해 사용할 수도 있다.

⑥ 해산물을 넣을 경우 장기간 보관할 때는 좋지 않을 수 있다. 재료로서는 굴 또는 연체류(오징어 등)가 좋다.

⑦ 무는 채를 치는 것 대신에 갈아서 양념에 버무려 색다른 속재료로 만들 수 있으며 무 속재료의 양은 많이 넣을 수도 적게 넣을 수도 있고 양파와 함께 갈아주면 단맛과 개운한 맛을 얻을 수 있다.

⑧ 외국에서 김치를 담글 때 고춧가루, 배추 등의 재료가 국내산과 차이가 나는 경우

※고춧가루가 너무 매울 때 : 뜨거운 물을 고춧가루의 10배로 충분히 넣어서 저어 하루 저녁을 그대로 놓아둔 후 위의 겉물은 따라버린다. 중간의 고춧가루 물은 따로 덜어 놓고 맨 밑에는 돌가루, 쇳가루가 있을 수 있으니 잘 일어 내어 사용한다.

※고춧가루의 붉은 색이 곱지 않고 맵기만 할 때 : 일정비율의 붉은 피망을 갈아서 혼합시킨다.

⑨ 젓갈은 계절에 따라 양이 다르다. 여름에는 액젓류를 반감하는 것이 좋다.

⑩ 김칫국물을 많이 만들어 자작하게 부어주어야 하는 경우, 게껍질·새우껍질 삶은 국물을 식혀서 새우젓으로 간을 하여 넣어준다. 쇠고기 맑은 육수 또는 사골육수를 넣는다.

⑪ 미림, 소주, 정종을 넣어준다.

⑫ 김치 양념에도 후추를 넣어주는 것이 좋다.

▶ **봉주방장 해법 : 김치맛을 맛나게 고치기**

① **간이 싱겁고 시어졌을 때** : 국간장을 넣어 간을 맞춘다. 신기하게도 신맛도 덜하고 간이 알맞다(물김치, 일반 김치 공통).

② **김치를 빨리 익히려고 할 때** : 따뜻한 곳에 옮기거나 익은 김치국물을 넣어준다.

③ **풀을 넣으면 김치발효가 촉진된다** : 여름에는 풀을 넣지 않거나 반감한다.

④ **김치가 빨리 시어질 때** : 김치양념에 넣는 설탕대신에 감미료(뉴슈가, 신화당)를 사용한다.

▶ **주방장 경험 : 시어져서 남은 김치 또는 먹고 남았던 김치의 재활용법**

김치는 손님이 드셨던 것이라도 위생적으로는 안전하다. 개요부분에서 언급하였듯이 익은 김치, 즉 유산균(젓산균)이 왕성히 활동되어지는 잘 익은 김치는 일반세균이 접근하기 어려운 안전한 식품이므로 단지에 모아 놓았다가 냉장고에 보관하여 필요할 때 꺼내어 만두속으로 사용하거나, 김치 속 재료를 털어내고 그대로 또는 밑둥을 잘라내고 꾸덕꾸덕 말려서 P.P.자루(양파자루)에 넣고 1개월 이상 장에 담궈서 장아찌를 만든 후 송송 썰어 양념하여 밑반찬으로 제공한다.

(1) 통배추김치

■ 재료 및 양념비율

재료	비율
부추(40g)	0.2
생강(40g)	0.2
미원(80g)	0.4
미나리(100g)	0.5
정종(100g)	0.5
고운소금(100g)	1
실파(200g)	1
대파(200g)	1
간마늘(200g)	1
설탕(200g)	1
멸치젓(200g)	1
새우젓(200g)	1
배(400g)	2
고운고춧가루(400g)	2
고춧가루(1kg)	5
무(4kg)	20
통배추(20kg)	100

■ 절일 때 소금비율

재료	비율
굵은소금(1kg)	5
통배추(20kg)	100

■ 대량으로 배추김치를 만들 때의 재료량

배추 200kg, 무 40kg, 굵은 고춧가루 5.6kg, 고운고추분 2kg, 멸치젓 2kg, 대파 2kg, 마늘 2kg, 설탕 1.6kg, 고추 1.4kg, 배 4kg, 실파 2kg, 새우젓 1kg, 미나리 600g, 생강 660g, 미원 800g, 부추 340g, 고운소금 1kg, 굵은소금 10kg, 정종 1ℓ, 배 4kg

이렇게 만드세요

① 배추는 겉잎을 떼고 잘 다듬어서 뿌리쪽에서 절반가량 칼을 넣은 후에 손으로 쪼갠다.
② 소금물을 만들어 ①의 배추를 소금물에 적시면서 소금을 뿌려 절인다(약 10시간).
③ 절인 배추는 씻어 체반에 건져 물기를 뺀다.
④ 무와 밤을 채썰어 놓는다.
⑤ 갓, 미나리, 파는 4cm 길이로 썰고, 생강과 마늘은 곱게 다진다.
⑥ 고춧가루에 따뜻한 물을 섞어 불려 놓는다.
⑦ 굴은 엷은 소금물에 찌꺼기가 없게 씻어 건진다.
⑧ 넓은 그릇에 ⑥의 고춧가루와 멸치젓, 생강, 마늘을 넣고 섞은 후에 무채, 미나리, 갓, 파, 굴, 통깨를 넣고 버무려 양념을 만든다.
⑨ 배춧잎 갈피에 ⑧의 속을 골고루 바르고 겉잎으로 양념이 흐르지 않게 싸서 항아리에 꼭꼭 눌러 담는다.

(2) 백김치

통배추와 거의 비슷하지만 고춧가루와 멸치액젓 등의 액젓류를 반감하거나 사용하지 않고 배를 많이 넣으며 잣, 밤, 석이버섯 등을 넣는 것이 특징이다. 국물을 많이 하면 전채요리로 사용이 가능하고, 매운맛을 싫어하는 외국인에게 대접해도 좋다.

■ 재료 및 양념비율

재료	비율
석이버섯	약간
잣	약간
실고추	0.1
정종	0.2

이렇게 만드세요

① 통배추와 같은 방법으로 소금에 절인 후 물기를 뺀다.
② 무와 밤, 대추, 석이버섯, 표고버섯을 채썬다.
③ 새우젓은 통배추김치 사용량의 1/2만 다져 넣고 멸치액젓은 넣지 않는다.

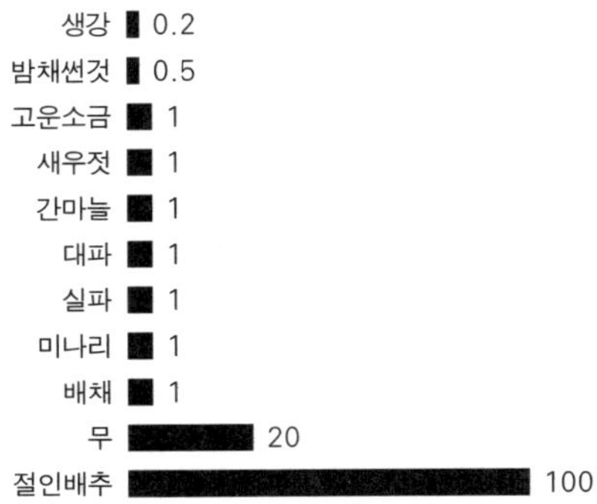

※배를 곱게 채썰어 넉넉히 넣어주는 것이 좋으며 때로는 배, 무, 양파를 갈아 즙을 내어 넣어주면 더욱 맛이 있다.

■ 백보쌈 국물

국물이 나중에 익히므로 국물을 먼저 준비해야 한다.

① 무 10개, 배 3개, 양파 5개, 생강 4개, 마늘 1kg, 청양고추 1근을 갈아서 양파자루에 넣고 빨아준다. 양파자루에서 나온 물은 통에다가 붇고 또 새물을 이용해 또 빨 듯이 주물러 준다. 이 과정을 8~10번 정도 한다.

② 남은 잔량은 양파자루를 통에 담고 주무르면서 나온 국물을 부워준다. 그리고 신화당과 소금으로 간을 한 후 실온에서 1~2일 후 냉장고에 익힌다. 이렇게 만든 잔량국물은 ①번의 국물과 합하여 백보쌈 국물로 사용한다.

※보쌈은 홍보쌈김치 식으로 하되 대파를 1단만 꺽어 넣는다. 보쌈시 대추, 밤, 잣 등을 같이 넣어 싼다. 건거추도 같이 넣어주면 더 좋다.

④ 넓은 그릇에 제일 많은 무채를 넣고 고운 소금을 뿌리고 뒤섞어 놓은 후 20분쯤 숨이 죽으면 실고추를 넣고 비벼 약간의 고춧물을 들이고 준비한 ②③을 넣고 버무린다.

⑤ 미나리, 배채, 때로는 갓을 넣고 버무려 소를 완성한다.

⑥ 배추잎 갈피에 ③의 속을 골고루 바르고 겉잎으로 양념이 흐르지 않게 싸서 항아리에 꼭꼭 눌러 담는다.

봉주방장 경험

과거 유명한 특급호텔에서 한식요리사로 근무한지 얼마 안되었을 때, 그 곳의 김치는 할머니가 담그셨는데 김치 속재료 준비 및 속 버무릴 때는 힘든 일이기 때문에 선배님들보다는 나의 몫이었다. 백김치는 따로 담그시는 것이 아니라 통배추 김치 담글 때 일부를 덜어서 백김치로 담그시는데, 백김치는 고춧가루를 전혀 넣지 않는 대신에 실고추를, 멸치젓 대신에 새우젓으로, 배는 곱게 채썰어 넉넉하게 하는 등의 차이가 있었다. 풀을 쑤어 넣지 않았는데, 이유로는 쉽게 시어지고 국물이 깔끔하지 않는 이유때문이라는 가르침이 생생한 기억으로 남는다.

봉주방장 해법 : 통배추 김치할 때

백김치를 함께 하는 것이 좋다. 모든 과정이 양념의 차이를 제외하고는 통배추 김치와 거의 비슷하기 때문이다.

봉주방장 해법 : 보쌈물김치

백김치는 배추잎 1장(줄기부위는 나박하게 썰어 속재료로 사용하고 잎사귀 부위는 별도로 구분해 둔다)에 배 1쪽, 무, 미나리, 쪽파 1~2쪽, 밤, 대추 2~3쪽, 잣 2~3개를 잎사귀 부위를 펼쳐 놓은 후 이불개듯 자연스럽게 말아서 차곡차곡 넣고, 김칫국물을 육수+새우젓으로 간을 하여 넉넉히 붓고 숙성시킨 후 대접할 때에는 작은 보시기에 담아 나간다(국물을 넉넉히 하는 것이 좋다). 김칫국물이 부족하거나 넉넉한 김칫국물을 원할 때 넣어준다.

(3) 통배추 김치 속재료를 이용하여 여러 가지 김치만들기

❶ 무청김치

이렇게 만드세요

① 양념소는 통배추(포기)김치와 같다.
② 무청은 뻣뻣한 것을 떼어내고 연한 것만 골라낸다.
③ 소금물에 2~3시간 절인 다음 물에 헹궈 소쿠리에 건져 물기를 뺀다.
④ 양념소를 넣고 버무려 단지에 꼭꼭 눌러 담는다.

❷ 깻잎김치

이렇게 만드세요

① 깻잎을 잘 다듬고 씻는다.
② 배추양념속을 깻잎 1장 또는 2장에 넣고 말아놓는다.
③ 단지에 꼭꼭 눌러 담고 국물을 자작하게 부어준다.

봉주방장 해법 : 무청말려서 나물하기
가을에 무청이 꽤 많이 나온다. 버리지 말고 겉잎의 뻣뻣한 것을 버리고 부드러운 무청을 엮어 놓은 후 햇빛이 들어오는 공간에 매달아 놓는다. 겨울 또는 봄에 나물로 이용한다.

(4) 보쌈김치

배추잎(겉잎, 중간잎, 속잎)을 고루 이용하여 보(보자기)를 만들어 싸 주는 것을 뜻한다.

■ 배추 절일 소금물 만들기 비율
(오른쪽 ③에 대한 비율)

재료	비율
굵은소금	5
물	100

■ 굵은 소금을 배추잎 사이사이에 넣는 비율
(통배추 1포기에 굵은 소금을 한줌 정도 쥐어서 고루 속으로 뿌려준다. 배추 밑둥이 두껍고 잘 절궈지지 않기 때문이다)

재료	비율
굵은소금	5(한주먹)(100g)
손질한통배추(2kg)	100

■ 풀 쑤는 재료비율

재료	비율
다시다(20g)	1
찹쌀가루(200g)	20
물(1kg)	100

※풀을 넣지 않고 물엿을 넣어 줄 수도 있다. 또한 풀을 쑬 때 국멸치와 다시마물을 만들어 건져내고 풀을 쑤면 더욱 맛있다.
※풀을 쑤는 이유는 윤기를 내고, 고춧가루도 잘 풀어지게 한다. 무엇보다도 중요한 것은 풀 쑤는 재료(찹쌀, 쌀, 밀가루재료)는 발효(숙성)를 촉진시킨다. 이러한 이유로 김치가 빨리 시어지므로 여름에는 넣지 않는 것이 좋다.

■ 보쌈재료 비율 및 양념

재료	비율
뉴슈가	조금
후추	조금
미원(30g)	0.1
생강(50g)	0.2
정종(200g)	0.6
생율(450g)	1.5
대추(450g)	1.5
소주	2
새우젓(600g)	2

이렇게 만드세요

배추 손질하기
① 통배추는 밑둥은 살짝 자르면 겉잎이 떨어진다(약 4~6장). 이것은 별도로 차곡차곡 알맞은 용기에 담아놓는다(보쌈재료를 싸는 겉잎으로 사용).
② 밑둥의 중심부위에 길이로 약 20cm 칼집을 넣는다(끝까지 자르지 않는 이유는 보쌈재료를 싸는 중간 잎이 온전하게 많이 나오게 하기 위해서이다).
③ 큰 통에 소금물을 만들어 ②를 잠깐 약 5분 정도 담궈 두면 밑둥의 칼 넣은 자리로 고루 속까지 소금물이 들어가 배추잎은 다루기가 수월해질 만큼 절여진다.
④ 소금물에 심심히 절여진 ③을 똑바로 세우고 잎을 한장 한장 젖혀주면서 굵은 소금을 넣어 차곡차곡 큰 통에 담는다. 이 작업이 끝나면 사용하고 남은 소금물을 부어주고 무거운 것으로 눌러준다.
⑤ 10여 시간 지난 후 절여진 배추를 2~3회 깨끗이 찬물에 씻어주고 소쿠리에 가지런히 놓아 물기를 뺀다.

풀 쑤기
① 물에 찹쌀가루를 미리 풀어놓는다.
② 끓는 물에 찹쌀가루 푼 물을 넣고 끓인다.
③ 다시다를 넣고 풀을 쑨다.

절여진 배추 손질하기
① 절인 배추의 밑둥을 조금 잘라 겉잎 3~4장 정도를 분리하여 겉이불로 사용한다(처음 배추손질시 나온 잎도 겉이불로 사용).
② 그 다음 잎을 6~8장 정도 분리하여 중간 이불로 사용한다(배추잎 뿌리 부분을 잘라낸 후 중간잎 길이를 맞춰 잘라 잎쪽을 사용하고 나머지 부분은 나박 썰어서 속재료로 쓴다).
③ 겉 이불, 중간이불 재료를 다듬고 난 나머지 배추는 나박나박 썰어서 속재료로 쓴다.

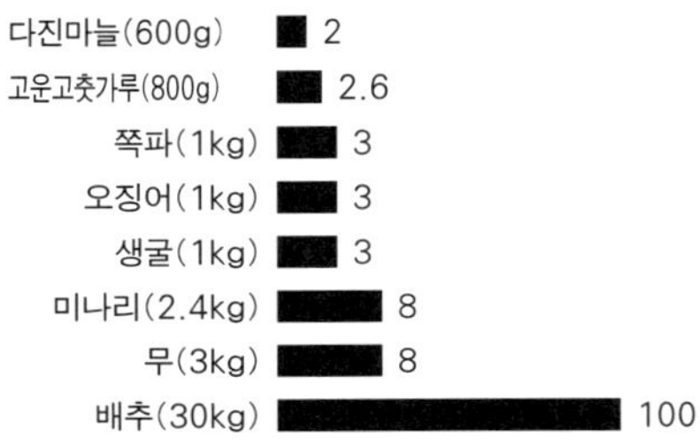

※굴대신에 오징어, 갑오징어, 낙지 등의 재료를 넣어도 되며 중요한 것은 싱싱한 해물이어야 한다.

■ 보쌈김치 실제예

① 배추는 밑둥을 자른 후 겉 잎은 떼어내고 알맞은 크기만 가지런히 둔다. 소금은 밑둥중심으로 뿌리고 소금물을 넣고 무거운 것으로 눌러준다.

② 배추 속은 썰어 쌈만 버무리는 것으로 사용한다.

양념(30포기 기준)

① 건고추 8근(씨가 적당히 있는 것으로 물에 씻어 믹서기에 두 번갈아낸다.)

② 양파 큰 것 10개를 갈아준다.

③ 배 8개중 납작썰기를 하고 자투리는 갈아서 사용한다.

④ 낙지 1~$\frac{1}{2}$코를 갈아준다.

⑤ 새우젓을 냉면 1대접을 간다.

⑥ 생강, 마늘을 갈아준다.

⑦ 무 9개중 무3개와 자투리는 갈고 가로세로 3cm로 썰어준다.

⑧ 양념에 뉴슈가 1$\frac{1}{2}$봉지를 넣고 설탕 국대접 2개, 소금 국대접 소복히 1개, 소주 1병, 미원, 물엿, 다시다를 넣어 속에 넣을 배추와 양념을 고루 버무려준다.

⑨ 그림과 같은 방법으로 보쌈을 해준다.

속재료 다듬기

① 배추를 제외한 속재료는 비슷한 크기로 다듬는다.

② 무는 길이 2~2.5cm, 두께 0.5cm로 자른다.

③ 미나리, 쪽파는 3cm 정도로, 생율은 0.2cm 두께로 자른다.

④ 홍고추는 둥글게 0.2cm, 오징어는 무처럼 자른다.

⑤ 대추는 씨를 빼고 0.3cm로 채썬다.

⑥ 실고추도 4~5cm 정도로 자른다.

⑦ 굴은 소금을 조금 넣고 불순물을 제거하여 물에 헹궈낸다.

속재료 만들기

① 배추를 나박썰기한 것과, 무, 잣, 밤, 대추, 홍고추, 마늘, 생강, 새우젓, 정종, 설탕 약간을 넣고 버무린다.

② 고운 고춧가루를 넣고 버무린다.

③ 정종을 뿌린다.

④ 쑤어 놓은 풀물을 넣는다(윤기를 내고, 고춧가루도 잘 풀어지게 하는 역할을 한다. 너무 많이 넣으면 금방 쉰다).

⑤ 파, 미나리, 오징어를 넣고 마지막으로 굴을 넣는다.

⑥ 새우젓으로 간을 맞춘다.

⑦ 쑤어 놓은 물을 넣고 버무린다.

기명자님의 통보쌈김치입니다.

<table>
<tr>
<td>

■ 재료

- 마른고추 $3\frac{1}{2}$되
- 마늘 4kg
- 새우젓 2kg
- 생강 300g
- 낙지 1kg
- 양파 7~8개
- 무 1개
- 물엿 1kg
- 밀가루 풀 300g
- 뉴슈가 1개
- 설탕 1공기
- 미원 150g
- 소금 밥그릇 1개(300g)
- 쪽파 3단
- 갓
- 미나리 3단

■ 고명

배, 잣, 대추채, 고추, 밤

</td>
<td>

이렇게 만드세요

① 배추 겉잎과 속을 따로 분리해서 속을 잘라주고 소금물에 절여준다.
② 무 5개는 깍뚝썰기 해 준다.
③ 마른고추, 마늘, 새우젓, 생강, 낙지, 양파 무를 갈아주고 물엿, 풀, 뉴슈가 반개, 설탕, 미원, 소금 반그릇을 넣고 잘 섞어준다.
④ 쪽파, 갓, 미나리와 배추속, 깍뚝무를 양념과 잘 버무려 준다.
⑤ 보쌈 겉잎을 접시에 깔고 고추, 배, 잣, 대추, 밤을 올린 후 김치를 올리고 쌈해 준다.
통에 차곡차곡 풀리지 않게 넣어준다.
⑥ 김치에서 나온 국물에 소금 반그릇, 뉴슈가 반개를 넣어 주고 육수를 넣어 잘 섞어 준 후 건더기는 채로 걸러 준다.
⑦ 국물을 보쌈 통안에 넉넉히 넣어준다.

※ **봉주방장 해법**
문어 껍데기를 일반적으로 버리지만 냉동을 해두었다가 사용하면 좋은 보쌈육수로 사용할 수 있다.

배추김치

*양념은 위와 같다.
① 배추는 끝을 깊이 쪼갠 후 (4번) 세워서 소금물에 절여준다.
② 양념을 속에 넣어준다.

</td>
</tr>
</table>

대구 강○면○ 찬모님의 김치 방법입니다.

<table>
<tr>
<td>

■ 재료

무(채썰기), 배(채썰기), 소파, 홍고추, 밤, 청각, 석이버섯, 생 오징어를 설탕에 절인다.

</td>
<td>

이렇게 만드세요

① 배추는 6~7시간 정도 절이고 물기를 뺀다.(배추는 사등분 한다)
② 절인 배추에 속을 듬뿍 켜켜히 채운다.
③ 다시물(멸치다시) 밀가루 조금 넣고 멸치액젓으로 간을 맞춘다. 마늘, 생강은 갈아서 거르고 물과 소금을 넣고 고춧가루로 색을 낸다.
④ 육수를 김치위에 붇고 만들고 남은 물도 같이 부워준다.

※제공할 때는 4등분 한 후 다시 반쪽을 잘라서 즉 $\frac{1}{8}$, 옆으로 눕혀 제공한다.
음식점 중 항아리 김치도 이 방법으로 만들 수 있다.

</td>
</tr>
</table>

▶ 보쌈김치만들기 : 쌈김치라 불렸다.

준비물 : ① 직경 10cm 정도의 반찬기 / ② 겉이불 배춧잎 / ③ 중간이불 비춧잎 / ④ 속이불 배춧잎 / ⑤ 김치 속재료

※보쌈김치의 작업공정은 7단계로 나눠지므로 몇 명이 함께 하는 것이 좋다.

① 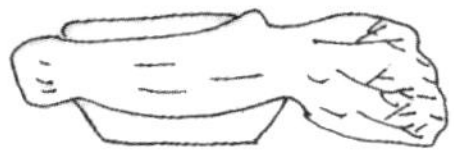	겉이불 배춧잎(통배추의 겉장잎, 즉 넓고 길며 푸르고 때로는 누런색의 겉잎)을 쟁첩(반찬기)에 속표면이 위로 올라오게 깔아준다.
② 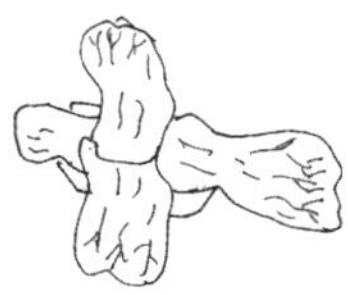	중간 이불을 겉이불 위, 뿌리쪽을 겹쳐서 가로로 놓는다(2장씩).
③ 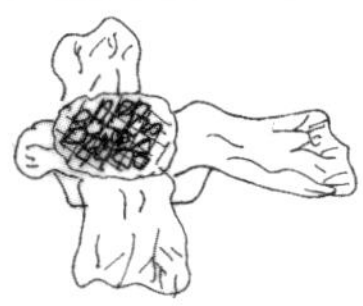	② 위에 속재료를 놓는다.
④ 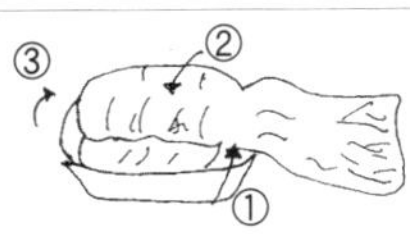	겉이불 뿌리부분을 안으로 말아 넣는다. 중간이불을 그 위로 덮는다.
⑤ 	겉이불을 덮음으로써 마무리한다.
⑥ 	밑받침이 되었던 반찬기 그릇을 없애고 보쌈김치를 단지에 넣는다.
⑦ 	게껍질, 새우껍질 등의 폐기물이었던 갑각류 껍질을 푹 삶은 국물에 새우젓을 다져 넣고 슴슴하게 간이 되면 보쌈김치가 자작하게 잠길 수 있도록 부어준다. 또한 마찬가지 방법으로 넣어준다.

알쌈 배추 겉절이

이렇게 만드세요

① 배추를 씻고 찢어 물수건으로 덮어놓는다.

② 양념장 : 고운고추가루, 배 간 것, 양파 간 것, 파, 마늘, 식초(양념에 찹쌀과 밀가루를 쒀서 넣어준다.)

※ 설탕, 멸치액젓을 조금 넣고 양념을 해 놓는다. 깨소금, 참기름은 제공할 때 넣어준다.

(5) 오이소박이

■ 재료 및 비율

재료	비율
감미료(약간)	0.1
조미료(약간)	0.3
새우젓(100g)	1
소금(200g)	2
다진마늘(400g)	4
굵은고춧가루(1kg)	10
부재료(2.5kg)	25
오이(10kg)	100

※부재료 : 대파, 부추, 쪽파, 배, 무, 오이채(씨를 포함하여 채 썬 오이)

이렇게 만드세요

① 오이는 몸매가 고른 조선오이를 소금으로 문질러 깨끗이 씻은 다음, 6~7cm 길이로 토막낸 후, 위아래의 1.5cm 정도만을 남겨두고 3~4군데에 칼집을 넣고 소금물에 절인다.

② 절여둔 오이를 꼭 짜서 물기를 없애고, 칼집을 넣어둔 곳에 양념소를 넣고 항아리에 담아 익힌다.

③ 왼쪽의 부재료에서 대파·부추는 송송썰기하고, 배, 무채, 오이채는 단일재료 또는 복수재료로 고춧가루, 마늘, 젓갈 등의 양념으로 무침하여 소를 만든다.

※양념소는 오이 중량의 약 1/4이면 족하다.

※오이를 절일 때 뜨거운 물에 소금을 녹여 끓여 준비된 오이에 부어 깜짝 놀라게 절구는 방법도 있다. 특징은 아삭아삭하게 씹히는 맛이 일품이다. 그러나 새파란 오이색은 기대할 수 없으나 추천할 만한 방법이다.

※오이 가운데 소를 넣는 방법은 굵은 나무젓가락 또는 조각도를 이용하여 가운데 구멍을 파고 절인 후 소를 넣는 방법도 있다. 어떻게 하든 중요한 것은 간을 잘 맞춰야 한다.

(6) 개성 열무오이김치

열무김치에 양념소를 넣은 오이를 켜켜이 얹어 만든 국물김치를 말한다.

■ 열무김치

재료	비율
새우젓	5
고운소금	8
고운고춧가루	8
굵은소금	20
미나리	20
얼가리배추	30
열무	100

■ 오이 소박이

재료	비율
조미료	0.5
설탕	2
생강	2
새우젓	4
마늘	8
소금	10
다진파	10
부추	15

이렇게 만드세요

① 왼손 바닥에 소금을 놓고 가느다란 오이를 올린 후, 오른손으로 오이를 돌려 비벼서 절인다.

② ①을 몇 시간 그대로 둔다. 열무, 얼갈이, 쪽파, 미나리는 5cm 길이로 잘라 살짝 소금에 절였다가 씻어 건진다.

③ 다진마늘, 다진파, 잘게 썬 부추에 고춧가루, 소금, 새우젓 약간을 넣고 비벼 갠다. 새우젓은 맛있는 것으로 약간만 넣고 간은 소금으로 맞춘다.

④ 5cm로 자른 오이에 칼집을 세 군데 넣고 양념으로 채운다.

⑤ 김치통에 열무와 얼갈이 배추, 쪽파, 미나리를 넣고 위에 양념으로 채운 오이를 얹는다.

⑥ 다시 반복해 켜켜로 쌓는다.

⑦ 밀가루 풀을 끓여 물로 희석해서 오이 양념 그릇에 붓고 소금으로 삼삼하게 간을 맞춰 국물을 만든다.

⑧ 이때 고춧가루를 약간 풀어 불그스름하게 빛깔을 낸다.

⑨ 김치통에 이 국물을 부어준다.

임정희님의 열무김치 해법입니다.

열무 국물은 들깨 생것을 믹서기에 간다. 그리고 체에 바친 후 찹쌀가루에 풀을 쑨다.

(7) 제육김치

삶은 돼지고기를 김치 속재료(제육김치)와 함께 심심하게 절궈진 배추 잎에 싸서 먹는 김치이다. 통배추(포기)김치를 할 때 들어가는 김치소와 잘 삶은 돼지고기를 슴슴하게 절여진 배추잎에 싸서 먹는 것이 전래가 된 것이다. 근래에 외식업체 메뉴 중 제육보쌈이 인기인데, 돼지고기 편육과 곁들여 먹는 겉절이 김치의 비결은 무채가 크고, 아삭아삭 씹히는 소리가 일품이다.

■ 1차

재료	비율
굵은소금(300g)	3
양파채(500g)	5 또는 납작하게 한 오이
무(10kg)	도톰하게 채친 것 100

■ 2차 : 무 10kg을 기준

재료	비율
설탕(100g)	1
생강(100g)	1
물엿(300g)	3
마늘(400g)	4
새우젓(700g)	7
쪽파 · 미나리(1kg)	10
굵은고춧가루(1.5kg)	15

■ 3차 : 무 10kg을 기준

재료	비율
조미료(10g)	0.1
배(500g)	5 채친것
물오징어(500g)	5 손질하여 채친 것

이렇게 만드세요

① 1차에서 무를 도톰하게 채를 쳐서 절인 후(5~6시간) 완전히 탈수시킨다.
② 2차에서 양념을 만든다. 특히 고춧가루를 넣고 힘있게 냉면 반죽하듯이 고춧물을 들인다. 물기가 없는 것 같아도 한참하면 고춧물이 잘 든다. 그 다음 물엿, 설탕, 마늘, 생강을 넣고 버무린다.
③ 3차 부재료를 넣고 살살 뒤집어 준다.

(8) 무채초절임

구이류(등심구이 · 갈비구이 등)에 제공하는 새콤달콤한 무채초절임은 김치라기 보다는 감산지(pickling)인데, 구이류와 함께 제공하여 새콤달콤한 무채를 고기와 함께 먹을 수 있도록 한 것이다.

■ 절임초와 무채의 비율

재료	비율
절임초	100
무채	100

■ 절임초 비율

재료	비율
고운고춧가루	5
마늘즙	5
소금	30
설탕	100
식초	100
물	100

봉주방장 해법 : 무채초절임은 새콤달콤하게 간을 잘 맞추는 것이 중요하다. 또한 채썰은 무는 가지런히 놓기 위해서 가지런히 썰어야 하고 기계를 사용하면 무채의 표면이 매끄럽지 않고 톱니바퀴처럼 되어 아삭한 맛이 아닌 물컹거려서 탄력성이 없다.

이렇게 만드세요

① 절임초를 만든다(식초에 설탕, 마늘즙, 고춧물을 넣은 것).
② 절임초에 무 채친 것을 넣는다.

※고운고춧가루 대신 피망, 생홍고추를 믹서에 갈아 거즈로 국물을 꼭 짜서 국물을 넣어주면 좋다. 색은 은은한 핑크색으로 맞춘다.
※국물을 물대신에 사이다, 사과즙을 만들어서 사용해도 좋다.
※홍고추물 대신에 겨자 또는 와사비를 넣어 고춧물의 발그스름한 색을 푸르스름하게 하는것도 비결이다.
※무는 반드시 손으로 직접 결대로 채썰어야 한다(기계를 사용하면 안된다). 부득이 할 경우 굵은 채칼을 사용할 수 있지만 수작업을 하는 것보다는 덜 좋다.
※채친 무는 반드시 가지런히 통에 담고 절임초 국물을 잘박하게 부어 넣는다.

(9) 생강무말이초절임

■ 재료 및 비율

설탕 4
식초 4
깐밤 6
생강 6
파 10
당근 40
무 100

봉주방장 경험 : 무말이용 무는 얇게 썬 후 초절임하는 것이기 때문에 무냄새가 안좋을 수 있으니 찬물에 헹구어 사용하면 더욱 좋다.

응용요리(생강초) : 생강초절임을 응용하면 김치 담그는 방법으로 사용할 수 있는데 나박김치 담그는 방법을 응용하고 그럴 때에는 미나리 또는 쪽파로 묶어주는데 1개에 2곳을 묶어야 한다.

이렇게 만드세요

① 지름 6~7cm인 무를 두께 0.2cm로 얇게 썬다(무말이와 같다).
(주방에 slicer가 있다면 사용하고(앞장에 소개), 채칼의 날을 빼고 사용하면 좋다)
② 생강은 얇게 편을 썰고, 대파는 채친다.
③ 당근과 남은 무는 채를 친다.
④ 깐 밤은 얇게 저민다.
⑤ 위 재료를 새콤달콤하게 재워둔다(식초 · 설탕 비율제시).
⑥ 무를 말 때 당근채, 무채, 파채, 생강편을 넣고 돌돌 말아 준다.
⑦ 단지에 차곡차곡 담고 물에 소금으로 간을 맞추고 자분자분하게 물을 부어준다.
⑧ 하룻밤을 두었다가 냉장고에 넣는다.
⑨ 손님께 드릴때마다 반으로 어슷썰기하여 담는다.

※**손님께 드릴 때** : 생강 김치 한 개를 1/2로 자르고, 해물숙회를 올려 주어도 좋다. 다시마를 불려서 가지런히 썰어 옆에 놓아주어도 좋고, 다시마에 피망채를 넣고 돌돌 말아 생강김치와 같이 놓아도 좋을 것 같다.

(10) 두릅김치

■ 재료 및 비율

고춧가루 0.5
간생강 1
새우젓 3
파 4
소금 4
배 10
홍고추 20
무 30
두릅 100

이렇게 만드세요

① 두릅은 어린 것을 골라 잘 다듬어서 밑 부분은 십자로 칼집을 넣고 끓는 소금물에 데쳐낸 후 찬물에 식혀 건진다.
② 무와 파는 채를 친다. 통고추는 갈아낸다.
③ 배는 껍질을 벗겨 반은 채치고, 반은 도톰하게 편을 만든다.
④ 두릅을 제외하고 모두 버무려 소를 만든다.
⑤ 단지에 두릅을 한켜 깔고 그 위에 양념을 얇게 편 다음 편으로 썬 배 조각을 드문드문 넣고 다시 두릅을 꼭 눌러 담근다.
⑥ 소금물에 끓여서 새우젓을 간하여 식힌 다음 부어준다.
⑦ 두릅김치가 익으면 두릅김치 1~2쪽에 국물을 살짝 부어준다.

(11) 고수김치

고수는 중식요리에서 많이 사용하고 한식요리에서는 아는 사람이 드물다. 저자는 홍콩에서 근무 당시 중국 직원들이 그들 식사에 고수를 매 음식마다 넣는 것을 보고 무척 역겨웠지만 북한음식 자료에 보면 이북지방에서는 오래전부터 먹어왔던 음식이었다. 향이 독특하고 적응하면 훌륭한 전채요리로 손색이 없어 소개한다.

※고수 : 미나리과 식물로서 강한 샐러리 향이 난다.

■ 재료 및 비율

재료	비율
고춧가루	1
새우젓	4
마늘	5
파	5
생강	5
소금	5
열무	60
무	80
고수	100

이렇게 만드세요

① 고수를 깨끗이 손질하여 5cm 길이로 썬다.

② 무는 가늘게 채치고 파는 다지고 생강은 즙을 짜낸다.

③ 고수와 무에 다진 파, 마늘, 생강즙, 소금, 고춧가루를 두고 잘 버무려 단지에 담고 뚜껑을 덮어 5~6시간 지난 다음 새우젓과 소금으로 간을 하여 김치물을 자분자분하게 붓고 하룻밤 익힌 다음 제공한다.

※참기름을 넣고 겉절이로 무침하여도 좋다. 자주 먹게 되면 익숙해져서 맛을 느낄 수 있다.

고 수

(12) 시금치 또는 쑥갓 김치

■ 재료 및 비율

재료	비율
미원	약간
밀가루(10g)	1
마늘(25g)	1.5 간마늘
소금(25g)	2
새우젓(100g)	2
대파(25g)	2.5
고춧가루(540g)	4
양파채(50g)	5
시금치(1kg)	100

이렇게 만드세요

① 대가 길고 연한 시금치를 깨끗이 손질하여 끓는 물에 살짝 데친다.

② 숨이 죽을 정도로 데친 시금치를 찬물에 넣어 재빨리 식힌 다음 소쿠리에 바쳐 놓는다.

③ 시금치 대를 가지런히 추려 쥐고 굵은 것은 줄거리를 1/2로 자르고 길이 4cm로 썬다.

④ 파는 3cm 길이로 채썬다. 양파는 길이로 채썬다.

⑤ 시금치에 다진마늘, 파, 고춧가루를 섞고 소금을 골고루 뿌리면서 살짝 살짝 섞어 단지에 넣는다.

⑥ 약 30분이 지나서 밀가루를 물에 연하게 풀어 끓여서 차게 식힌 다음 소금과 새우젓으로 간을 맞추어 김칫국물로 붓는다.

(13) 삶은 무김치

■ 재료 및 비율

재료	비율
생강(25g)	0.5 약간
굵은고춧가루(50g)	2
마늘(100g)	2
새우젓(100g)	2
소금(100g)	2
대파(200g)	4
무청(500g)	10
무(5kg)	100

이렇게 만드세요

① 무는 동치미 무를 택하여 깨끗이 씻어서 삶거나 찐다. 살짝 익혀야 하는데 찔렀을 때 젓가락이 힘들게 들어갈 정도까지 익힌다.
② 가로, 세로 4×5cm, 두께는 도톰하게 1cm 정도로 썬다.
③ 고춧가루를 먼저 버무린 다음 채친 파, 다진마늘, 생강, 새우젓, 소금을 두고 버무려서 단지에 넣는다.
④ 무청은 소금에 절여 위에 덮고 1~2일 지나 소금과 새우젓으로 슴슴히 간을 한 물을 잘박하게 넣어준다.
⑤ 1~2일 지나 익으면 건지 3~4쪽과 국물을 잘박하게 넣어 제공한다.

(14) 봉주방장 해법 : 한 가지 양념으로 여러 가지 김치 만드는 방법

■ 기본양념비율

재료	비율
미원(50g)	0.5
간생강(150g)	1.5
설탕(150g)	1.5
멸치액젓(200g)	2
새우젓(300g)	3
굵은고춧가루(300g)	5
고운고춧가루(300g)	5
간마늘(500g)	5
쪽파(1kg)	10
찹쌀풀	10
주재료(10kg)	100

■ 공통적인 양념만드는 법

① 소금은 주재료 전체양의 2~3%면 절이는데 충분하다. 그러나 소금 대신에 직접 새우젓에 절여도 좋다. 그때에는 무 양의 새우젓을 10% 정도 넣으면 별미이다.
② 모든 김치는 잘 절여져서 씹었을 때 '아작아작' 하는 느낌이 좋다.
③ 쪽파에 갓을 5% 정도 넣어주면 좋다.
④ 고춧가루는 직접 주재료에 넣지 말고, 따뜻한 물을 1 : 1로 넣고 불린 다음 버무리면 더욱 좋다. 다른 양념을 넣기 전에 절인 재료에 만든다.

봉주방장 해법

① 풀을 쑤어 넣는 것은 만든 이의 손맛에 의하여 적당량을 넣어준다.
② 주재료를 절일 때 소주를 약 5%를 넣어준다.
③ 설탕을 넣고 장기간 보관하게 되면 물러진다. 이러한 경우에는 소금을 좀더 넣고 감미료(뉴슈가, 신화당)를 사용하면 좋다. 물론 당도가 높으므로 적게 넣어야 한다.

기본양념에 응용할 수 있는 김치

① **깍두기** : 무를 깍뚝썰기하여 굵은 소금 2% 정도를 넣어 절군 다음 기본양념을 넣고 버무려서 단지에 꼭꼭 눌러 담는다. 설렁탕용 깍두기는 절구지 않고 소금, 양념을 넣고 그대로 버무린다. 이때에 풀은 넣지 않는다.
② **굴깍두기** : 통배추김치의 재료에 잘 손질한 굴을 고운 소금으로 살짝 절여 10분 후에 버무려 준다(굴은 전체양의 1/20 정도).
③ **알타리무 깍두기** : 한 특급 호텔에 근무했을 때다. 오너의 지시로 김치류는 주문하여 사용했는데 일반 깍두기와는 달리 알타리무(작고 단단한 무)를 작은 깍뚝썰기하고 고춧가루도 태양에 말려 빻은 태양초 고춧가루를 사용한 깍두기를 꽤 비싸게 구매하여 사용했다. 맛이 한결 좋다.
④ **총각김치** : 알타리무를 잎이 달리게 하고 길이로 쪼개 썰어 소금(2~3% 정도)에 3~4시간 절군 후 기본양념비율로 버무려 담근다.
⑤ **파김치** : 쪽파 또는 실파를 깨끗이 손질하여 소금에 2~3시간 절인 다음, 기본양념 비율에서 생강, 마늘을 넣지 않고 버무린다.
※파김치와 씀바귀 또는 꼬들빼기김치는 함께 담그는 것이 좋다.
⑥ **갓김치** : 갓을 손질하여 씻어 알맞은 길이 약 10~12cm 정도로 잘라 소금에 심심히 절여 기본양념비율로 버무려서 담근다.
⑦ **씀바귀, 꼬들빼기김치** : 고들빼기, 씀바귀 김치는 손질하여 잘 씻어 소금물에 2~3일 절궈 건져내어 씻은후 기본양념비율로 버무린다.
⑧ **우엉김치** : 기본양념에 주재료인 우엉을 껍질을 벗겨 납작썰기 또는 채썰어서 소금에 절인 다음 버무려서 김치를 만든다.
⑩ **부추김치** : 기본양념에 주재료를 부추로 사용하여 김치를 만든다. 고춧물을 버무리는 것이 기본이다.
⑪ **쑥갓김치** : 쑥갓을 깨끗이 씻어 소금물에 살짝 절인 다음 물에 헹궈 소쿠리에 건져 물기를 빼서 기본양념으로 버무린다.

※깨끗이 손질한 재료를 절일 때에는 소금에 절이는 것이 일반적이지만 새우젓, 액젓으로 직접 절여도 깊은 맛을 낼 수 있다.

김치(김장)이 잘못 되었을 때.(조선일보에서)

- 김치가 짜다 : 무를 납작하게 썰어 김치 사이에 넣어두면 김치의 짠맛이 무에 배어들면서 중화된다, 쪽파를 몇 대씩 묶어서 김치 사이사이에 넣어두면 짠맛이 덜해지고 맛있는 쪽파김치까지 덤으로 먹을 수 있다.

  찹쌀 풀 1c에 설탕 1~2큰술 넣어 버무릴 수도 있다.
- 김치가 싱겁다 : 소금을 그냥 넣으면 쓴맛이 난다. 김치 국물을 따라내 국간장, 참치젓으로 간한 다음 식혀 다시 김치에 부어준다.

  또는 찹쌀 풀에 국간장과 고춧가루를 섞어서 반나절 정도 익혔다가 김치를 다시 버무려도 괜찮다.
- 젓갈맛이 너무 강해서 비릿해요 : 찹쌀 풀에 고춧가루와 국간장을 섞어 김치를 다시 버무릴 수도 있다.
- 김치에 골마지가 낄 경우 : 김치가 공기와 접촉하면 하얀색의 골마지가 끼는데 그것을 골마지라 한다. 골마지가 낀 부위를 걷어내고 비닐 주머니에 물을 담아 눌러준다.
- 김치가 써요 : 쓴 맛은 소금의 질이나 염도와 관련이 깊다. 소금이 간수가 덜 빠진 상태였다든가 절인 김칫거리를 헹굴때 소금물을 덜 뺀 경우에도 쓴 맛이 난다. 흐르는 물에 세 번 정도 헹구는데 줄기사이사이에 소금기가 남아있지 않은지 꼼꼼하게 확인해야 한다.

  일반 냉장고에 보관했다면 김치를 담그거나 과정에 문제가 있었다면 덜익은 상태로 냉장고에 넣었기 때문에 쓴 맛이 난다.

13. 반 찬

제 1 절 나물류

나물은 한국인의 반상차림에 필수적인 것으로, 산이 많은 지형적 특징과 사계절의 영향을 받아 나물의 종류와 요리법이 많고 다양하다.

식물은 하등식물(이끼류), 양치식물(고사리, 쇠뜨기 식물 등), 고등식물의 3종류로 구분되는데 대체적으로 고등식물은 우리나라에는 5,700여종으로 흔히 눈에 띄는 식물이다. 한국인인 우리가 먹는 식물은 2배나 많이 있을 것 같지만 구황식물(전쟁, 기근 때 먹는 식물)과 균류(버섯류)를 제외하면 130여종에 불과하다. 우리가 먹는 식물과 먹지 않는 식물로 나누는 첫번째 이유는 질감(섬유질)에 있다. 잡식성인 인간이 초식동물과 같이 억센 식물을 씹기가 어려웠으므로 부드럽게 할 수 있는 요리법으로 삶거나 볶는 방법으로 찬거리가 되어 발달되어 왔다. 아이러니하게도 질긴 것은 삶으면 부드러워지고 반대로 연한 잎부위는 금방 데쳤을 경우는 오히려 탄력이 있다.

숙채는 채소를 데치거나(무침나물) 볶아서(볶음나물) 갖은 양념을 하여 만든 나물이고, 생채는 계절별로 나오는 채소를 열처리를 하지 않은 날 것으로 초장, 고추장, 겨자 등으로 무친 나물을 말한다. 나물을 만드는데 있어서 제일 중요한 것은 정성 어린 손맛이다. 대강대강 무치는 것이 아니라 간이 밸 수 있도록 조물조물 무쳐야 제맛이 난다.

1. 맛있는 나물을 하기 위하여

1) 이것만은 꼭 지키세요

- 특수한 향(씀바귀, 도라지, 우엉 등)이 있는 나물은 데치거나, 썰어서 맛을 우려낸다.
- 시래기나물, 냉이뿌리 등의 질긴 나물은 무르게 삶아야 한다. 또한 마른 나물은 삶아서 담가 둔 후 잘 씻어주어야 한다.
- 색소가 있는 잎사귀 나물은 소금을 약간 넣고 데쳐낸다. 색을 선명하게 살릴 수 있다.

- 나물을 데칠 때에는 줄기, 뿌리부위를 끓는 물에 먼저 넣고 데친다. 잎 부위는 나중에 넣는다. 뿌리와 줄기부위는 너무 살짝 데치지 말고, 어느 정도 끓여 무르게 한 후 빠르게 찬물에 담궈 완전히 식힌 후 사용한다.
- 볶음 나물을 할 때는 소금에 살짝 절여 물기를 제거해서 볶는데, 기름을 너무 많이 넣으면 안된다(식용유가 나물의 색소를 변하게 하기 때문에).
- 나물(주재료)의 양념에 따라 부재료가 달라진다.
- 무침할 때에는 재료 위에 양념을 얹지 말고 양념할 그릇에 먼저 양념을 고루 혼합해 놓은 후 양념을 하는데 해물류나 근채류는 먼저 넣은 후 무침하고 연한 야채류로 나중에 넣고 가볍게 무침한다.

봉주방장 해법

참기름을 넣고 무침하거나 식용유를 넣어 볶음할 때에는 소금, 장류, 설탕보다도 제일 먼저 기름류를 넣는다. 소금, 장류, 설탕을 먼저 넣으면 삼투압에 의하여 나물의 수분이 빨리 침출되어 나물이 볼품도 없을 뿐만 아니라 기름이 고루 나물에 입혀지질 않아 신선한 느낌을 못주고 나물의 표면이 쉽게 마른다. 물론 금방 무침하거나 볶아서 완성하여 취식할 때에는 표시가 나지 않겠지만…

2) 주재료와 부재료의 궁합

나물의 종류는 많지만 양념법은 생채나물과 숙채나물의 특징이 있고 이 또한 탁도로 보면 소금양념과 장류양념으로 나뉜다. 양념방법과 주재료에 따라 부재료가 선택되므로 잘 배합하여 맛을 낸다.

봉주방장 해법 : 주의해야 할 양념

일반적인 양념법에서 예외적인 것은 생채무침에는 마늘, 생강 등이 사용되지 않는다. 물론 파김치에도 마늘, 생강은 넣지 않는다.

나물형태	양념방법	주재료	부재료
나물을 참기름으로 맑게 양념할 때	· 반드시 숙채나물에 해당된다. · 소금 또는 간장으로 양념을 한다. · 볶음 또는 데쳐서 무침한다.	· 모든 나물이 해당되나 향이 나는 나물(두릅, 참죽, 풋마늘대, 부추 등)은 장류양념으로 말이무침한다.	· 육류(돼지고기, 쇠고기)의 기름이 없는 부위가 어울린다. 곱게 채썰기 한다. · 야채류 : 미나리, 피망, 고추, 실파, 쪽파, 부추
나물을 고추장 또는 된장으로 무침할 때	· 이 방법은 반드시 무침하는 방법으로서 숙채나물 또는 생채나물 등 모든 양념법이 해당된다. · 고추장, 된장, 초고추장 등으로 양념한다.	· 숙채나물일 경우에는 비교적 섬유질이 많은 근채류가 해당된다. · 생채나물일 경우에는 연한 엽채류에 해당된다.	· 생 해물류가 어울린다. · 어묵 : 곱게 채쳐서 사용한다. · 소라 : 얇고 알맞게 썰어서 사용한다. · 우렁 : 데친 후 소금에 조물조물 씻어서 사용한다. · 조갯살 : 데쳐서 사용한다. · 문어 : 데친 것을 얇게 채쳐서 사용한다. · 명란젓 : 으깨서 사용한다. · 날치알 : 명란젓과 같이 짜지 않아 나물과 섞어 사용해도 좋고 그 자체만으로 양념(마늘, 고춧가루, 혼다시, 소금)하여 사용해도 좋다. 일식요리에 많이 이용된다. · 생 오징어 : 모양있게 칼집을 넣어 데친 후 썰어 사용한다. · 낙지 : 데쳐서 4~5cm로 잘라서 사용한다. · 새우 : 데쳐서 사용한다. ※해산물을 넣을 때는 데쳐서 알맞게 져며 썰고 후라이팬에 식용유와 참기름을 넣고 마늘, 후추, 다시다를 넣어 볶아준 후 식혀서 사용한다. 말린해산물, 마른새우, 오징어채 등은 알맞게 잘라서 물에 불리거나 볶음하여 넣어준다.

3) 생채나물과 숙채나물

나물의 종류는 많지만 양념법은 생채나물과 숙채나물의 특징이 있으며 아래의 양념법을 기본으로 만든 이의 손맛을 더한다.

(1) 생채나물 (나물 : 양념=20 : 1)

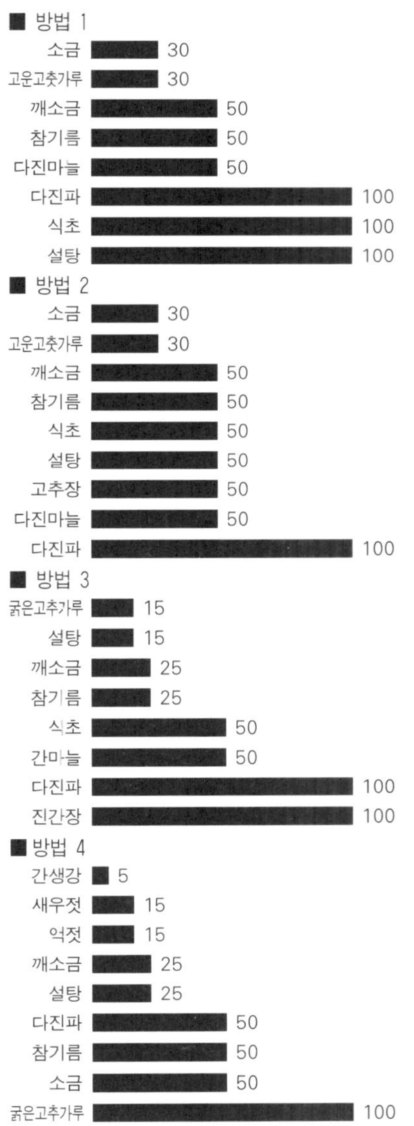

이렇게 만드세요

방법 1 : *고추가루로 매운 맛을 내고 새콤달콤하게 양념하는 법*

- 오이생채 : 오이는 둥글게 썰어 소금에 절여 꼭 짜서 옆의 양념에 무친다.
- 무생채 : 무는 채썰어서 고추물을 들인 후 소금에 양념한다.
- 도라지생채 : 찢은 도라지와 통도라지가 있는데 찢은 도라지는 가지런한하게 찢어 놓은 것으로 참도라지가 있고 헝크러진 도라지가 있다. 용도에 맞게 선택하여 사용한다. 소금에 가볍게 주물러서 무침한다.

방법 2 : *고추장과 고춧가루로 매운 맛을 내고 새콤달콤하게 양념하는 법*

- 더덕생채 : 더덕을 반으로 쪼개 방망이로 두들겨 찢어 양념한다.
- 노각생채 : 노각은 껍질을 벗겨 속은 다 빼고 살을 납작납작하게 썰어서 소금에 절였다가 꼭 짜서 옆의 양념에 무친다.
- 돗나물무침 : 가볍게 씻어 가볍게 양념한다.

방법 3 : *간장으로 간을 맞추고 새콤하게 무침하는 법*

- 쑥갓생채 : 쑥갓의 연한 잎사귀 부분은 생채로 쓰고 줄기부분은 데쳐서 숙채로 사용한다.
- 상추생채 : 깨끗이 씻어 한 입 크기로 뜯어서 무치기도 하고, 한 잎씩 통째로 무칠 수도 있다. 부료로는 양파채가 어울린다.
- 기타 : 해조류냉채(미역, 우무, …)

방법 4 : *젓갈로 양념하는 법(겉절이 양념)*

- 배추속대무침, 얼갈리배추무침, 부추무침, 달래무침 : 깨끗이 씻어 먹기 좋은 크기로 잘라서 나가기 직전에 무친다. 참기름을 제외한 양념장을 미리 준비하고 나갈 때 참기름, 깨 등으로 마무리 한다. 부재료는 해물류를 넣어 줄 수 있다.
- 풋마늘무침, 쪽파무침, 기타

(2) 숙채나물 (나물 : 양념=20 : 1)

■ 방법 1

다시다	20
소금	30
깨소금	50
다진마늘	50
다진파	100
참기름	100

※고운고춧가루를 조금 넣을 수도 있으며 국간장을 넣지 않고 소금만으로도 양념한다.

■ 방법 2

• 기본양념

미원또는다시다	10
소금	25
깨소금	25
간마늘	50
참기름	50
다진파	100
식용유	100

• 응용

물또는육수	10
들깨가루	10
고사리 · 고비	100

※들깨가루를 넣을 때는 참기름을 넣지 않는다.

■ 방법 3

썰은홍고추	25
쇠고기다시다	25
설탕	30
깨소금	50
참기름	50
간마늘	50
굵은고춧가루	50
국간장	100
식용유	100

■ 방법 4

미원또는다시다	10
후추	10
깨소금	50
참기름	50
간마늘	50
다진파	100
국간장	100
식용유	100

※고춧가루를 약간 넣을 수 있다.

이렇게 만드세요

방법 1 : *데친나물을 소금으로 양념하는 법*

• 콩나물 : 끓는 물에 넣고 적은 양일때는 10분, 많은 양일 때는 15분 삶는다.

• 시금치나물 · 취나물 · 숙주나물 · 깻잎나물 · 쑥갓나물 : 끓는 물에 적은 양일 경우 3분, 많은 양일 경우 5분 삶는다.

• 풋마늘나물 : 대량으로 물기를 짜낼때는 탈수기를 이용한다.

※데쳐낸 나물을 보관할 때에는 찬물에 헹굼하여 냉장고에 넣던가 얼음물에 보관한다.

방법 2 : *볶는 과정에서 양념을 하고 소금으로 양념하는 법*

• 도라지볶음 : 말린 도라지는 물에 불려서 알맞게 썰어서 씻어내어 사용하고, 볶을 때는 식용유뿐만 아니라 물을 조금 넣어주거나 많은 양일 때는 끓는 물에 데쳐내어 볶는다.

• 샐로리볶음 : 겉껍질은 벗겨내고 어슷썰기하여 볶는다.

• 가지볶음 : 가지나물은 여러 가지 방법이 있다. 여기에서는 소금에 살짝 절여서 물기를 꼭 짜내고 볶는다.

• 인삼숙채 : 도라지볶음과 비슷하게 하는데 약간의 설탕과 대추채를 넣어주면 좋다.

• 흰색버섯나물볶음 : 흰색버섯, 즉 느타리, 팽이, 새송이 등을 말하는데 직접 볶음할 수도 있고 데쳐낸 다음 물기를 제거한 후에 볶음한다.

• 고사리나물 · 고비나물 : 위의 양념에 들깨가루와 물을 볶음할 때 넣고 고사리 또는 고비를 넣은 후 은근하게 끓여서 부드럽게 하여 들깨가루양이 흠뻑 스며들게 한다.

• 애호박나물 : 기본양념에서 소금대신에 1/2 정도의 소금과 새우젓으로 볶는다. 애호박나물은 속심이 굵으면 제거한 후에 씻고 소금에 살짝 절였다가 물기를 제거한 후 볶아줘도 되고 절이지 않고 무르게 볶아도 된다.

방법 3 : *진간장으로 볶으면서 양념한다.*

• 가지나물볶음 : 나물을 볶을 때에 소금으로 볶으면 자체의 색을 유지할 수도 있지만 진간장으로 볶음하여도 좋다. 가지나물을 삶거나 쪄내어 무침할 때에는 국간장을 넣고 나머지 양념은 똑같다.

• 오이갑장과 · 무갑장과 : 오이와 무를 알맞은 크기로 하여 진간장에 재워두고 볶으면 갑장과라 불리는데 갑장과는 갑자기 간장에 장아찌를 만들었다하여 불려진 이름인데 짜게하면 갑장아찌로 분류하고 좀 싱겁게하면 나물로 분류한다.

• 호박부침 : 호박을 얇게 썰어 먼저 식용유에 부침하여 왼쪽의 양념을 뿌려준다.

방법 4 : *국간장으로 볶으면서 양념한다.*

• 말린 호박나물 · 말린 취나물 · 말린 가지나물 · 말린 토란대나물 등 : 말린 나물류는 물에 충분히 불리거나 푹 삶아 물에 충분히 불려 헹굼하고 알맞은 크기로 썰거나 잘라서 물기를 꼭 짠 후에 넉넉한 식용유를 두루고 간마늘, 국간장을 넣고 은근한 불에 뒤집어 주며 오래볶아 무르게 볶는다. 물기가 부족하면 물을 약간 넣어 주면서 볶는다. 충분히 볶아지면 식힌다.

※진간장과 국간장을 넣는 차이는 진간장은 설탕을 넣거나 생재료를 양념할 때 사용하고, 국간장은 건나물이나 설탕을 넣지 않을 때 토속적인 맛을 낼 때에 넣는다.

■ 방법 5

재료	비율
다시다또는미원	10
굵은고춧가루	25
깨소금	50
참기름	50
물엿	50
간마늘	50
다진파	100
된장 · 고추장	100

■ 방법 6

재료	비율
미원	5
설탕	5
깨소금	15
참기름	15
간마늘	15
다진파	30
초고추장	100

※양념이 지나치게 묽으면 고춧가루를 첨가할 수도 있으며 설탕대신에 물엿을 넣을 수도 있다.

방법 5 : *데친나물을 고추장, 된장으로 또는 고추장과 된장을 포함하여 무침한다.*

- 냉이나물 : 냉이나물은 뿌리부위가 무르도록 삶는다.
- 시금치나물 : 시금치나물은 보편적으로 소금으로 양념을 하지만 고추장과 된장을 넣고 양념을 한다.
- 취나물 · 산나물 · 들깻잎나물 · 고춧잎나물 : 물기가 되도록이면 적어야 무침을 한 양념이 씻겨 내려가지 않는다.
- 씀바귀나물 : 씀바귀나물은 일반적으로 뿌리부위가 유통되는데 데쳐내고 2~3일 찬물을 교환하여 지나친 쓴물을 감소시킨다. 그러나 쓴맛을 좋아한다면 가볍게 씻어 무침한다.
- 물쑥나물 : 물쑥은 봄 한철에 나오는 나물로서 데쳐서 사용한다.
- 기타

방법 6 : *데친나물을 초고추장으로 무침한다.*

- 두릅나물 : 두릅은 데쳐서 두릅회로 초고추장을 별도의 양념장으로 내어드릴 수도 있지만 초고추장에 무침할 수도 있다. 이때에 두릅은 두릅회로 제공할 수 없는 것을 사용한다.
- 냉이나물 · 원추리나물 : 고추장, 된장 또는 소금양념이 어울릴 수도 있으나 초고추장무침이 또한 잘 맞는 양념법이다.
- 오이무침 : 소금에 살짝 절여 물기를 제거한 다음 무침한다.

중국 김경자님의 생강기름무침 방법입니다.

■ 간장 생강 양념기름

생강을 기름에 졸인다. 생강을 건저낸 후 간장에 생강 조린 기름을 넣는다.
다시다, 미원을 넣어준다.
고기를 넣어주어도 좋다.
마지막에 통깨를 넣는다.

이렇게 만드세요

마른나물(산나물)을 삶아서 찬물에 담궈 놓는다.(삶아 놓은 것도 다시 삶는다) 나물을 하루정도 담근 후 꼭짜서 간장 생강 양념기름에 넣고 볶는다.

박매자님의 전라도식 생파래무침 방법입니다.

■ 재료 및 비율

재료	비율
통깨	2
소금	4
다진파(흰부위)	8
파래1판	100

이렇게 만드세요

파래무침에 마늘을 넣지 않는 이유는 마늘향 때문에 파래의 향이 감소하기 때문이다.

톳나물 무침

이렇게 만드세요

톳에 된장, 청양고추, 고춧가루, 파, 마늘, 통깨를 넣고 버무려 준다.

※말린 톳은 삶아야 하고 생 톳은 살짝 데쳐야 한다.

개성무채나물

이렇게 만드세요

① 무 5개를 채칼로 썰어서 식용유 [• 플라스틱 국자 / • 밥공기도 2/3정도] 2개 두른 후 설컹하게 볶아준다.
② 마늘 1국자를 볶은 후 볶은 무를 넣고 고운고추가루, 설탕 1공기를 넣고 식힌다.
③ 곳감에 건살구를 넣고 설탕 1 : 양조식초1에 볶은 무를 넣고 섞어 제공한다.

※무채 나물과 숙주나물도 함께 제공한다.
숙주나물 양념 : 마늘, 소금, 깨

굴무침

이렇게 만드세요

굴은 소금에 한번만 잘 씻는다.
채에 바쳐 물기를 뺀다.
자연산 굴에 청양고추, 간마늘, 고춧가루, 생강을 넣고 쪽파는 3~4cm 잘라서 넣고 미원은 아주 조금 넣어준다.

4) 계절별 나물

죽순

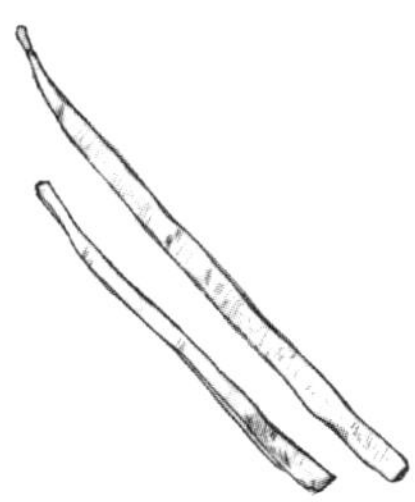
우엉

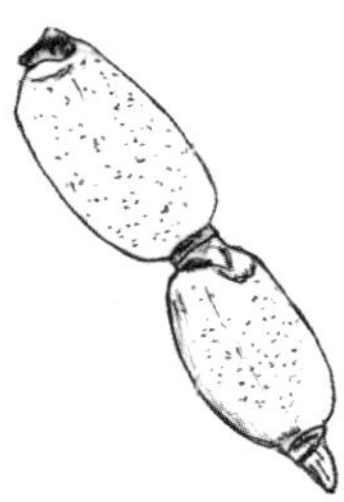
연근

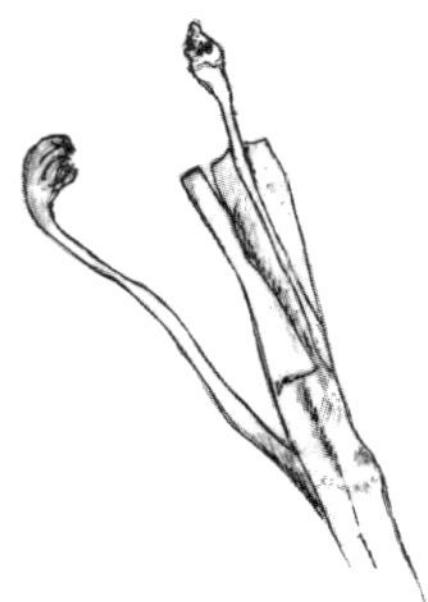
땅두릅

고사리

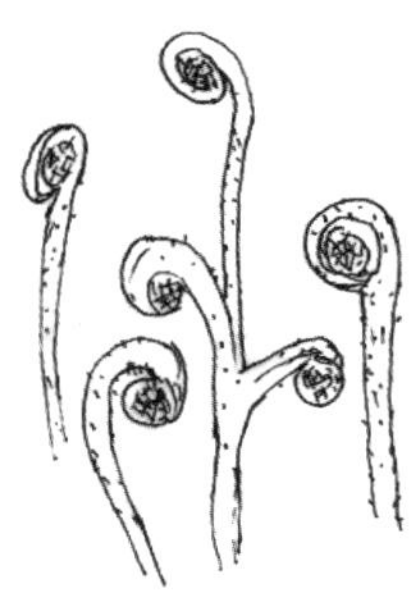
고비

토란

(1) 봄나물

취말림, 고사리말림, 산나물말림, 참죽나무순말림, 쑥말림, 더덕말림, 두릅말림, 도라지말림 등은 저장한다.

1. 더덕 생채무침
2. ① 냉이 나물(고추장)+조갯살
   ② 냉이 된장 무침
   ③ 냉이 참기름, 소금무침
3. ① 달래 파래 무침
   ② 달래 얼갈이 무침
   ③ 달래 김 고구마채 무침
4. 산마채 초고추장 무침
5. 돌나물 생채무침
6. ① 쑥갓 나물
   ② 쑥갓 된장 또는 고추장 무침
7. ① 취나물(된장무침)
   ② 곰취나물(데쳐서 쌈밥용으로)
8. ① 두릅 초고추장 무침
   ② 두릅 된장 무침
9. ① 고사리 나물 식용유 볶음
   ② 고사리 나물 들깨분 볶음
10. 고비나물
11. 미삼무침
12. 무생채 나물
13. ① 돌미나리 무침(생채)
    ② 돌미나리 숙채 무침
14. 쪽파 또는 실파를 데친 다음 초고추장 무침
    * 미나리와 무침하면 더욱 좋다.
15. ① 죽순 채나물
    ② 죽순 조림
    ③ 죽순 볶음
16. 비듬나물
17. ① 쑥 튀김
    ② 쑥국
18. 봄동배추 겉절이
19. 물쑥나물
20. 풋마늘대무침
21. 원추리 나물
22. 샐러리 볶음
23. 물파래 무침
24. ① 마늘쫑 볶음(+보리새우)
    ② 마늘쫑 볶아서 고추장 무침
    ③ 마늘쫑 장아찌
25. ① 참죽나물 고추장 무침
    ② 참죽나물 부각
26. 하루나 겉절이
    ① 조선간장
    ② 액젓·새우젓
27. 부추겉절이
    ① 데쳐서 ② 양념간장으로
    ③ 겉절이 김치 양념으로

(2) 여름나물

애호박말림, 도라지말라미, 더덕말림, 풋고추말림 등은 저장해 놓으면 좋다.

1. 노각생채
2. ① 씀바귀 나물
   ② 씀바귀 김치
3. ① 가지나물 ② 가지 볶음
   ③ 가지선(곱게 다진 쇠고기를 양념하여 속을 채운다)
   ④ 가지튀김
4. ① 애호박 볶음 나물
   ② 애호박부침(양념간장 얹어서)
   ③ 호박선
5. 얼갈이 무침
6. 곰취쌈무침
7. 꽈리고추조림+(장조림, 멸치볶음)
8. 알감자 조림
9. 미역 초회
10. 다시마 초회
11. 고구마순 나물
12. 머우대 나물
    ① 들깻 가루
    ② 멸치 또는 쇠고기 넣고
13. ① 오이선
    ② 오이 볶음나물(쇠고기와 함께)
14. ① 깻잎 순 나물
    ② 깻잎 멸치 조림
    ③ 생깻잎 양념장 얹힘

(3) 가을 · 겨울 나물

가지말림, 무말림, 아주까리잎말림, 토란줄기말림, 고구마줄기말림, 고춧잎말림 등은 저장할 수 있다.

1. 호박 고지 나물	2. 건 취나물	3. 건가지 나물
4. 무청 씨래기 나물	5. 건고사리 나물	6. 무말랭이 무침
7. 건고추잎 무침	8. 자연산 송이 (대체 : 생송이)	9. 토란대 볶음
10. 박나물		

(4) 사계절 나물

1. 무나물	2. 죽순나물	3. 배추(얼가리)
4. 도라지 나물	5. 개성 채나물(숙주, 미나리, 곶감)	6. 더덕나물
7. 버섯 나물	8. 콩나물	9. 숙주 나물
10. 오이나물	11. 시금치나물	12. 미나리
13. 취나물	14. 애호박나물	15. 마른파래무침
16. 기타		

제 2 절 밑반찬류

우리 음식에서 반찬이라 함은 주식과 후식을 제외한 부식류를 총칭한다. 그러나 이러한 분류는 밥을 주식으로 하는 반상차림에 해당되는 표현이므로 여기에서는 요리로서(냉채류, 전채류 등) 구분되어 지는 것을 제외한 오직 밥을 먹기 위한 밑반찬류로만 기술한다.

찬의 재료로는 쇠고기를 가장 많이 사용하며 그 다음이 어육, 조육이고 야채음식이 대단히 풍부하다. 조리법은 다양하지만 여기서는 짠 반찬류 중 장아찌 · 짠지 · 젓갈류는 실무편의 '장을 이용한 절임법 및 기타 절임'편에서 언급하였으므로 그 외의 것을 기술한다.

1. 자반류

자반은 저장해 두고 먹는 반찬을 말한다. 소금에 절여서 만드는 것부터 졸여서 만든 것까지 여러 가지가 있다. 생선을 소금에 절여서 굽거나 찌는 반찬, 해초나 어린나무 순 같은 것에 찹쌀풀이나 간장을 발라 말려서 굽거나 기름에 튀긴 반찬, 짭짤하게 무치거나 조린 반찬 등의 총칭이 자반이다.

(1) 쇠고기 자반

❶ 삶은 쇠고기를 두들겨서 만드는 법(개성음식의 대가이신 최상옥 선생님의 쇠고기 평양식 자반)

■ 재료 및 비율

재료	비율
미원	0.5
후추	0.5
참기름	3
다진파	5
다진마늘	5
미림	5
설탕	20
진간장	20
쇠고기홍두깨살	100

※양념장은 데린간장과 불고기 양념을 섞어 사용하건, 데린간장에 장조림 국물을 혼합한 후 다진파, 마늘을 넣어 사용하면 좋다.

이렇게 만드세요

방법 A

① 홍두깨살을 핏물을 빼고 푹 무르게 삶는다(국물은 육수로 사용한다).
② 고깃결의 방향에 따라 2cm 두께로 포를 떠서 셀러멘더 또는 그릴에 굽는다.
③ 방망이로 두드려 구운 고기를 넓게 편다.
④ 양념장을 만들어 고기를 재운다.
⑤ 간이 밴 고기를 약한 불에 한 번 굽는다.
⑥ 꺼내서 다시 한 번 두드린다.
⑦ 다시 양념장에 적셨다가 그릴에 굽는다.
⑧ 3~4번 반복한 후 잣가루를 뿌려 마무리한다.

방법 B

① 쇠고기를 삶지않고 결대로 손가락만큼 굵게 썰어 꾸득꾸득하게 말린다.
② 셀러멘더에 올려 놓고 구워서 방망이로 두드린 다음, 살을 다시 찢어서 양념장을 바르고 굽는다.
③ 참기름을 바르고 잣가루를 뿌려 마무리한다.

봉주방장 해법 : 돼지고기로 장포를 만들 때
쇠고기와 같은 방법으로 만드는데, 생강을 넣어준다.

❷ 날쇠고기를 말려 두들겨서 만드는 법

■ 재료 및 비율

재료	비율
미원(2g)	0.5
통깨(4g)	1
소금(4g)	1
설탕(20g)	5
참기름(20g)	5
홍두깨살(400g)	100

이렇게 만드세요

① 쇠고기의 우둔 또는 홍두깨 부위를 결과 같은 방향으로 손가락만큼 굵게 썰어서 바람이 잘 통하는데 널어놓아 꾸득꾸득하게 말린다(약 1~2일).
② 말린 쇠고기를 석쇠에 구워서 방망이로 두드린 다음 살을 다시 찢어 놓는다.
③ 여기에 참기름, 소금, 설탕, 미원을 두고 무쳐서 접시에 담고 참깨가루를 뿌린다.

봉주방장 해법 : 생멸치 무침하는 법
물엿 5 : 식용유 2 : 소주 2 : 마늘즙 0.5를 끓인다. 약간 진하게 끓여서 생멸치를 버무려준다. 잘게 다진 홍고추를 넣고 버무려준다. 나름대로 특색있는 새로운 방법이다.

(2) 돼지고기 자반

■ 양념재료 및 비율

재료	비율
후추	0.2
미원(2g)	0.5
깻가루/잣가루(10g)	2.5
다진파(20g)	5
간마늘(20g)	5
참기름(40g)	10
설탕(40g)	10
진간장(40g)	10
돼지고기둔부살(400g)	100

■ 삶을 때 밑간 비율

재료	비율
생강편	약간
통후추	약간
소금(12g)	3
돼지고기(400g)	50
물(800g)	100

이렇게 만드세요

① 기름기가 없고 결이 난 돼지고기는 소금, 통후추, 생강을 두고, 푹 삶아 건져서 실처럼 잘게 찢는다.
② 번철에 기름을 두르고 돼지고기를 볶으면서 간장, 설탕, 다진파, 마늘, 생강즙, 미원, 후춧가루로 양념하여 고슬고슬할 때까지 볶는다.
③ 볶은 돼지고기를 식기 전에 잣가루를 묻힌 다음 접시에 담는다.

※장똑똑이라는 반찬이 있는데 돼지고기를 결대로 곱게 채썰어 볶는 것으로 양념은 같다.

(3) 마른오징어 자반

■ 재료 및 비율

재료	비율
미원(2g)	0.5
참깨가루(4g)	1
참기름(8g)	2
설탕(40g)	10
간장(40g)	10
마른오징어(400g)	100

이렇게 만드세요

① 마른 오징어는 몸통만을 젖은 천에 싸서 축였다가 불에 살짝 구워 식기 전에 돌돌 말아 방망이로 두들긴 다음 가늘게 찢어 놓는다.
② 냄비에 물을 조금 넣고 미원, 간장과 설탕을 넣고, 졸이다가 준비한 오징어를 넣고 재빨리 무친 다음 접시에 담고 참기름, 참깨를 뿌린다.

※구워서 식기 전에 두드려야 보풀이 난다.
※식성에 따라 식물성고추기름을 약간 넣어 무칠 수도 있다.

(4) 북어포 자반

■ 재료 및 비율

재료	비율
실고추	약간
후추(1g)	0.25
소금(2g)	0.5
깨소금(2g)	0.5
다진마늘(4g)	1
고운고춧가루(4g)	1
설탕(4g)	1
물엿(40g)	10
다진파(40g)	10
참기름(40g)	10
북어포 3마리(400g) (손질한 북어포 3마리)	100

이렇게 만드세요

① 찢어 놓은 북어채를 물에 담갔다가 젖은 천에 싸서 눅눅해지면 가늘게 찢어 놓고, 파와 마늘은 부드럽게 다진다.
② 찢어놓은 북어포에 다진파와 마늘, 고춧가루, 참기름, 설탕, 후추, 깨소금을 순서대로 넣으면서 골고루 무쳐 놓는다.
③ 무친 북어포 자반을 접시에 담고 실고추를 뿌린다.

(5) 쥐어포 자반

■ 재료 및 비율

재료	비율
참깨가루(4g)	4
식용유(10g)	5
참기름(10g)	5
간장(10g)	5
설탕(20g)	10
고추장(40g)	20
쥐어포(200g)	100

이렇게 만드세요

① 쥐어포는 깨끗이 손질하여 젖은 천에 싸서 1시간 정도 축여 놓았다가 절구에 넣고 찧어서 또는 방망이로 두드려서 보풀이 나게 만든다. 커터기에 조금씩 찢어 넣어 갈아도 된다.

② 번철에 식용유 참기름을 두르고, 간장, 설탕, 참깨를 넣고 살짝 볶아서 접시에 담고 실고추를 뿌린다.

(6) 말린 조갯살 자반

■ 재료 및 비율

재료	비율
후추	약간
깻가루(2g)	1
설탕(10g)	5
참기름(10g)	5
식용유(10g)	5
진간장(40g)	20
마른조개살(200g)	100

이렇게 만드세요

① 마른 조갯살을 깨끗이 씻어 약 10분 정도 물에 불린 후 건져내어 식용유에 볶는다.

② 간장을 넣고 잠시 뒤적여 거의 졸인 후 설탕, 후춧가루로 양념한 다음 접시에 담고 통깨가루를 뿌린다.

(7) 홍어 및 가오리 자반

■ 재료 및 비율

재료	비율
미원(2g)	0.5
깨소금(4g)	1
고운고춧가루(8g)	2.5
간마늘(8g)	2.5
참기름(20g)	5
설탕(20g)	5
다진파(20g)	5
소금(40g)	10
홍어/가오리(400g)	100

이렇게 만드세요

① 가오리 또는 홍어를 깨끗이 껍질 벗겨 손질한 다음 소금을 뿌려서 꾸득꾸득하게 말린다.

② 말린 가오리는 김에 살짝 쪄서 길이로 가늘게 찢은 다음 다진파와 마늘, 참기름, 고추기름, 설탕, 미원 등으로 양념하여 접시에 담고 참깨를 뿌린다.

③ 가운데를 자르고 잘린 면이 바깥으로 향하게 하고 가지런히 놓아 준비한다.

(8) 말린 새우살 자반

❶ 방법 A : 새우살을 두드려서

■ 재료 및 비율

재료	비율
소금(1g)	0.5
깨소금(2g)	1
간장(5g)	2.5
설탕(10g)	5
식용유(10g)	5
마른새우(200g)	100

이렇게 만드세요

① 마른 새우는 껍질을 벗기고, 살을 빼내어 젖은 보에 싸서 눅눅하게 한 다음 방망이로 두드려서 보풀이 일게 한다.

② 준비한 새우살에 간장과 소금을 넣고, 무치다가 식용유에 설탕을 넣고 계속 주무르면서 무친다음 참깨와 깨소금을 넣고 고루 무친다.

※잔새우살을 구매하여 채반에 넣어 꾸덕꾸덕해지면 같은 방법으로 요리한다.

❷ 방법 B : 새우살을 갈아서

■ 재료 및 비율

재료	비율
간장	3
시럽	10
마른새우	100

이렇게 만드세요

① 말린 새우살을 커터기에 갈아낸다.

② 시럽청을 만든다. 물 : 설탕 : 물엿=1 : 1 : 1을 끓여 1/3로 졸인 다음 간장, 참기름을 넣고 청을 완성하여 ①에 버무려서 소주병 뚜껑에 P.P랩을 깔고 꾹꾹 눌러 다식과 같이 찍어낸다.

※비닐에 넣고 방망이로 밀어낸 후에 비닐을 벗겨내고 석쇠에 앞뒤로 굽는다. 모양있게 잘라낸다. 잘 뭉쳐지지 않을 때에는 밀가루를 약간 넣어 팬에 넣고 뒤적여 익혀주고 비닐에 넣는다.

(9) 뱅어포 자반

■ 재료 및 비율

재료	비율
통깨(10g)	5
다진파(50g)	25
간마늘(50g)	25
설탕(100g)	50
식용유(100g)	50
고추장(100g)	50
뱅어포(20장)	100

이렇게 만드세요

① 뱅어포를 깨끗이 손질하고 마늘은 갈아서 사용한다.

② 고추장, 식용유, 다진마늘을 함께 버무려서 뱅어포에 붓으로 골고루 바른다.

③ 중불에 구워서 가위로 적당히 잘라 접시에 담는다.

(10) 멸치 자반

■ 재료 및 비율

재료	비율
참깨(4g)	2
설탕(20g)	10
간장(40g)	20
식용유(120g)	60
중간멸치(200g)	100

이렇게 만드세요

① 마른 멸치는 기름의 온도가 150~160℃ 중간온도에 멸치를 넣고 튀긴다.

② 설탕, 간장을 끓이다가 튀긴 멸치를 넣고 살짝살짝 뒤적이면서 윤기나게 볶는다. 참깨를 뿌려 낸다.

(11) 파래자반

파래는 흔히 고추장을 발라 양념구이를 하나, 고춧가루로 하면 더욱 깔끔하다.

■ 재료 및 비율

재료	비율
참깨(10g)	5
설탕(20g)	10
고춧가루(4T)	10
간장(20g)	10
참기름(40g)	20
파래(20장)	100

이렇게 만드세요

① 간장, 참깨, 설탕, 고춧가루 등을 섞어서 양념장을 만든다.
② 김은 참대발에 한 장씩 펴놓고 양념장을 발라 꾸덕꾸덕말려 알맞은 크기로 자른 후에 다시 넣어 바싹말린다.
③ 이것을 보관했다가 먹을 때 참기름을 발라 석쇠에 놓고, 살짝 구워 식기 전에 가위로 잘라 접시에 담는다.

(12) 검은콩자반

■ 재료 및 비율

재료	비율
통깨	적당히
식용유(1C)	10
통깨(1C)	10
설탕(1.5kg)	30
진간장(1.5ℓ)	30
10분불린콩(3kg)	60
물(5ℓ)	100

※완료시간 2시간
※식용유를 적당히 섞어주면 윤기가 난다.
※설탕이 너무 많이 들어가면 콩자반이 딱딱해진다.
※장과 설탕을 넣기 전에 미리 콩만을 끓여 어느 정도 무르도록 삶아야 한다.
※콩이 무르게 삶는데 지나치게 삶으면 메주냄새가 나며 무르지 않았을 때 설탕을 넣으면 딱딱해진다.

봉주방장 경험 : 완성 직전의 콩의 물러지는 상태보다 냉장 보관하여 하루쯤 지난 상태가 콩이 단단해진다.

이렇게 만드세요

① 검정콩을 씻어 약 10분 정도 불린 후 밥물보다는 약간 많게 물을 넣어 끓인다(손목 약간 위까지 물이 올라올 정도).
② 한참을 끓여 물이 자작하게 졸아들고 콩이 물러져서 익으면 간장, 설탕, 물엿을 넣고 뚜껑을 열어 중불에서 끓인다. 주걱으로 뒤적여 준다.
③ 뒤적이고 먹어보고 하면서 간이 알맞지 않으면 간장과 설탕을 더 넣어준다.
④ 콩이 불려졌던 상태에서 껍질이 쪼글쪼글해지고 물이 자작하게 졸아들도록 졸여 참기름과 식용유를 넣어 윤기를 내고 달콤하면서도 당도가 알맞은 콩자반을 만든다.

2. 장조림과 조림(돼지고기, 쇠고기)

돼지고기 또는 쇠고기를 간장양념한 짭잘한 장조림 또는 조림류는 천리찬이라고 해서 옛날 과거보러 가는 선비들의 봇짐 속에 넣고 먹는 반찬으로 상하지도 않고 맛과 영양이 좋다는 의미가 있다.

장조림은 간장양념국물에 재료가 잠기게 하여 졸이는 것이며 조림은 재료에 양념을 넣어 졸이는 것의 차이가 있다.

봉주방장 해법 : 고기손질하기

- 돼지고기 또는 쇠고기의 홍두깨부위, 우둔부위를 큼직하게 썰어 장조림에 사용할 때 찢어서 다른 부재료와 함께 놓는다.
- 돼지고기 또는 쇠고기의 사태부위, 쇠고기의 양지부위는 기름을 제거하고 알맞게 썰어 장조림한다.

(1) 장조림

■ 1차 양념재료

• A방법

생강편	3
대파	5
마른고추	5
소주또는정종	5
설탕	20
간장	20
물	100

• B방법

생강편	3
대파	5
마른고추	5
설탕	10
미림	20
간장	20
물	100

■ 2차 양념재료

후추	0.5
미원	1
쇠고기다시다	2
꽈리고추	20
마늘편	20
물	20~30
장조림고기	100
1차양념국물	100

이렇게 만드세요

1차 양념재료 : *향재료를 먼저 넣고 끓이기*

① 1차로 향재료인 대파는 그대로 넣고 마른고추는 잘라 넣고 생강을 저며 썰어 넣는다.

② 끓이면 전체적인 국물양이 줄어드는데 줄어든 만큼 물을 채운다.

2차 양념재료 : *장조림할 고기를 넣고 부재료와 양념하기*

③ 덩어리 장조림할 고기는 약 5~6cm로 자르고 충분히 핏물을 빼고 두 번째 방법인 썰어서 장조림하는 방법은 가볍게 썰어서 넣는다.

④ 1차 양념국물이 끓는 상태에서 ③을 넣고 거품이 일어나는 것을 걷어낸다. 약 2시간 졸여주는데 끝내기 20분전에 통마늘을 2~3쪽으로 도톰하게 썰어 넣거나 꽈리고추를 1/2 정도 잘라서 넣는다.

⑤ 식혀서 보관한다.

※손님한테 드릴때는 덩이 장조림 고기는 결대로 찢어서 썰은 고기는 그대로 부재료인 마늘과 꽈리고추를 모양있게 담아낸다.

(2) 약산적, 섭산적의 조림

❶ 의미와 파생되는 원리

약산적은 개성음식의 대가이신 최상옥 선생님께서 약이 되는 쇠고기구이를 뜻한다고 하셨는데 약이 된다는 뜻은 얇게 썰은 불고기용 쇠고기를 양념을 넣고 찢어가며 한참을 주물러서 고기를 부드럽게 하여 작고 둥글게 만들어 석쇠에 구워 먹게 되면 약이 된다하여 약산적이라 불린다고 한다. 얇게 썰은 쇠고기를 잘게 끊어질 정도까지 주무르면 부드럽기는 하겠으나 힘이드니 잘게 썰어서 무침한다. 그러나 원칙은 주물러서 부드럽게 하는 것이라고 지적하셨다.

섭산적은 기름기없는 쇠고기를 다지거나 갈아내어 기름기가 없어 퍽퍽하므로 두부를 고기의 1/3 정도 넣어 양념을 한 후 치대어 완전히 두부와 고기가 한데 어우러지게 한다. 두께 1cm 정도로 큼직하고 네모지게 반데기를 지어 구워서 작게 잘라서 2×3cm 크기로 잘라 놓는 방법이다. 닭고기, 흰살생선을 갈아서 같은 방법으로 해도 좋다.

❷ 여러 가지 모양만드는 방법(공통)

- 작고 둥글게 손으로 빚어 직경 4~5cm(익으면 3~4cm)로 만드는 방법
- 작은 직경 4~5cm의 얕은 양념종지에 비닐을 깔고 양념을 잘한 약산적이나 섭산적을 넣어 손으로 표면을 두드려 편편히 한 다음 비닐을 당겨내어 동글게 만드는 방법
- 아크릴판을 이용하는 방법으로서 두께 0.7~0.8cm되는 아크릴판을 직경 5cm 정도로 뚫거나 3×5cm의 직사각형으로 뚫어 햄버거 만들 듯 비닐을 깔고 만드는 방법
- 석쇠크기보다 작은 투명한 비닐봉지에 양념을 잘한 약산적이나 섭산적을 넣어 나무방망이로 두께 0.5~0.7cm로 밀어서 편편히 하여 가위로 가장자리를 잘라 낸다. 겉표면의 비닐은 벗겨내고 밑의 비닐이 석쇠에 닿게하여 비닐없는 쪽이 먼저 익게한 후에 뒤집어 나머지 비닐을 제거한 후 한쪽 면을 익히는 방법

  ※나무방망이로 밀때는 공기를 빼내면서 해야 하며 비닐표면에 물을 적시면 잘 밀린다.
- 갈은 고기(섭산적용)는 완자크기보다도 크게 떼어 대추모양으로 빚어서 굽는 방법

❸ 약산적 · 장산적을 만들기 전 핏물을 빼는 방법

- 약산적의 불고기로 썰은 고기는 소쿠리에 담아 냉장고에 하루 정도 놓아 핏물을 제거한 후 양념을 한다.
- 섭산적의 갈은 고기는 소쿠리에 담아 자연스럽게 핏물을 제거할 수도 있으나 유사한 종이에 고기를 조금씩 뭉쳐 놓으면 핏물이 제거된다. 섭산적에 넣는 두부의 물기는 한지를 이용하거나 행주에 싸서 무거운 것으로 눌러서 물기를 제거한다.

❹ 약산적, 섭산적의 양념비율

주의해야 할 것은 파는 다져서 넣는다. 양파를 넣어 줄 수도 있는데 양파 역시 다져서 넣어야 좋다. 갈아내지 않는 이유는 갈아내면 파 또는 양파의 효소활성으로 고기가 검어지거나 연육작용이 빨라서 조리하기 전의 상태가 쉽게 상할 수 있다. 앞 장의 구이류편의 진양념법의 불고기양념을 이용하면 되기 때문에 도표설명은 안 한다.

❺ 약산적 조림, 장산적 조림양념

■ 재료 및 비율

재료	비율
후추	약간
참기름	3
식용유	3
설탕	6
간장	8
육수또는물	10
약산적 · 섭산적	100

이렇게 만드세요

① 약산적 또는 섭산적을 제외하고 나머지 재료를 냄비에 넣고 불에 올려 끓인다.
② 끓어오르면 약산적 또는 섭산적을 넣고 은근한 불에 고루 간이 배이도록 조림간장을 끼얹으며 조림한다.
③ 국물이 자작하면 알맞은 그릇에 담아 식힌 후 찬기에 담아낼 때에는 깨소금, 잣가루, 땅콩가루로 고명을 한다.

(3) 양미리조림

■ 재료 및 비율

재료	비율
미원 · 후추	약간
진간장(5g)	1
데리간장(5g)	1
설탕(5g)	1
참기름(10g)	2
다진파(10g)	2
간마늘(10g)	2
고추장(10g)	2
식용유(100g)	10
양미리(500g)	100

이렇게 만드세요

① 양미리는 볏짚에 엮어 놓았는데, 빼내어 가위로 2cm 크기로 자른다.
② 이때 내장은 머리 부위를 잘라낼 때 빼낸다.
③ 기름에 바싹 튀긴다. 그렇지 않으면 양미리 살이 부서진다.
④ 냄비에 양념을 한 후 양미리를 넣고 잠시 버무려 준다.

(4) 빙어조림

■ 재료 및 비율

재료	비율
후추	약간
통깨	약간
소금(6g)	1
미원(6g)	1
설탕(30g)	5
생강편(30g)	5
대파(60g)	10
진간장(90g)	15
꽈리고추(200g)	33
빙어(600g)	100

이렇게 만드세요

① 빙어는 깨끗이 씻어서 소금, 미원, 후추를 약간씩 뿌려서 양념한 다음 말린다.
② 냄비에 대파, 생강편, 미원, 간장, 설탕, 약간의 물을 넣고 끓인다. 어느 정도 졸면 건지는 꼭 짜낸 후 버리고 빙어를 넣고 센불에서 조린다.
③ 불은 차차 약하게 한 다음 꽈리고추를 넣고 서서히 졸인다. 윤기나게 졸여낸다.

시래기 이면수 조림

이렇게 만드세요

① 이면수를 토막내어 두 번정도 씻어준다.
② 조선간장, 고춧가루, 고추장, 설탕 조금, 간마늘, 간생강, 조미료 약간 넣고 무우를 깍뚝썰기하여 양념과 섞는다.
③ 이면수도 넣어주고 물을 조금 넣어준 후 소금으로 간을 한다.
④ 한번 끓인 후에 시래기를 올려담고 은근히 조려낸다.

시래기 꽁치조림

이렇게 만드세요

① 꽁치는 토막쳐서 놓는다.
② 시래기를 삶아서 찬물에 담궈우려낸 후 건져 물기를 제거하고 된장에 갖은 양념하여 무쳐놓는다.
③ 양념장 : 고추장, 고춧가루, 집간장과 청양고추 '청' '홍'을 썰어 양념장을 만든다.
④ 꽁치와 시래기를 냄비에 넣고 양념장을 뿌린 후 조려낸다.

정난이 여사님의 긴따루 생선조림 방법이다.

■ 양념

간장 1:물 8:물엿 1

사과, 양파, 대파, 마늘, 생강, 홍고추 조금

통후추 약간, 갖은 야채, 레몬

■ 양념응용

간장 1 : 물 4에 야채를 넣고 1/2로 줄인 후 물엿 1/2과 사과 1/2을 넣고 되직하게 만든다.

이렇게 만드세요

① 앞 재료를 약 2시간 30~3시간 줄인다.
약 2/3로 줄인다.

② 긴따루는 지느러미, 내장을 제거한 후 전분을 바르고 그대로 튀긴다.

③ 냄비에 긴따루 소스에 초고추장을 조금 넣고 약 2~3분간 조린 후 긴따루 생선 위에 올린 후 그 위에 파채와 청양고추 다진 것을 올려준다.

(5) 뱅어포조림

■ 재료 및 비율

재료	비율
후추	약간
참깨	약간
미원	약간
소금(10g)	5
설탕(20g)	10
간마늘(20g)	10
다진파(20g)	10
고추기름(40g)	20
닭육수(½C)	50
말린뱅어포(10장)	100

이렇게 만드세요

① 마른 뱅어포는 찬물에 약 30분 정도 불려서 분리시켜 놓고 건져낸다.

② 냄비에 고추기름을 두르고 ①을 볶으면서 다진파, 마늘, 미원, 후추, 설탕, 소금 등으로 양념한 다음 닭육수를 조금 붓고 졸인다.

③ 국물이 거의 졸면 뱅어에 윤기가 난다. 접시에 담아 낸다.

(6) 멸치조림

❶ 간장조림(이 방법은 전통적으로 짭잘한 꽈리고추가 중심이 되어 멸치가 씹히는 것이 일품이다)

■ 재료 및 비율

재료	비율
실고추(10g)	0.1
통깨(100g)	1
다시다(200g)	2
간마늘(500g)	5
물엿(500g)	5
식용유(600g)	6
설탕(1kg)	10
간장(2kg)	20
멸치(3kg)	30
꽈리고추(10kg)	100

이렇게 만드세요

① 멸치를 볶아 준다. 소량일 때는 후라이팬에, 대량일 때는 160℃의 기름에 잠시 튀겨낸다.

② 꽈리고추는 끓는 간장에 몇번씩 나누어 숨이 죽으면 바로 건져낸다(데칠 때 고추에서 나오는 물과 고추에 묻어 옮겨지는 간장으로 끝까지 데쳐내면 간장이 그리 많이 남지 않는다).

③ 남은 간장과 ①에서 남은 식용유, 설탕, 다시마, 마늘, 물엿을 넣고 잘 어우러지도록 끓인다(설탕과 물엿이 들어감으로써 뻑뻑한 조림간장이 된다).

④ ③에 튀긴 멸치를 한두번 굴려주고, 간장에 조린 꽈리고추를 잘 섞어준다.

⑤ 통깨와 실고추로 마무리 한다.

⑥ 얇은 싯팬(sheet pan)에 펴서 식힌다.

❷ **고추장조림**(이 방법은 흔하게 물엿과 설탕 등으로 윤기를 내는 멸치볶음보다는 촌스럽지만, 고향의 맛이 생각나는 방법이다)

	이렇게 만드세요
위 "간장" 비율 대신 고추장을 넣는다.	① 고추장, 기름, 물엿, 설탕을 넣고 약한 불에서 끓인다. 여기에 튀긴 멸치를 넣고 잘 섞어준다. ② 통깨를 뿌리고 식힌다.

봉주방장 해법

- 멸치는 4~5cm의 크기를 회색의 윤기가 나고, 고르게 말려진 것이 상품이나. 잔멸치 · 실멸치 또한 사용하므로 어느 것을 사용해야 한다고 권할 수 없다.
- 멸치를 손질하는 방법은 머리와 내장을 제거하는 방법도 있지만 그대로 사용하는 것이 좋다. 굳이 머리와 내장을 제거한다면 버리지 말고 그물망에 싸서 국물 낼 때 사용하거나 장아찌가 담겨져 있는 된장 또는 고추장에 박아 놓으면 좋다. 물론 조림 간장에 넣어 멸치 엑기스를 이용해도 좋다.

(7) 오징어 실채조림

❶ 간장조림

■ 재료 및 비율	이렇게 만드세요
통깨 1 쇠고기다시다 2 설탕 5 간장 5 식용유 10 오징어실채 100 ※오징어채는 실같이 가늘기 때문에 볶아지면 엉켜지므로 손으로 보실보실 펼쳐주면서 볶는다. ※볶을 때 그릇은 넓고 바닥이 두꺼운 것이 좋다. ※볶는 사람은 실장갑을 끼고 다시 고무장갑을 껴주면 편리하다.	① 오징어 실채를 3등분으로 가위 또는 칼로 자른다. ② 비교적 넉넉한 기름에 오징어 실채를 볶아서 오글오글 쪼그라들면 다른 용기에 옮겨 놓는다. 많은 양을 한꺼번에 하면 기름이 많이 사용되어지므로 조금씩 볶아 놓는다. 볶아 놓은 오징어 실채에서도 기름이 많이 흘러나오므로 그릇을 기울여 놓는다. ③ 간장, 설탕, 다시다를 푹 끓여 설탕과 다시다가 졸여지면 볶아 놓은 오징어 실채 ②를 넣고 은근한 불에 양념이 배이게 한다. ④ 뜨거워졌을 때 통깨를 뿌려준다.

❷ 고추기름조림

■ 재료 및 비율	이렇게 만드세요
설탕 2 간장 3 고추기름 8 오징어실채 100	간장으로 만드는 방법과 같으나 식용유 분량 대신 고추기름을 넣으면 된다.

❸ 기름에 튀겨서 조림하는 법

앞의 두 방법(❶, ❷ 방법)은 적은 기름에 오징어 실채를 볶아서 양념하는 법이라면 이 방법은 넉넉한 기름에 아미체(자루그물체)에 오징어 실채를 조금씩 넣고 튀겨내는 것으로 가는 오징어 실채가 넓어진다. 양념법은 ❶, ❷ 두 방법의 양념법으로 할 수 있다.

시래기 조림

이렇게 만드세요

① 시래기를 적당히 잘라서 소다를 넣은 물에 줄기부위부터 삶는다.
② 시래기가 물러지면 2회이상 헹굼한다. 씻은 후 꼭 짜준다.
③ 양념(파뿌리, 마늘, 양파, 멸치, 다시다, 무)를 냄비에 넣고 약 한시간 동안 우려내 다시물을 만든다.
④ 다시물에 몽고백된장(간 것), 몽고검은간장을 넣고 간을 맞춘다음 쇠고기 다시다 청양고추, 들깨가루 약간, 들기름을 넣고 시래기를 넣어 조림을 한다. 국물이 잘박할 때 제공한다.

3. 부각류 및 튀각류

부각이란 다시마・깻잎과 같은 재료에 찹쌀가루로 쑨 풀을 발라서 말려 두웠다가 먹을 때 기름에 튀겨서 사용하는 마른 반찬을 말하며, 일반적인 튀김온도보다 낮은 160℃ 정도에서 튀겨낸다. 튀각은 찹쌀풀을 바르지 않고 튀겨내는 것을 말하는데, 흔히 다시마・미역 등이 사용된다. 튀각의 튀김온도는 180℃ 이상에서 튀겨낸다.

1) 부각류

부각은 여러 가지 재료에 찹쌀풀을 입힌 후 말려서 기름에 튀긴 것으로, 저장성이 좋고 안주류에도 좋다. 여러 가지 부각을 만드는 데 있어서 겉면에 흰통깨, 검은통깨, 김가루 등을 뿌려 줄 수 있는데 시간이 있을 때 여유를 가지고 만들어 놓는다.

▶ 찹쌀풀 만드는 법

■ 재료 및 비율

재료	비율
소금	2
마른새우가루	5
찹쌀가루	40
물	100

※풀을 쑬 때에 마른새우가루를 넣어주면 좋다. 또한 고추장을 넣어 풀을 쑤어 사용해도 별미이다.

이렇게 만드세요

① 물에 찹쌀가루를 잘 섞고 소금을 넣어 간을 맞추어 풀을 쑨다(찹쌀풀은 되직할수록 좋다. 보통 찹쌀가루의 2.5배의 물에서 끓이는 것이 좋다).
② 검은깨를 넣어준다.
③ 재료의 앞쪽에 풀을 바르고 말려서 170℃에서 튀겨낸다.

※찹쌀가루를 물에 풀어서 풀을 쑤어야 응어리지지 않는다.
※찹쌀풀은 되직할수록 좋다. 부각이 잘 된다.

(1) 김부각

이렇게 만드세요

A형

① 김을 4등분하여 한쪽 면을 찹쌀풀로 흠뻑 바른 다음 통깨를 뿌려 말리고, 마르면 뒤집어서 다시 풀칠하여 말린다.
② 어느 정도 꾸덕꾸덕 말려지면 형태를 바로 잡은 후 다시 완전히 말린다.
③ 김을 적당한 크기로 가위를 이용하여 잘라서 튀긴다.
※김이 완전히 마르면 가위로 자를 때에 깨진다. 이때에는 분무기로 살짝 분무후 잘라준다.

B형

김 한 장에 풀을 바르고 1/2로 접어서 찹쌀풀이 가운데만 있게 하고 가장자리는 약간의 찹쌀풀이 새어 나와 말려 A형과 같은 형식으로 튀긴다(넓게 하면 구김이 심하고 성형이 비뚤어지므로 반으로 접는다).

봉주방장 경험

약간 덜 말랐을 때 모양을 편편히 바로 잡아주고 다시 건조시킨다.

봉주방장 해법 : 깨를 뿌리는 법

A형 : 위에서 고루 흩뿌린다.

B형 : 검지손가락 끝에 통깨를 놓고 힘을 가하여 잠시 통깨가 붙는다.
손가락에 붙은 통깨를 아직 찹쌀풀이 덜 말랐을 때 알맞은 간격에 통깨를 묻혀주고 말린다.

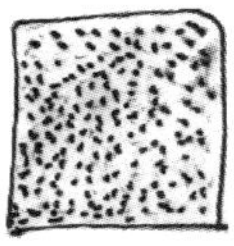
A형 그림

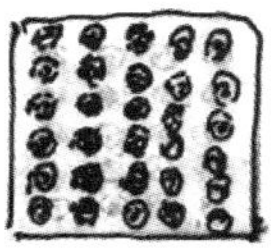
B형 그림

(2) 취나물부각

이렇게 만드세요

① 취나물을 데쳐서 찬물에 헹군 후 체반에 넣어 물기를 어느 정도 말린다.
② 꾸덕꾸덕 말려진 취나물은 1장씩 펴서 한쪽면에 풀을 바르고 말린다. 다시 꾸덕꾸덕 말려지면 다른 면에 뒤집어 풀을 바르고 말리운다. 냉장보관후 필요할 때 튀긴다.
※말린 새우를 잘게 썰거나 다져서 또는 다시마를 잘게 썰거나 가위로 잘라서 붙여주어 말린 후 사용해도 좋다.

(3) 들깻잎부각

이렇게 만드세요

① 깻잎을 깨끗이 물에 씻어 힘껏 물기를 털어 낸다.
② 뒷면부터 찹쌀풀을 먼저 발라서 말린 다음, 뒤집어서 앞쪽에다 찹쌀풀을 발라 검은깨 등을 뿌려 주고 말린다.
③ 말린 것을 튀긴다.
※들깻잎순, 들깨꽃순을 이용하면 별미이다. 검은깨, 김가루를 뿌려주면 더욱 좋다.

(4) 두릅부각

이렇게 만드세요

① 두릅은 제철이 약간 지난 억센두릅(가격이 저렴)을 사용한다. 끓는 물에 데쳐낸 다음, 체반에 시들시들 말린다.
② 찹쌀풀을 한 쪽면을 먼저 발라 말린 다음 다른 면도 바르고 바싹 말린 다음 튀긴다.
※두릅은 두툼한 밑둥부위가 잘 마르지 않을 수 있고 먹기가 부담스러우므로 1/2 또는 1/4로 쪼개어 사용하면 더욱 좋다.

(5) 참죽부각

참죽나물은 옻나무와 비슷하게 생겼으나 특이한 향이 나는 나무로서 이른 봄 한철에 새순을 사용되는 나물이다.

이렇게 만드세요

① 참죽을 데쳐낸 후에 시들시들 말려서 찹쌀풀을 바른다.
② 앞면에 먼저 바르고 마르면, 뒷면에도 바르고 말린다.
③ 튀긴다.
※참죽나물은 특이한 향이나는 나물이기 때문에 찹쌀풀을 쑬때에 고추장을 넣어 쑤어 이용하면 별미이다.

(6) 빙어부각

이렇게 만드세요

① 빙어를 소금물에 데친 후 꾸득꾸득하게 말린다.
② 찹쌀풀을 묻혀 튀겨낸다.
③ 냉장보관 또는 냉동 보관한 후에 사용한다.
※김으로 띠를 둘러줄 수 있다. 빙어는 새우 튀기듯 즉석에서 밀가루를 묻히고 찹쌀반죽에 옷을 입힌 후 튀겨서 드려도 좋다. 또한 빙어뿐만 아니라 잔물고기류를 이용하면 좋고 추어탕 전문점에서는 미꾸라지를 튀겨주어도 좋다.

(7) 멸치부각

이렇게 만드세요

① 마른 멸치에 물기를 약간 적셔서 누글누글하게 한다.
② 찹쌀풀을 발라 말린 후에 냉동 또는 냉장보관 후 필요시 꺼내어 다시 말린 후 튀겨 낸다.
※찹쌀풀을 바른 멸치는 김 또는 들깻잎으로 중간을 감아주고 말려서 사용한다.

2) 튀각류 : 기름에 튀긴 반찬

(1) 건다시마 튀각

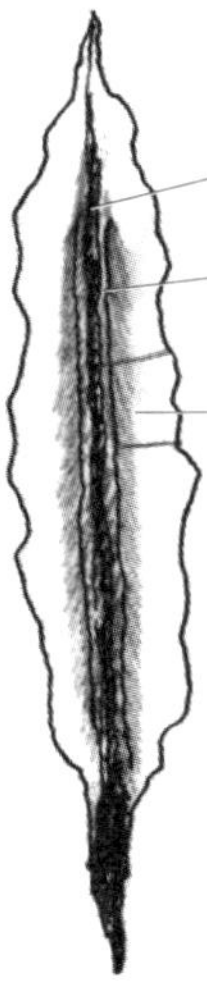

① : 중심부위(딱딱한 부위)
② : 중간부위(중간 딱딱한 부위)
③ : 가장 자리부위(얇고 부드러운 부위)

이렇게 만드세요

① 다시마는 가운데 중심부위는 두껍고 딱딱해서 중간부위는 알맞은 두께이며 가장자리는 부드럽다.
② 다시마는 소금기가 하얗게 많이 묻어 있는데 젖은 행주로 닦아준다.
③ 촉촉해진 다시마를 세부위로 나뉘는데 가위로 두꺼운 가운데 부위, 중간부위, 얇고 부드러운 가장자리 부위로 나눈다.
④ 가운데 부위는 2×4cm로, 얇은 부위는 돌돌 말아서 채쳐준다.
⑤ 가운데 부위는 가운데를 잘라 뒤집어 주거나, 매작과처럼 한번 꼬아 주고, 얇은 부위는 길게 결대로 자른 것을 매듭을 같은 간격으로 만든 후 매듭 중간을 잘라낸 후 끝을 반으로 접어 중심 부위가 많이 잘리도록 삼각형으로 잘라 모양을 낸다.
⑤ 180℃ 이상의 기름에 튀겨낸 후 뜨거웠을 때 설탕을 뿌려준다.

건다시마귀 튀각

① 다시마귀를 툭툭 두드려 돌 등을 털어 낸다.
② 180℃ 이상이 되도록 기름의 온도를 맞춘다.
③ 거름기에 한 번 튀길 양만큼의 다시마 또는 귀를 넣고 순간적으로 튀겨낸다. 뜨거울 때에 설탕을 뿌려준다.

※ '다시마귀' 라는 것은 다시마 뿌리부위에 새롭게 뻗어 나오는 다시마 싹을 뜻한다.

봉주방장 해법 : 다시마튀기는 요령

① 보통 튀김온도는 170~180℃가 적당하나, 다시마 튀김은 190~200℃의 고온에서 순간적으로 튀겨낸다. 다시마는 고온에서 튀겨내는 것이기 때문에 주방에서 튀김으로 사용하고 남은 기름으로 튀겨낸다. 단, 생선튀긴 기름은 안된다.
② 3배 이상 부풀기 때문에 조금씩 튀기는 것이 좋다.

14. 후　식(병과류와 음료)

후식이란 식사 뒤에 먹는 간단한 단(sweet) 음식류인 떡·한과·음료이다. 재료는 여러 가지 곡물, 실과류, 야채, 꽃, 한약재를 두루 사용하며, 그 맛이나 만드는 방법 또한 다양하다. 여기서는 주방에서 실제로 만들 수 있는 대표적인 것을 기술했다.

제 1 절 떡

▶ 떡의 다른 표현

떡은 순수한 우리말이고 한자로서는 여러 가지로 표현된다.

- **병**(餠) : 한자로 밀가루 떡을 뜻하지만 일반적으로 병(餠)은 떡으로 의미되어져 있다
  (예) 증병(甑餠) : 찌는 떡, 시루에 쪄낸 떡
- **편**(片) : 한자로 조각(작은 것)을 의미한다.
  (예) 조각으로 떼어지는 떡(시루떡편), 개개로 떨어지는 떡(송편), 쪄서 작게 썬 떡(증편)
- **단**(團) : 한자로 둥글다는 의미로서 작고 둥글게 원형으로 빚거나 원통형으로 빚은 떡에 붙여진다.
  (예) 경단, 단자

▶ 단자(團子)와 경단(經團)의 구분

- 단자 : 찹쌀가루를 쪄서 치댄 다음 속을 넣거나 또는 그대로 고물을 입히는 것이다(인절미는 단자에 속한다고 볼 수 있다).
- 경단 : 찹쌀가루를 생으로 물반죽하여 속을 넣거나 또는 그대로 끓는 물에 삶아 고물을 입히는 것이다.
- 주악 : 넉넉한 기름에 찹쌀가루 반죽을 튀겨내는 것을 주악이라 하고, 적은 기름에 지져낸 것을 화전이라고 한다. *※최상옥 선생님께서는 찹쌀가루 튀긴 것을 주악이라 하고, 밀가루 튀긴 것이 약과라고 지적하셨다.*

▶ 후식으로서의 떡 재료(떡을 만들 때의 중요한 3요소)

- 떡가루 : 떡가루는 주성분이 전분질이 있는 곡류는 모두 해당될 수 있는데, 가장 많이 사용하는 떡가루는 멥쌀가루와 찹쌀가루이다. 손으로 가볍게 쥐었을 때 뭉쳐지는 정도의 수분이 필요하다.

- **떡고물** : 떡반대기(반죽)의 겉에 묻히는 것으로 녹두, 동부콩 등의 두(豆)류를 재료로 한다. 약간의 소금간이 필요하다.
- **떡소** : 떡 속(중앙)에 넣는 것을 뜻하며, 대체로 달게 반죽한다. 떡속의 재료로는 흰팥, 붉은팥앙금, 깨소금, 불린흰콩을 쪄서 가루낸 것, 건포도, 호두, 땅콩, 삶은밤, 유자청, 볶은 흰팥고물, 곶감 등을 설탕, 물엿, 꿀 등을 이용하여 반죽을 하고 약간의 소금을 넣어 줄 수 있다.

※앙금은 흰팥앙금과 검은팥앙금이 있으며 시중에 유통되고 있다.

1. 떡가루

떡가루에는 여러 가지 재료가 있겠으나, 보편적으로 찹쌀가루와 멥쌀가루가 있다. 떡은 무엇보다도 가루와 물의 배합이 잘 맞아야 잘 익는다. 알맞은 수분을 감각으로 알 수 있는 방법은 손으로 쥐어보아 가볍게 뭉쳐져야 한다.

(1) 찹쌀가루와 멥쌀가루

- 떡에 사용하는 쌀은 물에 잘 씻어 5~6시간 불리면 100% 물을 흡수하게 된다.
- 소쿠리에 건져 방앗간에 보내서 빻는다. 소금을 넣어달라고 하면 알아서 넣어 주는데, 그 양은 불린 쌀 10컵에 소금 한 큰술이다.

(2) 수수가루

- 수수는 물에 불려 잘 씻어서 불리는데 충분히 씻지 않으면 금방 쉬게 된다.
- 수수떡용은 곱게 빻아야 하고, 수수부꾸미용은 약간 거칠게 빻게 되는데, 이유로서는 수수부꾸미용으로 곱게 빻은 것을 사용하면 지나치게 질어져서 모양이 나오지 않는다. 자세한 내용은 수수부꾸미(전류)에서 소개했다.

(3) 떡가루 보관방법

- 방앗간에서 빻아 온 가루는 작은 비닐봉지에 한번 사용할 분량만큼을 담아서 냉동고에 보관한다(나중에 사용할 때 빨리 해동시켜 사용할 수 있게 얇고 넓게 비닐에 담아놓는다).
- 찹쌀가루와 멥쌀가루는 떡 뿐만이 아니라 김치 담글 때, 죽 끓일 때 등의 여러 가지 용도에 사용되어지므로 준비해두면 편리한 점이 많다.

2. 떡고물

떡고물은 팥, 녹두, 깨, 동부, 검은 깨, 대추, 밤 등의 여러 재료를 사용하지만 흰팥, 동부콩 또는 녹두 고물과 같이 흰색의 고물을 준비해 두면 된다.

떡고물은 떡의 맛을 결정하는 중요한 요소이므로 잘 선택해야 한다. 생산지보다는 생산된 시기(날짜)에 의하여 차이가 크게 난다. 국내산이라도 오래된 곡류는 향이 별로 없으며 외국(중국)산이라도 햇곡류는 향이 뛰어나다. 대체적으로 외국산은 유통되는 기간이 길고 살충약품을 사용하기 때문에 국내산을 선호한다. 그러나 어느 곡류든 맛과 관능적 평가로 맛있는 곡류를 선택하는 것이 중요하다.

(1) 거피고물 만들기

겉껍질을 벗겨야만 고물을 만들 수 있는데, 겉껍질 벗긴 것을 거피팥이라고 한다.

겉껍질을 벗기기 위해서는 통팥을 맷돌 또는 맷돌기계에 거칠게 깨트리는 것을 '탄다'라고 한다. 외국에서는 탄 곡류보다는 자연 그대로의 곡류로 유통되기 때문에 외국에 나갈 때는 소형 맷돌기계를 구입해 가는 것이 중요하고, 맷돌기계가 없다면 절구를 이용해서 거칠게 빻거나 아니면 힘은 들지만 그대로 물에 불려서 껍질을 손으로 비벼서 제거해야 한다.

▶ 녹두고물 · 동부고물 · 흰팥고물

■ 재료 및 비율

재료	비율
소금	0.5
설탕	20
거피한콩	100

봉주방장 경험

- 계피가루를 약 3~4% 정도 넣어줄 수도 있다.
- 지나치게 찌면 향이 저하되고 누렇게 변색된다.
- 냉동보관된 고물을 실온에서 해동시키지 말고 전자렌지에 한번쯤 뜨겁게 하여 고물이 변질되는 것을 방지한다.

이렇게 만드세요

① 탄 팥, 녹두 등을 물에 3~4시간 불린 후 손으로 비벼서 껍질이 떨어지게 하여 여러번 물을 따라내어 껍질을 제거한다.
② 거피한 팥을 찜통에 보자기를 깔고 푹 찐다.
③ 충분히 익었을 때 꺼내어 소금을 조금 섞으면서 폭폭 찧어서 어레미체(굵은체)에 내려 보슬보슬하게 한다. 완전히 식힌 후 봉지에 조금씩 얇고 넓게 담아 냉동시킨 다음 필요할 때마다 꺼내어 사용한다.
④ 두텁떡을 만들 때는 ③의 고물에 간장 · 설탕을 넣고 볶아서 고물로 사용한다.

(2) 대추 · 밤 채썰어 고물 만드는 법

대추는 얇게 돌려깍기를 한 후 채설고, 밤도 마찬가지로 곱게 채썰어 서로 혼합하여 사용한다.

봉주방장 해법

여러 개의 대추를 돌려깍기하여 얇게 채썰 때 서로 붙어있는 대추채를 한개 한개 분리하기란 대단히 어렵다. 이럴 때에는 찬물에 얼른 헹궈주면 붙어 있던 대추채가 서로 분리된다. 재빨리 건져내어 체반에 널어서 말린다. 이때 주의할 것은 말리면서 다시 서로 붙을 수 있기 때문에 가끔 흐트러 주면서 말린다(제일 좋은 방법은 시간이 많이 소요되지만 대추살을 편 것을 1개씩 써는 방법이다).

3. 떡소 만들기

(1) 팥소 만들기

■ 재료 및 비율

- 소금 1
- 꿀 5
- 설탕 10
- 물엿 20
- 흰팥고물 100

이렇게 만드세요

① 옆에 비율대로 혼합하여 작은 새알심처럼 빚어 사용한다.

② 떡고물에 사용되는 팥은 거피해 사용하지만, 떡에 넣는 소는 거피하지 않고 푹 무르게 삶아서 물엿, 설탕, 계피가루 등을 넣고 고물(소)로 사용한다.

(2) 건포도 · 호두 · 땅콩을 넣은 팥소

■ 재료 및 비율

- 계피분 1
- 호두 5
- 잣 5
- 건포도 5
- 땅콩 5
- 대추 5
- 설탕 10
- 물엿 30
- 흰팥고물 100

※두텁떡 소는 위의 재료에 유자청을 5의 비율로 추가하여 넣는다.

이렇게 만드세요

① 깐 호두는 작은콩 크기로 다지고, 건포도는 그대로 사용하고, 대추는 곱게 채썰기하여 찬물에 헹구어 보슬보슬하게 말려서 사용하고, 볶은 땅콩은 속껍질을 제거하고 다진다.

② 흰팥고물에 물엿, 설탕을 넣고 ①의 재료를 넣은 후 새알심 또는 완자 크기로 빚어 떡소로 넣는다.

4. 떡만들기

(1) 두텁떡(봉우리떡)

두텁떡은 찜통에 보자기를 깔고 간장, 설탕으로 간을 맞추고 볶은 고물(동부콩, 흰팥 등) 위에 찹쌀가루 반수저씩 가지런히 정렬하여 놓고(약 25개), 그 위에 준비된 떡소를 놓은 후 찹쌀가루로 떡소를 덮어주고 다시 볶은 고물을 체에 내려 찹쌀이 보이지 않게 덮어주고 쪄낸 것이다.

그러나 찹쌀가루로 하지 않고 찹쌀가루를 익반죽하여 송편크기만큼 떼어 속에 떡소를 넣고 동글납작하게 빚어 고물에 묻은 후 쪄내는 방법도 있는데 이 방법은 복잡한 과정을 쉽게 하기 위함이다.

❶ 두텁떡 재료 준비하기

- 떡가루 : 찹쌀가루로서 손으로 쥐어 보아 가볍게 뭉쳐지는 정도의 수분을 함유하고 있고 묻어지지 않으며 물을 촉촉히 섞어주고 체에 내려서 사용한다. 약간의 소금간은 되어 있어야 한다.
- 떡고물 : 흰팥, 동부콩 등을 물에 불려 거피하여 돌이 없게 일어낸 후 찜통에 쪄서 방앗간에서 곱게 내린 것, 떡고물 5kg 기준에 간장 3컵, 설탕 6컵, 계피가루 30g을 넣고 두꺼운 알미늄 속에 볶은 것
- 떡소 : 시중에서 유통되는 팥앙금(흰팥 앙금 5kg 기준으로 포장 판매, 가격 27,000원 정도)

❷ 두텁떡 고물 준비하기

■ 재료 및 비율

재료	비율
계피가루(1C)	4
진간장(3½C)	15
설탕(5C)	20
콩흰팥(5kg)	100

봉주방장 경험 : 떡고물을 재사용할 때는
떡을 완성하고 나면 고물이 축축하거나 질어지는데 어느 정도는 후라이팬에 볶은 후 넓은 쟁반에 또는 체반에 헝겊을 깔고 선풍기를 틀어 말려서 사용한다.

이렇게 만드세요

① 고물이 될 동부콩 또는 흰팥을 불려서 방앗간에서 빻는다. 두텁떡은 간장이 들어가므로 소금은 넣지 않는다.
② 비율대로 넣은 후 잘 볶아준다.

봉주방장 해법 : 알맞게 볶은 정도
은근한 불에 두꺼운 알미늄으로 된 사각 낮은 통을 준비하여 스텐레스 뒤집개로 뒤집어 주면서 어느 정도 촉촉한 느낌이 없고 보슬보슬 감촉이 느껴지면 되는 것이다. 노릇노릇하게 볶는 것은 시간이 꽤 걸리지 때문에 좋지 않다.

❸ 두텁떡 소만들기

■ 재료 및 비율

재료	비율
계피가루(50g)	1
유자차(25g)	5
곶감(250g)	5
호두살(25g)	5
말린대추살(250g)	5
건포도(250g)	5
볶은땅콩(250g)	10
두텁떡고물가루	20
시중유통흰팥앙금(5kg)	100

봉주방장 경험 : 떡소높이를 낮게 빚어야 하는 이유는 떡소가 높으면 덮어야 하는 찹쌀가루가 많이 들어가고 그렇게 되면 떡이 지나치게 커지기 때문이다.

이렇게 만드세요

① 시중에 유통되는 팥앙금중에 백앙금을 구매한다(5kg에 3만원 미만임).
② 백앙금은 질기 때문에 떡고물을 1/5 정도 넣고 모든 재료를 알맞게 다지거나 썰어 혼합한다.
③ 하루정도 놓아두면 딱딱한 땅콩 등은 수분을 흡수하여 부드러워지고 질었던 앙금도 알맞은 수분을 함유하고 있을 것이다.
④ 떡소크기는 500원짜리 동전크기의 지름으로 높이는 0.5~0.6cm로 손으로 빚는데 완만한 곡선(◡)으로 빚어야 한다

❹ 두텁떡 앉히기

봉주방장 경험
1. 아무리 오랫동안 쪄도 떡이 익지 않는 이유
   ① 쌀가루가 너무 수분이 없기 때문일 수가 있다. 수분은 가루를 가만히 손으로 쥐어 보았을 때 가볍게 뭉쳐질 정도여야 한다.
   ② 고물을 체에 가만히 내려 보슬보슬하게 펴지 않고 뭉

이렇게 만드세요

① 찜통에 떡을 앉히는데 찜통에 깔판을 깔아줘야 한다. 깔판은 플라스틱으로서 구멍이 있는 것이 있다. 이것이 없다면 양파자루가 좋고 여의치 않으면 헝겊을 깔아준다.

쳐져서 있을 때 증기가 원활히 통과하기 어렵기 때문이다.

2. 떡을 찌고 나니 가장자리가 지나치게 질어져 있을 때 최초로 떡고물을 폈을 때 가장자리와 중심부위를 고르게 고물을 펴야 하고 오히려 중심부위보다는 가장자리에 고물을 더 채워야 한다. 가장자리를 얇게 고물을 펴거나 고물을 아예 펴지 않으면 수증기가 가장 자리로 많이 유도되기 때문이다.

봉주방장 강조

물방울이 지나치게 찜통안에 흥건히 내려 떡이 서로 엉겨 붙었을 때 : 떡을 찔 때는 뚜껑을 덮으면 안된다. 뚜껑 대신에 보자기를 2겹으로 하여 덮어서 쪄야만 수증기가 이슬이 맺혀지지 않고 곱게 쪄진다.

② 볶은 떡고물을 체에 쳐서 1cm 두께로 찜통을 고루게 펴준다.
③ 찹쌀가루를 숟가락 반정도 차지하게 소복히 하여 정렬하여 서로 붙지 않게 놓는다.
④ ③을 숟가락 끝으로 고루게 직경 2.5cm 정도되게 펴준다. 힘을 가하여 누르지 않아야 한다.
⑤ 준비된 500원짜리 크기의 떡소를 ④의 중심에 놓고 찹쌀가루를 덮어준다.
⑥ 중간체를 이용하여 떡고물을 내려 고르게 0.5cm 두께로 덮어준다.
⑦ 찜솥의 증기를 강하게 발생시켜 약 12분~15분 찐다.

봉주방장 조언 : 효과적인 전기스팀발생기

찜통요리 떡을 비롯한 여러 가지 찜을 하는데 찜통을 불위에 얹는 방법도 있지만 100만원 내에서 스팀발생기가 있다. 떡전문 기계점에서 문의해 볼 수 있다.

(2) 개피떡(바람떡)과 송편

개피떡은 쌀가루를 쪄서 치대어 반죽을 한 다음 만드는 방법이고 송편은 쌀가루를 뜨거운 물로 익반죽한 생반죽에 소를 넣고 모양을 빚어 쪄내는 방법이다. 개피떡은 주방업장에서 만들기는 조금 무리지만, 외국에 나가 영업할 때는 직접 해야되기 때문에 기술한다.

멥쌀가루에 물기를 촉촉히 주고 쪄야 된다. 절구 또는 치대는 기계를 이용하여 쳐댄다.

■ 재료 및 비율

재료	비율
소금(0.5g)	0.5
참기름(20g)	1
떡소(600g)	30
멥쌀가루(2kg)	100

봉주방장 경험 : 개피떡을 찍어내는 그릇은 지름 6~7cm 정도로, 사기 종지보다는 스텐레스 종지가 좋다.

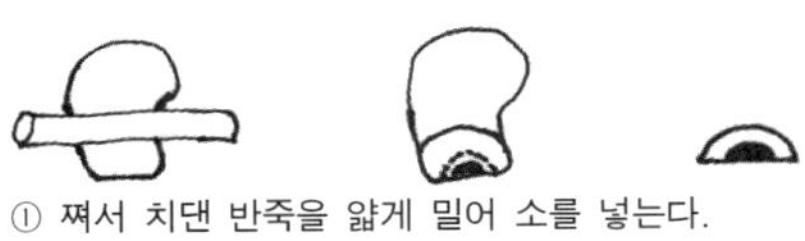

① 쪄서 치댄 반죽을 얇게 밀어 소를 넣는다.
② 반으로 접어 스텐레스 종지로 공기가 들어가게 하며 반달모양으로 찍어낸다.
③ 참기름을 발라 마무리한다.

이렇게 만드세요

개피떡은 절편과 같은 반죽이지만 다른 점은 떡소가 들어가며 접을 때 공기가 함유되어 '바람떡'이라고도 한다.

① 떡가루를 물을 훌훌 뿌려 섞은 후 중간체에 쳐서 내린다.
② 찜통에 넣어 익반죽을 하여 한참은 치댄다. 찜통에 넣고 찔 때, 쑥즙 또는 쑥가루를 넣게 되면 쑥떡 반죽이 된다.

떡모양 만들기

① 방망이로 잘 치댄 반죽을 얇고 편편하게 밀어준다.
② 소를 올려준다
③ 편편히 민 반죽을 접어 소를 덮어준다.
④ 종지(지름 6cm 정도)로 소가 들어있는 부위를 반달모양으로 찍어낸다. 찍어낸 개피떡은 접으면서 공기가 들어갔기 때문에 '바람떡'이라고도 한다.
⑤ 참기름을 살짝 발라주고 가지런히 담아낸다.

(3) 경 단

경단은 찹쌀가루를 반죽을 하여 삶은 후 고물을 무엇으로 입혔는가에 따라 이름이 달라진다. 앞장에서 고물 만드는 방법을 몇 가지 소개했다. 준비된 고물에 계피가루를 넣을 수도 있으며, 경우에 따라

스폰지 케이크의 윗부분(갈색 부분)을 제거하여 노란 속살을 체에 받쳐 가루를 만들어 고물 대용으로 쓸 수도 있다. 스폰지 케이크의 갈색 부위 또한 체에 내려 고물 대용으로 사용할 수도 있다. 경단 만드는 방법은 3가지가 있다.

❶ 방법 A : *새알심을 빚어 만드는 법과 보관법*

① 생찹쌀가루를 적당히 뜨거운 물에 넣어 익반죽 한 뒤 작은 새알 크기로 빚어 놓는다.
② 뷔페와 같이 대량으로 만들 때는 큰 시팬에 켜켜이 종이를 깔고 2단을 넘지 않게 담아 보관하고, 위는 마르지 않게 비닐 덮개를 하고 냉장보관하여 사용한다.
③ 사용하기 전에 경단 고물은 넓은 쟁반에 담아 놓고 시럽을 준비한다(시럽비율은 설탕 : 물 : 꿀= 1 : 1 : 0.2 이다). *※계피와 생강을 넣고 끓여 향을 내면 좋다.*
④ 끓는 물에 빚어 놓은 새알심을 넣는데, 다 익게 되면 새알심이 동동 뜬다. 이때 찬물을 넣어 가라앉힌 후 또 다시 떠오르면 건져낸다.
⑤ 동동 뜬 새알심을 건져 미리 준비한 얼음물(찬물)에 식힌 후, 시럽에 넣어 바로 건져 고물을 묻혀 나간다.

❷ 방법 B : *경단에 소를 넣어 만드는 법*

■ 찹쌀가루 반죽할 때의 재료비율

재료	비율
소금	0.5
진간장	2
시럽	5 (설탕 : 물=1 : 1)
찹쌀가루	100

봉주방장 해법 : 떡반죽에 간장과 시럽을 넣는 것은 특이한 방법으로 유명 한정식당비법이며, 본래 떡고물에 설탕·계피가루와 진간장을 넣고 살짝 볶아주고 떡을 만드는 방법은 두텁떡이라 하여 궁중의 병과류이다.

이렇게 만드세요

① 찹쌀가루에 물과 설탕을 1 : 1로 녹여 간장과 소금을 섞어 잘 섞어준다.
② 찹쌀가루에 ①을 포함하고 고루 섞어준다.
③ 체에 내려준다.
④ 뜨거운 물로 익반죽하는데 경단이 빚어질 정도의 말랑한 정도이다. 준비된 소를 넣어 둥글게 빚는다.
⑤ 보관할 때에는 진공팩으로 보관하면 좋으나 여의치 않을 때는 비닐로 통풍이 안되도록 꼭 동여매고 냉동시켜 놓고 필요한 만큼 꺼내어 사용한다

(4) 단 자

단자는 찹쌀가루를 찜통에 쪄서 치댄 다음 고물을 묻히거나 소를 넣고 고물을 묻히는 방법으로 경단과 구별된다. 찜통에 찌는 방법으로는,

① 찜통에 넣기 전 찹쌀가루를 물에 조금 적셔 손으로 잘 비벼 섞어준다.
② 찜통에 보자기를 깔고 찹쌀가루를 쪄낸다. 보자기는 물에 충분히 적셔 깔아야 찹쌀 반죽이 늘어붙지 않는다.
③ 다 쪄진 찹쌀 반죽을 잘 치댄다.
④ 손에 꿀을 바르거나 참기름 또는 물을 칠하고 찹쌀 반죽을 조금 떼어내어 펴준다.
⑤ 준비된 소를 넣고 아무려 준 후 손바닥으로 비벼 준 다음, 준비된 고물을 묻혀준다.

봉주방장 경험 : 찹쌀떡이 손에 잘 묻지 않게 하려면

① 일회용 비닐장갑(위생장갑)을 끼고 작업을 하면 손에 묻지 않는다.
② 손에 꿀이나 참기름이 많이 묻히면 손에는 눌러 붙지는 않지만 반죽이 서로 붙지를 않아 잘 아무려지지 않는다.
③ 고물 묻힐 때 너무 굴려도 고물이 잘 붙지 않으므로 경단에 고물을 자연스럽게 덮어 한번만 쥐어준다.
④ 바쁜 영업시간에 찜통에 찐 찹쌀 반죽이 없는 경우, 급하게 만드는 방법을 소개한다. 이 방법이 숙달되면 너무 쉽고 빠르게 인절미 반죽(찹쌀반죽)을 익힐 수 있다.

봉주방장 경험 : 코팅후라이팬을 이용한 떡반죽을 신속히 하는 방법

① 기름기가 전혀 없는 깨끗한 후라이팬에 넣고자 하는 찹쌀가루 1.5배의 분량만큼 물을 넣고 끓인다.
② 끓으면 찹쌀가구를 위에 전체적으로 고루 펴준다.
③ 그대로 잠시 놔두면 물량도 줄고 찹쌀가루가 어느 정도 반죽되어 있다. 이때 저어주면 안 된다.
④ 반죽된 찹쌀가구를 잘 저어 뒤섞어준다. 이때 주걱은 끝이 직선으로 되어 후라이팬을 긁어줄 수 있는 것이 좋다.
⑤ 잘 뒤섞어주면 설익은 찹쌀반죽이 되는데, 주걱으로 반죽을 들어 올려 계속 후라이팬에 치대면서(후라이팬에 접촉시키면서) 익힌다. 그래도 안 익으면 비닐에 싸서 잠시 렌지에 익힌다.

▶ 대추단자

■ 재료 및 비율

재료	비율
소금(6g)	0.6
기름(20g)	2
설탕(100g)	10
꿀(100g)	10
잣(300g)	30
대추(300g)	30
찹쌀가루(1kg)	100

※찹쌀쌀가루를 쪄내는 방법은 찜통 보자기를 많이 이용하는데, 내 경험으로는 익반죽을 하여 찌게 되면 보자기에 묻지도 않을 뿐더러 가루를 직접 쪄내는 효과도 있다. 보자기도 눌러붙지 않는 더욱 좋은 방법은 p.p.자루(양파자루)를 깔고 익반죽한 반죽을 넣고 찔 때, 또는 만두, 어만두 등을 찌게 되어도 전혀 자루에 눌러붙지 않아서 좋다.

이렇게 만드세요

① 찹쌀가루에 곱게 다진 대추를 썰어 설탕, 소금을 넣고 끓는 물에 익반죽한다(농도는 수제비 반죽 정도).
② 찜통에 젖은 헝겊을 깔고 반대기 만든 것을 찐다.
③ 잣은 곱게 다진다.
④ 다 쪄진 찹쌀반죽은 방망이 또는 절구에 한참 꽈리가 일도록 치댄다.
⑤ 도마에 참기름을 발라주고 떡을 도마 위에 올려준다.
⑥ 두께가 0.5cm 되게 민 다음, 3~4cm×2~3cm로 썰어서 꿀을 더 발라 잣가루를 묻혀 담는다.

※잣고물이 아닌 대추고물, 볶은 흰콩고물 등으로 여러 가지 단자를 만들 수 있다.

(5) 약식(약밥)

찹쌀을 쪄서 설탕, 꿀, 참기름, 카라멜, 밤, 대추, 잣 등을 넣어 버무린 후 다시 쪄낸 밥이다.

❶ 캐러멜 만드는 법 : 약식을 만들기 위해서는 캐러멜을 만들어 넣어준다.

① 후라이팬에 흰설탕을 넣고 너무 세지 않은 중간 불에 그대로 올려놓으면, 서서히 설탕이 녹으면서 갈색이 된다. 물론 황설탕 또는 흑설탕으로 해도 된다.
② 이때 연기도 많이 난다. 젓거나 물을 넣으면 안된다.
③ 충분히 검은색으로 녹았으면 물을 조금씩 넣는다. 갑자기 많을 물을 넣으면 시럽이 응고되거나 옆으로 튀어 위험하다.
④ 잘 풀어지고 진한 검은색이 되면 잘 된 것이다.

❷ 약식만드는 방법

■ 재료 및 비율

재료	비율
간장(20g)	2
잣(30g)	3
정종(50g)	5
참기름(50g)	5
캐러멜(50~100g)	5~10
꿀(100g)	10
대추(100g)	10
밤(200g)	20
황설탕(300g)	30
찹쌀(1kg)	100

이렇게 만드세요

① 찹쌀을 깨끗이 씻어 6시간 정도 불린 후 채반에 건져 물기를 찌운다.
② 밤은 서너 토막으로 자르고 대추는 씨를 빼고 3~4쪽으로 썬다. 설탕 일부를 물에 녹여 밤과 대추를 녹여 준다.
③ 찜통에 베보자기를 깔고 찹쌀을 쪄서 밥을 만든다.
④ 쪄낸 밥이 식기 전에 큰 그릇에 쏟아 전 재료를 넣고 잘 버무린다.
⑤ 버무린 밥을 다시 베보자기 위에 깔고 찜통에 넣어 은근한 불에 쪄낸다 (약 3시간 정도 찐다).

※김수인님께서 가르쳐 주신 바로는, 밤은 일반 생률보다는 쪄서말린 황률이 좋다.

(6) 수 단(水團)

오미자 꿀물에 찹쌀과 멥쌀을 섞어 만든 떡을 넣을 것으로서, 오미자 꿀물에 무게를 실어 해석하면 화채류로 보아야 한다. 그러나 넣는 떡에 중심을 두고 보면 떡 종류(꿀물떡)가 된다고 보아, 본 저자는 떡 종류로 분류한다.

■ 재료 및 비율

재료	비율
소금(2g)	1
오미자(20g)	10
꿀(60g)	30
멥쌀(100g)	50
찹쌀(200g)	100

이렇게 만드세요

① 찹쌀가루와 멥쌀가루를 약간의 소금을 넣고 끓는 물을 부어 익반죽을 하여 은행알 크기로 빚어 끓는 물에 삶아 익힌 후 찬물에 헹구어 식힌다.
② 오미자를 우릴 때는 일단 물이 끓으면 불을 끄고 우려낸다(오미자를 넣고도 계속 끓이면 좋지 않고 충분히 우려지지 않으므로 피한다).
③ ②에 떡과 잣알을 띄워 낸다.
④ 신맛이 덜하면 구연산, 색이 곱지 않으면 붉은 식용색소를 이용한다.

※식초와 구연산의 차이점 : 식초는 시간이 지남에 따라 신맛이 덜해지나, 구연산의 신맛은 시간에 관계없이 일정하다.

봉주방장 경험 : 오미자 향을 잘 우려내는 방법

- 오미자를 끓는 물에 넣고 한참 끓이면 색이 검게 되고 텁텁한 맛이 난다.
- 찬물에 오미자를 우려내는 방법은 위생적인 문제와 충분히 우려지지 않는다.

(7) 주 악

찹쌀가루를 익반죽하여 대추소를 넣어 송편모양으로 빚어서 기름에 지져 꿀에 재운 떡과 밀가루와 혼합하여 모양을 빚어 만든 떡이로서 주악은 두 가지 방법이 있다.

❶ 방법 A : 찹쌀가루만으로 반죽하여 튀기는 것

■ 재료 및 비율

재료	비율
계피가루	3
꿀	10
팥앙금	10
대추	10
물	20
찹쌀가루	100

이렇게 만드세요

① 대추는 씨를 빼고 곱게 다진다(대추 대신 잣을 곱게 다져도 됨).
② 찹쌀가루에 물을 혼합하고 익반죽을 한느데 송편반죽과 같은 농도로 한다.
③ 약간 큰 새알심으로 빚은 후 납작하게 하면서 송편 모양으로 속을 파서 대추 다진 것, 팥 앙금, 꿀로 반죽한 것을 넣고 아무려서 가운데를 살짝 눌러서 약간 납작하게 하고 기름에 노릇하게 튀긴다(번철에 기름을 넉넉히 두르고 지져내도 된다). 꿀물에 계피가루를 넣고 튀긴 주악을 넣어 재운다.

❷ 방법 B : 개성주악

찹쌀가루에 약간의 밀가루, 막걸리를 넣고 반죽하는 방법으로, 개성음식의 대가이신 최상옥 선생님께서는 주악을 '우메기'라고도 불린다.

■ 재료 및 비율

• 송편반죽과 같이 말랑하게 한다.

재료	비율
설탕	10
밀가루	10
막걸리	20
찹쌀가루	100

• 집청꿀만들기 비율

재료	비율
꿀	100
설탕	100
물	100

이렇게 만드세요

① 찹쌀가루 1공기에 밀가루 1종지, 설탕 1종지의 비율로 섞어서 막걸리에 반죽한다. 찹쌀만 사용하면 너무 늘어지므로 밀가루를 약간 섞어준다. 약간 되직하게 반죽한다.
② 약간 큰 새알심(경단크기)을 둥글게 빚어 납작하면서 가운데가 옴폭 들어가게 엄지와 검지로 눌러준다.
③ 115℃ 기름(중온 온도)에 노릇하게 튀긴다.
④ 반죽의 색이 노릇노릇해지면 설탕꿀물에 담갔다가 약 5분 후 건져낸다. 가운데에 설탕물에 졸인 대추를 조그맣게 잘라 붙여서 손님께 드린다. 설탕 꿀물은 설탕 : 꿀 : 물=1 : 1 : 1 이다.

제 2 절 한과류

우리나라의 후식으로서 한과는 서양의 제과류에 비하면 만드는 방법은 단조로운 편이며, 분류로 보면 몇 종류 안된다. 만드는 방법의 차이로 분류해 보면,

- **유밀과(油蜜菓)** : 약과, 매작과와 같이 밀가루에 참기름, 꿀 등을 넣고 반죽하여 기름에 튀긴 후 꿀물에 집청하여 건져낸 것으로, 서양식 제과의 페이스트리 또는 크루와상과 비슷한 원리로 만들어진다.
- **유과(油菓)** : 튀겨내거나 볶은 것을 비율의 청(시럽)에 버무리는 것으로, 강정류와 산자류가 있다.

- 정과(煎果) : 근채류나 실과류를 청(시럽)에 넣고 조려낸 것이다. 조린 것에 질척한 청(시럽)이 묻어 있는 상태로는 '진정과'라 하고, 조리다가 꺼내어 말려서 설탕가루를 묻혀내는 것을 '건정'이라 한다.
- 다식 : 여러가지 가루(직접 먹을 수 있는 가루)에 설탕과 꿀을 조려서 되직한 청을 만들어 버무려서 여러 가지 문양의 다식판에 박아낸 것이다.
- 단묵 : 과편(果片)이라고 한다. 전통적인 방법으로는 과육에 설탕, 꿀을 넣고 조리다가 녹말을 넣어 묵을 쑤는데, 녹말을 넣으면 텁텁하고 포만감을 느끼며 시간이 지나면서 전분의 노화로 느낌이 좋지 않아 권장할만한 방법은 못된다. 녹말 대신에 우무(한천)를 넣어주는 것이 좋다. 비슷한 성분의 젤라틴은 동물성이기 때문에 약간 비릿한 냄새가 나 좋지 않다.

1. 유밀과

유밀과(油蜜菓)류는 고려시대때부터 매우 성행하여 혼례음식, 잔치음식, 제사음식으로 숭상하여 그 솜씨가 좋다한다. 그러나 숙종 22년(1116)에 "유밀과를 지나치게 과용하여 마치 곡속(穀粟)을 나사(泥砂)와 같이 허비를 한다. 금후로는 공연(公宴), 사연(私宴)을 막론하고 호사스럽지 않도록 하고 유밀과를 소연에는 3그릇, 중연에는 5그릇, 큰연회에는 7그릇으로 제한하고 그 대신에 목실(木實 : 자연과실)을 쓰도록 하라"고 영을 내렸다 한다. 앞의 기록에서 유밀과를 3그릇, 5그릇, 7그릇으로 제한하였다는 내용을 볼 때, 같은 것을 여러 그릇을 놓았던 것을 볼 수는 없다. 따라서 유밀과의 종류가 여러 가지 있었음을 알 수 있다. *※참고문헌 : 한국음식대관, 한국문화재보호재단*

(1) 약 과

약과는 밀가루에 참기름, 술, 시럽(설탕 1 : 물 1)을 넣고 혼합하여 반죽한 후 튀긴 것으로, 똑같은 비율로 하여도 반죽을 강하게 하면 건빵과 같이 딱딱하게 되므로 반죽을 너무 강하게 치대지 말고 살살 섞어주듯 반죽을 해야 부풀림이 일어나고 자연스럽게 부드러울 수가 있으므로 잘 해야 한다. 봉주방장이 기존의 한국요리 책의 양목표(레시피)를 보고했다가 원하는 데로 약과가 나오질 않아 많은 실수를 했기 때문에 정확히 기술한다. 약과의 원리는 크루와상과 페이스트리와 비슷한 원리인데, 반죽에 혼합되어 있는 참기름이 튀겨진 기름의 온도에 융화되면서 약과 반죽을 자연스럽게 부풀려준다. 노릇하게 튀겨지면 뜨거웠을 때 준비된 청(시럽)에 넣는데, 이때 온도차에 의하여(찬 시럽이 튀겨진 뜨거운 약과 속으로 이동) 꿀물이 약과 안에 촉촉히 함유되어 약과가 만들어진다. 그러므로 잘 된 약과는 부풀림이 적당하고 잘랐을 때 꿀물이 함유되어 있어야 한다. *※최상옥 선생님께서 말씀하시길 … 약과는 밀가루 반죽이 원칙이고 주악은 찹쌀반죽이 원칙이다. 또한 약과는 약(藥)이 된다 하여 약과라 했다 한다.*

❶ 약과 반죽 만들기

■ 재료 및 비율

소주(1ℓ) 14

시럽(1ℓ) 14 ※시럽=설탕 1 : 물 1

참기름(1ℓ) 14

중력강화밀가루(7kg) 100

■ 실제 다른 방법의 약과 반죽

무게로 볼 때	비율로 볼 때
밀맥스 810g	밀 맥 스 10개
참기름 180g	참기름 1개 ½
소 주 180g	소 주 1개 ½
시 럽 180g	시 럽 1개 ½

어느 방법으로 하든지 한 가지로 선택하여…

※중력밀가루보다 강화밀가루인 밀맥스가 더 맛이 있다(삼양사 제품).

※약과 반죽을 모양 있게 잘라서 실온에 오래 두면 함유하고 있는 기름이 유출되어 잘 부풀려지지 않는다. 그럴 때에는 젓은 수건으로 덮어 냉장고에 보관하면 실온보다는 상태가 낫다. 그러나 반죽을 한 후에는 즉시 튀겨내는 것이 가장 좋다. 업무량이 많아 시간에 쫓겨 미리 준비해 놓아야 할 경우에는 반죽하기 직전, 즉 참기름에 밀가루를 혼합하여 체에 내린 ②항까지만 준비해 놓는다.

이렇게 만드세요

① 밀가루는 체에 쳐야만 정확한 부피를 잴 수 있으나, 무게로 하기 때문에 저울에 측정하는 것이 좋다.

② 밀가루에 참기름을 넣고 손으로 잘 비벼준 후, 굵은 체에 내린다(고운 체에는 내려지지 않는다).

③ 소주와 시럽(설탕과 물이 녹을 정도로 살짝 끓인 것)을 식혀서 넣고 두 손으로 밀가루를 올려주면서 혼합하다가 무리한 힘을 주지 말고 자연스럽게 반죽을 한다(반죽의 농도는 칼국수 반죽과 같이 말랑말랑한 정도)

④ 반죽한 것을 약 500~600g 정도 떼어 내어 밀대(나무방망이)로 두께 0.6cm 정도로 고르게 밀어넌 후, 정사각형 또는 약간의 마름모 크기(약 3cm) 정도로 잘라내고 차곡차곡 옆으로 가지런히 정렬해 놓는다(약과 반죽은 기름이 많기 때문에 서로 붙지 않는다).

봉주방장 해법

약과 만들기의 시럽은 두 가지가 있다.

① 반죽할 때의 시럽은 설탕 1 : 물 1을 한 번 끓여 그대로 식힌 것

② 튀겨진 약과를 집청시럽에 잠겨 시럽이 약관 속까지 단맛이 베이게 하는 것이므로 실수 없도록 한다.

❷ 약과 튀기는 방법

※집청시럽은 시중에 유통되는 물엿(황물엿)에 꿀을 약 1/30 정도로 약간 넣어주고, 생강을 물엿의 1/10 정도를 썰어 넣고 한 번 끓인 것이다.

※생강은 향이 약과의 밀가루 냄새를 없애주고 향긋하게 해준다.

※다른 방법으로는 집청을 끓일 때 생강을 썰어 넣는 방법이 아니라 약과 반죽 할 때 생강즙을 짜 넣고 반죽하는 방법도 있다. 또한 생강가루도 유통이 되고 있으니 효율적으로 선택하여 조리사의 작업능률을 높일 수 있도록 해야 한다.

봉주방장의 실수이야기 : 약과를 반죽하여 밀대(방망이)로 미는 것이 미련스럽게 생각되어 면뽑는 기계에 몇 번을 반죽을 포개어 매끄럽게 약과 반죽을 뽑아 약과모양으로 재단하여 튀겨보니 바삭바삭한 약과가 아니라 딱딱한 건빵이 되어 실패를 하였다. 독자님들은 약과만들때에 절대로 힘을 가하여 무리하게 반죽을 하지 않아야 한다. 그러나 매작과 반죽은 기계를 사용하면 효과적이다.

이렇게 만드세요

① 두 개의 기름 냄비를 준비하는데, 1차로 부풀려지는 기름은 잠깐 손가락을 넣어도 괜찮은 온도인 90℃가 적당하고, 2차로 튀겨지는 온도는 110~115℃로 노릇노릇하게 서서히 튀겨지는 온도의 두 곳의 기름을 준비한다.

② 튀기는 기름은 약과가 충분히 잠겨질 정도의 것이 좋다.

③ 약과 반죽을 일정한 크기로 자른 것을 1차 부풀려지는 온도에 넣으면 바닥에 가라앉는데, 1분 정도 있으면 기포가 서서히 생겨나면서 3~4분 후에는 부풀려 지다가 4~5분이면 떠오른다.

④ ③을 2차 기름(115℃)에서 약 3~4분 정도 노릇하게 튀겨낸다.

⑤ 준비된 집청(시럽)에 넣고 약 4~5분 후에 건져내어 넓은 쟁반에 채반을 올려놓고 그 위에 펼친다. 식으면서 약과에 묻은 지나친 시럽은 밑에 흐른다.

⑥ 집청에서 건져낸 약과를 식힌 다음, 뚜껑 있는 플라스틱 통에 비닐을 깔고 약과를 가지런히 놓고 비닐 깔고 약과 놓고… 반복하여 차곡차곡 쌓는다. 공기가 통하지 않도록 잘 아무려 준 후, 사용할 때에 잣가루 또는 땅콩가루를 뿌려준다.

(2) 매작과

중력밀가루 또는 밀맥스(강화중력밀가루)에 생강즙, 인삼가루 또는 즙을 넣고 만든 것이다.

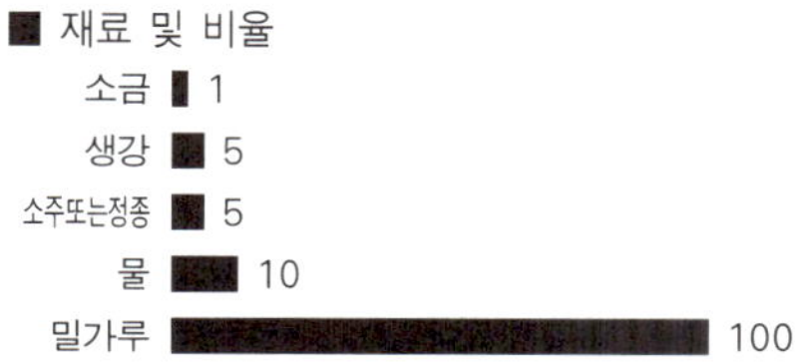

이렇게 만드세요

① 밀가루를 분량대로 반죽을 한다(밀가루를 체에 쳐주고 반죽하면 더욱 반죽이 곱다).
② 충분히 반죽한 것을 바로 밀대로 밀지 말고 젖은 수건을 덮고 약 20분 정도는 그대로 둔다(질겨진 글루텐 활성을 약화시키기 위하여).
③ 반죽을 밀대로 밀어 지하철 승차권 크기로 두께는 2mm 정도로 잘라서 한문의 내천(川)자 모양으로 칼집을 넣는다.
④ 가운데 칼집 넣은 곳으로 뒤집어 준다.
⑤ 튀김 기름 120℃에서 서서히 노릇노릇하게 튀겨 내어 "약과"에서 소개한 집청 꿀에 담그었다가 망에 건져낸다.
⑥ 식으면 차곡차곡 그대로 보관하였다가 사용할 때에 잣가루 또는 땅콩가루를 뿌려준다.

봉주방장 해법 : 쉬운 매작과 반죽만들기

① 매작과 반죽을 얇게 2~3mm 정도로 밀대로 밀어내는 것은 대단한 작업이다. 호텔의 주방이라면 중국식당의 면 빼는 기계를 이용하여 얇게 밀면 되는데, 문제는 많이 얇게 밀면 결국 서로 붙게 되어 사용을 못한다. 밀가루 대신 전분을 골고루 뿌려주면 서로 붙지 않아 좋다.
② 주의할 것은 튀길 때에 전분가루 및 밀가루가 많이 묻어 있는 상태에서 튀기면 기름이 깨끗하지 않고 시커멓게 되므로 가루를 최대한 털어내고 튀긴다.
③ 매작과를 노릇하게 튀긴 후 완전히 식혀서 비닐 봉지에 넣어 플라스틱 통에 담아서 보관했다가, 손님한테 제공할 때 집청 시럽에 계피가루를 잘 섞은 뒤에 담그었다가 잣가루를 뿌려 내어도 좋다.

(3) 두부스낵(양혜정님)

재료명	비율(%)	무게(g)
강력분	100	350
설탕	30	105
계란	18	63
소금	2	7
두부	50	175
생강즙	4	14
계	204	714

이렇게 만드세요

<반죽>
- 두부를 곱게 으깨준 후 계란을 넣어 혼합한다.
- 설탕, 소금, 생강즙, 검정깨를 넣어 혼합한다.
- 체로 친 밀가루를 넣고 혼합한 후 치대준다.
- 비닐에 싸서 10~15분 휴지를 준다.

<밀어펴기>
- 0.1cm 두께로 밀어 펴서 2.5~3cm 크기의 다이아몬드형으로 자른다.

<튀김>
- 190~195℃
- 3~4분 정도 바삭하게 튀긴다.

2. 유 과(강정)

강정은 엿과 설탕을 일정 비율로 배합하여 끓인 시럽에 해당되는 재료를 시럽에 버무려 약간 두께가 있는 쟁반 등에 굳혀 썰은 것이다.

주재료는 여러 가지이지만 '청'은 거의 같다. 유의해야 할 것은 물엿과 설탕의 비율인데, 설탕이 많이 들어가면 딱딱하고 질겨진다. 청을 잘 끓여야 강정이 잘 만들어진다. 강정을 만들 때 알맞은 '청(시럽)'을 끓이는 방법과 버무릴 때 알맞은 온도를 비교해 본다.

봉주방장 해법 : 청을 끓일 때 유의사항

① 설탕을 먼저 물에 녹여야 한다.
② 자주 젓지 말라. 설탕과 물엿이 분리되는 경우가 있다.
③ 끓이는 도중에 설탕을 추가해서 넣으면 ②와 같이 설탕, 물엿이 분리된다.
④ 강정청의 가장 좋은 것을 위의 C형과 D형인데 봉주방장은 D형으로 자주 한과를 만든다.

▶ 강정 '청' 끓이기 비교

■ A 방법 : 설탕과 물엿 비율(1 : 1)
- 물 50
- 흰설탕 50
- 흰물엿 100

■ B방법 : 설탕과 물엿 비율(1 : 2)
- 물 25
- 흰설탕 25
- 흰물엿 100

■ C방법 : 설탕과 물엿 비율(10 : 1)
- 물 10
- 흰설탕 10
- 흰물엿 100

■ D방법 : 흰물엿만으로 만들기
- 흰물엿 100

이렇게 만드세요

A방법 특징
- 115℃에서는 부드럽고 입안에서 잘 녹으나 손에 끈적거림이 남아 있을 수 있으며, 썰어놓은 강정이 서로 묻는 경우가 있다.
- 120℃에서는 씹는 맛과 부드러움을 잘 조화될 수 있다.
- 125℃에서는 비교적 바삭하며 부드러움을 병행될 수 있다.

B방법 특징

① 물엿 1/10 정도의 백설탕을 넣고 끓이는데, 먼저 설탕을 물과 함께 혼합하여 끓이다가 물엿을 넣고 끓인다.
② 수분이 증발되어 기포가 많이 생기는데, 이때의 온도는 온도계로 측정했을 때 115~120℃은 적당하고 주걱으로 청을 찍어 들어보면 실같은 것이 생겨 날릴 때 강정 재료와 버무린다.

C방법 특징

설탕은 물엿을 절반 넣어 딱딱하고 바삭한 느낌을 주는 비율이다. 강정재료를 넣고 뜨뜻할 때 썰어야 모양있게 썰을 수 있다.

D방법 특징

강정을 만들어 씹게되면 입을 자유롭게 움직이기 어려운 비율이다.

여러 가지 강정청을 끓이는 상태분별법

	온도계를 사용하여 아는 법 **온도계의 온도로 알맞은 상태의 청(시럽)상태를 안다**	**시럽을 떨어뜨려보는 법** **끓이는 청을 국자로 떠보아 떨어지는 상태로 안다**	**감각으로 아는 법** **끓는 상태를 보고 알맞은 상태를 안다**
상태	물엿, 설탕, 물을 넣고 끓이면 처음에는 설탕이 물에 의하여 녹아지고, 물엿이 함유하고 있는 물과 처음에 넣었던 물이 점차 증발되면서 온도가 올라간다. 즉, 온도가 올라가는 것은 수분이 점차 증발된다는 것이다.	물엿, 설탕, 물을 넣고 끓이면 처음에는 수분함량이 높아 주르르 흐르다가 점차로 흐르는 굵기가 실굵기로 가늘어지면서 계속 끓이게 되면 거미줄같이 여러 가닥의 청이 생겨난다.	물엿, 설탕, 물을 중불에 넣고 끓이면 적은 기포가 바닥에서부터 생겨나기 시작하고 점차 많이 생겨나고 130℃가 넘으면 끓어 넘치려 하고 캐러멜색으로 변하기 시작한다.
110℃	온도계로 110℃에서 재료를 넣고 성형을 하면 냉장고에서는 모양을 유지하다가 실온에서는 모양이 흐트러지고손에 끈적거림이 묻는다.	수분이 어느 정도 증발되어 주걱으로 청(시럽)을 떠서 위에서 흘리면 가는 실같이 흘려진다.	기포가 바닥에서부터 꽤 많이 생겨나고 기포 크기는 작다. 농도는 서서히 되직해 진다.
115℃	약간 추운 날씨에는 모양이 유지된다. 손에 약간 끈적거림이 있다 씹히는 느낌은 부드럽다.	청(시럽)의 굵기가 가는 실모양이고 바람의 이동이 있으면 약 45℃기울기로 떨어진다.	기포의 크기(물방울)가 커지고 많아지며 농도가 되직해진다. 강정이 부드럽게 씹혀지는 정도이므로 나이 드신 손님들에게는 알맞다.
120℃	모양을 성형하기가 좋고 씹히는 느낌도 좋다.	주걱으로 청을 흘러 떨어뜨릴 때, 가는 거미줄 모양이 3~4개 생겨나고 거의 바람이 없어도 휘날린다.	기포가 많이 생기고 약간 센불일 경우에는 끓어 넘친다. 일반적인 강정청으로 적당하다.
130℃	모양을 성형하기에 지나치게 빠르게 굳어지므로 좋지 않다. 빨리 강정재료와 혼합해 주고 쟁반에 재빨리 쏟아부어 굳혀야 한다. 딱딱하다.	청의 떨어짐을 볼 때 거미줄같은 것이 많아지고 이것을 만지면 끊어진다. 뜨거울 때 도마에 올려 놓은 후 잘라줘야 모양이 제대로 난다.	서서히 캐러멜색이 약간 나고, 주걱에 청이 많이 묻어 있고 불은 약하게 했는데도 기포가 많이 생겨 끓어 오른다. 고루 섞는 과정에서 한 쪽은 딱딱하고 다른 한 쪽은 청(시럽)이 고루 묻지 않는다.

▶ 강정 '청(시럽)' 끓이기

강정 만들기는 청의 농도가 중요한데, 청의 농도는 수분 함량을 나타낸다. 알맞은 농도의 청이 갖는 수분 함량을 모르면 강정의 모양이 나지 않는(뭉쳐지지 않는) 상태, 혹은 냉장고에서는 딱딱한데 실온에서는 축 쳐지거나 반대로 너무 딱딱하여 모양있게 썰 수도 없고 씹기도 곤란한 것이기에, 여기에서는 청의 농도(수분함량)를 알 수 있는 방법 3가지를 제시한다.

▶ 강정 자르기

강정자르기는 일반칼로는 잘 깨트려진다. 이런 경우에는 빵을 써는(브레드 나이프) 톱칼을 이용하여 자르게 되면 잘 잘라진다.

봉주방장 해법

강정시럽청을 만드는 방법은 온도가 중요하다. 가장 알맞은 상태는 120℃이다.

(1) 쌀강정

■ 재료 및 비율

재료	비율
기타	약간(은행 / 참깨 등)
대추채	5
다진땅콩	20
청	70~80
쌀밥튀긴것	100

※밥은 남은 밥을 활용해도 좋고 약간 쉰밥을 사용해도 상관없다. 그러나 상하지 않게 말려야 하므로 여름장마철이나 흐린 날에는 피하는 것이 좋다.

※낮에는 말리고 영업시간 종료 후에는 냉동고에 넣는 것을 반복하면 얼렸다가 말려지는 상태가 반복되어 더욱 바삭해 진다.

이렇게 만드세요

① 쌀밥을 질게 푹 퍼지게 하여 넉넉한 물에 12시간 이상 담가 놓으면서 자주 물을 교환하여 뿌연 물을 제거한다. 오래 불려두면 밥알이 깨질 것 같지만 그렇지 않다. 점차 맑은 물이 나온다. 충분히 불리지 않은 것을 말린 후 튀기면 잘 부풀려지지 않는다.
② 체반에 망사천(양파・감자자루 등을 꿰매어 사용하면 좋다)을 깔고 얇게 펴서 말린다. 완전히 딱딱하게 말려야 한다.
③ 밥 말린 것을 170~180℃의 기름에 튀긴다. 순간적으로 튀겨지므로 신속히 건져내야 한다. 지체하면 색이 누렇게 되어 좋지 않다.
④ 잘 끓여진 청에 튀긴 쌀밥과 대추채, 기타 재료를 넣고 잘 버무린다. 약한 불에서 버무리면 좋다.
⑤ 시팬(사각 쟁반)에 비닐을 깔고 그 위에 버무린 강정을 올려놓은 후 다시 비닐을 덮는다.
⑥ 밀대로 적당한 굵기로 편편히 민다.
⑦ 비닐을 제거하고 어느 정도 뜨거울 때 썰어준다. 만약 강정이 너무 딱딱하여 썰기가 어려워 깨질 때는 전자렌지를 이용한다.

(2) 잣・들깨・참깨 강정

■ 재료 및 비율

재료	비율
청	60~70
주재료	100

(잣 / 참깨 / 들깨)

※청은 은근한 불에 올려놓고 끓여주면서 국자로 덜어 사용하여야 하고, 청을 지나치게 많이 넣으면 딱딱하고 썰기가 불편해진다.

※청을 적게 사용하는 것이 모양이 일정하고 씹는 촉각이 바삭한 강정의 비결이다.

이렇게 만드세요

잣강정

① 잣강정은 생잣으로 강정을 만드는 것이다.
② 잣을 후라이팬에 살짝 볶아주고 만드는 것이 좋다.
③ 청은 쌀강정보다는 적게 들어간다.
④ 쌀강정보다는 얇게 1cm 두께를 넘지 않도록 한다.

들깨강정

① 구매한 들깨를 물에 담가 모래를 가라앉힌다.
② 건져낸 들깨를 후라이팬 등의 큰그릇에 말려 주면서 볶은 후에 사용한다.
③ 두께는 0.7cm 정도로 한다.

참깨강정

① 열은 노른색으로 볶아준다.
② 참깨는 입자가 곱고, 흑임자(검은깨)가 있기 때문에 두 가지를 합하여 동글게 말아주고 자르는 방법도 있다. 얇게 하려면 비닐을 이용하여야 한다.

3. 정과류

정과(煎果)는 설탕이 주재료로서 근채류(인삼, 도라지. 연근)와 실과류(대추, 유자, 밤 등)를 이용한다.

(1) 밤정과(밤초)

■ 재료 및 비율

- 식초(10g) 1
- 물(350g) 35
- 설탕(700g) 70
- 물(1 ℓ) 100
- 밤(1kg) 100

※밤정과를 밤초라고도 하는데, 갈비찜 등의 고기찜 고명에 넣어준다.
※밤정과를 지나치게 오래 끓이면 밤이 갈라진다.

이렇게 만드세요

① 깐 밤을 한번 끓는 물에 데쳐낸다.
② 밤 재료의 70%의 설탕을 넣고, 꿀은 설탕의 $\frac{1}{2}$을 넣는다.
③ 밤이 약간 잠길 정도에서 약간 더 물을 넣고 40분 정도 은근히 졸인다.
④ 식초를 조금 넣어주는 것은 흰색의 밤이 익으면서 설탕꿀물이 스며들어 옅은 노란색이 나는데 색을 더욱 밝게 해준다.

(2) 인삼 · 도라지 정과

■ 재료 및 비율

- 소금(약간) 1
- 꿀(100g) 5
- 설탕(400g) 20
- 통도라지 · 인삼(500g) 25
- 물(2 ℓ) 100

※물이 지나치게 많으면 정과가 물러질 것이고, 물이 적으면 정과 빛깔이 투명하게 윤기가 나질 않고 가운데 중심 부위가 하얗고 외부는 쪼글쪼글해진다.

이렇게 만드세요

① 인삼 또는 통도라지를 4~5cm로 잘라주고, 너무 굵은 것은 $\frac{1}{2}$로 쪼개준다. 끓는 물에 소금을 약간 넣고 약 5분간 도라지를 데쳐주고 끓였던 물은 버린다. 인삼은 그대로 넣는다.
② 도라지 · 인삼을 넣은 냄비에 처음부터 비율대로 넣고 센불에서 30분 정도 끓이다가 서서히 약하게 3시간 정도 졸이면서 떠오르는 거품을 제거한다.

(3) 대추정과(대추초)

■ 재료 및 비율

- 소주(50g) 10
- 꿀(100g) 20
- 물엿(150g) 30
- 물(200g) 40
- 설탕(250g) 50
- 대추(500g) 100

이렇게 만드세요

① 마른 대추를 깨끗이 씻어준다.
② 쇠꼬챙이를 꼭지 부위에 찔러서 씨 주변을 둘러주어 씨를 뺀다.
③ 비율대로 넣고 끓인 후 대추를 넣고 은근히 졸여준다.

※대추를 졸이는 방법은 두 가지다. 대추색(빨간색)을 그대로 예쁘게 유지하려면 약 10분 정도 끓여준 후 끝을 내야하고, 색하고는 관계없이 설탕꿀물이 함유케 하려면 은근히 오래 졸여야 한다.
※물엿 대신 꿀만으로도 할 수 있다.

수삼정과

■ 재료

더덕 1kg, 물엿 1.8ℓ, 수삼 1채, 설탕 1컵

이렇게 만드세요

① 수삼을 삶아서 찬물에 담는다.
② 건지는 시기는 재료가 물렁할 때까지
③ 건질 때 거름기에 넣고 그대로 건져야 잔뿌리까지 유지가 된다.
④ 물엿과, 설탕에 넣고 은근히 조려준다.
※도라지를 같은 방법으로 해도 좋고 섞어서 하는 방법도 좋다.

(4) 대추말이

대추말이는 돌려깍기하여 씨를 제거한 대추를 정과청에 졸인 후 고물과 씹히는 재료(호두, 아몬드 등)를 넣어 만든다.

■ 재료 및 비율

재료	비율	비고
땅콩(1.5kg)	15	껍질 제거 후 다진 것
아몬드(1.5kg)	15	볶은 것
건포도(1.5kg)	15	
호두살(1.5kg)	15	
갈거나다진대추(3kg)	30	
시럽(5kg)	50	
백앙금(10kg)	100	

※녹두고물, 동부콩 고물을 사용해도 된다. 이때에는 시럽을 50에서 100으로 해야 한다.

이렇게 만드세요

① 대추를 찬물에 헹군 후 물기를 말린다.
② 고물을 넣기 위해 씨를 제거한다(돌려깍기를 한다).
③ 씨를 제거한 대추를 대추정과 청에 넣고 뒤적인 뒤 건져낸다.
④ 고물을 넣고 아무려준다. 고물은 흰고물을 사용하는 것이 좋으며, 동부콩, 녹두고물 등을 이용해도 좋다.
⑤ 고물 속에 여러가지 씹혀지는 재료를 넣어주면 더욱 좋다.

4. 다 식

다식은 성형틀에 반죽한 것을 넣어 모양이 나게 찍어내는 것이다.

(1) 다식청 만드는 방법

■ 재료 및 비율

재료	비율
물(50g)	20
설탕(50g)	20
꿀(250g)	100
주재료(1kg)	100

※물의 양이 모두 증발될 때까지 졸여서 식힌 후 사용한다.

이렇게 만드세요

① 별도의 다식청 없이 꿀만으로도 반죽할 수 있으나, 그렇게 하면 다식을 만들어 놓으면 반죽이 너무 쳐지고 무늬가 선명하지 않고 손에 끈적거림이 있어 좋지 않다.
※꿀만을 사용할 때에는 수분을 날려 어느 정도 졸인 다음 사용해야 한다.
② 앞의 정과청을 알맞게 졸여서 반죽해도 좋다.
③ 설탕, 물, 꿀을 넣고 꿀보다는 진하게 졸인 다음 식혀서 반죽한다. 그러나 청(시럽)이 너무 되직하면 다식이 딱딱해 진다.

봉주방장 해법

다식판은 너무 깊어 크기가 크다. 후식으로 내어 주는 다식이 한 입 정도의 크기가 되어야 하는데 깊이가 있어 크기가 크므로, 다식판에 있는 고임목을 사용하지 말고 얇은 고임(종이 등을 사용)을 임시로 만들어 사용하면 얇게 할 수 있다.

(2) 다식 만드는 방법

■ 재료 및 비율

재료	비율
다식청	30
다식재료	100

이렇게 만드세요

- **콩가루다식** : 볶은 콩가루를 다식청에 반죽한해서 다식판에 찍어낸다.
- **송화가루다식** : 다른 다식보다 시럽을 더 넣어준다.
- **녹두다식** : 녹두 고물을 팬에 넣고 뒤적여 은근한 불로 수분을 제거한 후 사용한다.
- **팥다식** : 녹두 다식과 같은 방법으로 만든다.
- **밤다식**

① 껍질 벗긴 밤을 쪄서 약간의 계피가루를 넣고 절구에 빻는다.
② 다식청에 반죽하고 다식판에 찍어낸다.

- **검은깨다식**

① 검은깨를 물에 담가 모래흙을 제거하고 건져서 잘 볶아 커터기에 갈아낸다.
② 다식청을 섞어 반죽을 하여 다식판에 찍어낸다.

봉주방장 해법 : 다식판에 다식을 쉽게 찍는 방법

① 다식판에 직접 찍어내는 방법도 있지만 시간이 많이 걸리므로 시간을 단축하기 위해서는 얇은 랩에 참기름을 바르고, 참기름을 바른 쪽에 다식을 놓고 비닐을 덮는다.
② 다식판에 찍은 후 비닐만 제거하면 다식판에 다식이 묻지 않고 쉽게 만들 수 있다.

5. 생란, 조란, 율란

다식은 성형틀이 있어 만드는 것이지만, 란에 해당되는 한과는 손으로 빚어 만드는 것이 특징이다.

(1) 생 란(생강)

■ 재료 및 비율

재료	비율
꿀(50g)	10
소주(100g)	20
사이다(100g)	20
잣가루(100g)	20
설탕(200g)	40
물(250g)	50
간생강(500g)	100

이렇게 만드세요

① 생강은 되도록 큰 것으로 골라 껍질을 벗겨 강판이나 믹서기에 넣고 곱게 갈아낸다.
② 간생강을 채에 쏟아 보자기에 넣고 찬물에 여러번 헹궈 꼭 짜준다. 헹궈낸 물은 버리지 말고 앙금을 가라앉힌다.
③ 뿌연 생강물이 들어가면 투명하지 않아 좋지 않다.
④ 옆의 재료를 넣고 생강 건지를 불에 올려서 끓어오르면 약한 불로하여 서서히 졸여준다.

※생강은 햇생강이 좋으며, 붉은 것은 섬유소가 질겨서 좋지 않다.	⑤ 끓이는 도중에 떠오르는 거품과 껍질을 말끔히 걷어낸다. ⑥ 생강이 거의 졸아서 물기가 적어지면 가라앉힌 생강녹말을 섞어 엉기게 하여 식힌다. ⑦ 꾸득꾸득해지면 생강 모양으로 빚어서 잣가루를 고루 묻혀 낸다(색이 맑고 투명하여 생강향이 은은한 것이 잣의 고소한 맛과 잘 어울려서 좋다).

(2) 조 란(대추)

이렇게 만드세요

① 대추를 미지근한 물에 불려 씨를 빼내고 푹 찐다.
② 쪄낸 대추를 곱게 다져서 다시 절구에 빻는다.
③ 대추가 질기기 때문에 실온에 어느 정도 꾸득하게 말려지면 110℃ 정도의 청을 넣고(물엿 : 설탕=10 : 1) 대추 모양으로 빚고 잣가루에 묻힌다.

6. 단 묵(과편)

한국의 단묵(과편)은 전분으로 풀을 쑤듯 하면서 만들고자 하는 과실향(즙)을 넣고 굳힌 것인데, 맛이 산뜻하지 않고 텁텁하며 포만감을 준다. 또한 만들어놓고 오래되면 전분의 노화(β화)가 되어 더욱 느낌이 좋지 않다.

이러한 녹말 과편을 개선하지 않고는 전통음식이라 하여 권장하기에는 무리가 있다. 서양의 젤리는 젤라틴(동물성) 또는 펙틴을 많이 이용하며, 일본의 양갱은 한천(우뭇가사리)을 이용한다. 우뭇가사리는 한국의 연해안에서 많이 생산되기 때문에 우묵(여름 냉채묵)을 즐겨먹는 우리가 우뭇가사리를 이용하여 단묵을 만드는 것이 더 자연스럽다. 그러므로 여기서는 한천을 이용하여 설탕과 해당되는 재료를 넣고 묵을 쑤는 단묵(마편=양갱) 만드는 것을 소개한다.

봉주방장 해법

한천은 우뭇가사리를 초산으로 녹여 젤리화 된 것을 말린 것으로, 비닐끈과 비슷하게 생겼다. 너무 가벼워 양을 측정하기 어렵고 잘 풀어지게 하기 위해서는 필히 찬물에 1시간 정도 불려서 부들부들 해지면 동량의 물을 넣고 끓인다.

■ 말린 한천일 경우

재료	비율
소금(2g)	0.2
한천(40g)	4
설탕(250g)	25
재료(500g)	50
물(1ℓ)	100

※말린 한천은 무게가 거의 없어 무게 비율을 표시하기가 어렵다. 불려서 사용하는 것이 비율이 일정하다.

■ 불린 한천일 경우

재료	비율
소금(2g)	0.2
설탕(250g)	25
재료(500g)	50
불린한천(1kg)	100
물(1ℓ)	100

※한천 양이 너무 많으면 부드럽지 못하다.
※한천 양이 너무 적으면 썰 수가 없을 정도로 흐물흐물하다. 특히 여름에는 한천의 양을 약간 늘려 넣는 것도 괜찮다.

이렇게 만드세요

한천 녹이는 법(공통)

① 한천을 찬물에 1시간 정도 불려서 꼭 짠 후에 짧게 자르고 동량의 물을 다시 붓고 은근한 불에 끓인다.
② 한천이 녹으면 설탕과 주재료(인삼액기스, 팥앙금, 곱게 간 늙은 호박 등)를 넣고 끓여 준다.
③ 소금을 약간 넣은 후 밑이 눌지 않도록 하여 은근한 불에 전체 양이 반정도 졸았을 때 알맞은 단묵틀(쟁반)에 물을 묻힌 후 부어준 다음 식힌다.

팥단묵

팥앙금을 한천에 녹이는데 넣어준다(팥앙금 만드는 법은 떡 만들기나 팥죽에서 참조하거나 앙금을 구매해도 좋다).

호박단묵

늙은 호박은 껍질을 벗겨 씻은 후 쪄내어 굵은 체에 주걱으로 내리거나, 삶은 후 건지만 건져내어 믹서기에 되직하게 갈아내어 사용한다.

인삼단묵

① 인삼을 푹 끓여 삶은 후 인삼물은 인삼차를 첨가하여 진하게 해놓고 불린 한천을 넣고 서서히 끓인다.
② 삶은 인삼은 얇게 송송 썰어 인삼 한천물에 혼합한 후 틀에 부어 식힌다.

밤단묵

밤을 삶아내어 일부는 곱게 채에 내려 고물을 만들고 약간의 설탕과 물을 약간 넣어 치대놓고, 남은 삶은 밤을 덩글덩글 썰어 함께 혼합해 준다.

제3절 음 료

우리의 음료를 구분하자면 달지 않은 음료와 단음료로 나눌 수 있다. 달지 않은 음료(숭늉, 콩국, 잣국 등)는 식사 또는 음료로 제공할 수 있다. 진지를 마치신 손님께 물을 드릴 때 순수한 물보다는 보리차, 보리차보다는 숭늉을 끓여 드리면 정성 드린 음식을 드신 손님께서는 한층 감동을 더할 것이다. 식혜를 제외한 모든 단음료는 특수한 향을 추출하여 설탕과 꿀로 달게 하는 극히 평범한 화채류이다.

이 시대에서 요구하는 것은 전통의 방법을 고수하는 것이 중요하기도 하지만 전통의 한국 음식을 기본으로 하여 변화를 주어 세계 식문화에 크게 자리를 해야 할 것이라고 생각하며, 필자를 비롯해서 후배들에게도 독려하고 싶은 마음 간절하다.

봉주방장 경험 : 화채이야기

외국의 유명 호텔에서 근무하던 때에 화채에 대한 경험을 피력하면 오미자 화채를 제공했는데 현지 외국인에게 도무지 감흥을 주지 못했다. 어느 날 막걸리를 만들어 판매했었던 적이 있었는데 시일이 지난 막걸리가 시어졌다. 오미자 화채에 시어진 막걸리를 약 1/10 정도 혼합하니 환상적인 맛을 내는 분홍빛의 화채가 되어 손님들한테 좋은 평가를 받았다. 이렇듯 화채류에도 궁합이 맞는 식재료를 혼합하여 세계인의 맛에 적응되어져야 할 것이다. 예를 들어 식혜에 솔잎, 애솔방울, 늙은 호박 삶은 것을 체에 내려서 조금 넣어줄 수도 있으며 약간의 동동주를 넣어 한문으로 米酒(미주) 식혜라고 써서 대접할 수도 있다. 또한 기존의 수정과 끓일 때 인삼, 대추, 배, 매실 등을 넣고 끓일 수도 있을 것이다. 화채(포도, 딸기, 매실)류도 끓여서만 사용할 것이 아니라 설탕을 넣고 숙성 발효시켜 발효하면서 새콤한 맛이 절로 우려내어지는 화채도 좋을 것이다. 필자는 이러한 시도를 하는 이들에게 박수를 보낸다. 그러나 중요한 것은 기본을 바탕으로 해야 한다.

1. 달지 않은 음료

(1) 숭늉

옛날에 저녁 노을이 뉘엿뉘엿한 해질 무렵에 자기 집 담장 밖으로 빡빡 누룽지 긁는 소리가 들리면 방금까지 정신없이 마당에서 뛰어 놀던 아이가 집으로 뛰어들어가 어머니께 가면, 무쇠 가마솥에서 방금 담은 밥그릇이 소담스럽게 놓여 있는 상차림에 막 긁은 누룽지를 뭉쳐 아직 들어오지 않은 형 몫으로 밥 그릇 위에 한덩이 올려주고, 뛰어온 막내에게는 좀 더 큼직한 누룽지 한 덩이를 쥐어준다. 무쇠솥 바닥에는 아버지께 숭늉 만들어 드리려고 긁다 남은 누룽지가 한쪽 편에 남아 있다. 노릇노릇한 햇콩, 적당히 넣은 보리, 찰져 보이는 옥수수 등 잡곡을 넣어 밥을 지은 누른밥(누룽지)의 구수한 맛은 지금의 40대 이상의 어른들에게는 잊을 수 없는 고향의 맛이다. 그러나 지금은 시골에서도 많은 전기밥솥의 보급으로 밥이 눌지 않을 뿐만 아니라, 누룽지를 생산하여 시중에 유통이 되는 이유로 점차 무쇠솥의 누룽지 맛을 보기가 쉽지 않다.

▶ 누룽지 만들기

■ 누룽지 만들기

찬물	5
찬밥/남은밥	100

■ 누룬밥(숭늉) 끓이기

누룽지	25
물	100

※**보관방법** : 누룽지가 만들어지면 바구니에 담아 실온에서 보관하게 한다.

이렇게 만드세요

① 누룽지는 여분의 밥과, 손님께 드렸으나 깨끗하게 남은 밥을 모아 놓았다가 만든다.
② 바쁜 영업시간은 피하고 여유 있는 시간에 은근한 불에 누룽지를 만든다.
③ 코팅된 후라이팬은 누룽지가 마르기만 하고 노릇노릇하게 잘 만들어지지 않는다(코팅 후라이팬을 오래 사용하다보면 칠이 벗겨져 볶음용으로 사용 못할 때는 누룽지팬으로 이용한다.
④ 손에 찬물을 적시고 모아 놓았던 밥을 주먹만하게 뭉쳐 후라이팬의 밑면에만 얇게 펴주고 손으로 꼭꼭 눌러준다.
⑤ 파란 불꽃이 0.6cm 정도 되게 약하게 해놓고 누룽지팬을 올려준다.
⑥ 약 10분 정도 되면 노릇노릇하게 누룽지가 만들어지고 가장자리는 조금씩 일어난다. 이때 뒤집개로 뒤집어 주고 다시 뒤집개로 눌러준다.
⑦ 처음 팬에 닿았던 누룽지는 노릇노릇하나 뒤집혀진 면은 그렇지 않다.

봉주방장 해법 : 누룽지를 빨리 끓이는 방법

누룽지 탕은 누룽지 양의 4배의 물을 넣고 약 5분 정도 끓이면 되는데, 바쁠 때에 5분은 꽤나 긴 시간이기 때문에 이렇게 합니다.

① 불 위에 항상 끓는 물을 올려놓고 가까운 옆에는 찬물에 누룽지를 불려 놓는다.

② 주문이 오면 자루 냄비에 불려진 누룽지를 넣고 3배의 끓는 물을 넣고 잠깐 끓여 내어 드린다.

※누룽지를 대량으로 만들때는 제빵오븐기를 이용하면 뒤집지도 않고 빨리 할 수 있다.

(2) 콩 국

콩국하면 주식으로 구수하게 콩물을 만들어 국수 또는 칼국수를 삶아 차갑게 하여 먹는 방법도 있지만 설탕을 넣고 약간의 소금을 첨가하면 훌륭한 음료가 될 수 있다. 반대로 식사 전에 국수를 약간 넣어 주면 식욕촉진요리(전채요리)로 대접한다면 손님께 감동을 줄 수 있을 것이다.

■ 재료 및 비율

재료	비율
고운소금(16g)	0.4
설탕(400g)	10
대두콩(600g)	15
물(4ℓ)	100

※콩을 센불에 오래 삶으면 고소한 맛이 없고 색이 누래진다. 반대로 끓는 상태에서 3분 정도 이내에서 끝내면 약간 비린내가 난다.

※콩국물에 잣 또는 땅콩가루를 1/20 정도 살짝 볶아 함께 갈아주면 훨씬 고소한 맛을 낼 수 있다.

※알맞은 콩물의 물 함량
- 삶은 콩 1 : 물 3 - 지나치게 되직하다.
- 삶은 콩 1 : 물 5 - 적당하다.

이렇게 만드세요

① 대두콩을 깨끗이 씻어 찬물에 4~5시간 불린다. 콩이 충분히 잠길 만큼의 물에 불린 콩을 넣고 95~100℃로 끓여 끓기 시작하여 5분 정도 끓인다.

② 끓이는데 이때 거품이 생긴다.

③ 5분 후 건져 찬물에 씻어낸다.

④ 부드럽게 콩을 비벼 껍질을 제거하고, 믹서기 또는 맷돌 기계에 갈아서 작은 얼음 또는 찬물을 넣어 갈면서 체에 바쳐 찌꺼기는 손으로 꼭꼭 눌러 짜고 버린다. 찌꺼기를 버리지 않고 사용하는 경우도 있다.

⑤ 콩물을 살균시켜야 하므로 설탕과 소금을 넣고 80℃에서 15분 정도 뜨겁게 하고, 겨울에는 70℃에서 제공하고, 여름에는 8℃이하에서 차갑게 나간다(깨소금을 조금 넣어줄 수도 있다).

(3) 잣 국

잣을 타지 않게 은근한 불에 은근한 갈색이 나도록 볶은 후 콩국과 같은 방법으로 만든다. 수박, 딸기, 토마토 등을 얇게 채쳐 넣어 주거나 오이채를 띄워줘도 좋다.

(4) 막걸리와 동동주

우리나라 토속주 가운데 막걸리만큼 서민들의 사랑을 받는 술도 드물다. 막걸리라는 말은 막 거른 것이라는 의미가 있다고도 하며 다른 말로는 탁하다 하여 "탁주(濁酒)"라고도 한다. 또한 막걸리는 농군들이 즐겨 마셨다하여 농주(農酒)라고도 불린다.

막걸리와 동동주를 음료에 포함시키는 이유로서는 가장 한국적이고 전통주라는 의미와 막걸리와 동동주를 이용하여 음식과 음료에 활용할 수 있다. 예를 들어 막걸리로 홍어 등의 생선에 넣어 발효를 촉진시키기도 하며, 시어진 막걸리는 식초와 혼합하여 막걸리 식초를 대용할 수 있으며, 막걸리를 따뜻한 곳에 놓아 순수한 막걸리 식초를 내려 사용할 수도 있다. 외국에 진출하고 있는 한국요리 식당에 취업할 기회가 많은 후배요리사들은 꼭 알아야 할 부분이다.

작은 반도 국가인 한국이 음식 문화만큼은 중국과 일본의 영향을 받지 않은 독특한 우리의 식문화가 있다. 국내에서 흔하게 접할 수 있는 막걸리도 외국에서는 대단한 기법의 한국의 전통주로서 음용하여 음료에 혼합해주면 묘한 맛으로 인해 나름대로의 실력으로 인정받을 수 있을 것이다.

❶ 막걸리에 사용하는 재료와 용도

- 입국(立麴) : 종국(種麴)이라고도 하며 누룩곰팡이를 순수배양하여 밀가루와 혼합시켜 만든 것으로, 누룩 대용으로 사용한다. 만드는 방법은 통밀을 굵게 빻아 효소와 효모를 활성시킨 밀가루에 배양한 누룩곰팡이를 혼합한 것으로서 양조장(막걸리 만드는 곳)에서는 흔히 사용한다.
- 누룩 : 통밀은 겉껍질과 속껍질이 있는데 약간 어두운 붉은색을 띈 종피(種皮)인 속껍질을 벗겨야 하얀 밀가루가 된다. 벗겨진 속껍질(일종의 겨)을 물로 되직하게 반죽을 하여 여러 모양의 크고 작은 덩어리로 빚어(메주와 비슷하게) 통풍이 잘되는 실온에 생 짚을 깔고 앞뒤로 뒤집어 주면서 건조시킨 것으로 약 보름 후에는 햇볕에 완전 건조시켜 보관한다(누룩이 없을 때는 엿기름, 생밀가루를 혼합하여 사용하거나 입국만을 사용한다).
- 엿기름 : 누룩과 함께 일정 비율 넣을 수도 있고 안 넣을 수도 있다.

> **봉주방장 해법**
> 반죽을 하여 모양을 빚어 숙성건조시키면 자체의 효모와 효소의 활성으로 열이 발생하고 발효 곰팡이인 흰 곰팡이가 생겨나는 것이 정상이며 누룩의 성형은 두께 5~8cm, 25×25cm 정도이다. 숙성시킬 때는 볏짚을 깔아주는데 이유는 볏짚에는 는 효소와 효모가 많기 때문이며, 볏짚대용으로는 왕겨를 이용하기도 한다(모든 종피에는 효모와 효소가 많기 때문이다).

> **봉주방장 경험**
> 한국요리를 하는데 있어서 식재료가 다른 외국에서는 막걸리를 만들고 싶은데 누룩이 없어 엿기름에 생밀가루를 섞어준 후 약간의 물을 붓고 반죽을 하여 약 2주일을 실온에서 체반에 깨끗한 헝겊을 깔고 말려서 가루를 내어 누룩 대용으로 사용한 결과 더욱 좋았다.

❷ 막걸리 만들기

▶ 막걸리만들 때 필요한 재료

- 효모(이스트)
  - · 생효모(생이스트) : 약간 촉촉한 버터 크기 만한 덩어리로 만들어졌다. 물에 풀어서 사용한다.
  - · 건효모(드라이 이스트) : 좁쌀과 흡사하게 생겼으며 효과는 생효모와 같고 누룩 1kg에 1T의 건효모를 넣어주면 발효가 촉진된다.
- 물엿 : 물엿을 일정 비율 누룩의 약 1/10 정도 넣어주면 효모의 생육에 크게 영향을 주고 발효과정에서 알콜로 환원되어 술의 도수가 높아지고 적당한 단맛으로 술맛도 좋아진다.
- 향재료 : 솔잎, 감초, 인삼, 구기자, 생강, 계피, 녹차, 쑥 등 독특한 향을 내는 막걸리, 동동주를 원할

때, 누룩 넣을 때 썰기, 즙내기 또는 가루를 넣고 술을 담근다.

• 감미료 : 합성감미료를 약간 넣어 맛을 낸다. 더욱 좋은 것은 포도당을 넣으면 좋다.
• 소주 : 막걸리가 완성되어 거를 때 약간 희석시켜 줄 수 있다(저자의 경험을 기술한 것으로 막걸리 전문가에게는 통하지 않는 부분임을 밝혀둔다).

▶ 제1방법

■ 재료 및 비율

재료	비율
이스트(10g)	약간
누룩(6kg)	33
쌀(10kg)	55
물(18ℓ)	100

이렇게 만드세요

① 고두밥을 지어 식힌다.
② 누룩과 이스트를 가루로 빻아 ①과 섞어준다.
③ 단지에 ②를 넣고 실온의 물을 붓는다. 물은 고두밥이 불려지면 위로 올라오므로(약 15cm) 넉넉히 넣어준다.
④ 여름철에는 실내온도에서 4~5일, 겨울철에는 따뜻한 곳에 놓고 5~7일간 발효시켜 술을 얻는다. 제일 좋은 온도는 27~28℃이다.
⑤ 처음에 알코올 도수는 11~13%이고, 체에 거를 때는 물을 넣어가면서 짜낸다. 이것을 후수(後水)라고 하는데, 그로 인하여 8%의 알코올이 된다.

▶ 제2방법

■ 재료 및 비율

재료	비율
생강(100g)	0.5
더덕(200g)	1
인삼(500g)	2.5
엿기름(1kg)	5
누룩(2kg)	10
찹쌀(2kg)	10
멥쌀(4kg)	20
생수(20ℓ)	100

※동동주는 막걸리를 짜내어 그대로 두면 위에 맑은 술이 있고 밑에는 탁한 앙금이 가라앉아 있다. 맑은 술만을 따라내는 것이 동동주이다.
※동동주의 의미는 맑은 술에 삭은 밥알이 동동 떠다니는 모습에서 표현되었다.

이렇게 만드세요

① 멥쌀로 고두밥을 지어 누룩과 함께 섞어준다. 식힌 후 물을 섞어 술독에 앉힌다. 인삼, 더덕, 생강은 믹서기에 갈아 넣는다.
② 추운 겨울에는 이불을 씌우고 여름에는 그늘진 곳에 27~30℃내의 실온에 둔다. 3~4일 동안 숙성시키는 동안 익는 소리가 나고 부글부글 끓는다.
③ 찹쌀로 고두밥을 지어 엿기름과 혼합하고 술독에 2차로 넣고 고루 섞는다. 2~3일 후에 찬물을 부어 가면서 걸러 준다.

▶ 전통주만들기

■ 재료 및 비율

재료	비율
마른효모(35g)	약간
누룩가루(4되)	23
멥쌀(5되)	30
찹쌀(5되)	30
물(30ℓ)	100

이렇게 만드세요

① 멥쌀 5되를 고두밥(된밥)을 지어 차갑게 식힌다. 비닐을 깔고 식은 밥에 이스트(효모)를 고루 뿌려 섞어 펴주고 다시 비닐로 덮고 헝겊으로 보온해 주고 따뜻한 곳에 2~3일 놓아둔다(다른 방법으로는 그릇에 담아 비닐로 덮어두고 따뜻한 곳에 2~3일 보관해 두어도 좋다).

※중국의 사천요리에는 후식으로 우리나라의 식혜와 비슷한 미주(米酒)를 내어준다. 식혜와 다른 점은 약간의 알콜이 함유되어 있다는 점이다. 여기에서 착안하여 오미자에 시어진 막걸리를 조금 섞어 주었는데, 오미자의 붉은 색과 막걸리의 뽀얀 색이 잘 어우러졌으며, 인기가 좋았다. 마찬가지로 식혜는 외국에서는 설탕물에 밥알이 뜬것으로 인식되어져 동동주를 조금 넣어주었더니 외국 손님들의 반응이 긍정적으로 평가되었다.	② 노랗게 곰팡이가 고루 피어 있으면, 비닐을 거두고 열을 식힌다. ③ 찹쌀 5되로 고두밥을 지어 누룩 가루와 섞어 소독한 술독에 담은 후 그 위에 식혀 두었던 ②를 넣고 물 30ℓ를 가만히 붓는다(이때 주의할 점은 저어주거나 섞어주면 공기와 접촉되면 이상발효가 되므로 절대 안 된다). ④ 절대 주의할 점은 젓지 말아야 한다는 점이다. ⑤ 술 안치기가 끝난 술독은 통풍이 잘되는 서늘한 곳에 50일 가량 발효시켜 술을 뜬다.

봉주방장 해법

용수란 대나무 발로 엮은 것인데 길이 50cm, 지름 25cm 정도로 생겼는데, 술독에 박아 두면 맑은 술만이 고이게 되어 이것을 뜨면 동동주가 된다. 용수가 없을 때는 소쿠리도 가능하다.

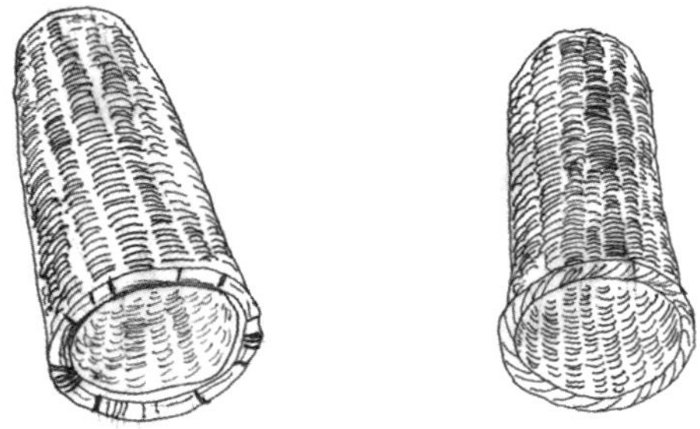

김선희 박사, 김지연 선생님의 막걸리 만들기입니다.

■ 재료 및 비율 쌀(1말), 누룩(소복히 3되1) 정량 ■ 뉴슈가 누룩 25 밥 60 물 100	이렇게 만드세요 ① 3일정도 되면 끓는 소리가 난다. ② 6일 정도에 식혜물을 부어준다. ※밥이 따뜻하면 쉰다. •오래 둘수록 술이 독해진다. •누룩은 7월에 해야 좋다. •뉴슈가(감미료)를 넣는 이유 : 단맛 유지 설탕, 물엿을 넣으면 알콜도수가 올라가서 전통주의 맛이 나지 않는다.

2. 단음료

(1) 식 혜

❶ 밥 삭히는 방법(식혜밥을 만드는 법)

• 전기밥솥 : 가정에서 소량으로 할 때 알맞은 방법으로, 뚜껑을 꼭 닫아 놓는 것 보다 조금 열어주는 것이 좋다.

- 가스밥솥 : 가스밥솥에는 작은 불꽃이 있다. 처음에는 정상적인 불을 이용하다가 물의 온도가 알맞게 상승되면 작은 불꽃만 이용하면 알맞다.
- 중탕하는 법 : 많은 양을 직화로 하면 자칫 뜨거워져 식혜의 발효효소가 사멸되기 때문에 주의해야 한다. 따라서 직화보다는 중탕을 하면 온도를 점검하기도 좋으며, 식혜가 되는 과정을 지켜볼 수 있다.
- 직화로 하는 법 : 대량으로 식혜를 할 때에는 위의 3가지 방법으로는 어렵다. 직화로 하는데는 최소한의 불을 이용해야 하며 수시로 점검해야 한다. 경험으로 익숙해지면 편리한 방법이다. 손가락을 넣고 견딜 수 있는 온도가 좋다.

봉주방장 해법

온도가 너무 뜨거워 밥알이 더 이상 식지 않을 때는 찬물에 설탕을 혼합하여 넣어 온도를 맞추어 주고, 망사자루에 엿기름 적당량을 잘 싸서 가만히 넣어준다. 그런후 잘 지켜보면 반드시 잘 발효가 되어 회복될 것이다.

❷ 식혜 만드는 방법

■ 재료 및 비율

재료	잣 ▮ 약간
유자 · 솔잎향(300g)	0.3
엿기름(5kg)	5
설탕(10kg)	10
멥쌀 · 찹쌀(10kg)	10
물(100ℓ)	100

※ 식혜의 당도를 맞춘 후 면보자기에 식혜 국물을 거르게 되는데, 뜨거울 때 거르는 것보다 차게 냉장한 후 거르는 게 국물이 더 맑다. 하지만 차가운 상태에서는 면보자기나 체에서의 2차적인 오염 때문에 상하기 쉽다.

최상옥 선생님 해법 : 식혜만드는 법

① 엿기름물을 맑갛게 만들어 놓고 엿기름물을 뜨겁게 하는데 손가락을 넣어잠시 참을 수 없을 때까지만 뜨겁게 한다. 그리고는 불을 끈다.

② 뜨거운 밥을 넣고 그대로 4~5시간 두면 밥알이 동동 떠있다.

③ 끓이지 말고 그대로 차갑게 식혀 설탕으로 단맛을 맞춘다.

※선생님께서는 … 설탕을 넣는데 뜨거웠을 때나 끓이면서 넣기보다는 차갑게 식힌 후 단맛을 내는 것이 제일 개운하고 맛이 깔끔하다고 가르침을 주셨다.

자음회(제자)할머님께서는...

약간 신맛이 나는 식혜는 약간의 소다를 넣고 끓이면 좋다.

이렇게 만드세요

A 방법 : *일반적인 방법*

① 미지근한 물에 엿기름을 타서 잘 휘젓고 3~4시간 그대로 나둔다.

② 체를 이용하여 잘 짜낸다. 건지는 2회 정도 찬물에 헹궈 뽀얀 즙이 안 나오게 하고 버린다.

③ 냉장고에 두어 하룻밤을 묵힌다(약 10시간).

④ 하루를 묵힌 엿기름물은 맑은 윗물을 구분하여 끓일 통에 넣고 찌꺼기는 버린다.

⑤ 밥은 꼬두밥을 짓거나 찐밥을 이용하여 엿기름물에 넣고 불을 약하게 해서 4~5시간이 지나면 밥알이 떠오른다.

⑥ 이것을 망으로 건져 찬물에 넣고 충분히 헹구어 준다.

⑦ 남은 물은 불을 세게 하여 끓여준다.

⑧ 생강 또는 유자청을 넣어 주면 좋다. 설탕으로는 당도를 맞춘다.

⑨ 끓이면서 찌꺼기가 올라오는 것은 엿기름의 앙금이 올라오는 것이므로 수시로 걷어낸다.

B 방법 : *엿기름 낭비가 있지만 대량을 할 때에 봉주방장이 자주 사용하는 방법*

① 통에 물을 붓고 엿기름을 고운 보자기 또는 자루에 탄탄하게 싸서 넣는다. 헐렁하게 싸면 뿌연 국물이 많이 나오므로 좋지 않다.

② 밥을 꼬들꼬들하게 짓는다. 질어도 되나 으깨진다.

③ 밥과 우려낸 국물이 비슷한 온도가 되면 밥을 우려낸 국물통에 넣는다.

④ 국물통의 온도를 50~60℃로 유지하고 밥알이 반 이상 떠오를 때 밥알과 엿기름을 건져낸다.

⑤ 밥알은 흐르는 찬물에 따로 식혀서 냉장고에 넣어 둔다.

⑥ 위의 우려낸 국물은 불을 세게 하고 유자와 생강을 건지기 쉽게 자루에 넣는다.

⑦ 끓는 온도에서 설탕으로 간을 맞추고 식혀서 냉장고에 보관한다.

⑧ 제공시 밥알을 적당히 띄워준다.

❸ 보관방법

식혜는 식혜 밥과 식혜 물을 따로 보관하게 되는데, 식혜 밥은 식혜밥 담은 그릇에 얼음 주머니에 넣어 냉장시키는 방법이 가장 좋으며, 오래 보관하려면 완전 냉동이 아닌 중간 냉동시키면 된다. 완전 냉동시키거나 냉동된 식혜밥을 녹일 때 급하게 물을 틀어 녹이면 밥알이 식혜물에 넣었을 때 보기가 좋지 않다. 식혜물이 상할 염려가 예상되면 끓여서 다시 냉각시키는 것이 좋다.

(2) 수정과

수정과는 생강, 계피를 끓여 달게 마시는 것으로 식혜와 함께 대표적인 한국 전통 음료이다. 생강, 계피뿐만 아니라 어울려지는 재료(인삼, 대추)는 넣고 좀 더 맛있는 수정과 개발에 노력이 있어야 한다.

❶ 만드는 방법

■ 재료 및 비율

재료	비율
고명	약간(곶감, 잣)
통계피(2kg)	2
생강(4kg)	4
백설탕(5kg)	5
황설탕(10kg)	10
물(100ℓ)	100

이렇게 만드세요

① 깐 생강은 물에 잘 씻어 납작하게 한다.
② 통계피는 먼지가 많으므로 찬물에 씻어낸다.
③ 생강은 30분 정도 끓이면 충분히 생강향을 우려낼 수 있다.
④ 통계피는 3시간 정도 끓여야 계피향을 충분히 우려낼 수 있다. 오래 끓이면 맛이 떫고 개운치 않다.
⑤ 시간이 없고 바쁘면 생강, 계피를 함께 끓여야겠지만 그 보다는 생강과 계피를 따로 끓여 혼합해 주는 것이 좋다.

고명 만드는 법

곶감을 넣어 주는데, 후식에 대량으로 제공하기에는 곶감 1개를 띄우는 것이 어려우니 곶감의 씨를 빼고 힘있게 돌돌 말아 썰어 1쪽씩 띄워 준다.

※흑설탕 또는 황설탕이 없을 경우는 캐러멜소스를 넣어 준다(캐러멜은 약식 만드는 법을 참고하면 된다).

❷ 수정과에 좋은 부재료

- 인삼 : 사용되지 못하는 잔뿌리 부위가 있으면 재활용 차원에서 이용한다.
- 대추 : 대추씨가 있으면 이용한다.
- 배 : 배껍질, 배속 등은 즙을 내 사용해도 좋다.
- 통후추 : 톡 쏘는 맛이 수정과 맛을 상승시켜 준다.

봉주방장 해법 : 배수정과

수정과에 배를 넣고 끓이다 끓기 시작하면 설탕을 넣고 한소끔 끓여 배가 익으면 불에서 내린다. 차게 식힌 후 상에 낸다. 낼 때 고명으로 꽃모양을 만들어 띄워도 좋다.

(3) 화 채

화채는 과실의 향과 즙을 추출하여 설탕이나 꿀물에 혼합해 만드는 것이다. 화채의 주재료인 과실은 제철에 많이 나는 것을 싼값으로 구매하여 설탕에 재우거나 동결시켜 보관해 둔다. 이것을 철이 지나면 화채나 차로 만들어 손님에게 제공함으로써 고객감동을 불러일으킬 수 있다.

화채가 가능한 과실은 과즙이 풍부하고 향기가 짙으며, 저장성이 좋지 않은 것이 많이 사용된다. 이런 다양한 과실을 갖고 화채를 만들어도 그 색과 맛의 상승효과를 고려한 배합이라면 얼마든지 응용이 가능할 것이다.

❶ 과실류 저장방법(당장법)

▶ 설탕과 물의 비율에 따른 단맛의 느낌

과실 자체의 당도가 없다면 1 : 1 비율이 잘 맞지만 과실의 당도와 향을 살리기 위해서는 2 : 1의 비율이 좋다. 그리고 단순한 설탕의 단맛을 피해 설탕을 대신할 수 있는 꿀과 포도당을 적절히 혼합하여 사용하면 오히려 손님의 입맛 끌기에는 좋을 수도 있다.

설탕과 물의 비율	느 낌	포 도 당
1 : 4	너무 달다	포도당은 소량 판매하지 않으며 15kg의 종이포대로 판매한다. 냉면 육수의 당도로 포도당을 많이 사용하기도 한다.
1 : 5	달다	
1 : 6	달콤하다	
1 : 7	달달하다	

※설탕무게=물무게

▶ 산도에 따른 맛의 느낌

새콤한 신맛은 과실 자체의 향에도 있으나 발효가 되면서 신맛이 더 좋아진다. 따라서 발효에 의한 신맛이 가장 좋다. 그러나 부득이하게 신맛 강조를 위해 첨가제를 사용하기도 한다. 첨가제는 구연산, 양조식초, 요구르트 등이 있다. 때로는 약간의 포도주, 동동주, 기타 술의 아주 약간의 혼합은 맛을 상승시킨다. 그러나 발효가 더 촉진되면 알콜이 생기므로 끓이거나 농축시켜 이상발효를 정지시켜 냉장보관한다.

▶ 설탕에 재우는 방법

- 잔잔한 과실은 1/2로 자르거나 그대로 설탕 절임을 한다.
- 크기나 향이 짙은 것은 얇게 썰어 설탕 절임을 한다.

• 설탕이 너무 적으면 산 발효와 알콜이 쉽게 발생되므로 설탕을 넉넉히 뿌려주는데 해당 과실류와 동량으로 넣어주고, 절임이 끝난 후에 가끔 확인하여 거품이 생기거나 시큼한 냄새가 나는 듯 하면 설탕을 위에 흠뻑 뿌려 준다.

봉주방장 해법 : 설탕에 재운 과실

설탕에 재운 과실은 뚜껑을 밀봉해 놓아도 여러 종류의 하루살이 및 날파리들의 알이 과실과 주변에 묻어있다가 성충이 되어 통 안에 기생하는 경우가 가끔 있다. 이것은 놀랄 일이 아니며 설탕을 듬뿍 넣어주면 된다.

▶ 설탕에 재울 수 있는 재료

계절별 과실 재료

봄	여 름	가 을	사철 및 특수재료
딸기, 산딸기, 매실, 어린 인삼(미삼)	포도, 파인애플, 살구, 자두, 앵두, 수박물	아구배, 오미자, 감, 배, 사과, 유자, 모과, 대추씨, 탱자, 머루, 귤, 녹차, 산능금, 머루	생강, 마늘, 속빨간 무, 솔잎, 애솔방울, 통소나무(송진이용), 구기자, 계피, 감초, 사과껍질, 귤껍질, 배껍질, 대추씨, 영지, 사용한 통계피

색과 맛의 궁합

<table>
<tr><th>서로 어울리는
붉은색 실과류</th><th>서로 어울릴
황색 실과류</th><th>서로 어울리는
청색실과류 또는 엽채류</th><th>어느 화채나
잘 어울리는 실과류</th></tr>
<tr><td>딸기, 산딸기, 머루, 포도, 오미자, 정금</td><td>매실, 미삼, 파인애플, 살구, 아구배, 탱자, 유자, 귤</td><td>솔잎, 소나무, 녹차</td><td rowspan="3">배, 사과는 모두 화채색에 변화를 주지도 않을 뿐만 아니라 맛에도 잘 어울린다. 평소에 깍아낸 껍질부위는 설탕에 재워두어 필요시 사용한다.</td></tr>
<tr><th>약재 또는
향식재료류</th><th colspan="2">특수한 화채류</th></tr>
<tr><td>계피, 생강, 인삼, 대추씨, 영지, 감초, 마늘, 곶감씨, 솔잎, 소나무, 통후추, 모과, 당귀, 황귀</td><td colspan="2">백년초(선인장꽃)
선인장꽃은 으깨어 설탕을 1 : 1로 섞는다. 동량의 사이다를 혼합한다. 1개월 후에 P.P. 자루를 걸러내어 복용한다(대단히 끈적한 액이 되는데, P.P 자루를 이용해야만 걸러 낼 수 있다.</td></tr>
</table>

(4) 과실을 이용한 화채

❶ 오미자 화채

■ 재료 및 비율

재료	비율
배	약간 (고명으로 사용)
적포도주(20g)	0.2
구연산(20g)	0.2
오미자(1kg)	10
설탕(1.7kg)	17
물(10ℓ)	100

이렇게 만드세요

① 오미자는 50℃의 물에 불려 연분홍색이 우러나게 한다.
② 4~5시간 후 맛과 색이 우러나면 오미자를 건져 내어 가볍게 짜낸 후 버린다. 설탕을 넣고 설탕이 녹을 정도로 가볍게 끓인 후 깨끗한 천으로 거른다(다른 방법으로 찬 냉수에 12시간 이상 담가 끓이지 않고 생수에 희석시키는 것도 있다).
③ 고명으로는 배를 곱고 짧게 채를 썰거나 작고 정갈하게 네모지게 썬다.

※왼쪽의 비율이 정확하다고 할 수는 없다. 오미자 향의 차이가 크기 때문이다.
※색이 안날 경우에는 바람직하지 않지만 적량의 인공색소(붉은 색소)를 사용해야 한다.

❷ 수박화채

■ 재료 및 비율

재료	비율
배(20g)	1
적포도주(20g)	1
포도당(200g)	10
수박물(2kg)	100

이렇게 만드세요

① 수박껍질을 벗긴 후 수박살만을 곱게 믹서에 갈아 체에 바쳐 수박물을 내린다.
② 포도당과 적포도주를 넣고, 배를 고명으로 넣는다.
③ 건지로 수박을 작게 썰어 넣어주면 더욱 좋다.

※포도당은 설탕보다 단맛이 덜하고 끈기가 덜하기 때문에 수박화채에 어울린다.

❸ 포도화채 / 딸기화채

■ 포도화채

재료	비율
구연산	0.1
적포도주	1
설탕	15
포도	20
물	100

■ 딸기화채

재료	비율
구연산	0.1
오미자	0.5
적포도주	1
설탕	15
딸기	20
물	100

이렇게 만드세요

① 보관된 냉동 포도(딸기)를 1시간 30분 정도 끓여 준다.
② ①을 체에 거른 후 설탕을 넣고, 포도주를 넣는다.
③ 신맛이 덜할 때는 구연산 또는 식초를 가감해 준다.
④ 고명으로 딸기화채에는 배, 딸기가 좋고, 포도화채에는 배, 바나나를 반달모양으로 얇게 썰어 넣어 준다.

❹ 진달래화채

■ 재료 및 비율

재료	비율
오미자	2
진달래	5
꿀	5
설탕	10
물	100

이렇게 만드세요

① 진달래꽃은 상하지않게 씻어서 가볍게 털어내어 녹말가루를 가볍게 묻혀 끓는 물에 살짝 데쳐내어 찬물에 넣고 식혀서 건져놓는다.

② 오미자물에 풀과 설탕을 넣고 단물을 만든다.

③ 잔에 단물을 붓고 진달래꽃 2~3송이씩 띄우고 잣을 띄운다.

봉주방장 해법

화채는 식후에 깔끔하게 입가심 하는 것인데, 대체적으로 새콤/달콤, 그리고 특유의 향이 화채의 특성을 나타낸다. 강조하고 싶은 것은 기존의 화채맛을 응용하여 자신만의 맛을 창조해 보는 것이 좋다는 것이다.
또한 화채류는 약간의 알콜을 첨가하면 좋다.

부록

한식당을 개점하기까지의 단계별 준비내용

한식당을 개점하기까지의 단계별 준비내용

1. 한식당을 개점하기까지의 단계별 준비 내용

개점할 식당의 모델은 음식 종류가 많고 작업과정이 비교적 복잡한 한정식당을 선택하였으며 구이류 전문점도 함께 생각해 볼 수 있도록 했다.

식당을 개점하는 데에는 입지적 조건, 고객층의 분포 음식차림연구, 실외 및 실내 장식 주방 설비 및 기물 선택 등 신중하고도 세심한 결정을 해야 한다. 이러한 것들이 결정된 뒤에도 제일 중요한 것은 음식의 맛과 멋이다.

개점을 하는 식당의 이미지는 개점을 한 당일이 제일 중요하다. 시설적인 보완은 영업을 하면서 점차적인 개선을 할 수 있지만 음식의 맛은 그렇지가 않다. 처음 오신 고객이 단골이 되느냐 그렇지 않는냐 하는 것은 개점 첫날에 결정되는 것이기 때문에 각별한 준비손님을 맞이해야 할 것이다. 요리를 하면서 어려운 것은 특별한 양념, 특별한 음식 차림이 아니라 신선하고 산뜻한 양념, 뜨거운 것은 뜨겁게 차가운 것은 차갑게 각각의 음식만이 갖는 알맞은 간이며 특히 김치는 가장 세심한 관리를 해야 한다. 고객님들의 개점한 식당에 대한 평가는 의외로 우리가 늘 먹어왔던 음식으로 전체적 평가가 되어질 수 있기 때문이다. 개점이전의 계획이 철저하지 못하면 제일 중요한 개점 당일 여러 가지 문제가 야기된다. 주방장은 개점이전의 준비기간에 먼저 할 것과 나중에 할 것을 계획하고 냉동보관과 냉장보관을 구분하여 저장해야 하며 미리 준비하지만 신선함을 잃어서는 안되며 이러한 계획이 차질이 생겨 식자재가 버려져서는 안될 것이며 또한 버려지는 것이 아까워서 손님께 그대로 제공했다가는 그 결과에 대하여는 생각하고 싶지 않다. 간혹 후배들중에 경력도 10여년 이상이며 부중방장으로서 주방업무 처리가 괜찮다 싶어 규모는 작지만 주방장으로 추천을 해주면 개개인에 따라 인정받는 경우도 있지만 다수가 인정을 못 받는 경우가 많다. 실패하는 경우는 요리 한가지씩은 잘 하지만 전체적인 음식을 만드는 과정에 있어서 단계별 준비순서를 정하여 작업계획이 이루어지지 못했기 때문이며 조리인원 및 전문성의 문제이다. 여기서 기술한 내용은 한정식 차림의 식당을 개점한다는 것을 기초로 했으나 개점하는 식당의 성격에 따라 당연한 차이가 있다. 그러나 첫 걸음을 내딛는 후배 주방장님을 위하여 지침이 되었으면 하는 바램으로 정리한다.

1) 1단계 : 장류에 해당되거나 실온에 보관할 수 있는 재료를 먼저 보관한다.

내용 \ 분류	작 업 내 용	봉주방장 해법
(1) 계절에 맞는 장류, 짠지류, 짱아찌류, 젓갈류, 실과류(설탕에 재우기)	· 장아찌류 : 무장아찌류, 마늘 장아찌 등 · 짠지류 : 무짠지, 오이짠지 등 · 젓갈류 : 계절에 맞는 간장 게장, 오징어젓, 명란젓 등 · 당장류 : 계절에 적합한 실과류를 설탕에 재운다.	· 장류 만들기는 계절에 해당되고 공간 확보가 가능하면 만들어 놓는 것이 좋다. · 절임류(장아찌, 짠지, 젓갈, 장아찌류)를 분류별로 만들어 놓으면 반찬을 변화있게 내어줄 수 있다. · 당장류(실과를 설탕에 재우기) : 계절 과실을 설탕에 재워두어 철이 지나면 화채로 이용한다.
(2) 창고에 보관할 곡류 및 건 식자재를 발주하여 보관한다.	· 쌀, 보리, 잡곡류를 구분하여 보관 · 밀가루, 전분, 메밀가루 등을 보관 · 설탕류, 조미료류 보관 · 건어물 보관 · 건고추, 건나물류 보관	· 쌀 등의 곡류는 생산지에 따라 맛의 차이가 크므로 확인하고 저장하며, 맛이 좋지 않으면 반품처리할 수 있도록 조치해 놓는다. · 메밀가루, 전분은 냉면에 많이 사용하며 품질에 있어 상당한 영향을 주므로 신용있는 상표를 선택하거나 경우에 따라서는 반품을 할 수 있도록 해야 한다.
(3) 변질이 적은 천연 양념류 및 실내에서 보관할 수 있는 것은 미리 준비한다.	· 깨소금 볶아서 빻기 · 굵은 소금 볶아서 빻기 · 땅콩가루, 잣가루 만들기 · 김가루, 다시마가루 만들기 · 누룽지 만들기 · 약과 및 매작과 만들기 ** 오랫동안 보관한다면 냉장보관 기타, 천연양념가루를 만들어 놓는다.	· 천연 양념류는 실온에 보관하지만 기름이 많은 재료는 산패가 되어 좋지 않은 냄새가 날 수 있다. · 대량으로 많이 준비할 때에는 냉장보관한다. · 누룽지는 시중구매하는 것이 좋지 않으므로 직접 만들기하여 보관한다. 모든 양념재료 및 한과류는 간편하고 규격이 통일되거 투명성이 좋은 용기를 선택해야 외관상의 평가를 빠르게 할 수 있다.

2) 2단계 : 열처리를 하거나 급냉동할 식재료 준비하기

내용 \ 분류	작 업 내 용	봉주방장 해법
(1) 양념류 중 열처리를 하여 보존기간이 오래 가는 것을 미리 준비한다.	· 볶은 고추장 및 초고추장 만들기 · 볶은 된장 및 쌈장 만들기 · 고추기름 만들기 · 데린간장 · 미림 끓이기	· 초고추장은 오래 보관하면 마늘의 향과 참기름 향이 감소되므로 이들 재료는 제공 직전에 만들어 놓는 것이 좋다. · 모든 양념류는 투명성이 좋은 통일된 규격을 사용해야 한다.
(2) 급냉동하여도 품질에 영향을 주지 않는 작업을 먼저 한다.	① 곡물류 외 · 멥쌀, 찹쌀, 수수를 용도에 맞게 거칠게 또는 곱게 빻아 보관한다. · 떡 고물용(녹두, 동부, 팥)을 만들어 보관한다. · 죽으로 사용될 늙은 호박 등을 1차 손질하여 보관한다. ② 고기류 1차 손질하여 완전 냉동 · 꼬리, 갈비자르기, 우둔 부위 용도에 맞게 자르기 · 민찌고기 만들어 보관 ③ 삶아서 보관하는 것 · 양, 곱창 전골용 · 우거지탕 등의 배추 및 얼가리 등에 재료를 데쳐서	· 멥쌀·찹쌀가루는 외관상 판단하기 어려우므로 표시를 하여 보관한다. · 떡고물은 생산년도에 따라 맛이 크게 차이가 나므로 생산년도를 확인하고 맛을 보아 판단한 후 입고시킨다. · 고기류 절단은 사용하기 좋은 크기로 자르고 1회 사용할 만큼의 양을 구분하여 냉동시킨다. · 양곱창 전골용은 삶아서 알맞게 썰어 2인 전골양만큼씩 얇게 보관한다. · 우거지용 배추·얼가리는 데쳐서 물기를 어느 정도 제거한 다음 냉동시킨다.

3) 3단계 : 개점을 앞 둔 세부계획서

개점일	작 업 내 용	봉주방장 해법
1) 개점 7~10일 전	4. 개점 7~10일 정도 남기고는 중간 냉동(-5℃) 시킬것과 냉장 보관할 재료 중 변질이 덜 되는 재료 순으로 준비하고, 김치를 한다. 하루에 몇가지씩 정해진 음식 차림에 대한 시식을 한다. *1. 중간 냉동 -5℃(SUB FREEZING)실에 보관할 고기작업(샤브용 고기, 국수전골용 고기, 등심고기, 로스편채고기 등)을 하고, 완전 냉동실에 보관되어 있던 고기(규격대로 자른 갈비 등)를 손질하기 좋게 중간냉동실에 옮겨 놓는다. ▶ 고기손질 1) 갈비손질하여 생갈비와 양념갈비를 구분하여 보관. 2) 등심구이용 손질. 로스편채, 샤브용 고기, 국수전골용 고기, 불고기용 고기 손질 3) 닭을 용도에 맞게 손질하여 보관한다. ▶ 생선류 손질하기 1) 전유어용 생선 포뜨기, 구이용 생선 손질하기, 생선회용 생선(문어, 한치회 등) 손질하기, 튀김용 또는 구이용 새우 손질하기, 민물장어 1차 구워서 냉동 2) 요리에 사용할 생선 손질하기 3) 파전 등의 웃기로 사용하는 여러 가지 조갯살, 새우살, 다진 오징어살 등 준비 ▶ 전골 및 신선로 꾸미 만들기 1) 신선로 또는 전골류에 사용하는 전유어를 부침하여 정한 규격으로 썰어 보관한다. 단, 미나리 초대는 나중에 부침한다. 2) 완자는 사용되는 음식에 알맞는 크기로 만든다. ▶ 냉면 육수에 사용할 동치미는 10여일 전에 담그는 것이 좋다.	완전냉동(-20) 품질보존을 위하여 필요한 것이지만 고기류는 냉동과 해동을 거듭하던가 냉동 온도가 낮을수록 육질에 함유하고 있는 육즙의 유출이 많고 육질의 스폰지화 되어 질이 떨어진다. 그로 인하여 완전냉동 시킬 것과 중간냉동 시킬 것이 구분이 되어야 하며 또한 완전 냉동된 것으로는 작업을 할 수 없으므로 작업을 하기 위하여는 중간 냉동으로 옮겨 놓는다. 모든 요리는 냉동시켜서 품질이 향상되지는 않는다. 될 수 있는 한 냉장상태가 최상의 음식을 요리할 수 있는 조건이 되겠지만 개점을 앞두고는 부득이 냉동상태가 많아질 수 밖에 없다. 영업이 활성화 되면서 냉동된 상태의 식재료는 점차로 줄여야 한다. 신선로 완자는 신선로 뿐만 아니라 전골에도 넣을 수 있으며 완자를 빚어 계란옷을 입히는 것이 상례이나 전골에 넣을 때는 빚은 완자를 중간 냉동하여 냉동된 상태에서 전골에 넣으면 그대로 완자형태로 익혀진다.
2) 개점 3~4일 전	▶ 색이 변하지 않는 밑반찬류 준비하기 1) 밑반찬을 준비한다. 2) 중간냉동실에 있던 손질한 갈비를 냉장실에 옮겨 2일 정도 핏물을 제거하여 양념을 할 준비를 한다. 3) 구절판, 육회 등에 사용하기 위해서는 썰기 좋은 상태로 중간냉동 한다. 4) 양념류 준비 : 마늘 간 것, 건 고추 불려서 갈아놓기, 생강 갈아놓기 5) 손이 많이 가는 석이버섯, 목이버섯 등을 손질하여 보관 6) 김치를 한다. ① 포기김치, 무김치, 보쌈김치를 준비한다. ② 물김치, 냉면김치는 2~3일 전에 하는 것이 좋다.	맛있는 양념갈비 또는 불고기가 되기 위해서는 핏물을 제거해야 한다. 그 다음에 미림, 배즙을 발라서 연화작용 및 효과적인 양념이 되기 위한 조건을 만든다. 양념은 24시간 지나면 충분하고 연한 불고기로서 핏물이 제거된 것은 즉석양념이 더 좋다. 특히 외국에서 불고기를 낼 때에는 선홍색의 고기육질의 색을 나타내야 할 때가 있다. 석이버섯은 한국 음식의 고명으로서 다양하게 사용하지만 곱게 채를 써는 작업은 시간을 필요로 한다. 손질하여 냉동시킨 후 필요할때마다 꺼내어 사용한다.

<table>
<tr><th>개점일</th><th>작 업 내 용</th><th>봉주방장 해법</th></tr>
<tr><td>3)
개
점
2
일
전</td><td>개점 2일 남겨놓고는…
1. 묵썰기, 해파리 등은 미리 구매한다.
2. 기간 내에 냉장고에 보관할 수 있는 모든 품목, 김치류, 양념류, 야채류를 준비한다.
① 냉장고에 들어가는 순서는 계란, 근채류, 실과류이다.
② 나박김치, 냉면김치 등을 준비한다.
③ 고명으로 사용할 은행은 볶아서 속껍질을 제거, 호두 속껍질 제거
3. 요리에 관련된 양념과 육수를 끓인다. 손질하여 냉동고에 보관한 갈비 등을 해동시킨다.
① 요리에 관련된 모든 양념(소스)을 완성한다.
② 각종 요리에 사용할 고명, 갈비찜 고명(황백지단, 밤초, 대추초 등)
③ 신선로에 사용할 미나리 초대를 부친다.
④ 곰 끓일 육수를 끓인다. 맑은 육수 및 냉면육수는 전일에 준비한다.
4. 영업부, 조리부 직원 모두가 접대방법과 요리 방법에 대하여 숙지할 수 있도록 시식을 한다.</td><td>1) 청포묵 썰기 작업은 묵을 쑨 뒤로 2일은 냉장고에 굳히는 시간을 가져야 얇고 곱게 썰 수 있다.
2) 해파리는 썰어서 해감을 충분히 시킨 후 데쳐서 불린 후에 새콤달콤하게 무침해 놓아야 하기 때문에 미리 작업을 해야 한다.
3) 모든 양념을 완성하는데 다진파, 간마늘, 다진양파 등은 사용하기 직전에 넣는 것이 좋다.
4) 고명 중에서도 색이 변하는 청피망, 당근 등은 당일 준비한다. 그러나 한국식 고명은 너무 지나친 색을 강조해서는 안 된다. 예를 들어 갈비찜 고명으로 당근, 피망 등을 넣는데, 제일 무난한 것은 요리에도 어울리는 무, 표고, 밤, 대추이다.</td></tr>
<tr><td>4)
개
점
전
일</td><td>개점 전일에는
1) 양념할 고기는 양념에 재운다.
2) 나물할 것은 당일 데쳐서 사용하는 것이 어렵기 때문이 전일 데쳐서 얼음물에 담가 놓는다.
3) 반찬중 밑반찬은 완료한다.
4) 다진파, 간마늘 등 양념류를 준비한다.
5) 생야채 등을 규격대로 만들어 놓는다.
6) 육류, 고기류, 찜 등은 미리 해놓는다.
7) 냉면 육수는 끓여서 식힌 후 냉장 또는 육수 전용통에 넣는다. 또한 냉면 꾸미(오이나물</td><td>식품을 냉동보관하는 것은 질에 있어서는 최상의 방법이 아닌 차선의 대책이며 개점을 앞두고는 부득이 냉동시키는 것이 많을 수 밖에 없지만 영업이 정상적으로 운영될 때에는 꼭 필요한 경우가 아니면 냉동시키지 않고 냉장시키는 것이 좋다.</td></tr>
<tr><td>5)
개
점
당
일</td><td colspan="2">개점일에는 한국적인 정서로 보면 종교를 떠나서 돼지머리 수육과 시루떡을 준비하는데 새우젓과 김치속을 성의껏 준비하며 고사를 지낸 머리고기를 익을 때까지 기다린다는 것은 자칫 분위기를 그르칠 우려가 있으니 별도로 통삽겹살 부위를 삶아 준비해 놓는다. 모든 요리를 그동안의 세부계획에 의한 준비된 것을 차질없이 요리해낸다. 개점 후에라도 약 1개월 정도는 홍보기간으로 정하여 특별한 요리 한 가지 정도와 홍보할 선물을 준비하여 내어드린다.</td></tr>
</table>

2. 한정식 단계별 내어드리는 차림의 선택

음식명	내 용	봉주방장 해법
1. 죽류, 콩국수	호박죽, 잣죽, 검은깨죽, 대추인삼죽, 은행죽, 팥죽, 녹두죽, 전복죽, 닭죽, 은행죽, 공죽	한정식 코스의 처음에는 죽이 나가는데 그중에서 호박죽이 가장 많이 나가며, 잣죽, 닭죽 순인데 잣죽은 자칫 포만감을 주기 쉽다. 가끔 특이한 죽을 제공한다고 검은깨죽을 제공하는데, 권장할만한 차림은 아니다. 여름에는 콩국수를 드리기도 한다.
2. 물김치류	나박김치, 동치미, 열무김치, 백김치, 백김치보쌈, 백김치편육	물김치류는 한국음식에서는 식욕촉진을 자극하는 전채요리로 구분되어지며 나박김치, 동치미, 백김치 순으로 자주 내어드리는 물김치류이다.
3. 묵무침류 (숙채나물류 : 삼색나물)	청포묵무침, 잡채, 메밀묵무침	한정식 차림의 순서는 물김치류 다음에 냉채요리를 내어드리는 것이 순서이나 전분의 재료로 만든 요리를 주어 지나치게 자극적인 음식이 한곳으로 편중되지 않게 한다.
4. 냉채류 (겨자양념)	해파리겨자채, 모듬 야채, 겨자채, 해물 잣 잡채, 새우냉채, 안심불고기, 냉채	한정식 차림의 냉채요리에서 가장 많이 제공하는 것은 해파리겨자채이며 잣잡채도 많이 내어드린다. 또한 해산물 냉채와 육류 냉채를 병행하여 내어드리기도 한다. 계절에 맞는 생채나물(겉절이)을 특별 계절메뉴로 내어드리기도 한다.
5. 구절판 또는 밀쌈	황·백 지단채 중 한가지(백지단)는 다른 것으로 대체함이 좋다. 예를 들어 소라채, 문어채 등	구절판은 한정식에서는 빼놓을 수 없는 차림인데, 나무판보다는 일반 접시에 구절판 간격으로 약 2mm 정도 돌출된 것이 있다. 특수한 것이라서 주문제작을 한다.
6. 편육류, 편채류, 초무침류	제육보쌈, 로스편채, 도가니무침, 쇠고기 찹쌀구이	제육보쌈은 뜨겁게 또는 차갑게 제공할 수도 있다. 도가니와 스지를 볶음이나 무침요리로 많이 낸다. 로스편채도 자주 내는 요리이다.
7. 생선회류, 육회	문어숙회, 소라숙회, 패주회, 참치회, 한치회, 훈제연어, 킹구(대구과) 무침, 홍어회(홍어찜, 홍어회), 광어회, 전복회	저가의 식사류에는 문어숙회, 홍어회를 제공하고 고가의 식사에는 광어 또는 전복을 주면 좋다. 경우에 따라서는 모듬으로 제공한다. 육회는 신선도에 주의해야 하며 꾸리살이 제일 좋다.
8. 전유어	녹두전, 새우전, 옥수수전, 흰살생선전, 게살전, 오징어전, 호박전, 김치굴전, 깻잎전, 고추전, 양동구리전	전을 색으로, 재료로 구분하여 2~3종을 내어준다. 전으로 자주 오르는 것은 녹두전이나, 얼마만큼 맛있게 하느냐가 중요하다.
9. 산적류	쇠고기산적, 닭고기 또는 꿩고기 산적, 패주산적, 조갯살, 소라, 어산적, 사슬적, 송이산적, 김치산적, 지방에 따라서는 상어고기 등을 사용하기도 함.	산적의 주재료는 보통 3점을 끼우며, 부재료로서는 버섯류, 쪽파 또는 중파이며 도라지 꽈리고추, 김치를 끼우고 패주산적에는 단순히 은행을 끼운다.
10. 육류구이류	너비아니(넙적한 그대로), 갈비구이(LA 또는 전통식 불고기(꼬치 또는 야채 넣고 볶는 방법)로 약산적(불고기를 동그랗게 빚어서), LA 갈비로	한정식에서는 구이류를 주방에서 구어서 드려야 하기 때문에 마르지 않고 차갑지 않게 해야 한다. 또한 중요한 것은 산적류와 함께 드릴 때에는 같은 재료를 사용하지 않는다. 구이류에는 반드시 생야채를 곁드려야 한다.
11. 육류찜류	갈비찜, 꼬리찜, 도가니찜	육류 구이류 대신에 찜으로 대신하는 경우도 있다. 찜은 뜨거운 상태를 오래 유지할 수 있으며 국물이 있어 좋다.

음식명	내 용	봉주방장 해법
12. 생선구이, 생선찜	굴비, 옥도미, 도미, 메로(은대구), 꽃게, 영덕게, 민물장어, 바다장어, 홍어 또는 가오리, 코다리북어, 황태, 북어찜	육류요리가 있은 후에는 반드시 생선요리가 제공되는데 구이 또는 찜으로 한다. 구이는 소금구이, 양념간장구이, 데린간장구이, 고추장구이가 있다.
13. 튀김류	새우튀김, 새송이버섯튀김, 깻잎튀김, 고구마튀김, 감자튀김, 가지튀김, 고추튀김, 야채튀김	주재료로서는 단연 새우이다. 곁들일 수 있는 버섯, 고구마, 감자를 이용한다. 튀김을 2종 이상 내어드릴 때에는 그중 한가지는 송화가루 등의 허브향을 이용하여 튀긴다.
14. 신선로 및 전골류	신선로, 수육전골, 매운탕, 조개탕, 게강정	신선로를 택할 때에는 숯불과 알콜용이 구분되고 장단점이 있으므로 업장에 많은 선택을 한다. 전골은 맑게 또는 맵게 나갈 수 있으므로 손님의 기호에 맞게 처음에는 맑은 육수로 제공하다가 손님이 원하시면 양념을 즉석에서 해드린다. 만두, 떡쪽, 조랭이떡을 넣오주면 어느 전골이나 잘 어울린다.
15. 식사류	밥, 떡국, 면류(냉면, 온면), 누룽지	한정식 차림은 일품요리와는 다르게 10여가지 이상의 차림으로 차례로 제공된다. 밥 또는 면 중심으로 차림을 하는 반상차림과는 차별이 되기 때문에 밥, 면을 요리가 끝나는 시점에서 양을 적게 하여 내어드린다. 이때에 김치를 비롯하여 밑반찬을 내어드린다.
16. 후식류	음청류와 과일 한과와 떡을 내어드린다. 수삼과 꿀, 수삼채 무침, 정과류	식혜, 수정과를 내어드려도 정성과 성의를 다하여 내어드리도록 하며 한과와 떡은 직접 만들어 드린다. 수삼과 꿀은 후식으로 보아야 한다. 과일은 제철의 것이 아닌 과일보다는 제철의 과일을 내어 드리는 것이 맛도 좋고 원가도 절약된다.

식자재 영명표기

번호 Item No.	식품명 Food and Description	영명 English Name	학명 scientific name
I.	곡류 및 그 제품	CEREALS AND GRAIN PRODUCTS	
	쌀	RICE	
1	현미	Brown	
2	7분 도미	Under milled home pounded	
3	백미	Highly milled	
4	양쌀	Milled imported	
5	찹쌀	Glutinous milled	
	밥	BOILED RICE	
6	흰밥	Boiled Rice	
7	보리밥	Boiled Rice with barley	
	떡	RICE CAKE	
8	개피떡	Rice cake with small red bean new moon shape	
9	쑥개피떡	Greenish colored rice cake with small red bean new moon shape	
10	찹쌀경단	Glutinous rice cake round shape	
11	수수경단	Sorghum cake round shape	
12	속편(검정콩 속)	Rice cake with black soybean	
13	송편(팥고물 속)	Rice cake with small red bean new moon shape	
14	시루떡	Rice cake with small red bean powder	
15	찰시루떡	Glutinous rice cake round shape	
16	인절미(콩고물)	Glutinous rice cake covered with soybean powder	
17	인절미(팥고물)	Glutinous rice cake covered with small red bean powder	
18	절편	Rice cake board shape	
19	증편	Fermented rice cake	
20	백설기	White rice cake with sugar plain	
21	흰떡	White rice cake without sugar	
	보리	BARLEY AND NAKED BARLEY	
22	보리쌀	Barley milled or pressed Hordium vulgare	
23	쌀보리	Naked barley, milled	

번호 Item No.	식품명 Food and Description	영명 English Name	학명 scientific name
24	보리미싯가루	Parched barley powder	
	밀	WHEAT	
25	밀	Wheat whole grain	
26	엿기름	Wheat germ	
27	밀가루	Wheat flour	
	강력분	Hard	
28	중력분	Medium	
29	박력분	Soft	
30	밀국수	Wheat noodle	
31	삶은 국수	Boiled noodle	
32	중국 국수	Chinese noodle	
33	라면	Instant noodle	
34	식빵	Bread	
35	찐빵	Steamed bread	
36	비스킷	Biscuits	
37	건빵	Biscuits for military	
38	셈베이	Biscuits Japanese type	
39	스파게티 또는 마카로니	Spaghetti or Macaroni	
40	카스테라	Sponge cake	
41	도나스	Doughnuts	
42	밀개떡	Wheat flour cake	
	잡곡	OTHER CEREALS	
43	귀리	Oats whole grain	Avena sativa
44	오트밀	Oat meal	
45	기장	Proso millet milled	Panicum miliaceum
46	메밀	Buck wheat whole grain	Fagopyrum Sagittan tum
47	모밀가루	Buck Wheat flour cake	
48	모밀묵	Molded, MOOK	
49	모밀국수	Noodle	
50	수수	Sorghum, whole grain	Sorghum vulgare
51	닦은 수수	Milled	
52	강냉이	Corn, whole grain dried	Zea mays
53	타갠강냉이	Meal bolted	
	옥수수	Immature(See No. 190, 191)	
54	조	Faxtail millet, whole grain	Setaria italica

번호 Item No.	식품명 Food and Description	영명 English Name	학명 scientific name
55	대낀조	Milled	
56	피		
57	호밀		
58	누른호밀		
59	호밀가루		
Ⅱ.	전 분 류 전분식품	STARCH AND STARCHY ROOTS STARCHY ROOTS	
60	감자	Potatoes E.P. A.P. : refuse, praings	Soanum tuberosum
61	감자튀김	Potato chips	
62	고구마	sweet potatoes E.P. A.P. : refuse, praings	
63	말린고구마 고구마잎(132번 참조)	Steamed and dried Leaf (Sae No. 132)	
64	도토리묵	Acorn, Mook	
65	토란	Taro E.P. A.P.	Colocasia spp.
66	칡뿌리	Arrow root E.P. A.P. : refuse, praings	Maranta arunelinacaa
	녹말	STARCH	
67	옥수수녹말	Corn starch	
68	감자녹말	Potato starch	
69	고구마녹말	Sweet potato starch	
70	당면	Starch noodle DANG-MYUN	
Ⅲ.	당류	SUGAR, SYRUPS AND SWEETS	
71	껌	Chewing gum	
72	꿀	Honey	
73	당밀	Molasses	
74	백설탕	White sugar	
75	황설탕	Brown sugar	
76	흑설탕	Dark brown sugar	
77	빙설탕	Rock sugar	

번호 Item No.	식품명 Food and Description	영명 English Name	학명 scientific name
78	포도당	Glucose refined	
79	흰엿	Clude maltose. white	
80	검은엿	Clude maltose. black	
81	깨엿	Clude maltose with sesame	
82	물엿	Clude maltose. water	
	잼	Jam	
83	딸기	Strawberry	
84	살구	Apricot	
85	포도	Grape	
86	사과	Apple	
87	젤리	Jelly	
88	캔디	Candy	
89	캐러멜	Caramel	
90	초콜렛	Chocolate Milk	
Ⅳ.	두류 및 종실류	LEGUMES, NUTS AND SEEDS	
91	강낭콩	Kidney bean	Phaseolus vulgaris
92	녹두 숙주(151항 참조)	Mung bean dry seed Mung bean sprout(see No. 151)	
93	녹두묵	Mung bean molded	
94	흰콩	White soybean	
95	대두노란콩	Soybean yellow	
96	검정콩	Black	
97	밤콩	Brown	
98	콩가루	Toasted Soybean powder	
99	탈지콩가루	Defattied power	
100	콩조림 콩나물(195항 참조)	Boiled with soya sauce Soybean sprout(See No. 195)	
101	두유	Soybean milk	
102	두부	Soybean curd	
103	튀긴두부	Fried soybean curd	
104	비지 간장(468항 참조) 왜간장(469항 참조)	Curd residue Soya sauce(See No. 468) Soya sauce Japanese	
105	된장	Fermented soybean paste	
106	왜된장	Fermented soybean paste Japanese	

번호 Item No.	식품명 Food and Description	영명 English Name	학명 scientific name
107	고추장	Fermented soybean paste with red pepper	
108	청국장 완두	NATTO. fermented soybean paste Peas	Pisum sativum
108	말린콩 풋콩(167항 참조)	Dry seed Green peas(See No. 167)	
110	잠두	Board bean	Vicia faba
	팥	Small red bean	Phaseolus angularis
111	붉은팥	Red	
112	동부	White	
113	계피팥	Gray	
114	팥앙금	Small red bean powder	
115	검정콩	Dark gray or black	
116	검은콩	Black soybean	
	종실류	NUTS	
117	호콩	Peanuts E.P. : kernel without skin A.P. : refuse shell and skin	Arachis hypogaea
118	호콩버터	Peanutbutter	
119	밤 생밤	chestnut fresh E.P. A.R. refuse shell	Castanea spp
120	황률	Dried chestnut meat only	
121	은행	Ginkgo nut E.P. A.P. : refuse shell and skin	Ginkgo biloba
122	잣	Pine nut E.P. A.P. : refuse shell and skin	Peanut pine
123	호도	Walnut E.P. A.P. : refuse shell and skin	Juglans-Sinensis
124	알몬드	Almond	Prunus amygd
	깨	Sesame	Sesamum
125	참깨	White	Indicum

번호 Item No.	식품명 Food and Description	영명 English Name	학명 scientific name
126	깨소금	Toasted power	
127	참기름	Sesame oil	
128	검정깨	Black sesame	
129	들깨 깻잎(138항 참조)	Perilla(Wild sesame) Leaf (See No. 131)	Perilla fratecens
130	수박씨말린 것	watermelon seed dry E.P. A.P. : refuse hulls	
131	연근씨	Lotus seeds E.P. A.P.(refuse hulls) dry	
132	해바라기씨	Sunflower seed E.P. A.P. : refuse hulls	Helianthus annuus
133	호박씨말린 것	Pumpkin seeds, dry E.P. A.P.(refuse hulls)	
V.	채소류 녹황색채소	VEGETABLES GREENLEAFY AND YELLOW VEGETABLES	
133	감자(대지마)	Potatoes(A)	
134	감자(슈페리어)	Potatoes(B)	
135	감자(남작)	Potatoes(C)	
136	감자(잔감자)	Potatoes(D)	
137	갓	Mustard leaf E.P. A.P.	Brassica iuncea
138	깻잎	wild sesame leaf E.P. A.P.	Sesamum indicum
139	고구마잎	Sweet potato leaf E.P. A.P.	Ipomoea Batatas
140	공심채 고추	Water Convulvolus E.P. A.P. Pepper	Ipomoea aquatica
141	붉은 고추	Red, fresh E.P.	Capeicum annuum

번호 Item No.	식품명 Food and Description	영명 English Name	학명 scientific name
142	말린 통고추	Dried	
143	풋고추	Green, fresh	Capsicum annuum
144	꽈리고추	E.P. A.P.	
145	고춧잎	Leaf E.P. A.P.	
146	토마토(중)	Tomatoes medium	
147	토마토(소)	Tomatoes small	
148	체리토마토	Cherry tomatoes	
149	브로콜리	Broccoli	
150	커리플라워	Cauliflower	
151	브라셀스트로우트	Brussel sprouts	
152	셀러리	Celery	
153	파슬리	Parsely	
154	붉은피망	Pimiento red	
155	피망	Pimiento Green	
156	양배추	Cabbage white	
157	붉은양배추	Cabbage red	
158	근대	Chaid beets E.P. A.P.	Betavulgaris
159	냉이	Sheoherd's purse E.P. A.P.	Capsella Brusapas-toris
160	옥파	Onion dry	
161	소옥파	Onion dry(S)	
162	대파	Leek(L)	
163	중파	Leek(M)	
164	실파	Spring onion	
165	쪽파		
166	움파	Yellow Leek	
167	통마늘	Garlic(A)	
168	깐마늘	Garlic(B)	
169	풋마늘	Spring garlic	

번호 Item No.	식품명 Food and Description	영명 English Name	학명 scientific name
160	달래	Wild onion E.P. A.P.	Allium monanthum
161	수입깐마늘	Ginger Imported	
162	당근	Carrot E.P. A.P.	Daucus carota
163	무청(조선무청)	Radish leaf, Korean, fresh E.P. A.P.	Raphanus sativus
164	무순		
165	시래기	Dried	
166	우거지	Boiled	
167	왜무청	Radish leaf, Japanese E.P. A.P.	Raphanus sa-tivus
168	미나리	Water cress E.P. A.P.	Nasturtium officinane
169	배추	Cabbage, Korean E.P. A.P.	
170	배추	Cabbage chinese	
171	얼갈이배추		
172	쑥음배추		
173	봄똥배추		
174	부추	Chives E.P. A,P.	Allium odorum
175	조선부추	Chives Korean	
176	중국부추	Chinese chives	
177	상치	Lettuse E.P.	Lactuca sativa
178	양상치	LETTUCE HEAD	
179	엽상치	LETTUCE LOCAL	
180	조선상치	LETTUCE LOCAL	
181	쇠비름	Amaranth E.P. A.P.	Amaranthus mangustanus

번호 Item No.	식품명 Food and Description	영명 English Name	학명 scientific name
182	숙주	Mung bean sprout	
183	쑥	Mugwort E.P. A.P.	Arte misiaspp.
184	쑥갓	Garlandchry santhomum(ssuckat) E.P. A.P.	Chrysanthemum coronarium
185	시금치	Spinach E.P. A.P.	Spinacea oleracea
186	아욱	Malva E.P. A.P.	Malvaceae
187	케일	Kale E.P. A.P.	Brassica oleracea
188	파슬리	Parsley E.P. A.P.	Petroselinum hortense
189	피망	Sweet pepper E.P. A.P.	Capsicum annuum
190	호박	Squash E.P. A.P.	Cucurbita moschata
191	애호박	Squash(A)	
192	조선호박	Squash(B)	
193	늙은호박	Pumpkin	
194	단호박	Sweet pumpkin	
195	당호박생것	Pumpkin fresh E.P. A.P.	
196	호박꼬지	Dried, E.P.	
197	호박잎 호박씨(133항 참조) 기타 산나물	Young leaf E.P. A.P. Seeds (See No. 133) Unspecified	maxima

번호 Item No.	식품명 Food and Description	영명 English Name	학명 scientific name
198	짙은 녹색	Dark green A.P.	
199	엷은 녹색	Light green, pale yelliw E.P. A.P.	
	버섯류	MUSHROOM	
200	천연송이	Pineal mushroom	
201	생표고버섯	Kind mushroom fresh	
202	팽이버섯	Winder mushroom	
203	석이버섯	Mushroom	
204	목이버섯	Monkey mushroom	
205	느타리버섯	Agaric mushroom	
206	싸리버섯	Mushroom	
	기타 채소	OTHER VEGETABLES	
207	가지	Egg plant E.P. A.P.	
208	껍질콩	Beans with pod immature	
209	강낭콩	Kidney bean E.P. A.P.	Phaseolus vulgarid
210	채두콩	Green beans	
211	완두콩	Green peas	
212	풋고추	Green pepper	
213	홍고추	Red pepper fresh	
	고비	Royal fern	Osmunda laponica
214	삶은것	Boiled	
215	말린것	Dried	
	고사리	Bracken	Pteridium aquililum
216	삶은것	Boiled	
217	말린것	Dried	
218	고수	Coriander E.P. A.P.	Coriandrum sativum
219	더덕	Duduk(a kind oh white root)	Condonopsis
220	더덕	Codenopsis lanceolata	
221	도라지	Root of bell flower, dried	
222	깐도라지	Platly coden fresh(A)	

번호 Item No.	식품명 Food and Description	영명 English Name	학명 scientific name
223	통도라지	Platly coden whole(B)	
	토마토(292항 참조))	Tomato(See No. 228)	
223	돌나물	Sedum E.P.	 Makinoimento
224	두릅	Bue of aelata	Aralia elata
225	마	Yam	
226	두릅	Angelica shoots	
227	마늘	Garlic E.P. A.P.	Allium sativum
228	마늘쫑	Young stem	
229	무(조선무)	Radish large rooted A.P.	
230	왜무	Japanese radish E.P. A.P.	
	이십열무 무 열무 알타리무	Radish Red Turnips Spring Turnips	
231	호배추	Cabbage, Chinese E.P. A.P.	Brassica pekinensis
232	양배추	Common style E.P. A.P.	Brassica oleracea
233	박오가리	White grourd shavings dried	Youngalaqonica
234	생강	Ginger E.P. A.P.	Zingiber officinale
235	셀러리	Celery E.P. A.P.	Apium graveolens
236	수박(310항 참조)	Watermelon(See No. 310)	
237	수박씨(130항 참조)	Seeds, Dry(See No. 130)	
238	부사(대)	Apple fuji(L)	
239	부사(중)	Apple fuji(M)	
240	제과용 사과	Apple for bakery	
241	아오리	Apple Aori	

번호 Item No.	식품명 Food and Description	영명 English Name	학명 scientific name
242	세계제일	Apple No. 1	
243	신고	Pear shingo (500g 이상)	
244	만상길	Pear mansangin	
245	석종	Pear sukjong	
246	배(장십랑)	Pear jangsimrang	
247	딸기	Strawberries	
248	아스파라거스	Asparagus E.P. A.P.	Asparagus officinallis
249	양파	Onion E.P. A.P.	Allium cepa
250	연근	Lotus root E.P. A.P.	Nelumbium speciosum
251	연근씨(131항 참조)	Lotus seed, dry (See No. 204)	
252	토란	Taro	
243	오이	Cucumber fresh E.P. A.P.	Cucumis sativus
243	가시오이		
244	조선오이		
245	오이지(263항 참조)	Pickled(See No. 204)	Cucumis sativus
246	옥수수	Corn, immature	Zea mays
247	백옥	White	
248	황옥	Yellow variety E.P. A.P.	Zea mays
249	강냉이(52항 참조) 옥수수녹말(67항 참조)	Dried grain(See No. 52) Starch(See No. 67)	
250	우엉	Burdock E.P. A.P.	Arctium lappa
251	죽순	Bamboo shoot E.P. A.P.	Phyllostachys edulis
252	참외(321항 참조)	Cantaloup(See No. 251)	
253	취 삶은 것	CHYI, boiled	Pueraria Thunbergiana

번호 Item No.	식품명 Food and Description	영명 English Name	학명 scientific name
254	콩나물	Soybean sprout	Glycine max
255	파	Green onion E.P. A.P.	Alium fistulosum
256	홍당무	Red beets E.P. A.P.	Beta vulgaris
	김치	KIMCHIES	
257	깍두기	KACK DOO KI	
258	나라쓰계	NARA SEU KEI	
259	단무지	DAN MOO GEE	
260	동치미	DONG CHI MI	
261	무청김치	MOO CHUNG KIMCHIE	
262	열무김치	YUL MOO KIMCHIE	
263	오이지	OIGEE	
264	짠무지	ZAN MOO GEE	
265	통김치	TONG KIMCHIE	
267	장아찌	JANG A GEE	
	버섯류	FUNGI AND MUSHROOM	
268	느타리	Fungus dried	Pieurotus estrtus
269	목이	Juda's ear. dried	Auriculaia luriculajudae
270	석이		Gyrophoraes ulenta
271	송이	Pine agaric	Armillaria edodes
272	생것	Fresh E.P. A.P.	
273	통조림	Canned	
274	양송이	Mushroom	agaricus
	생것	Fresh E.P. A.P.	campesttris
275	통조림	Canned	
276	표고	Dried Fragrant mushroom	
Ⅵ	과실류	FRUITS	
277	감	Persimmon	Diospyros kaki

번호 Item No.	식품명 Food and Description	영명 English Name	학명 scientific name
278	단감	Hard E.P. A.P.	
279	연시	Soft E.P. A.P.	
280	곶감	Dried E.P. A.P.	
281	귤	Tangerine E.P. A.P.	Citrus reticulata
282	네블	Navel, imported E.P. A.P.	
283	노란참외	Melon yellow	
284	여름귤	Summer orange, trean fruit E.P. A.P.	Citrus reticulata
285	주스	Juice raw	
286	통조림	Canned unsweetened	
287	농축주스	canned, concentrated	
288	대추	JUJUBE	ZIZIYPHUS JUJUBE
289	생것	Fresh E.P. A.P.	
290	말린 것	Dried E.P. A.P.	
291	딸기	Strawberry E.P. A.P.	Fragaria spp.
292	토마토	Tomato Sicum E.P. A.P.	
293	주스	Juice	
294	케찹	Catsup	
295	머루	Wild grape E.P. A.P.	Vllis amurensis

번호 Item No.	식품명 Food and Description	영명 English Name	학명 scientific name
296	바나나	Banana E.P. A.P.	Musa sapientum
297	배	Pear E.P. A.P.	Pyrus spp.
298	벚지	Chery E.P. A.P.	Prunus spondanes
	복숭아	Peach	Prunus ercica
299	백도	White fleshed variety E.P. A.P.	
300	백도	Peaches white	
301	황도	Yellow fleshed variety E.P. A.P.	
302	신도복숭아	SIN DO type E.P. A.P.	
303	통조림	Canned	
	사과	Apple	Malus dulcissima
304	홍옥	Red type E.P. A.P.	
305	인도	INDO green type E.P. A.P.	
306	말린사과	Sliced and dried	
307	살구	Apricot E.P. A.P.	Prunus armeniaca
308	석류	Pomegran	Punica
309	앵두	Cherry, Korean type E.P. A.P.	
310	수박	Watermelon E.P. A.P.	Citrullus vulgaris
	수박씨(130항 참조)	Seeds, dry(See No. 130)	

번호 Item No.	식품명 Food and Description	영명 English Name	학명 scientific name
311	자두	Plum E.P. A.P.	Prunus domestica
312	자두(후무사)	Plums(B)	
313	파인애플 생것	Pineapple fresh fruit E.P. A.P.	Ananas comosus
314	통조림	Canned	
	포도	Grape E.P. A.P.	Vitis vinifera
315	청포도(함롯씨도레스)	Grapes green(A)	
316	청포도(마스캇트)	Grapes green(B)	
317	흑포도(거봉)	Grapes Black(A)	
318	적포도(블랙마시캇트)	Grapes red(A)	
319	적포도(태평데라)	Grapes red(B)	
320	건포도	Raisin	
321	참외	Muskmelon E.P. A.P.	Cucumis melo
322	서양참외	Cantaloup E.P. A.P.	Cucmis melovar cantalu pensis
323	머스크메론	Musk Melon	
324	백설메론	White melon	
325	나이스메론	Nice melon	
326	은천참외	Yellow melon	
327	키위	Kiwi	
328	제주밀감	Tangerine(L) (120g 이상)	
329	제주밀감	Tangerine(M) (90~110g)	
330	바나나	Banana	
331	파인애플	Pineapple	
Ⅶ	육류 및 그 제품	MEAT AND MEAT PRODUCTS	
	가금류	POULTRY	
332	꿩고기	Pheasant E.P. A.P.(dressed)	Phasianas colchicus

번호 Item No.	식품명 Food and Description	영명 English Name	학명 scientific name
333	닭고기	Chicken E.P. A.P.(dressed)	Gallus domesticus
334	내장	Giblet	
335	메추리고기	Quail E.P. A.P.(dressed)	Bonasa Umbellus Colinus Virpinianus
336	오리고기	Duck A.P.(dressed)	Anas
337	참새고기	Sparrow E.P.(with bone) A.P.(with feather)	
338	칠면조고기	Turkey E.P. A.P.(dressed)	Meleagris gallopavo
	육류	MEAT	
340	고래고기	Whale meat	
	돼지고기	Pork	Sus scrofa
341	살고기	Lean meat	
342	〃	Thin class(53% lean)	
343	〃	Medium class(47% lean)	
344	지방육	Fat class(41% lean)	
345	간	Liver	
346	심장	Heart	
347	신장	Kidney	
348	햄	Ham, canned	
349	대장	Large intestine	
350	소시지	Sausage, Frankfurters	
351	베이컨	Bacon, curd	
352	런천미트	Luncheon meat	
353	멧돼지고기	Wild boar meat	
	쇠고기	Beef	Bos taurus
354	살고기	Thin class(Utility grade)	
355	중등육	Medium fat class(Standard grade)	
356	지방육	Fat class(Choice grade)	
357	간	Liver	

번호 Item No.	식품명 Food and Description	영명 English Name	학명 scientific name
358	콩팥	Kidney	
359	골	Brain, all kinds	
360	꼬리	Cows tail E.P. A.P.	
361	갈비	Rib E.P. A.P.	
362	염통	Heart	
363	허파	Lung	
364	혀	Tongue E.P. A.P.	
365	소장	Small intestine	
366	대장	Large intestine	
367	양	Stomach	
368	육포	Sliced and dried	
369	산양고기	Mutton meat	
370	양고기	Goat's meat	
371	토끼류토(집토끼)	Rabbid, E.P. A.P.(Alive) A.P.(Ready tocook)	
372	산토끼고기	Hare meat E.P. A.P.	
373	식용개구리	Bull frog E.P. A.P.	
Ⅷ.	알류	EGGS	
	달걀	Hen's egg whole E.P. A.P.	
374	계란(大)	Eggs large 54g 이상	
375	달걀가루	Powder	
376	난황	Yolk	
377	난백	White	

번호 Item No.	식품명 Food and Description	영명 English Name	학명 scientific name
378	메추리알	Quail's egg E.P. A.P. : refuse, shell	
379	오리알	Duck's egg E.P. A.P. : refuse, shell	
380	송화단	Preserved duck egg	
Ⅸ.	식용종류	INSPECTS	
381	메뚜기	Rice hopper, dried	Locustidae
382	번데기	Silkworm pupa, dried	
383	성충	Adults	
384	유충	Larvae	
Ⅹ.	어패류	FISH AND SHELLFISH	
	어 류	FISHES	
385	가물치	Snake head E.P. A.P.	Ophicephalust argus
386	가오리	Ray(stingray) E.P. A.P.	Dasayatis akaei
387	가자미	Flounder	Pleuronectidae
388	가다랭이	Bonito	
389	갈치(大)	Ecabard fish	
	고등어	Mackerel fresh	Scomber iaponicus
390	생선	 E.P. A.P.	
391	자반	Salted E.P. A.P.	
392	통조림	Canned	
393	공주	Half beak E.P. A.P.	
394	꽁치	Jack mackerel E.P. A.P.	
395	광어		
396	광어	Halibut(A) (2kg~3kg)	

번호 Item No.	식품명 Food and Description	영명 English Name	학명 scientific name
397	소광어	Halibut(B) (600~1000g)	
398	서해광어	Halibut(C) (2kg~3kg)	
399	점백이광어	Halibut(D)	
400	꽁치	Mackerel pike E.P. A.P.	Colola bissaire
	농어	sea-bass E.P. A.P.	
401	농어	Sea bass(4~6kg)	
401	소농어	Sea bass(4kg 미만)	
	대구	Cod's fresh E.P. A.P.	Gudus macrocephalus
402	대구(숫)	COD♂(4kg 이상)	
403	대구(암)	COD♀(4kg 이상)	
404	대구포	Salted and dried E.P. A.P.	
	도미	Red seabream E.P. A.P.	Sparidae
405	도미	Bream(A) 1~1.5kg	
406	도미	Bream(B) (500~600g)	
407	소도미	Bream(A) (300~400g)	
408	지리도미	Bream(A) 1kg 이상	
409	참도미	Porgy E.P. A.P.	Chrysophrys major
410	흑도미	Porgy, black E.P. A.P.	Sparus swinhonis
411	도루묵	Sundifish	
412	동태	Alaskan	
413	생태	Pollack	
414	붕태	pollack Fresh E.P. A.P.	lacogramma
	복어	Swell	

번호 Item No.	식품명 Food and Description	영명 English Name	학명 scientific name
415	참복(fresh)	Swell fish(A) (2~3kg)	
416	참복(지리용)	Swell fish(B)	
417	까치복	Swell fish(C)	
418	이리	Sparms	
419	명란젓	Soused roe	
420	창란젓	Soused intestine	
421	망둑(망둥이)	Goby E.P. A.P.	Akanthogobius hasta
422	메기	skate-fish E.P. A.P.	Parasilurus asolus
	멸치	Anchovy	Engraulidae
423	생멸치	Fresh E.P. A.P.	
424	말린멸치(대)	Large, dried	
425	(중)	Medium, dried	
426	(소)	Small, dried	
427	멸치젓	Soused	
428	미꾸라지	Loaches E.P. A.P.	Misgrunus anguillicaudatus
429	민어	Croaker Fresh E.P. A.P.	Nibea imoriata
430	암치	Salted and dried E.P. A.P.	
431	어포	Dried E.P. A.P.	
	방어		Seliola quinqueradiata
432	방어(대)	Tunny(A~L) (7kg 이상)	
433	방어(중)	Tunny(A~M) (3~7kg 이상)	
434	방어(소)	Tunny(A~S) (3kg 이상)	
435	여름방어(대)	Tunny(B~L) (7kg 이상)	

번호 Item No.	식품명 Food and Description	영명 English Name	학명 scientific name
436	여름방어(중)	Tunny(B~M) (3~7kg 미만)	
437	여름방어(소)	Tunny(B~S) (3kg 미만)	
438	배태	White corvenia E.P. A.P.	
439	뱅어	White bait fresh	Protosaianx Chinensis
440	뱅어포	Dried	
441	뱀장어	Water-eel, fresh E.P. A.P.	Anquilla laponica
442	바다장어	Sea-eel E.P. A.P.	
443	붕장어	congo-eel E.P. A.P.	Astrocinger my riaster
	병어	Pomfret E.P. A.P.	Stromateoides argenteus
444	병어(덕쟁이)	Pompret(A) (350~400g)	
445	병어	Pompret(B) (350~400g)	
446	복어	Glob-fish E.P. A.P.	Tetrodontitormes
447	붕어	Crucian crap E.P. A.P.	Carassius
448	사요리(학꽁치)	Snip fish(30±5)	
449	삼치	Sausel E.P. A.P.	Saware niphoaiea
450	삼치	Mackerel (2~3kg)	
451	상어	Shark E.P. A.P.	Selachii
452	수어	Sweet smelt E.P. A.P.	Hypomesusolidus

번호 Item No.	식품명 Food and Description	영명 English Name	학명 scientific name
453	숭어	Trout E.P. A.P.	Mugil cephalus
454	숭어알	Roe, trout	
455	양미리	sand-lance E.P. A.P.	Hypoptychos dybowskii
	연어	Salmon E.P. A.P.	Onororhyncnus keta
456	청연어(중)	Salmon korean (2~3kg)	
457	청연어(대)	Salmon korean (3kg 이상)	
458	우럭		
460	갑오징어	Squid(A)	
461	깐오징어	Squid(B)	
462	깐오징어몸살	Squid frozen(A)	
463	몽고이까	Mongo Squid	
459	웅어	OUNG EO E.P. A.P.	
464	이면수	Alka-fish, salted, E.P. A.P.	
465	잉어	Crap E.P. A.P.	Cyprin uscarpio
466	은어	Sweet fish (20cm)	
467	자라	Turtle (1~1.5kg)	
468	장어(민물)	Eel balck (40~50cm)	
469	장어(붕)	Eel	
470	장어(바다)	Sea eel (A) (40~50cm)	
471	장어(바다)	Sea eel (B) (25~40cm 미만)	
472	장어(꼼)	Sea eel (C)	
473	전복(특대)	(육·제) Abalone(XL) (장지름 14cm 이상)	
474	전복(대)	(육·제) Abalone(L) (10~14cm 이상)	
475	전복(중)	(육·제) Abalone(M) (7~14cm 이상)	

번호 Item No.	식품명 Food and Description	영명 English Name	학명 scientific name
476	전복(소)	(육·제) Abalone(S) (장지름 4cm 이하)	
477	전갱어	Horse mackerel E.P. A.P.	Clupanon punctatus
	전어	Gizzard shad E.P. A.P.	Clupanon punctatus
478	전어	Shad 30g 미만 (13±2cm)	
479	정어리	Sardine E.P. A.P.	Sardinops sagax
	조기	Yellow tail runner	Pseudes ciaena
480	조기	Fresh E.P. A.P.	Manchurica
481	참조기	Yellow tail (400~500g)	
482	수조기	Mackerel pike (500g)	
483	굴비	Salted and dried E.P. A.P.	
484	조기젓	Soused	
485	준치	Haliut E.P. A.P.	LLisha elongata
	참치	Tuna meat	Thunnus orientalis
486	참치(빅아이)	Tuna(A)	
487	참치(마가지끼)	Tuna(B)	
488	양식용 참치(전감)	Tuna(C)	
	청어	Herring	Clupea
489	청어	Fresh E.P. A.P.	Pallasi
490	자반청어	Salted. E.P. A.P.	
491	청어알	Roe, fresh	
492	말린알	Hoe, dried	

번호 Item No.	식품명 Food and Description	영명 English Name	학명 scientific name
493	갈치	Hair-tail fresh	Trickiurus iaponicus
494	자반갈치	Salted	
495	자반갈치	Salted E.P. A.P.	
496	홍어	Thronback stingray E.P. A.P.	Raia kenolei
497	황새기	Sword fish fresh E.P. A.P.	Codlichlhys fragilis
498	황새기젓	Soused	
499	생선소시지	Fish sausage	
	패류	SHELL FISHES	
	게	Crab	
500	큰게	King type E.P. A.P.	
501	꽃게	Red crab E.P. A.P.	Portunus tritubercutatua
502	영덕게	Crab king (1~1.5kg)	
503	산꽃게	Crab	
504	암꽃게	Crab (♀)	
505	수꽃게	Crab (♂)	
506	통조림	Canned	
507	고막	Ark-shell E.P. A.P.	Anadara grannosa bisenensis
	굴	Oyster	Crassos tres gigas
508	석굴	Bluish gray type E.P. A.P.	
509	토굴	TO GOOL (Yellowish gray type)	
510	어리굴젓	Sqused with red pepper powder	

번호 Item No.	식품명 Food and Description	영명 English Name	학명 scientific name
511	대합	Clam, big E.P. A.P.	Meretrix lusoria
512	대합(특)	Clams(EL) (7cm 이상)	
513	대합	Clams(L) (장지름 6cm 이상)	
514	중합	Clams(M) (장지름 4cm 이상)	
515	흑홍합	Mussels balck	
516	재치	Corb shell	
517	흑모시조개	Short clam(A) BALCK	
518	백모시조개	Short clam(B) WHITE	
519	생굴	Oyster with shell	
520	깐생굴	Oyster W/O shell	
521	바지락	Short calm(B)	
522	생소라	Top calm(A)	
523	삶은소라	Top calm(B)	
524	피조개	Cockles(L) (120~130g)	
525	냉동피조개	Cockles(S)	
526	꼬막	Trimmed frozen cockles	
527	떡조개	Mirukai	
528	새조개	Cockle	
529	여수홍합	Mussels w/o shell(L)	
530	가리비	Scallope	
531	물오징어	Cuttle(L)	
532	물오징어	Cuttle(M)	
533	바지라기	Short neched E.P. A.P.	Cyclina siaensis
534	조개살말린것	Dried calm	
535	조개젓	Soused	
536	맛살	Solen Fresh E.P. A.P.	Solen gould
537	건맛살	Dried, E.P.	
	가재	Spiny lobster	Penaeus orientalis
538	가재	Fresh E.P. A.P.	

번호 Item No.	식품명 Food and Description	영명 English Name	학명 scientific name
539	바다가재	Lobster (500g 이상)	
540	바다가재꼬리	Lobster tail (200g 이상)	
	새우	Swrimp	
541	대화	Shrimp large (22cm 이상)	
542	중화	Shrimp medium (16cm 이상)	
543	차새우	Prawn (16cm 이상)	
544	산새우	Prawin alive	
545	깐중화	Shrimp w/o shell (M)	
546	야마새우	Ama shrimp	
547	다루마새우	Daruma shrimp	
548	말린새우	Dried E.P. A.P.	
549	잔새우	Shrimp Fresh E.P. A.P.	
550	새우젓	Soused	
551	성게	Sea-urchin (Roe)	Echinoidea
552	성게젓	Soused	
	건어물류		
553	북어(노랑태)	Dry pollark(A)	
554	북어(흑태)	Dry pollark(B)	
555	북어포	Sliced dry pollark(A)	
556	국멸치	Anchovy(L)	
557	중멸치	Anchovy(M)	
558	지리멸	Anchovy(S)	
559	마른새우(대)	Dry shrimp(L)	
560	마른새우(중)	Dry shrimp(M)	
561	마른새우(소)	Dry shrimp(S)	
562	연새우		
563	건미역	Sea weed dry	
564	건다시마	Tangle dry	
565	조선김(특)	Dry laver(S)	
566	스시김(특)	Sushi laver(S)	
567	맛김(대)	Sea sauce laver(L)	

번호 Item No.	식품명 Food and Description	영명 English Name	학명 scientific name
568	어란	Croaker spawn dry	
569	육포	Sliced dry beef	
570	명란젓	Salted pollack roe	
571	창란젓	Salted intestine(S)	
572	새우젓(육젓)	Salted shrimp(S)	
573	건문어	Dry octopus (1.2kg 이상)	
574	가문어	Octopus	
575	굴비(특)	Dry yellow tail(S)	
576	오징어포(진미)	Sliced dry cuttle	
577	쥐채	Dry cuttle	
578	액체멸치젓		
579	(냉, 건) 옥도미		
580	가스오부시		
581	청수냉면		
582	통마늘지		
	소라	Top-shell	Turbo
583	소라	Fresh E.P. A.P.	cornutus
584	통조림	Canned	
585	바다소라	Sea topshell E.P. A.P.	
586	우럭	OURUCK(a kind of snail) E.P. A.P.	
587	우렁이	Snail E.P. A.P.	cipangopa palulina iaponica
588	바다우렁이	Sea snail E.P. A.P.	
	전복	Abalone	Haliolis gegantea discus
589	전복	Fresh E.P. A.P.	
590	말린전복	Dried	

번호 Item No.	식품명 Food and Description	영명 English Name	학명 scientific name
591	홍합	Ark-shell Fresh E.P. A.P.	Mylilus crasstesta
592	말린홍합	Dried	
	기타	MOLLUSCA	
593	꼴뚜기	Sea-arrow Fresh E.P. A.P.	Polypus fangsiao
594	건꼴뚜기	Dried	
	문어	Octopus, big E.P. A.P.	Octopus dofleimi
595	참문어	Octopus(A) (3~5kg)	
596	물문어	Octopus(B) (2~4kg)	
597	낙지	Small octupus	
598	백문어	BACK MOON OE	Argenanta argo
599	피문어	PI MOON OE	Polypus variabilis
	오징어	Squid	Sepiella maindroni
600	생오징어	fresh E.P. A.P.	
601	건오징어	Dried	
602	오징어젓	Soused	
603	해삼	Sea cucumber E.P. A.P.	Stichopudidae
604	해삼창자젓	Solted Cucumber	
605	해파리	Jelly fish	Moduso
XI.	해조류	SEA EEDS	
606	조선김	Laver, Korean type	
607	왜김	Japaness type	
	미역	Tangle	
608	생미역	Fresh	
609	건미역	Dried	
610	튀각	Fried	
611	다시마	Tangle, DA SHI MA	Laminaria

번호 Item No.	식품명 Food and Description	영명 English Name	학명 scientific name
612	청각	CHUNG KACK	Gloipeltis
613	톳	TOD	Fusi formis
614	파래	Green, laver dried	Monostroma Nitibum
615	한천	Agar agar	Gelidium
XII.	유류	MILK AND MILK PRODUCTS	
616	산양유	Goat's milk, fluid	
617	우유	Cow's milk, fluid	
618	탈지우유	Skim milk, fluid	
619	분유	Powdered milk, whole	
620	생크림	Cream fresh	
621	탈지분유	Powdered milk, Skimmed	
622	증류유	Evaporated milk	
623	연유	Condensed milk, sweetened	
624	치이즈	Cheese	
625	크림	Cream	
626	아이스크림	Ice-cream	
627	요구르트	Yoghurt	
628	인유	Human milk	
XIII.	유지류	OIL AND FAT	
629	돼지기름	Lard	
630	마가린	Margarine, localiy made	
631	수입품	Imported	
632	쇼트닝	Shortening	
633	식물성유	Vegetale oil all kind	
XIV.	기타 음료	MISCELLANEOUS BEVERAGES	
634	사이다	Cider, sweetened	
635	식혜	SIK HEI(sweet rice beverage)	
636	진저에일	Ginger ale	
637	커피가루	coffee, dry powder, instant	
638	커피음료	Beverage	
639	코코아가루	Cocoa powder	
640	콜라	Cola type	
641	홍차	Black tea	

번호 Item No.	식품명 Food and Description	영명 English Name	학명 scientific name
	주류	BEER, WINE AND LIQUOR	
642	맥주	Beer	
643	생맥주	Raw type	
644	흑맥주	Black type	
645	합성맥주	Imitation type	
646	블랜디	Brandy	
647	샴페인	Champagne	
648	소주 1급	SO JOO ("burning wine") Grade A	
649	2급	Grade B	
650	위스키	Whisky	
651	청주	CHUNG JOO ("clean wine")	
652	탁주	TACK JOO ("milk-colored wine)	
653	적포도주	Wine, red	
654	백포도주	Wine, white	
655	단포도주	Port wine	
	조미료류	SEASONINGS AND OTHERS	
656	조선간장	Soya sauce	
657	왜간장	Soya sauce Japaness	
658	깨소금(126항 참조)	Toasted sesame powder(See No. 123)	
659	고춧가루(142항 참조)	Red pepper powder (See No. 135)	
660	고추장(107항 참조)	Fermented soybean paste with red pepper powder(See No. 106)	
661	된장(105항 참조)	Fermented soybean paste (See No. 104)	
662	마요네즈	Mayonnaise	
663	토마토케첩	tomato catsup	
664	식초	vinegar	
665	이스트	yeast, dried	
666	조미료	M.S.G.	
667	커리가루	Curry powder	
668	후춧가루	Black pepper powder	
XV.	기타 가공품류		
669	호두깐 것(1)	Walnut w/o skin	
670	호두깐 것(2)	Walnut w/o membrane	
671	호두깐 것(3)	Walnut w/o shell	

번호 Item No.	식품명 Food and Description	영명 English Name	학명 scientific name
672	황률	Dry chesnut	
673	생밤	Chestnut w/o shell	
674	피밤	Chestnut w/o shell	
675	깐은행	Gingko nut w/o shell	
676	깐잣	Pine nut w/o skin	
677	준시곶감	Dry persimmon(A)	
678	수정과곶감	Dry persimmon(B)	
679	판두부(대)	Bean curd(L)	
680	판두부(소)	Bean curd(S)	
681	만두두부		
682	만두피		
683	연두부	Bean curd soft	
684	마포청두부	Green pea paste(A)	
685	판곤약구(대)	Konnaku(L)	
686	판곤약구(소)	Konnaku(S)	
687	실곤약구	Thin konnaku	
688	아개	Ake	
689	스시아개	Sushi ake	
690	우동아개		
691	어묵	Fish paste	
692	식용빙초산		
693	오뎅	Fish cake(A)	
694	랏교	Scallion	
695	간매실	Pickled plum	
696	참외지	Naratsuke	
697	초밥생강	Sushi ginger	
698	한일단무지	Pickled turnip(A)	
699	제주단무지	Pickled turnip(B)	
700	단무지	Pickled turnip(C)	
701	박속	Sliced dry pumpkin	
702	당면(화영)	Glass noodle	
703	모밀국수	Buck wheat noodle	
704	모밀국수	Buck wheat noodle	
705	실국수(학표)	Thin noodle	
706	우동국수	Vermicelli	

번호 Item No.	식품명 Food and Description	영명 English Name	학명 scientific name
707	떡볶기용떡	Long rice cake	
708	가래떡	Rice cake	
709	홍콩떡	Hongkong rice cake	
710	별미조선된장(특)	Bean paste(S)	
711	흰된장	Jap. bean paste white	
712	적된장	Jap. bean paste red	
713	고추장(특)	Chilly paste(S)	
714	가는고춧가루(특)	Red pepper powder(A)	
715	굵은고춧가루(특)	Red pepper powder(B)	
716	실고추	Red pepper sliced	
717	후춧가루	Black pepper powder(A)	
718	제렴	Salt(S)	
719	호렴	Salt(L)	
720	건표고(동고)	Kind mushroom dry(A)	
721	건표고(향신)	Kind mushroom dry(B)	
722	짜장	Chinese bean paste	
723	감자전분	Potato starch	
724	식소다	Soda	
725	어름(특)	Ice block(white) 135kg	
726	색어름	Ice block(color) 135kg	
727	드라이아이스	Dry ice	
728	수삼		
729	한천		
730	통계피		
731	계피가루		

참고문헌

강숙희, 「식품생명자원총서」, 성균관대학교 출판부, 1997.
강인희, 「한국의 맛」, 대한교과서(주), 1987.
구영조 외, 「김치의 과학기술」, 도서출판 창조, 1990.
김만조 외, 「김치 천년의 맛」, 디자인하우스, 1996.
김종금·홍익제, 「현대 일본요리」, 1991.
남춘화, 「일본요리」, 계몽사, 1997.
박록담, 「명가명주」, 효일문화사, 1999.
박병학, 「일본요리」, 형설출판사, 1992.
봉하원, "냉면육수의 미생물 위해효소분석", 중앙대학교 석사논문, 1998.
서영일, 「조선료리」, 중국연변대학 출판사, 조선고등교육도서 출판사, 1995.
「소문난 집 찌개와 전골」, 주부생활사.
신미혜, 「양념공식 요리법」, (주)세종서적, 1996.
안명수, 「식품과 조리원리」, 신광출판사, 1992.
염초애 외, 「한국음식」, 효일문화사, 1992.
월간 식당, 한국외식산업정보(주), 1998. 10.
월간 식당, 한국외식산업정보(주), 1998. 4.
윤서석, 「한국음식」, 수학사, 1992.

윤숙경 편저, 「우리말 조리어 사전」, 1991.

이규태, 「이규태 코너」, 조선일보사, 1991.

이성우, 「한국 식생활의 역사」, 수학사, 1993.

「자랑스런 민족음식」, 한마당, 1989.

「찌개, 국, 전골, 해장요리」, 주부생활사.

최상옥, 「용수산 최상옥 할머니의 개성식 손맛」, 디자인하우스, 1997.

최수근, 「최수근의 서양요리」, 형설출판사, 1993.

한복려 외, 「종가집 시어머니 장담그는 법」, 도서출판 둥지, 1995.

한정혜, 「한국요리」, 정우문화사, 1993.

황혜성 외, 「한국의 전통음식」, 교문사, 1989.

황혜성, 「고향음식의 맛과 멋」, 한국문화재보호협회, 1990.

황혜성, 「궁중음식」, 사단법인 궁중음식연구원, 1994.

황혜성, 「황혜성 교수의 한국요리백과사전」, 1993.

찾아보기

가

나

다

라

마

바

사

자

차

카

타

파

하

기타

해법연구에 도움을 주신 분

- 최상옥 님 : 용수산 회장
- 하원철 님 : 전 한국의 집 실장
- 남춘화 님 : 일식 남수사 경영
- 유성옥 님 : 미국 LA 한식당 근무
- 김해식 님 : 소바우 한식당 운영
- 오형석 님 : 한정식 전문 한미리 실장
- 유종호 님 : 교육문화회관 한식부 과장
- 김학식 님 : 우래옥 조리실장
- 김용신 님 : 전 대원각 실장
- 정홍영 님 : 전 홍능갈비 주방장
- 이문영 님 : 전 홍콩 샤브샤브 및 국수전골 전문가
- 주상인 님 : 외식사업부 두부마을 조리차장
- 이상하 님 : 돼지갈비집 실장
- 남궁은숙 님 : 순대국 전문점 운영
- 김재례 님 : 한국의 집 찬모
- 김인수 님 : 한식 조리계의 원로
- 이정렬 님 : 세종호텔 한식과정
- 이기원 님 : 캐피탈호텔 한식부 과장
- 김창수 님 : 전 가든호텔 한식부 과장
- 성상권 님 : 제주신라호텔 한식주방 실장
- 주금이 님 : 전 한우리 찬모장
- 소용섭 님 : 대원 한정식당 조리실장
- 백내자 님 : 목포식당 운영
- 김영구 님 : 용수산 조리부 차장
- 신원호 님 : 올림픽파크텔 한식부
- 김재수 님 : 강서면옥 주방장
- 천영애 님 : 해물탕 전문점 운영
- 윤현순 님 : 인천 가림(한정식 전문) 실장
- 정성기 님 : 워커힐 명가 실장

저자약력

- 국가공인 조리기능장
- 국가공인 영양사
- 91, 93 국제요리대회 은상 · 금상 수상
- 중학교 중퇴 후 주방의 말단하급직(배달)으로 조리계 입문
- 경주 관광교육원 9기 졸업
- 서울보건전문대학 식품영양과 졸업
- 한국방송통신대학 가정학과 졸업
- 중앙대학교 식품관리대학원 식품안전성 전공 이학석사
- 세종호텔 한식뷔페 근무
- 캐피탈호텔 한식부 근무
- 앰버서더호텔 근무
- 한강호텔 한식부 과장 근무
- 롯데그룹 중앙연수원 주방장 근무
- 홍콩 한우리 서라벌 조리부 과장 근무
- 서울 힐튼호텔 한식부 과장 근무
- 용수산 조리부 부장 근무
- 중국 심양 샹그리라호텔 한 · 일식 주방장 근무
- 대경/신구대학 강사
- 밤나무집(보신탕 · 오리전문) 근무
- 한국의 집 조리팀장 근무
- 봉가진 2001 대표
- 홈페이지: http://www.bongchef.pe.kr

봉주방장의 실무
한국요리해법

2000년 5월 26일 초 판 발행
2001년 9월 26일 개정판 발행
2003년 8월 10일 2개정판 발행
2008년 8월 10일 3개정판 발행
2014년 8월 10일 4개정판 발행
2017년 2월 13일 4개정판2쇄 발행

지 은 이 • 봉 하 원
발 행 인 • 김 홍 용
펴 낸 곳 • **도서출판 효일**
주 소 • 서울특별시 동대문구 용두동 102-201
전 화 • 02) 928-6644
팩 스 • 02) 927-7703
홈페이지 • www.hyoilbooks.com
등 록 • 1987년 11월 18일 제 6-0045 호

값 29,000 원

ISBN 978-89-85768-94-8